AF478382

red dot communication design yearbook 2006/2007

red dot communication design yearbook 2006/2007

Herausgegeben von
Peter Zec

Edited by Peter Zec

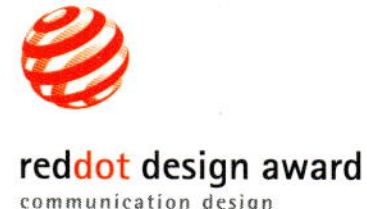

inhalt
content

Peter Zec

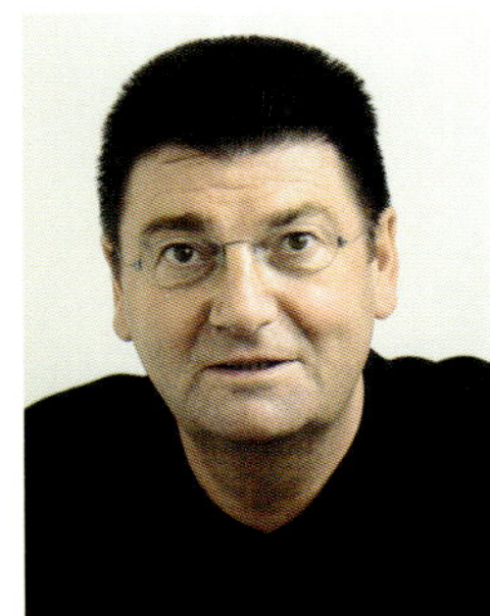

Nie zuvor war die Welt so schnelllebig wie heute, der Zugang zu Informationen aus aller Herren Länder so unkompliziert und Kommunikation so einfach. Doch auch wenn uns immer mehr Kommunikationswege offenstehen, heißt das nicht zwangsläufig, dass die Kommunikation auch reibungslos funktioniert, dass der Empfänger die Botschaft des Absenders tatsächlich vernimmt, geschweige denn versteht. Tatsächlich passiert dies sogar nur äußerst selten, wie die meisten von uns aus lebenslanger Erfahrung zu berichten wissen. Glücklicherweise gibt es jedoch Experten, die die Mechanismen der Kommunikation bis ins Detail kennen, die auch die kompliziertesten Botschaften so aufzubereiten wissen, dass sie bei demjenigen ankommen, für den sie bestimmt sind. Der Jury des red dot award: communication design fällt jedes Jahr die unglaublich schwierige Aufgabe zu, Tausende von eingereichten Arbeiten des Kommunikationsdesigns zu sichten, zu bewerten und auf ihre Qualität hin zu überprüfen.

Dies ist nicht nur aufgrund der Menge der Arbeiten nicht ganz einfach, sondern auch, weil es verschiedene Strömungen gibt, die es erschweren, die Qualität unmittelbar miteinander zu vergleichen. Denn auf der einen Seite haben sich die Juroren in diesem Jahr für einige herausragende Arbeiten entschieden, die leise, aber subtil sind, emotional berühren und mit Witz und Ironie unter die Haut gehen. Auf der anderen Seite waren aber auch einige sehr klassische Arbeiten besonders stark, die komplexe Zusammenhänge in eine klare Formensprache umzusetzen verstehen und dadurch überzeugen konnten.

In diesem Jahr waren es genau 3.708 Arbeiten aus 31 Nationen, die es zu bewerten galt. Und auch wenn die Qualität der Einreichungen nach Juryansicht durchgehend hoch war, liegt der Prozentsatz der letztlich ausgezeichneten Arbeiten doch bei nur knapp 6 Prozent: 186-mal vergaben die Juroren einen red dot für hohe, 24-mal einen red dot: best of the best für höchste Designqualität.

Erstmals in diesem Jahr wurde nicht mehr ein einzelner Grand Prix für die beste Arbeit des gesamten Wettbewerbs verliehen; stattdessen stand es den Juroren frei, in jeder der neun Kategorien einen red dot: grand prix für eine herausragende Arbeit zu vergeben. Diese Ehre wurde letztlich sechs Arbeiten zuteil, die in diesem Buch näher vorgestellt werden.

Eine weitere Neuerung, über die ich mich auch persönlich besonders freue, bestand in diesem Jahr darin, dass der Juniorpreis für die beste studentische Arbeit statt mit 2.500 Euro wie in den vergangenen Jahren mit nunmehr 10.000 Euro belohnt wird. Dadurch wird der red dot: junior prize zu einem richtigen Förderpreis, was wiederum der Jury insofern Kopfzerbrechen bereitet, als sie jetzt über die pure Qualität der Arbeiten hinaus zu entscheiden hat, welche besonders förderungswürdig ist.

Never before has the world been as fast moving as today, the access to information from all around the world so uncomplicated and communication so easy. But even though there are more and more communication channels available to us, this does not necessarily mean that communication always runs smoothly or that the addressee really receives the message, let alone understands it. In fact, this happens very rarely, as most of us know from life-long experience. However, fortunately there are experts who know the mechanisms of communication down to the details and who also know how to prepare even the most complicated messages so that they arrive at the person they are intended for. Every year, the jury of the “red dot award: communication design” has the incredibly difficult task to view, evaluate and examine the quality of thousands of submitted works of communication design.

This is not only difficult simply due to the amount of works, but also because there are different trends, which makes it harder to compare quality directly. On the one hand, the jurors have selected some outstanding works which are quiet but subtle, appeal to the emotions and go under the skin with humour and irony, while on the other hand, there have also been some classical works which were particularly strong and which managed to translate complex contexts into a clear language of forms, thus impressing the jury.

This year, exactly 3,708 works from 31 nations had to be evaluated. And even though the quality of the entries was, according to the opinion of the jury, consistently high, the percentage of works finally winning an award was only about six per cent: 186 times the jurors awarded a red dot for high, and 24 times a “red dot: best of the best” for highest design quality.

For the first time this year, there was no longer a single Grand Prix for the best work of the whole competition, but instead the jurors had the choice to award one “red dot: grand prix” for outstanding work in each of the nine categories. This honour was bestowed upon six works, which we will introduce to you in greater detail in this book.

Another change in the competition, about which I am also very happy personally, is that the Junior Prize for the best student work now comes with a prize-money of 10,000 euros instead of the 2,500 euros of previous years. This gives the “red dot: junior prize” even more significance, and in turn makes the work of the jury a lot harder, because they now have to decide beyond pure quality which work deserves to be promoted in particular.

Nach intensiver Diskussion über die sehr unterschiedlichen nominierten Arbeiten fiel die Entscheidung schließlich auf „Erdzeiten – Atlas der Paläogeografie" des Teams Martin Gorka, Cornelia Vogt und Violetta Walter aus Offenbach. Die drei Studenten der Hochschule für Gestaltung in Offenbach beschäftigten sich bei ihrem Projekt, das in Zusammenarbeit mit dem Senckenberg-Museum in Frankfurt/Main realisiert wurde, mit der Problematik, wie sich Plattentektonik, Verteilung von Land und Meer, klimatische Verhältnisse, Tier- und Pflanzenwelt oder die Meeresströmungen von vor 290 Millionen Jahren bis heute so aufbereiten lassen, dass sie in einheitlich gestalteten Zeichnungen und Tabellen einen Überblick und Vergleich ermöglichen. Das Ergebnis ist beeindruckend, denn mittels Design werden diese komplexen Zusammenhänge tatsächlich unkompliziert, verständlich und nachvollziehbar dargestellt.

Für den Juniorpreis nominiert waren außerdem vier weitere Nachwuchsdesigner bzw. -teams:

- Christof Nardin, Agnes Steiner und Martin Wunderer aus Wien für das Poster „The Essence 2006"
- Catrin Sonnabend aus Offenbach für die Zeitung „Hier + Jetzt. 64 Anregungen zur Zeitverschwendung"
- Wolfram Wiedner aus Wien für die Website „www.klassehickmann.com"
- Diana Zima aus Dortmund für ihren Katalog „Königskinder – Für die perfekte Familie"

Diesen und allen anderen Gewinnern im diesjährigen red dot award: communication design möchte ich an dieser Stelle noch einmal ganz herzlich gratulieren und mich bei all denjenigen bedanken, die sich nicht gescheut haben, sich dem Urteil unserer Juroren zu stellen.

An der Durchführung des diesjährigen Wettbewerbs haben wieder einmal zahlreiche Freunde, Partner, Mitarbeiter und Förderer mitgewirkt, ohne deren Engagement weder das vorliegende Jahrbuch noch die Veranstaltung insgesamt möglich gewesen wären. Hierfür möchte ich mich bei allen Beteiligten bedanken.

Mein Dank gilt auch allen offiziellen Partnern des Wettbewerbs: Art Directors and Graphic Designers Association, Spanien (ADG-FAD), Australian Graphic Design Association (AGDA), Beroepsorganisatie Nederlandse Ontwerpers (BNO), Bund Deutscher Grafik-Designer e.V. (BDG), Deutscher Designer Club e.V. (DDC) und Korea Institute of Design Promotion (KIDP).

Last, but not least möchte ich mich noch einmal besonders herzlich bei allen Juroren des Wettbewerbs für ihr Engagement bedanken – fast 4.000 Beiträge zu sichten ist nicht nur spannend, sondern auch harte Arbeit.

Und nun wünsche ich Ihnen viel Vergnügen bei der Lektüre dieses Jahrbuchs.

Ihr Peter Zec

After detailed discussion about the very different nominated works the jury finally chose "Erdzeiten – Atlas der Paläogeografie" (Times of the earth – atlas of palaeogeography) by the team consisting of Martin Gorka, Cornelia Vogt and Violetta Walter from Offenbach. In their project, which was realised in cooperation with the Senckenberg museum from Frankfurt/Main, the three students from Hochschule für Gestaltung Offenbach (Academy of Design Offenbach) dealt with the problem of how to present data on plate tectonics, distribution of land and sea, climatic conditions, plant and animal world, and ocean currents from 290 million years ago until today in such a way that they can be compared in uniformly designed illustrations and tables. The result is impressive, because with the help of design these complex connections are presented in a simple and easy-to-understand way.

Four other young designers and design teams were also nominated for the junior prize:

- Christof Nardin, Agnes Steiner and Martin Wunderer from Vienna for the poster "The Essence 2006"
- Catrin Sonnabend from Offenbach for the newspaper "Hier + Jetzt. 64 Anregungen zur Zeitverschwendung" (Here + Now. 64 suggestions of how to waste time)
- Wolfram Wiedner from Vienna for the website "www.klassehickmann.com"
- Diana Zima from Dortmund for their catalogue "Königskinder – Für die perfekte Familie" (Royal children – for the perfect family)

I would like to use this opportunity to again congratulate them and all the other winners of this year's "red dot award: communication design 2006", and also thank all those who had the courage to face the judgement of our jurors.

Once again, several friends, partners, staff and patrons have helped us in the realisation of this year's competition. Without their help this yearbook would not have been possible, therefore I would like to thank all of those involved.

I would also like to thank all the official partners of the competition: Art Directors and Graphic Designers Association, Spain (ADG-FAD), Australian Graphic Design Association (AGDA), Beroepsorganisatie Nederlandse Ontwerpers (BNO), Bund Deutscher Grafik-Designer e.V. (BDG), Deutscher Designer Club e.V. (DDC) and Korea Institute of Design Promotion (KIDP).

Last but not least, I would like to again express my heartfelt gratitude to all the jurors of the competition for their commitment – viewing almost 4,000 entries is not only an exciting task, but also hard work.

I hope you will enjoy reading this yearbook.

Yours, Peter Zec

Don Ryun Chang
Apex Lin
Kirsten Dietz
Leonardo Sonnoli
Tyron Montgomery
David Linderman
Martin Pross
Jean Jacques Schaffner

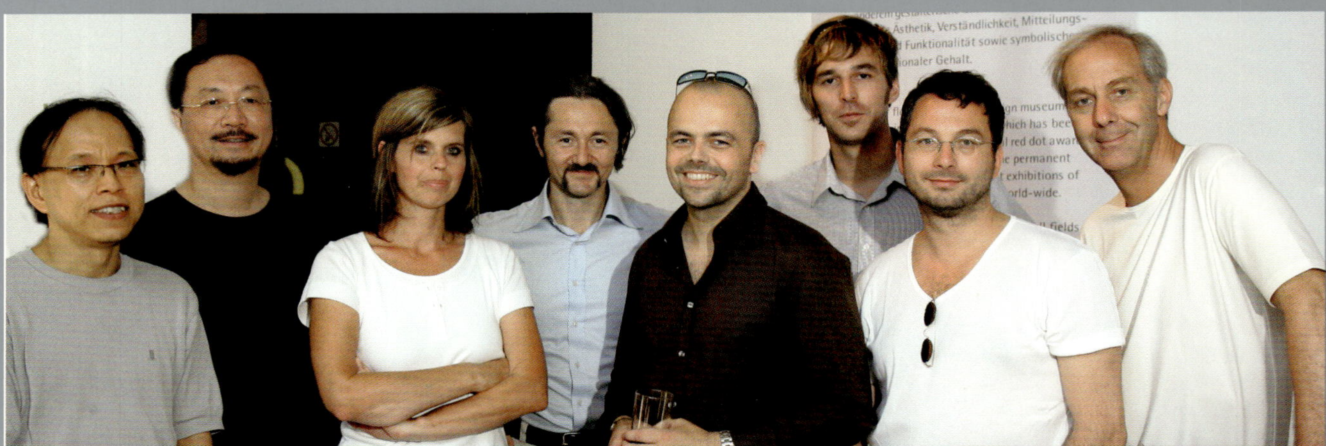

Mit der Ehrenauszeichnung „red dot: grand prix“ wird die beste Arbeit einer Kategorie prämiiert. Dafür nominiert sind alle Gewinner eines red dot: best of the best, aus denen die Jury pro Wettbewerbskategorie einen Preisträger für den red dot: grand prix bestimmen kann. In diesem Jahr wurde die Auszeichnung „red dot: grand prix“ sechsmal verliehen.

The honorary distinction “red dot: grand prix” is awarded to the best work of its category. All winners of a “red dot: best of the best” are nominated for the “red dot: grand prix”. From among these the jury can select one prize-winner for the “red dot: grand prix” for each competition category. This year, the distinction “red dot: grand prix” was awarded six times.

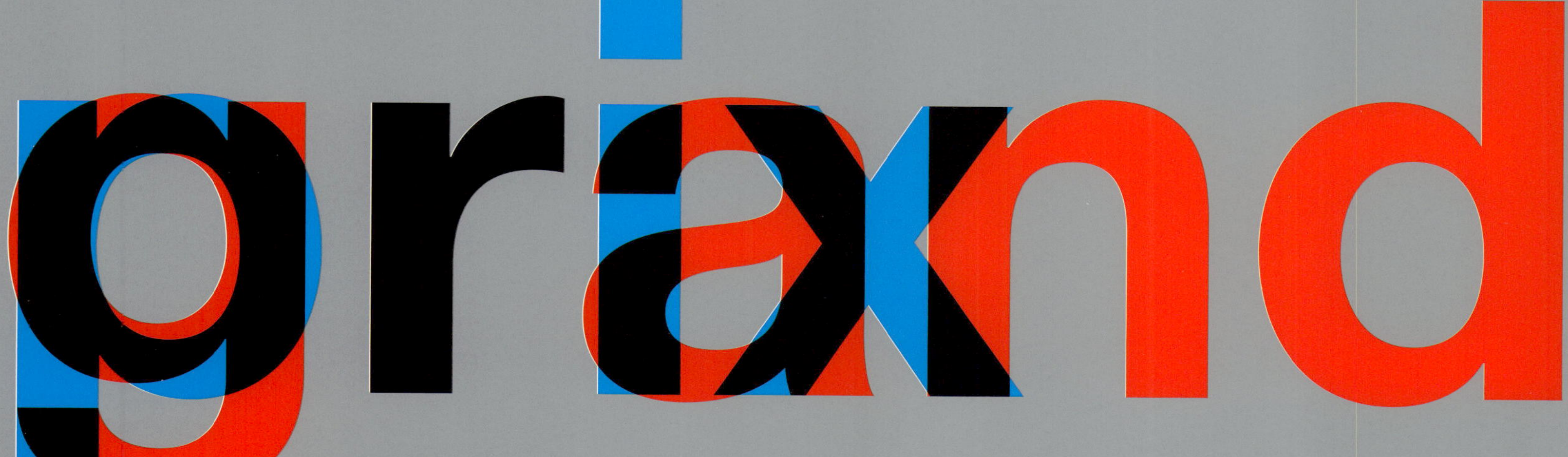
grand

Eine besondere Leistung guter Gestaltung ist es, das Unsichtbare sichtbar zu machen und auch das zu vermitteln, was sich nicht in Worte fassen lässt. Zum Beispiel Stimmungen, Emotionen oder Ausstrahlung. Für Unternehmen und ihre Kommunikation sind diese Eigenschaften von großer Bedeutung. Dass Emotionen Eingang in den Geschäftsbericht – den Inbegriff von Seriosität und Nüchternheit – finden, ist jedoch in dieser Form neu. Beispielhaft dafür ist „Happy World“, der Geschäftsbericht des Unternehmens Best World International.

Das Unternehmen aus Singapur vertreibt Gesundheits- und Wellness-Produkte. Und so wie sich seine Nahrungsergänzungsmittel und Kosmetika positiv auf Wohlbefinden und Schönheit auswirken, präsentiert sich das Unternehmen als eine große glückliche Familie. Selbst die hoch qualifizierten Manager werden nicht wie sonst üblich auf repräsentativen Fotografien, sondern in farbenfrohen Illustrationen dargestellt, die zugleich ein Motiv des begleitenden Kartenspiels „Happy Family“ sind. Die Verbindung der fröhlich verspielten Gestaltung mit der hohen Professionalität der Mitarbeiter zeigt Best World als ein Lebensfreude, Gesundheit und Erfolg ausstrahlendes Unternehmen.

It is a special achievement of good design to make the invisible visible and to also convey aspects which cannot be put into words such as for example moods, emotions and charisma. These characteristics play an important role for companies and their communication. However, the fact that emotions have found their way into annual reports, which have hitherto been the epitome of seriousness and matter-of-factness, constitutes a novelty. An example of this is “Happy World”, the business report of Best World International.

The company from Singapore distributes health and wellness products. And analogous to the positive effect their nutritional supplements and cosmetics have on wellness and beauty, the company presents itself as a large happy family. Even the highly qualified managers are not as otherwise common shown in representative photographs, but instead are portrayed in colourful illustrations, which at the same time are images of the “Happy Family” card game which comes with the report. The combination of the happy and playful design and the staff’s high professionalism shows Best World as a company radiating joy of life, health and success.

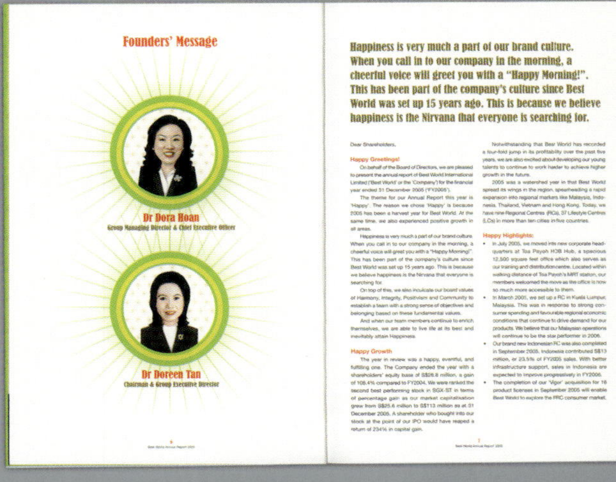

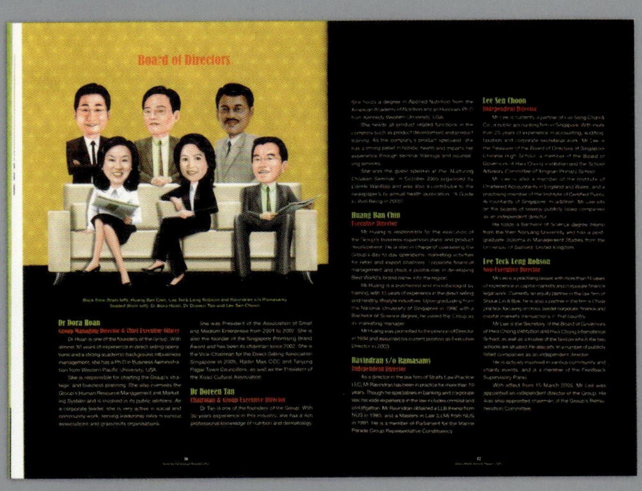

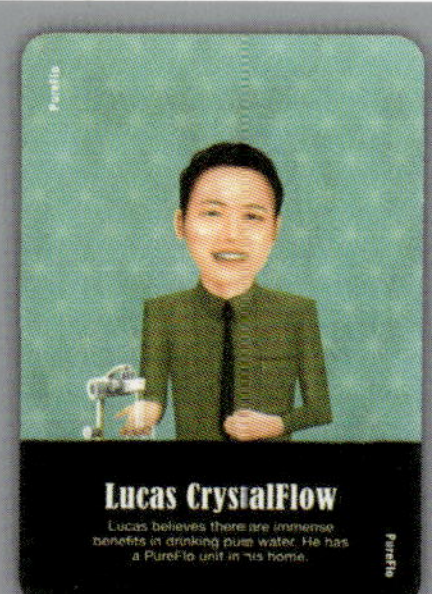
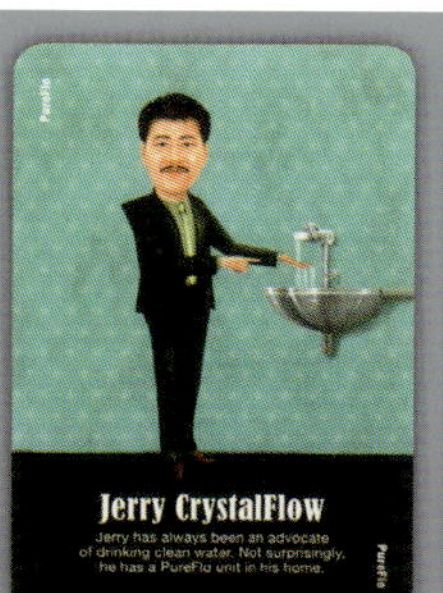
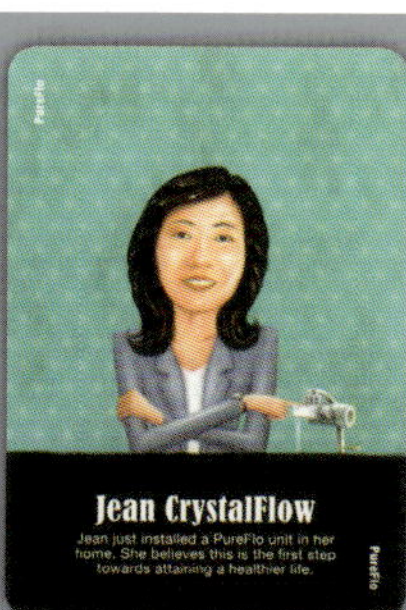
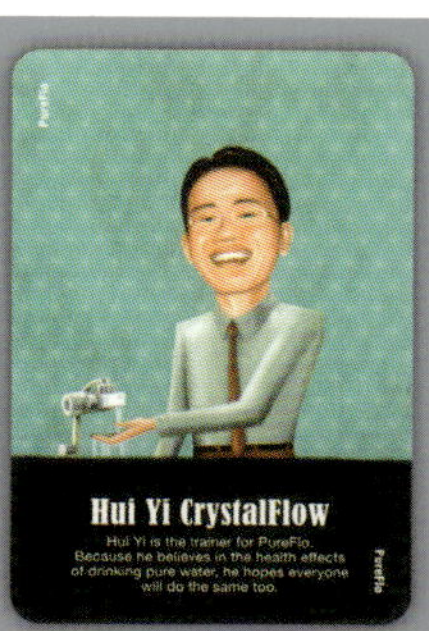
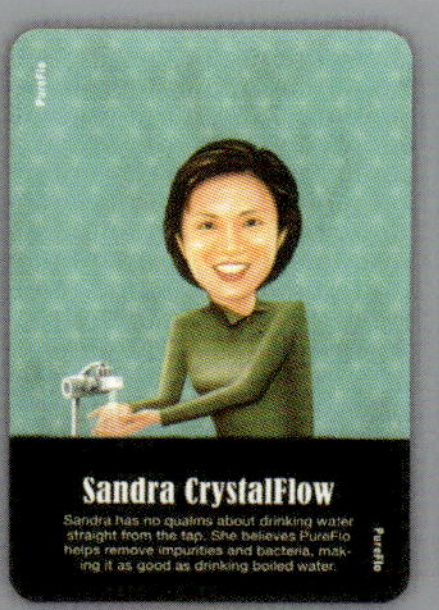
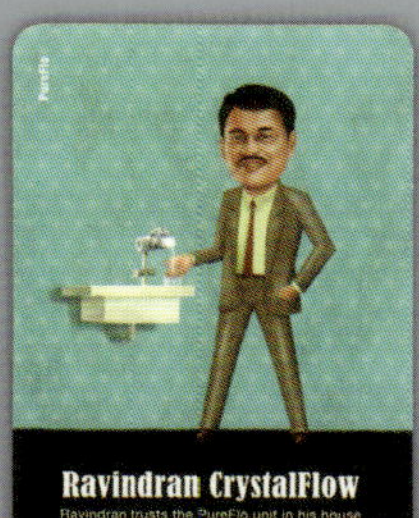
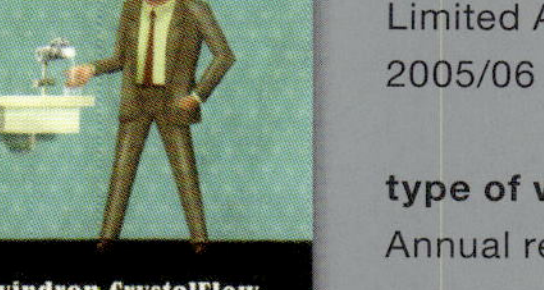
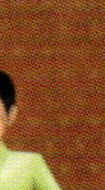
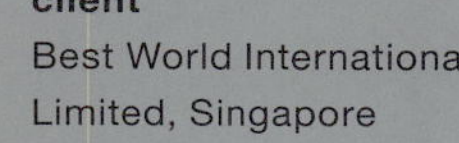
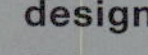
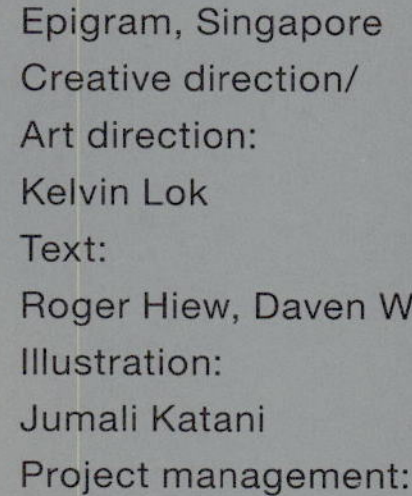
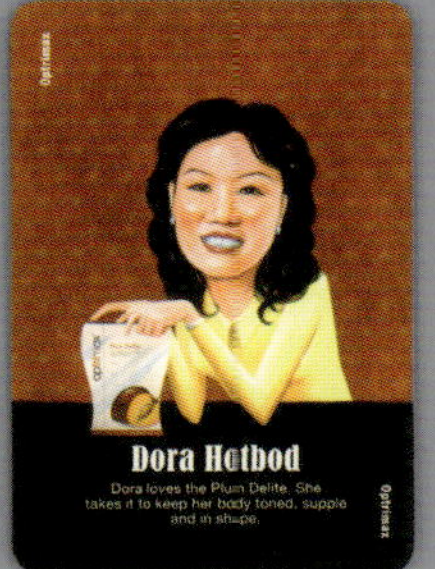
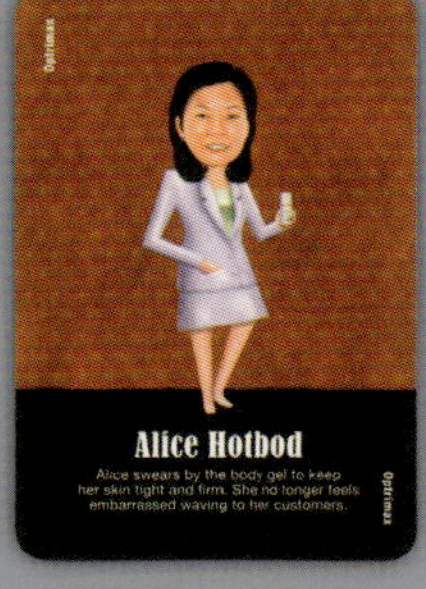
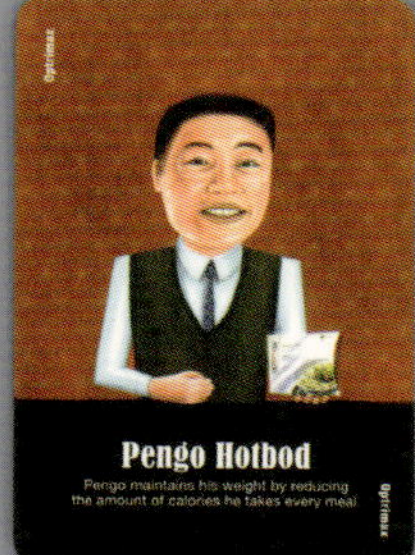
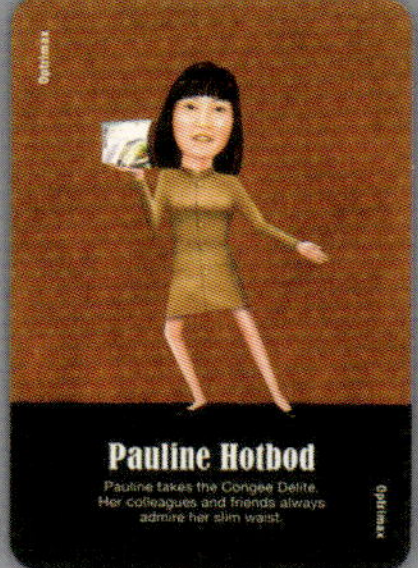
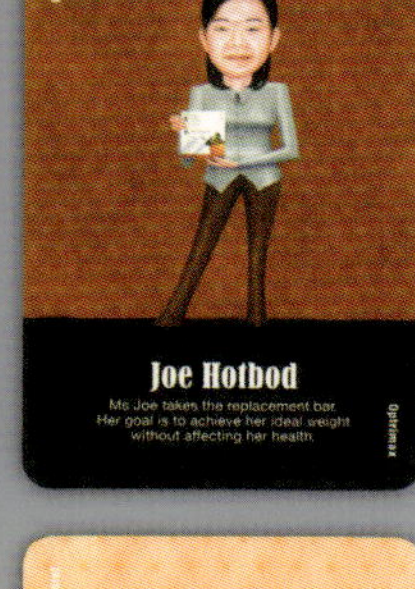
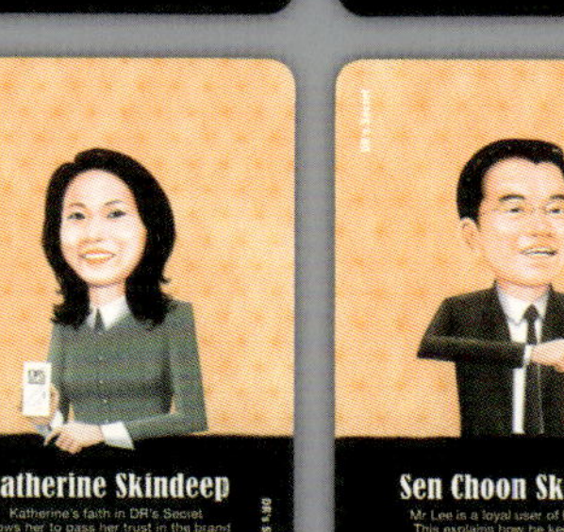
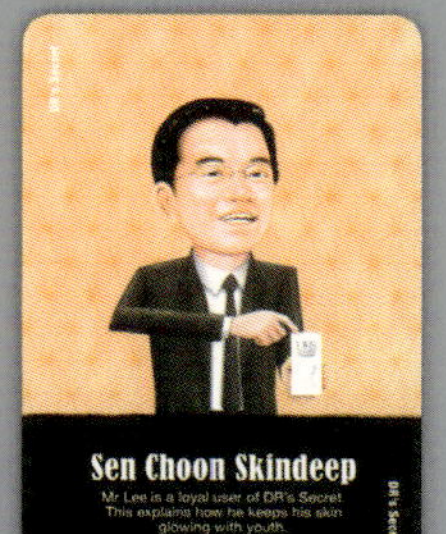
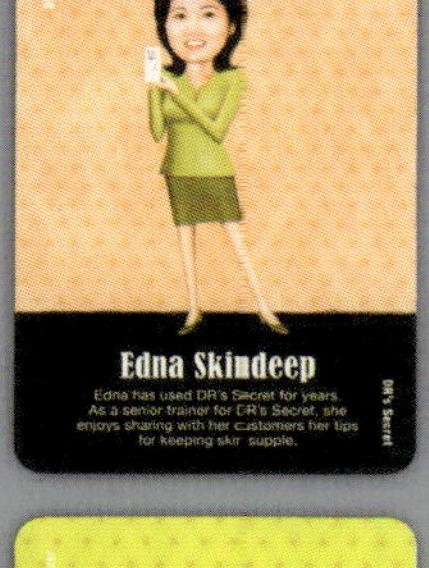
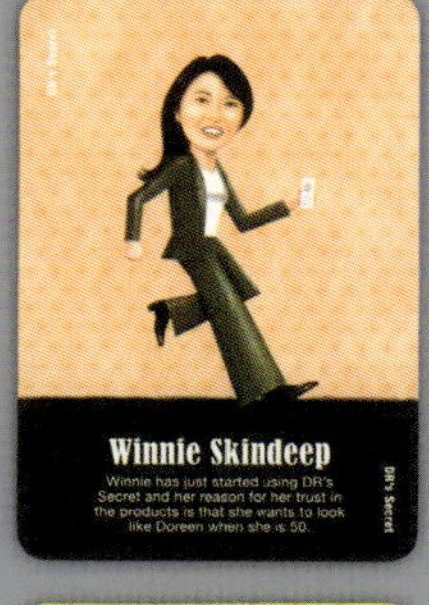
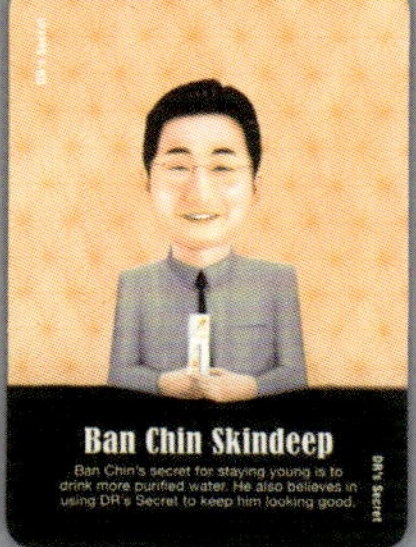
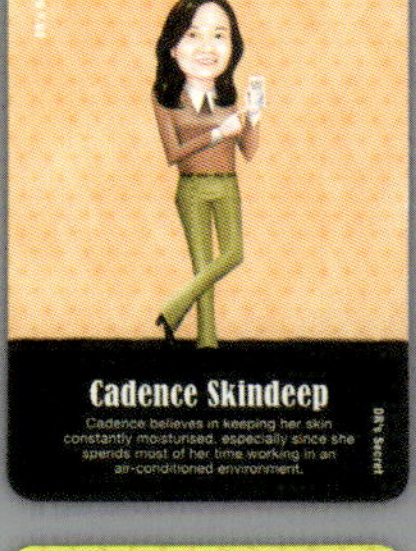
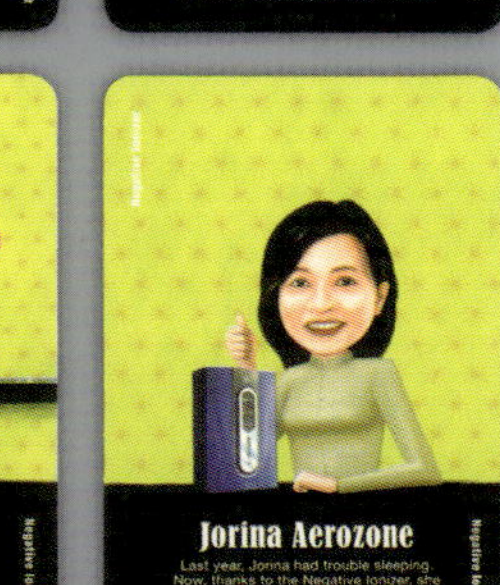
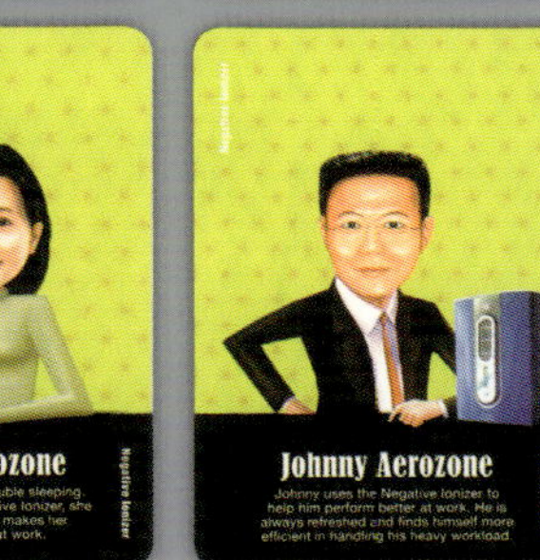
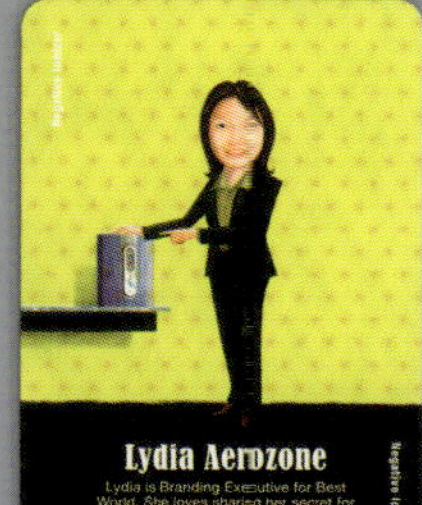
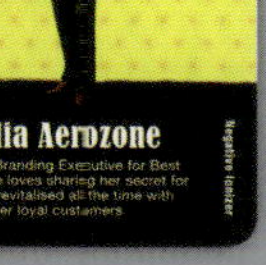
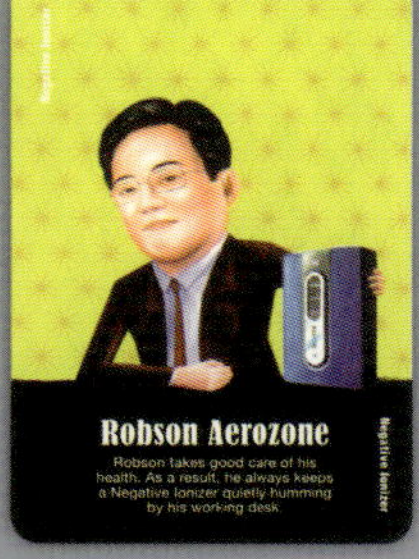
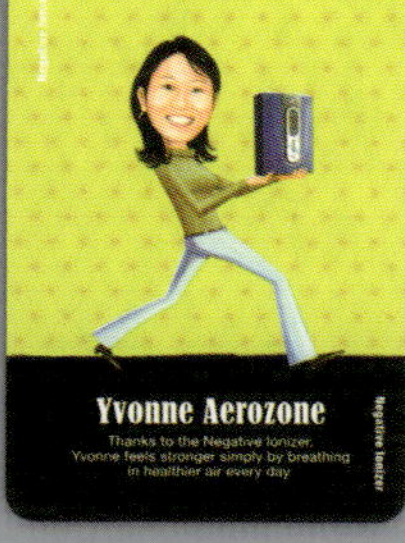
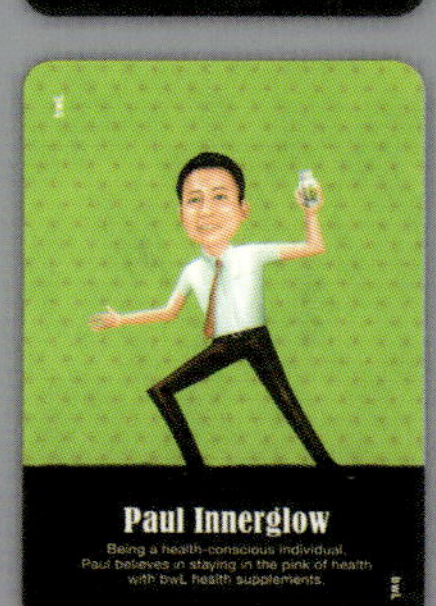
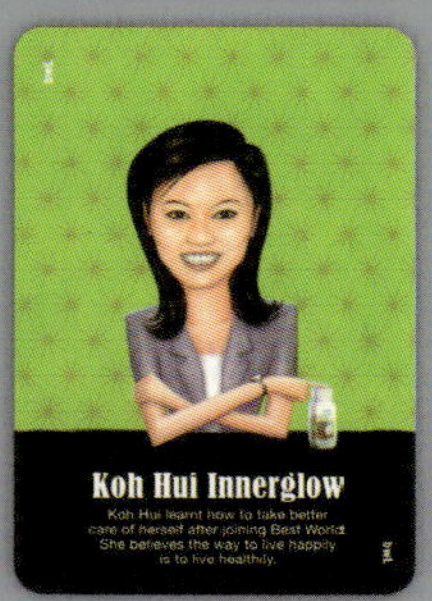
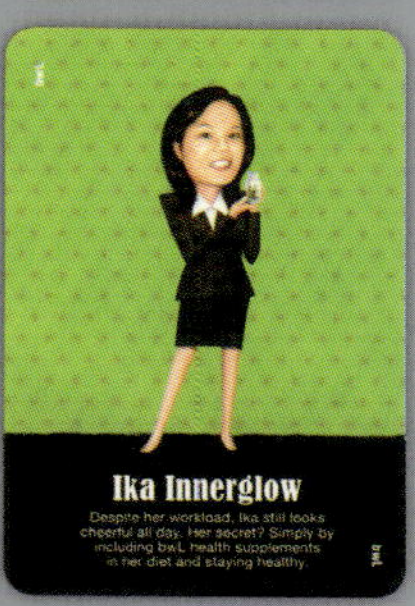
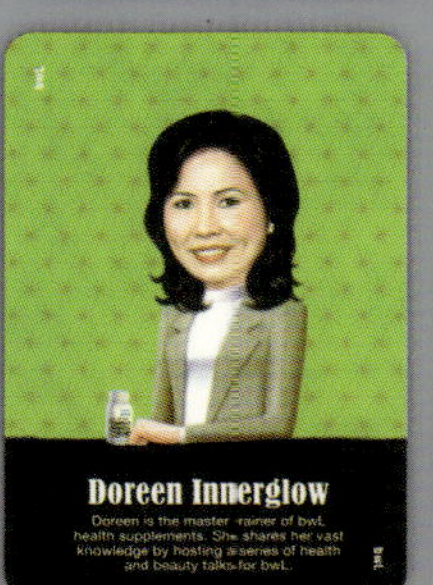
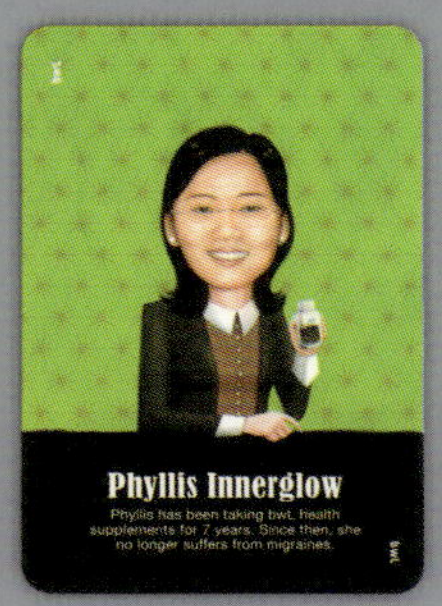
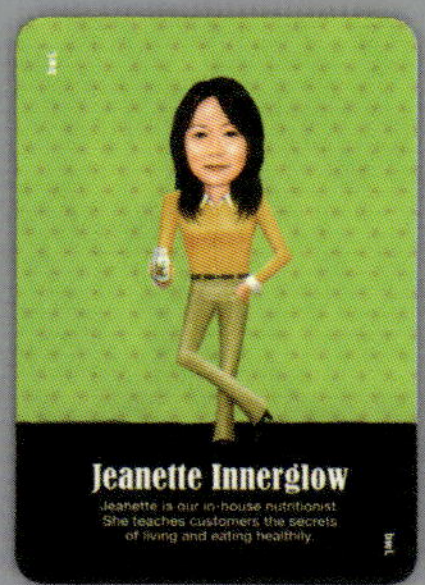
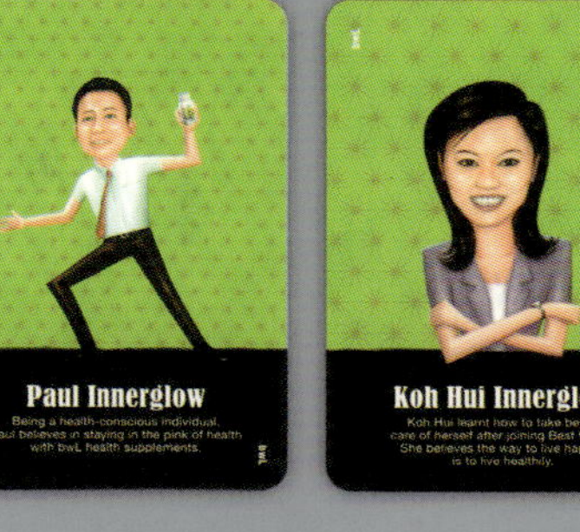

title
Happy World
Best World International
Limited Annual Report
2005/06

type of work
Annual report

appeared in
2006

client
Best World International
Limited, Singapore

design
Epigram, Singapore
Creative direction/
Art direction:
Kelvin Lok
Text:
Roger Hiew, Daven Wu
Illustration:
Jumali Katani
Project management:
Jenny Ng

Wie der Mensch in den vergangenen Jahrtausenden gelebt hat und sich zum hoch differenzierten modernen Menschen entwickeln konnte, zählt zu den wohl interessantesten Fragen überhaupt. Seit der Renaissance werden Natur und Kultur der Menschheit wissenschaftlich erforscht. Dass etwa Archäologie so spannend wie ein Krimi sein kann, macht die Dauerausstellung „Tatort Forscherlabor" im Westfälischen Museum für Archäologie in Herne hautnah erlebbar. Die Besonderheit ihres Metiers wird dadurch lebendig, dass die Archäologie als Kriminalfall inszeniert wird. Am „Tatort", einem rekonstruierten Ausschnitt aus einem Großsteingrab umgeben von 14 „Wissenschaftscontainern", begibt sich der Besucher auf Spurensuche und muss zahlreiche Indizien und Grabungsstücke analysieren, um zur Rekonstrukion des „Falls" zu gelangen. Interaktive Spiele, Touchscreens und Experimente ergänzen die Entdeckungsreise, die das Wissen um unsere Geschichte plastisch aufbereitet und dadurch begreifbar macht.

Das Thema Archäologie wird so dargestellt, dass es Lust bereitet, seine Inhalte kennen zu lernen und tatkräftig zu erkunden. Unterschiedliche, klar und verständlich gestaltete Vermittlungsebenen geben dem Besucher eine Vielfalt an Zugangsmöglichkeiten und die Gelegenheit, einen umfangreichen Einblick in die archäologischen Zusammenhänge zu bekommen.

How man lived in the past millennia and developed into this highly differentiated modern human being is one of the most exciting questions of all time. Since the Renaissance human nature and culture have been researched scientifically, and that archaeology can be as exciting as a whodunit is demonstrated by the permanent exhibition "Tatort Forscherlabor" (Crime scene: research laboratory) in the Westfälisches Museum für Archäologie (Westphalian Museum of Archaeology) in Herne where it can be experienced first-hand. The speciality of this field is brought to life by staging archaeology as a criminal case. At the "crime scene", a reconstructed section of a stone grave surrounded by 14 "science containers", the visitor looks for clues and has to analyse several pieces of evidence in order to reconstruct the "case". Interactive games, touchscreens and experiments supplement this journey of exploration, which presents the knowledge of our history in a hands-on way so that it can literally be grasped easily.

Archaeology is portrayed in such a way that it stimulates visitors to find out about its content as well as actively explore it. The different clear and understandable levels on which knowledge is conveyed offer visitors several ways of accessing the subject and the opportunity to gain a profound insight into archaeological connections.

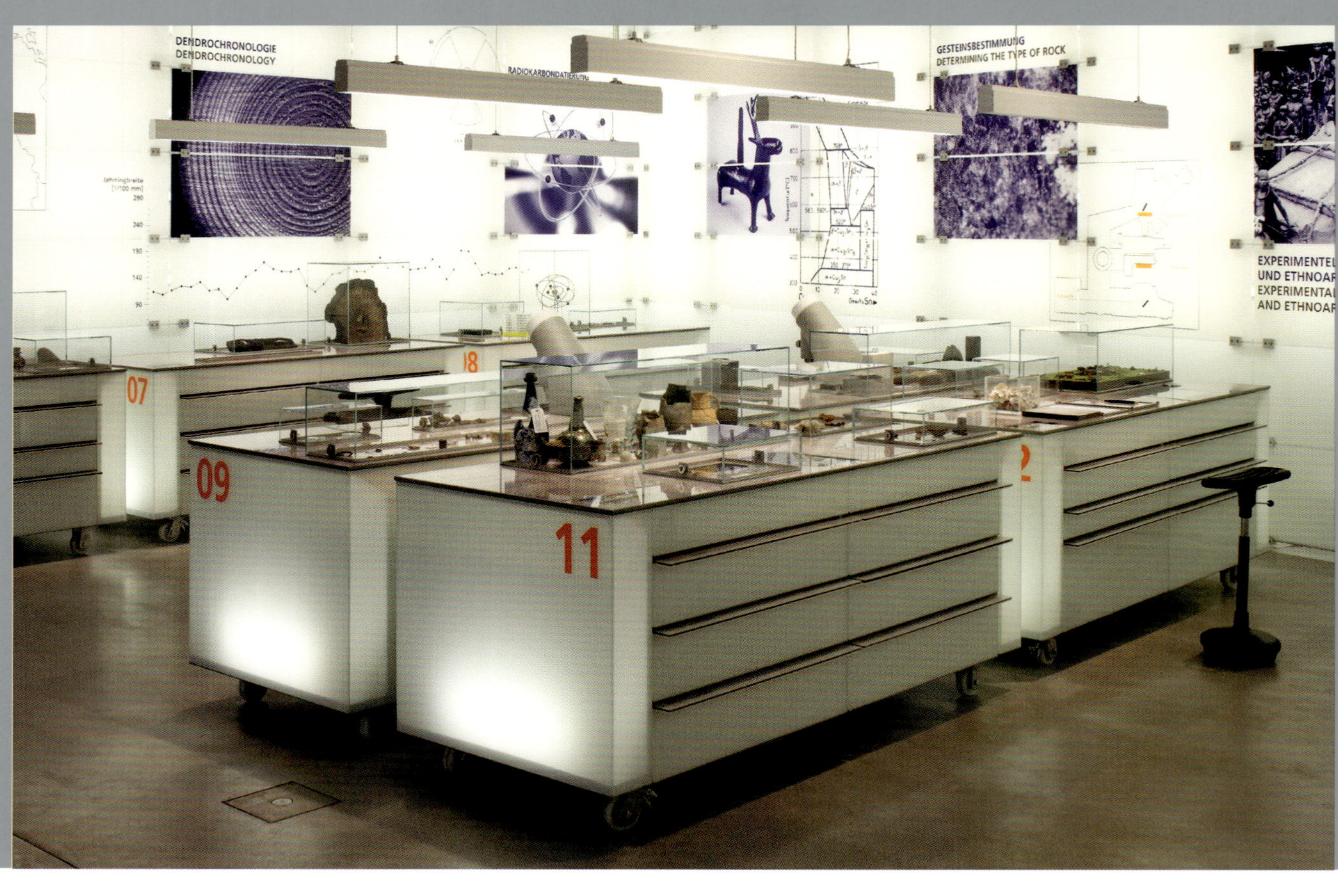

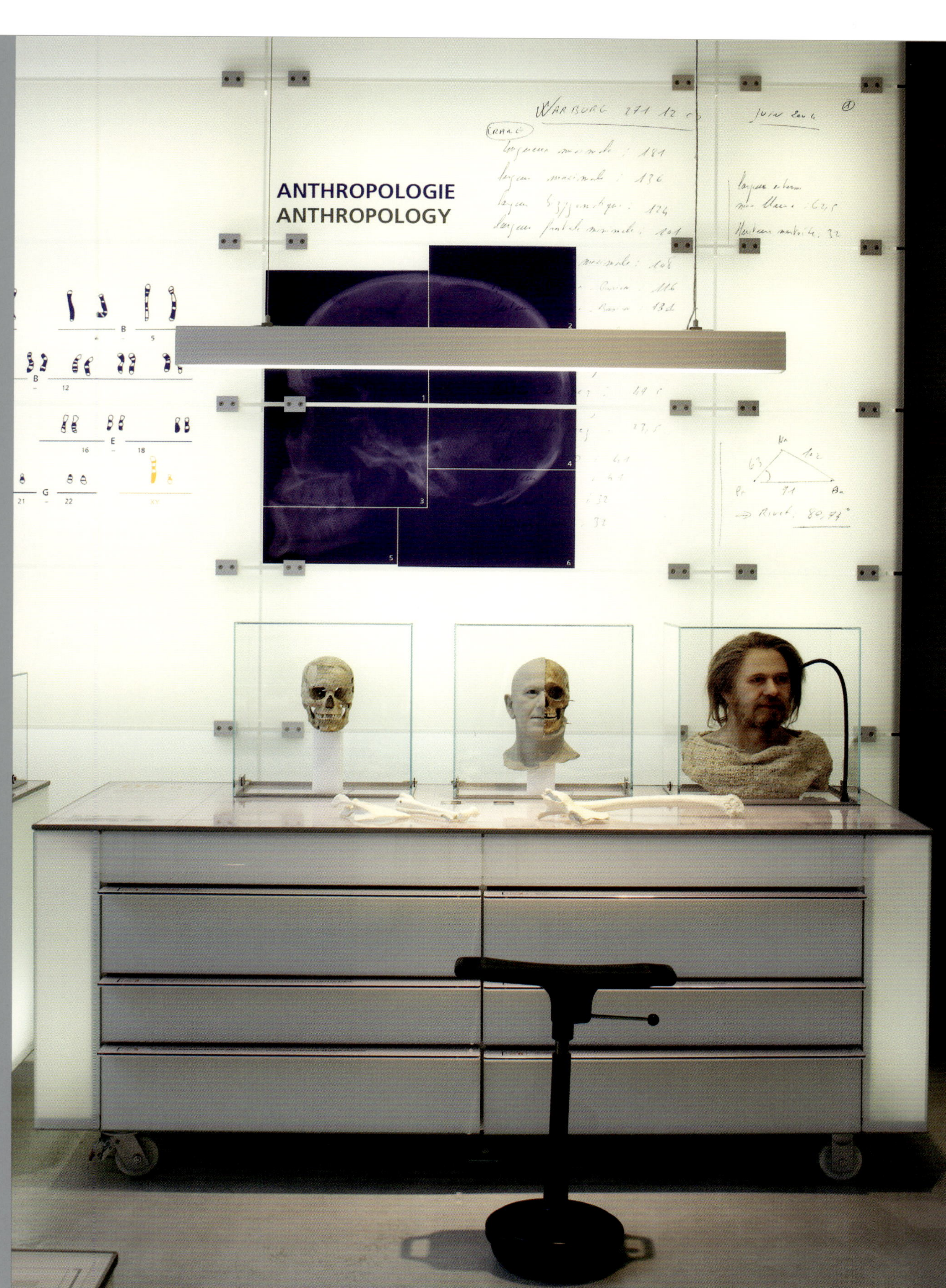

title
Tatort Forscherlabor

type of work
Permanent exhibition

appeared in
2005

client
Atelier Brückner GmbH, Stuttgart

design
Atelier Brückner GmbH, Stuttgart
Creative direction:
Prof. Uwe R. Brückner
Art direction:
Eberhard Schlag,
Natalie Kleemann

„Nano Maca“ ist ein aus der südamerikanischen Maca-Pflanze gewonnenes Nahrungsergänzungsmittel, das mit Hilfe der Nanotechnologie hergestellt wird. Für die Verpackung entwickelten die Gestalter eine edle, zurückhaltende Anmutung, die Attribute aus dem Pharma- und Kosmetikbereich miteinander verbindet und darin die Qualität und Hochwertigkeit der Pflanzenwirkung zum Ausdruck bringt. Schon die Inkas schätzten die vielseitige Pflanze, die seit Jahrtausenden in den Hochebenen der Anden angebaut wird und aufgrund der vitalisierenden Kräfte ihrer Wurzel vor einigen Jahren wiederentdeckt wurde. Aus der Widerstandskraft gegen die extremen Witterungen in über 4.000 Meter Höhe erklärt man sich ihre besondere Wirkkraft: Sie ist reich an Vitaminen und Mineralien, stärkt Energie, Leistungsfähigkeit und Abwehrkräfte und wirkt antioxidierend und krebshemmend. Die reduzierte, halb transparente Verpackung verzichtet auf den Bezug zur Inka-Kultur zugunsten einer modernen Umsetzung der Wellness-Positionierung. Die Gestaltung wird dadurch auf Ehrlichkeit und Glaubwürdigkeit verdichtet.

“Nano Maca” is a nutritional supplement made from the South American Maca plant, which is produced with the help of nanotechnology. For the packaging the designers developed an up-market, reserved look, which combines attributes from the fields of pharmaceuticals and cosmetics, thus expressing the high quality of the plant’s effect. The Incas already appreciated this versatile plant, which has been cultivated for thousands of years in the high plateaus of the Andes and was rediscovered some years ago due to the vitalising powers of its root. Its resistance against extreme climatic conditions in an altitude of more than 4,000 metres is regarded as the cause of its special powers: it is rich in vitamins and minerals, boosts energy levels, performance and the immune system, and also has antioxidant and anti-cancer properties. The reduced, semi-transparent packaging leaves out any references to Inca culture in favour of a modern interpretation of its positioning in the wellness sector. The design is thus concentrated down to honesty and credibility.

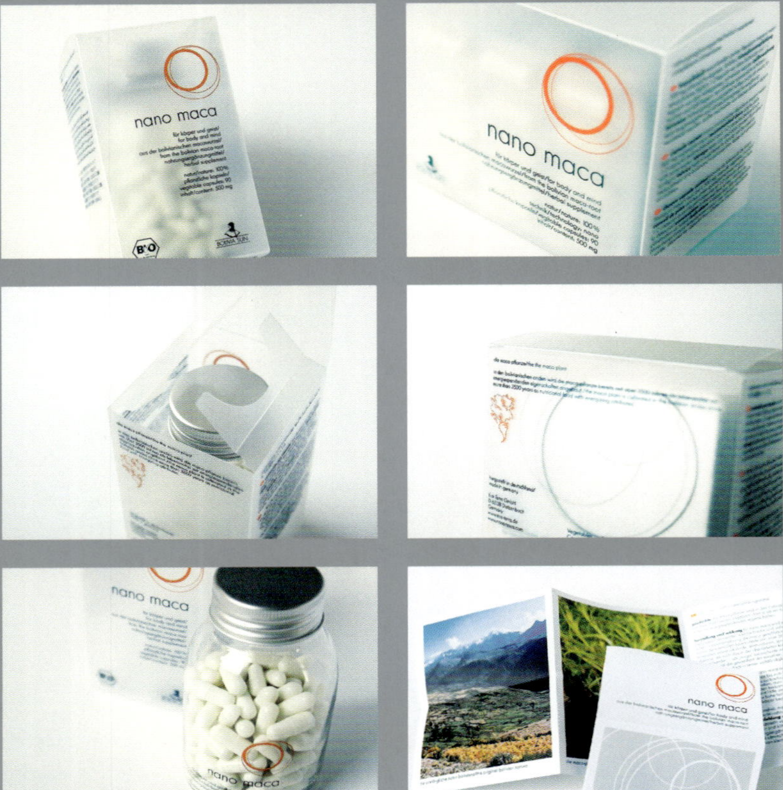

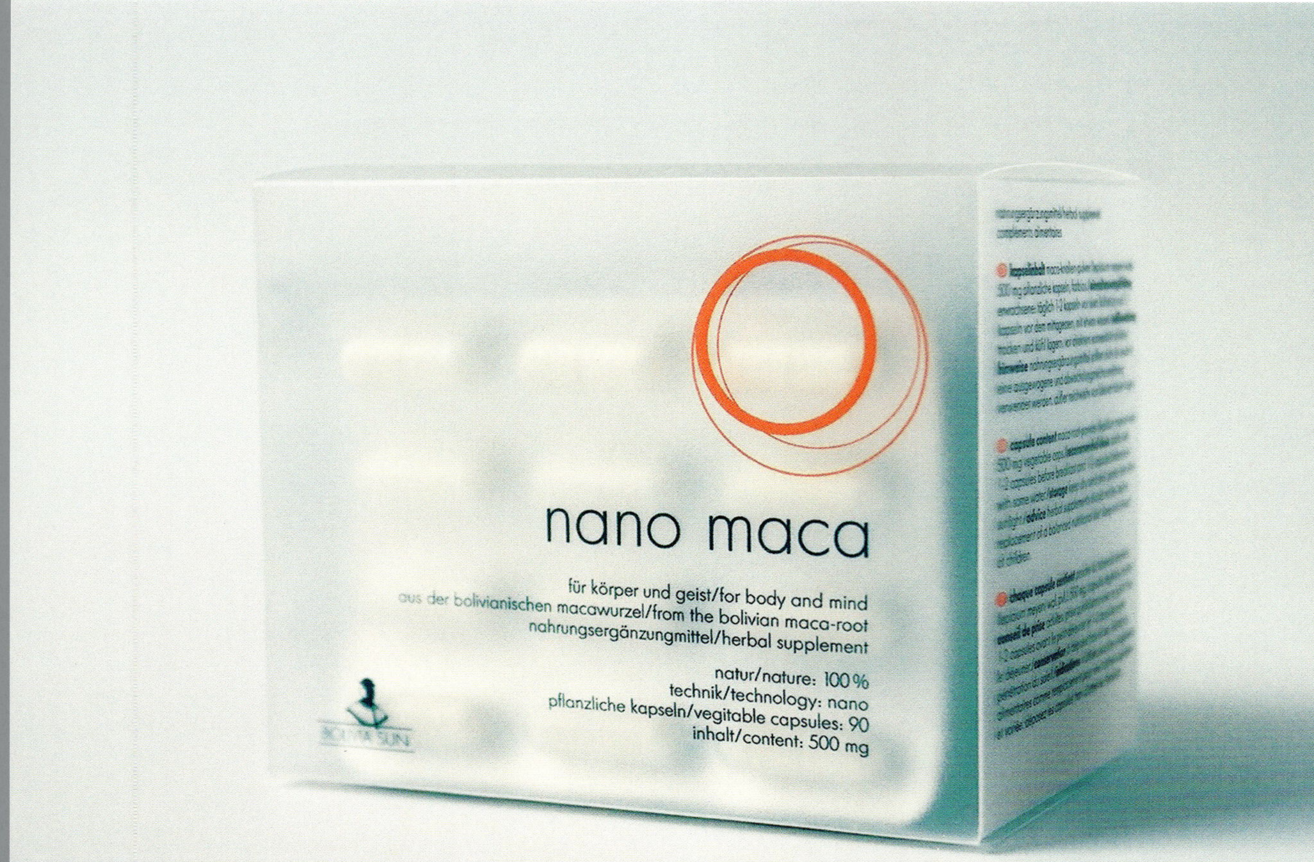

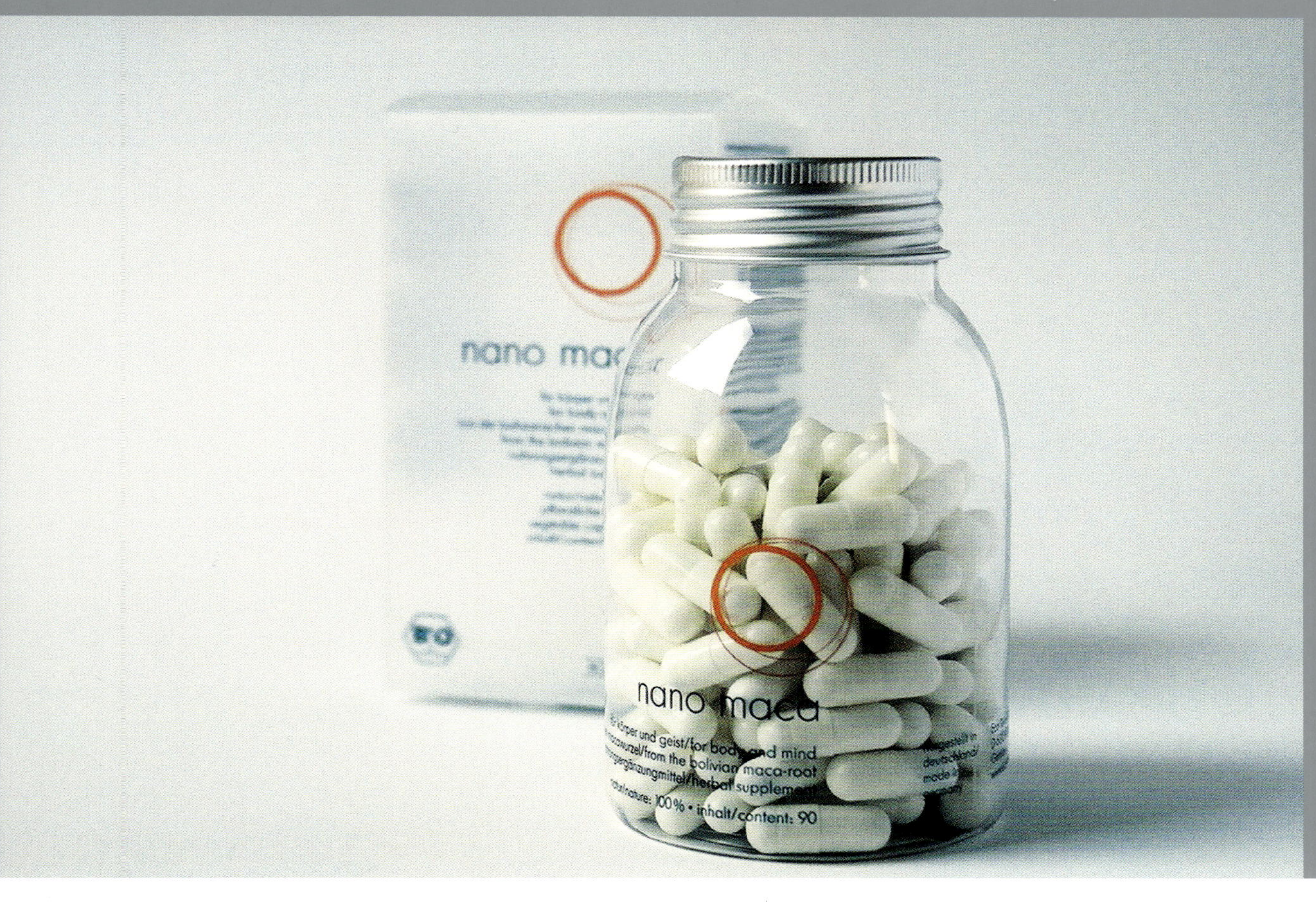

title
Nano Maca
Herbal Supplement

type of work
Brand development, packaging design

appeared in
2005

client
Eco Terra GmbH, Dietzenbach

design
Eiche, Oehjne Design, Bad Homburg
Art direction:
Ilka Eiche, Peter Oehjne
Text:
Ilka Eiche, Peter Oehjne
Customer advisory service:
Peter Oehjne

Städte nach statistischen Parametern miteinander zu vergleichen, ist nicht neu. Die Art und Weise, wie der Atlas jedoch an diese Aufgabe herangeht, ist ungewöhnlich und neuartig. Denn anders als erwartet, ermüdet er den Leser nicht mit endlosen Zahlenkolonnen. Stattdessen entwickelt er einen so intelligenten wie intuitiv zugänglichen Ansatz. Auffallend unkonventionell und anmutend gestaltet, wird durch ein System aus unterschiedlich großen orangefarbenen Punkten angezeigt, in welchem Maße eine Stadt mit anderen Städten in bestimmten Kategorien übereinstimmt. Die 101 Metropolen der Erde, die nach Daten wie Einwohnerzahl, Klima, Beschäftigung, Wirtschaft, Verkehr, Kriminalität und Umweltverschmutzung einander gegenübergestellt werden, lassen sich somit durch die Größe der einzelnen Punkte vergleichen, und auf einen Blick ist deutlich zu erkennen, in welcher Stadt welche Merkmale welche Bedeutung haben.

In der globalen Gegenüberstellung der weltweit verstreuten Metropolen eröffnet die enorme Fülle der über Jahre recherchierten Daten faszinierende Einblicke und manch neue Sichtweise auf die Welt und ihre Zusammenhänge.

Comparing cities with one another on the basis of statistical parameters is not new in itself. However, the way the atlas approaches this task is unusual and new because, contrary to what you may expect, it does not tire the reader with endless columns of figures. Instead it develops an intelligent as well as intuitively comprehensible approach. With a strikingly unconventional and attractive design, a system of different-sized orange-coloured dots displays to what extent one city corresponds to others in certain categories. The 101 metropoles of the earth, which are contrasted on the basis of data such as population, climate, economy, traffic, crime rate and pollution, can thus be compared via the size of the individual dots, and the reader can see at a glance in which city which characteristics have what significance.

In this global comparison of metropoles from all around the world the enormous wealth of data, which has been researched over years, opens fascinating insights and some new perspectives on the world and its connections.

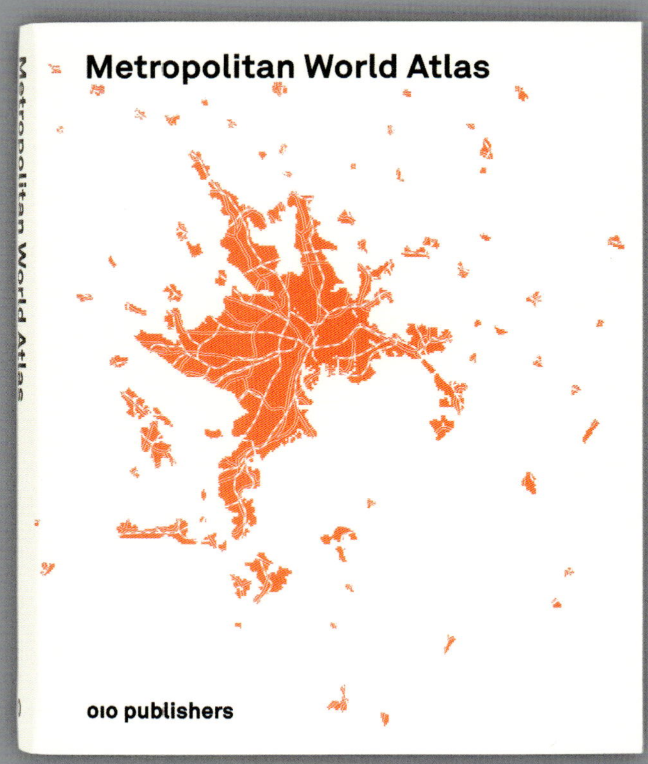

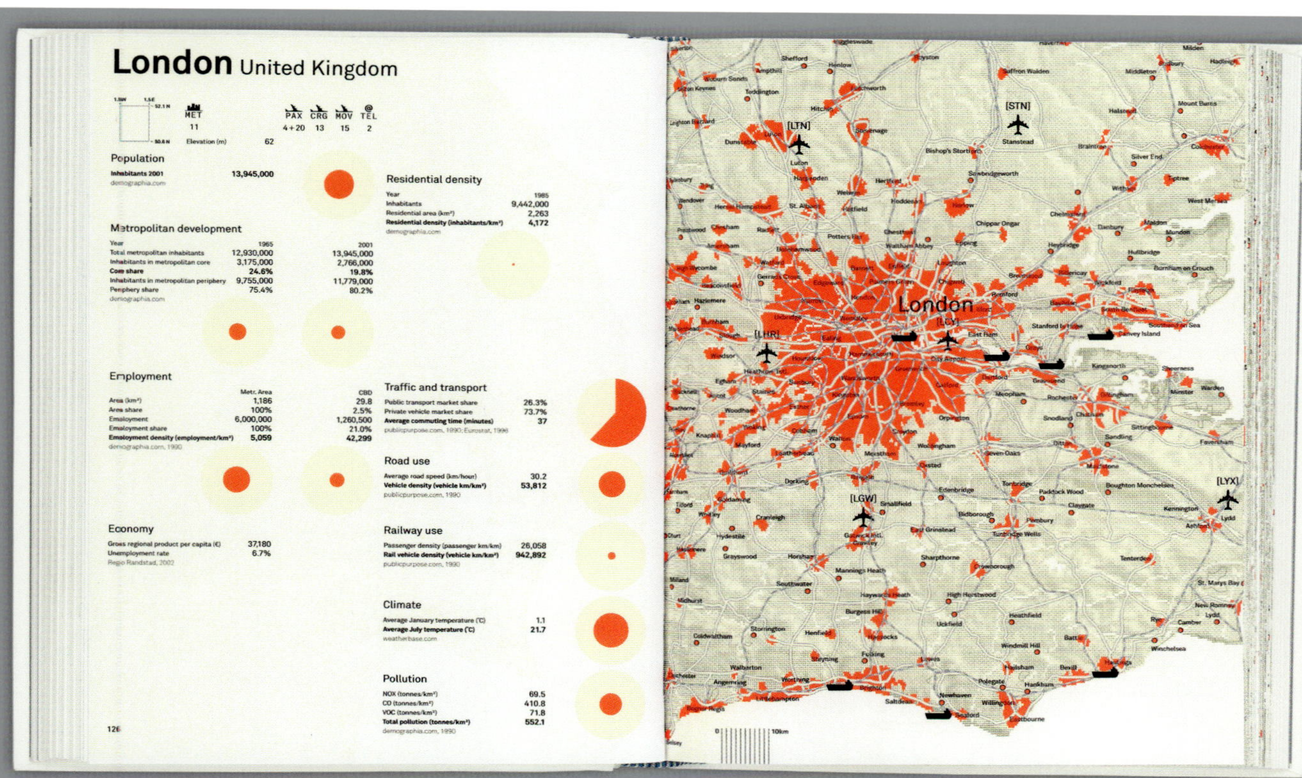

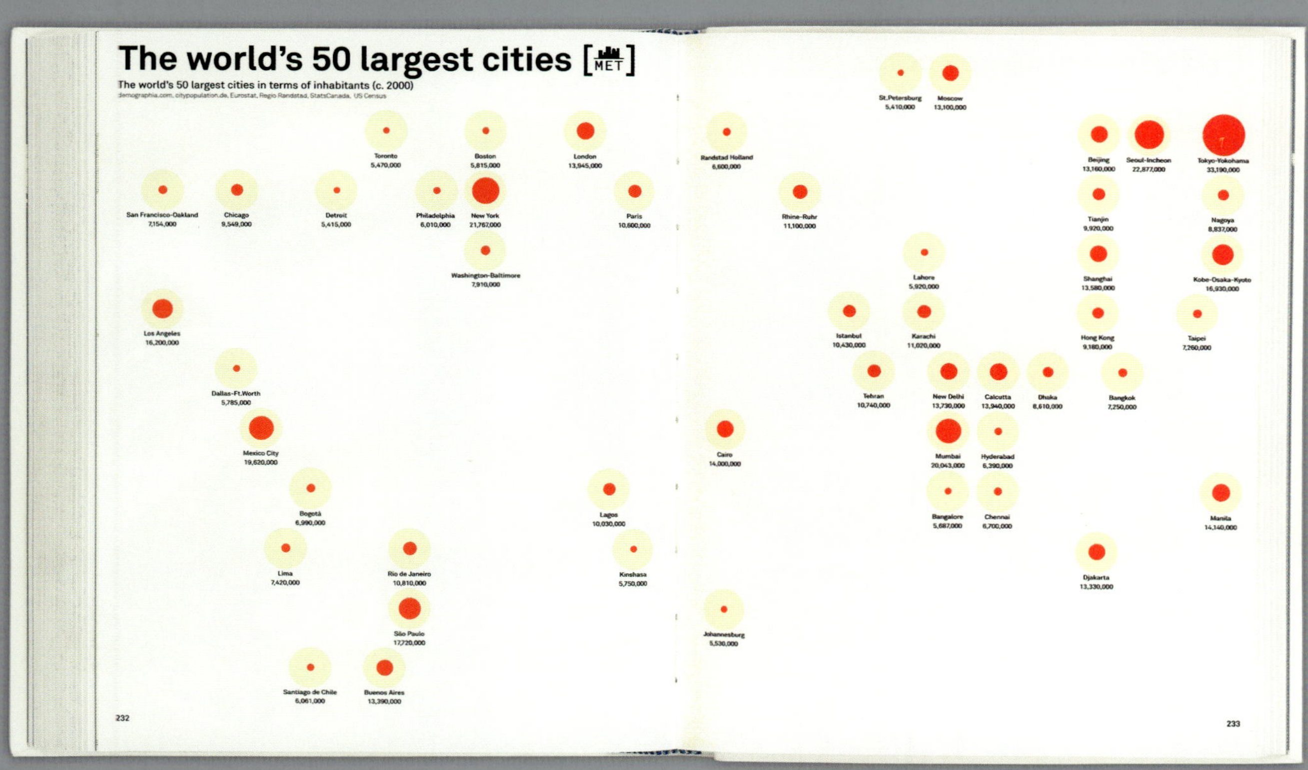

title
Metropolitan World Atlas

type of work
Book

appeared in
2005

client
010 Publishers, Rotterdam

design
Joost Grootens, Amsterdam
Creative direction: Joost Grootens
Art direction: Joost Grootens
Image editing: Joost Grootens
Illustration: Joost Grootens

In der Gestaltung eines Corporate Designs ist Wiedererkennbarkeit ein Schlüsselwort. Für ein Erscheinungsbild werden Typographie, Farbigkeit und Logo präzise festgelegt und in der gesamten Unternehmenskommunikation einheitlich angewandt.

Die neue Plakatserie für die Amsterdam Sinfonietta, ein unabhängiges, vorwiegend aus jungen Musikern bestehendes Ensemble, kehrt das Prinzip der Wiedererkennbarkeit um und wird gerade dadurch wiedererkennbar, dass sie nicht wiedererkennbar ist. Mit jedem neuen Plakatmotiv erfindet sie sich neu. Jedes einzelne Konzert unterscheidet sich in Repertoire, Besetzung und Atmosphäre, und das wird jeweils gestalterisch umgesetzt. Bis auf das prägnante Logo, das als festes Element in der oberen linken oder rechten Ecke platziert wird, werden die musikalischen Themen grafisch interpretiert, indem die Bildsprache inhaltliche Assoziationen aufgreift und beispielsweise das Konzert „lyrische suite" mit poetischen Elementen visualisiert.

Identification is a keyword when it comes to corporate design. To create a corporate identity, typography, colours and a logo are determined precisely and are applied consistently throughout the complete business communication.

The new poster series for the Amsterdam Sinfonietta, an independent ensemble mostly consisting of young musicians, reverses the principle of identification and thus becomes identifiable by not being identifiable. With each new poster it invents itself anew. Each individual concert differs in repertoire, musicians and atmosphere, and this is incorporated in the design. Apart from the distinct logo, which is a consistent element placed in the upper left- or right-hand corner, the musical themes are interpreted graphically by taking up content-related associations in the imagery, for example visualising the concert "lyrische suite" (lyrical suite) with poetic elements.

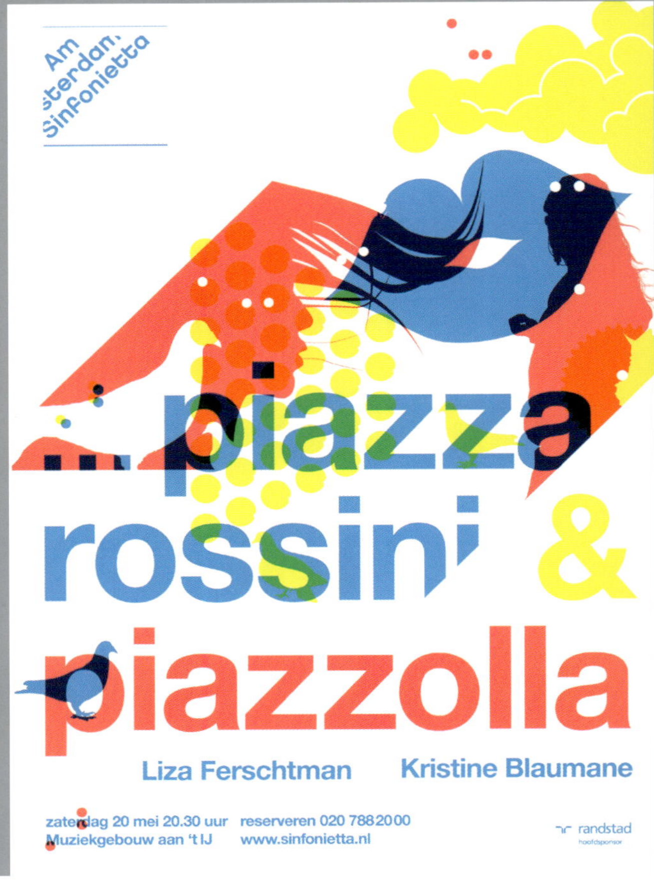

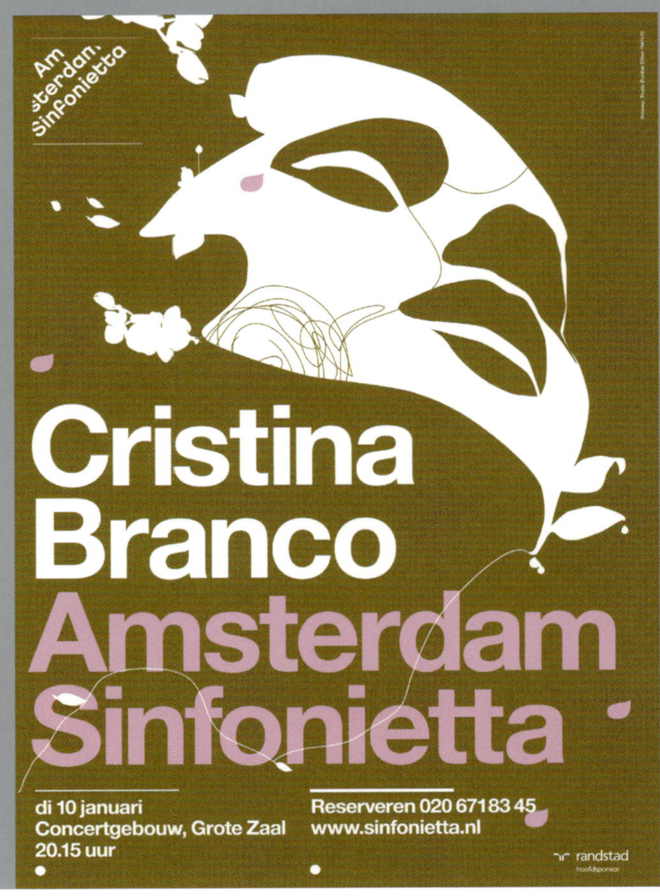

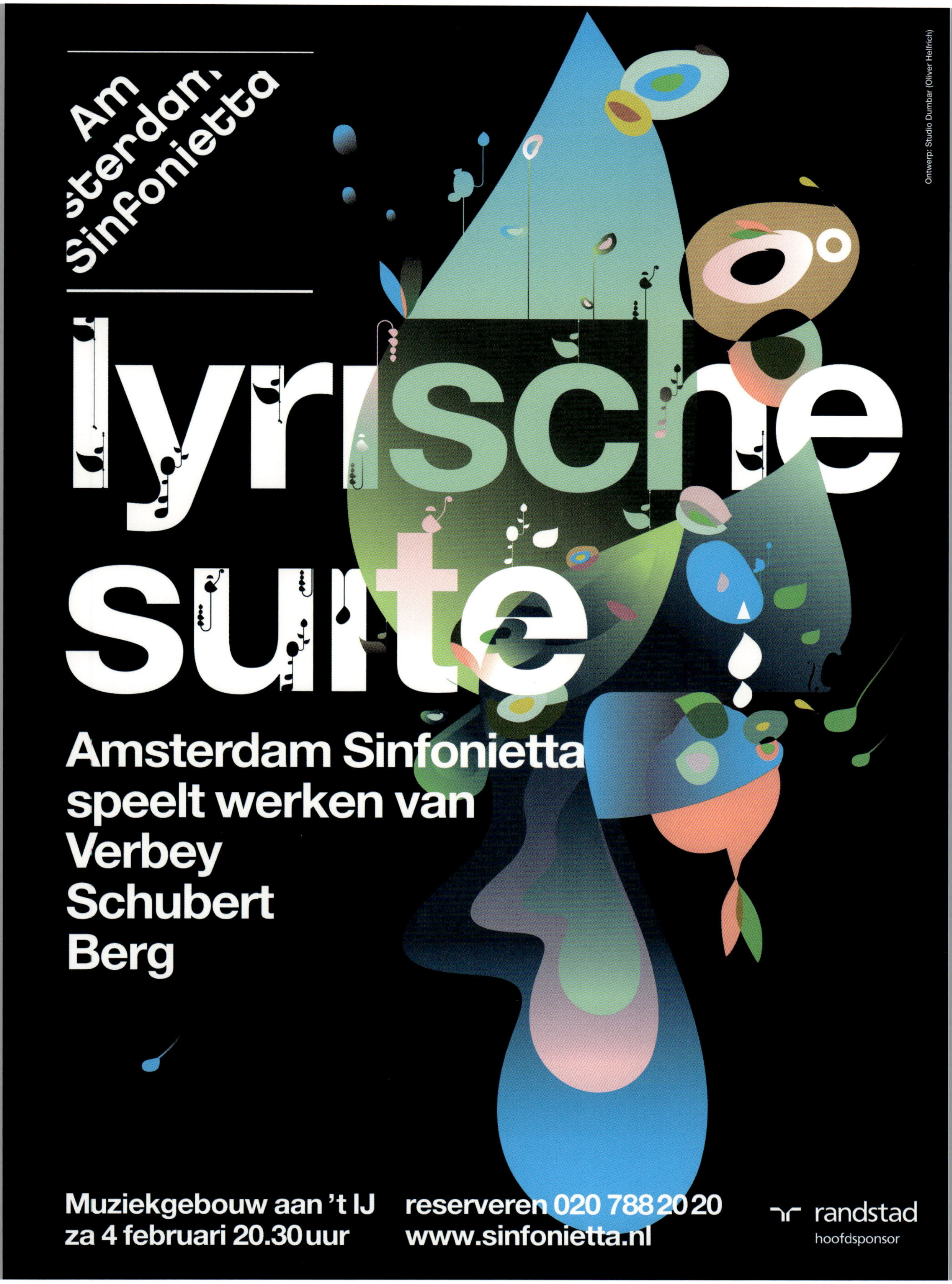

Amsterdam Sinfonietta

lyrische suite

Amsterdam Sinfonietta
speelt werken van
Verbey
Schubert
Berg

Muziekgebouw aan 't IJ
za 4 februari 20.30 uur

reserveren 020 788 20 20
www.sinfonietta.nl

randstad
hoofdsponsor

Ontwerp: Studio Dumbar (Oliver Helfrich)

title
Amsterdam Sinfonietta

type of work
Poster series

appeared in
2005/2006

client
Amsterdam Sinfonietta

design
Studio Dumbar,
Rotterdam
Oliver Helfrich

„Hohe Schuhe mit Sportswear zu tragen, ist kein Widerspruch“, sagt der japanische Modemacher und Designer Yohji Yamamoto über seine Frühjahrs-/Sommerkollektion für das gehobene Modelabel adidas Y-3. Wie recht er damit hat, zeigt die neue Webpräsenz der Marke.

In einem Kubus erscheint ein Model, das sich nach einem Klick von der Wand abstößt, sich um die eigene Achse dreht und in eine akrobatische Pose springt. Beim nächsten Klick wiederholt sich die Drehung und das Model landet in einer neuen ungewöhnlichen Stellung. In insgesamt neun dieser Kuben zeigen weitere Models, dass Anzug und Heels der Bewegungsfreiheit großen Spielraum lassen und Eleganz und Sportlichkeit eine gelungene Symbiose eingehen. Die eigenständige Präsentation der Kollektion ist deshalb so besonders, weil sie ihre einzelnen Elemente in vielerlei Ansichten zeigt. Gibt es sonst oft nur eine Perspektive, wird durch die Bewegung eine deutliche Vorstellung davon vermittelt, wie die Kleidung angezogen aussieht. Neben der Darstellung in den Kuben wird die gesamte Kollektion der Marke, aufgeteilt in die drei Bereiche Kleidung, Accessoires und Schuhe, vorgestellt.

“It is not a contradiction to wear high heels together with sportswear,” says the Japanese fashion designer Yohji Yamamoto about his spring/summer collection for the up-market fashion label adidas Y-3. The brand’s new web presence clearly shows how right he is.

A model appears in a cube and after a click pushes herself away from the wall, turns around her own axis and jumps into an acrobatic pose. At the next click the rotation is repeated and the model lands in a new unusual position. In a total of nine of these cubes further models show that suits and heels allow a large range of movement and that elegance and sportiness can form a successful symbiosis. What makes the original presentation of this collection so special is that it presents its single elements from many perspectives. While there is otherwise often only one perspective, here the movement conveys a clear image of what the clothes look like when worn. Besides the presentations in the cubes, the brand’s complete collection is introduced divided into the three fields of clothing, accessories and footwear.

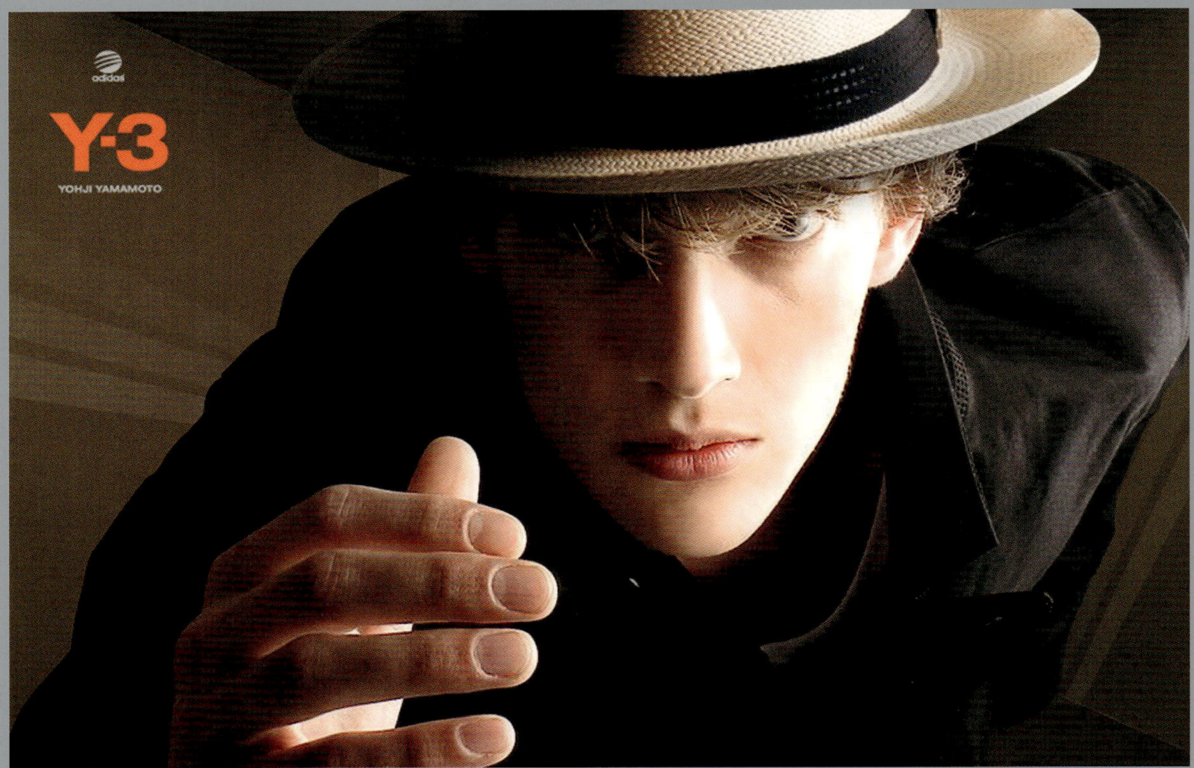

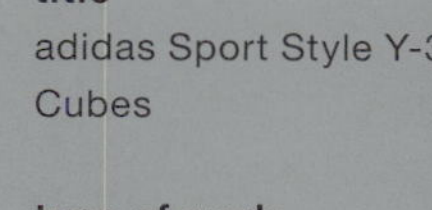

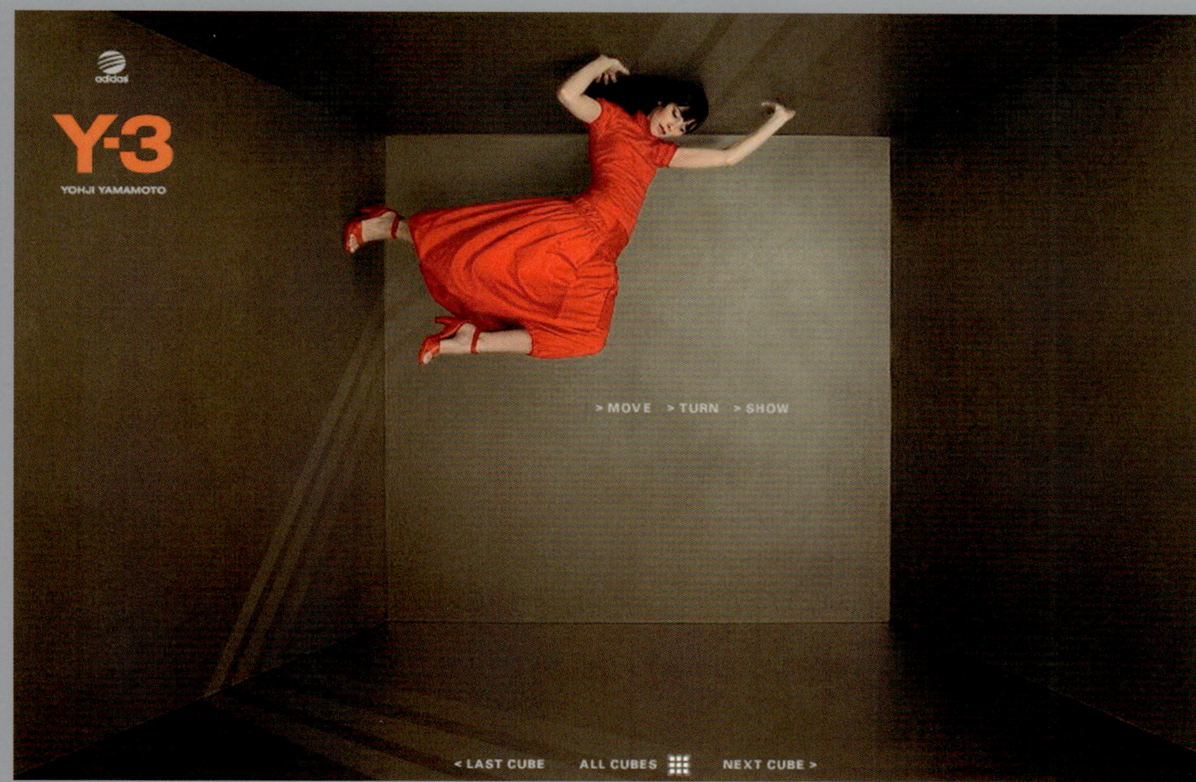

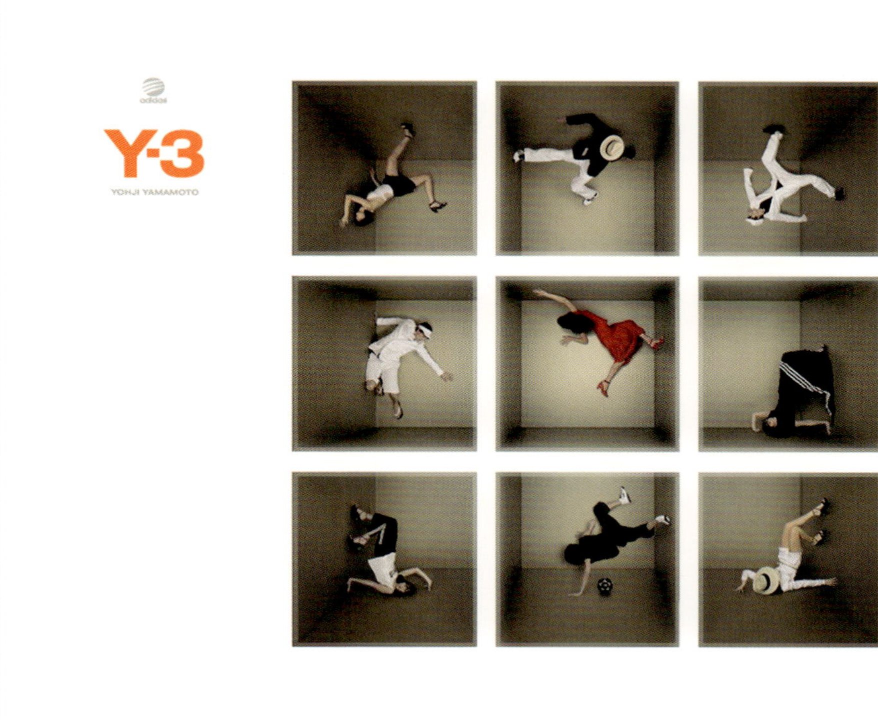

title
adidas Sport Style Y-3
Cubes

type of work
Website

appeared in
2006

client
adidas AG,
Herzogenaurach

design
NEUE DIGITALE GmbH,
Frankfurt/Main
Creative direction:
Olaf Czeschner
Art direction:
Jörg Waldschütz
Customer advisory service:
Kater Haak, Kai Greib
Programming:
Jens Steffen

Don Ryun Chang
Apex Lin
Kirsten Dietz
Leonardo Sonnoli
Tyron Montgomery
David Linderman
Martin Pross
Jean Jacques Schaffner

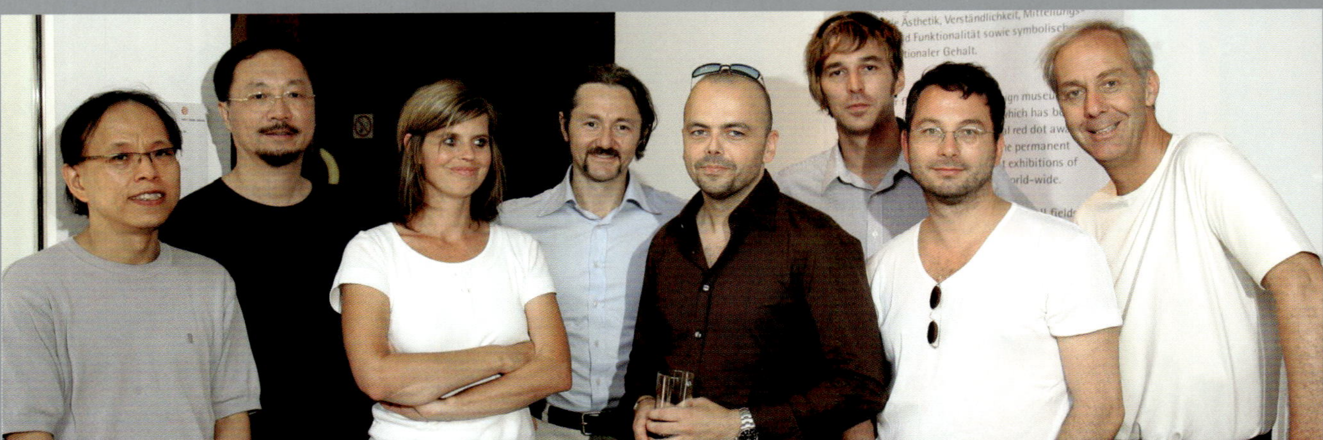

Mit der Auszeichnung „red dot: junior prize" wird jährlich die beste Arbeit eines Junior-Designers prämiert. Der erstmals mit 10.000 Euro dotierte Nachwuchspreis wird im red dot: junior award, dem innerhalb des red dot award: communication design ausgelobten Wettbewerb für Studierende und Nachwuchs-designer, verliehen. Aus allen neun Kategorien kann die Jury die herausragendste Arbeit auswählen und für den red dot: junior prize vorschlagen. In diesem Jahr wurden fünf Arbeiten für diesen Ehrentitel nominiert.

The distinction "red dot: junior prize" is awarded annually to the best work of a junior designer. The "red dot: junior prize", which for the first time includes a prize-money of 10,000 euros, is awarded to students and young designers in the "red dot: junior award", part of the "red dot award: communication design". From all nine categories the jury can select the most outstanding work and nominate it for the "red dot: junior prize". This year five works were nominated for this honorary title.

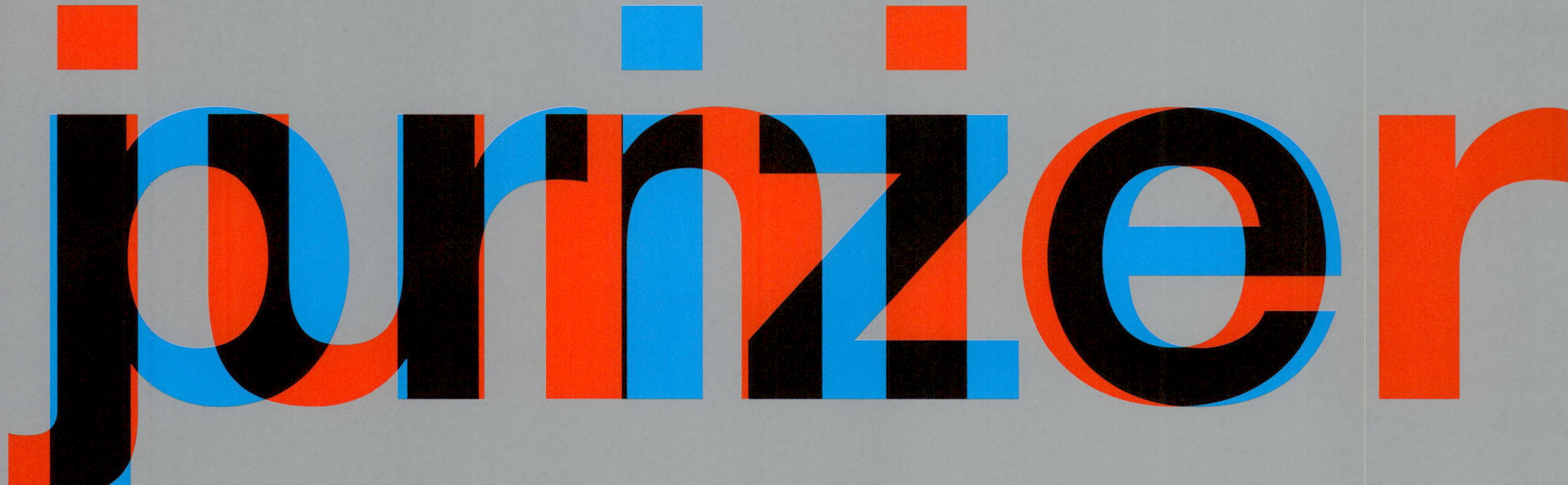
juror
prize
winner

So unterschiedlich die Zusammenhänge, so unterschiedlich sind immer auch die Herausforderungen, die an die Gestaltung gestellt werden. Und ihr Bestreben, komplexe Sachverhalte zu bündeln und klar und verständlich zu machen, kann zu einer echten Probe werden. Wie etwa lassen sich die Millionen Jahre zählenden Erdzeitalter, ihre Verwandlung über diese Zeit hinweg und die parallele Entwicklung der Lebewesen in einem Buch so darstellen, dass der Leser die Zusammenhänge ohne lange Studien erfasst?

Der Atlas realisiert dieses Unterfangen mit unterschiedlichen Darstellungsebenen, die sich konsequent durch das Buch ziehen. Die Inhalte – Plattentektonik, Verteilung von Land und Meer, klimatische Verhältnisse, Tier- und Pflanzenwelt oder die Meeresströmungen in den vergangenen 290 Millionen Jahren – werden so aufbereitet, dass sie in einheitlich gestalteten Zeichnungen und Tabellen einen Überblick und Vergleich ermöglichen. Auf den abbildenden Doppelseiten ist immer links die Kartographie und rechts die Legende. In reduzierten Grafiken und einfachen Illustrationen werden hier typische Pflanzen oder Tiere sowie erklärende Namen und Daten aufgeführt, so dass sich die Fülle an Informationen unkompliziert vermittelt und die Erde als ein lebendiger und bewegter Planet präsentiert.

As diverse as the connections are, so too are the challenges design faces. And the aim to bundle complex issues and make them clear and understandable can be a real challenge. How, for example, can the earth's age of millions of years, its change over time, and the parallel development of life be portrayed in a book in such a way that the reader is able to grasp the connections without having to study the subject for a long time?

The atlas meets this objective with different levels of visual presentation used consistently throughout the book. The content – plate tectonics, distribution of land and sea, climatic conditions, animal and plant world, and the ocean currents from 290 million years ago until today – is presented in such a way that it offers an overview in uniformly designed illustrations and tables. The illustrating double pages always feature cartography on the left and a key on the right. Typical plants or animals as well as explanatory names are added using reduced graphics and simple illustrations so that the wealth of information is conveyed in an uncomplicated way and the earth is presented as a living and moving planet.

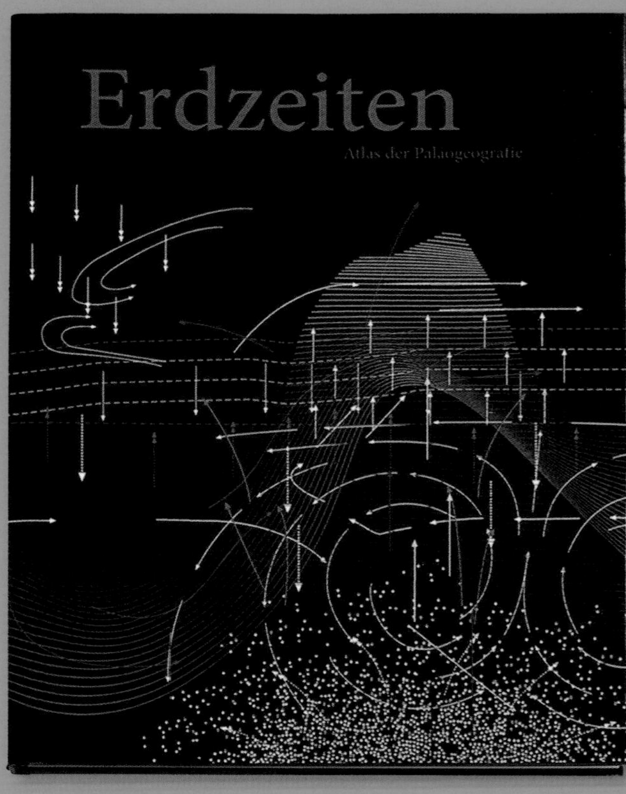

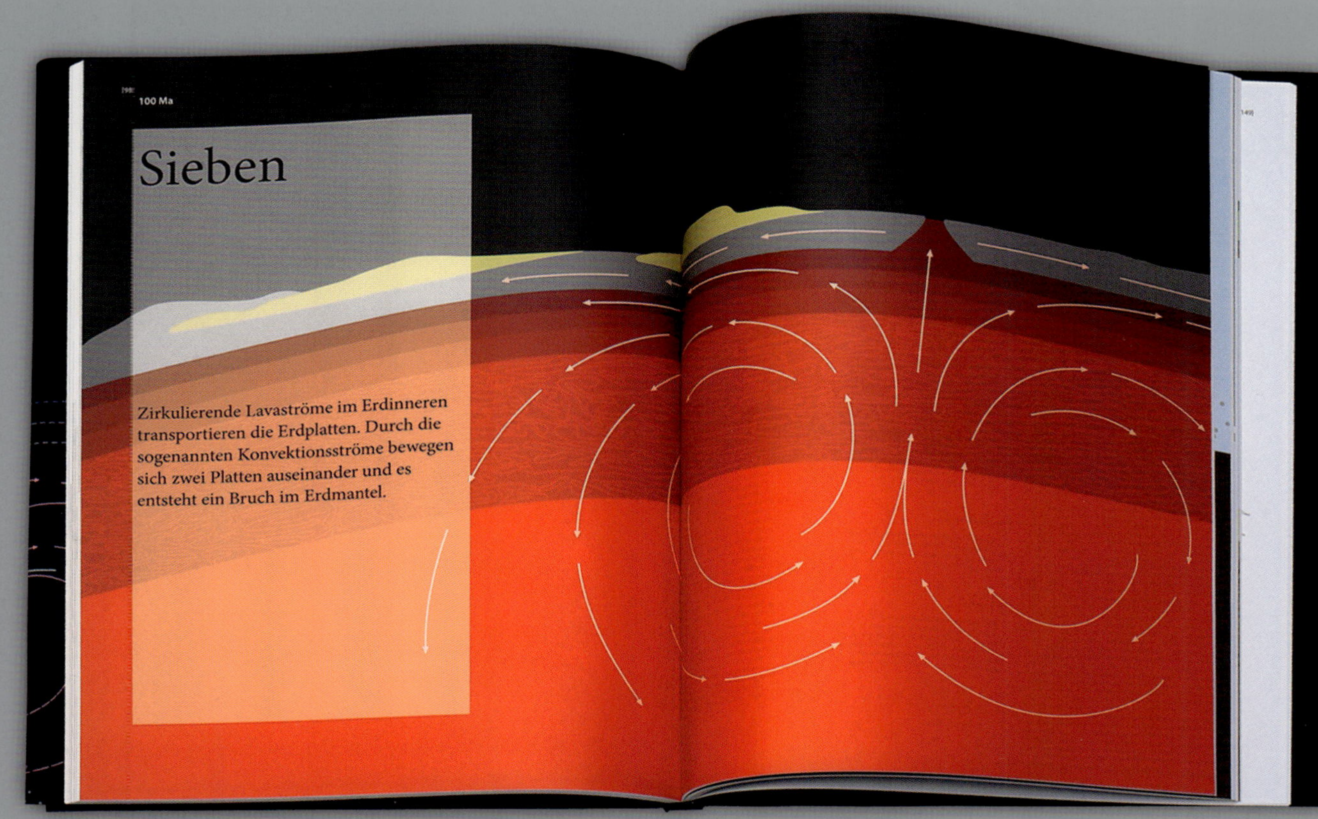

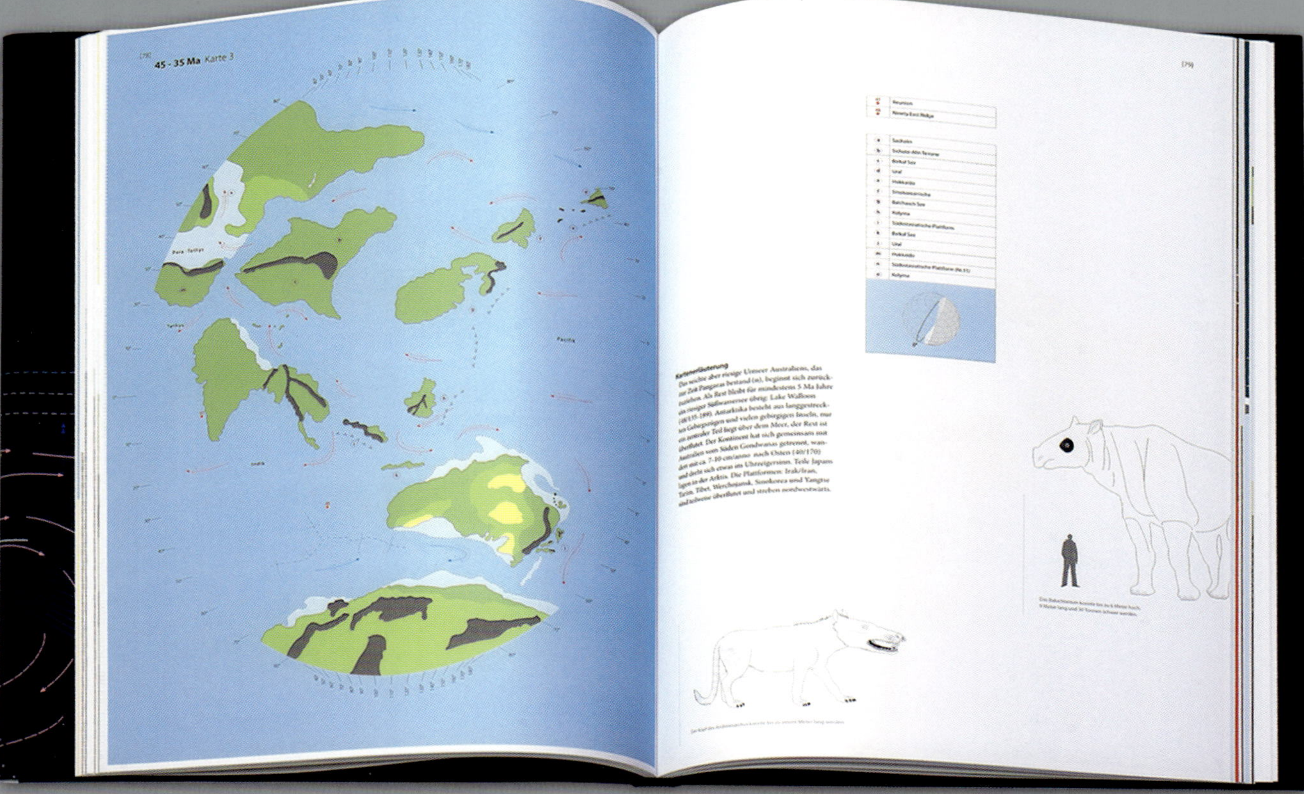

title
Erdzeiten – Atlas der Paläogeografie (junior award)

type of work
Book, atlas

appeared in
2006

client
Senckenberg Forschungsinstitut und Naturmuseum, Frankfurt/Main

design
Martin Gorka, Cornelia Vogt, Violetta Walter
Hochschule für Gestaltung Offenbach
Creative direction: Martin Gorka, Cornelia Vogt, Violetta Walter
Producer: Senckenberg Museum Frankfurt, Hochschule für Gestaltung Offenbach
Illustration: Martin Gorka, Cornelia Vogt, Violetta Walter

Don Ryun Chang
Apex Lin
Kirsten Dietz
Leonardo Sonnoli
Tyron Montgomery
David Linderman
Martin Pross
Jean Jacques Schaffner

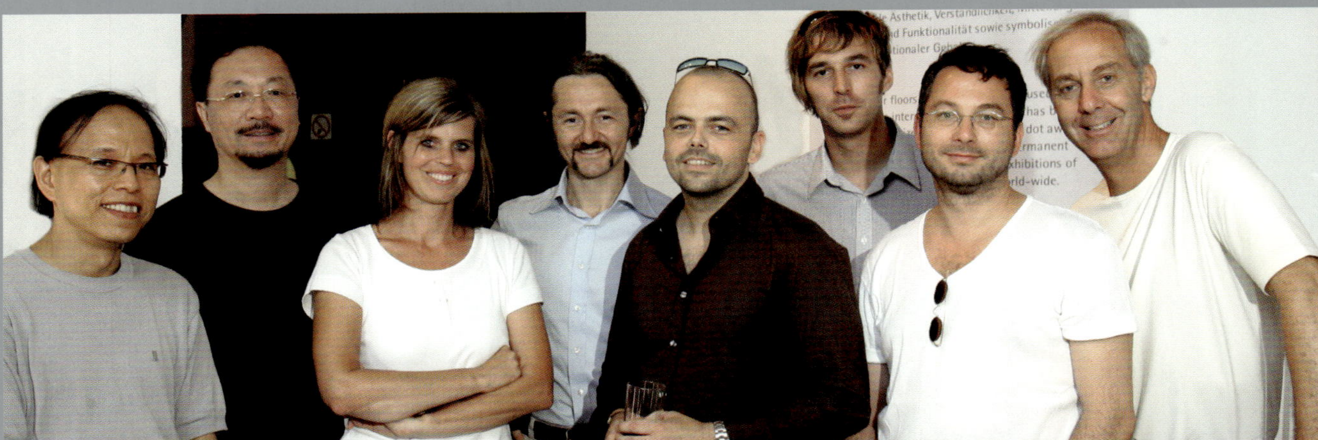

Die Auszeichnung „red dot: best of the best“ wird für herausragende und außergewöhnliche Gestaltungsleistungen vergeben. Aus neun verschiedenen Kategorien wählt eine international besetzte Jury diejenigen Arbeiten aus, die durch ihre Designqualität und Umsetzung besonders hervorstechen. In jeder Wettbewerbskategorie können bis zu drei Arbeiten und zusätzlich eine Arbeit eines Junior-Designers mit dem red dot: best of the best ausgezeichnet werden. In diesem Jahr wurde der red dot: best of the best 24-mal verliehen.

The distinction "red dot: best of the best" is awarded for superior and exceptional design achievements. From nine different categories an international jury selects those works which stand out most in design quality and realisation. In each competition category up to three works and additionally one work of a junior designer can be awarded the "red dot: best of the best". This year, the "red dot: best of the best" was awarded 24 times.

the best

Den eigenen Wohn- und Lebensraum selbst zu gestalten und nach seinen individuellen Vorstellungen zu verwirklichen, ist der Wunsch vieler Menschen. „Do it yourself" lautet daher das Unternehmensmotto der seit 30 Jahren existierenden österreichischen Baumarktkette bauMax. Die Imagebroschüre baut auf diesem Motto auf, und ihre Gestaltung dekliniert es derart schlüssig durch, dass Botschaft und Form zur Deckung kommen. Die Broschüre ist in einer überdimensionierten Kresse-Samentüte verpackt. Ihr Cover besteht aus dem in dreidimensionalen Lettern eingelassenen Schriftzug „Do it yourself". Dieser fungiert mit dem dazu passenden Nährboden-Vlies als Beet für die beigelegten Kressesamen. Bei richtiger Pflege wächst die Kresse binnen weniger Tage „aus der Broschüre", und das Wachstum von bauMax wird direkt, haptisch und sinnlich erlebbar.

Die Verbindung des Prinzips „Do it yourself" mit der Geschichte des heutigen Marktführers in sechs Ländern erfährt in dem für alle Kunden durchführbaren Experiment eine konsequent durchdachte Umsetzung. Die eigentliche Broschüre, in den Unternehmensfarben Rot und Gelb gestaltet, gibt Einblick in das Familienunternehmen und porträtiert die Menschen dahinter auf sehr persönliche und sympathische Art.

It is the desire of many people to design their own living space according to their individual ideas. Thus, "Do it yourself" is the company motto of the Austrian bauMax home improvement store chain which has been in business for 30 years. The image brochure builds on this motto, and its design presents it in such a logical way that message and form are perfectly aligned. The brochure is wrapped in an oversized cress seed bag. Its cover shows the words "Do it yourself" embedded in three-dimensional letters. In combination with the matching soil mat this serves as a patch for the enclosed cress seeds. By correct nurturing the cress grows "out of the brochure" within a few days and the "growth" of bauMax can be experienced directly in a tactile and sensual way.

The combination of the "Do it yourself" motto and the history of today's market leader in six countries is well thought-out and consistently implemented in this experiment, which can be carried out by any customer. The actual brochure, designed in the company colours red and yellow, gives the reader an insight into the family business and portrays the people behind it in a very personal and likable way.

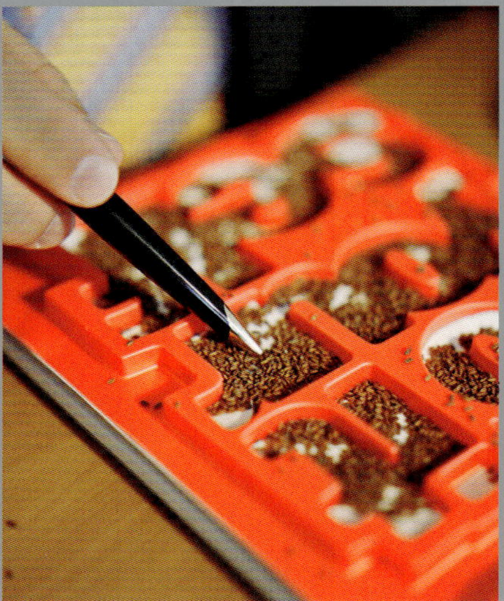

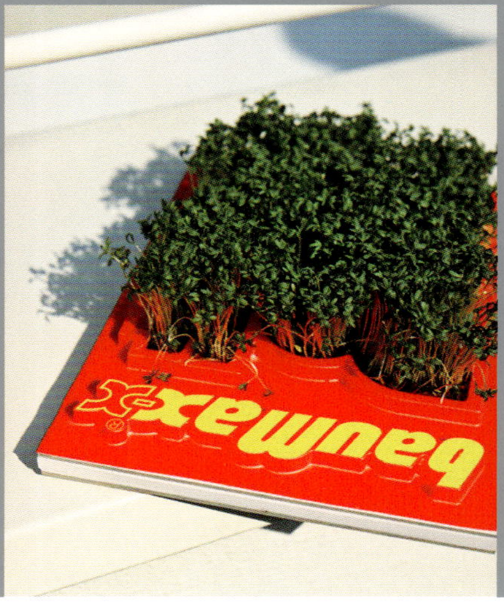

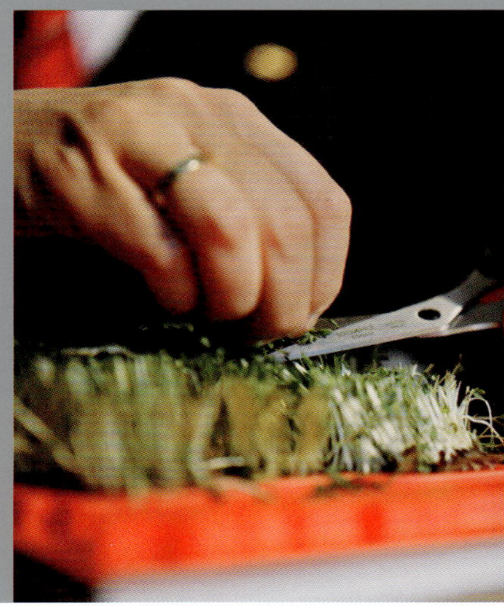

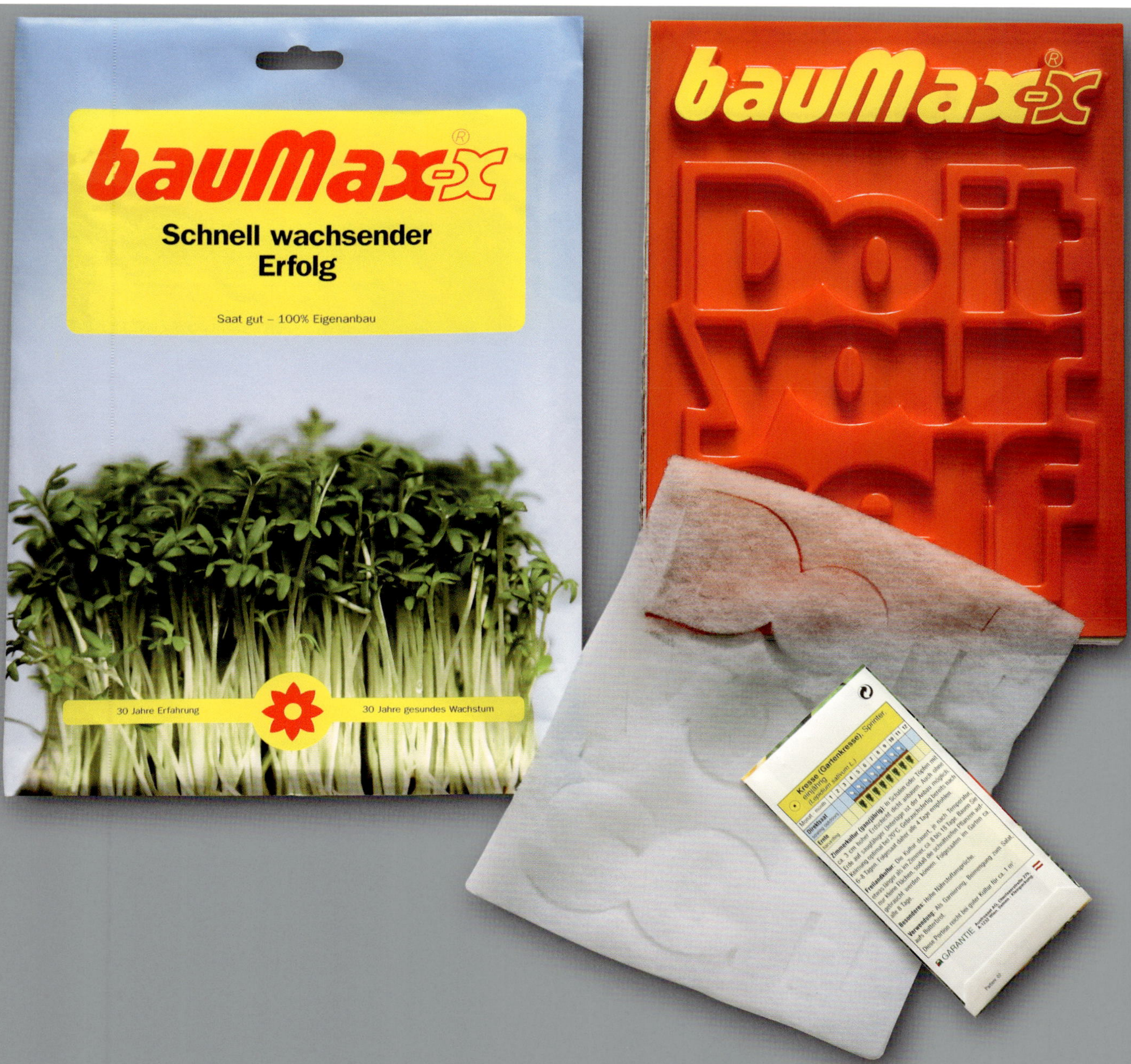

title
30 Jahre bauMax

type of work
Image brochure

appeared in
2006

client
bauMax AG,
Klosterneuburg

design
Büro X Design GmbH,
Vienna
Mensalia GmbH,
Vienna
Creative direction:
Andreas Miedaner
(Büro X Design),
Dominik Cofalka
(Mensalia)
Designer:
Andreas Miedaner,
Sascha Schaberl,
Werner Singer,
Sonja Handl,
Beatrix Hepting
Text:
Franziskus Kerssenbrock
Photography:
Manfred Klimek,
Klaus Vyhnalek
Customer advisory service:
Gertraud Haas

Blinde sind in besonderer Weise darauf angewiesen, ihre übrigen Sinne zu verfeinern. Sie müssen ein ausgeprägtes Sensorium entwickeln, um sich die Welt zu erschließen und sich ohne Augenlicht in ihr zurechtzufinden.

Die Sonderbriefmarke mit dem Titel „Mit Händen sehen" macht die Bedeutung, die der Tastsinn für Blinde hat, plastisch und auch für Sehende fühlbar. Und zwar dadurch, dass die Gestaltung die Sinne Sehen und Tasten miteinander verbindet und in verschiedenen Wahrnehmungsebenen auf der großformatigen Marke umsetzt: Für Blinde sind in Brailleschrift der Titel „Mit Händen sehen" sowie die Zahl „55" für den Preis eingeprägt. Entsprechend dem Blickfeld von Menschen mit Sehbehinderung läuft die „55" ein zweites Mal wie ein leichter Schatten über mehr als die Hälfte der Marke. Menschen mit gesundem Augenlicht erkennen auch die kleine, zurückhaltende Beschriftung, die zum dritten Mal die „55" sowie die beiden Jubiläen „200 Jahre Blindenschule Berlin" und „150 Jahre Stiftung Nikolauspflege", die Anlass und Thema der Marke sind, aufführt. Im Unterschied zu oft sehr bunten Briefmarken verdeutlicht die elegant anmutende Sondermarke ihr Thema zusätzlich durch den Verzicht auf farbige Elemente.

It is particularly important for blind people to refine their other senses. They have to develop a differentiated sensorium in order to have access to the world and find their way around.

The special issue stamp entitled "Mit Händen sehen" (Seeing with hands) makes the significance the sense of touch has for blind people tangible also for those who can see. This is achieved by combining the senses of vision and touch in the design and implementing it in different levels of perception on the large-sized stamp: For blind people the title "Mit Händen sehen" as well as the number "55" for the price are embossed in Braille. According to the field of vision of people with impaired vision the "55" is presented a second time, running over more than half of the stamp like a light shadow. People with healthy vision will also see the small, unobtrusive writing which features the number "55" for the third time as well as the two anniversaries "200 Jahre Blindenschule Berlin" (200th Anniversary Berlin School for the Blind) and "150 Jahre Stiftung Nikolauspflege" (150th Anniversary Nikolauspflege Foundation), which are the stamp's subject matter and the reason for its issue. In contrast to often very multicoloured stamps, the elegant special issue stamp emphasises its subject by not using colourful elements.

31

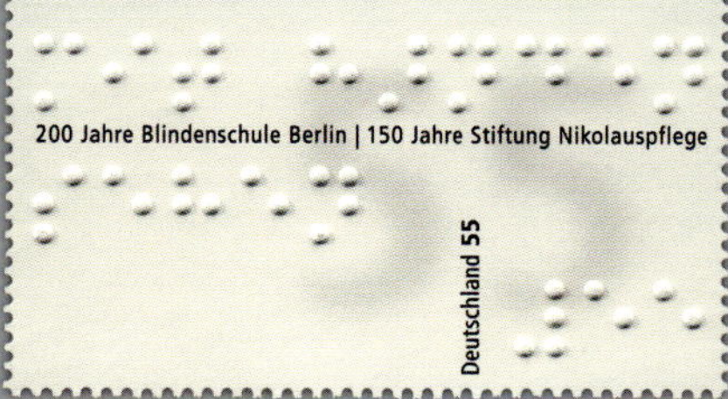

title
Mit Händen sehen:
200 Jahre Blindenschule
Berlin /
150 Jahre Stiftung
Nikolauspflege

type of work
Stamp

appeared in
2006

client
Bundesministerium der
Finanzen
Referat Postwertzeichen,
Berlin

design
Prof. Christof Gassner,
Darmstadt

In unserer schnelllebigen Welt ist vor allem eines zum Luxusgut geworden: Zeit. Die Formulierung „keine Zeit" ist die Losung der Gegenwart und, verstärkt durch die elektronischen Medien, wächst der Druck, immer schneller sein zu müssen und keine Minute ungenutzt verstreichen zu lassen. Die Zeitung „Hier + Jetzt" ist genau für die Menschen, die scheinbar nie Zeit und wenig Geduld haben. Sie besteht aus losen DIN-A3-Bögen und enthält Übungen, die zum Verschwenden eines Augenblicks anregen. Der „Übende" kann die Seiten zum Beispiel mit dem Locher durchlöchern, sie zerreißen und anschließend wieder zusammensetzen, vorgegebene Felder ausmalen, ausschneiden oder sie zu bestimmten Figuren falten.

Die Übungen können überall ausgeführt werden und bedürfen keiner besonderen Fähigkeit, bis auf einer: sie verlangen Aufmerksamkeit und das heißt Zeit. Das Ziel von „Hier + Jetzt" erfüllt sich somit beim Machen selbst, wenn sich der Übende dem Augenblick hingibt. In der klaren und einfallsreichen Gestaltung der Zeitung spiegelt sich ihre Funktion wider, die die originell transportierte Botschaft zu einer Art Lockerungs- und Entschleunigungsprogramm macht.

In our fast-paced world one thing above all has become a luxury good: time. The words "no time" are the current slogan and, enhanced by electronic media, the pressure grows to always get faster and not let a single minute pass unused. The newspaper "Hier + Jetzt" (Here + Now) is exactly for those people who appear to never have time and also have very little patience. It consists of loose DIN A3 sheets of paper and contains exercises which encourage to waste a moment. The reader may punch holes into the pages using a hole punch; tear it to pieces and put it together again; colour in or cut out predetermined fields or fold it to create certain figures.

The exercises can be done anywhere and they do not require special skills, except for one: they require attention which means they require time. The aim of "Hier + Jetzt" is thus fulfilled when the person doing the exercises is dedicating themselves to the moment. The clear and creative design of the newspaper reflects its function, which turns the originally conveyed message into a kind of relaxing exercise and deceleration programme.

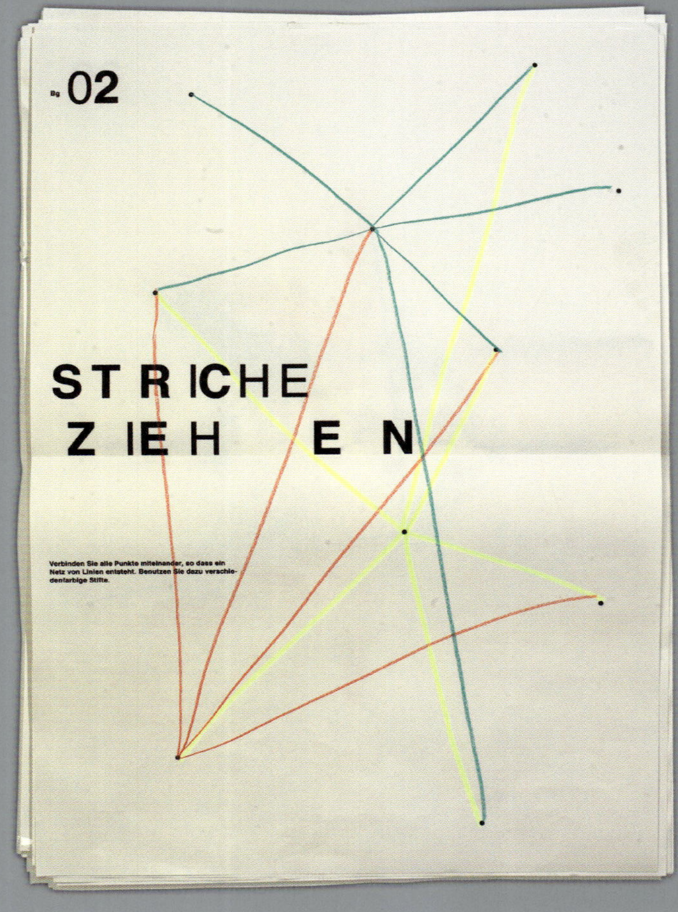

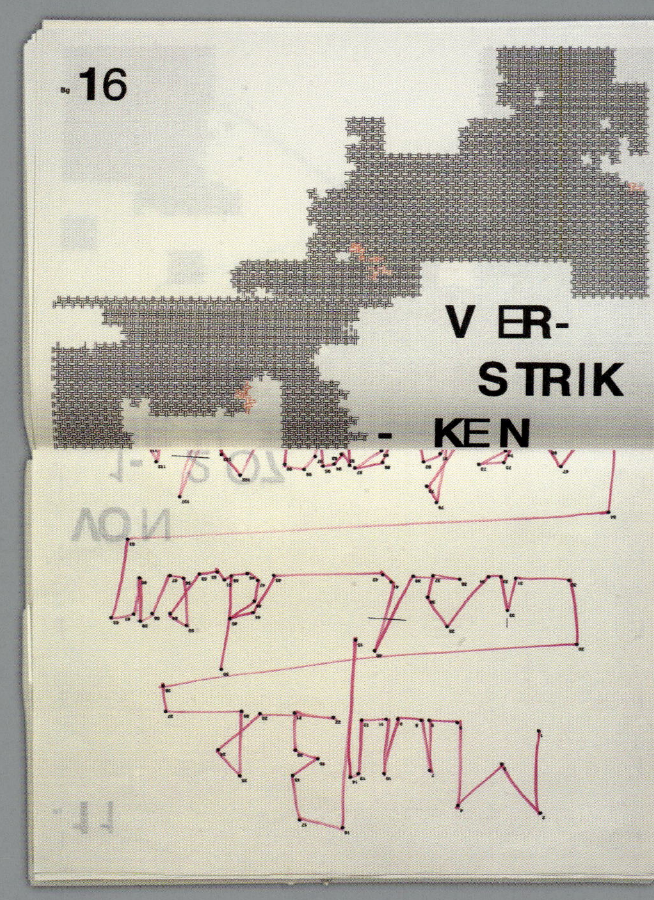

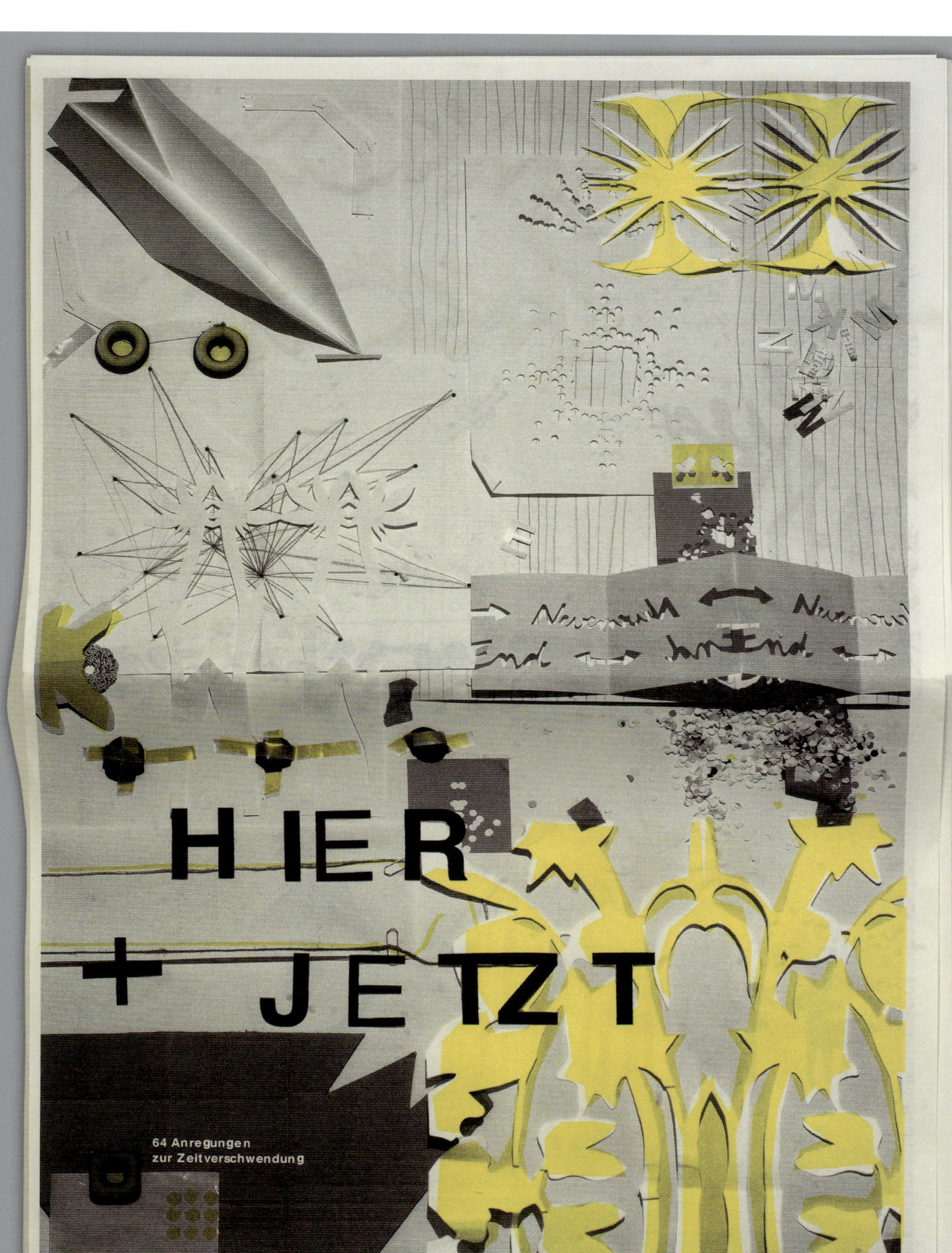

title
Hier + Jetzt.
64 Anregungen zur Zeitverschwendung (junior award)

type of work
Newspaper

appeared in
2005

client
Hochschule für Gestaltung Offenbach
Prof. Klaus Hesse

design
Catrin Sonnabend, Offenbach

Der Architekt habe heute die Funktion des Koordinators und Netzwerkexperten, beschreibt Ben van Berkel, Architekt des Mercedes-Benz Museums, das veränderte Selbstverständnis des einstigen Baumeisters. So wie Gebäude nicht mehr am Zeichentisch entstehen, hat sich auch das Automobil zum hochkomplexen „High-Tech-Gleiter“ entwickelt. Die hinter den enormen Fortschrittsleistungen steckende menschliche Neugier machte sich die Wanderausstellung zunutze, die sich als Preview des neuen Mercedes-Benz Museums auf internationalen Veranstaltungen präsentierte. Die Inszenierung der über 120-jährigen Geschichte des traditionsreichen Automobilherstellers gelang ihr jedoch ganz ohne multimediale Effekte. In reduzierten, klar und hochwertig gestalteten Archivboxen konzentrierte sie die Aufmerksamkeit auf die Inhalte. Und das waren, weil sich die Originale bereits im Museum befanden, Faksimiles, kuriose Gegenstände und interessante Begebenheiten, die die edle Marke auch akustisch erlebbar machten.

Die vollkommen eigenständige Wanderausstellung überzeugte durch die Umsetzung des international für Spitzenqualität in Design und Technik stehenden Labels in eine reizvolle Präsentation, die losgelöst vom aufsehenerregenden Museumsneubau leise und sinnliche Einblicke in die Hintergründe des schwäbischen Weltunternehmens eröffnete.

Today, the architect's function is that of a coordinator and network expert – that is how Ben van Berkel, architect of the Mercedes-Benz Museum, describes the changed self-concept of the former master builder. Similar to buildings which are no longer created at the drawing board, the automobile has also developed into a highly complex "high-tech glider". The travelling exhibition, which was presented as a preview of the new Mercedes-Benz Museum on international events, took advantage of the human curiosity behind these enormous innovative achievements.
The staging of the more than 120 years of history of this traditional automobile manufacturer, however, was managed successfully without any multimedia effects. By using reduced, clear and high-quality archive boxes the visitors' attention was focussed on the content. And the content – since the originals were already in the museum – consisted of facsimiles, curious objects and interesting incidents, which allowed experiencing the brand acoustically, too.

The completely independent travelling exhibition impressed the visitors because it successfully translated the label which stands for top quality in design and technology internationally into an attractive presentation which allowed quiet and sensual insights into the background of the international company from Swabia, independent of the sensational new museum.

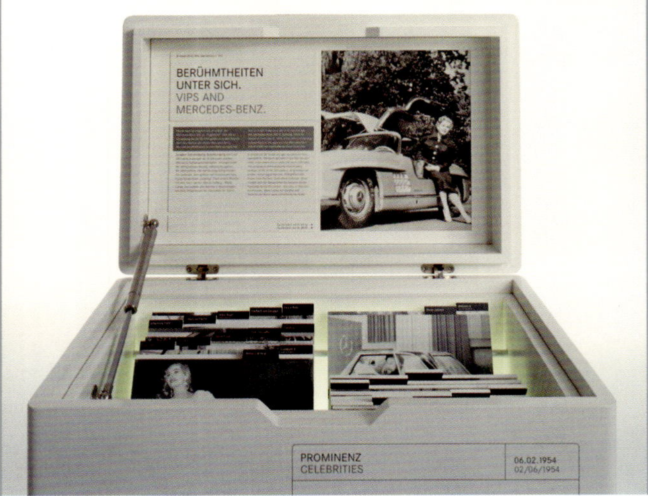

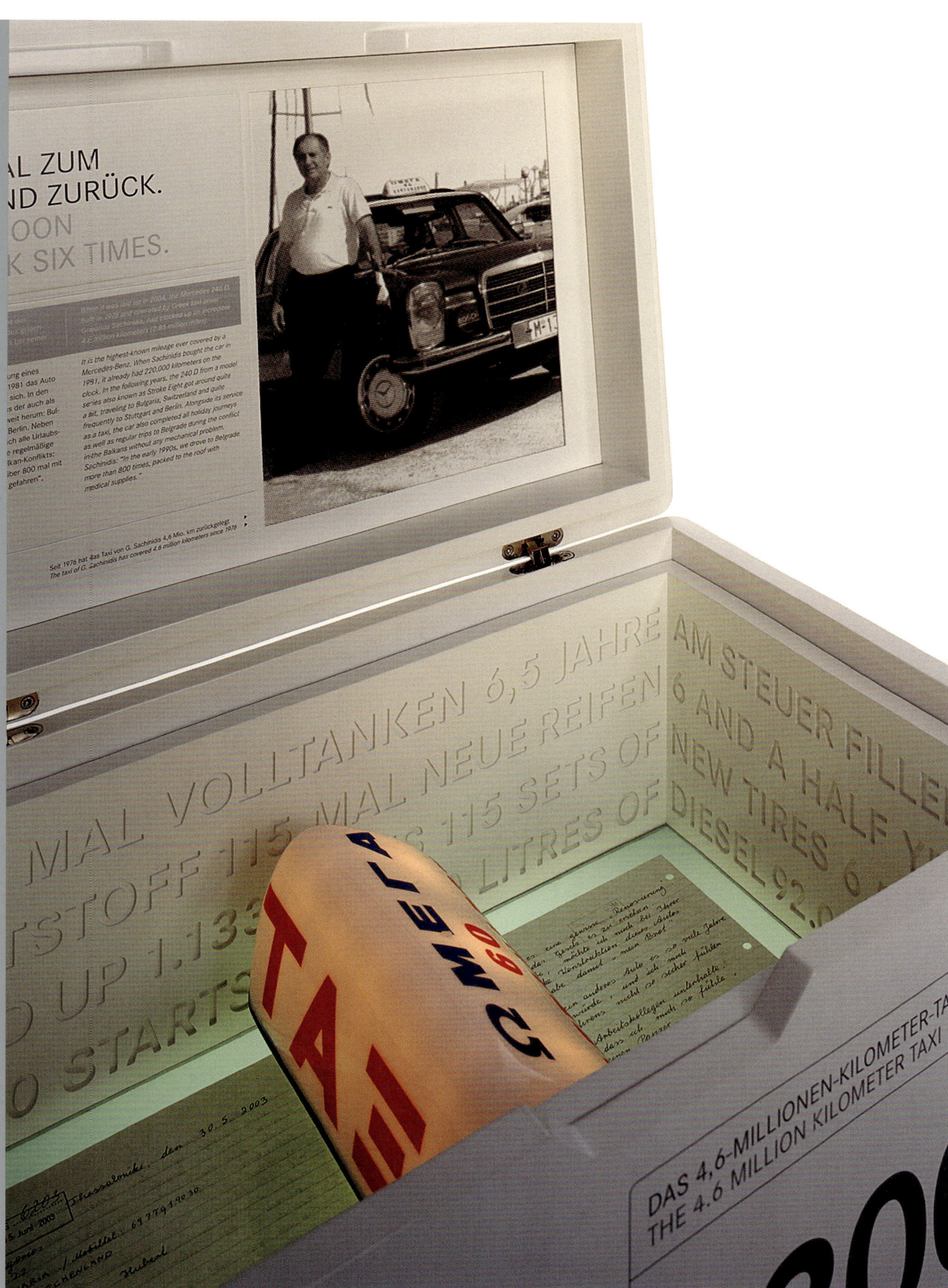

title
Wanderausstellung zum neuen Mercedes-Benz Museum

type of work
Travelling exhibition

appeared in
2006

client
DaimlerChrysler AG, Stuttgart

design
design hoch drei GmbH & Co.KG, Stuttgart
Mirja Bekavac,
Andrea Schneider,
Maximiliane Schröder
Creative direction:
Wolfram Schäffer
Art direction:
Wolfram Schäffer
Image editing:
Christine Wolf

Gestaltung kann das Rad nicht immer wieder neu erfinden, aber sie kann dennoch immer wieder Zeichen setzen, die manches Bisherige in den Schatten stellen. Das 40 Meter hohe KUNST|RAD, das die Besucher des Frankfurter Museumsuferfests im Sommer 2005 in den Bann zog, ist so ein Zeichen. Bespannt mit einer überdimensionierten Leinwand, auf die abends 100 Kunst- und Meisterwerke projiziert wurden, leuchtete es weithin sichtbar in den nächtlichen Himmel und eröffnete von 16 Gondeln aus einen faszinierenden Blick über die Mainmetropole. Die Zahl 16 steht für die 16 Museen der Stadt, aus denen die 100 Kunstwerke stammen. In einer eindrucksvollen Licht- und Medieninszenierung repräsentierten sie die Kulturvielfalt der Region – das KUNST|RAD wurde so zur gestalteten Metapher der Veranstaltung. Zur Stärkung des Bewusstseins um diese kulturelle Vielfalt wurde eine Lösung entwickelt, die diese Botschaft so gelungen wie unübersehbar visualisierte und nachhaltig erlebbar machte.

Design cannot reinvent the wheel again and again, but it can again and again set examples that outshine some previous creations. The 40 metres high KUNST|RAD, which cast a spell over the visitors of the Frankfurt Museumsuferfest (Museum Quay Festival) in summer 2005, is such an example. Covered with a large screen onto which 100 artworks and masterpieces were projected in the evening, it was widely visible shining in the night sky and offering a fascinating view over the metropolis on the Main from its 16 gondolas. The number 16 stands for the city's 16 museums, from which the 100 artworks have been taken. With an impressive light and media presentation they represented the cultural variety of the region – thus KUNST|RAD became a designed metaphor for the event. To strengthen the awareness of this cultural variety, it was developed a solution which visualised this message successfully and conspicuously as well as providing a lasting experience.

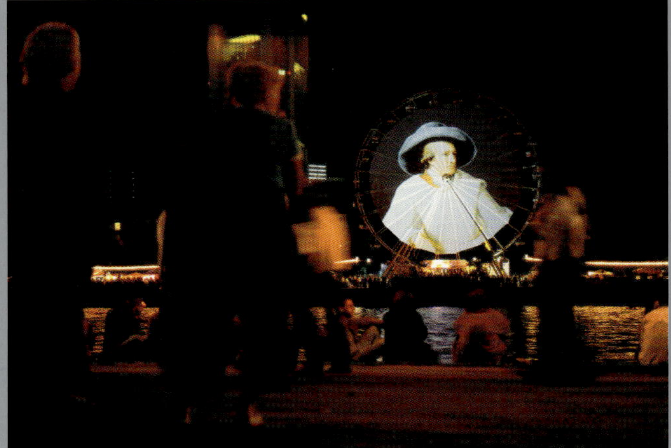

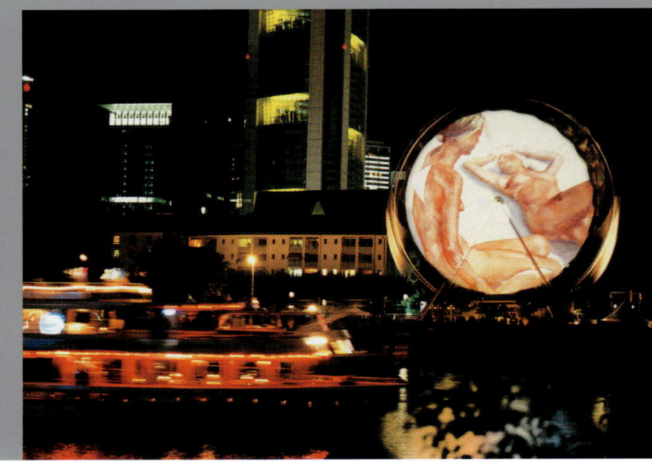

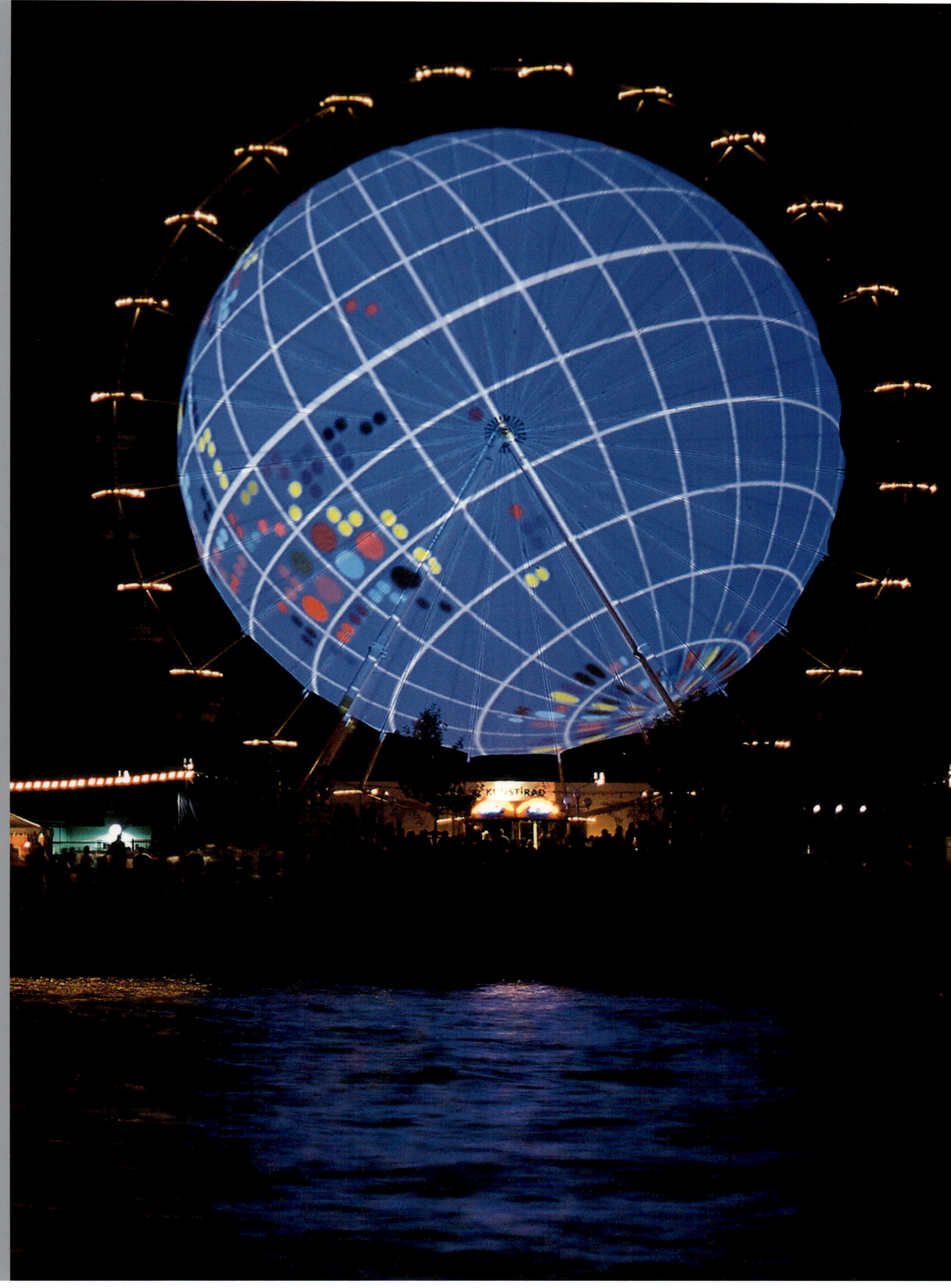

title
KUNST|RAD – Museumsuferfest Frankfurt 2005

type of work
Light show, media show

appeared in
2005

client
Tourismus+Congress GmbH Frankfurt/Main, Frankfurt/Main

design
Atelier Markgraph GmbH, Frankfurt/Main
Creative direction: Roland Lambrette, Stefan Weil
Art direction: Kristin Trümper, Jan Schmelter
Project management: Andreas Behl
Text: André Urban
Media design: meso | digital media systems design, Frankfurt/Main
Sound design: Aufwärts Projektagentur, Ole Schulte, Oberursel
Light design: Dietrich Körner, Cologne

Seit der Mensch über seine Schöpfung nachdenkt, hat er den Wunsch, selbst Gott zu spielen und ein Ebenbild seiner selbst zu schaffen. Durch die gezielte Erbgut-Manipulation von im Reagenzglas gezeugten Embryos rückt die Möglichkeit, den „Menschen nach Maß“ zu modellieren, heute in greifbare Nähe. Diese Diplomarbeit beinhaltet das Corporate Design und eine Imagekampagne für ein fiktives Unternehmen, das Eltern den Wunsch nach ihrem perfekten Kind erfüllt. Aus einem hochwertig anmutenden Buch mit anfangs nur Zeichnungen und Vorstufen können Geschlecht, Größe, Aussehen, IQ und besondere Fähigkeiten ausgewählt werden. Dann werden Beispiele der bereits „fertigen Kinder“ vorgestellt und interviewt. Das Ergebnis ist: schon in jungen Jahren begeistern sich die strahlend schönen Kinder wie gewünscht nur für Sport, Wissenschaft oder Musik und lassen die Gleichaltrigen weit hinter sich.

Die Arbeit wandelt auf einem schmalen Grad zwischen Fiktion und Realität. Der mögliche Wahnsinn wirkt täuschend echt, so dass der Leser ständig zwischen Schauder und Entzücken hin und her gerissen ist.

Since man has begun thinking about his creation, he has had the wish to play God and create a copy of himself. Via targeted manipulation of genes in embryos created in vitro the possibility of creating the “tailor-made human being” is more and more becoming a reality. This diploma project includes the corporate design and an image campaign for a fictional company which fulfils parents’ desire for a perfect child. In a high-quality book with just drawings and pre-stages on the initial pages, sex, size, appearance, IQ and special abilities can be chosen. Then examples of already “engineered children” are introduced and interviewed. The result is: already at a young age the extremely beautiful children are – as chosen before by the parents – only interested in sports, science or music, leaving their peers far behind.

This book is a tightrope walk between fiction and reality. The possible madness appears remarkably real so that the reader is constantly torn between horror and delight.

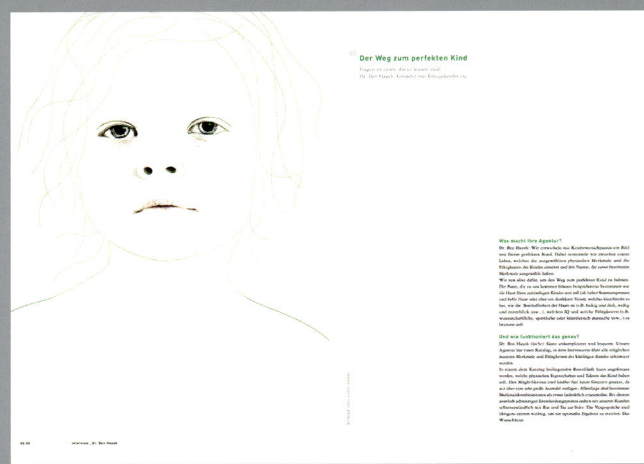

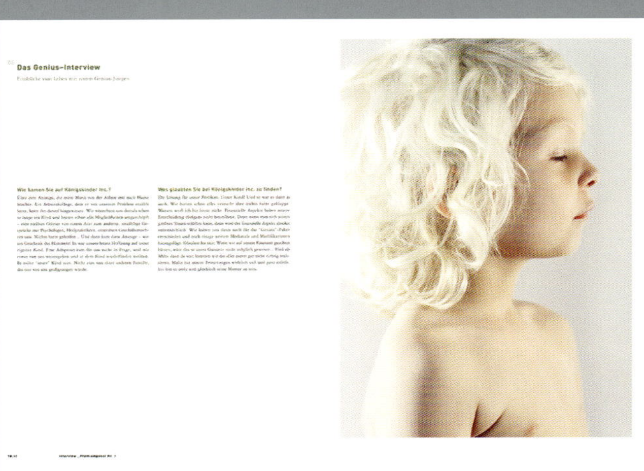

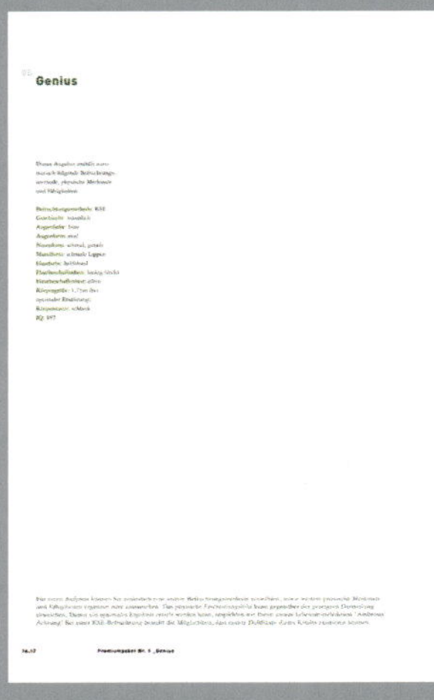

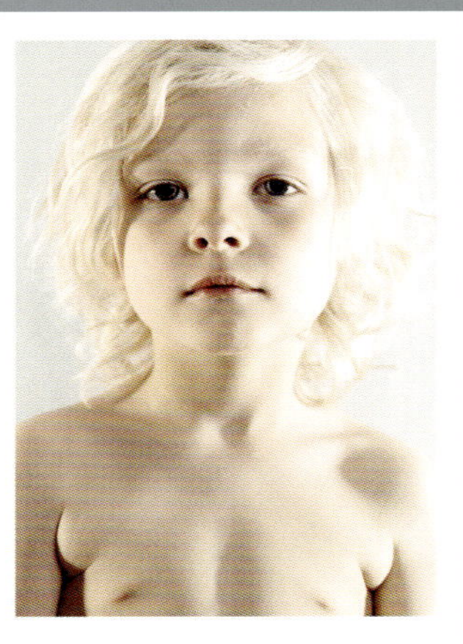

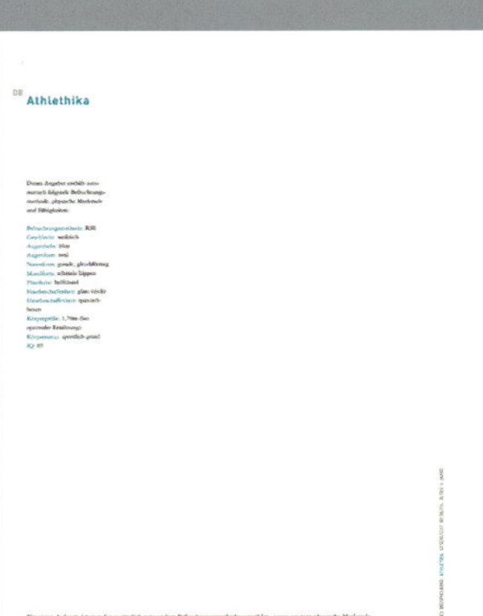

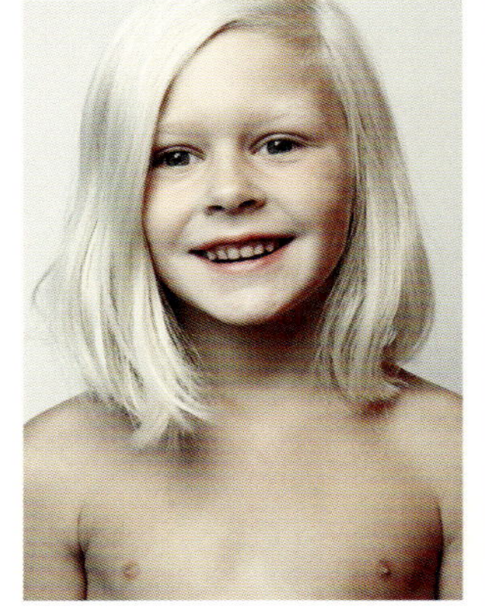

Mutter: Wir wußten, dass wenn wir uns für ein Pauschal-Premiumpaket entscheiden würden, es exakte Dublikate unseres Kindes geben würde. Da wir aber noch etwas von uns in dem Kind wiederfinden wollten, entschlossen wir uns, dem "Genius-Paket" noch ein paar Modifikationen hinzuzufügen.

Malte ist nicht so blass wie der Junge auf der Abbildung und hat die Augenfarbe meines Mannes und von mir den Mund vererbt bekommen. Wir haben quasi in drei Punkten dem Zufall eine Chance gegeben. Mein Mann und ich hatten dadurch noch ein wenig Nervenkitzel- wie bei einer realen Schwangerschaft! Zum Glück ohne die ganzen Anstrengungen, die damit verbunden sind!

Das Abwarten auf das Ergebnis ist wie das "Gefesselt-Sein" in einem spannenden Film. Wir hatten eine wirklich spannende Zeit mit Königskinder inc.!

26.27 Interview _Premiumpaket Nr.1

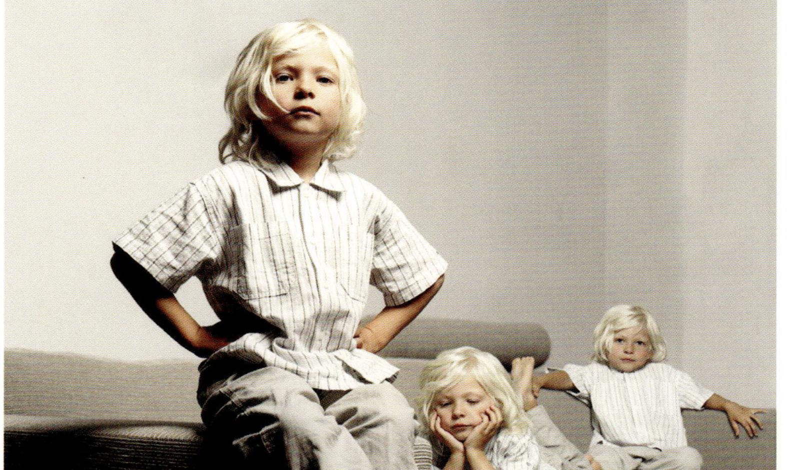

06 **Methodika**

Dieses Angebot enthält automatisch folgende Befruchtungsmethode, physische Merkmale und Fähigkeiten:

Befruchtungsmethode: KSE
Geschlecht: weiblich
Augenfarbe: blau
Augenform: oval
Nasenform: stupsnasig
Mundform: schmale Oberlippe, breite Unterlippe
Haarfarbe: dunkelbraun
Haarbeschaffenheit: glatt (dünn)
Hautbeschaffenheit: germanisch hell
Körpergröße: 1,70m (bei optimaler Ernährung)
Körperstatur: zierlich
IQ: 165

Für einen Aufpreis können Sie zusätzlich eine andere Befruchtungsmethode auswählen, sowie weitere physische Merkmale und Fähigkeiten ergänzen oder austauschen. Das physische Erscheinungsbild kann gegenüber der gezeigten Darstellung abweichen. Damit ein optimales Ergebnis erzielt werden kann, empfehlen wir Ihnen unsere Lebensmitteledition "Ambrosia". Achtung! Bei einer KSE-Befruchtung besteht die Möglichkeit, dass exakte Dublikate dieses Kindes existieren können.

ABGEBILDETES BEISPIELKIND: METHODIKA, GESCHLECHT WEIBLICH, ALTER 6 JAHRE

28.29 Premiumpaket Nr.2 _Methodika

title
Königskinder – Für die perfekte Familie (junior award)

type of work
Catalogue, diploma project

appeared in
2006

client
Fachhochschule Dortmund Fachbereich Design

design
Diana Zima, Dortmund
Photography: Andrea Seifert
Text: Diana Zima, Arne Schulenberg

Unternehmen investieren in die Entwicklung einer Marke, ihre Identität und Vermarktung große Anstrengungen – und sehr viel Geld. Die Qualität und Kommunikation der Marke müssen unablässig im Auge behalten werden, weil der Wettbewerb fragil und von vielen unberechenbaren Faktoren abhängig ist.

Die Konzeption dieses Biers verhält sich zu den Gesetzen der Werbung und Vermarktung genau gegenläufig. Überraschend in seiner vollkommen reduzierten Anmutung ist die Strategie, auf jegliche „Schnörkel" wie aufwendige Etiketten, Glanzgoldpapier und teure TV-Werbung zu verzichten. Die Kosten, die normalerweise für das Marketing entstehen, werden reduziert, und diese Ersparnis kann so an den Kunden unter dem Motto „Bezahlen Sie weniger für ein gutes Bier ohne Schnickschnack" weitergegeben werden. Der einfache Kronkorken und das minimalistische Etikett mit reduzierter Typographie ohne jede weitere grafische Zutat verkörpern ein neues Selbstverständnis. In der Konzentration auf das Wesentliche soll es losgelöst von einer bestimmten Biermarke und der damit verbundenen Markenwelt nur um eines gehen: den elementaren Biergenuss.

Companies invest great efforts – and a lot of money – in the development of a brand, its identity and marketing. The brand's quality and communication have to be monitored at all times, because competition is fragile and depends on many unpredictable factors.

The concept of this beer completely opposes the laws of advertising and marketing. Surprising in its completely reduced appearance, the strategy is based on doing away with any "extras" such as costly labels, golden glossy paper and expensive TV advertising and to pass these savings on directly to customers under the motto "Pay less for a good beer without any extras". The simple crown cap and the minimalist label with its reduced typography without any additional graphics embody a new self-concept. By concentrating on the essentials it is disconnected from a specific beer brand and the brand world normally associated with it and therefore only about one thing: the fundamental enjoyment of beer.

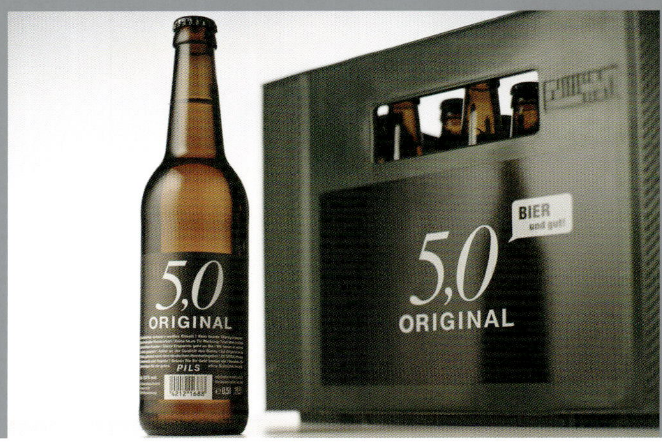

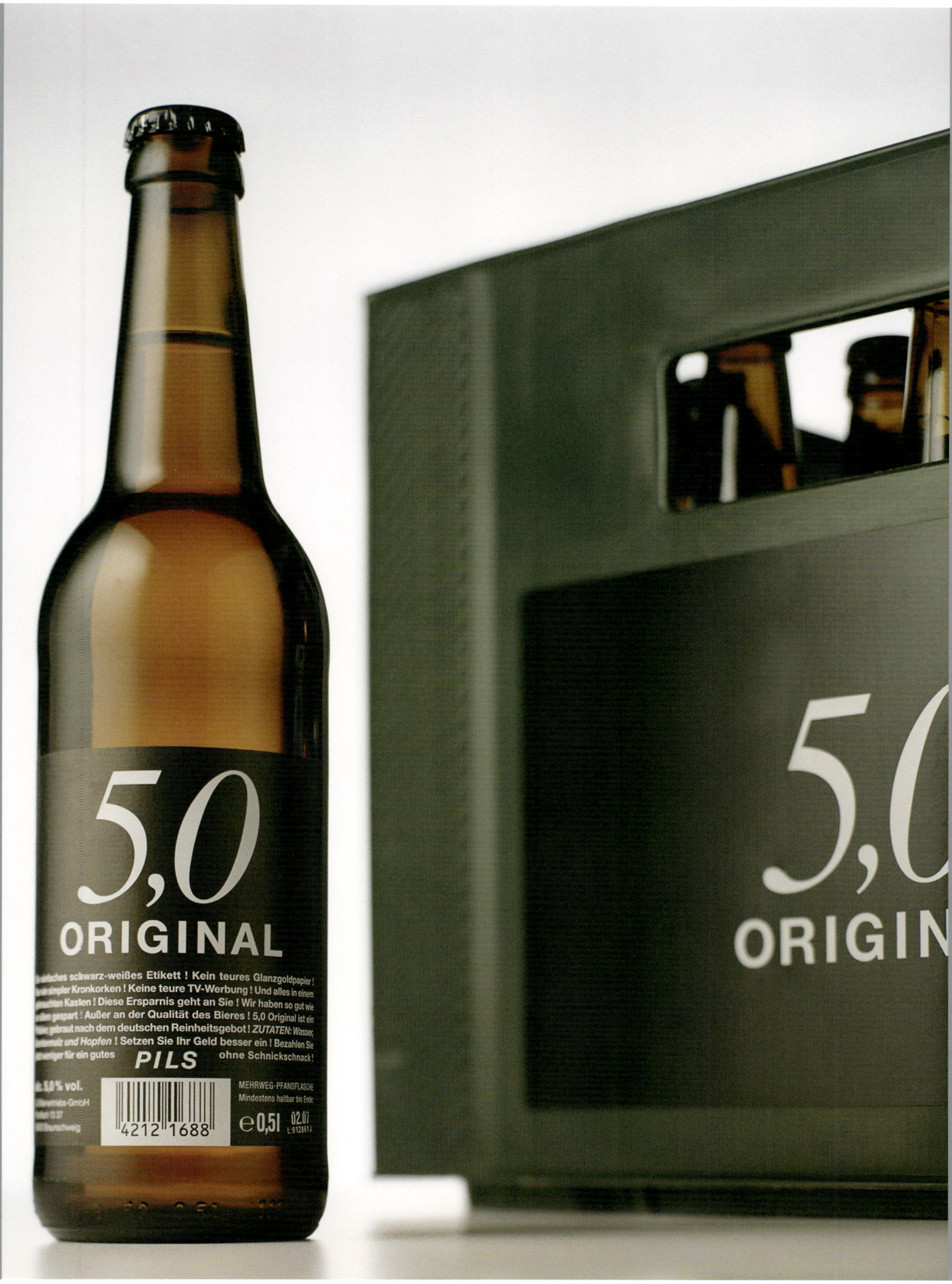

title
5,0 Original

type of work
Brand design, packaging design

appeared in
2005

client
Carlsberg Deutschland Gruppe

design
feldmann+schultchen design studios, Hamburg

Bei nur wenigen Nahrungsmitteln spielt Frische eine so große Rolle wie bei Fisch. Die international patentierte Frischfischverpackung bringt diese Eigenschaft zum Ausdruck, indem sie den Fisch so präsentiert, als gleite er noch immer durch die Meereswellen.

In Anlehnung an das Bild „Fisch im Wasser" wurde eine innovative Verpackungsform entwickelt, die sich die Besonderheiten der Verpackungstechnik zunutze macht. Die Spannung der Schrumpffolie wird gestalterisch eingesetzt, so dass sich die Verpackung erst im Abpackprozess zu ihrer endgültigen Form aufrichtet. Die transparenten Seitenflügel mit dem gegenläufigen Profil der markenspezifischen Wellensilhouette und die wie ein Wellental gespannte Folie verweisen auf die Herkunft des Produkts – die See. In der Selbstbedienungstruhe werden die Fischfilets dadurch wie ein Fischschwarm präsentiert, und die Ästhetik der Verpackung verstärkt die hohe Qualität und Frische des Produkts.

There are very few foods where freshness plays an equally important role as in the case of fish. The internationally patented fresh fish packaging expresses this characteristic by presenting the fish as if it were still gliding through the waves of the sea.

Following the image of "a fish in water" an innovative packaging has been developed which takes advantage of packaging technology characteristics. The tension of the shrink wrap is used as a design element so that the packaging gets its final upright shape during the packaging process. The transparent side wings with the opposing profile of the brand-specific wave silhouette and the shrink wrap shaped like a trough between two waves point to the origin of the product – the sea. In the self-service chest refrigerator the fish fillets are presented like a shoal of fish, and the aesthetics of the packaging enhances the product's high quality and freshness.

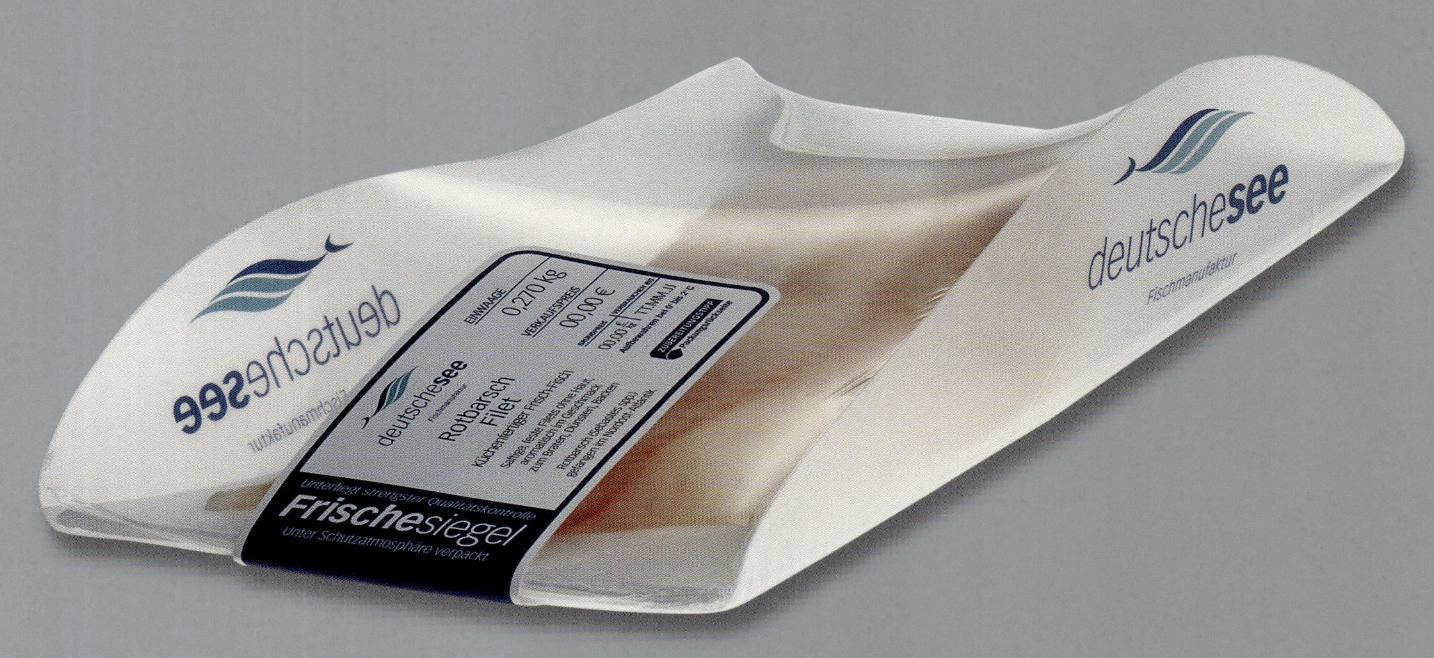

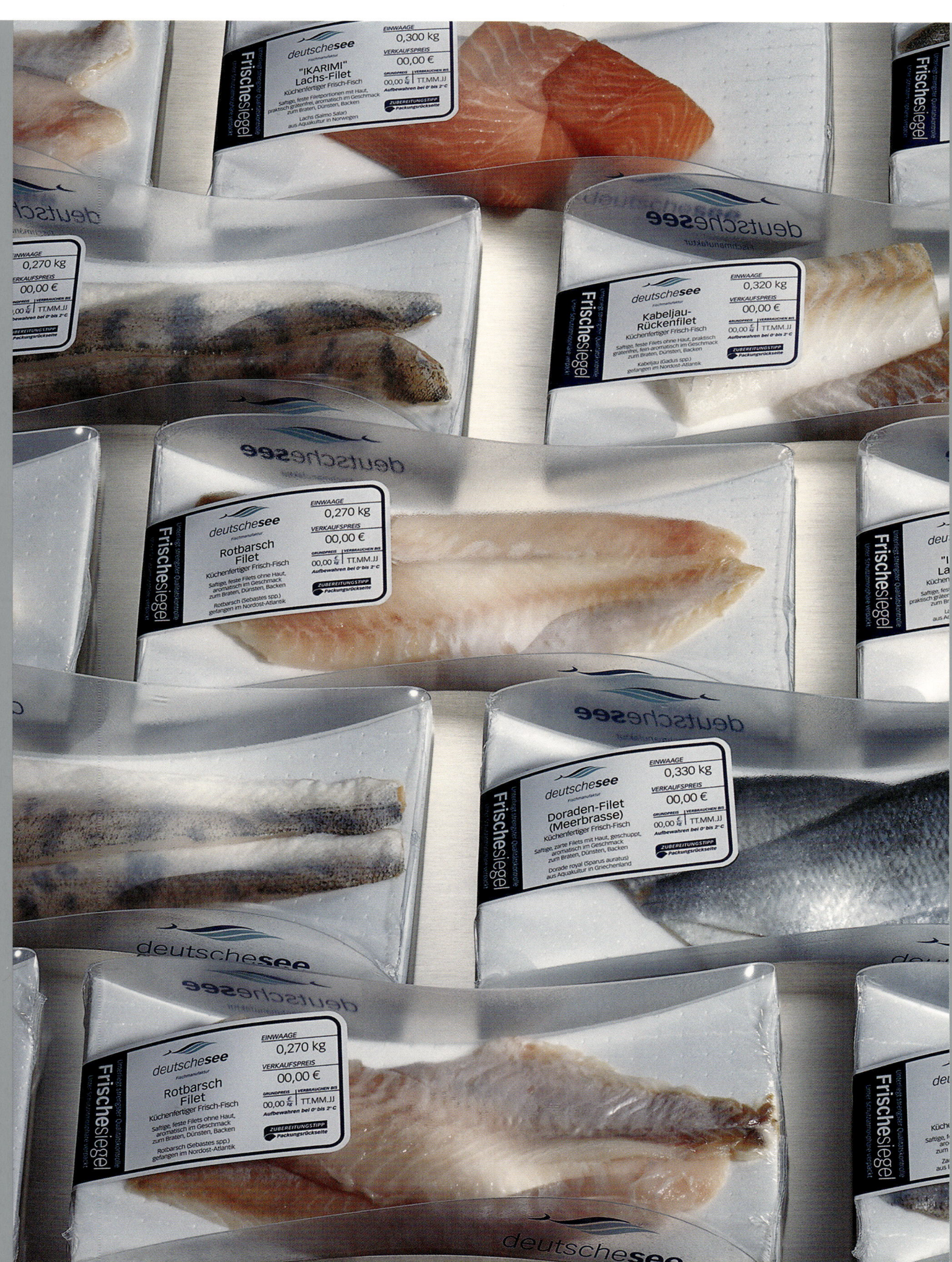

title
„Deutsche See“ Wellenverpackung

type of work
Packaging design, POS design

appeared in
2006

client
Deutsche See GmbH, Bremerhaven

design
feldmann+schultchen design studios, Hamburg

Die ältesten bekannten Kalender stammen aus den frühen Hochkulturen Ägyptens und Mesopotamiens. Und schon sie deuten auf zwei grundlegende Kalendertypen hin, die noch heute die Basis unserer Zeitrechnung und -bestimmung sind: den an den Mondphasen orientierten Mondkalender, auf dem zum Beispiel der 354 Tage umfassende Islamische Kalender basiert, und den Sonnenkalender, der den Lauf der Jahreszeiten widerspiegelt und weltweit als Gregorianischer Kalender verbreitet ist.

Dieser Taschenkalender schlägt nun nicht etwa eine weitere Zeitrechnung vor, doch gibt er ihrer Strukturierung eine höchst individuelle Interpretation. Seine zwölf Kapitel, für jeden Monat eines, verfügen über einen Terminplaner sowie ein separates Tagebuch, in dem Raum für persönliche Gedanken ist. Das Leitmotiv des Kalenders, der Kreislauf der Jahreszeiten, wird mit individuellen Farben für jede einzelne Jahreszeit sowie spezifischen Informationen dargestellt. Jeder Monat ist zudem einer frei gewählten Assoziation, zum Beispiel „Schwarz", „innen", „Leben", „Sonne", „Farbe", „alt" und „tot", zugeordnet und wird durch aussagekräftige Illustrationen ergänzt.

The oldest known calendars stem from the early high cultures of Egypt and Mesopotamia. They already pointed to two essential calendar types which still form the basis of our time computation and determination today: the moon calendar, which is based on the phases of the moon and from which the Islamic calendar with its 354 days is derived, and the sun calendar, which reflects the changing seasons of the year and is used worldwide known as Gregorian calendar.

This pocket calendar does not suggest another way to determine time, but gives its structure a highly individual interpretation. Its 12 chapters, one for each month, have an appointment schedule as well as a separate diary which offers space for personal thoughts. The leitmotif of the calendar, the cycle of the seasons, is presented in individual colours for each season as well as with specific information. In addition, each month is matched with a free association, for example "black", "inside", "life", "sun", "colour", "old" and "dead" along with expressive illustrations.

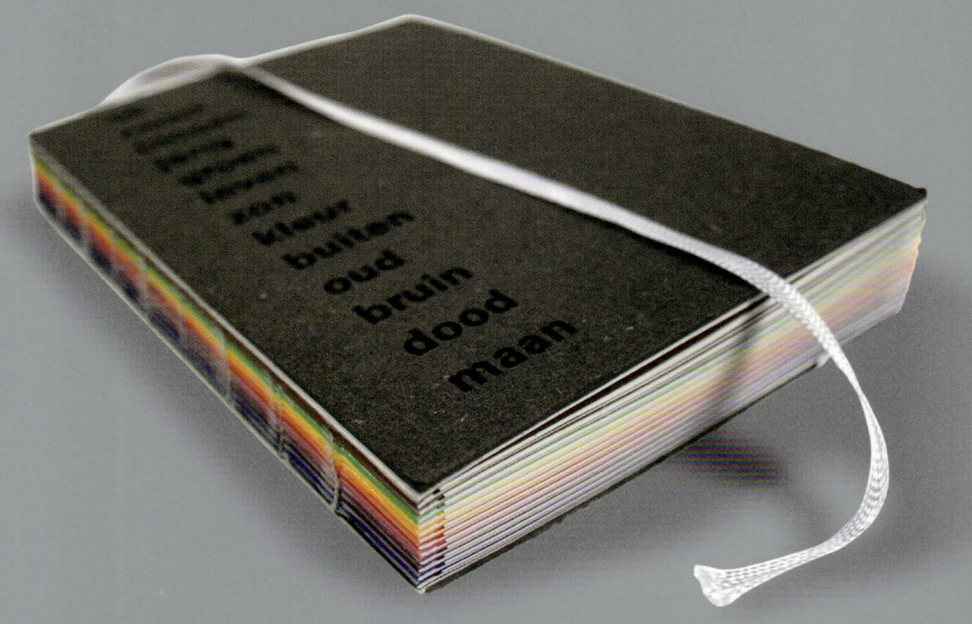

45

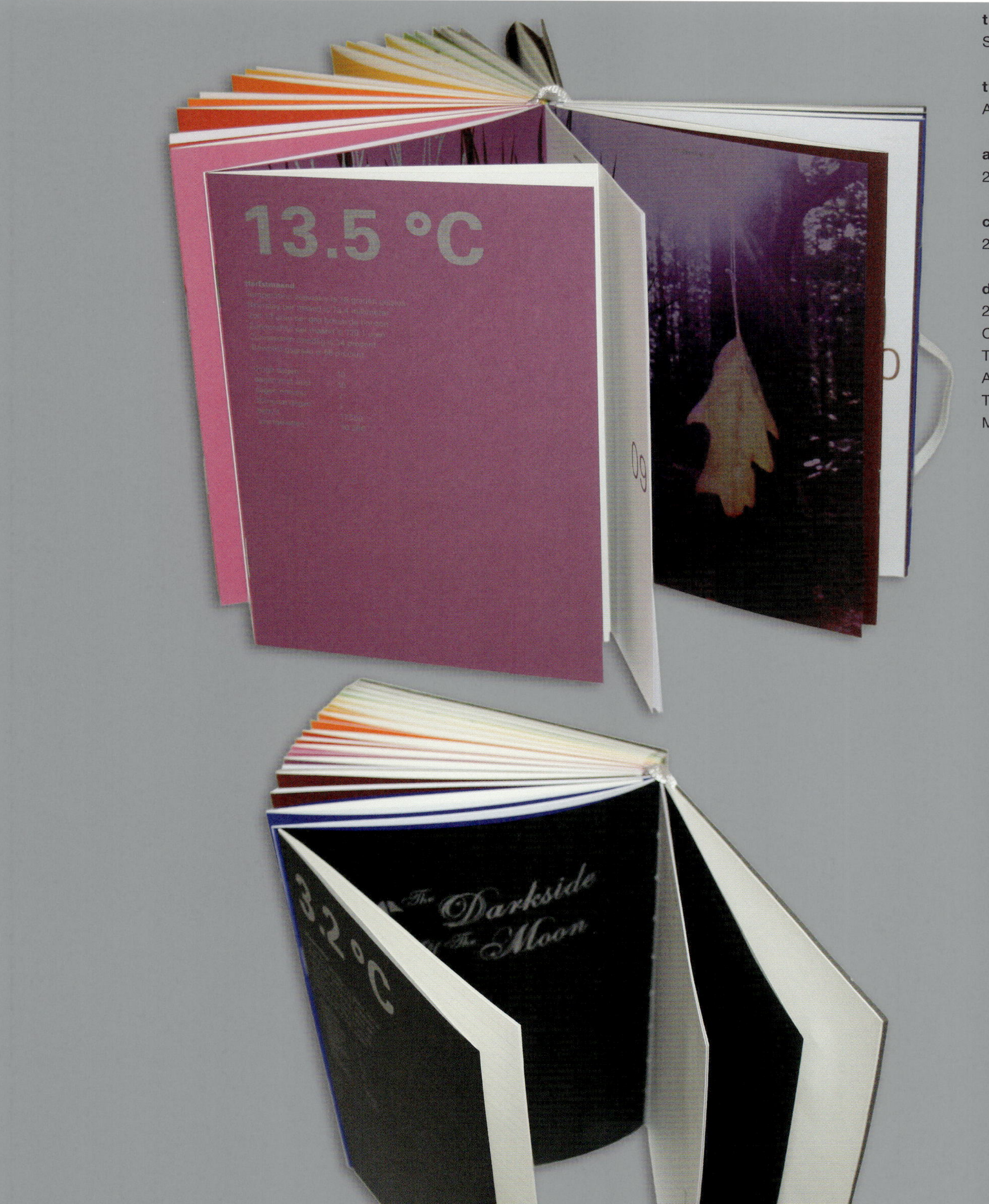

title
Seizoenen '06

type of work
Agenda, pocket calendar

appeared in
2005

client
2D3D, The Hague

design
2D3D, The Hague
Creative direction:
Tiemen Harder
Art direction:
Tiemen Harder,
Michael Buchenauer

Dass wegweisende künstlerische Impulse nicht nur von den großen schillernden Metropolen ausgehen, zeigt das vor 15 Jahren initiierte Festival „Neue Musik Rümlingen“. Der kleine Ort im schweizerischen Baselland gilt seither als Mekka für zeitgenössische Musik und hat sich als experimentelle Bühne mit (Ur-)Aufführungen renommierter Musiker, Komponisten und Künstler einen internationalen Ruf erworben. Diese Entwicklung ist der Inhalt des Buchs, das entsprechend außergewöhnlich konzipiert ist.

Der experimentelle Charakter des Festivals kommt beispielsweise in unterschiedlichen Papiersorten, einer speziellen Bindung oder dem heterogen gesetzten Text zum Ausdruck. Neben 140 Minuten Musik auf zwei CDs und Fotostrecken, deren Ästhetik und Bildsprache ebenfalls unterschiedlich sind, ist es vor allem die Typographie, die Zeichen setzt. Der eigens für das Festival entwickelte Font mit Outlines bietet ein breites Spektrum an Anwendungsmöglichkeiten und erhöht so die Flexibilität des Erscheinungsbildes.

The fact that pioneering artistic impulses not always have to come from the large glamorous metropoles is demonstrated by the festival “Neue Musik Rümlingen” (Contemporary Music Rümlingen), which was initiated 15 years ago. The village in the Swiss canton of Baselland has since been a Mecca for contemporary music and has gained an international reputation as an experimental stage with premières and performances of renowned musicians, composers and artists. This development is the subject matter of a book which has an – accordingly – unusual design.

The festival’s experimental character is expressed, for example, in different types of paper, a special binding and its heterogeneous typesetting. Beside 140 minutes of music on two CDs and photo series with different aesthetics and imagery, it is above all the typography which sets examples. The font with outlines, which has been especially created for the festival, offers a wide spectrum of applications, thus increasing the appearance’s flexibility.

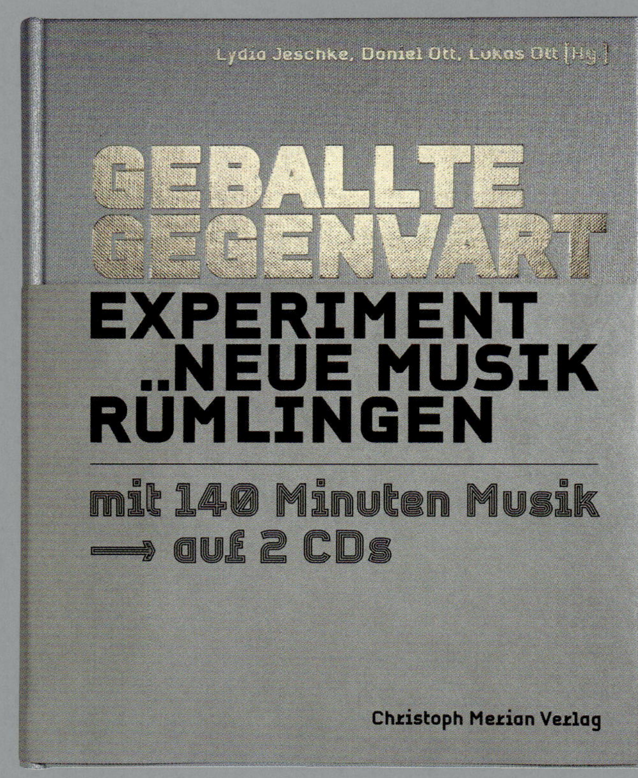

title
Geballte Gegenwart

type of work
Book

appeared in
2005

client
Festival Rümlingen, Liestal

design
Neeser & Müller, Basel
Creative direction:
Thomas Neeser,
Thomas Müller

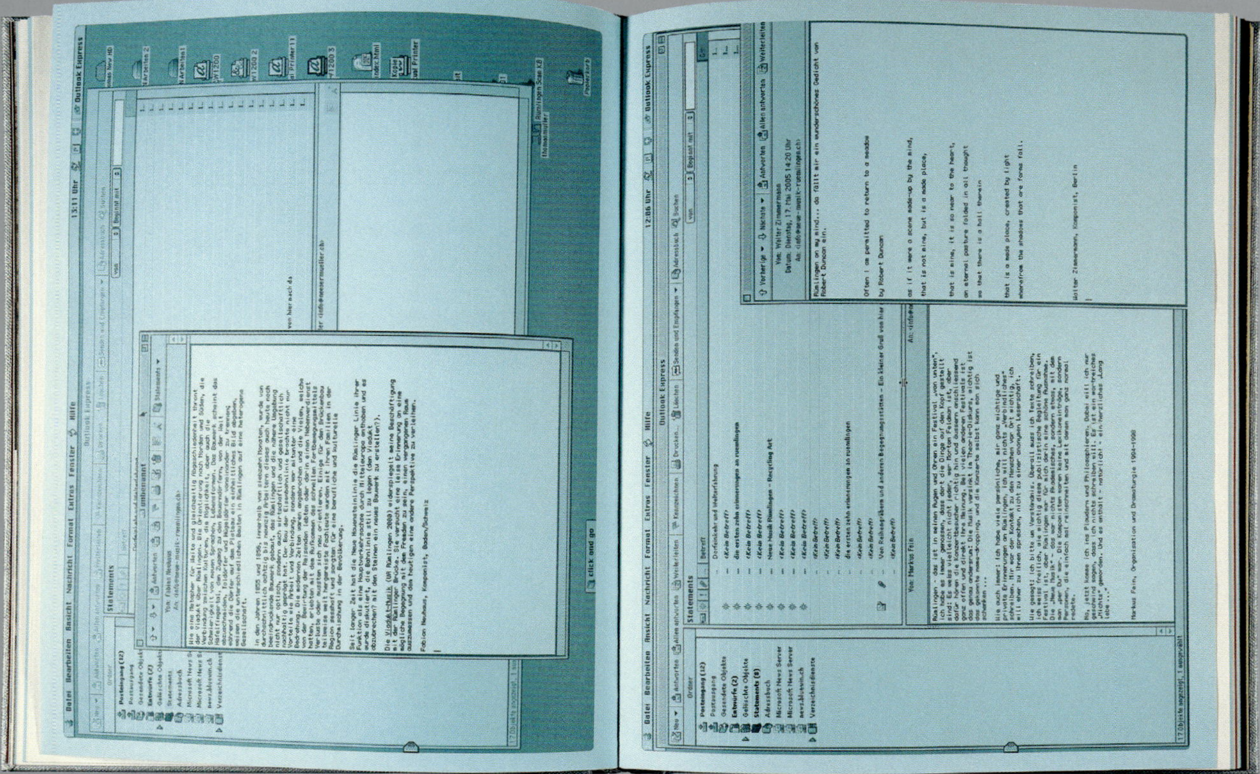

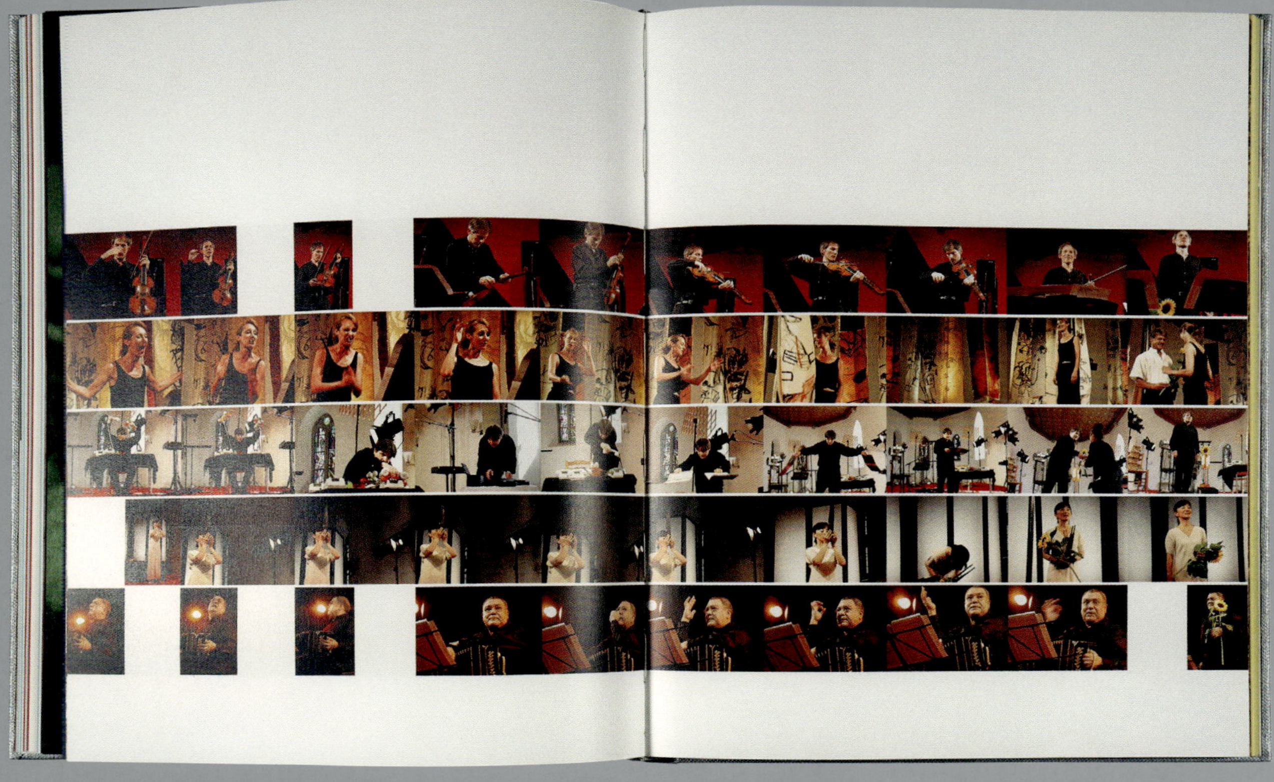

Das Plakat ist tot, es lebe das Plakat – was einst der russische Avantgardist Wladimir Tatlin von der Kunst forderte, ließe sich derzeit auf das Plakat anwenden. Nachdem es im Zuge der Dominanz der elektronischen Medien an seine Grenzen gekommen schien, zeigt es sich heute uneingeschränkt experimentierfreudig und in neuer selbstbewusster Ausdruckskraft.

Das vor 40 Jahren ins Leben gerufene Jazz Festival Willisau überrascht immer wieder mit außergewöhnlichen Plakatentwürfen. Hier wird das Konzert des New Yorker „Marty Ehrlich Quartets“ angekündigt, dessen Protagonist Marty Ehrlich dem aktuellen gesellschaftlichen Geschehen in seinen Kompositionen und Improvisationen Ausdruck verleiht. Diese Aktualität wird durch den Fond, das Titelblatt der New York Times, reflektiert, die zugleich auf die Heimat und Wirkungsstätte des Quartetts verweist. Die über das gesamte Plakat verteilte Typographie, die frei mit einem Pinsel aufgetragen wurde, spiegelt die charakteristischen Merkmale des Jazz, Spontaneität und Improvisation, wider. Die so beschriebene Grundlage, die New York Times, bekommt dadurch eine neue, individuelle Ebene. Und das Plakat, das die aktuellen Geschehnisse und die Ankündigung des New Yorker Quartetts vereint, wird zum ungewöhnlichen Zeitzeichen.

The poster is dead – long live the poster! What the Russian avant-gardist Vladimir Tatlin once demanded from art could now be applied to the poster. After it seemed to have reached its limits in the face of the dominance of the electronic media, it presents itself highly open to experiments and with a new self-confident expressive power today.

The Jazz Festival Willisau, which has been initiated 40 years ago, again and again comes up with extraordinary poster designs. Here the concert of the New York “Marty Ehrlich Quartet” is announced whose protagonist Marty Ehrlich expresses current social events in his compositions and improvisations. This dealing with current issues is reflected by the background, the title page of the New York Times, which at the same time hints to the quartet’s home town and place of activity. The typography, which is spread over the whole page and has been applied freely with a brush, reflects the characteristic qualities of jazz – spontaneity and improvisation. The background, the New York Times, on which this typography has been written, thus receives a new individual level of meaning. And the poster, which combines current events with the announcement of the New York quartet, becomes an unusual sign of the times.

"All the News That's Fit to Print"

The New York Times

NEW YORK, SUNDAY, OCTOBER 23, 2005

Jazz Willisau
Sa. 28. Jan. 06
20.30 Foroom
Marty Ehrlich Quartet N.Y.

COLLEGES OPPOSE CALL TO UPGRADE ONLINE SYSTEMS

TAKES THRASHING AS STORM STALLS

MANY ARE LEFT AT RESORTS

Health Insurance Is No Safeguard

Unseen Enemy Is at Its Fiercest In a Sunni City

Thousands of Demolitions Near, New Orleans Braces for New Pain

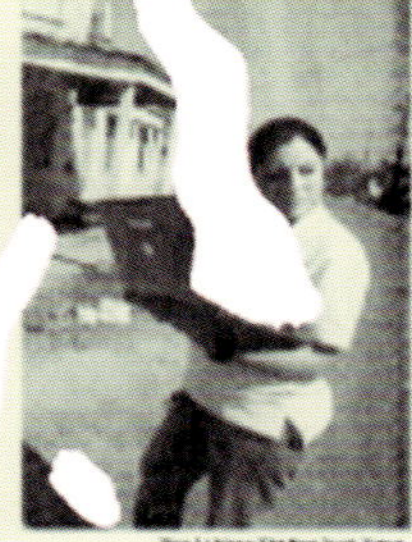

Leak Case Renews Question on War's Rationale

Skiing and Religion Collide

title
Marty Ehrlich Quartet N.Y.

type of work
Poster

appeared in
2006

client
Jazz in Willisau

design
Niklaus Troxler Design, Willisau
Creative direction:
Prof. Niklaus Troxler
Art direction:
Prof. Niklaus Troxler

Sprache ist die wichtigste Kommunikationsform des Menschen. Und sicher auch die lebendigste. Die weltweit rund 6.500 gesprochenen Sprachen befinden sich in einem ständigen Veränderungsprozess – mehr als die Hälfte von ihnen steht inzwischen kurz vor dem Aussterben, weil sie kaum mehr an Kinder weitergegeben werden.

Die Plakatentwürfe vermitteln das Thema „Muttersprache" nonverbal, indem sie für ihre reduzierte und anziehende Gestaltung ein System aus einfachen, elementaren Zeichen entwickeln. Diese stehen für die verschiedenen Dialoge, die taiwanesische Designer mit internationalen Designern, hier speziell mit Designern aus dem Iran, in einem groß angelegten Austauschprojekt führten. Zur Förderung eines besseren Verständnisses der Designer und ihrer verschiedenen Kulturen untereinander sowie zur Steigerung des internationalen Wettbewerbs in Taiwan sollte die Plakatausstellung die kulturellen Besonderheiten beider Seiten erforschen und ihre Kommunikation fördern.

Die verschiedenen Arten des Dialogs, die durch die einfachen, prägnanten Zeichen symbolisiert werden, bewirken durch ihre Anordnung im Verhältnis eins zu fünf, dass die Plakate eine Spannung und einen Rhythmus besitzen und dadurch zum Ausdruck bringen, wie Gestaltung kommuniziert.

Language is the most important human form of communication, and certainly also the most lively. The worldwide roughly 6,500 spoken languages are subject to a constant process of change – more than half of them are on the verge of becoming extinct because they are no longer passed on to children.

The posters convey the subject "Native Tongues" nonverbally by developing a system of simple elementary signs for their reduced and attractive designs. These stand for the different dialogues that Taiwanese designers conducted with international designers – here with Iranian designers in particular – as part of a large exchange project. In order to enhance understanding between designers and their different cultures as well as to increase international competition in Taiwan, the poster exhibition was to explore the cultural characteristics of both parties and promote their communication.

Due to their arrangement in a ratio of 1:5, the different kinds of dialogue, which are symbolised by the simple distinct signs, give the posters tension as well as rhythm, thus expressing how design communicates.

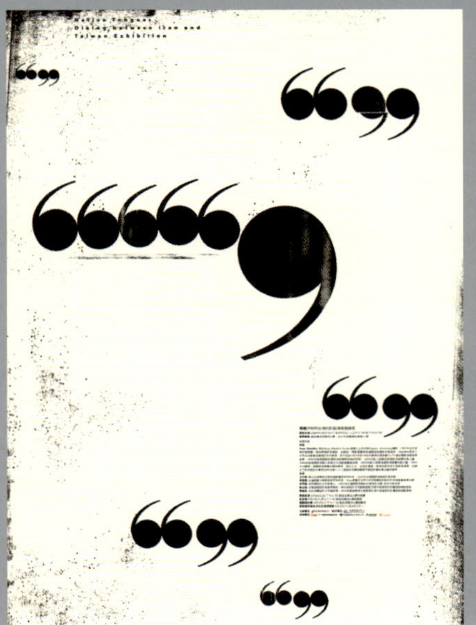

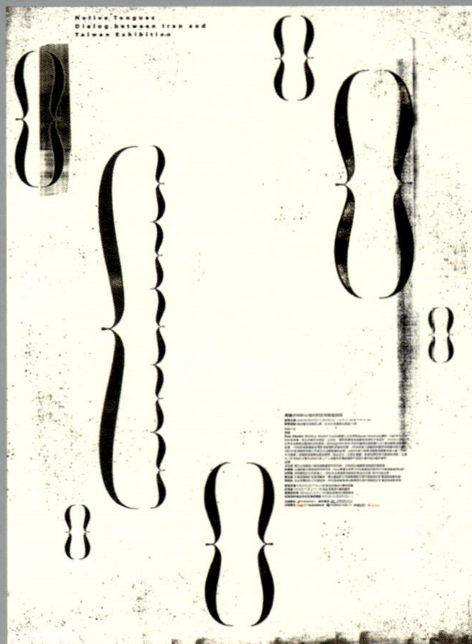

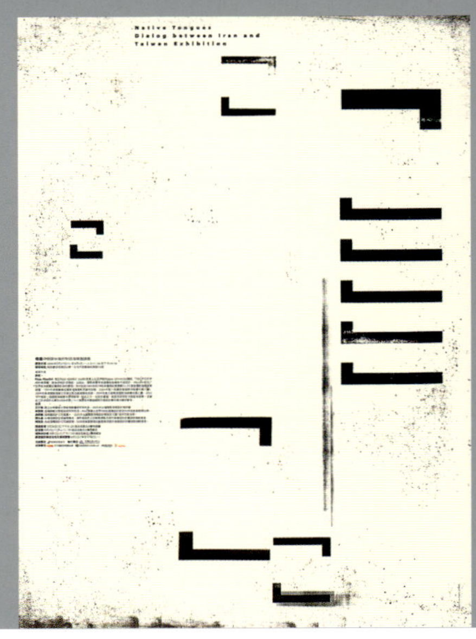

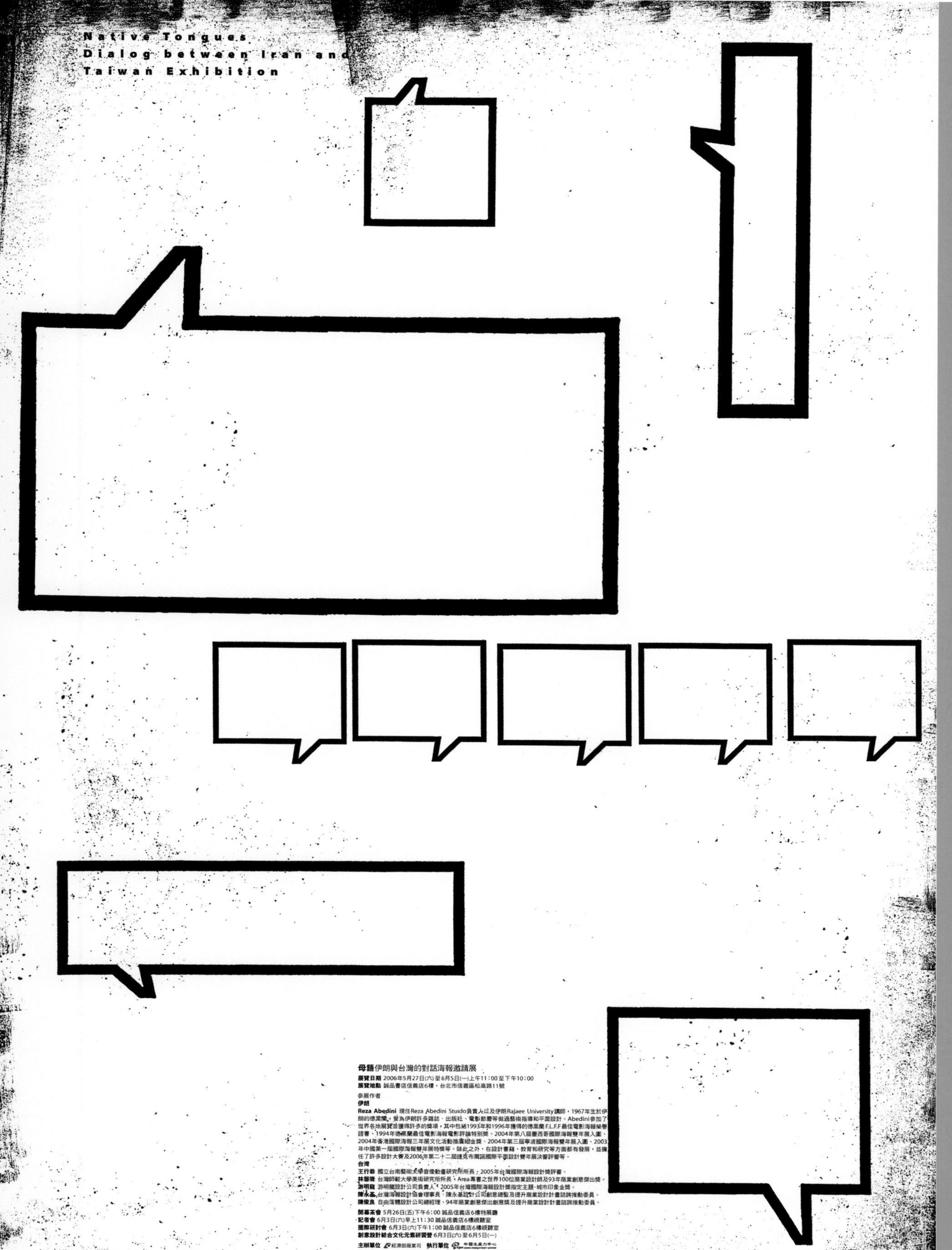

title
Native Tongues
Dialog between Iran and
Taiwan Exhibition

type of work
Exhibition brochure,
posters

appeared in
2006

client
China Productivity Center,
Taipei

design
Leslie Chan Design Co Ltd,
Taipei
Creative direction:
Leslie Chan
Art direction:
Leslie Chan

Ein Gemenge aus Erkenntnis, Gold und Essig. Ein alchemistischer Cocktail aus unterschiedlichen Essenzen bildet das Sujet für „The Essence 06", das Plakat der Jahresausstellung der Universität für angewandte Kunst Wien. Im Rahmen der Leistungsschau im Museum für angewandte Kunst Wien präsentierten fünf Institute mit insgesamt 21 Klassen ausgewählte Arbeiten des vergangenen Jahres. Die verfließenden, sich in einem dominierenden Gold verdichtenden Blau-Grün-Töne passen nicht nur hervorragend in die heiße Jahreszeit, sondern unterstreichen auch den Anspruch der Ausstellung auf „Excellence" der gezeigten Arbeiten.

A mix of realisation, gold and vinegar. An alchemical cocktail of different essences is the subject of "The Essence 06", the poster for the annual exhibition of the University of Applied Arts Vienna. At the exhibition in the Vienna Museum of Applied Arts five institutes with 21 classes in total presented selected works of the previous year. The hues of blue and green, which flow into one another and merge into a dominant gold, are not only perfectly suited for the hot season, but also underline the exhibition's claim of "excellence" with regards to the presented works.

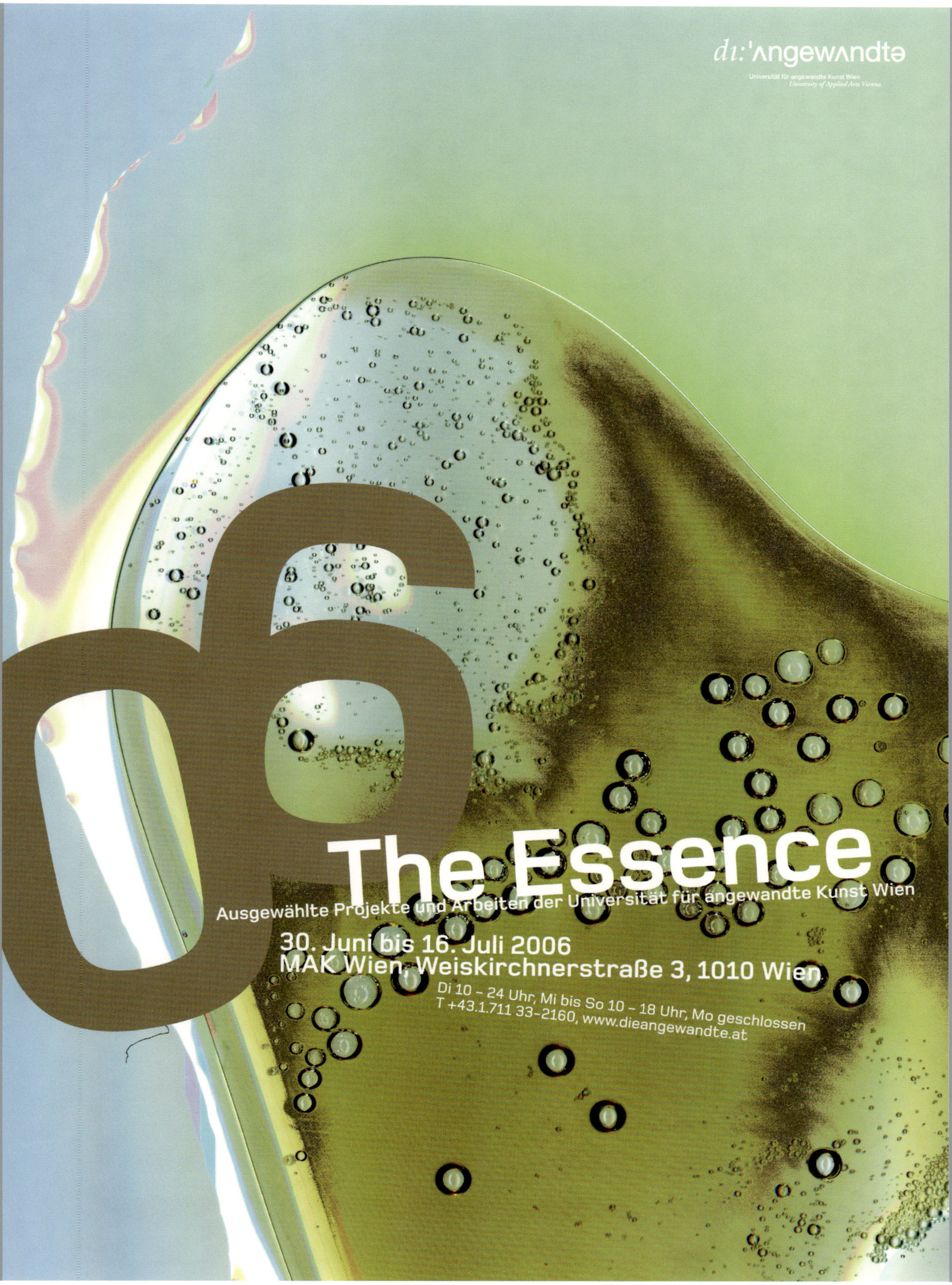

di:'angewandte

06

The Essence

Ausgewählte Projekte und Arbeiten der Universität für angewandte Kunst Wien

30. Juni bis 16. Juli 2006
MAK Wien, Weiskirchnerstraße 3, 1010 Wien
Di 10 – 24 Uhr, Mi bis So 10 – 18 Uhr, Mo geschlossen
T +43.1.711 33-2160, www.dieangewandte.at

title
The Essence 2006
(junior award)

type of work
Poster

appeared in
2006

client
Universität für angewandte
Kunst Wien, Vienna
Klasse für Grafik Design,
Prof. Fons Hickmann

design
Universität für angewandte
Kunst Wien, Vienna
Klasse für Grafik Design,
Prof. Fons Hickmann
Art direction:
Christof Nardin,
Agnes Steiner,
Martin Wunderer

Erlaubt ist, was gefällt – ist eine Devise des Internets, das sich in einer enormen Fülle von Gestaltungsmöglichkeiten präsentiert. Neben dem klassischen Einsatz von Typographie, Farbe und Bildern ergänzen längst Animation, Sound und Video das Spektrum, mit dem die Aufmerksamkeit des Nutzers geweckt werden soll. Anders bei Reisenthel Accessoires. Das seit 30 Jahren bestehende Unternehmen setzt bei seinem neuen Webauftritt auf Klarheit, Reduktion und Benutzerfreundlichkeit. Die in zurückhaltenden Farben gestaltete Website gibt sofort einen Überblick über das Sortiment, dessen rund 300 Produkte auf einen Blick zu erfassen sind. Anschließend kann das Angebot nach verschiedenen Kategorien gefiltert werden und zum Beispiel nach Farbe, Produktgruppe oder auch Text anstatt Bild sortiert werden. Das jeweils ausgewählte Produkt wird automatisch auf die Bildschirmgröße des Nutzers hochgezogen, so dass er sich einen besseren Eindruck verschaffen kann.

Die schnelle und unkomplizierte Navigation erleichtert Suche und Auswahl und macht vor allem eines: Spaß. Entsprechend des Claims des Hauses „Einfach Clever“ wird auf unaufdringliche Weise genau dieses Ziel erfüllt.

Everything that pleases is permitted – this is a motto of the Internet, which presents itself with an enormous wealth of design possibilities. Beside the classical use of typography, colours and images, the spectrum with which the attention of the user is to be captured has long been supplemented by animation, sound and video. However, this is not the case at Reisenthel Accessoires. The 30-year-old company focuses on clarity, reduction and user-friendliness. Their website with its unobtrusive colours allows an instant overview of the product line so that the roughly 300 products can be taken in at a glance. In a next step the product range can be filtered according to different categories and also, for example, be sorted according to colours, product groups and text instead of images. The chosen product will automatically be enlarged to the user's screen size so that they can get a better impression.

The fast and uncomplicated navigation makes searching and choosing much easier and it is, above all, fun. Following the claim of the company "Einfach Clever" (Simply clever) this goal is achieved in an unobtrusive way.

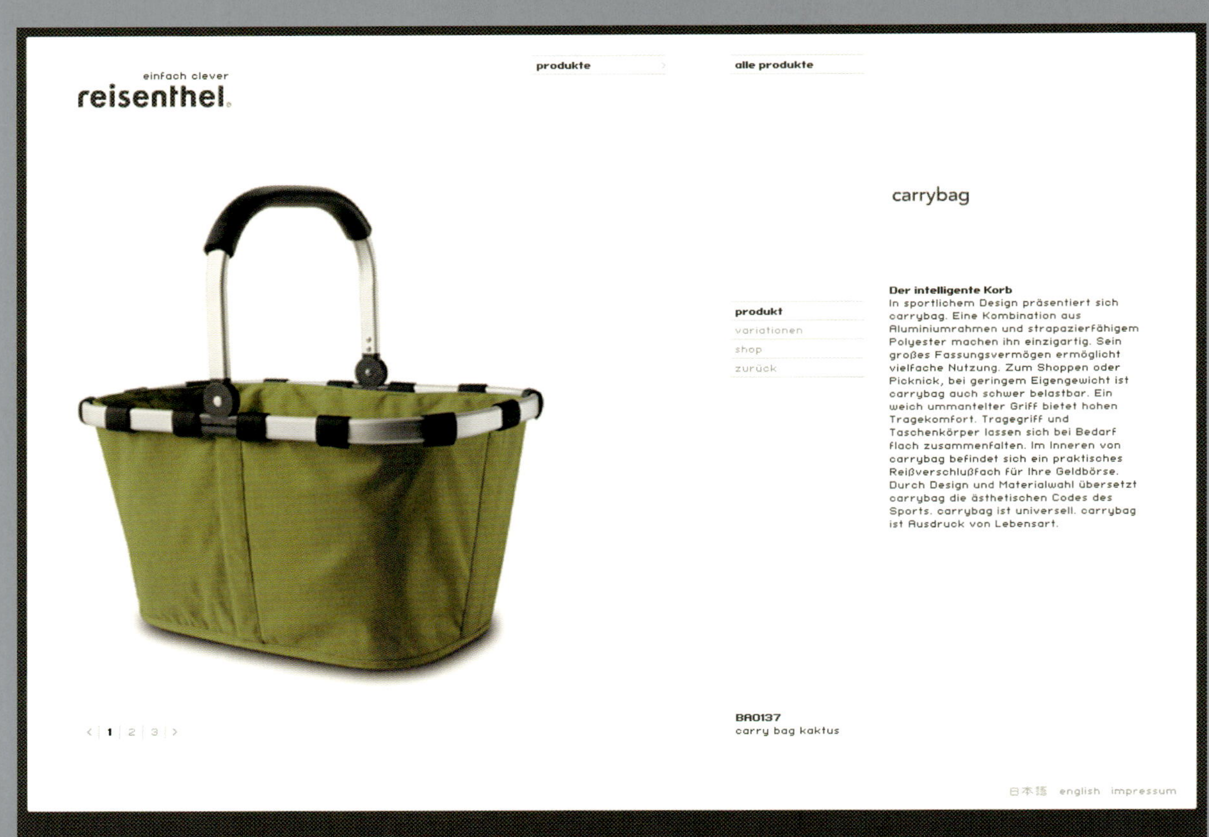

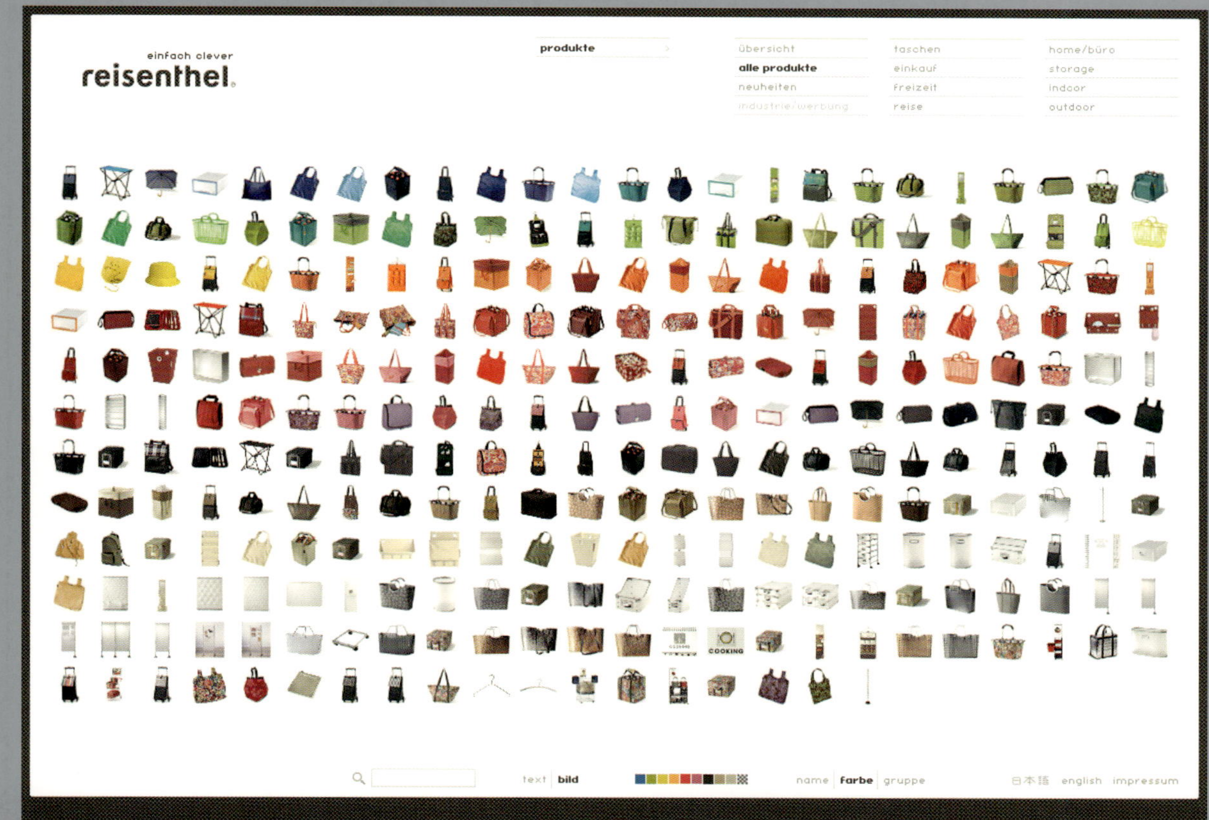

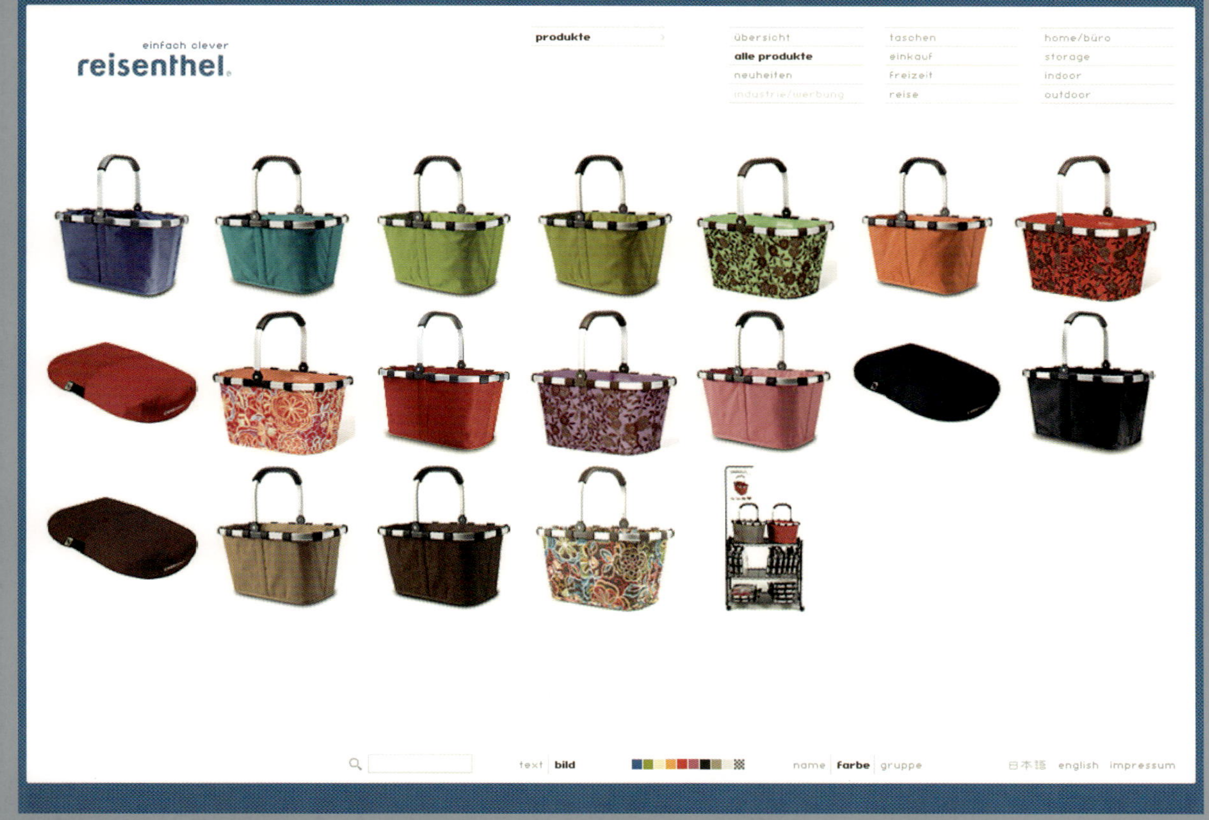

title
Reisenthel

type of work
Website

appeared in
2006

client
Reisenthel Accessoires, Puchheim

design
ZUM KUCKUCK Gestaltung | Interaktion, Würzburg
Art direction:
Daniel Rothaug,
Matthias Persch,
Werner Goldbach

In der Informationsgesellschaft sind Bilder wichtige Informationsträger. Das Web-Experiment DesignKlicks ist eine Präsentationsplattform für Bilder aus den Bereichen Fotografie, Grafikdesign, Fashion & Style, Produktdesign, Architektur und Neue Medien und befragt diese nach ihrer Ästhetik. Fotografen, Illustratoren, Designer oder Architekten zeigen ihre besten Arbeiten, verorten sie im Wertekosmos und lassen sie von Experten sowie der interessierten Öffentlichkeit beurteilen.

Die Suche nach den aktuellen Ästhetiktrends stellt sich so als sich ständig verändernder Spiegel des Zeitgeschehens dar, in dem sich die gesellschaftlichen Werte abbilden. Jeder User ist Teil der Jury. Jedes favorisierte Bild gibt Auskunft über die aktuelle Befindlichkeit. Das Ranking nach Bildmotiven wird rückübersetzt in die Werte, für die das Motiv steht. Damit ist DesignKlicks eine Börse, die zeigt, welche Ästhetik auf die größte Nachfrage stößt, und ein Stimmungsbarometer, das gesellschaftliche Werte abbildet. Gestartet in Kooperation mit Spiegel Online als Web-Experiment zur Beobachtung der aktuellen Ästhetik, entwickelt sich DesignKlicks zu einer Analyseplattform für Design und Marketing.

Die Website selbst präsentiert sich in einer reduziert anmutenden Ästhetik, die den Nutzer auf eine inspirierende, fast unerschöpfliche Bilderreise mitnimmt.

In our information age images are important information carriers. The web experiment DesignKlicks is a presentation platform for images from the fields of photography, graphic design, fashion & style, product design, architecture and new media, which at the same time examines their aesthetics. Photographers, illustrators, designers and architects show their best works, locate them in the cosmos of values and have them evaluated by experts as well as the interested public.

The search for contemporary trends in aesthetics is thus a constantly changing mirror of current affairs in which the social values are reflected. Every user is part of the jury. Each favoured image provides information about current sensitivities. The ranking according to subjects is retranslated into the values that stand for the subject. This makes DesignKlicks a kind of stock market that shows which aesthetics is most in demand as well as a barometer of public opinion that displays values of society. Started in cooperation with Spiegel Online as a web experiment to monitor the current aesthetics, DesignKlicks has developed into an analysis platform for design and marketing.

The website itself is presented in a reduced aesthetics which takes the user onto an inspiring and almost never-ending journey of images.

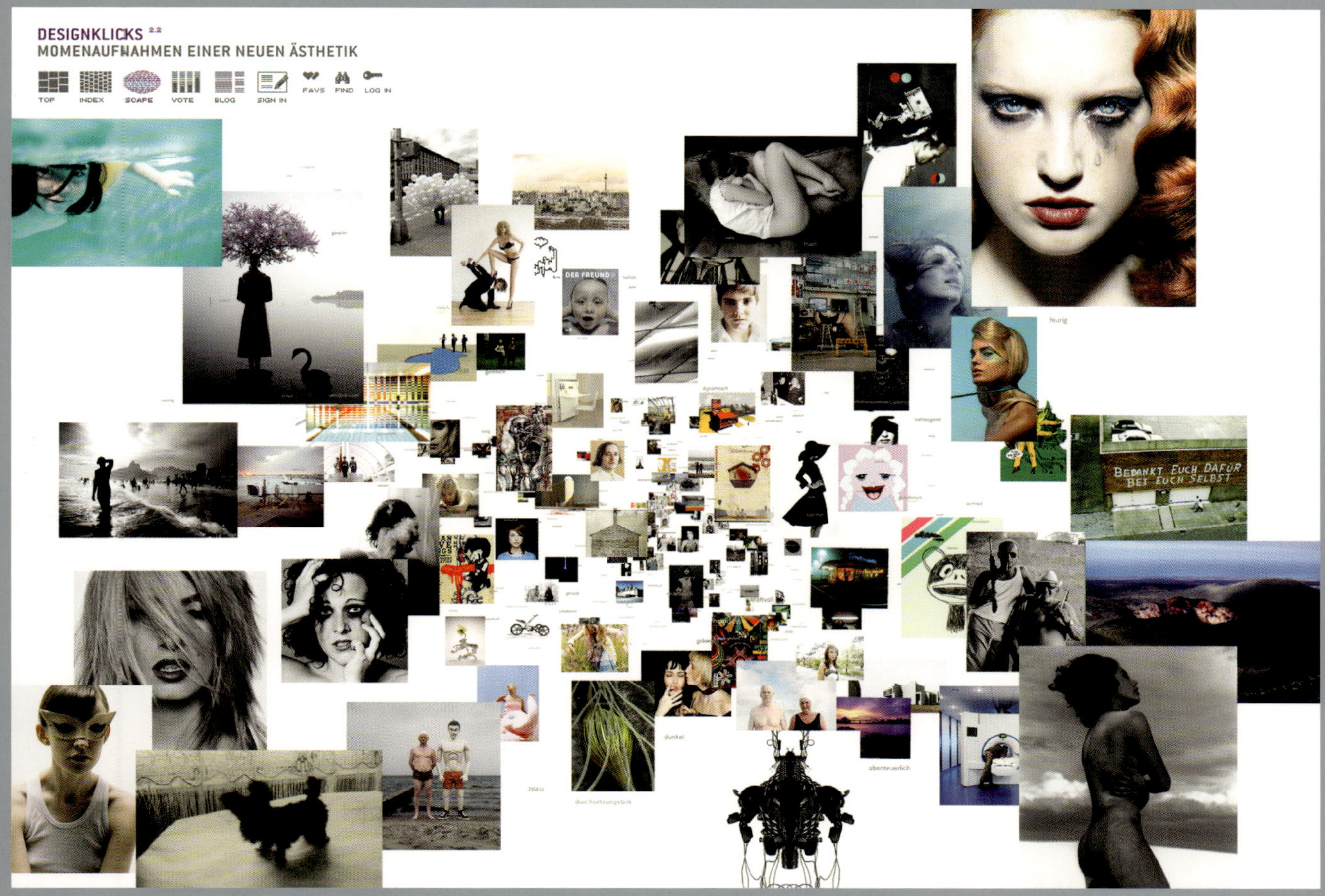

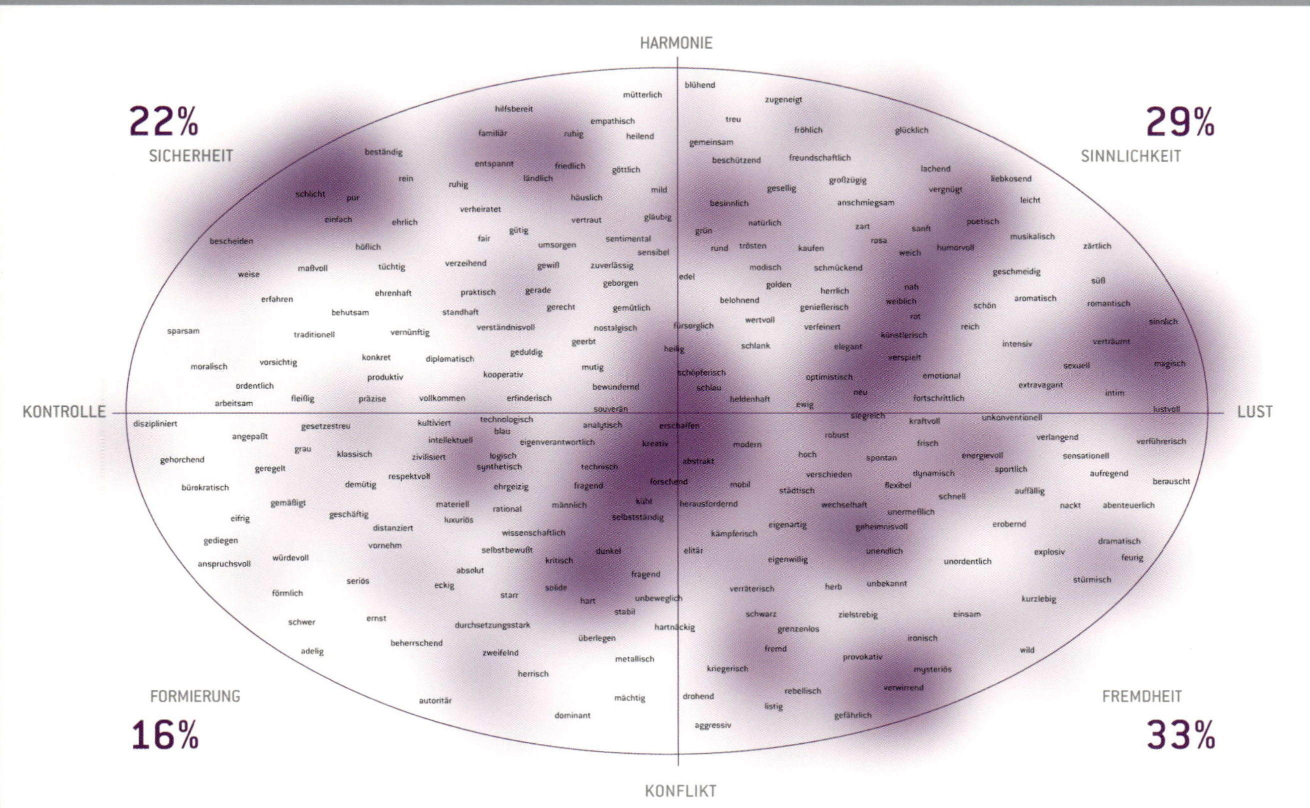

title
DesignKlicks

type of work
Website

appeared in
2005

client
Trendbüro
Beratungsunternehmen
für gesellschaftlichen
Wandel GmbH, Hamburg

design
Deutschlandrock, Berlin
Concept:
Peter Wippermann
(Trendbüro),
Stefan Landrock
Art direction:
Stefan Landrock
Editorial work:
Felix Dobbert,
Birgit Gebhardt
Web development:
Sebastian Deutsch,
Stephan Schulz,
Eray Basar, Mark Nüssler,
Marcel Eichner,
Oliver Landrock

An dem in der Popkultur gefeierten „Bicycle Day“ (19. April) wird nicht etwa das Fahrrad rausgeholt und ein autofreier Tag begangen, sondern die Entdeckung der Droge LSD gefeiert. Bei seinen Forschungen für ein Kreislaufstimulans muss der Schweizer Chemiker Albert Hofmann im April 1943 eine geringe Menge LSD über die Haut absorbiert haben, als er wegen „Unruhe und Unwohlseins“ nach Hause fuhr – mit dem Fahrrad. Nach diesem ersten Rauscherlebnis avancierte das starke Halluzinogen vor allem in den 1960er und Anfang der 1970er Jahre zur Modedroge.

Die mit Psychedelia verbundenen kulturellen Phänomene des Pop und der Kunst jener Zeit sind Inhalt der Website „Summer of Love“, die anlässlich der dazu gezeigten Ausstellung in der Schirn Kunsthalle Frankfurt entwickelt wurde. Ihre Besonderheit ist, dass sie in der Thematik bleibt, um die sie sich dreht. Mit visuellen Effekten inszeniert sie einen LSD-Rausch, der vor allem durch den „LSD-Modus“ und passenden Sound zum wahren Trip wird. Über die komplette Seite ergießen sich ineinander fließende Farbmuster, und selbst der virtuelle Rundgang durch die Ausstellung bleibt verschwommen und unscharf. Der Nutzer bekommt so auf originelle wie informative Weise einen Eindruck davon, welche Wirkung bewusstseinserweiternde Substanzen auslösen und wie sie die Kunst einer ganzen Ära beeinflussen konnten.

On “Bicycle Day”, which is celebrated on the 19th April in pop culture, it is not that everybody gets out a bicycle in order to have a car-free day, but it is the discovery of the drug LSD which is celebrated. During his research looking for a circulation stimulant the Swiss chemist Albert Hofmann must have absorbed a small amount of LSD via the skin in April 1943, before going home due to feelings of “restlessness and discomfort” – by bicycle. After this first mind-altering drug experience the strong hallucinogen became a fashion drug above all in the 1960s and the beginning of the 1970s.

The cultural phenomena of pop, which was connected with psychedelia, and the art of that time are the subject of the “Summer of Love” website, which was developed for the exhibition presented in the Schirn Kunsthalle Frankfurt. The website uses visual effects to stage an LSD experience, which above all becomes a real trip due to the “LSD-mode” and the matching sound. Colourful patterns merging into each other cover the complete screen and even the virtual tour of the exhibition remains blurry and out of focus. The user thus gets an original as well as informative impression of the effects mind-altering substances can have and how they managed to influence the art of a complete era.

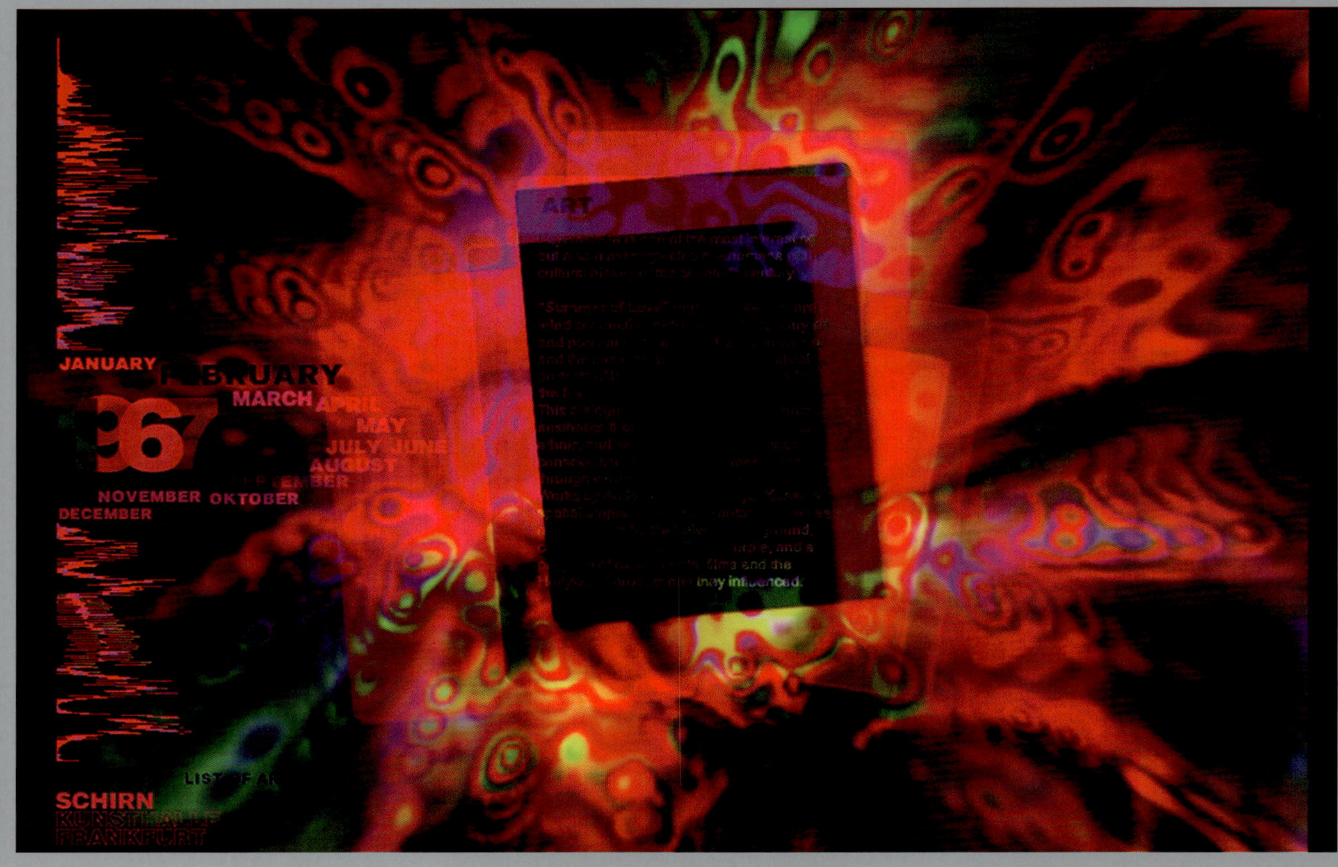

title
Summer of Love

type of work
Website

appeared in
2005

client
Schirn Kunsthalle
Frankfurt, Frankfurt/Main

design
NEUE DIGITALE GmbH,
Frankfurt/Main
Creative direction:
Olaf Czeschner
Art direction:
Bejadin Selimi
Customer advisory service:
Kai Greib
Programming:
Jens Steffen

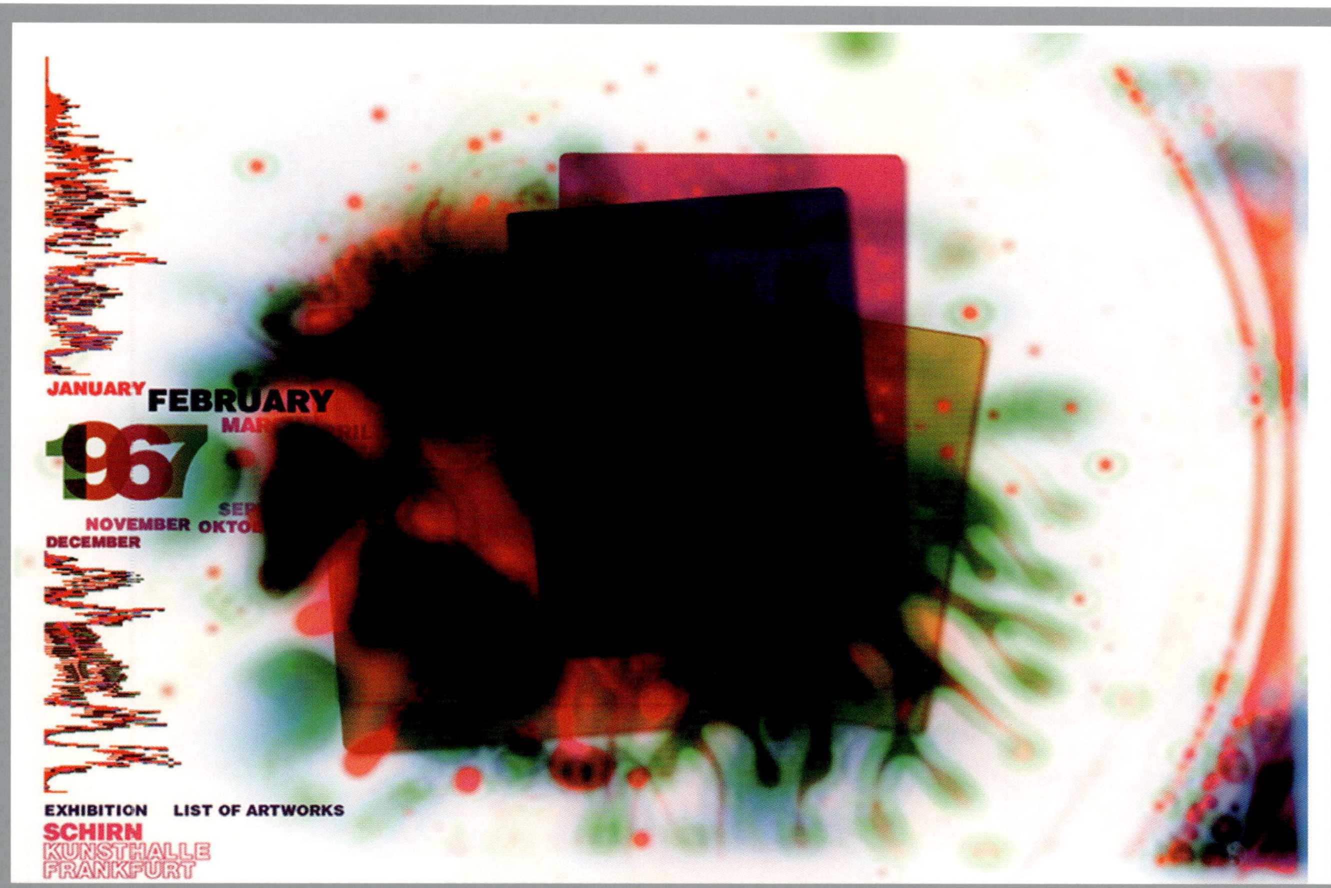

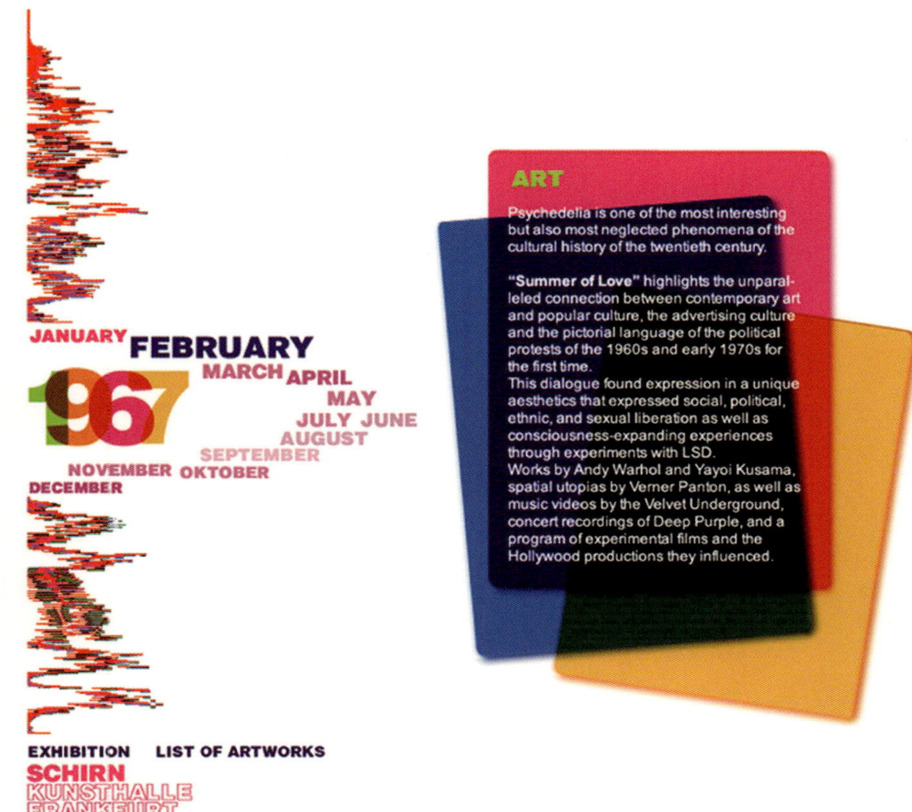

Die Überschreitung aller Grenzen, das kritische Hinterfragen medialer und gesellschaftlicher Konventionen, die Auseinandersetzung mit aktuellen Themen und die Entwicklung neuer visueller Codes – das sind die zentralen Aspekte, mit denen sich das interdisziplinäre Grafikdesign-Studium der Klasse von Prof. Fons Hickmann befasst.

Die zweisprachige Website der Klasse macht die Intentionen des Studienfachs erfrischend und persönlich anschaulich und stellt neben allgemeinen Informationen über Inhalte oder Bewerbung aktuelle Projekte und Diplomarbeiten vor, die Einblick in den Alltag der Studierenden geben. Mit zahlreichen Fotos, die die Studierenden etwa auch bei Präsentationen zeigen, wird versucht, ein authentisches Bild von der Atmosphäre des Fachs an der Universität für angewandte Kunst Wien zu vermitteln. Die transparente, ästhetische Gestaltung ermöglicht, dass sich der User schnell und unkompliziert zurechtfindet. Zusammen mit den hinter dem Text liegenden Bildern, die ständig neu generiert und aktualisiert werden, gibt die Website so einen sehr lebendigen Eindruck von einer Klasse, deren Leidenschaft für die Gestaltung spürbar wird.

The transcending of all boundaries, the critical analysis of media and social conventions, the examination of current issues and the development of new visual codes – these are the central aspects of the interdisciplinary graphic design class of Prof. Fons Hickmann.

The class's bilingual website illustrates the subject's objectives in a lively and personal way and besides general information on content and application it also introduces current projects and diploma projects, thus providing an insight into students' everyday life. With numerous photos showing the students in situations such as for example presentations, the website attempts to convey an authentic image of the atmosphere in the graphic design class at the University of Applied Arts Vienna. The transparent, aesthetic design enables users to navigate the site easily. In combination with the images behind the text, which are constantly generated anew and updated, the website provides a lively impression of a class whose passion for design becomes obvious.

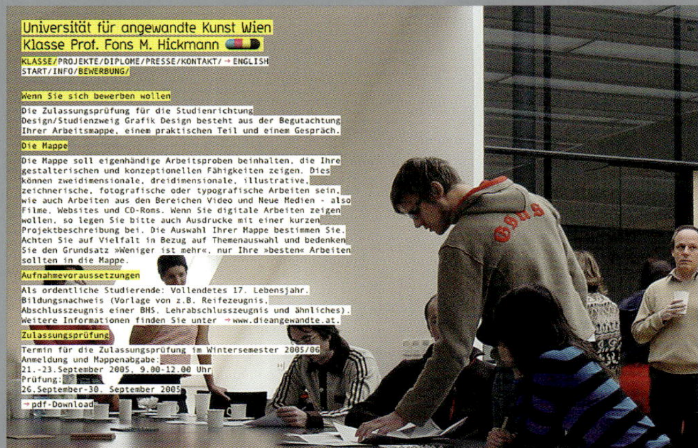

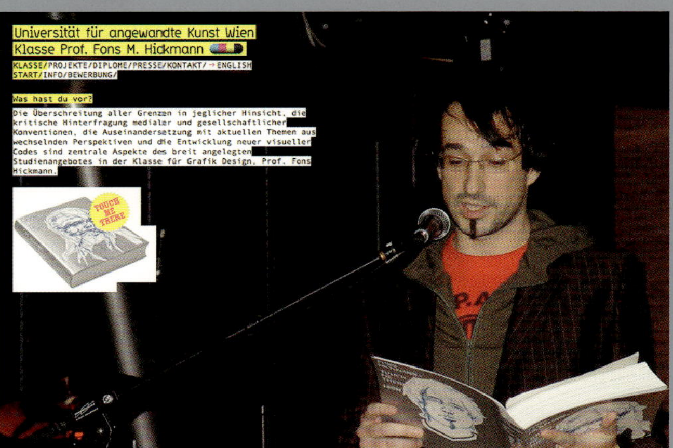

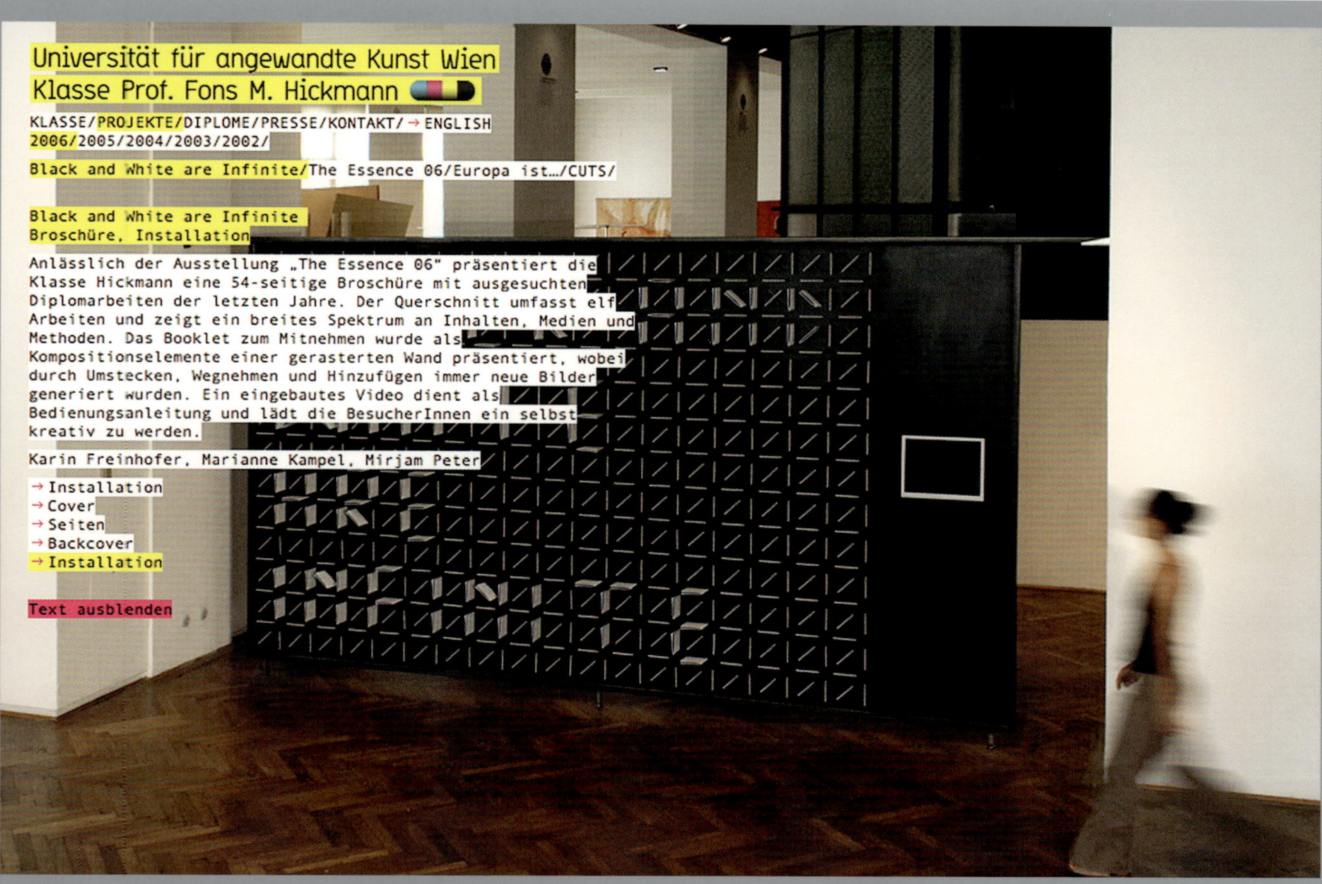

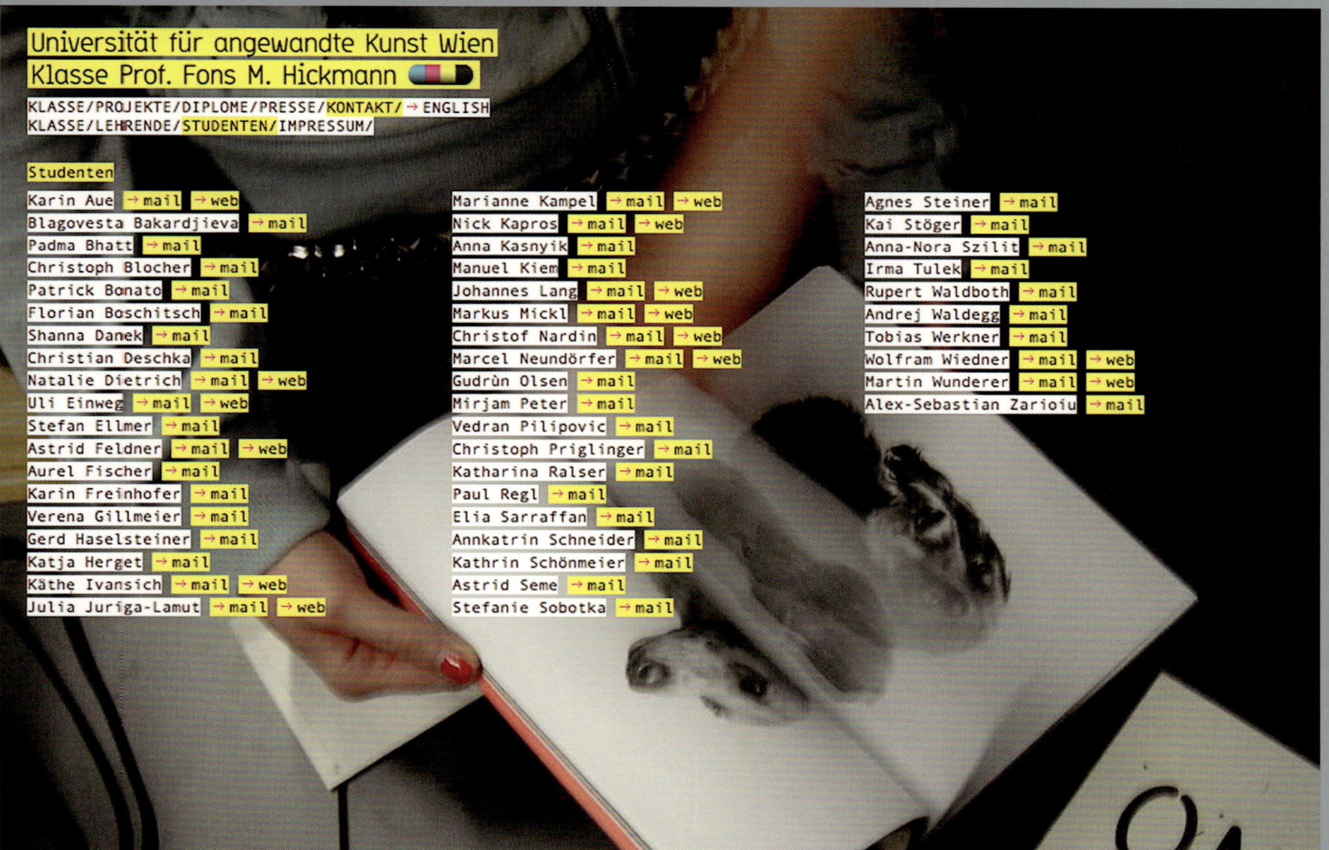

title
www.klassehickmann.com
(junior award)

type of work
Website

appeared in
2005

client
Universität für angewandte
Kunst Wien, Vienna
Klasse für Grafik Design,
Prof. Fons Hickmann

design
Universität für angewandte
Kunst Wien, Vienna
Klasse für Grafik Design,
Prof. Fons Hickmann
Art direction:
Wolfram Wiedner

Die besten Designer des red dot award: communication design

Die Auszeichnung „red dot: best of the best" für höchste Designqualität wird nur sehr wenigen Arbeiten verliehen. In jeder Kategorie kann die Jury bis zu drei Arbeiten und zusätzlich eine Arbeit eines Junior-Designers für diese Auszeichnung bestimmen. Die Auswahl trifft eine unabhängige Jury nach einer demokratischen Abstimmung. Nur die qualitativ hochwertigsten Arbeiten erhalten den begehrten red dot: best of the best. Auf den folgenden Seiten werden die Menschen hinter diesen Arbeiten, die Designer und Designbüros mit Vitae, Statements und Fotos portraitiert.

The best designers of the "red dot award: communication design"

Only a few works receive the distinction "red dot: best of the best" for highest design quality. In each category up to three works and additionally one work of a junior designer can be awarded this distinction. The selection is made by an independent jury in a democratic vote. Only the works with the highest quality receive the "red dot: best of the best". On the following pages the people behind these works, i.e. the designers and design companies, will be profiled including CVs, statements and photos.

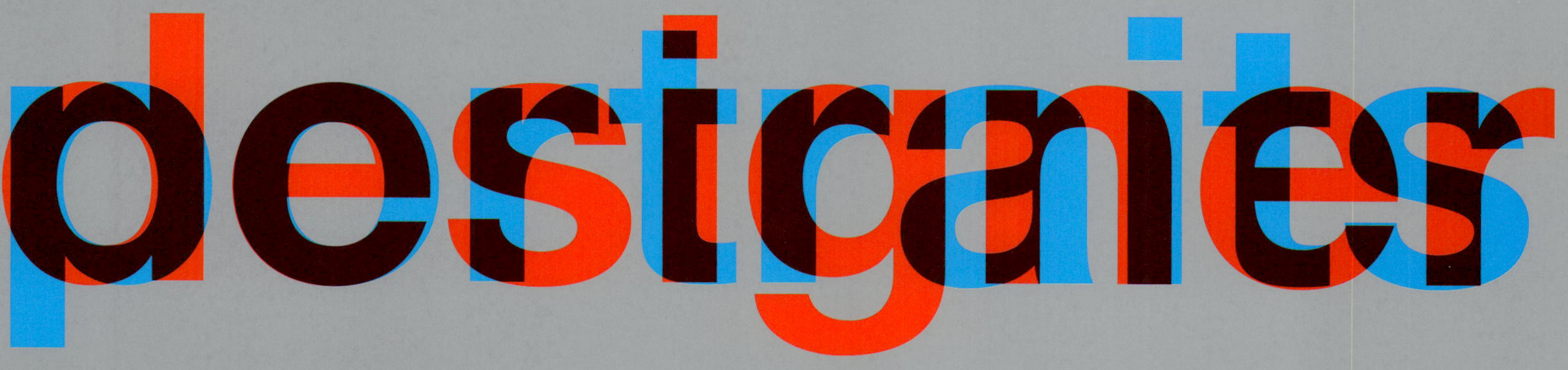

title
Happy World
Best World International
Limited Annual Report
2005/06

type of work
Annual report

page
10-11

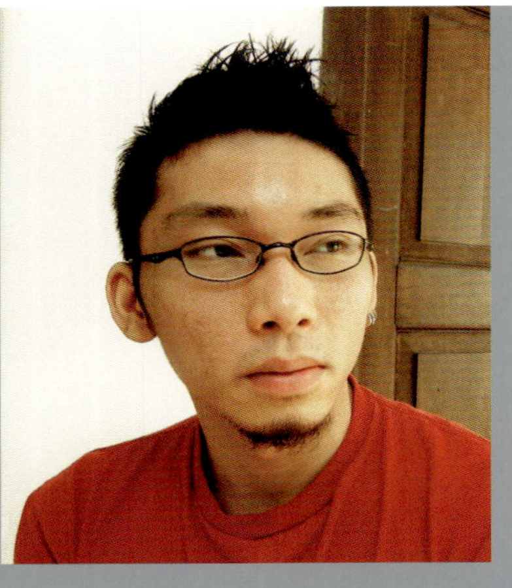

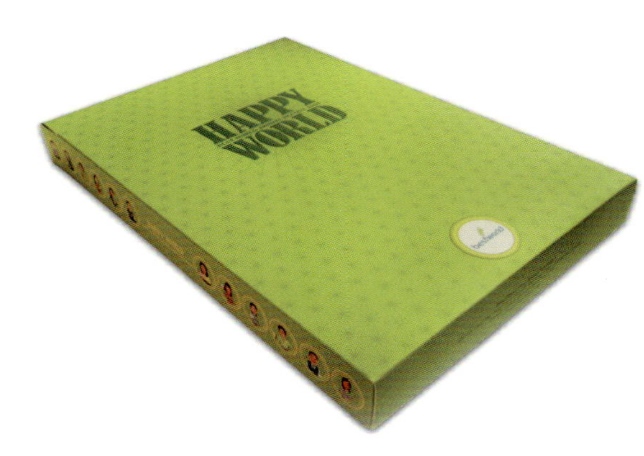

Epigram I Kelvin Lok Weng Kar

Kelvin Lok Weng Kar wurde 1980 in Malaysia geboren und machte 2001 am Art Institute Pittsburgh einen Abschluss in Visueller Kommunikation. Im selben Jahr begann er als Designer in dem Designbüro Epigram in Singapur und wurde 2003 Senior Designer.

Zwischen 2004 und 2005 arbeitete er als Senior Designer bei Duffy Singapore / Asylum Creative und wechselte anschließend erneut zu Epigram, wo er seither Creative Director ist. In diesem Jahr wurde er bereits mit dem Graphis Design Annual ausgezeichnet.

Kelvin Lok Weng Kar über „Die Gestaltung eines Geschäftsberichts“: Die Gestaltung eines Geschäftsberichts bedeutet weit mehr als einfach nur ein Layout zu erstellen. Natürlich haben wir viel Zeit darauf verwandt, die richtigen Farben auszusuchen oder uns für oder gegen Serifen zu entscheiden. Aber am Ende haben wir mehr Zeit damit verbracht, das Unternehmen zu verstehen und seine Schlüsselbotschaft zu identifizieren. All das ist jedoch sinnvolle Zeit. Denn sobald man die Schlüsselbotschaft und ein richtiges Verständnis des Unternehmensgeistes hat, wird die eigentliche Gestaltung einfach.

Kelvin Lok Weng Kar was born in Malaysia in 1980 and graduated from Art Institute Pittsburgh with a degree in visual communication in 2001. In the same year he began working as a designer for the Epigram design company in Singapore and became senior designer in 2003.

Between 2004 and 2005 he worked as senior designer at Duffy Singapore / Asylum Creative before going back to Epigram where he has been creative director ever since. This year, he has already received the Graphis Design Annual.

Kelvin Lok Weng Kar on “Designing an annual report”: Designing an annual report means much more than just creating a layout. Of course, we have taken a lot of time to choose the right colours and to decide whether or not to use serifs. But in the end we have spent more time understanding the company and identifying its key messages than doing anything else. However, all this is time well spent, because once you have figured out the key message and the right understanding of the company spirit, the design process itself becomes an easy task.

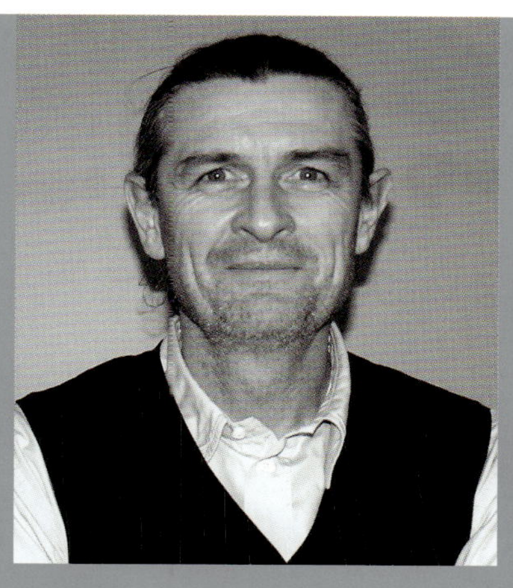

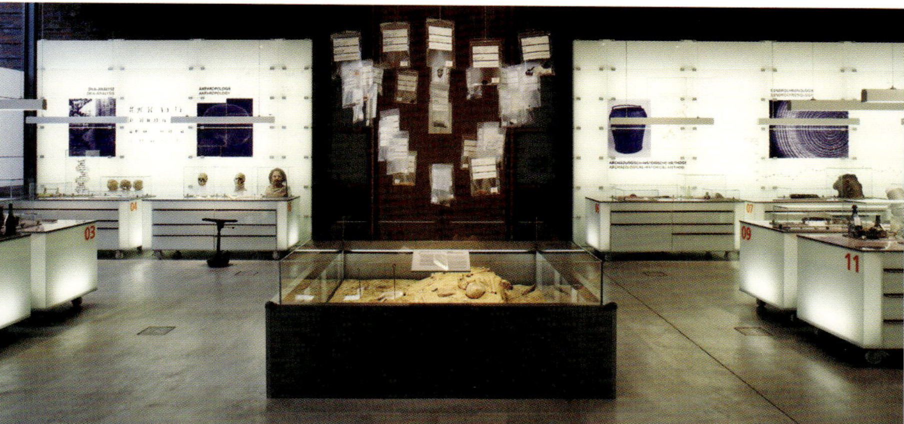

title
Tatort Forscherlabor

type of work
Permanent exhibition

page
12-13

Atelier Brückner GmbH I Uwe R. Brückner

Uwe R. Brückner, 1957 in Hersbruck geboren, studierte von 1978 bis 1984 Architektur an der Technischen Universität München und von 1988 bis 1992 Kostüm und Bühnenbild an der Kunstakademie Stuttgart. Von 1984 bis 1993 war er u.a. in dem Münchner Architekturbüro Prof. Sampo Widmann tätig, bevor er sich 1993 selbständig machte. Daraus ging 1997 das Atelier Brückner hervor, das Ausstellungen und inhaltlich generierte Räume konzipiert und szenographische Projekte für Museen, Messen und Großveranstaltungen realisiert.

Seit 1997 lehrt Uwe R. Brückner u.a. an der Hochschule für Gestaltung Karlsruhe, der Universität Stuttgart und der Kunsthochschule für Medien Köln. Seit 2003 ist er Professor für Szenographie und Ausstellungsgestaltung an der Hochschule für Gestaltung und Kunst Basel.

Prof. Uwe R. Brückner über „Die museale Inszenierung von Wissensinhalten“: Ausstellungen machen bedeutet, Inhalte aufzuschließen und nicht Objekte wegzusperren. Jede gute zeitgenössische Ausstellung nutzt inszenatorische Gestaltungsmittel. Denn inszenatorisches Gestalten ermöglicht, die historische oder kontextuelle Distanz zwischen Inhalt, Exponat und Rezipient zu überbrücken. Das Erlebbarmachen ist Aufgabe der Szenographie. Je komplexer der Inhalt und je anspruchsvoller das Thema, umso wichtiger ist ein attraktiver Zugang. Inhalte und Botschaften werden präzisiert, assoziative Chiffren gefunden und deren Auflösung möglichst spannend dargestellt. Der gelungene Einsatz von Szenographie macht Ausstellungen und Museen individuell und unverwechselbar.

Uwe R. Brückner, born in Hersbruck in 1957, studied architecture at Technische Universität München from 1978 to 1984, and costume and stage design at Kunstakademie Stuttgart from 1988 to 1992. From 1984 to 1993, he worked for the Munich architectural firm of Prof. Sampo Widmann among others, before starting his own company in 1993. From this emerged Atelier Brückner in 1997, which creates exhibitions and content-specific spaces as well as realising scenographic projects for museums, trade fairs and large events.

Since 1997, Uwe R. Brückner has worked as a lecturer at Hochschule für Gestaltung Karlsruhe, Universität Stuttgart and the Kunsthochschule für Medien Köln among others. Since 2003, he has been professor of scenography and exhibition design at Hochschule für Gestaltung und Kunst Basel.

Prof. Uwe R. Brückner on “The staging of knowledge in museums and exhibitions”: Making exhibition means to unlock content and not to lock away objects. Every good contemporary exhibition uses scenographic devices, because scenographic design makes it possible to bridge the contextual distance between content, exhibit and recipient. It is the task of scenography to allow visitors to experience the content of the exhibition. The more complex the content and the more demanding the topic is the more important an attractive access becomes. Content and messages are specified, associative codes are found and their resolution is portrayed in an – as much as possible – exciting way. The successful use of scenography makes exhibitions and museums unique and distinct.

title
Nano Maca
Herbal Supplement

type of work
Brand development,
packaging design

page
14-15

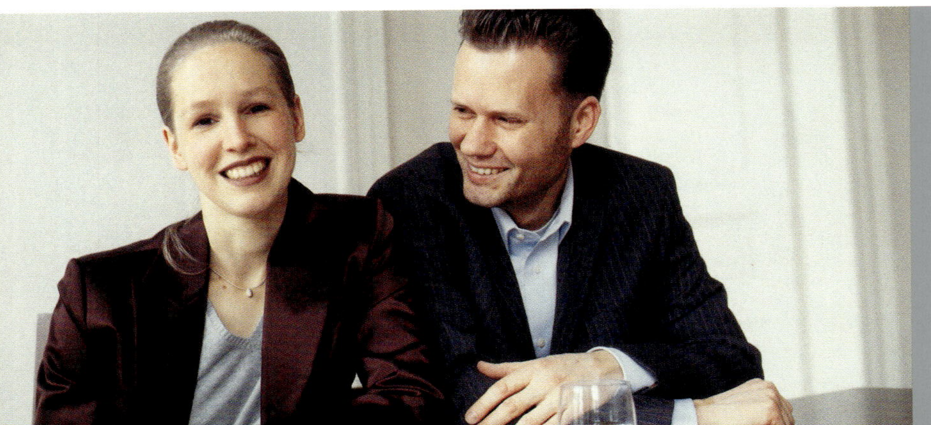

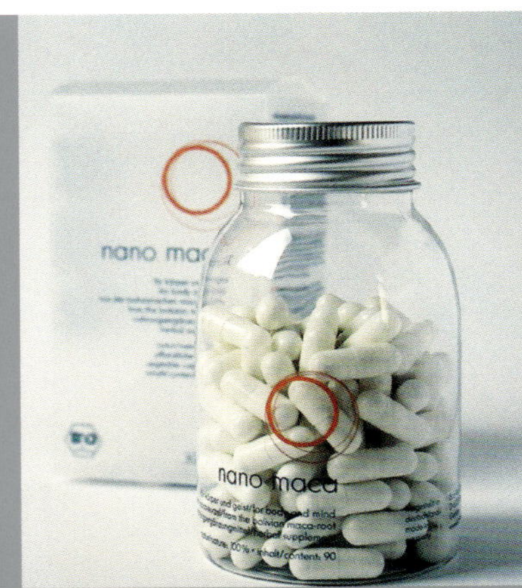

Eiche, Oehjne Design I Ilka Eiche, Peter Oehjne

Ilka Eiche, geboren 1971, machte eine Ausbildung zur Druckvorlagenherstellerin, bevor sie von 1992 bis 1997 Visuelle Kommunikation an der Fachhochschule Düsseldorf studierte. Sie war für diverse Designagenturen selbständig tätig, bevor sie von 1998 bis 2000 als Senior Designerin bei CDC/Frankfurt arbeitete und für den Aufbau der Designunit mitverantwortlich war. 2001 stieg sie als Mitgeschäftsführerin in die Agentur Peter Oehjne Design in Frankfurt/Main ein, die anschließend zu Eiche, Oehjne Design, Agentur für visuelle Kommunikation, umfirmiert wurde und seit 2006 ihren Sitz in Bad Homburg hat.

Peter Oehjne, geboren 1968, besuchte die Kunstgewerbeschule für Gestaltung in St. Gallen, Schweiz, sowie die Kunstakademie in Paris. Von 1988 bis 1991 arbeitete er bei Rottke Design in Düsseldorf und studierte von 1992 bis 1997 Visuelle Kommunikation an der Fachhochschule Düsseldorf. Er war u.a. für Fitch RS und Hesse Design in Düsseldorf sowie als Senior Designer bei Simon & Goetz Design in Frankfurt/Main tätig und gründete 1999 die Agentur Peter Oehjne Design, die seit 2001 als Eiche, Oehjne Design, Agentur für visuelle Kommunikation, firmiert.

Ilka Eiche und Peter Oehjne über „Nano Maca: Antizipieren statt Zitieren“: „Grafikdesign ist eine Nische, eine Passion derjeniger, für die Grafikdesign nicht Beruf, sondern Berufung ist. Grafikdesign ist aber auch im Alltag essentiell: Es klärt Informationen und es verleitet uns dazu, Produkte zu kaufen.“ (Paul Burgess). Eiche, Oehjne Design sieht sich als Teil des Alltagsgeschehens und versucht, einen Beitrag zur Alltagskultur zu leisten – nicht als Künstler, sondern als Dienstleister. Kultur und Unternehmen sind jedoch abhängig von Neuem, von Innovation und Ungesehenem. So lautet eine unserer Maximen, „den Blick nach vorne zu richten“ – neues Grafikdesign zu antizipieren, anstatt Bestehendes zu zitieren. Bei Nano Maca, einem Produkt aus Bolivien, hätte man bei der Entwicklung des Brands auf die reiche visuelle Kultur der Inkas zurückgreifen können, was zum bekannten „Ethnodesign“ geführt hätte. Wir entschieden uns aber für eine abstrakte und positionierungsgemäße Interpretation der Sonne – des wichtigsten Glaubenssymbols der Inkas. Auch hier sieht man die Regel bestätigt: Innovation ist weniger Geistesblitz, sondern Resultat eines kreativen und gezielten Prozesses.

Ilka Eiche, born in 1971, trained as a typescript editor before studying visual communication at Fachhochschule Düsseldorf from 1992 to 1997. She worked for several design agencies before starting her work as senior designer at CDC/Frankfurt from 1998 to 2000 where she was jointly responsible for establishing the design unit. In 2001, she became joint managing director of the Peter Oehjne Design agency in Frankfurt/Main, which was then renamed to Eiche, Oehjne Design, Agentur für visuelle Kommunikation, and has been based in Bad Homburg since 2006.

Peter Oehjne, born in 1968, attended arts school in St. Gallen, Switzerland, and the art academy in Paris. From 1988 to 1991 he worked at Rottke Design in Düsseldorf, and from 1992 to 1997 he studied visual communication at Fachhochschule Düsseldorf. He worked for Fitch RS and Hesse Design in Düsseldorf and as senior designer for Simon & Goetz Design in Frankfurt/Main among others, and founded Peter Oehjne Design in 1999, which has traded as Eiche, Oehjne Design, Agentur für visuelle Kommunikation, since 2001.

Ilka Eiche and Peter Oehjne on “Nano Maca: anticipation instead of quotation”: “Graphic design is a niche, a passion of those for whom graphic design is not a profession but a calling. However, graphic design is also an essential part of everyday life: it clarifies information and encourages us to buy products.” (Paul Burgess). Eiche, Oehjne Design sees itself as part of everyday life and attempts to make contributions to everyday culture – not as artists but as service providers. However, culture and companies are dependent on the new, on innovations and things previously unseen. Thus one of our maxims is “to look ahead” – to anticipate new instead of quoting existing graphic design. When creating the design for Nano Maca, a product from Bolivia, one option would have been to fall back on the rich visual culture of the Incas – this would have led to the known “ethnic design”. Instead, we decided to use an abstract and positioning-related interpretation of the sun, the most important religious symbol of the Incas. This also confirms the rule: innovation is less the result of a flash of genius, but rather of a creative, deliberate process.

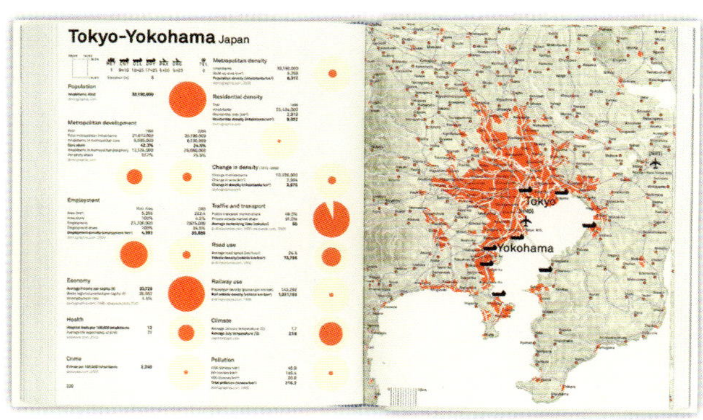

title
Metropolitan World Atlas

type of work
Book

page
16-17

Joost Grootens

Joost Grootens wurde 1971 in Breda, Niederlande, geboren und studierte von 1990 bis 1995 Architectural Design an der Gerrit Rietveld Academie in Amsterdam. Anschließend gründete er ein eigenes Büro mit dem Schwerpunkt Editorial- und Buchdesign in den Bereichen Architektur und Kunst. Seine Arbeiten werden regelmäßig in Ausstellungen präsentiert, u.a. im Stedelijk Museum Amsterdam, im Deutschen Architekturmuseum Frankfurt und im San Francisco Museum of Modern Art.

Joost Grootens wurde vielfach ausgezeichnet, zum Beispiel mit der Goldmedaille des Wettbewerbs „Schönste Bücher aus aller Welt", Best Dutch Book Design und Incentive Prize Amstelveen. Seit 1998 lehrt er an verschiedenen Institutionen in den Niederlanden und führt Workshops an der Architectural Association London und der Tokyo University durch.

Joost Grootens über „Die Systematisierung des Komplexen":
Die wachsende Komplexität und Menge an Informationen, die im Laufe der letzten zehn Jahre entstanden ist, hat Grafikdesigner größtenteils dazu veranlasst, die Beliebigkeit der Struktur vorzuziehen. Meiner Meinung nach ist die heutige Rolle des Designers, Informationen so zu strukturieren, dass sie klar und lesbar sind. Die Komplexität der Informationen sollte jedoch beim Versuch des Designers, sie für sein Publikum sinnvoll zu kommunizieren, nicht durch zu starke Vereinfachungen verloren gehen. Informationen grafisch zu übersetzen, kann das Verstehen solcher Informationen intuitiver machen. Darüber hinaus glaube ich, dass Grafikdesigner Geschichten als Werkzeug benutzen können, um Informationen verständlicher und vor allem interessanter zu machen.

Joost Grootens was born in Breda, the Netherlands, in 1971 and studied architectural design at Gerrit Rietveld Academie in Amsterdam from 1990 to 1995. He then founded his own company specialising in editorial and book design in the fields of architecture and art. His works are presented in exhibitions on a regular basis, among them the Stedelijk Museum Amsterdam, the Deutsches Architekturmuseum Frankfurt and the San Francisco Museum of Modern Art.

Joost Grootens has received numerous awards such as the gold medal of "Schönste Bücher aus aller Welt" (The most beautiful books from all around the world), Best Dutch Book Design and Incentive Prize Amstelveen. Since 1998 he has been lecturing at different institutions in the Netherlands and running workshops at the Architectural Association London and Tokyo University.

Joost Grootens on "Systematisation of the complex":
The increasing complexity and amount of information produced over the past ten years led graphic designers to largely favour randomness over structure. I believe that today the role of the designer is to structure information in such a way that it is legible and clear. The complexity of the information, however, should not get lost by becoming over-simplified as the designer seeks to make sense of it for his/her audience. Translating information graphically can make the understanding of such information more intuitive. In addition, I believe that graphic designers can use narrative as a tool for making information more understandable and, in particular, more interesting.

title
Amsterdam Sinfonietta

type of work
Poster series

page
18-19

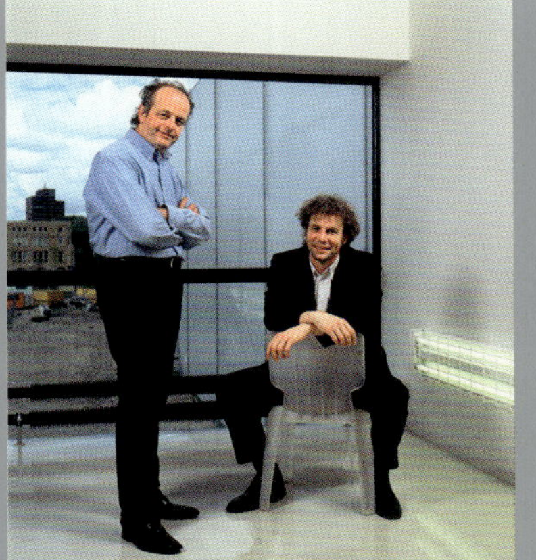

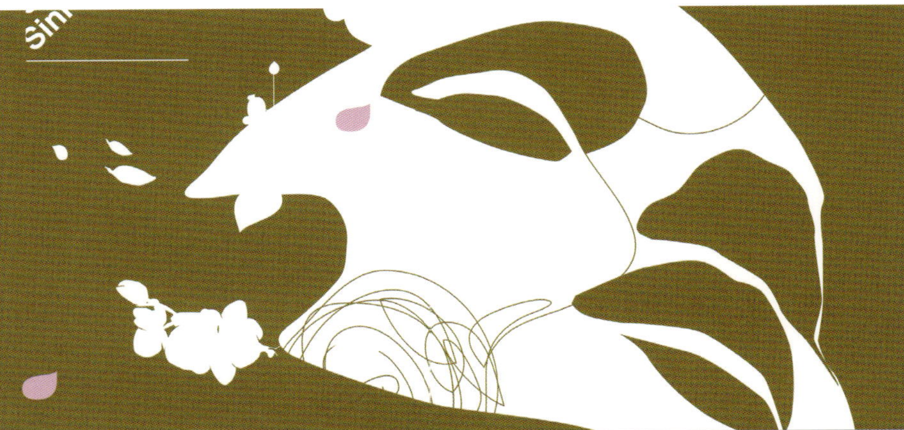

Studio Dumbar | Michel de Boer, Tom Dorresteijn

Michel de Boer, geboren 1954, studierte an der Akademie der Schönen Künste in Rotterdam. 1980 begann er als Designer bei Studio Dumbar, wo er seit 1989 Creative Managing Partner ist. Er erhielt zahlreiche internationale Auszeichnungen, darunter zwei D&AD Gold Awards, sieben D&AD Silver Awards und mehrfach den red dot design award. Er ist Mitglied internationaler Jurys und hält Gastvorträge auf der ganzen Welt. Michel de Boer ist Vorstandsmitglied der Association of Dutch Designers (BNO), Mitglied der Designers and Art Directors Association (D&AD) sowie der Alliance Graphique Internationale (AGI). Seit 2005 ist er Professor für Corporate Identity am Istituto Universitario di Architettura di Venezia (IUAV) in Venedig, Italien.

Tom Dorresteijn, geboren 1962, studierte Kommunikationswissenschaft. Anschließend arbeitete er bei der Public-Relations-Agentur Van Luyken und wurde 1992 bei der Gak Group Leiter Kommunikation. Von 1997 bis 1999 arbeitete er für den Vorstand der Werbeagentur FHV/BBDO, anschließend war er als unabhängiger Strategieexperte Partner des Studio Dumbar, dessen Strategic Director er heute ist. Tom Dorresteijn ist Mitglied internationaler Jurys und Designverbände und wurde kürzlich Vorsitzender der Association of Dutch Designers (BNO). In diesem Jahr wurde er Co-Professor für Corporate Identity am Istituto Universitario di Architettura di Venezia (IUAV) in Venedig zusammen mit Michel de Boer.

Michel de Boer und Tom Dorresteijn über „Die Visualisierung eines Musikprogramms“: Als wichtigster Ausgangspunkt für die Visualisierung eines Musikprogramms gilt die emotionale Stimmung der jeweiligen Musik. Die Bildsprache ist eine Interpretation dieser Atmosphäre. Form und Farbe werden hiervon abgeleitet. Wenn man jedes einzelne Konzert auf diese Weise visualisiert, besteht die Gefahr, dass die Poster nicht mehr als Serie zu erkennen sind. Darum liegt die größte Herausforderung darin, die Grenzen zwischen der verbindenden Identität des Ensembles und der individuellen Interpretation eines Konzerts zu entdecken. Des Weiteren ist es vor allem bei klassischer Musik von Belang, zum einen die Zielgruppe nicht aus den Augen zu verlieren, zum anderen aber nicht auf die üblichen Klischees zurückzugreifen, wie z.B. die Darstellung von Komponisten, Musikern oder Instrumenten.

Michel de Boer, born in 1954, studied at Rotterdam Academy of Fine Arts. In 1980, he began working as a designer at Studio Dumbar, where he has been creative managing partner since 1989. He received numerous international distinctions, among them two D&AD Gold Awards, seven D&AD Silver Awards and several red dot design awards. He is a member of international juries and has held guest lectures all around the world. Michel de Boer is a board member of the Association of Dutch Designers (BNO), a member of the Designers and Art Directors Association (D&AD) as well as the Alliance Graphique Internationale (AGI). Since 2005, he has been professor of corporate identity at the Istituto Universitario di Architettura di Venezia (IUAV) in Venice, Italy.

Tom Dorresteijn, born in 1962, studied communication studies. He then worked at the public relations agency Van Luyken and in 1992 he became head of the communication department of the Gak Group. From 1997 to 1999, he worked for the board of the FHV/BBDO advertising agency. As an independent strategy expert he then became partner of Studio Dumbar, whose strategic director he is today. Tom Dorresteijn is a member of international juries and design associations and has recently become head of the Association of Dutch Designers (BNO). This year he became co-professor of corporate identity at the Istituto Universitario di Architettura di Venezia (IUAV) in Venice together with Michel de Boer.

Michel de Boer and Tom Dorresteijn on “Visualising a music programme”: The emotional quality of the music is regarded as the most important starting point for visualising a music programme. The imagery is an interpretation of this atmosphere. Form and colour are derived from it. If you visualise each individual concert in this way, you run the risk that the posters may no longer be identifiable as a series. Therefore the greatest challenge lies in discovering the boundaries between the connecting identity of the ensemble and the respective individual interpretations of a concert. Furthermore, when it comes to classical music it is above all important to keep focused on your target group on the one hand and on the other hand to avoid the usual clichés such as showing composers, musicians or instruments.

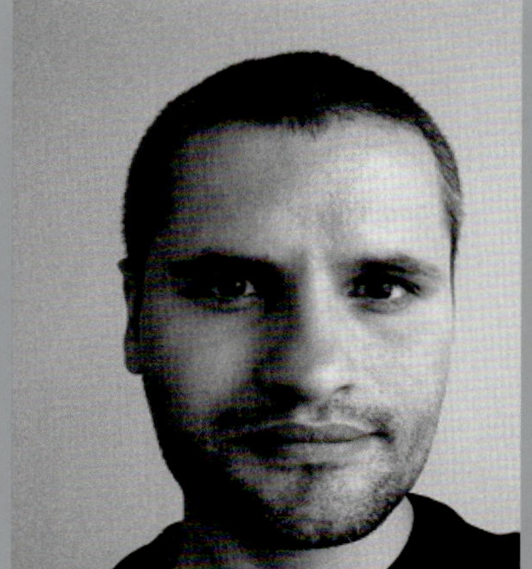

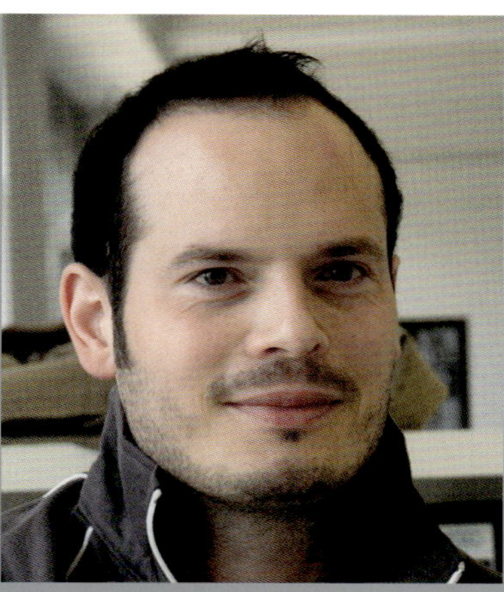

title
adidas Sport Style Y-3 Cubes

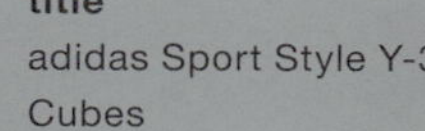

type of work
Website

page
20-21

title
Summer of Love

type of work
Website

page
58-59

NEUE DIGITALE GmbH I Bejadin Selimi, Jörg Waldschütz

Bejadin Selimi, 1972 geboren, machte eine Ausbildung zum Fotografen und erhielt u.a. den Grand Prix bei den Cresta Awards, den D&AD Yellow Pencil sowie Silber beim Wettbewerb des ADC Deutschland. Als Designer war er für Agenturen wie Pixelpark AG Berlin und internationale Studios wie Cinemagic Animation und Rhythm & Hues tätig. Seit 2003 ist er Art Director bei NEUE DIGITALE.

Jörg Waldschütz, geboren 1973, studierte Kommunikationsdesign und war anschließend als freier Designer für Agenturen wie Büro X Hamburg, Ogilvy & Mather, Saatchi & Saatchi Healthcare in Frankfurt/Main und Neville Brody Research Studios, London, tätig. Er arbeitete als Art Director bei Scholz & Volkmer in Wiesbaden, bevor er 2005 Senior Art Director bei NEUE DIGITALE wurde.

Jörg Waldschütz über „Die Animation einer Modekollektion“: Das Besondere der Y-3 Website liegt in der simplen Idee, die Dinge auf den Kopf zu stellen und somit dem User eine völlig neue Betrachtungsweise zu bieten. Es entsteht ein Spiel zwischen der Wahrnehmung im Raum und ungewöhnlichen Perspektiven. Das einfache, physikalische Prinzip der Schwerkraft wird durch die Präsentation der Kleidung an Models in drehbaren Kuben scheinbar überlistet. Zum Erfolg dieses Projekts hat neben der ungewöhnlichen Darstellungsweise und dem hohen technologischen und visuellen Anspruch vor allem eine stimmige Useransprache geführt. Der Betrachter ist aufgefordert, mit der Mode zu interagieren, wobei diese selbst immer im Mittelpunkt bleibt.

Bejadin Selimi über „Die Visualisierung eines Rauschzustands“: Die Quellen für die schöpferische Arbeit eines Künstlers waren schon immer außergewöhnliche Erfahrungen. Während die Künstler der Vergangenheit bis ans Ende der Welt gereist sind, um neue Eindrücke und Inspiration zu finden, durchlebten die „psychedelischen“ Künstler der 1960er Jahre einen Trip nach innen, in die Tiefen der eigenen Seele. Das Bewusstsein erweiterte sich, es folgte eine Ausdehnung des Formen-, Farb- und Medienspektrums. Unzählige Arbeiten aus Malerei, Skulptur, Fotografie, Film, Architektur und Grafikdesign verschmolzen zu den ersten Multimedia-Spektakeln und ebneten damit den Weg der heutigen Popkultur. Die „Summer of Love“-Website ist deshalb auch eine Hommage auf die Pioniere der Multimedia-Art.

Bejadin Selimi, born in 1972, trained as a photographer and received, among other prizes, the Grand Prix at the Cresta Awards, the D&AD Yellow Pencil and the Silver award at the ADC Germany competition for his work. As a designer he worked for agencies such as Pixelpark AG Berlin as well as international studios such as Cinemagic Animation and Rhythm & Hues. Since 2003, he has been art director at NEUE DIGITALE.

Jörg Waldschütz, born in 1973, studied communication design before working as a freelance designer for agencies such as Büro X Hamburg and Ogilvy & Mather as well as Saatchi & Saatchi Healthcare in Frankfurt/Main and Neville Brody Research Studios, London. He worked as art director at Scholz & Volkmer in Wiesbaden, before becoming senior art director at NEUE DIGITALE.

Jörg Waldschütz on “The animation of a fashion collection”: The special feature of the Y-3 website is its simple idea to turn things upside down and offer the user a complete new view. This creates a play of perception in space and unusual perspectives. The simple, physical law of gravity appears to be outsmarted by presenting the clothing on models in cubes that can be rotated. Besides the unusual presentation and its high technological as well as visual quality, it is above all the compatible way of addressing the users that made this project a success. The observer is asked to interact with the fashion, while the fashion clothing itself always remains the centre of attention.

Bejadin Selimi on “Visualising an altered state of mind”: The sources for the creative work of artists have always been extraordinary experiences. While in the past artists have travelled to remote parts of the world to find new impressions and inspiration, the “psychedelic” artists of the 1960s went on a trip inside, into the depth of their own souls. Consciousness was altered and an extension of the spectrums of form, colour and media followed. Numerous works from the fields of painting, sculpting, photography, film, architecture and graphic design merged into the first multimedia spectacles, thus paving the way for today's pop culture. The “Summer of Love” website is therefore also homage to the pioneers of multimedia art.

title
Erdzeiten – Atlas der Paläogeografie (junior award)

type of work
Book, atlas

page
24-25

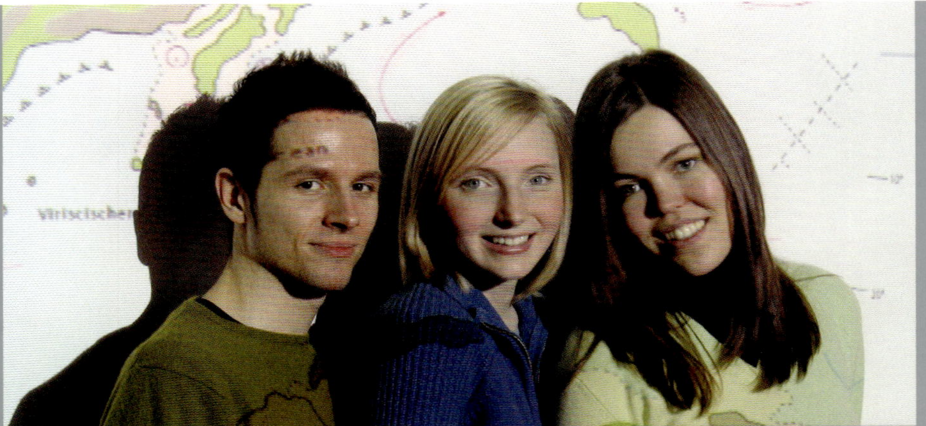

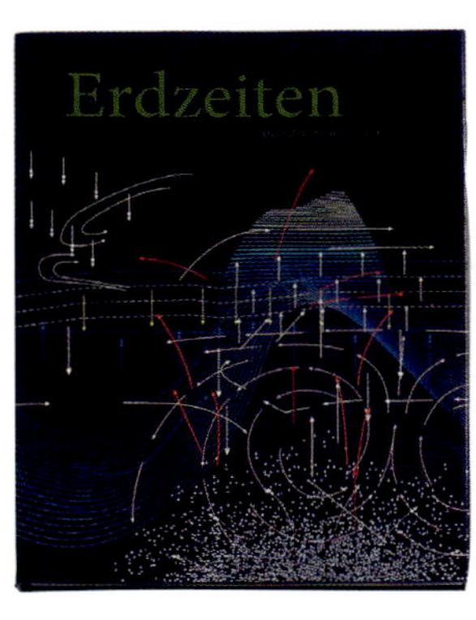

Martin Gorka, Cornelia Vogt, Violetta Walter

Martin Gorka, 1979 in Offenbach am Main geboren, begann 2000 mit dem Studium der Visuellen Kommunikation an der Hochschule für Gestaltung in Offenbach. 2003 arbeitete er an „sushi 6", dem Jahrbuch zum Nachwuchswettbewerb des ADC Deutschland. 2004 war er Finalist beim nationalen Visa-Design-Contest. Anschließend studierte er für ein Semester in Antwerpen, Belgien. Zurzeit arbeitet er an seinem Diplom.

Cornelia Vogt, 1981 in Osnabrück geboren, begann im Jahr 2000 mit dem Studium der Visuellen Kommunikation an der Hochschule für Gestaltung in Offenbach. 2003 absolvierte sie ein Auslandssemester in Antwerpen, Belgien, und war ein Jahr später Finalistin beim nationalen Visa-Design-Contest. 2005 gestaltete sie im Team „sushi 7", das Jahrbuch zum Nachwuchswettbewerb des ADC Deutschland. Zurzeit arbeitet sie an ihrem Diplom zur Grafikdesignerin.

Violetta Walter, 1980 in Frankfurt am Main geboren, begann im Jahr 2000 ihr Studium der Visuellen Kommunikation an der Hochschule für Gestaltung in Offenbach. 2003 arbeitete sie an „sushi 6", dem Jahrbuch zum Nachwuchswettbewerb des ADC Deutschland. Anschließend absolvierte sie ein Auslandssemester an der Hochschule für Gestaltung und Kunst in Luzern, Schweiz. Gegenwärtig widmet sie sich ihrer Diplomarbeit.

Martin Gorka, Cornelia Vogt und Violetta Walter über „Verständlichkeit durch neue Blickwinkel": Der Gestalter bewegt sich zu Beginn jeder neuen Aufgabe auf unbekanntem Terrain. Die anfängliche Unwissenheit kann bei der späteren gestalterischen Umsetzung jedoch von Vorteil sein. Mit Konzeptionalität und großer Neugierde wird die Terra nova aus den verschiedensten Richtungen erschlossen, um sie für die Rezipienten und Nachfolger leichter zugänglich zu machen. Nicht anders erging es uns bei dem Projekt „Erdzeiten". Mit dem Ziel, den Inhalt für jeden leicht verständlich zu gestalten, betrachteten wir ihn vom Standpunkt des „Nicht-Wissenschaftlers" aus, durften zugleich aber den wissenschaftlichen Kontext nicht aus den Augen verlieren. Wir mussten also verschiedene Blickwinkel einnehmen und sie in die Gestaltung einfließen lassen. Auf diese Weise definieren wir mit jedem Projekt ein Stück mehr unbekanntes Land für uns und andere.

Martin Gorka, born in Offenbach/Main in 1979, began studying visual communication at Hochschule für Gestaltung Offenbach in 2000. In 2003, he worked on "sushi 6", the yearbook of the competition for junior designers of the ADC Germany. In 2004, he was a finalist at the national Visa design contest. He then studied in Antwerp, Belgium, for a semester. He is currently working on his diploma project.

Cornelia Vogt, born in Osnabrück in 1981, began studying visual communication at Hochschule für Gestaltung Offenbach in 2000. In 2003, she studied in Antwerp, Belgium, for one semester, and one year later she was a finalist of the national Visa design contest. In 2005, she was part of the "sushi 7" team that designed the yearbook of the competition for junior designers of the ADC Germany. She is currently working on her diploma project in graphic design.

Violetta Walter, born in Frankfurt/Main in 1980, began studying visual communication at Hochschule für Gestaltung Offenbach in 2000. In 2003, she worked on "sushi 6", the yearbook of the competition for junior designers of the ADC Germany. She then studied at Hochschule für Gestaltung und Kunst Luzern for one semester in Lucerne, Switzerland. Currently she is working on her diploma project.

Martin Gorka, Cornelia Vogt and Violetta Walter on "Comprehensibility through new perspectives": At the beginning of every new task designers find themselves on unknown terrain. However, the initial inexperience can be of advantage in the later design process. With a concept and great curiosity the terra nova is explored from different directions in order to make it more easily accessible for recipients and those following. The same happened in the "Erdzeiten" (Times of the earth) project. With the objective to design the content in such a way that makes it easily understandable for everyone, we observed it from the point of view of the non-scientist, while bearing in mind the scientific context. Thus, we had to adopt different perspectives and incorporate them into the design. By doing this we are defining another piece of unknown territory for ourselves as well as others with every project.

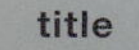

title
30 Jahre bauMax

type of work
Image brochure

page
28-29

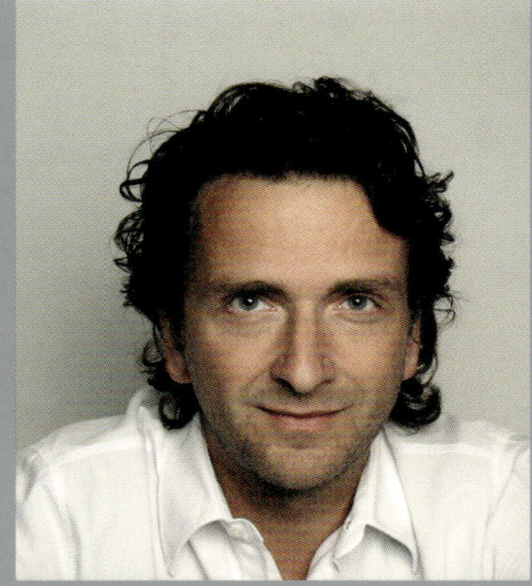

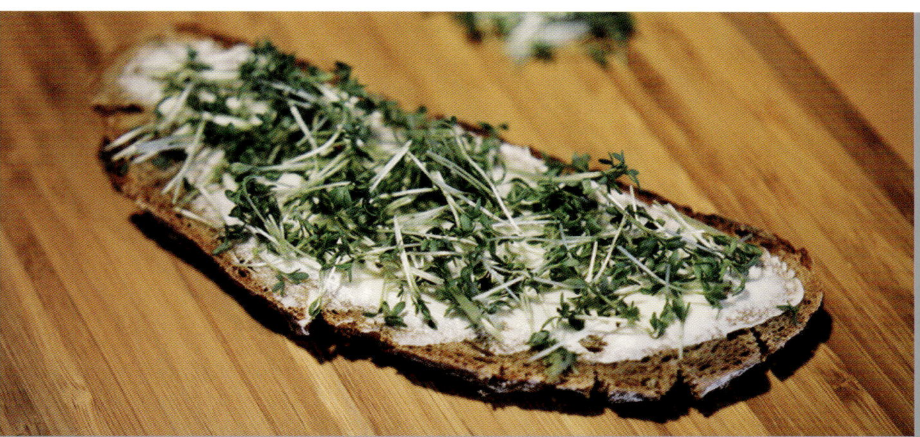

Büro X Design GmbH I Andreas Miedaner

Andreas Miedaner, 1963 in Salzburg, Österreich, geboren, machte eine Ausbildung zum Textilkaufmann, bevor er 1984 ohne jede Vorkenntnis und Ausbildung als Schriftsetzer und Grafiker in einem kleinen Satzstudio begann. Nach kurzer Zeit wechselte er in eine Werbeagentur, 1987 ging er als Grafiker zur Salzburger Agentur GGK und von dort als Junior Art Director zu Demner und Merlicek in Wien.

1991 wechselte Andreas Miedaner zu Knopf, Nägeli und Schnakenberg nach Hamburg, wo er Lo Breier und Hanno Tietgens in ihrem gerade gegründeten Büro X Hamburg kennen lernte. Kurz darauf gründete er zusammen mit Lo Breier das Büro X Wien, das sich von Beginn an als Schnittstelle zwischen künstlerischem Anspruch und professioneller Dienstleistung mit strategischem Hintergrund versteht. Die Arbeiten von Andreas Miedaner wurden mehrfach national wie international ausgezeichnet.

Andreas Miedaner über „Die Kongruenz von Form und Inhalt“:
Design = Kommunikation! Gute Kommunikation hängt nicht vom Medium ab. Ob Imagebroschüre, Geschäftsbericht, Corporate Design, Shop Design, Editorial Design oder Packaging Design – so unterschiedlich die Aufgabenstellungen sein können, gibt es doch eine Gemeinsamkeit: einen Zugang, der die Gestaltung niemals zum Selbstzweck erhebt, sondern vielmehr auf einer klaren, präzisen Sprache basiert, die den Kern der jeweiligen Botschaft, jenseits stilistischer Spielereien, herausfiltert und schlüssig transportiert. Design wollen wir nicht als bloße Gestaltung verstanden wissen, sondern dezidiert als „Informationsträger“, der auf der Visualisierung und konzeptuellen Vermittlung einer essenziellen „Wahrheit“ fußt.

Andreas Miedaner, born in Salzburg, Austria, in 1963, trained as a textile trade specialist before he began to work as a typesetter and graphic designer in a small typesetting studio without having any previous experience or training in 1984. After a short while he joined an advertising agency. He then worked as a graphic designer at GGK in Salzburg in 1987, before going to the Vienna agency Demner und Merlicek as junior art director.

In 1991, Andreas Miedaner went to Hamburg to work for Knopf, Nägeli und Schnakenberg where he got to know Lo Breier and Hanno Tietgens, who had just established their company Büro X in Hamburg. Shortly afterwards he founded the company Büro X in Vienna together with Lo Breier which has regarded itself from the start as an interface between artistic claim and professional service provider with a strategic background. For his work Andreas Miedaner has received several national as well as international awards.

Andreas Miedaner on “The congruency of form and content”:
Design = communication! Good communication does not depend on the medium. Whether image brochure, annual report, corporate design, shop design, editorial design or packaging design – the tasks may be highly different, but they all have one thing in common: an access, which never makes design an end in itself, but which is based on a clear, precise language that filters out and plausibly conveys the gist of the respective message, beyond stylistics. We would like design to be not just regarded as mere style or creation of a form, but as an information carrier which is based on the visualisation and conceptual conveyance of an essential “truth”.

title
Mit Händen sehen:
200 Jahre Blindenschule
Berlin /
150 Jahre Stiftung
Nikolauspflege

type of work
Stamp

page
30-31

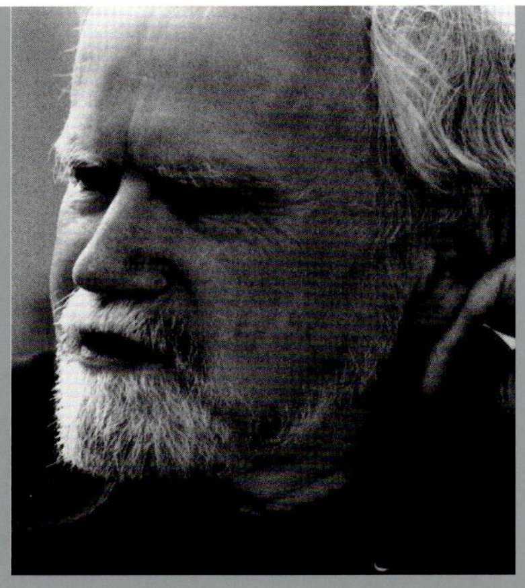

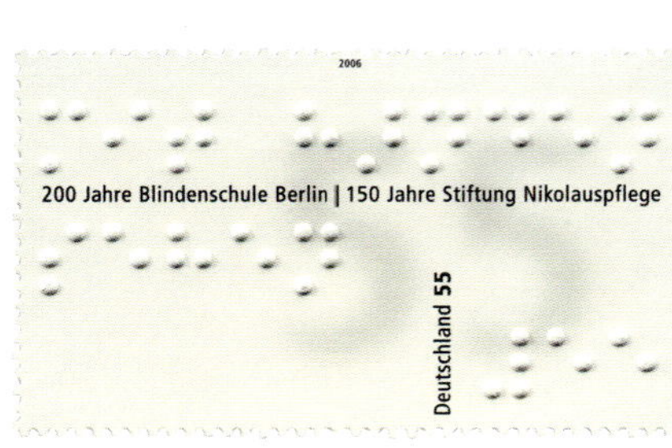

Christof Gassner

Christof Gassner, geboren 1941 in Zürich, Schweiz, machte eine Ausbildung an der Kunstgewerbeschule Zürich. Nach Tätigkeiten in der Industrie und einem Verlag gründete er ein eigenes Grafikdesign-Atelier in Frankfurt/Main. Heute lebt er als Grafikdesigner und Typograph in Darmstadt. Er war Mitgründer und bis 1990 Art Director des Magazins „Öko-Test", anschließend Art Director der Zeitschrift „natur".

Von 1986 bis 1992 lehrte er als Professor für Visuelle Kommunikation an der Fachhochschule Darmstadt und von 1993 bis 2006 an der Kunsthochschule Kassel. Christof Gassner ist Mitglied der Alliance Graphique Internationale, seine Arbeitsschwerpunkte sind Editorial Design, Corporate Design, Buch-, Plakat- und Briefmarkengestaltung.

Christof Gassner über „Gestaltung für die Sinne": *Sehen:* Auch eine Briefmarke ist „eine Fläche, die ins Auge springt", zugegeben, nicht ganz so groß wie ein Plakat, jedoch wie dieses – und zudem millionenfach verbreitet – eine Fläche, die Räume öffnen kann, zum Erinnern, zur Reflexion. *Tasten:* Ein Objekt zum Greifen, zum Anfassen, zum Abreißen und Aufkleben – ist im Ausnahmefall, wie die Blindenmarke, mit den Händen zu sehen. *Riechen und Schmecken:* Mit dem geheimnisvollen Geruch alter Bücher oder dem benebelnden neuer Siebdrucke kann das Postwertzeichen nicht mithalten, und der kulinarische Genuss durch das Ablecken bleibt eher schal. *Hören:* Nur mittelbar möglich, so wie Klangfarben nicht zu sehen und Farbklänge nicht zu hören sind. Den Ton der prämierten Marke stelle ich mir sehr leise vor, fast unhörbar, wie fallende Schneeflocken – „smorzando".

Christof Gassner, born in Zürich, Switzerland, in 1941, attended Kunstgewerbeschule Zürich. After working in the industry and for a publishing company he founded his own graphic design studio in Frankfurt/Main. Today he lives in Darmstadt where he works as a graphic designer and typographer. He was co-founder and until 1990 art director of "Öko-Test" magazine before becoming art director of "natur" magazine.

From 1986 to 1992 he was professor for visual communication at Fachhochschule Darmstadt and from 1993 to 2006 he lectured at Kunsthochschule Kassel. Christof Gassner is a member of the Alliance Graphique Internationale. The major focus of his work is on editorial design, corporate design, book, poster and stamp design.

Christof Gassner on "Design for the senses": *Seeing:* A stamp is also "a surface that leaps to the eye". Well, admittedly, not exactly the size of a poster, but similar to this – and in addition distributed millions of times – a surface, which can open spaces, for remembering, for reflecting. *Feeling:* An object to grasp, to touch, to tear off or stick on – in special cases it can be "seen" with your hands – like for example the special issue stamp for blind people. *Smelling and tasting:* With the mysterious smell of old books and the dazing scent of new silk screens the stamp cannot keep up; and the culinary enjoyment when licking it is rather stale. *Hearing:* Only possible indirectly, like you cannot see tone colours or hear colour tones. I imagine the sound of the award-winning stamp to be very quiet, almost inaudible, like falling snowflakes – "smorzando".

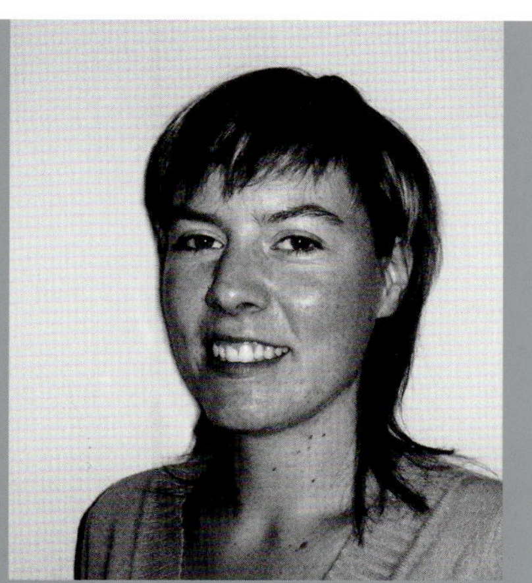

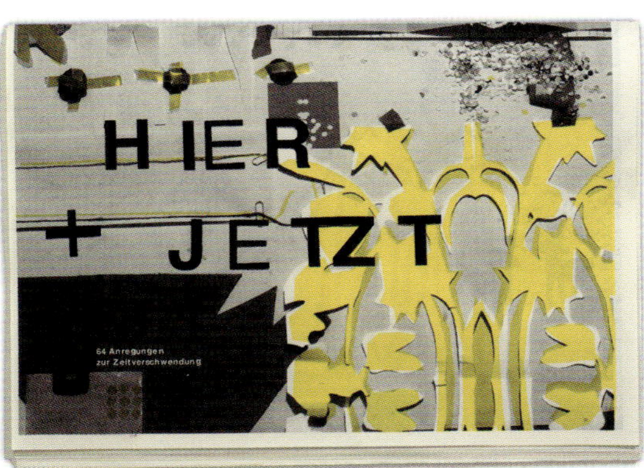

title
Hier + Jetzt.
64 Anregungen zur Zeitverschwendung
(junior award)

type of work
Newspaper

page
32-33

Catrin Sonnabend

Catrin Sonnabend, geboren 1975 in Gelnhausen, studierte ab 1995 Kulturpädagogik an der Universität Hildesheim, bevor sie 1998 an die Hochschule für Gestaltung Offenbach wechselte und Visuelle Kommunikation studierte.

2003 absolvierte sie ein Gastsemester an der Hochschule für Gestaltung und Kunst in Luzern, Schweiz, 2005 machte sie ihr Diplom. Seither ist Catrin Sonnabend freiberuflich, u.a. für das Festival Junger Talente in Offenbach und das Plattenlabel Alien Transistor, tätig.

Catrin Sonnabend über „Die Visualisierung des Augenblicks": Der Augenblick ist immer jetzt, immer schon vergangen und wieder neu. Er ist flüchtig, weil kurz und einzigartig. Für den Augenblick und aus ihm heraus zu gestalten, heißt spontan sein, reagieren auf das, was ihn ausmacht. Den Kartoffelbrei in eine Burg zu verwandeln, etwas auf ein beschlagenes Fenster zu kritzeln oder mit der Fußspitze Formen in den Sand zu malen, kann eine ganz beiläufige, aber auch direkte Art der Kommunikation sein. Sie entsteht aus der Situation, der Stimmung und den Möglichkeiten heraus. Das, was zum Ausdruck kommt, ist an spezielle Umstände geknüpft, die im nächsten Moment schon vergangen sind. Die Qualität der Gestaltung aus dem Jetzt heraus liegt im persönlichen Ausdruck und der provisorischen Anmutung, welche die Zeit spürbar macht. Die Vergänglichkeit und auch das Potenzial jedes einzelnen Augenblicks wird offensichtlich.

Catrin Sonnabend, born in Gelnhausen in 1975, studied cultural studies at Universität Hildesheim from 1995 and then went on to study visual communication at Hochschule für Gestaltung Offenbach in 1998.

In 2003, she spent a semester studying at Hochschule für Gestaltung und Kunst Luzern in Lucerne, Switzerland, and in 2005, she graduated with a diploma. Since then Catrin Sonnabend has been working as a freelancer for the "Festival Junger Talente" (Festival of young talents) in Offenbach and the record label Alien Transistor among others.

Catrin Sonnabend on "Visualising the moment": The moment is always now, always already gone and always new. It is ephemeral, because it is short and unique. To design for the moment and in the moment means to be spontaneous, to react to that what is essential to the moment. To build a castle out of mashed potatoes, to scribble something onto a steamed-up window or to draw shapes in the sand with the toes – this can be an incidental but also direct way of communicating. It is a result of the situation, the mood and the possibilities. What is expressed is dependent on certain conditions which in the next moment already belong to the past. The quality of design unfolding out of the moment lies in personal expression and the provisional charm which makes time perceptible. The transience as well as the potential of each single moment becomes evident.

title
Wanderausstellung zum neuen Mercedes-Benz Museum

type of work
Travelling exhibition

page
34-35

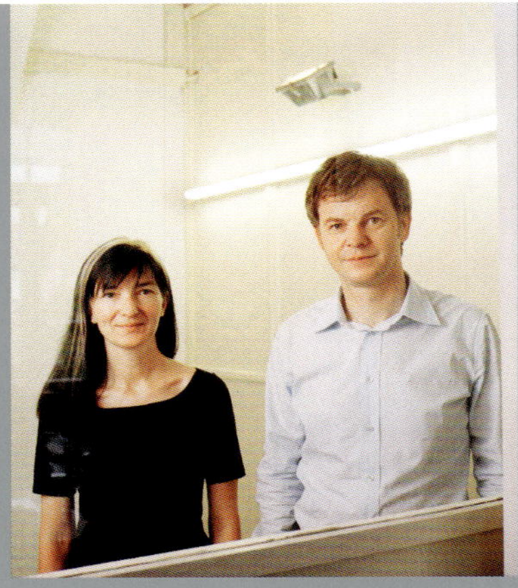

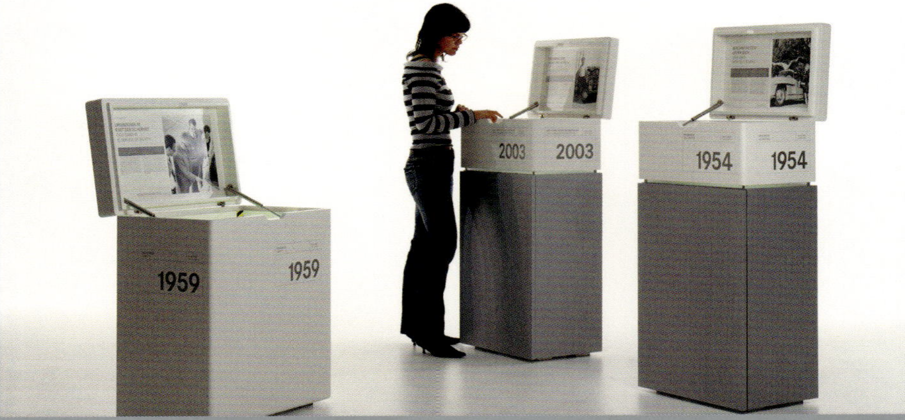

design hoch drei GmbH & Co.KG I Susanne Wacker, Wolfram Schäffer

Susanne Wacker, 1962 in Friedrichshafen geboren, verbrachte ihre Schulzeit abwechselnd in Deutschland und den USA. Anschließend studierte sie Grafikdesign an der Staatlichen Akademie der Bildenden Künste in Stuttgart. 1993 gründete sie zusammen mit Wolfram Schäffer das Büro design hoch drei, das sich zu einer Agentur für Kommunikation und Gestaltung entwickelt hat.

Wolfram Schäffer, 1961 in Kirchheim/Teck geboren, studierte Grafikdesign an der Staatlichen Akademie der Bildenden Künste in Stuttgart. 1988 gründete er zusammen mit Niels Dittmann, Roland de Fries und Prof. Günter Jacki die Designwerk GmbH. Er war Mitbegründer der Design-Union, einer interdisziplinären Vereinigung aus Psychologen, Architekten und Designern, und ist heute zusammen mit Susanne Wacker Geschäftsführer von design hoch drei.

Wolfram Schäffer und Susanne Wacker über „Reduktion und Originalität“: „Weniger ist mehr.“ Dieser Satz bezeichnet den Mehrwert von Reduktion. Wer sich beschränkt, wirkt klarer, glaubhafter. Es sind immer die einfachen, aber originellen Ideen, die am meisten begeistern. Wie stimmt man auf ein Marken-Museum der Superlative ein, macht neugierig, lockt Besucher an? Man nimmt sieben Archivboxen, in denen üblicherweise Exponate verpackt werden und gibt ihnen eine klare äußere Gestaltung. Man sammelt Geschichten, Fotos und kuriose Gegenstände, arrangiert alles nach Themen sortiert und gestaltet das Ganze. Und man setzt auf die angeborene Neugierde des Menschen, wissen zu wollen, was sich in einer Schachtel verbirgt. Nicht mehr, aber auch nicht weniger.

Susanne Wacker, born in Friedrichshafen in 1962, attended schools in Germany and the USA. She then studied graphic design at State Academy of Art and Design Stuttgart. In 1993 she founded the company “design hoch drei” together with Wolfram Schäffer, which has developed into a communication and design agency.

Wolfram Schäffer, born in Kirchheim/Teck in 1961, studied graphic design at State Academy of Art and Design Stuttgart. In 1988, he founded the company Designwerk GmbH together with Niels Dittmann, Roland de Fries and Prof. Günter Jacki. He was a co-founder of Design-Union, an interdisciplinary union of psychologists, architects and designers, and he is currently managing the company “design hoch drei” together with Susanne Wacker.

Wolfram Schäffer and Susanne Wacker on “Reduction and originality”: “Less is more.” This saying refers to the added value created by reduction. Those who restrict themselves create clarity and are more believable. It is always the simple but original ideas, which impress the most. How do you put someone in the right mood for an unrivalled brand museum? How do you make people curious and attract visitors? Take seven archive boxes which are normally used to pack exhibits and give them a clear exterior design. Collect stories, photos and curious objects, arrange them according to themes and design it all. And then rely on people’s innate curiosity that makes them want to know what is hidden in a box. Not more but not less either.

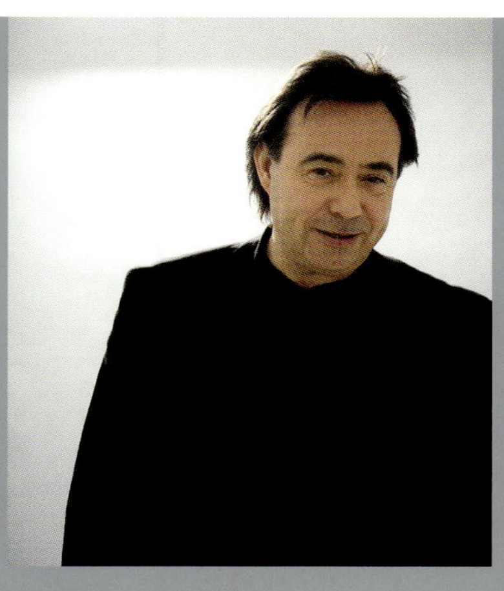

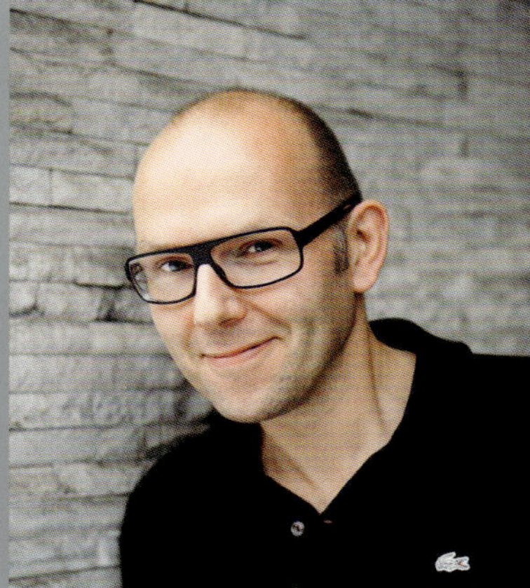

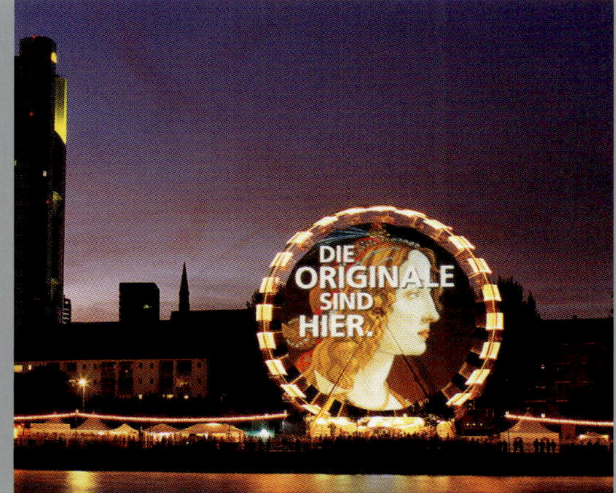

title
KUNST | RAD – Museums-uferfest Frankfurt 2005

type of work
Light show, media show

page
36-37

Atelier Markgraph GmbH | Roland Lambrette, Stefan Weil u.a.

Roland Lambrette, 1951 in Frankfurt/Main geboren, studierte Pädagogik und beschäftigte sich früh mit der Kommunikation im Raum. 1984 gründete er zusammen mit Rolf Engel und Meinhard Hutschenreuther das Atelier Markgraph, das in der Gestaltung von Ausstellungen, Medieninszenierungen und Corporate Architecture tätig ist. Roland Lambrette erhielt zahlreiche internationale Auszeichnungen, u.a. den D&AD Black Pencil. Er lehrt an der Hochschule für Künste in Bremen.

Stefan Weil, 1963 in Bad Homburg geboren, begann 1989 als Grafiker bei Meiré und Meiré. Anschließend arbeitete er als Creative Director u.a. bei Leo Burnett Frankfurt sowie J. Walter Thompson, wo er die Bereiche „Live Communication" und „Branddesign" mit aufbaute. Nachdem er von 1999 bis 2001 ein Projekt für die Weltausstellung in Hannover bei Markgraph als Creative Director geleitet hatte, kehrte er 2003 mit einem erweiterten Aufgabenfeld zurück. Seit 2005 ist Stefan Weil Mitglied der Geschäftsführung, seine Arbeiten wurden mehrfach in internationalen Wettbewerben ausgezeichnet.

Das Markgraph-Designteam über „Die Gestaltung urbaner Markenzeichen": Markenkommunikation und öffentlicher Raum stehen in einem naturgemäßen Spannungsverhältnis. Dabei bieten urbane Schauplätze einprägsame Bühnenbilder. Licht- und Medieninszenierungen verwandeln Straßenzüge, Gebäude und ganze Hochhauskulissen in weithin sichtbare Monumente, die ein memorables Zeichen setzen für die Stadt und ihre Identität. Die Wirkkraft, nach außen wie nach innen, ist immens: Mit der Hochhausbespielung „SkyArena" beispielsweise entstand zur Fußball-WM 2006 in Frankfurt/Main ein urbanes Markenzeichen, das um die Welt ging. Auch beim KUNST | RAD diente die Skyline als Bühnenbild, hier wurde ein Riesenrad zur überraschenden Plattform für die Museen. Ein ebenso populäres wie anspruchsvolles Bild für den Kulturreichtum Frankfurts, das Museen, Metropole und Menschen in neue Wechselwirkungen zueinander setzte.

Roland Lambrette, born in Frankfurt/Main in 1951, studied education and began researching communication in three-dimensional space at an early stage. In 1984, he founded Atelier Markgraph together with Rolf Engel and Meinhard Hutschenreuther, which specialises in exhibition design, media productions and corporate architecture. Roland Lambrette received several international distinctions, among them the D&AD Black Pencil. He lectures at University of the Arts Bremen.

Stefan Weil, born in Bad Homburg in 1963, began working as a graphic designer at Meiré und Meiré in 1989. He then became creative director at Leo Burnett Frankfurt and J. Walter Thompson among others, where he established the departments of live communication and brand design. After managing a project for the world exhibition in Hanover as creative director at Markgraph from 1999 to 2001, he returned in 2003 with an enlarged scope of duties. Since 2005, Stefan Weil has been a member of the management team. He has received several distinctions for his work in international competitions.

The Markgraph design team on "The design of urban signature features": There is a natural tension between brand communication and public space, even though urban scenery offers memorable stage sets. Lights and media productions turn streets, buildings and complete skyscraper backdrops into widely visible monuments, which become memorable features of the city and its identity. The effects, outward as well as inward, are immense: the "SkyArena" art installation for the FIFA World Cup 2006, for example, created an urban signature feature in Frankfurt/Main that was seen all around the world. In the case of KUNST | RAD the skyline also served as scenery; here a Ferris wheel became the surprising platform for the museums – a similarly popular as well as high-quality image of Frankfurt's cultural wealth which created new interactions between museums, the metropolis and the people.

title
Königskinder – Für die perfekte Familie (junior award)

type of work
Catalogue, diploma project

page
38-39

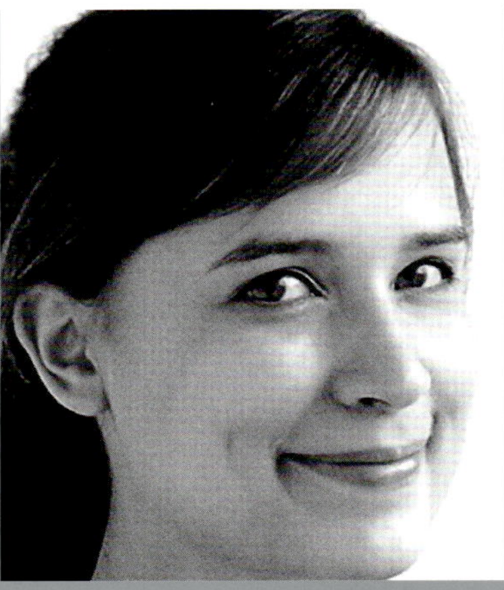

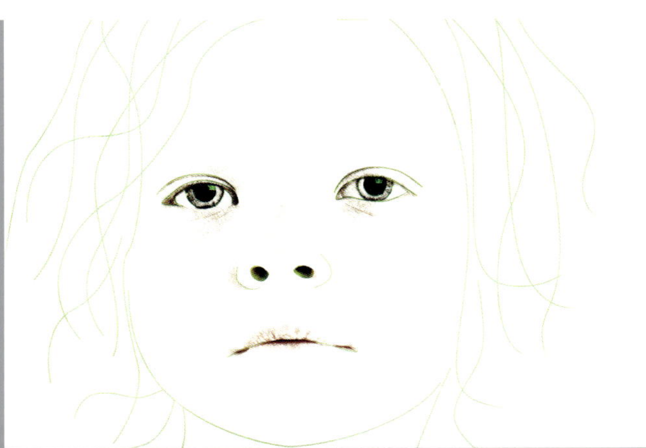

Diana Zima

Diana Zima, 1979 in Neheim geboren, studierte von 2000 bis 2005 Kommunikationsdesign an der Fachhochschule Dortmund. 2003 absolvierte sie ein Praktikum bei der Werbeagentur KNSK in Hamburg.

Nach ihrem Studium war sie freiberuflich für die PixelConsult GmbH und das Theater Dortmund tätig. Seit 2006 arbeitet sie im Kreativteam der Fachagentur Plantamedium GmbH.

Diana Zima über „Der böse Schein der Perfektion“: Ich präsentiere die Kinder in meinem Katalog wie Produkte, die käuflich sind. Jede emotionale Regung der Kinder fehlt, da sie einzig und allein die Funktion haben, die verschiedenen wählbaren Talente und äußeren Merkmale zu präsentieren. Sie sind namen- und identitätslos, und sie sind Produkte, die je nach Budget beliebig modifiziert werden können. Trotzdem ist die Bildsprache ambivalent: erschreckend und ästhetisch zugleich. Einerseits versetzt sie den Betrachter in eine Welt, wie sie sein könnte: eine Welt, in der der Mensch zum austauschbaren Massenprodukt wird. Andererseits wird diese Aussage durch die kühle Ästhetik gleichzeitig wieder verschleiert. Alles erscheint so perfekt! Ist das nicht doch erstrebenswert? Das war auch das Ziel meines Katalogs: Die Kritik sollte erst auf den zweiten Blick sichtbar werden – das heißt, der Betrachter soll zum Nachdenken animiert werden, hin und her gerissen zwischen dem, was er sieht, und dem, was zukünftig sein kann.

Diana Zima, born in Neheim in 1979, studied communication design at University of Applied Sciences Dortmund from 2000 to 2005. In 2003, she did a work placement with KNSK advertising agency in Hamburg.

After graduating, she worked as a freelancer for PixelConsult GmbH and Theater Dortmund. Since 2006, she has been working in the creative department of the specialist agency Plantamedium GmbH.

Diana Zima on "The evil illusion of perfection": I present the children in my catalogue like products that can be bought. The children show no emotion at all because they only have the purpose of presenting the different selectable talents and features. They have neither a name nor an identity and are products that can be, according to the budget, modified as desired. Nevertheless, the imagery is ambivalent: shocking and aesthetic at the same time. On the one hand it transports the reader into a world that could be: a world, in which the human being becomes a replaceable mass product. On the other hand, this statement is at the same time concealed by the cool aesthetics. Everything seems to be perfect! Isn't that desirable? This has also been the objective of my catalogue: the criticism is to become apparent only at a second glance – this means the readers are encouraged to think, torn between what they see and what could be in future.

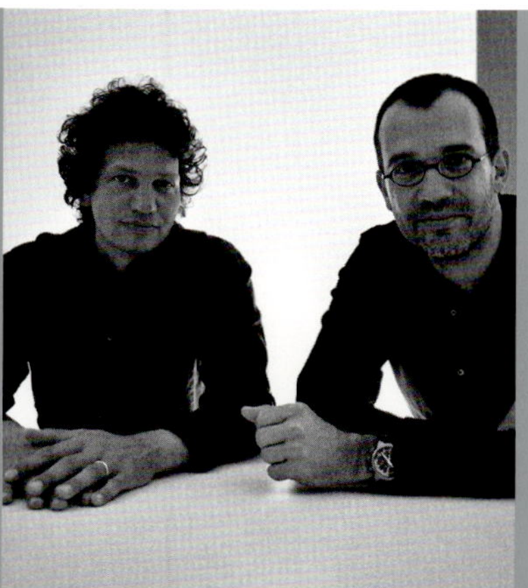

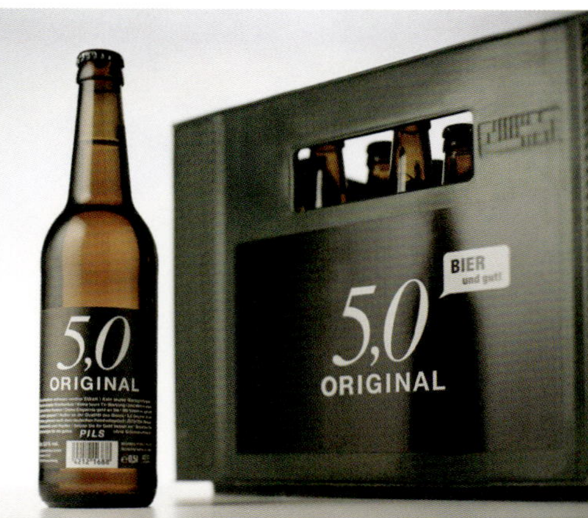

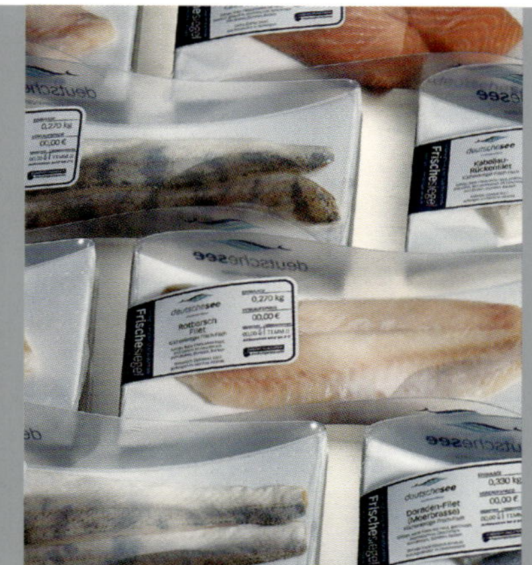

title
5,0 Original

type of work
Brand design, packaging design

page
40-41

title
„Deutsche See“ Wellenverpackung

type of work
Packaging design, POS design

page
42-43

feldmann+schultchen I André Feldmann, Arne Schultchen

André Feldmann, geboren am 12.11.1964 in Hamburg, und Arne Schultchen, geboren am 29.10.1965 in Hamburg, lernten sich während ihres gemeinsamen Studiums des Industrial Designs an der Hochschule für bildende Künste Hamburg kennen. Schon vor und während des Studiums orientierten sich beide als Mitarbeiter in namhaften Designunternehmen in den Bereichen Mode, Verpackungsdesign, Produktdesign und Architektur. Nach dem Abschluss des Studiums gründeten sie feldmann+schultchen. Heute führen beide gemeinsam mit dem Designer und Mitgeschäftsführer Stephan Kremerskothen feldmann+schultchen design studios. Die Tätigkeitsfelder des derzeit 14-köpfigen Teams aus Kommunikations- und Industriedesignern reichen von der Logoentwicklung bis zur komplexen Architektur.

André Feldmann und Arne Schultchen über „Die Gestaltung einer Biermarke“: „Bier braucht Heimat!“ – so lautet die Leitidee deutscher Bierwerbung. Deshalb schmücken die meisten Hersteller ihre Marken mit regionalen Tugenden. Alles Premium, laut und teuer: Wappen, Ortsnamen, Glanzgoldpapier und TV-Werbung mit deutschen Helden. Mitten im Auge dieses Marketingtaifuns ist nun ein neues Bier zu Hause: 5,0 Original. Es verspricht die beiden wichtigsten Qualitätsmerkmale eines Bieres unaufgeregt und aufrecht: das Bier-Original zum ehrlichen Preis. Durch die Besinnung auf das Eigentliche liegt die Heimat von 5,0 jenseits aller Geschwätzigkeit dort, wo ein deutsches Bier hingehört – in der Ruhe und Kraft. Wir lächeln nach getaner Arbeit und sagen: „Bier und gut!“

André Feldmann und Arne Schultchen über „Fisches Nachtgesang“: Angeln liegt in der Natur des Menschen. Deshalb sind Selbstbedienungstruhen auch wie Bassins gebaut. Nur ohne Wasser drin. Das fanden wir schade. Wir fuhren ans Meer um uns zu trösten. Es wurde spät. Plötzlich tauchte dieser Fisch aus dem Wasser und flüsterte:
-˘˘- - -˘˘˘˘- - - -˘˘˘˘˘!
Lachend fuhren wir nach Hause und wussten, was wir zu tun hatten. Später sahen wir ihn wieder. Als frischer Flüsterfisch hatte er es sich in unserer international patentierten Frischfischverpackung gemütlich gemacht. Er hatte nicht einmal gemerkt, dass er gefangen worden war. So frisch war es in seinem Wellenhaus. Seitdem gehen wir täglich angeln.

André Feldmann, born on 12 November 1964 in Hamburg, and Arne Schultchen, born on 29 October 1965 in Hamburg, met while studying industrial design at Hochschule für bildende Künste Hamburg. Already before and also while they were doing their degrees, both worked for renowned design companies studying the fields of fashion, packaging design, product design and architecture. After graduating from university they founded feldmann+schultchen. Today, they manage feldmann+schultchen design studios together with joint manager Stephan Kremerskothen. The field of activity of their current team of 14 from the areas of communication and industrial design ranges from logo development to complex architecture.

André Feldmann and Arne Schultchen on “Designing a beer brand”: “Beer needs heritage” – this is the central theme of German beer advertising. Therefore most manufacturers decorate their brands with regional virtues. Everything is premium, loud and expensive: coats of arms, names of towns, gold foil, and TV advertising with German heroes. One beer is at home right in the midst of this advertising typhoon: 5,0 Original. It promises the two most important qualities of a beer in a factual and sincere way: the beer original at an honest price. By concentrating on the essentials the home of 5,0 lies beyond all talkativeness, where a German beer belongs – in peacefulness and strength. We smile after the work is done and say, “Beer and only beer!”

André Feldmann and Arne Schultchen on “Night song of the fish”: To fish is human nature. Therefore self-service chest refrigerators are built like pools. Just without the water. We thought that was a pity. We drove to the sea to find some consolation. It became late. Then this fish emerged from the water and whispered:
-˘˘- - -˘˘˘˘- - - -˘˘˘˘˘!
We drove home laughing, knowing what we had to do. We saw it again later. As a fresh whisper-fish it had made itself comfortable in our internationally patented fresh fish packaging. It didn't even notice that it had been caught. It was that fresh in its house of waves. We have gone fishing every day ever since.

title
Seizoenen '06

type of work
Agenda, pocket calendar

page
44-45

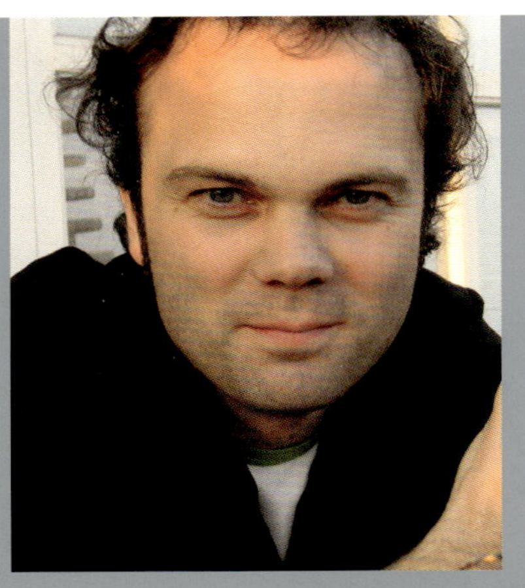

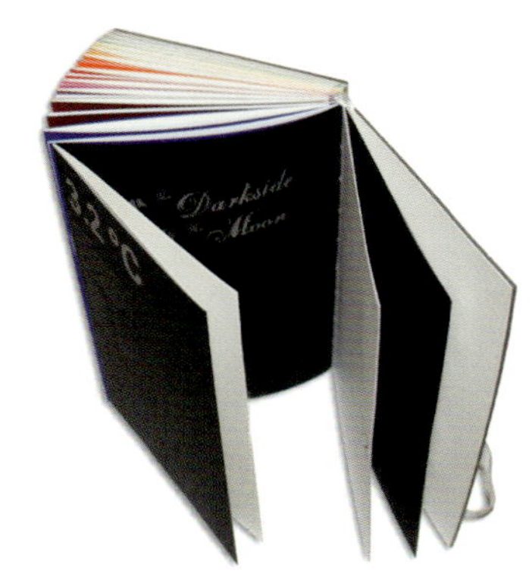

2D3D I Tiemen Harder

Tiemen Harder, geboren 1971 in Utrecht, Niederlande, studierte von 1991 bis 1996 Visuelle Kunst und Design an der Kunsthochschule in Utrecht und war anschließend als Grafikdesigner im Studio Anthon Beeke in Amsterdam tätig.

Seit 1996 arbeitet er in dem Designbüro 2D3D in Den Haag, das 1977 gegründet wurde und im Grafik- und Kommunikationsdesign, den Neuen Medien und der Designberatung tätig ist. Tiemen Harder wurde bereits mehrfach ausgezeichnet, u.a. bei den D&AD Global Awards, Best Annual Reports und Best Posters.

Tiemen Harder über „Die Originalität des Assoziativen“:
Der Terminkalender ist in zwölf Kapitel unterteilt, wobei jedes Kapitel einen Monat repräsentiert. Außerdem verfügt jedes Kapitel sowohl über einen Terminplaner als auch ein separates Tagebuch zur Aufzeichnung von Gedanken eher privater Natur. Das Thema basiert auf dem Kreislauf der Jahreszeiten. Für jede einzelne Jahreszeit haben wir individuelle Farben und spezifische Informationen ausgewählt und zusätzlich für jeden Monat Wortassoziationen kreiert: Schwarz, innen, jung, Grün, Leben, Sonne, Farbe, außen, alt, Braun, tot, Mond. Diese ergänzende Wortkette ist durch freie, aussagekräftige Illustrationen dargestellt, die dem Terminkalender einen sehr persönlichen Ausdruck verleihen. Unser Ziel war es, einen ansprechenden und zugleich praktischen Terminkalender zu kreieren, um unseren Kunden und Freunden am Ende des Jahres unseren Dank auszudrücken.

Tiemen Harder, born in Utrecht, the Netherlands, in 1971, studied visual art and design at Utrecht art school from 1991 to 1996, before working as a graphic designer for Studio Anthon Beeke in Amsterdam.

Since 1996, he has worked in the design company 2D3D in The Hague, which was founded in 1977 and focuses on graphic and communication design, new media and design consulting. Tiemen Harder has received several awards, among them the D&AD Global Awards, Best Annual Reports and Best Posters.

Tiemen Harder on “The originality of association”:
The appointment diary is divided into 12 chapters, each representing one month. Every chapter features a schedule for appointments as well as a separate diary for recording rather personal thoughts. The theme is based on the cycle of the seasons. Besides selecting individual colours and specific information for each season, we also created word associations for every month: black, inside, young, green, life, sun, colour, outside, old, brown, dead, moon. This complementary chain of words is allegorised by free, expressive illustrations, which give the appointment diary a very personal expression. Our aim was to create an appealing as well as genuine agenda to thank our clients and friends at the end of the year.

title
Geballte Gegenwart

type of work
Book

page
46-47

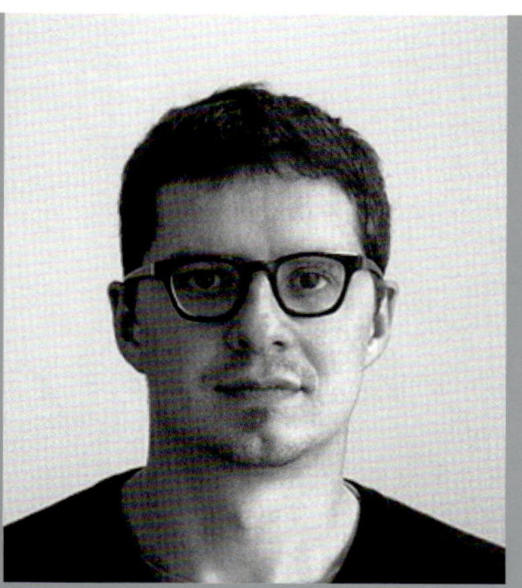

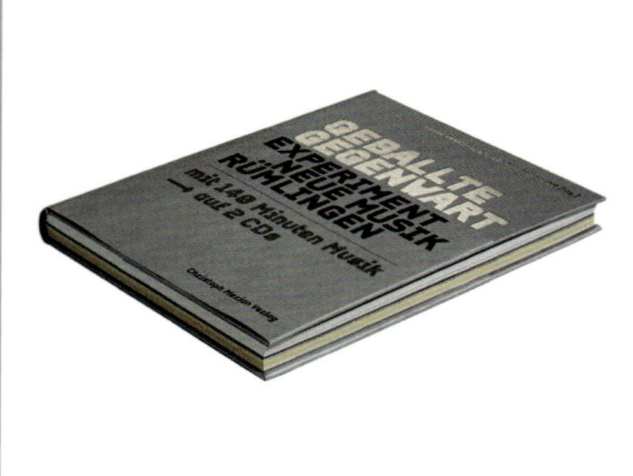

Neeser & Müller | Thomas Neeser, Thomas Müller

Thomas Neeser, 1965 in Schlossrued, Schweiz, geboren, machte von 1981 bis 1985 eine Ausbildung zum Hochbauzeichner und arbeitete anschließend in verschiedenen Architekturbüros. Von 1991 bis 1995 besuchte er die Schule für Gestaltung in Basel und war danach als Grafiker in einer Werbeagentur tätig. 1996 gründete er zusammen mit Thomas Müller das Büro Neeser & Müller in Basel. Seit 1997 hat Thomas Neeser einen Lehrauftrag an der Schule für Gestaltung in Basel.

Thomas Müller, geboren 1968 in Zürich, Schweiz, übte nach der Handelsschule verschiedene Tätigkeiten aus, bevor er von 1989 bis 1995 die Schule für Gestaltung in Basel besuchte. Anschließend arbeitete er als Grafiker in einem Grafikatelier, machte sich 1996 selbständig und rief zusammen mit Thomas Neeser das Büro Neeser & Müller in Basel ins Leben.

Thomas Neeser und Thomas Müller über „Die Intelligenz eines Zeichensystems“: Zeichensysteme sind das Resultat eines reduktionistischen Zugangs zur Inhaltsvermittlung. Einen Extremfall bildet das binäre System mit seinen Nullen und Einsen. Der Mensch hat für diesen Reduktionismus Schriften entwickelt, in denen die Buchstaben ein Niveau sinnvoller Aggregierung mit optimaler Lesbarkeit realisieren. Eine weitere Stufe aggregierter Inhalte wird durch die Wahl verschiedener Schriftarten möglich: statt durch Beifügungen wie „betont“ oder „Überschrift“ werden diese Informationen direkt durch die Schrift kommuniziert: Fettdruck und unterschiedliche Größen sind einfache Beispiele. Wird der reduktionistische Zugang auf dieser Ebene in einfachster Weise umgesetzt, so ergibt sich wie beim Zeichensystem selbst eine modulare Struktur. Ein Beispiel dazu ist der im Buch „Geballte Gegenwart“ verwendete Outline-Font.

Thomas Neeser, born in Schlossrued, Switzerland, in 1965, trained as an architectural draughtsman from 1981 to 1985 and then worked for different architectural firms. From 1991 to 1995 he attended Schule für Gestaltung Basel and then worked as a graphic designer in an advertising agency. Together with Thomas Müller he founded the company Neeser & Müller in Basel in 1996. Since 1997, Thomas Neeser has held a lectureship at Schule für Gestaltung Basel.

Thomas Müller, born in Zürich, Switzerland, in 1968, worked in different jobs after commercial school before attending Schule für Gestaltung Basel from 1989 to 1995. He then worked as a graphic designer in a graphic design studio and started the company Neeser & Müller together with Thomas Neeser in Basel in 1996.

Thomas Neeser and Thomas Müller on “The intelligence of a sign system”: Sign systems are the result of a reductionist access to conveying content. An extreme example of this is the binary system with its zeroes and ones. Humans have developed fonts for this reductionism, in which characters provide a level of useful aggregation with optimal readability. Another level of aggregated content is made possible through choosing different fonts: instead of additional comments such as “emphasised” or “heading” the information is communicated directly through the font; bold print and different sizes are simple examples of this. If the reductionist access is implemented in such a simple way, the result is – similar to the sign system itself – a modular structure. One example of this is the outline font used in the book “Geballte Gegenwart”.

title
Marty Ehrlich Quartet N.Y.

type of work
Poster

page
48-49

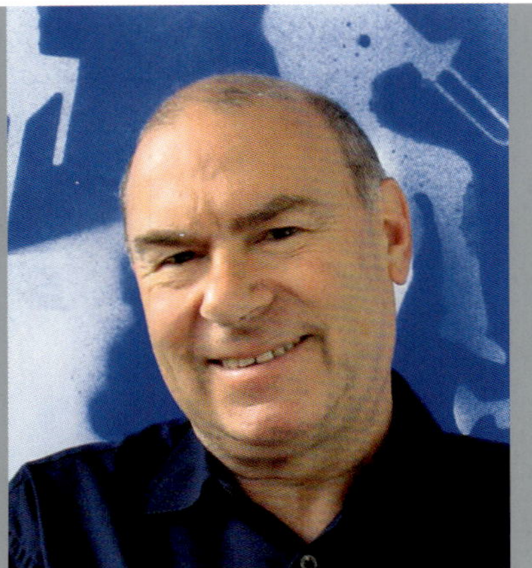

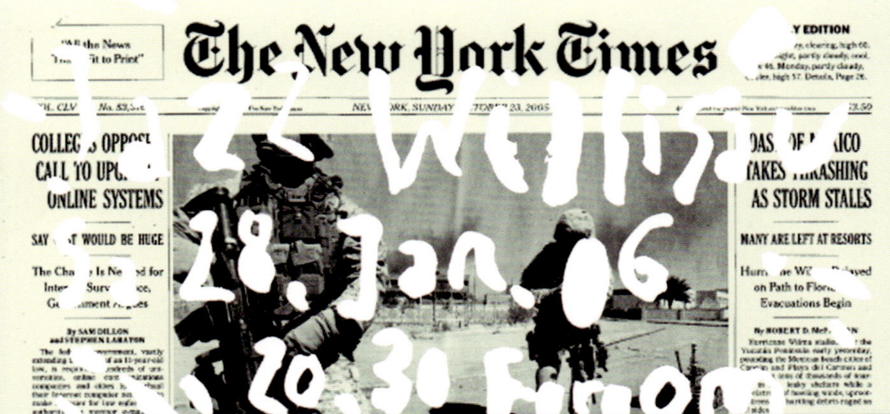

Niklaus Troxler

Niklaus Troxler, 1947 in Willisau, Schweiz, geboren, machte von 1967 bis 1971 eine Ausbildung zum Grafikdesigner an der Schule für Gestaltung in Luzern. Seit 1973 ist er als selbständiger Grafiker in Willisau tätig, wo er seit 1966 Jazzkonzerte und seit 1975 das Jazz Festival Willisau veranstaltet. Seit 1998 ist er Professor für Kommunikationsdesign an der Staatlichen Akademie der Bildenden Künste in Stuttgart.

Troxler erhielt zahlreiche nationale wie internationale Auszeichnungen, u.a. in den Wettbewerben ADC Annual Awards, red dot design award und Tokyo TDC Annual Awards. Seine Plakate sind weltweit in den großen Designsammlungen und Museen vertreten. Troxler ist Mitglied der Alliance Graphique Internationale.

Niklaus Troxler über „Das Plakat als Markenzeichen“:
Als ich 1966 im Alter von 19 Jahren anfing, Konzerte in meiner Heimatstadt Willisau zu organisieren, war Marshall McLuhans Buch „The Medium is the Massage“ gerade en vogue. Darin hieß es, dass der Fortschritt der Kommunikation die Welt zum Dorf schrumpfen lasse. Kommunikation war damals ein berauschend neues, schillerndes Wort im Fremdwortschatz, das einiger Erklärung bedurfte. Wer zu Hause einen Plattenspieler hatte, konnte merken, dass in den New Yorker Kellern etwas kochte, auf das die Intellektuellen und Künstler im Smog von Manhattan den gleichen Heißhunger hatten wie die Willisauer in ihrer Voralpenluft: Free Jazz. Ich wollte dabei sein, wollte diese radikale Musik unserem Jazzpublikum näher bringen. Mein Werbemittel war das Plakat. In diesem Medium konnte ich mich ausdrücken und über meine grafische Sprache den Gehalt der anzukündigenden Konzerte interpretieren. So wurde das Willisauer Jazzplakat zum Markenzeichen der Willisauer Konzerte sowie auch für mich als Grafiker. Die Konzerte bekamen ein Image, und die Plakate wurden zu begehrten Sammlerobjekten.

Niklaus Troxler, born in Willisau, Switzerland, in 1947, trained as a graphic designer at Lucerne school of design from 1967 to 1971. Since 1973, he has worked as a freelance graphic designer in Willisau, where he has organised jazz concerts since 1966 and the Jazz Festival Willisau since 1975. Since 1998, he has been professor of communication design at State Academy of Art and Design Stuttgart.

Troxler received several national as well as international distinctions in the ADC Annual Awards, the red dot design award and the Tokyo TDC Annual Awards. His posters are exhibited all around the world in the large design collections and museums. Troxler is a member of the Alliance Graphique Internationale.

Niklaus Troxler on “The poster as a trademark”:
When I began organising concerts in my home town Willisau at the age of 19 in 1966, Marshall McLuhan’s book “The Medium is the Massage” was en vogue. The book said that progress would turn the world into a global village. At that time communication was an intoxicatingly new glamorous foreign word that required some explanation. Whoever had a record player at home could realise that there was something cooking in the New York cellars, for which the intellectuals and artists in the smog of Manhattan had the same voracious appetite as the people from Willisau in their clean air in the foothills of the Alps: Free Jazz. I wanted to be part of it, wanted to introduce this radical music to our jazz audience. My advertising medium was the poster. In this medium I could express myself and interpret the content of the upcoming concerts with my graphic language. Thus, the Willisau jazz poster became the trademark of the Willisau concerts as well as my work as a graphic designer. The concerts were given an image, and the posters became sought-after collector’s items.

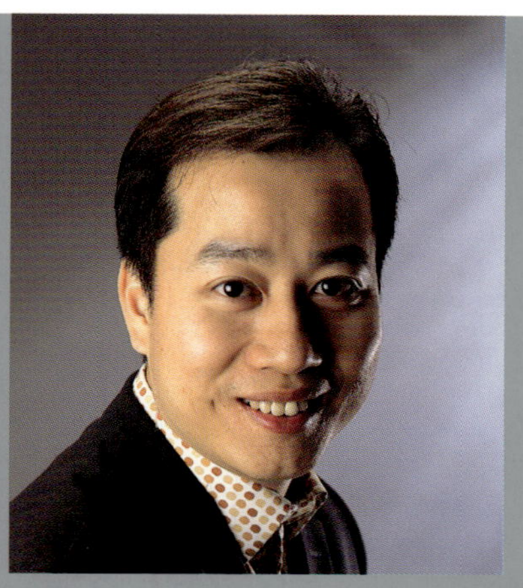

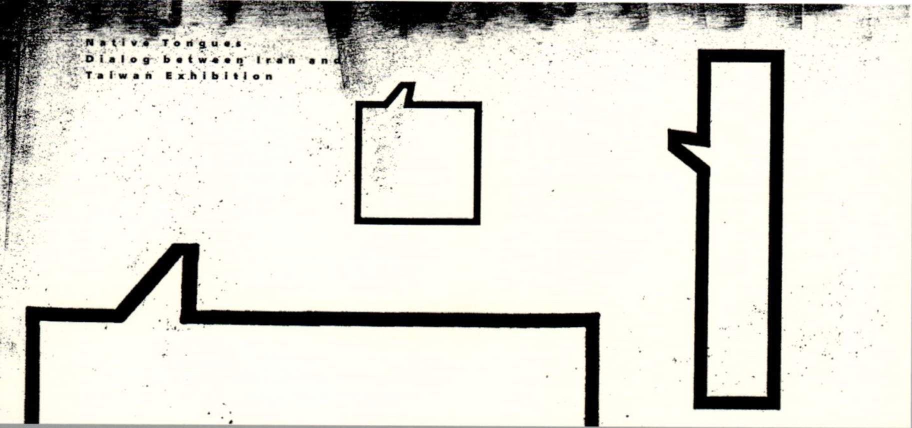

title
Native Tongues
Dialog between Iran and Taiwan Exhibition

type of work
Exhibition brochure, posters

page
50-51

Leslie Chan Wing Kei

Leslie Chan Wing Kei wurde 1963 in Hongkong geboren. Von 1980 bis 1982 studierte er Kunst und Design am Caritas Bianchi College of Careers in Hongkong und gründete 1991 sein eigenes Grafikdesignbüro in Taipeh, Taiwan. Er ist außerdem in zahlreichen Expertengremien aktiv und ist u.a. Präsident der Taiwan Poster Design Association, geschäftsführender Vorstand der Taiwan Graphic Design Association und Mitglied der Hong Kong Designers Association.

Leslie Chan Wing Kei erhielt bereits eine große Anzahl an Auszeichnungen bei nationalen wie internationalen Wettbewerben, darunter: National Graphic Design Award, Taipei International Design Exhibition (TIDEX), Taiwan; Gold Award, Creativity 26 Annual, USA; Silver Award, Neenah Paperworks, Asien; International Biennial of the Poster, Mexiko; Helsinki International Poster Biennial, Finnland, und International Poster Salon, Frankreich.

Leslie Chan über „Die Formensprache des Verstehens“:
Um den Kontakt zwischen Grafikdesignern aus Taiwan und anderen Ländern zu verstärken, die wirtschaftliche Entwicklung zu fördern, die kreativen Gestaltungsfähigkeiten zu verfeinern und die internationale Wettbewerbsfähigkeit in Taiwan zu verbessern, hat das Commercial Industrial Service Portal des Wirtschaftsministeriums ein „Projekt zur Verbesserung des kommerziellen Designs“ vorgeschlagen und eine Aktion für kommerzielle Kunst und viele Kunstwerke veranlasst, die orientalische und lokale Elemente verwenden. „Native Tongues Dialog between Iran and Taiwan Exhibition“ basiert auf einem ähnlichen Konzept. Diese Posterserien zeichnen sich durch Einfachheit, Unkompliziertheit und Originalität aus. Wir haben verschiedene Dialog-Codes im Verhältnis 1:5 arrangiert, was einen spezifischen Gestaltungsrhythmus darstellt, die visuelle Spannung betont und das Layout attraktiver macht. Auf diese Weise kommuniziert Design mit Menschen, und das ist gleichzeitig das, was Design für mich bedeutet.

Leslie Chan Wing Kei, born in Hong Kong in 1963, studied art and design at Caritas Bianchi College of Careers in Hong Kong from 1980 to 1982 and founded his own graphic design company in Taipei, Taiwan, in 1991. He is also actively involved in several expert committees and is the president of the Taiwan Poster Design Association, member of the board of managing directors of the Taiwan Graphic Design Association, and affiliate member of the Hong Kong Designers Association.

Leslie Chang Wing Kei has received a large number of national as well as international distinctions, among them the National Graphic Design Award in Taipei International Design Exhibition (TIDEX), Taiwan; the Gold Award in Creativity 26 Annual, USA; the Silver Award in the Neenah Paperworks in Asia; the International Biennial of the Poster, Mexico; the Helsinki International Poster Biennial, Finland; and the International Poster Salon, France.

Leslie Chan on “The language of forms of understanding”:
In order to strengthen the contact between graphic designers from Taiwan and other nations, to improve the commercial development, to cultivate creative design skills, and to advance the international competitiveness in Taiwan, the Ministry of Economic Affairs' Commercial Industrial Service Portal has commended a “Commercial Design Improvement Project” and created a commercial art activity and numerous artworks using oriental and local elements. “Native Tongues Dialog between Iran and Taiwan Exhibition” is based on a similar concept. The features of these series of posters tend to be simple, uncomplicated and original. We have arranged different types of dialogue codes in a ratio of 1:5, which presents a specific rhythm of design, emphasises the visual tension and increases the layout's appeal. This is how design communicates with people and what design means to me.

title
The Essence 2006
(junior award)

type of work
Poster

page
52-53

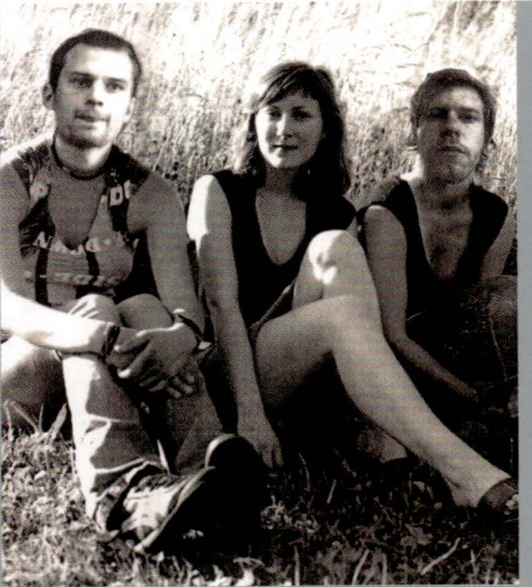

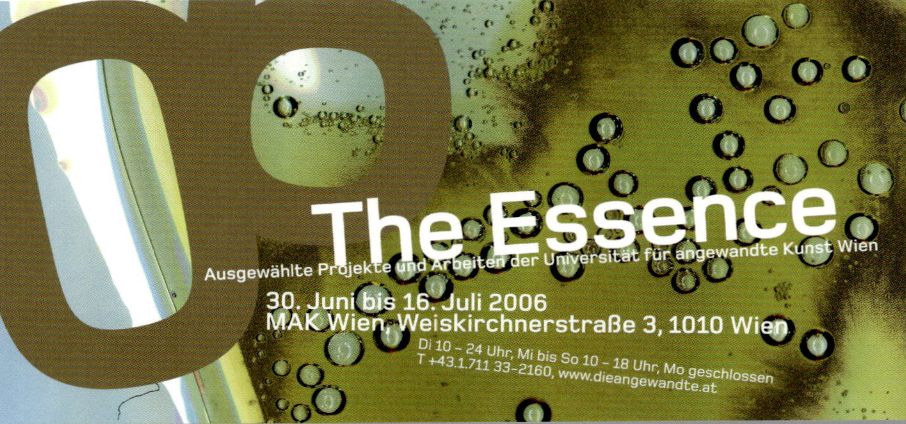

Christof Nardin, Agnes Steiner, Martin Wunderer

Christof Nardin, 1979 in Bregenz am Bodensee geboren, studierte von 2000 bis 2002 Informationsdesign an der Schule für Gestaltung in Ravensburg. Anschließend arbeitete er ein Jahr bei Fons Hickmann m23, bevor er sein Studium ab 2003 in der Klasse von Fons Hickmann an der Universität für angewandte Kunst Wien fortsetzte. Er nahm an verschiedenen Ausstellungen in Deutschland, Österreich, der Schweiz und Japan teil und wurde beim Joseph Binder Award, bei 100 Beste Plakate 2004 sowie :output 08 und :output09 ausgezeichnet.

Agnes Steiner wurde 1982 in Steyr geboren. 2003 machte sie ihr Diplom am Kolleg für Grafik- und Kommunikationsdesign in Linz und besuchte anschließend ein Jahr die Fachhochschule für Multi Media Art in Salzburg. Seit 2004 studiert sie Grafikdesign an der Universität für angewandte Kunst Wien bei Prof. Fons Hickmann. 2001 gründete sie gemeinsam mit befreundeten Musikern und Kunstschaffenden das Kunstkollektiv Sonora, das sich zwischen Kulturarbeit und qualitativem Entertainment bewegt. In den Jahren 2004 bis 2006 war sie Art Director des Magazins KAPUzine.

Martin Wunderer, 1981 in München geboren, gewann 1999 den Jugendkulturpreis der Oberpfalz und ist seit 2000 selbständig als Grafikdesigner tätig. Er nimmt regelmäßig an Ausstellungen teil, ist seit 2003 freier Mitarbeiter bei der Agenturgruppe Serviceplan in München und studiert seit 2004 Grafikdesign an der Universität für angewandte Kunst in Wien.

Christof Nardin, Agnes Steiner und Martin Wunderer über „Die Konsequenz der Reduktion“: Reduktion muss nicht immer eine Verringerung des Ausmaßes einer Eigenschaft bedeuten. Als wissenschaftliche Methode wird auch die Erklärung eines Phänomens durch seine zugrunde liegenden Aspekte als Reduktion verstanden. Prozesshaftes Arbeiten eröffnet die Freiheit, Details von Gegenständen zu untersuchen, die auf den ersten Blick nicht sichtbar sind; Fragen zu stellen, auf die man unter Umständen keine finale Antwort findet; sich auf einen Weg zu begeben, der weder linear ist noch ein konkretes Ziel verfolgt, und die Erkenntnisse und Möglichkeiten zu ergründen, die sich auf einem Weg entwickeln, der vielleicht im Kreis führt. Die Konsequenz daraus sind neue Einblicke und ein tieferes Verständnis des Gegenstandes.

Christof Nardin, born in Bregenz on Lake Constance in 1979, studied information design at the Ravensburg School of Design from 2000 to 2002. He then worked for one year at Fons Hickmann m23, before continuing his degree in the class of Fons Hickmann at University of Applied Arts Vienna in 2003. He took part in different exhibitions in Germany, Austria, Switzerland and Japan and received awards in the Joseph Binder Award, 100 Beste Plakate 2004 as well as :output 08 and :output09.

Agnes Steiner was born in Steyr in 1982. In 2003, she graduated from Linz College of Graphic and Communication Design with a diploma before attending Salzburg University of Applied Sciences for Multi Media Art for one year. Since 2004, she has studied graphic design at University of Applied Arts Vienna with Prof. Fons Hickmann. Together with musician and artist friends she founded the Sonora art collective in 2001, whose spectrum ranges from cultural activities to quality entertainment. From 2004 to 2006, she was art director of KAPUzine magazine.

Martin Wunderer, born in Munich in 1981, won the "Jugendkulturpreis der Oberpfalz" (Youth culture prize of the Upper Palatinate district) in 1999 and has worked as a freelance graphic designer since 2000. He takes part in exhibitions on a regular basis and has been freelancing for the Munich agency group Serviceplan since 2003. Since 2004, he has studied graphic design at University of Applied Arts Vienna.

Christof Nardin, Agnes Steiner and Martin Wunderer on "The consequence of reduction": Reduction does not necessarily mean a decrease of a characteristic. It is also a scientific method which refers to the explanation of a phenomenon by its underlying aspects. Process-oriented work provides the freedom to examine details of subjects that are not visible at a first glance; to ask questions to which a final answer might not be found; to embark on a journey that is neither linear nor does it have a concrete goal; and to fathom the realisations and possibilities which develop on the way, which may go round in a circle. The results are new insights and a deeper understanding of the subject.

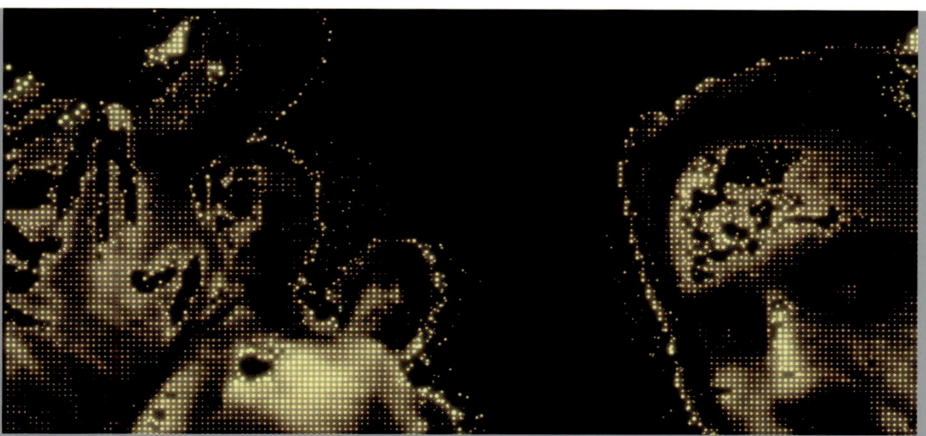

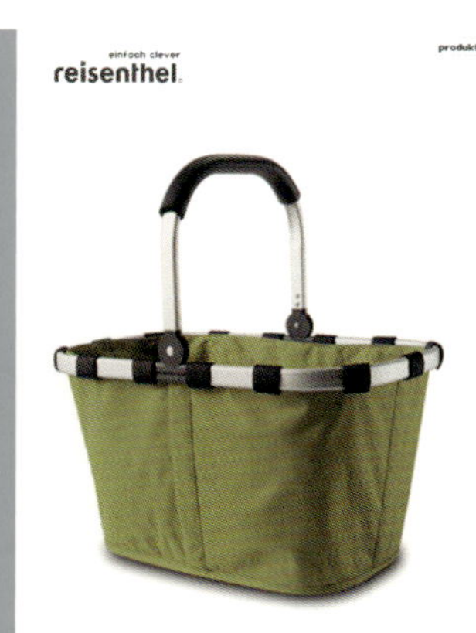

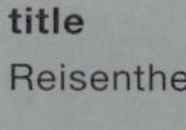

title
Reisenthel

type of work
Website

page
54-55

ZUM KUCKUCK | Alexander Dees, Werner Goldbach, Matthias Persch, Daniel Rothaug

Alexander Dees, 1973 geboren, studierte Germanistik und Politik in Würzburg. Er arbeitete u.a. als Assistent der Geschäftsleitung bei active-film.com, bevor er 2002 zusammen mit Matthias Persch und Daniel Rothaug das Büro ZUM KUCKUCK mit den Schwerpunkten Interaction Design, User Interface Design und Corporate Design gründete. In vielen Wettbewerben wurde das Büro bereits ausgezeichnet, darunter: Konvergenz Award, OttoCar, :output 08, iF communication design award und red dot design award.

Werner Goldbach, 1969 geboren, studierte Kommunikationsdesign an der Fachhochschule Würzburg-Schweinfurt und arbeitete anschließend als freier Designer für verschiedene Büros, darunter ZUM KUCKUCK.

Matthias Persch, 1972 geboren, studierte Kommunikationsdesign an der Fachhochschule Würzburg-Schweinfurt sowie am Kent Institute of Art & Design in Maidstone. Danach arbeitete er als freier Designer in Berlin, London, Frankfurt/Main und Würzburg und wurde 2002 Mitbegründer des Designbüros ZUM KUCKUCK.

Daniel Rothaug, 1976 geboren, arbeitete u.a. als Art Director bei active-film.com, bevor er Kommunikationsdesign an der Fachhochschule Würzburg-Schweinfurt studierte. 2002 wurde er Mitbegründer des Designbüros ZUM KUCKUCK. Seit 2005 unterrichtet er Interaktive Medien an der Fachhochschule Würzburg-Schweinfurt.

Alexander Dees, Werner Goldbach, Matthias Persch und Daniel Rothaug über „Die Architektur des Wesentlichen": Dass wir uns vielmehr im Zeitalter der Daten als im „Informationszeitalter" befinden, zeigt sich daran, dass wir mehr Zeit damit verbringen Daten zu organisieren, als diese inhaltlich zu verarbeiten. Während sich digitale Speicherkapazitäten ins Unendliche erhöht haben, reichen konventionelle Interfaces nicht mehr aus, um die Komplexität der gesammelten Daten zu erfassen. Besonders Websites definieren sich häufig durch künstliche Strukturen, die um Inhalte herum konstruiert werden. Nicht zuletzt auf Kosten der Informationen, die es zu vermitteln gilt. Wir konzentrieren uns deshalb nicht mehr nur auf die rein formale Ausarbeitung der Oberfläche, sondern forschen nach neuen Informationsarchitekturen, die es erlauben, Daten interaktiv zu betrachten und zu verstehen.

Alexander Dees, born in 1973, studied German and politics in Würzburg. He worked as a management assistant at active-film.com, before founding the design company ZUM KUCKUCK, specialised in interaction design, user interface design and corporate design, together with Matthias Persch and Daniel Rothaug in 2002. The company has received several distinctions, among them the Konvergenz Award, the OttoCar, the :output 08, the iF communication design award and the red dot design award.

Werner Goldbach, born in 1969, studied communication design at Fachhochschule Würzburg-Schweinfurt before working as a freelance designer for different companies, among them ZUM KUCKUCK.

Matthias Persch, born in 1972, studied communication design at Fachhochschule Würzburg-Schweinfurt as well as Kent Institute of Art & Design Maidstone. Afterwards he worked as a freelance designer in Berlin, London, Frankfurt/Main and Würzburg before co-founding the design company ZUM KUCKUCK in 2002.

Daniel Rothaug, born in 1976, worked as an art director at active-film.com before studying communication design at Fachhochschule Würzburg-Schweinfurt. In 2002, he co-founded the design company ZUM KUCKUCK. Since 2005, he has taught interactive media at the Fachhochschule Würzburg-Schweinfurt.

Alexander Dees, Werner Goldbach, Matthias Persch and Daniel Rothaug on "The architecture of the essential": The fact that we spend more time organising data than processing their content clearly shows that we are not living in the information age, but in the "age of data". While virtual storage space has been expanded infinitely, conventional interfaces are no longer sufficient to grasp the complexity of the collected data. Websites in particular are often defined by artificial structures, which are constructed around content – often at the expense of the information that is to be conveyed. We therefore focus not only on the purely formal design of the user interface, but research and create new information architectures that allow viewing and understanding data interactively.

title
DesignKlicks

type of work
Website

page
56-57

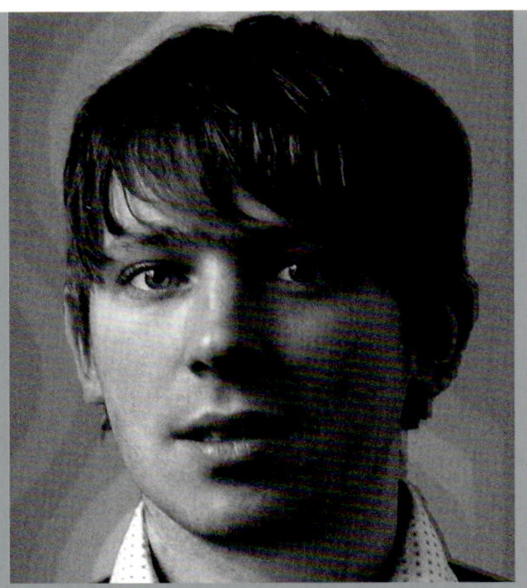

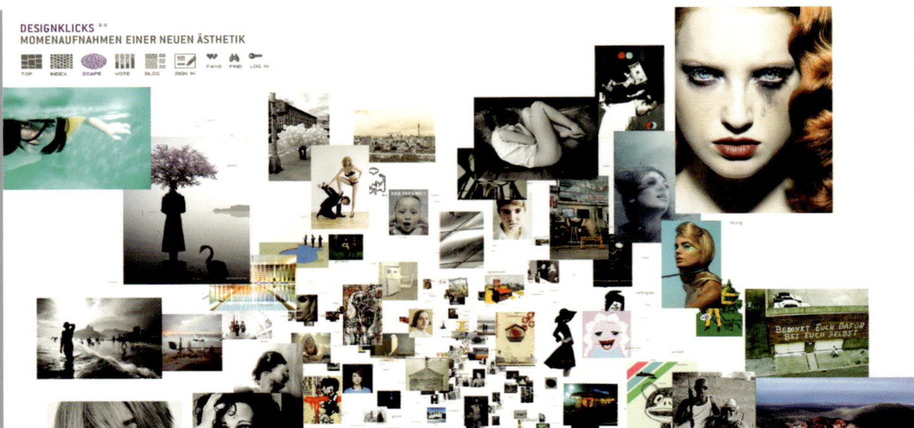

Deutschlandrock | Stefan Landrock

Stefan Landrock, 1972 geboren, studierte von 1995 bis 2001 Kommunikationsdesign an der Universität Essen bei den Professoren Inge Oswald, Peter Wippermann, Klaus Hesse und Norbert Bolz. Von 2000 bis 2002 lehrte er interaktive Mediengestaltung an der Universität Wuppertal. Er ist in den Bereichen Fotografie, Grafik, Internet, Software, Performance und Event tätig und realisierte u.a. Projekte für den Art Directors Club, die Sächsische Staatsoper Dresden, Spiegel Online und das Trendbüro.

Er erhielt schon zahlreiche Designpreise und ist seit 2003 Mitglied der Online-Jury der jährlich stattfindenden LeadAwards. Seit 2003 lebt und arbeitet Stefan Landrock in Berlin, wo er gemeinsam mit Sebastian Deutsch das Design- und Softwarebüro Deutschlandrock leitet.

Stefan Landrock über „Ästhetik und Usability":
DesignKlicks verfolgt das Ziel, ästhetische Tendenzen disziplinübergreifend abzubilden und aggregiert kreative Leistungen aus Fotografie, Grafikdesign, Mode und Architektur. Vielfältige Betrachtungs- und Filtermöglichkeiten erzeugen ein sich ständig wandelndes Nebeneinander von konkurrierenden ästhetischen Positionen. Mit dem DesignKlicks-Scape, einem Bilder-Werte-kosmos, verfolgen wir einen visionären Ansatz. Auf Grundlage einer semiometrischen Kartographie werden die Bilder in einem dreidimensionalen Raum angeordnet, der intuitiv erschlossen werden kann. In einer flugähnlichen Bewegung durch den Raum entstehen so immer wieder neue Bezüge und überraschende Zusammenhänge, vielleicht ein neues, ästhetisches Erlebnis.

Stefan Landrock, born in 1972, studied communication design at Essen university with professors Inge Oswald, Peter Wippermann, Klaus Hess and Norbert Bolz from 1995 to 2001. From 2000 to 2002, he taught interactive media design at Wuppertal university. He works in the fields of photography, graphic design, Internet, software, performance and event, and has realised projects for the Art Directors Club, the Sächsische Staatsoper Dresden, Spiegel Online and Trendbüro among others.

He has received several design prizes and has been a member of the online jury of the annual LeadAwards since 2003. He has lived and worked in Berlin since 2003 where he manages the design and software company Deutschlandrock together with Sebastian Deutsch.

Stefan Landrock on "Aesthetics and usability":
DesignKlicks aims to present aesthetic tendencies in an interdisciplinary way and aggregates creative services from the fields of photography, graphic design, fashion and architecture. A great variety of viewing and filter options create a constantly changing co-existence of competing aesthetic positions. With the DesignKlicks Scape, an image values cosmos, we are following a visionary approach. Based on semiometric cartography images are arranged in a three-dimensional space which can be developed intuitively. Thus, in this flight-like movement through space constantly new references and surprising connections, and maybe a new, aesthetic experience, are created.

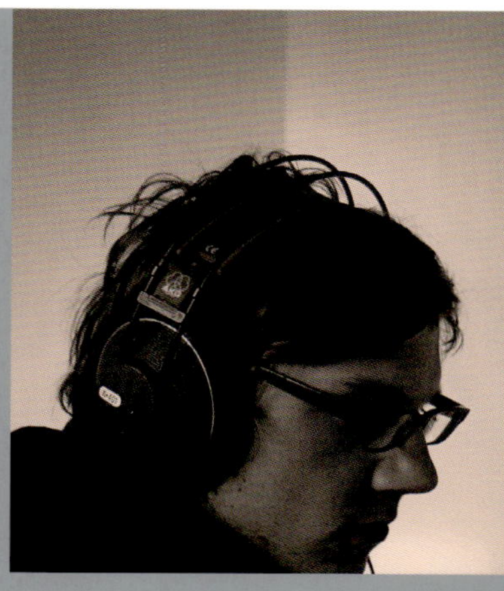

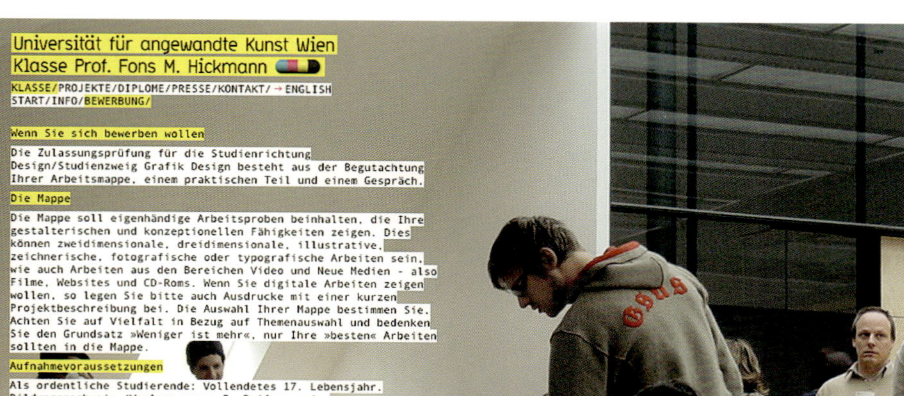

title
www.klassehickmann.com
(junior award)

type of work
Website

page
60-61

Wolfram Wiedner

Wolfram Wiedner wurde 1978 in Wien, Österreich, geboren. Er studierte zunächst Rechtswissenschaften mit einem Abschluss im Jahr 2001, bevor er ein Jahr später sein Studium des Grafikdesigns an der Universität für angewandte Kunst in Wien aufnahm. Er ist freiberuflich in den Schwerpunkten Typographie und Webdesign tätig.

Wolfram Wiedner über „Die Originalität von Interfaces“:
Ein Interface ist immer ein Kompromiss zwischen Originalität, inhaltlicher Angemessenheit und Benutzerfreundlichkeit. Dabei ist der Spielraum trotz der unbeschränkten Gestaltungsmöglichkeiten eher geringer geworden: Es haben sich Standards etabliert, auf die User intuitiv vertrauen. In der Praxis liegt die Herausforderung darin, im Rahmen dieser etablierten Strukturen kreative Lösungen zu finden – was nicht bedeutet, dass man User nicht fordern darf. Man darf sie nur nicht überfordern.

Wolfram Wiedner was born in Vienna, Austria, in 1978. He first studied law and graduated in 2001, before he began studying graphic design at University of Applied Arts Vienna one year later. He works as a freelance designer specialising in typography and web design.

Wolfram Wiedner on “The originality of interfaces”:
An interface is always a compromise between originality, suitability for the respective content, and user-friendliness. Despite the unlimited design options the freedom has actually decreased: standards have been established which the user intuitively trusts. In practice the challenge lies in finding creative solutions within the framework of these established structures – which does not mean that you cannot ask anything of users. You just cannot ask too much of them.

Kirsten Dietz
Don Ryun Chang
Martin Pross

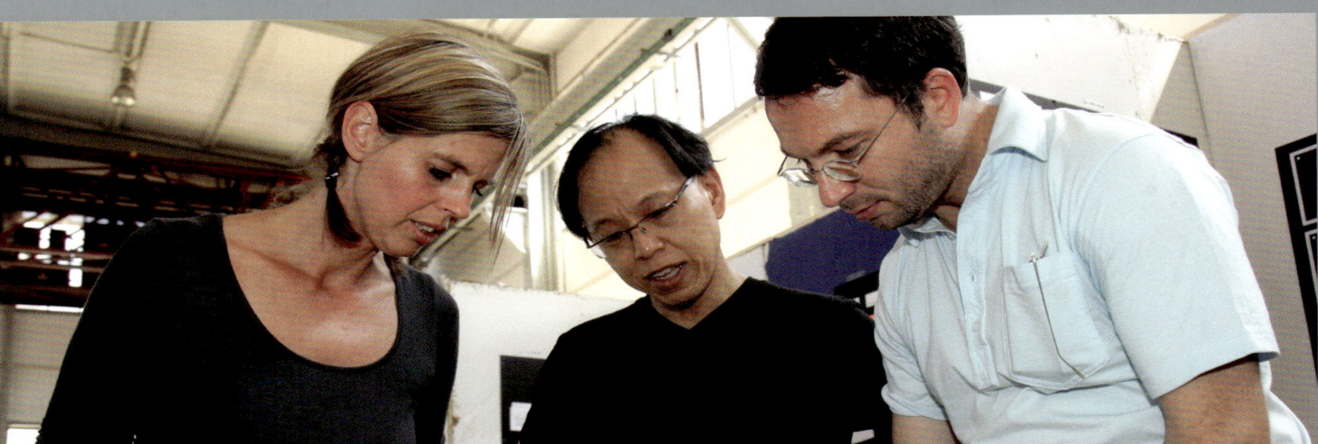

Corporate Design – Der Geschäftsbericht weckt Emotionen

Auch Emotionen und Leidenschaft gehören in einen Geschäftsbericht. Gelingt die Gratwanderung zwischen der traditionsorientierten Firmenpräsentation und der Vermittlung von Werten, ist dies die optimale Grundlage für einen erfolgreichen Auftritt. „Der Inhalt wird zur Botschaft", begründet der Juror Don Ryun Chang diesen Trend. „Deshalb ist es heute entscheidend, dass ein professioneller Unternehmensauftritt auch Werte und Emotionen transportiert."

Menschlichkeit steht an erster Stelle, und gute Gestaltung ermöglicht es, Unternehmen in der Öffentlichkeit gleichzeitig seriös und sympathisch auftreten zu lassen. Auffällig sind frische Ansätze mit viel Humor, bei denen der persönliche „Fingerabdruck" des Designers eine ideale Verbindung mit der Firmenphilosophie eingeht.

Corporate design – business reports appeal to emotions

Emotions and passion also have their place in a business report. If the tightrope walk between a tradition-oriented company presentation and the conveyance of values is mastered, then this forms the perfect basis of a successful appearance. "The content becomes the message," juror Don Ryun Chang explains this trend. "Today it is therefore essential that a professional company appearance also conveys values and emotions."

Humanity comes first, and good design makes it possible for the company to appear reputable and likeable in public at the same time. Noticeable are fresh approaches with lots of humour where the designer's personal style merges perfectly with the company's philosophy.

design
separate

88

title
Aus Typen werden
Menschen

type of work
Book

appeared in
2005

client
SIPA – Unternehmer
Beratung GmbH,
Saarbrücken

design
Maksimovic & Partners,
Saarbrücken
Patrick Bittner
Photography:
Michael Ehrhart

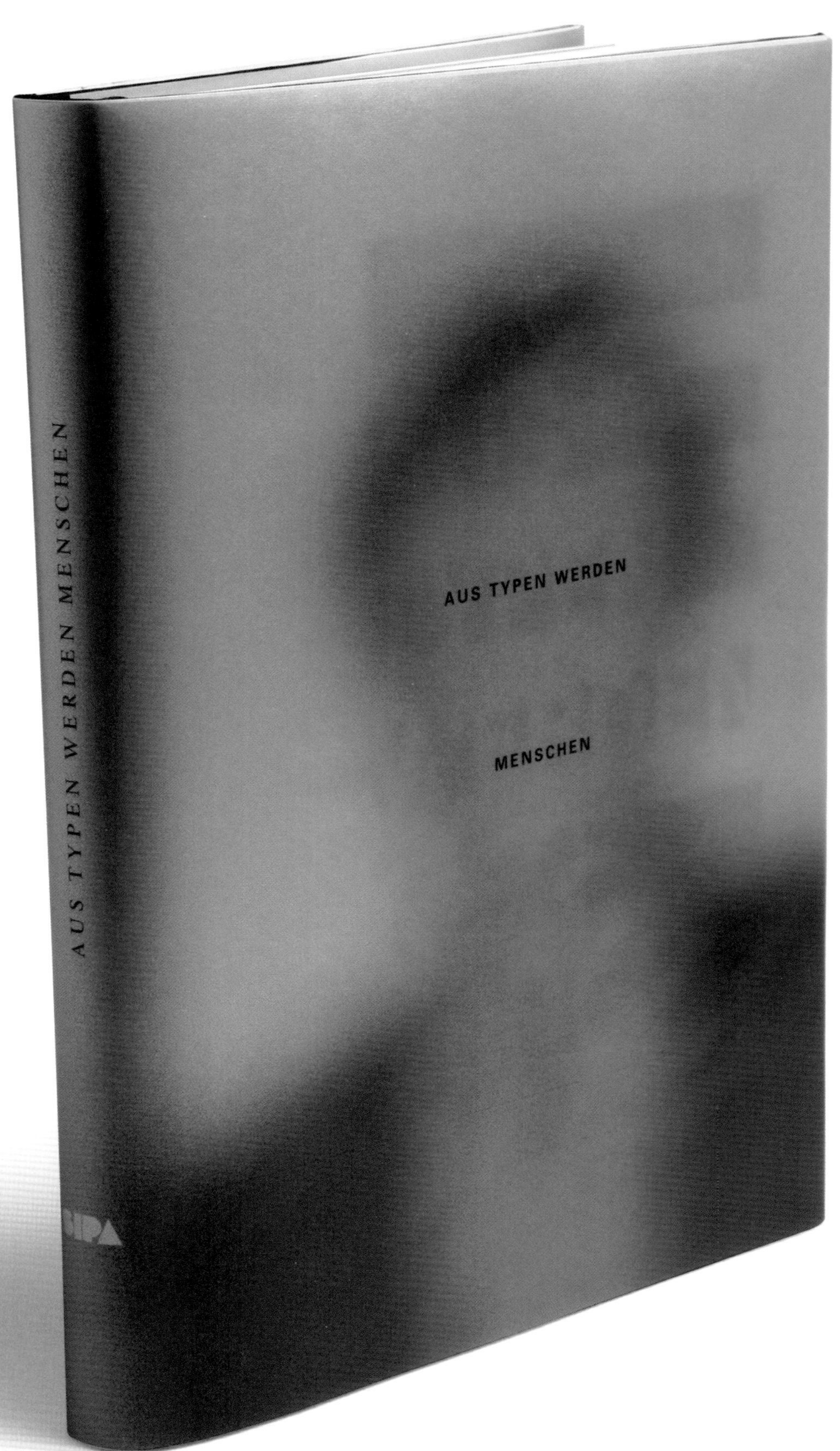

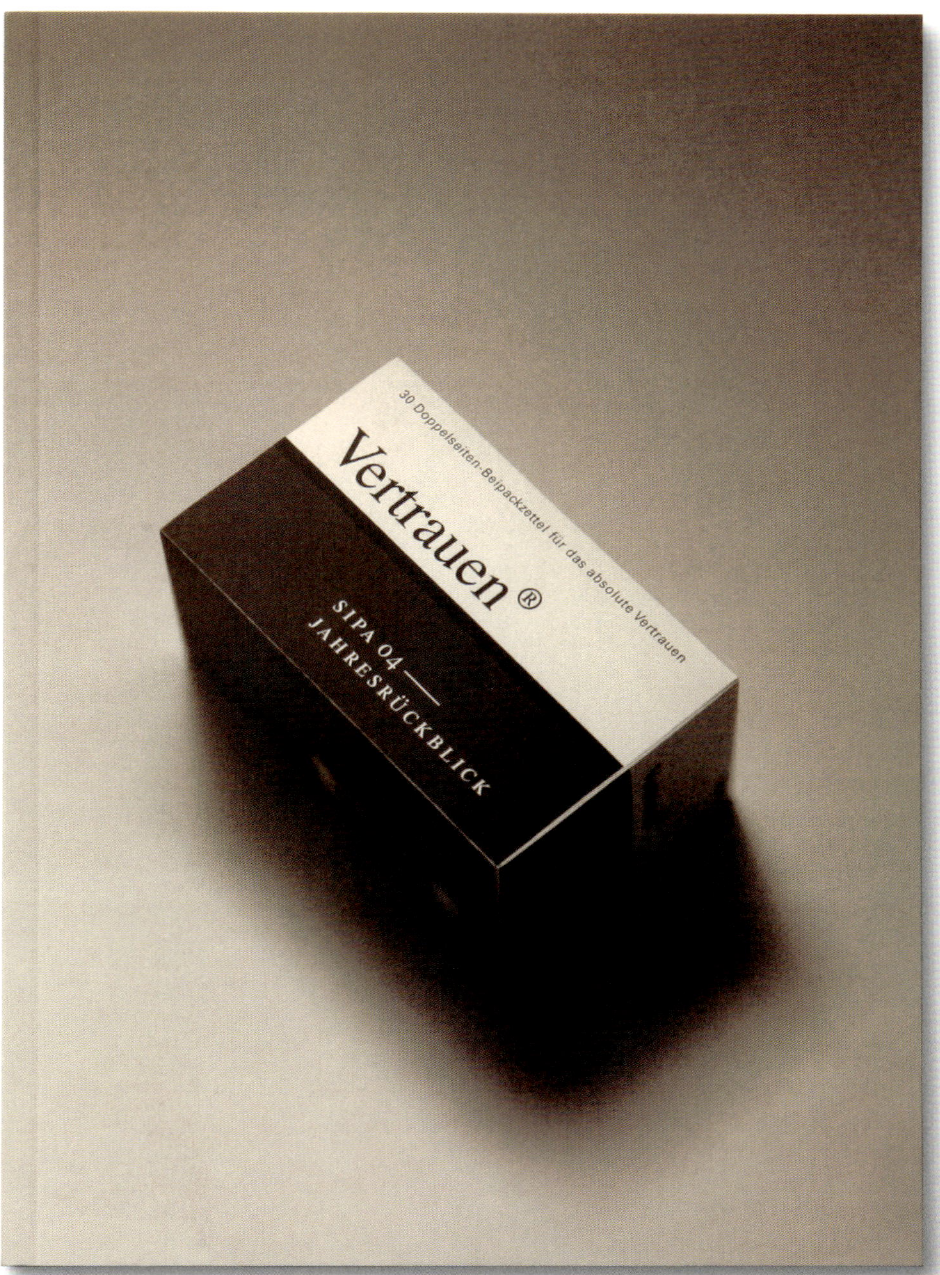

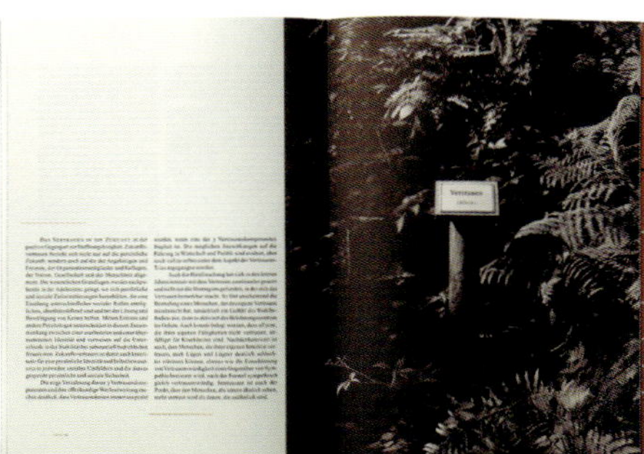

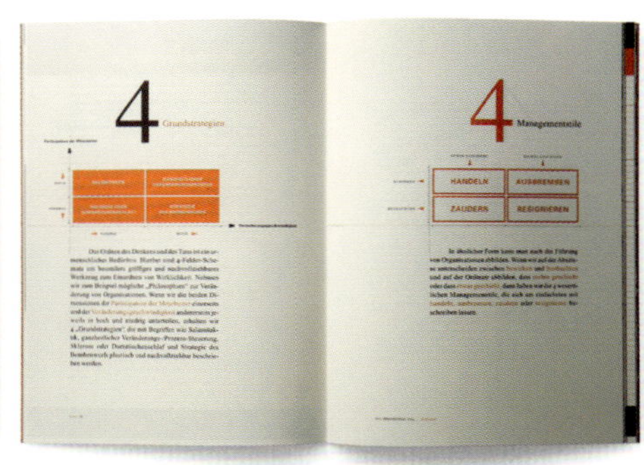

title
SIPA – Vertrauen

type of work
Brochure

appeared in
2005

client
SIPA – Unternehmer Beratung GmbH, Saarbrücken

design
Maksimovic & Partners, Saarbrücken
Patrick Bittner
Photography:
Michael Ehrhart

title
OundO-Adventskalender

type of work
Christmas card

appeared in
2005

client
Ottenwälder und
Ottenwälder,
Schwäbisch Gmünd

design
Ottenwälder und
Ottenwälder,
Schwäbisch Gmünd

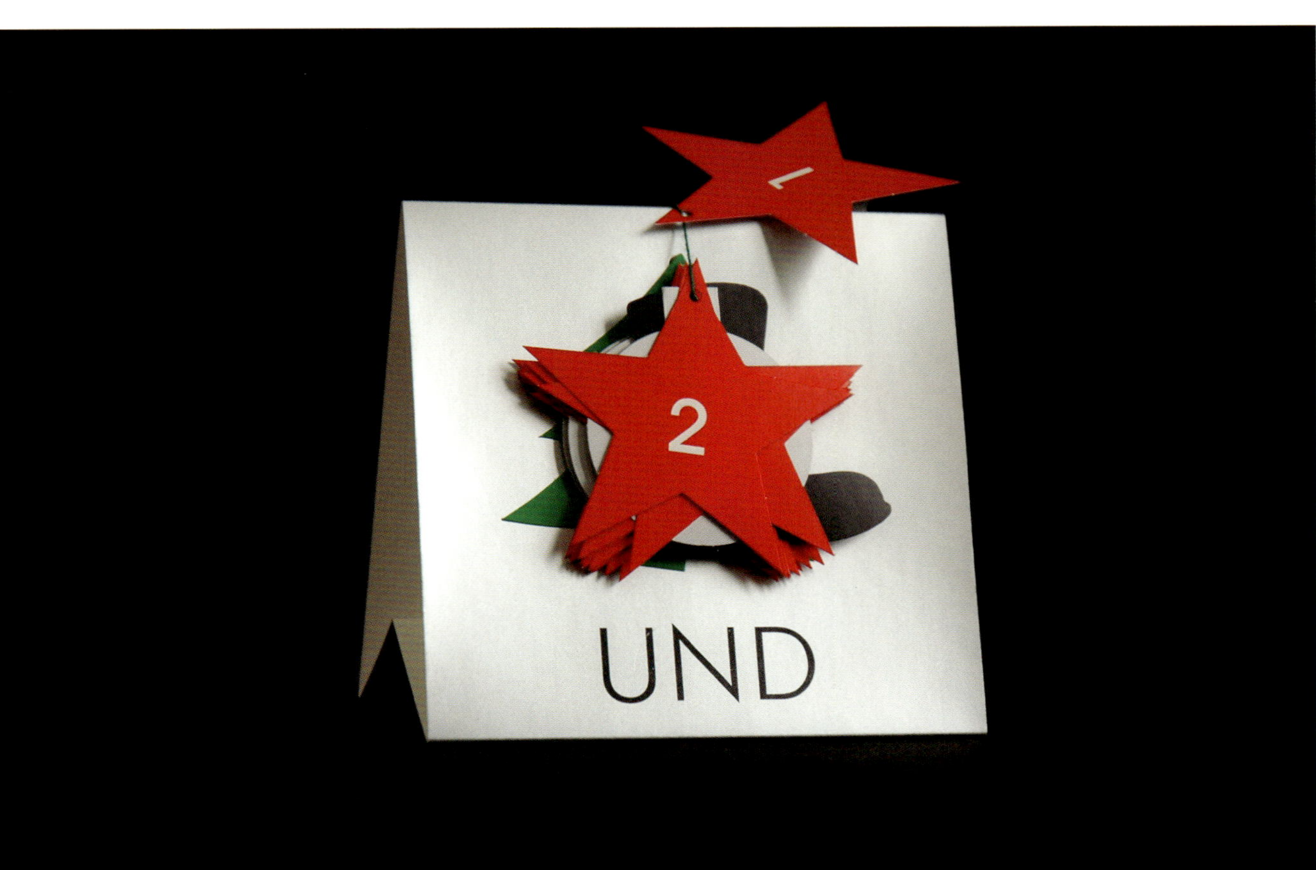

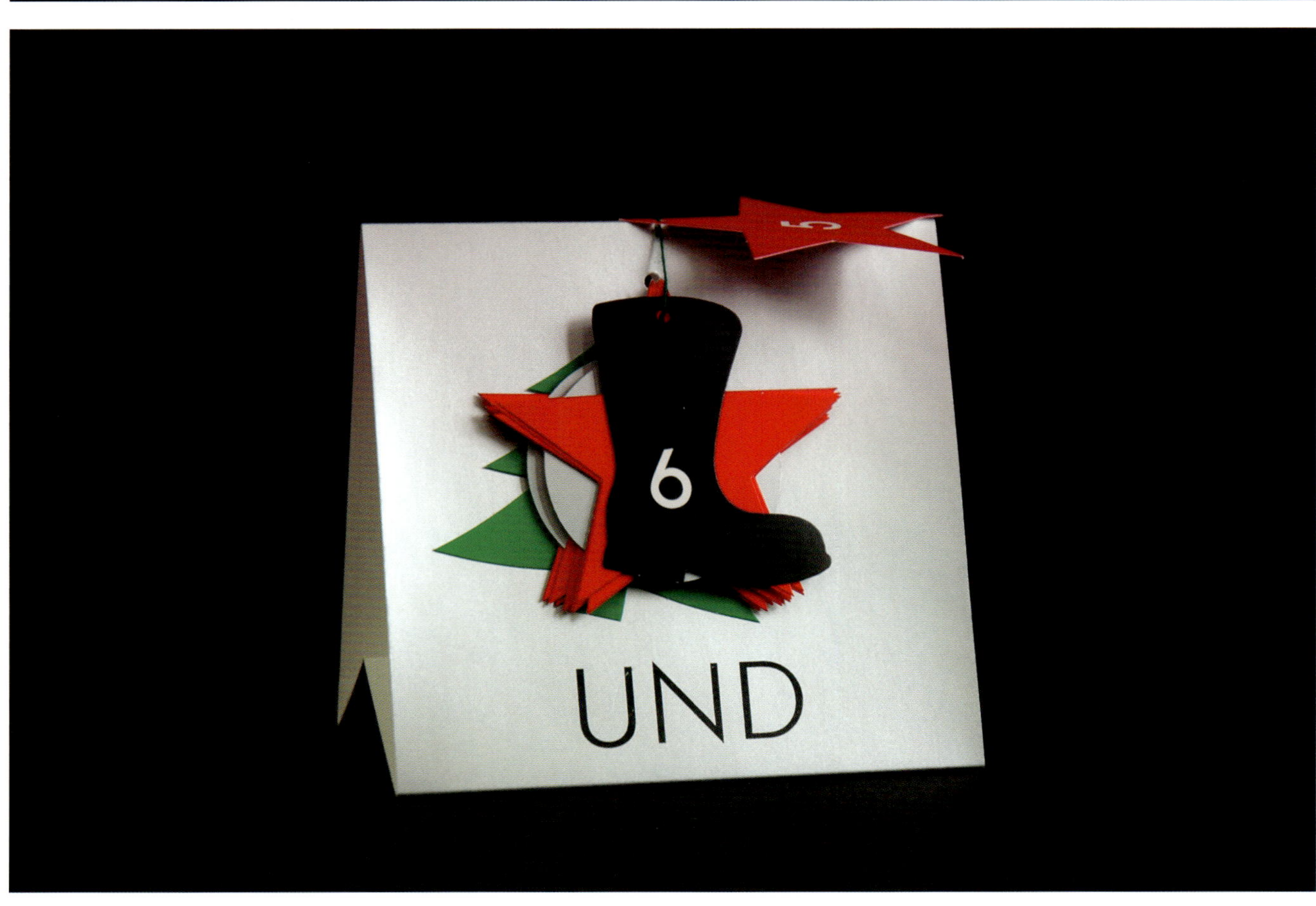

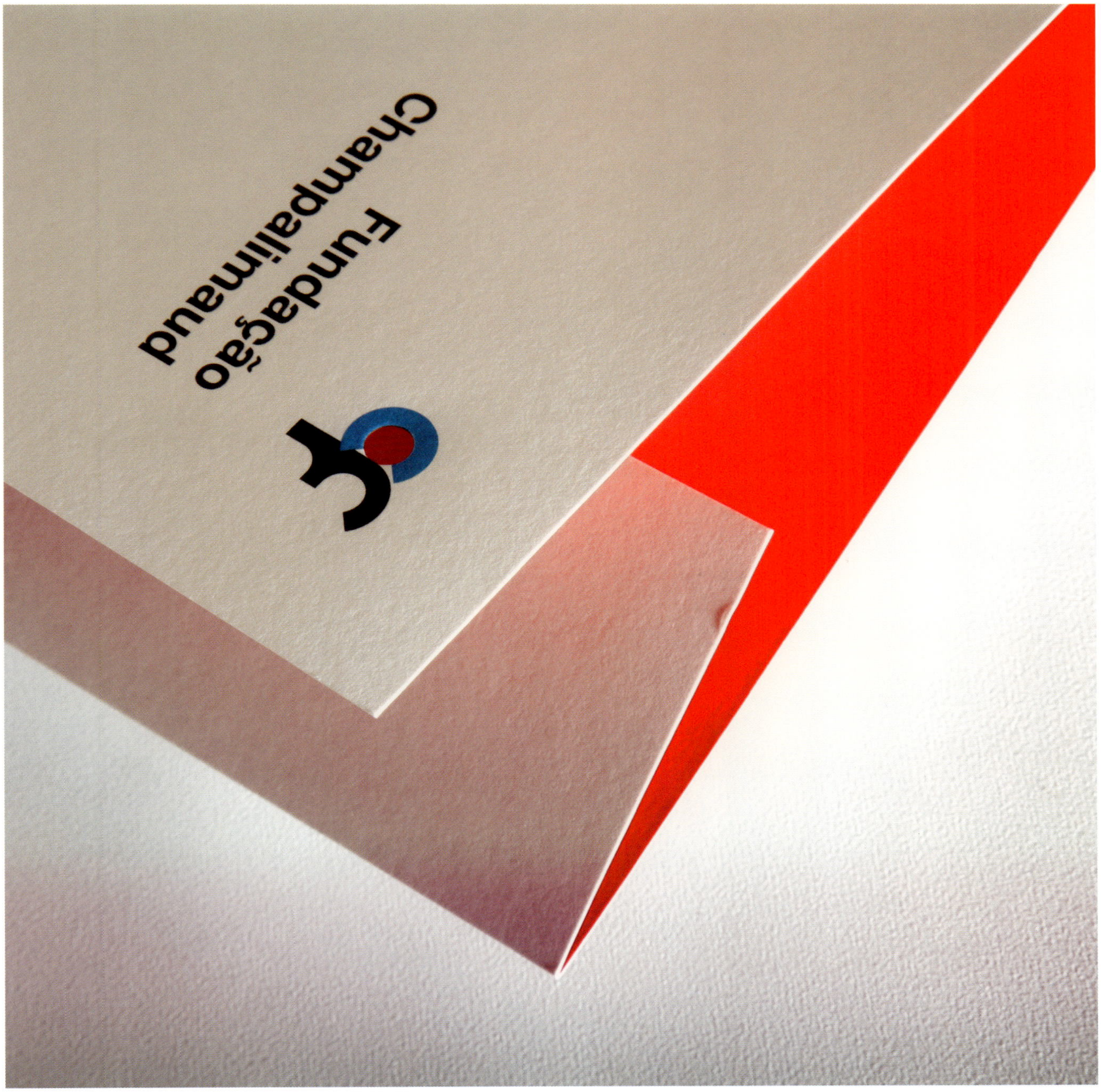

91

title
Champalimaud Foundation

type of work
Visual identity

appeared in
2006

client
Champalimaud Foundation, Lisbon

design
Studio Dumbar, Rotterdam
Erik de Vlaam
Photography:
Dieter Schütte

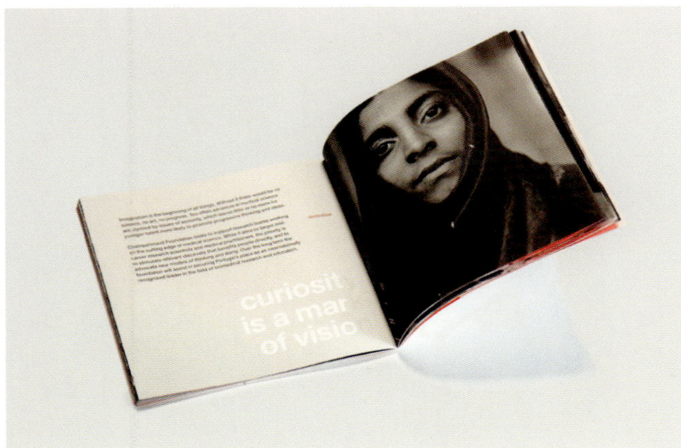

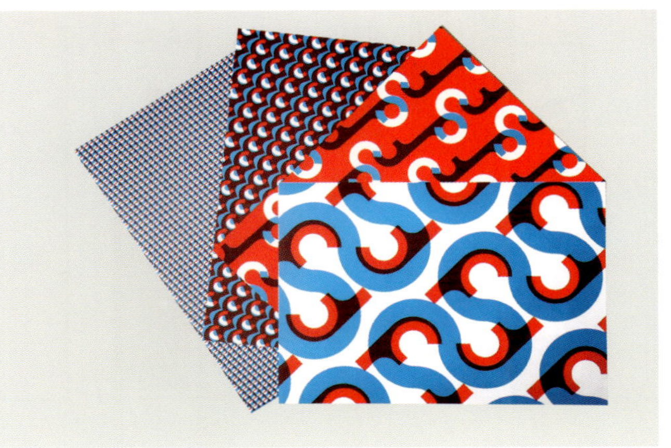

title
Nemo Shop

type of work
Corporate design

appeared in
2004

client
Nemo Science Center,
Amsterdam

design
Beautiful Minds,
Amsterdam
Selmar de Jager,
Martijn Mulder,
Majella van Raalte,
Maarten Stolk

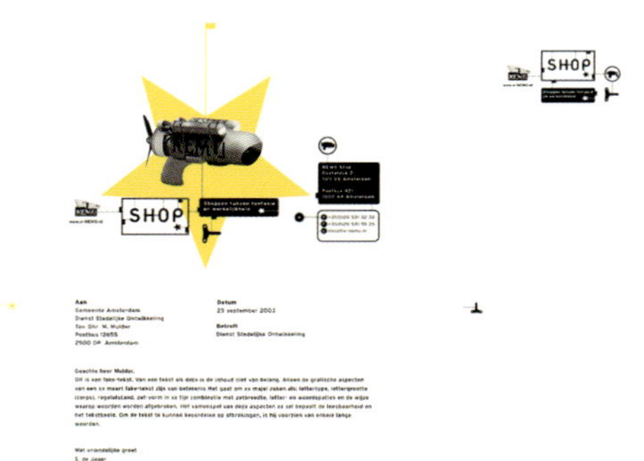

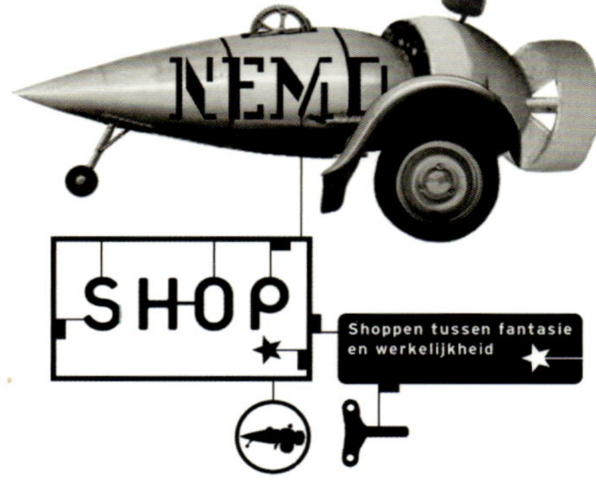

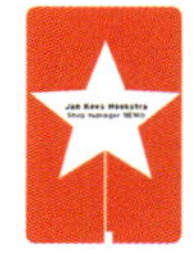

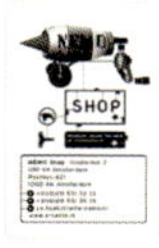

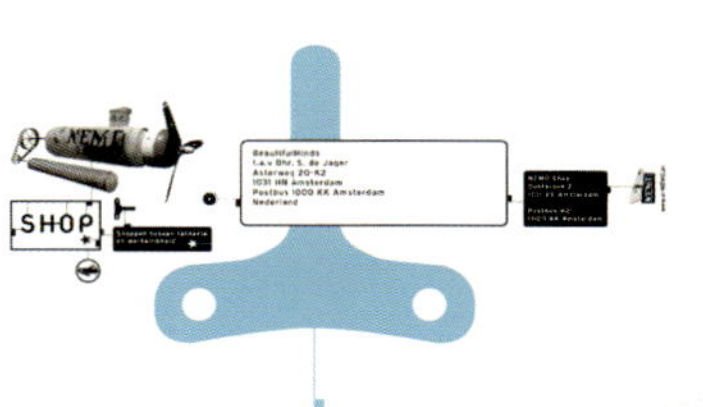

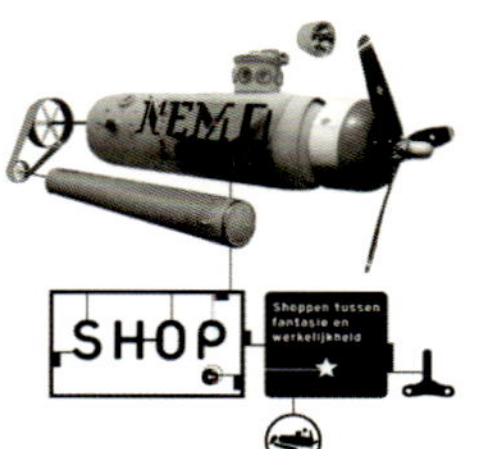

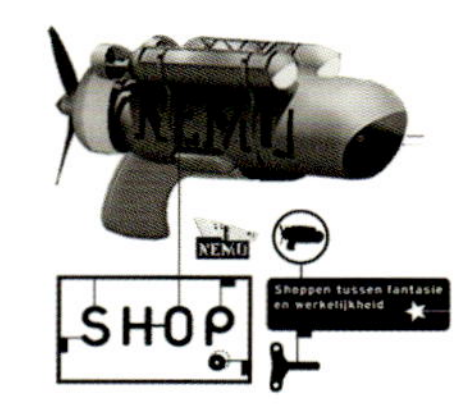

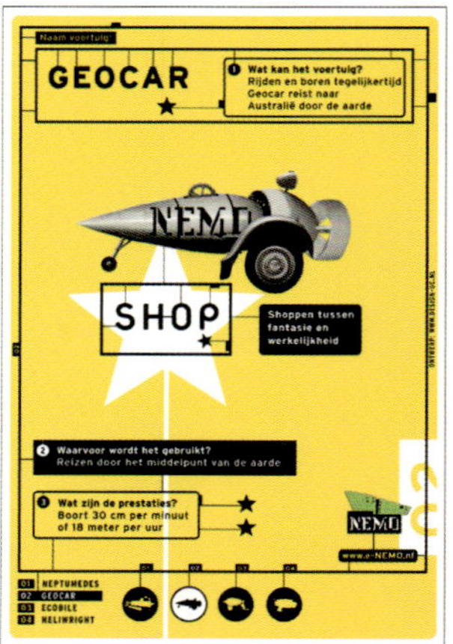

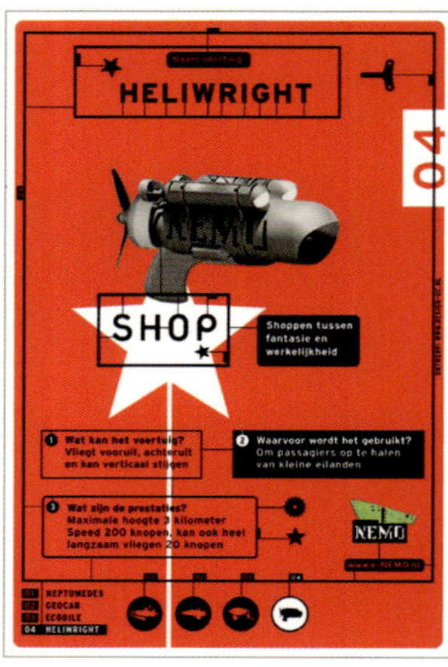

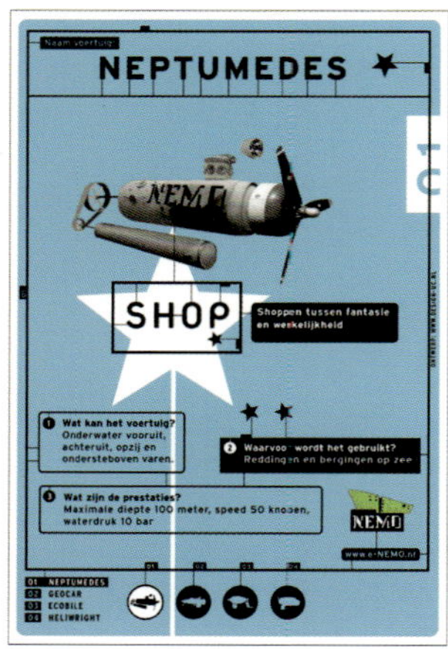

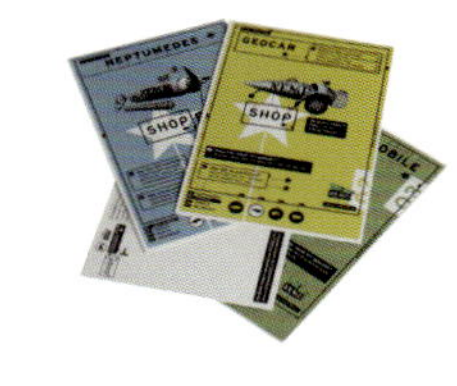

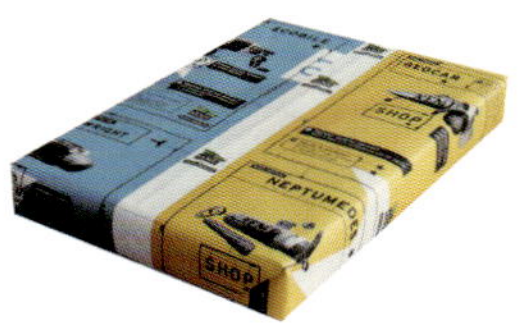

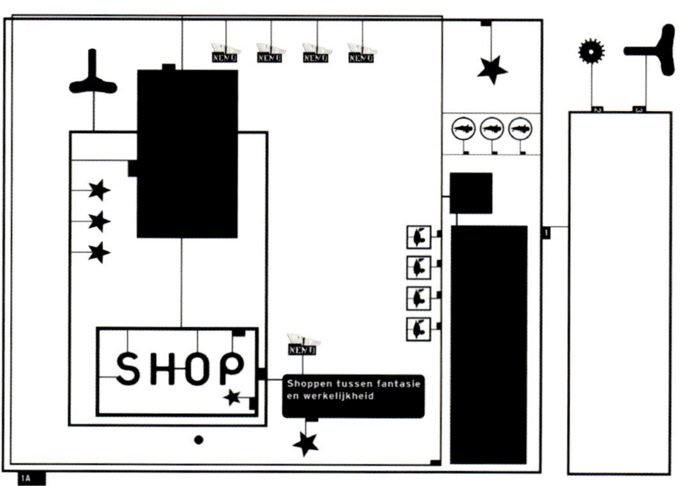

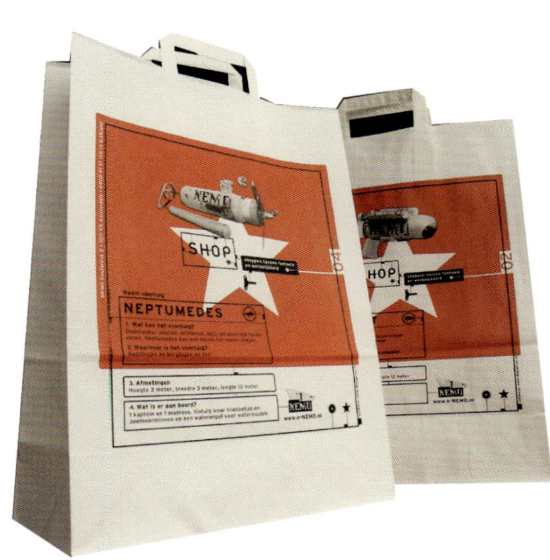

title
NoordzeeWind

type of work
Corporate design

appeared in
2005

client
Shell WindEnergy
Nuon Energy Sourcing
NoordzeeWind,
Amsterdam

design
Beautiful Minds,
Amsterdam
Selmar de Jager,
Martijn Mulder,
Majella van Raalte,
Maarten Stolk

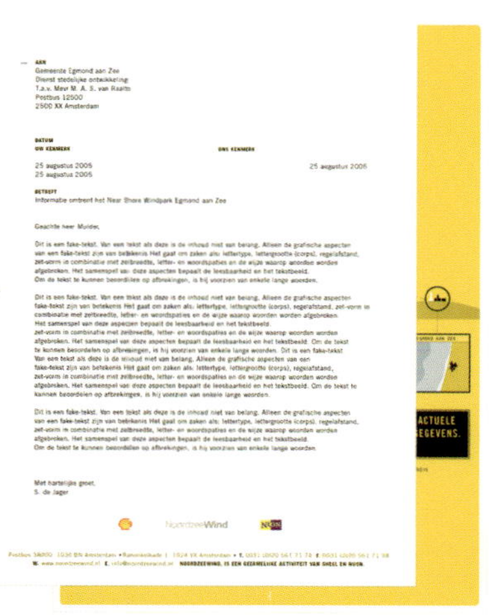

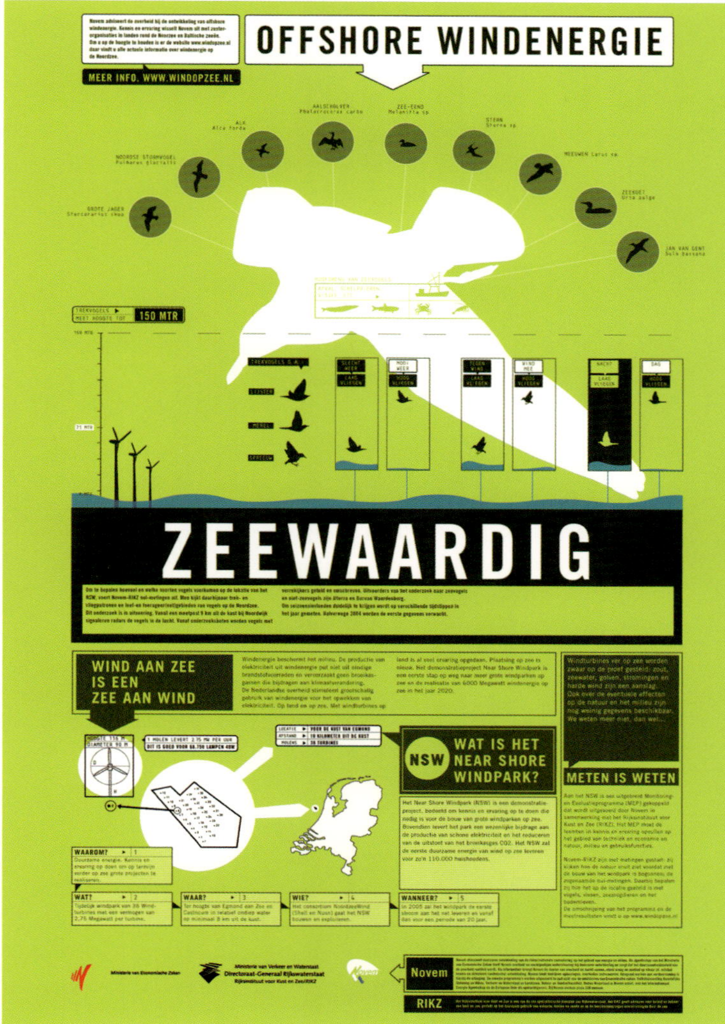

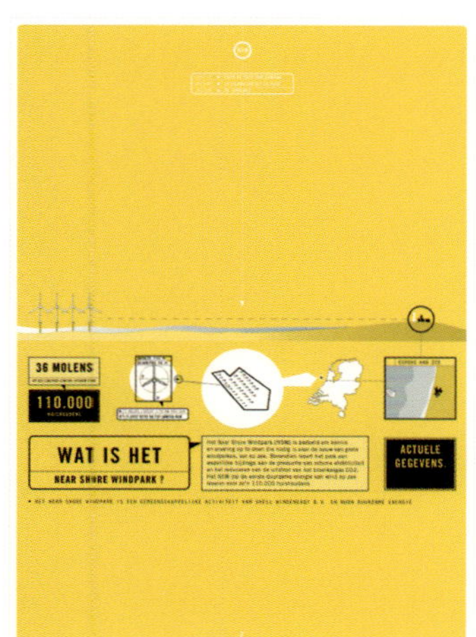

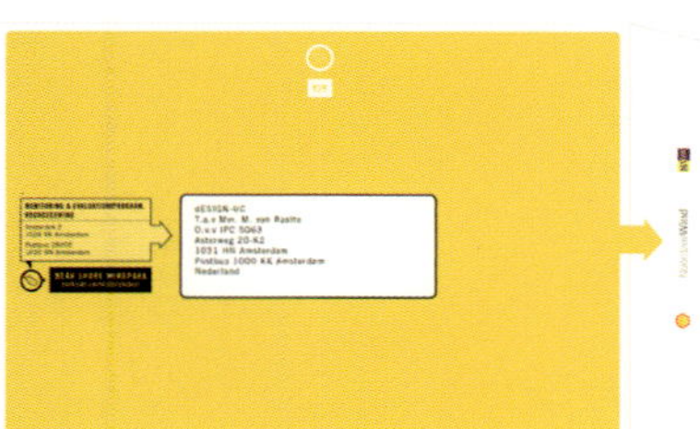

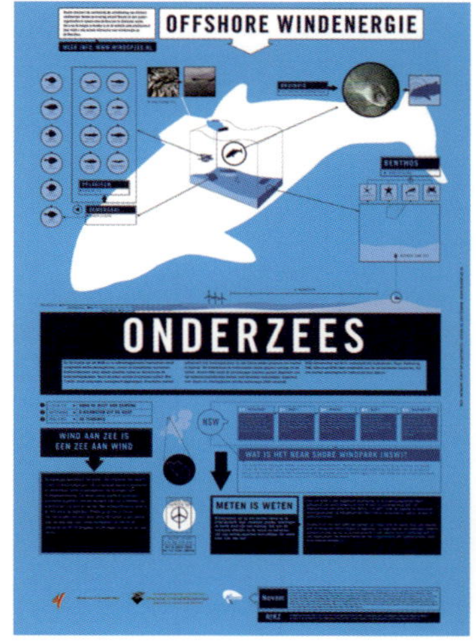

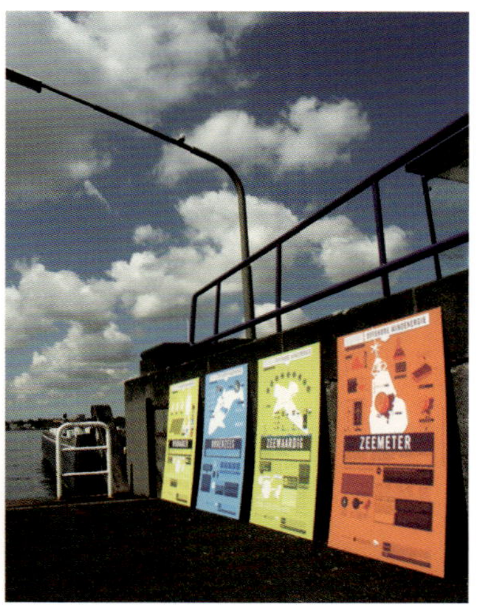

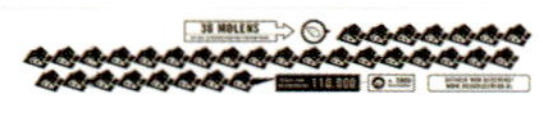

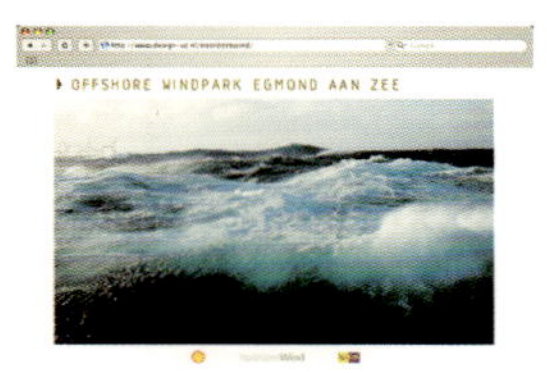

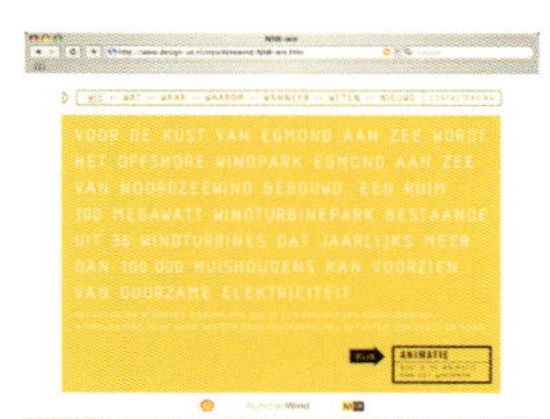

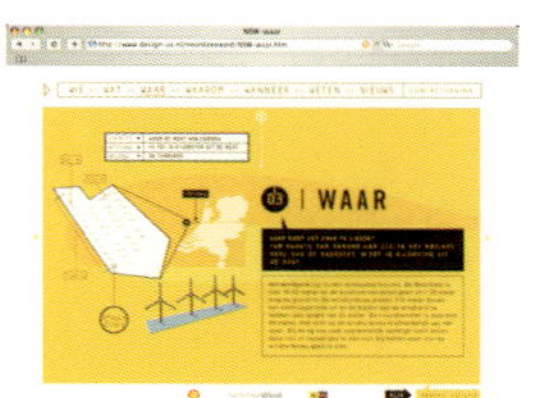

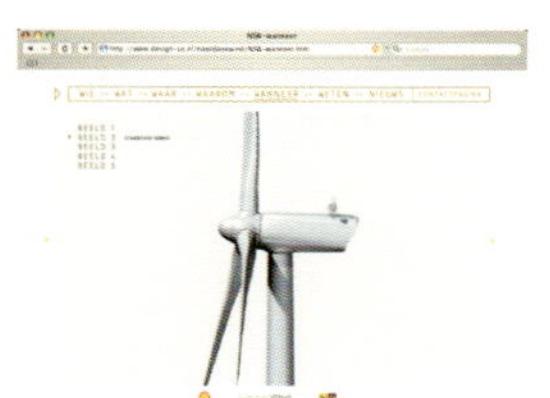

title
Uje

type of work
Visual identity

appeared in
2006

client
Uje, Split

design
TRIDVAJEDAN market communication ltd., Zagreb
Creative direction: Izvorka Serdarevic
Art direction: Izvorka Serdarevic

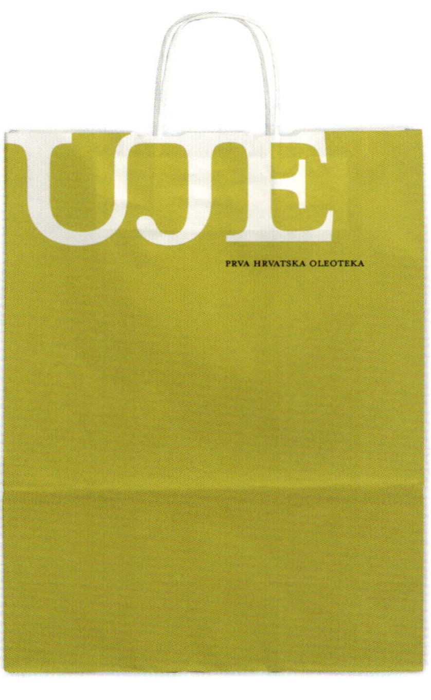

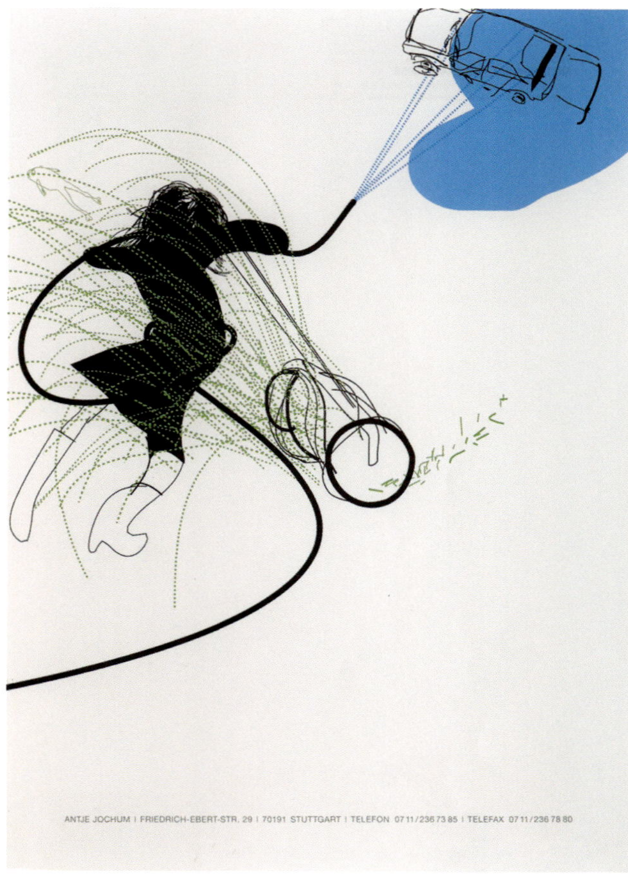

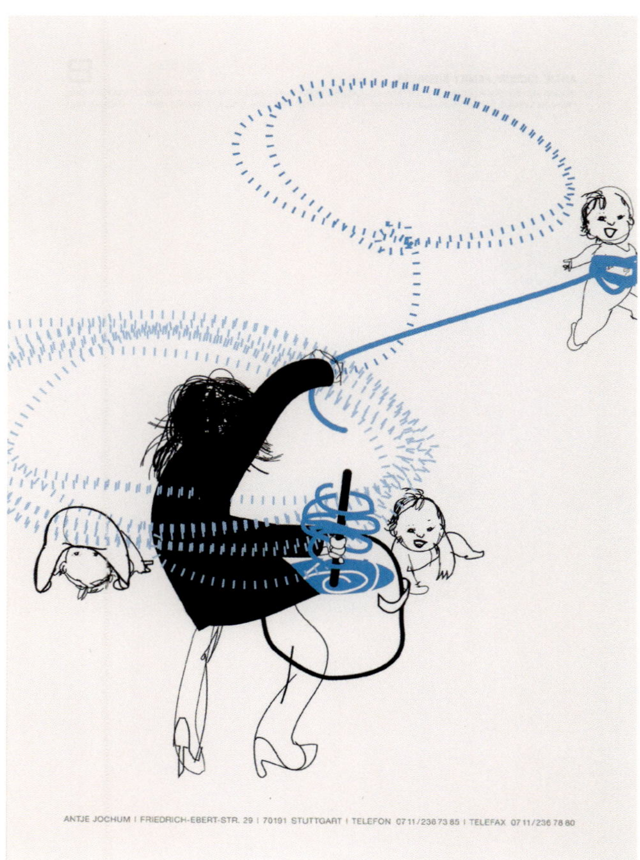

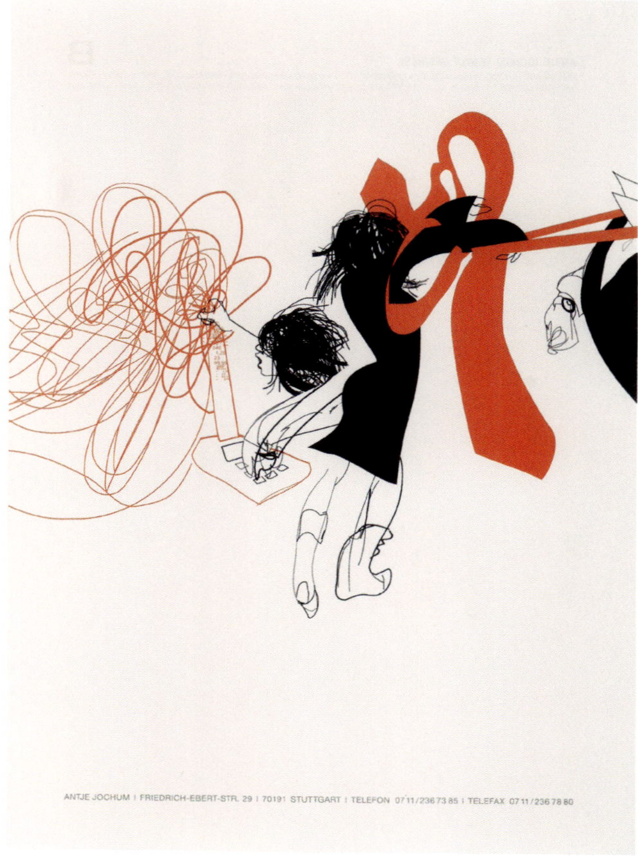

title
Housewifes Daily Horror

type of work
Business equipment

appeared in
2005

client
Antje Jochum Family Business, Stuttgart

design
BBDO Campaign GmbH Stuttgart
Head of advertising:
Antje Jochum
(Antje Jochum Family Business)
Creative direction:
Armin Jochum
Art direction:
Andreas Wagner
Customer advisory service:
Andreas Rauscher
Production company:
Cicero Werkstudio
Producer:
Wolfgang Schif
Illustration:
Katrin Funcke

title
Erscheinungsbild der Deutschen Rentenversicherung

type of work
Corporate design

appeared in
2005

client
Deutsche Rentenversicherung, Berlin

design
KMS Team GmbH, Munich
Creative direction:
Knut Maierhofer
Art direction:
Bernhard Zölch,
Bruno Marek
Customer advisory service:
Eva-Maria Schleip
Strategic planning:
Christoph Rohrer
Final artwork:
Bernd Müller

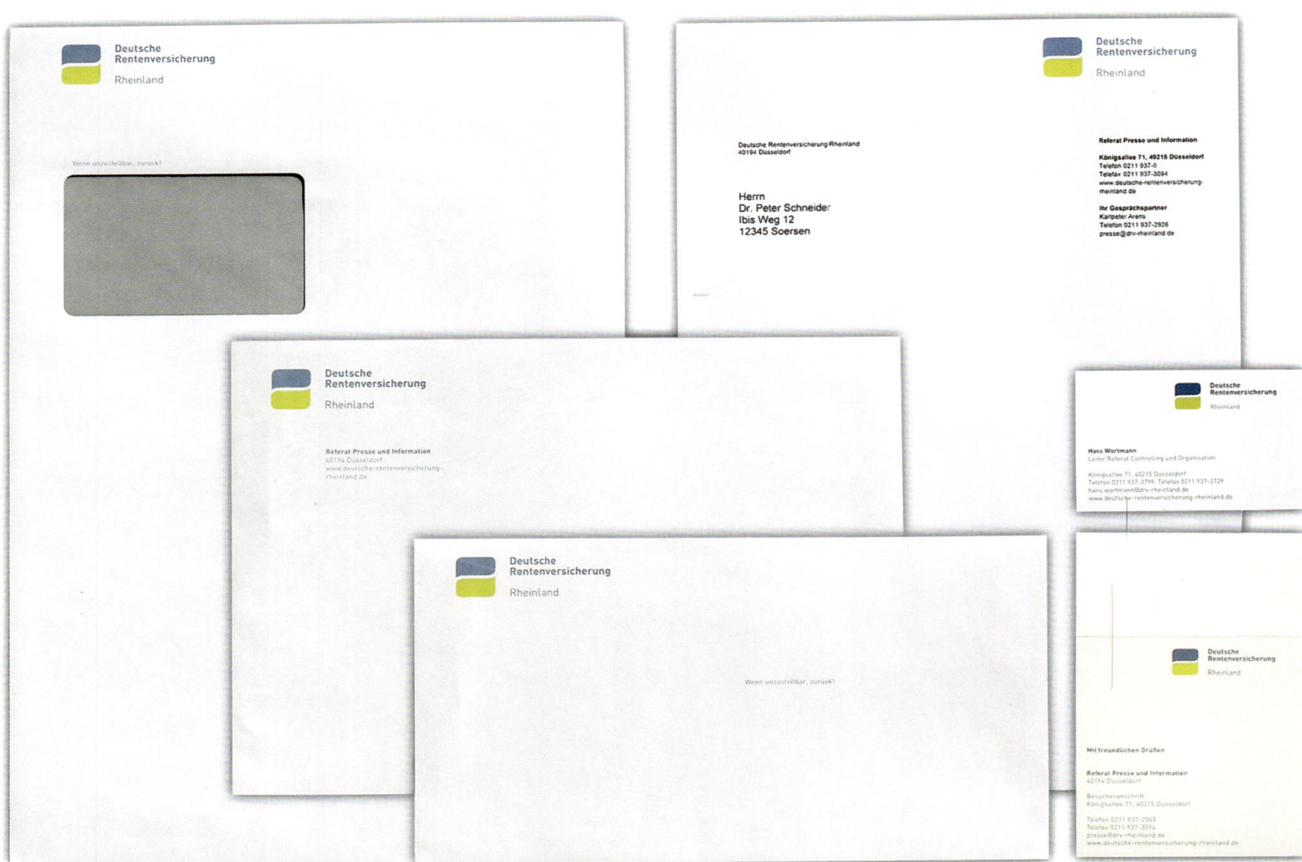

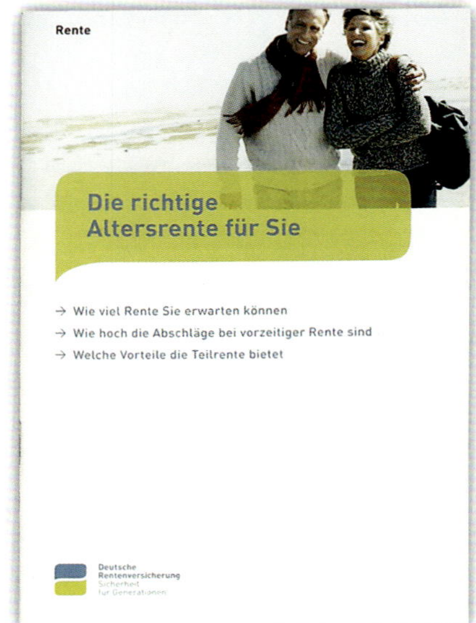

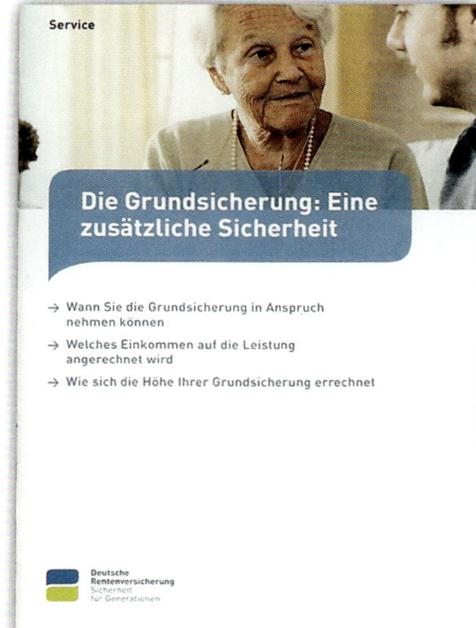

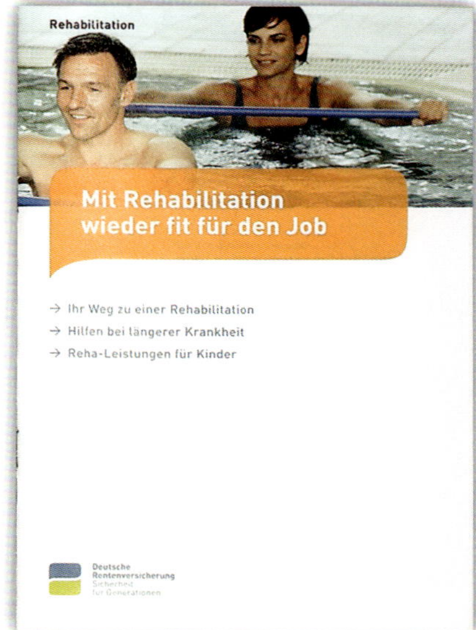

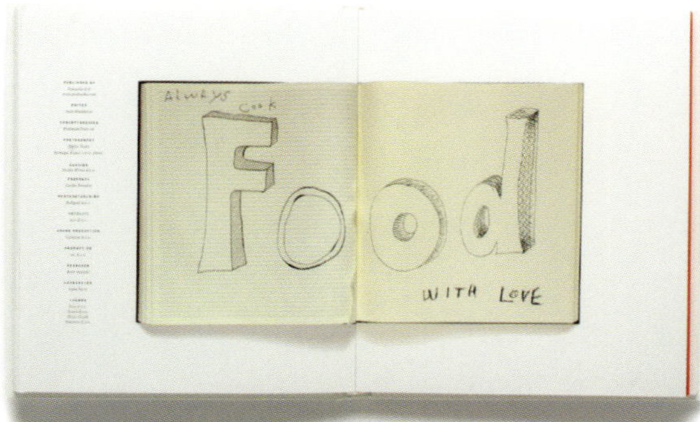

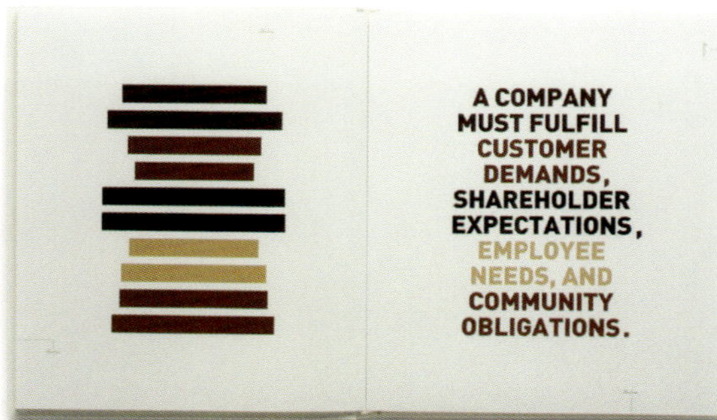

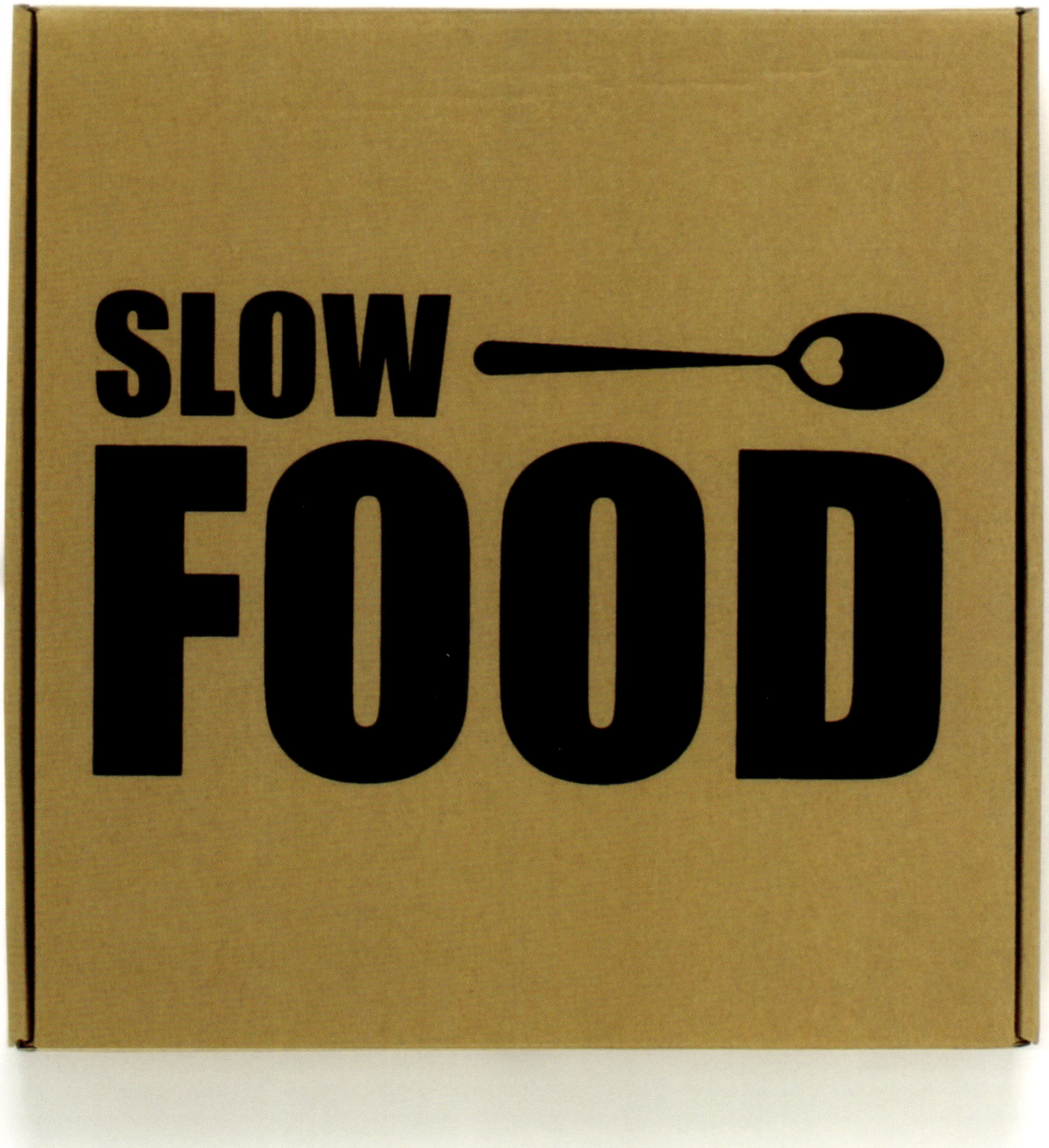

title
FEED ME

type of work
Annual report

appeared in
2005

client
Podravka, Koprivnica

design
Bruketa&Zinic, Zagreb
Photography:
Marin Topic,
Domagoj Kunic
Creative direction:
Davor Bruketa,
Nikola Zinic
Art direction:
Davor Bruketa,
Nikola Zinic

title
Waste Me Not Calendar “Mottainai”

type of work
Calendar

appeared in
2006

client
Yomiko Advertising Inc.

design
Yomiko Advertising Inc., Tokyo
Photography:
Yukikazu Ito
Head of marketing:
Minoru Fujisaki
Head of advertising:
Minoru Fujisaki
Creative direction:
Minoru Fujisaki
Art direction:
Yuji Nagase,
Wakako Endo
Text:
Minoru Fujisaki
Agency producer:
Kiyoshi Nakayama
Illustration:
Masaharu Ohsuga

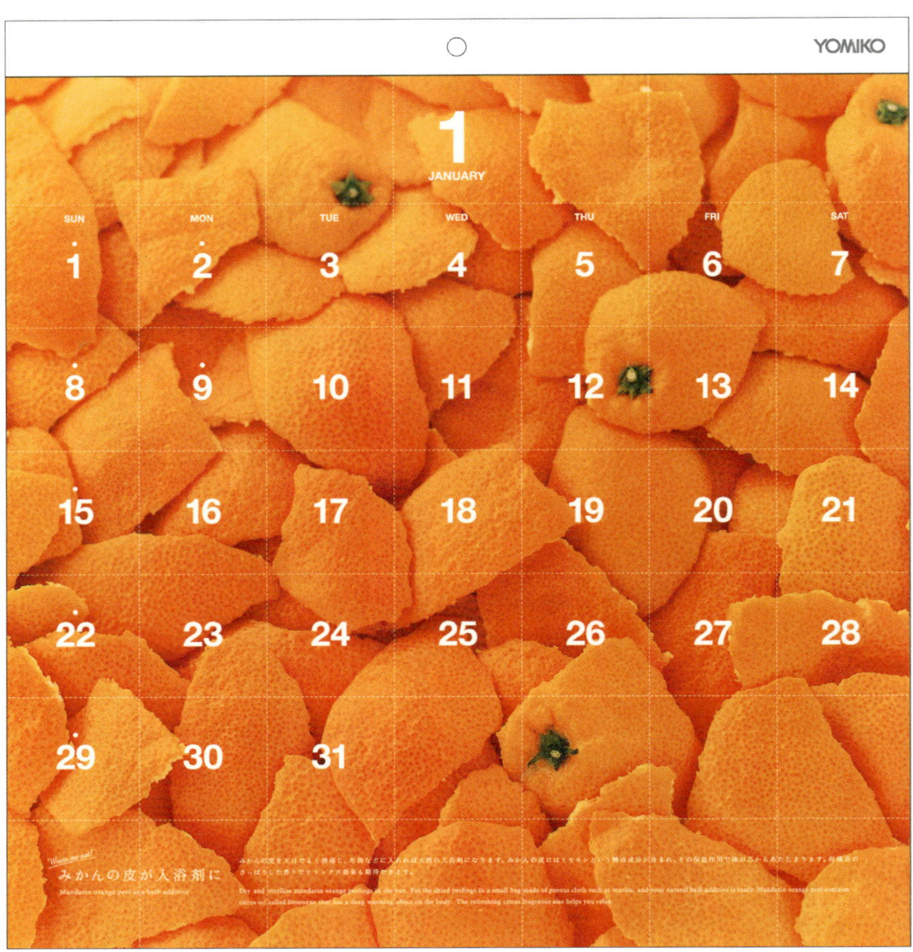

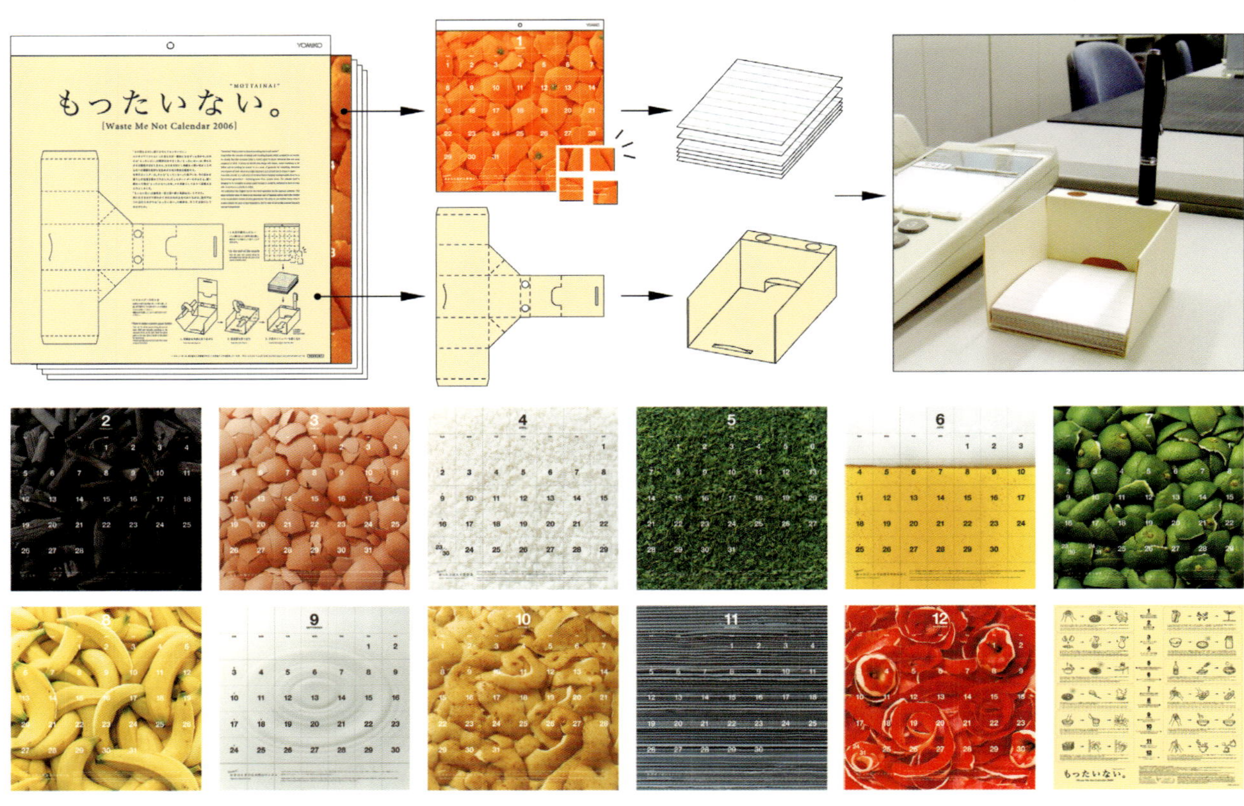

title
Novartis Annual Report 2005

type of work
Annual report

appeared in
2006

client
Novartis International AG, Basel

design
Com.factory AG, Basel
Cornelia Reinhard
Photography:
Jean-Baptiste Huynh

14 OPERATIONAL REVIEW PHARMACEUTICALS 15

HUSBAND AND WIFE; PLEAH BAT NORODOM SIHANOUK HOSPITAL; PHNOM PENH, CAMBODIA

PHARMACEUTICALS

Important market share gains in 2005 as Novartis outpaces the competition through focus on innovative medicines that address needs of patients worldwide, especially in cardiovascular disease and oncology.

Double-digit net sales growth of 10% (+9% lc) to USD 20.3 billion, supported by dynamic performances from many products.

Operating income rises faster than net sales, advancing 12% to USD 6.0 billion as the operating margin improves 0.7 percentage points to 29.7% of net sales, reflecting productivity gains in all areas.

Cardiovascular and Oncology franchises are the key growth drivers, delivering dynamic performances in challenging markets, particularly from *Diovan* and *Lotrel* for hypertension as well as *Gleevec/Glivec, Femara* and *Zometa* for the treatment of cancer.

Novartis leads the industry with 14 new product approvals in the US since 2000, with key approvals in 2005 for the iron chelator *Exjade; Femara,* in a new indication for helping women with hormone-sensitive breast cancer; and *Xolair* in Europe, for treatment of severe allergic asthma.

Impressive new data in 2005 for three late-stage compounds with significant sales potential, preparing submissions in 2006 for *Galvus* (type 2 diabetes) and *Rasilez* (hypertension) as well as the start of Phase III trials for FTY720 (multiple sclerosis).

GLOBAL QUARTERLY MARKET GROWTH

RESEARCH & DEVELOPMENT 2001 TO 2005

PORTFOLIO REJUVENATION

NOVARTIS GROUP BUSINESS REVIEW 2005

66 CORPORATE CITIZENSHIP HEALTH, SAFETY AND ENVIRONMENT 67

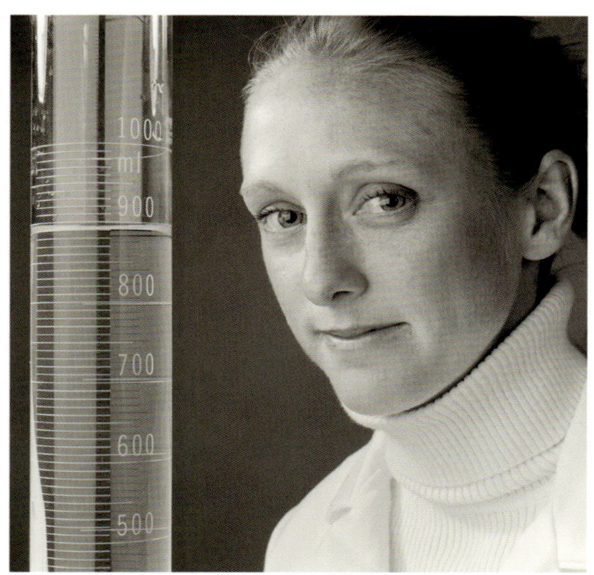

SARAH CONNELL; NOVARTIS INSTITUTES FOR BIOMEDICAL RESEARCH; CAMBRIDGE, MASSACHUSETTS (US)

COMMITMENT TO HEALTH, SAFETY AND ENVIRONMENT

Novartis continually implements measures which improve the health and safety of our associates and neighbors.

Novartis cares about the impact of its activities on the environment. Special initiatives are under way to improve energy efficiency, reduce CO_2 emissions and resolve issues involving historical landfills.

During 2005, we defined mid-term targets for key performance indicators and strengthened Business Continuity Management (BCM) to protect the uninterrupted supply of key products and services for the benefit of our patients, customers and the business.

Our success in Health, Safety and Environment (HSE) depends on the full involvement of all Novartis associates. Balancing business interests, safety considerations and environmental concerns in a global context is a complex process that requires many different decisions every day. Our associates are key to this endeavor – particularly as we focus increasingly on behavioral aspects of Health, Safety and Environment (HSE).

HSE departments strive to promote awareness among associates on all levels, defining policies, setting standards, supporting implementation and verifying compliance. Knowledge of risks and emerging technologies is maintained and shared through active communication and engagement with stakeholders.

Protecting health, safety and the environment is an integral part of business strategy in all Divisions and Business Units.

In 2005, targets were set for occupational accidents as well as energy efficiency, demonstrating our focus on these areas. Both targets were successfully met. Novartis improved its energy efficiency by 5%. The lost time accident rate decreased to 0.44 last year, from 0.48 in 2004.

However we deeply regret the deaths of two Novartis associates in traffic-related accidents during 2005. We extend our condolences to their families.

RISK MANAGEMENT

Novartis HSE risk portfolios are developed on a bottom-up, science-based approach. Since 1997, Novartis sites have developed local risk portfolios that are consolidated at a Group level, into a global HSE risk portfolio. During 2005, more than one-third of the priority risks identified in the 2004 risk portfolio were reduced as a result of measures taken. Action plans for all remaining prioritized risks have been developed and are currently being implemented.

Locally, Novartis faces a variety of risks that could also have an impact on business processes, and thus affect patients, customers or shareholders. To ensure management control and strengthen resilience to disruptions, Novartis has implemented a framework for risk management based on international standards. This framework allows us to anticipate incidents that could affect mission-critical functions and processes for the organization – and to apply necessary remedial measures. For remaining business risks, continuity plans

NOVARTIS GROUP BUSINESS REVIEW 2005

title
Unbound

type of work
Brochure

appeared in
2004

client
Masterfile, Toronto

design
Concrete Design Communications Inc., Toronto
Andrew Cloutier
Art direction:
Diti Katona,
John Pylypczak

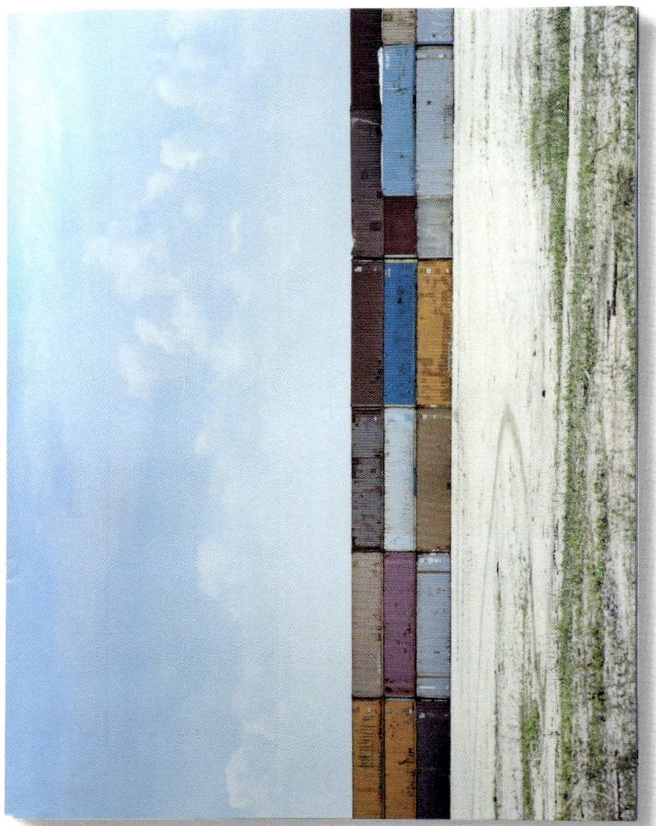

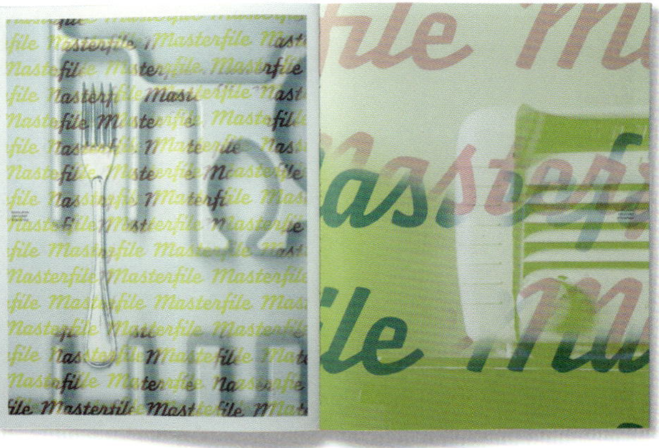

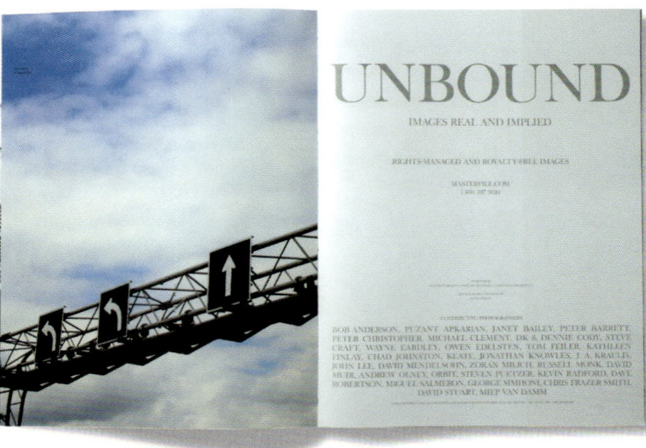

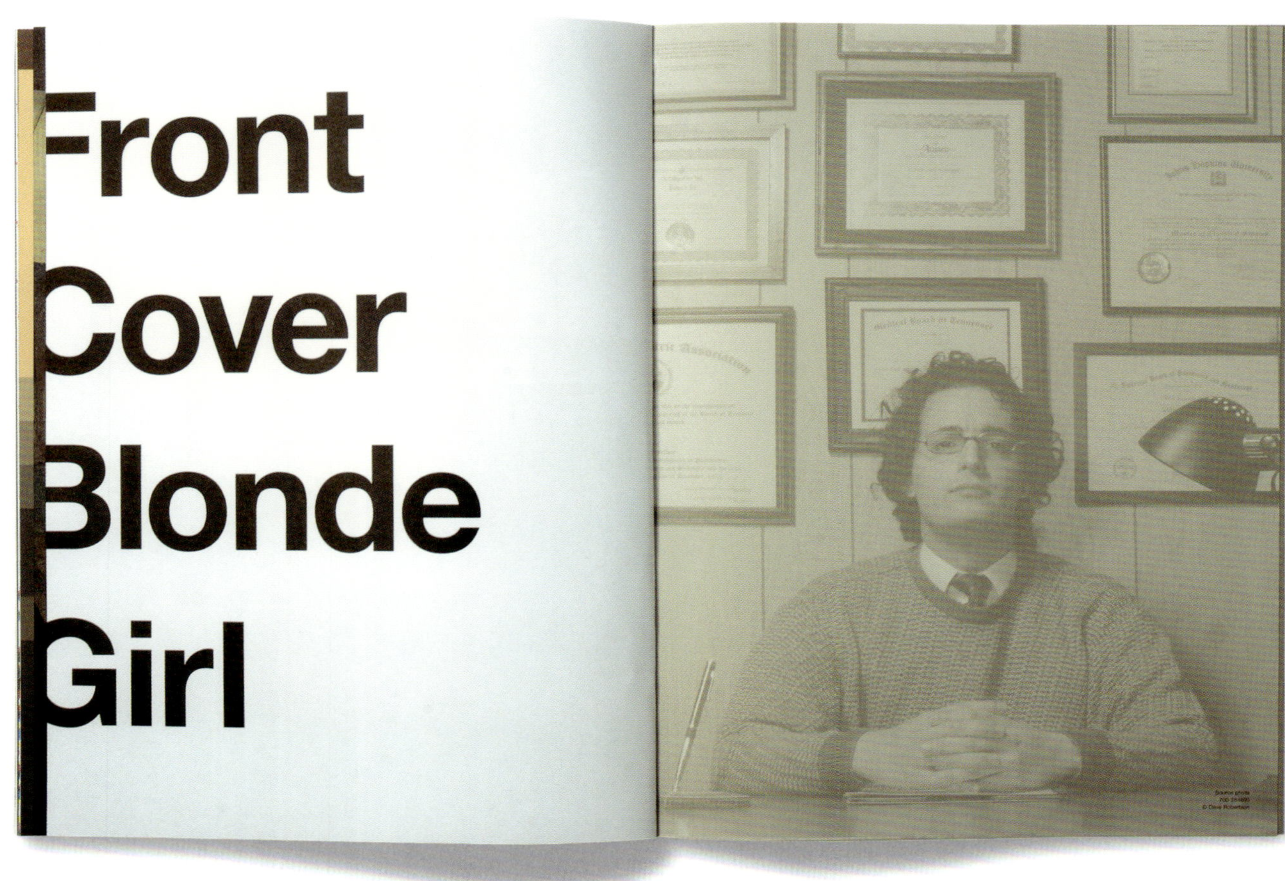

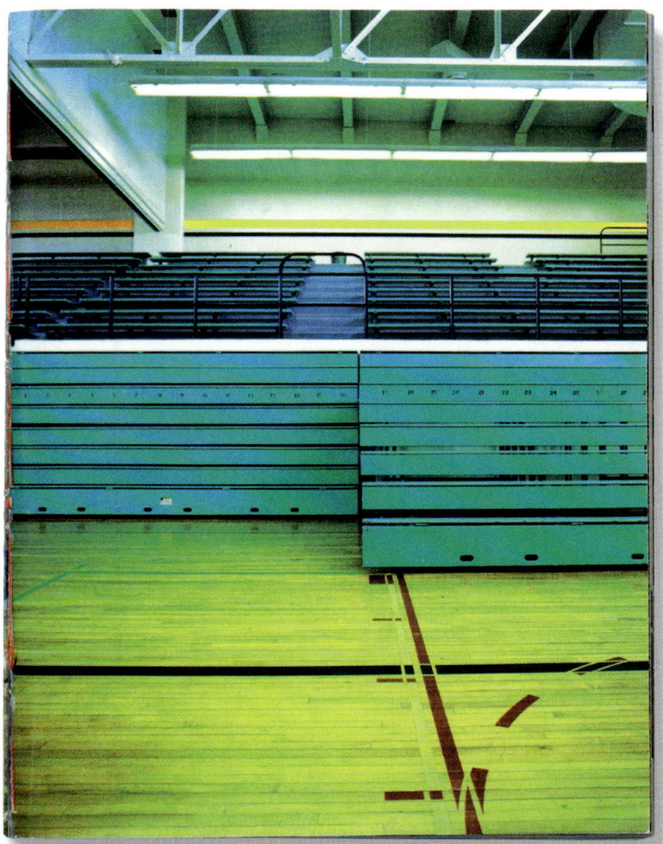

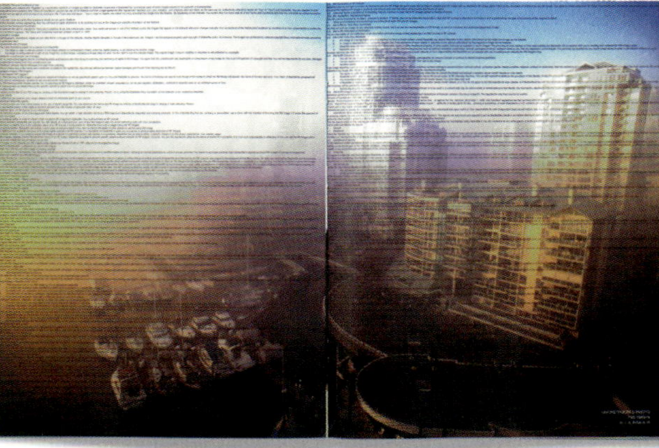

title
Unbound (2)

type of work
Brochure

appeared in
2005

client
Masterfile, Toronto

design
Concrete Design Communications Inc., Toronto
Andrew Cloutier
Art direction:
Diti Katona,
John Pylypczak

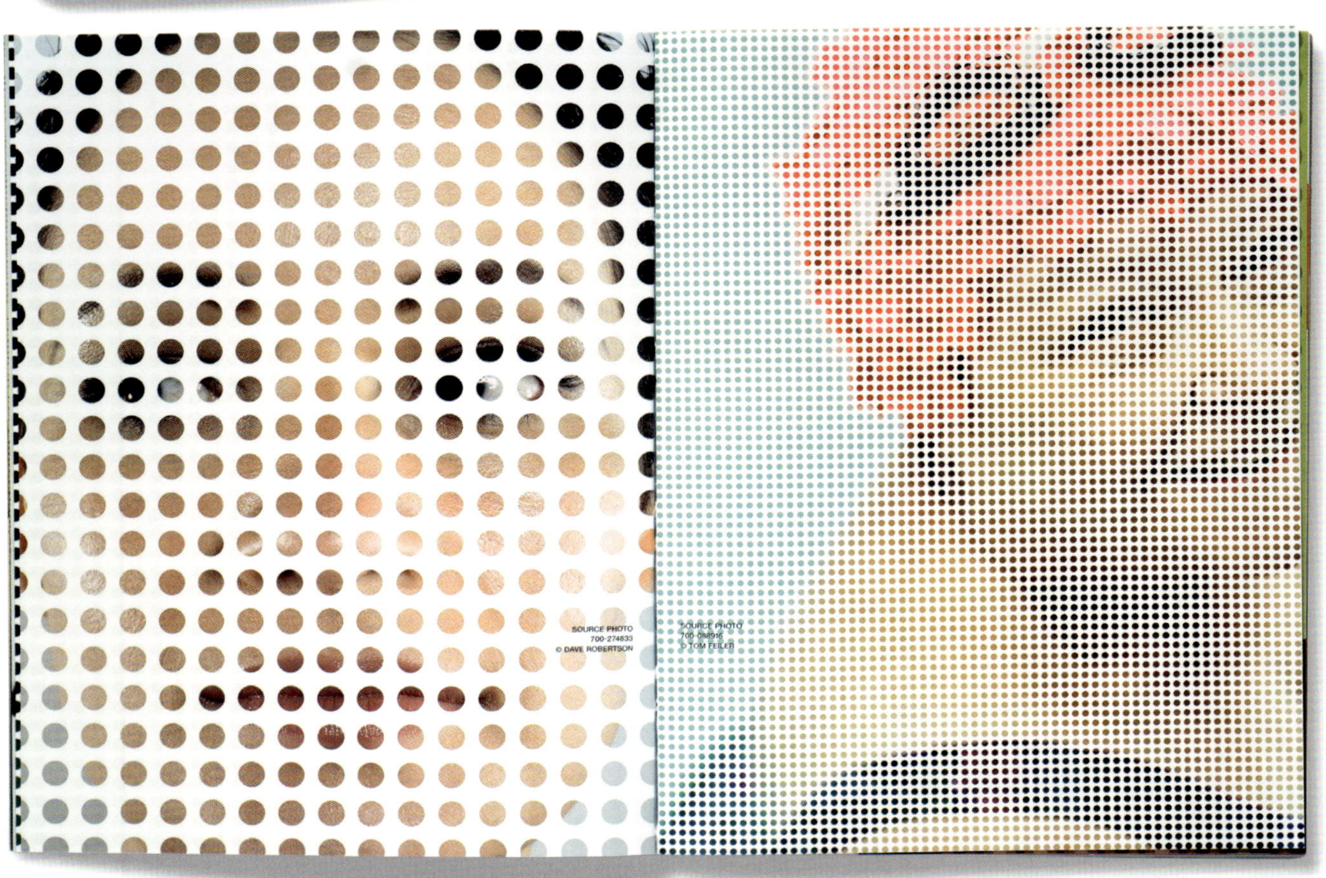

title
Unbound (3)

type of work
Brochure

appeared in
2005

client
Masterfile, Toronto

design
Concrete Design
Communications Inc.,
Toronto
Andrew Cloutier
Art direction:
Diti Katona,
John Pylypczak
Text:
Larry Gaudet

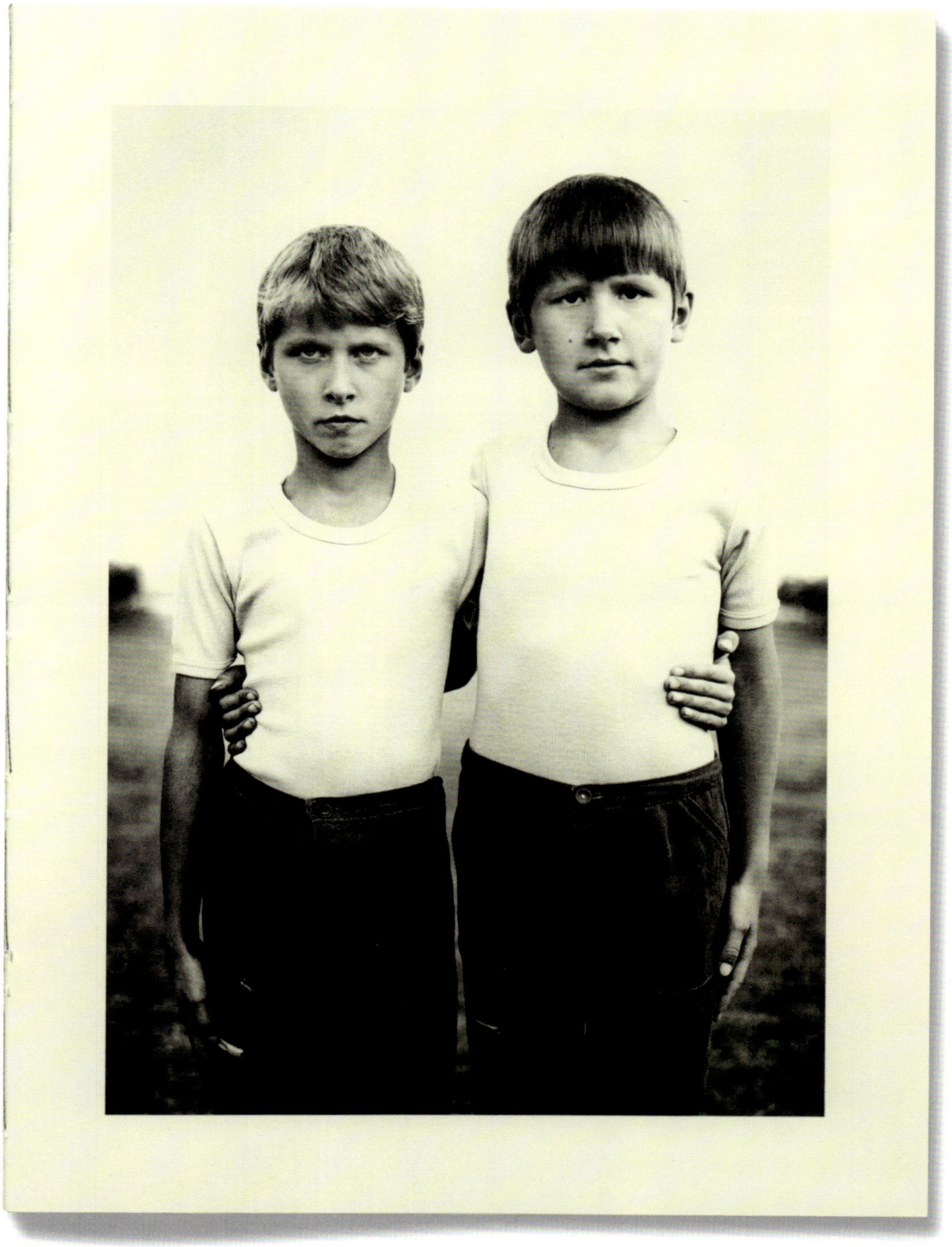

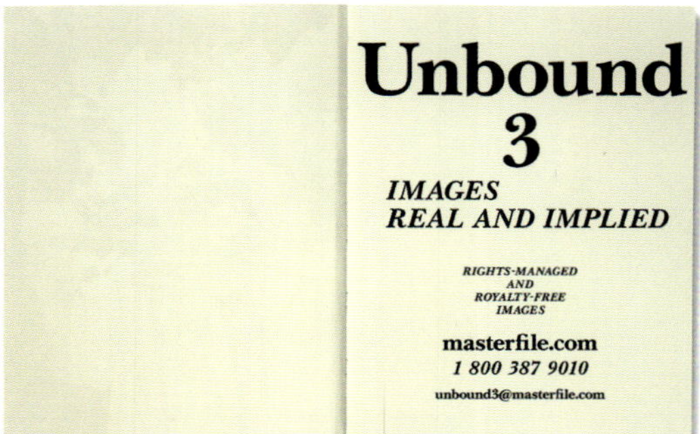

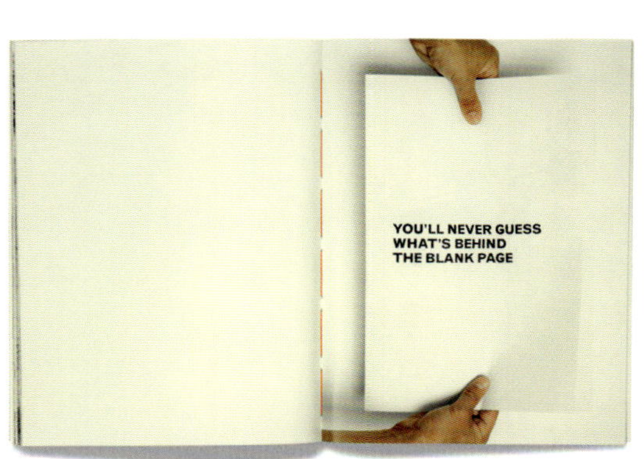

CONTRIBUTING MASTERFILE PHOTOGRAPHERS
PUZANT APKARIAN
JANET BAILEY
HEIDE BENSER
MATT BRASIER
STEVE CRAFT
MARK PETER DROLET
OWEN EDELSTEN
TOM FEILER
KATHLEEN FINLAY
BRUCE FLEMING
CHAD JOHNSTON
ANDREW KOLB
DARRELL LECORRE
LONDOLOZI
SHANNON MENDES
RUSSELL MONK
DAVID MUIR
T. OZONAS
STEVEN PUETZER
MIKE RANDOLPH
BRYAN REINHART
DAVE ROBERTSON
DEREK SHAPTON
KAREN WHYLIE
DESIGNED BY
CONCRETE DESIGN COMMUNICATIONS INC.,
TORONTO, CONCRETE.CA

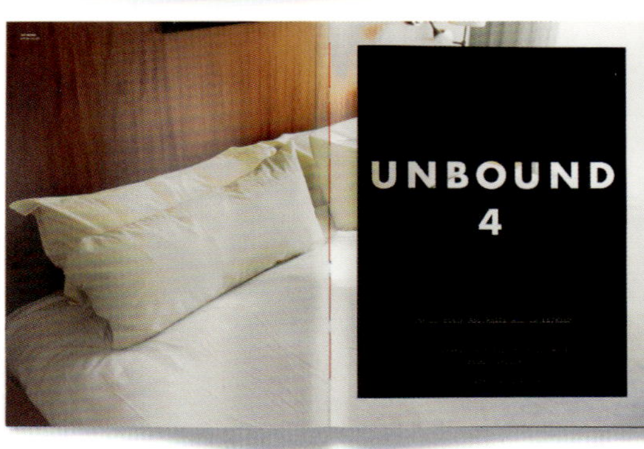

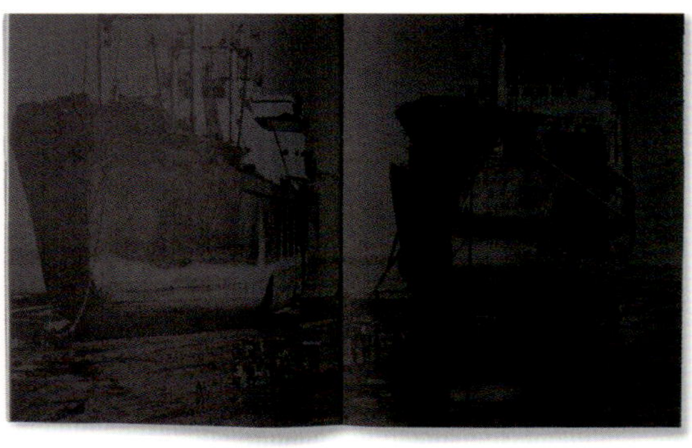

103

title
Unbound (4)

type of work
Brochure

appeared in
2006

client
Masterfile, Toronto

design
Concrete Design Communications Inc., Toronto
Andrew Cloutier
Art direction:
Diti Katona,
John Pylypczak

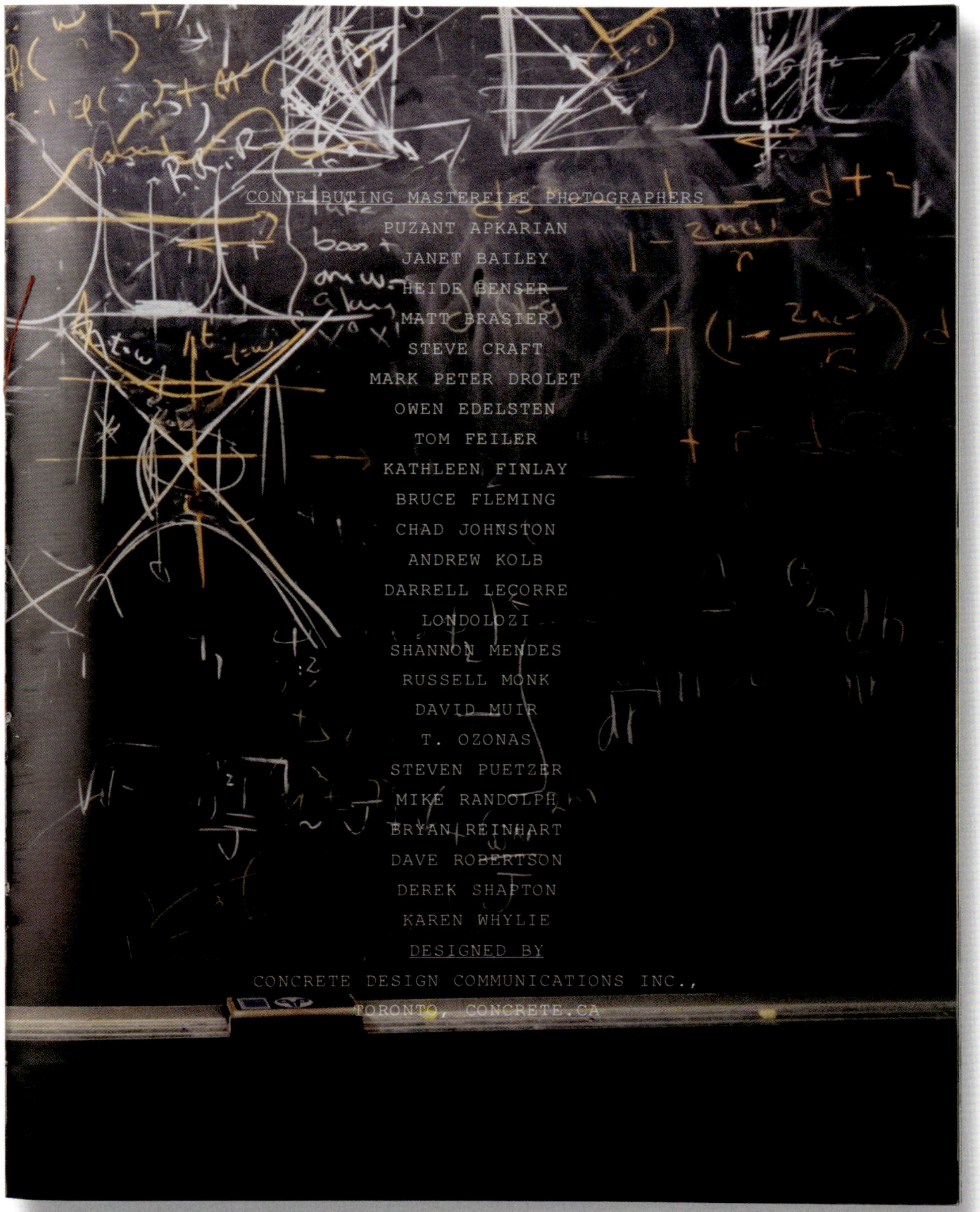

title
It All Adds Up
Civil Aviation Authority of Singapore Annual Report 2004/05

type of work
Annual report

appeared in
2005

client
Civil Aviation
Authority of Singapore

design
Epigram, Singapore
Photography:
Charanjeet Singh Wadhwa
Creative direction:
Edmund Wee, Zann Wan
Art direction:
Zann Wan
Text:
Roger Hiew,
Tan Su Yen

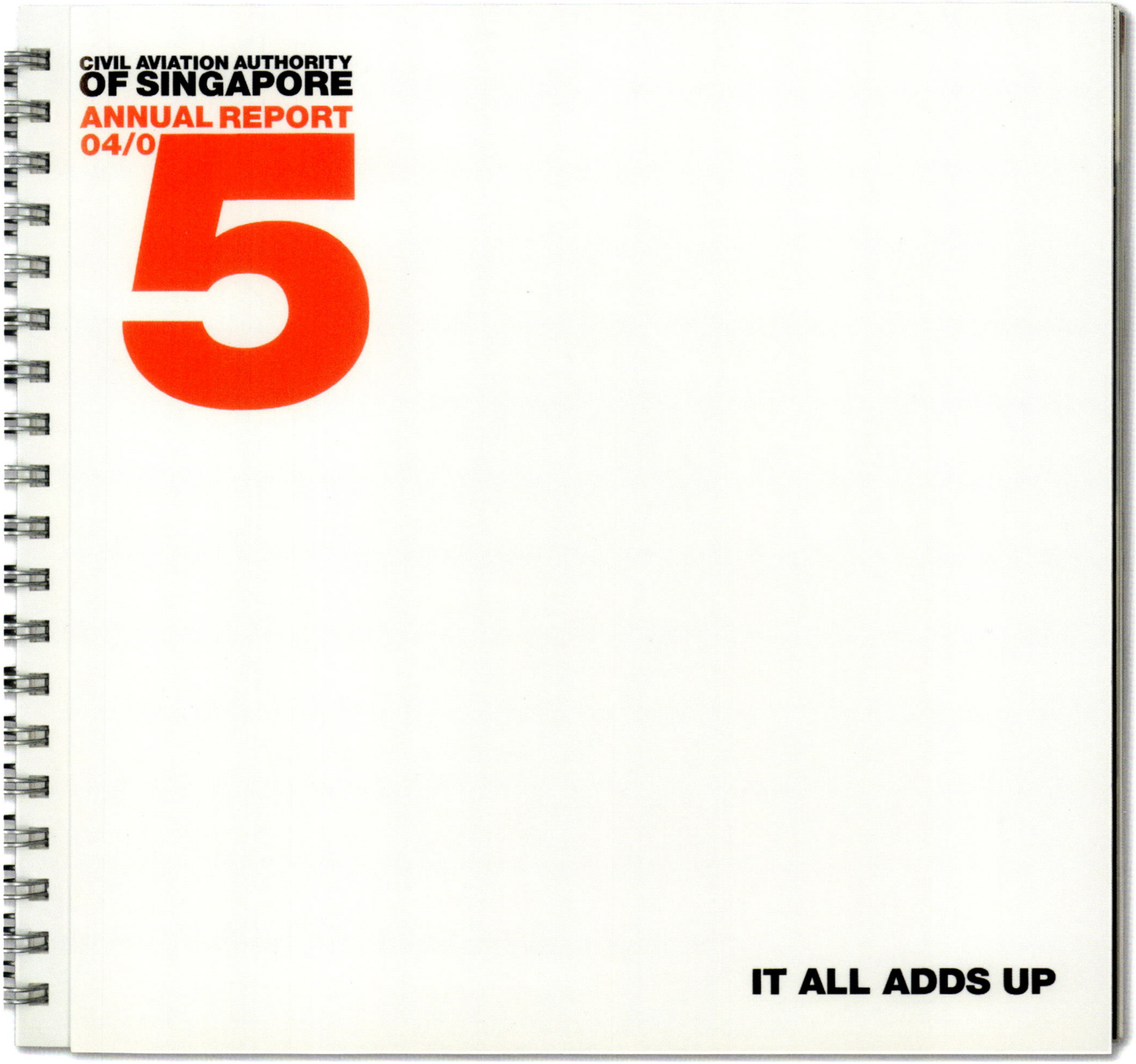

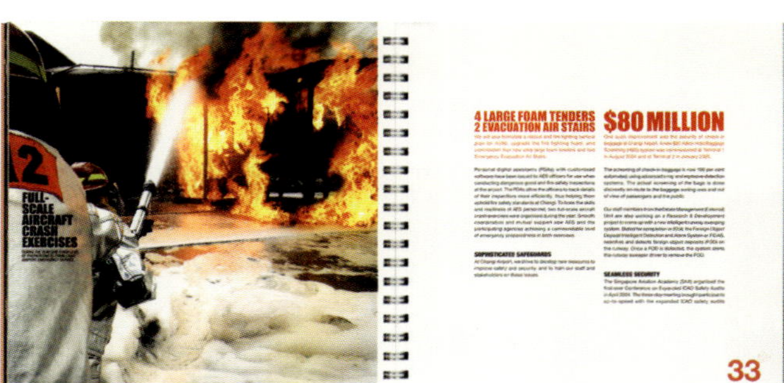

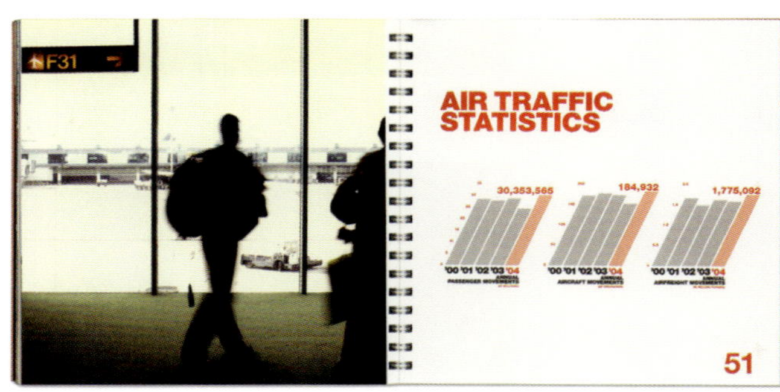

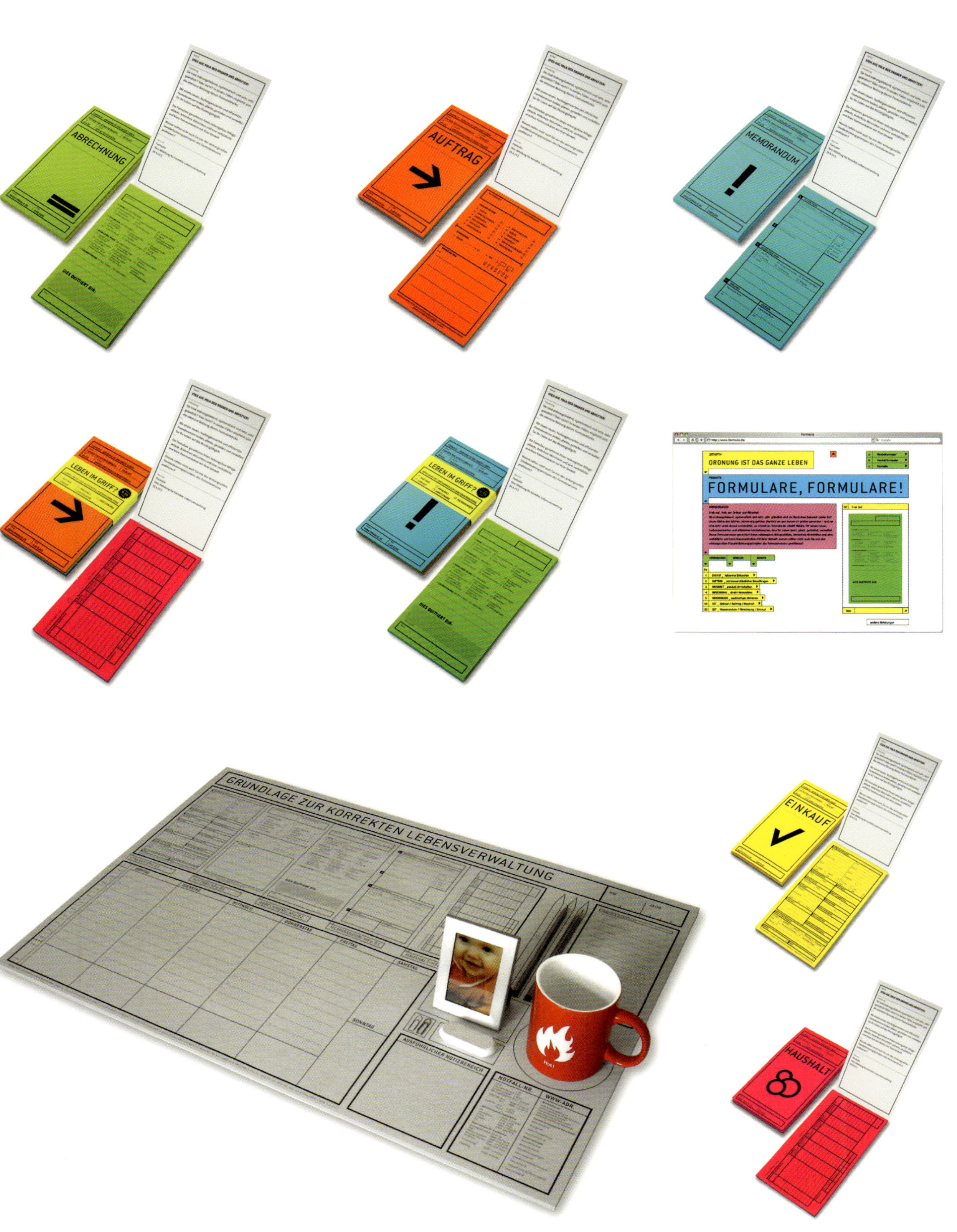

105

title
Formalie.de

type of work
Product development, product design, e-shop

appeared in
2005

client
Küppers & Knoben e.K., Mönchengladbach

design
Gute Gesellschaft für Strategie, Design und Kommunikation mbH
Concept:
Raimund Schmelzer
Text:
Raimund Schmelzer
Graphic design:
Anette Keul
Web design:
Sebastian Wiegemann

title
Xenopolis – Von der Faszination und Ausgrenzung des Fremden

type of work
Poster, programme, exhibition

appeared in
2005

client
Landeshauptstadt München Kulturreferat, Munich

design
BÜRO ALBA, Munich
Photography:
Christian Rother
Creative direction:
Tina M. Strobel,
Christian Rother
Illustration:
Andreas Pischetsrieder

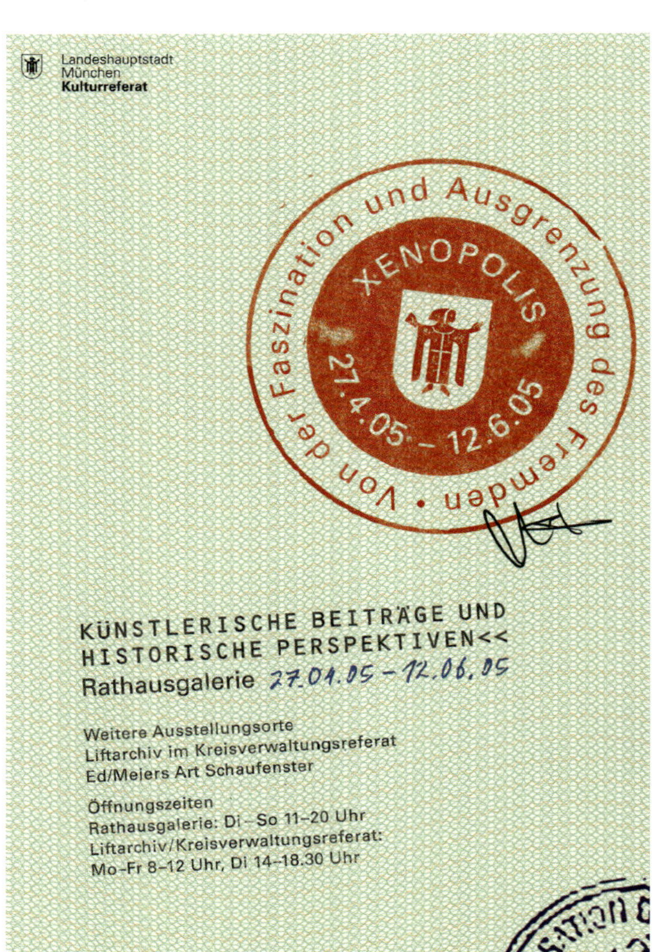

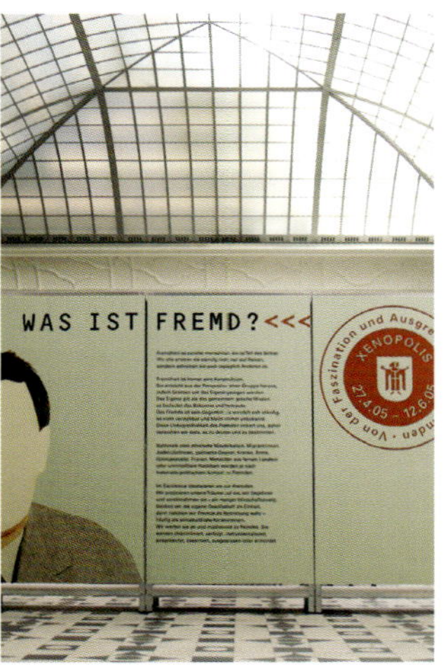

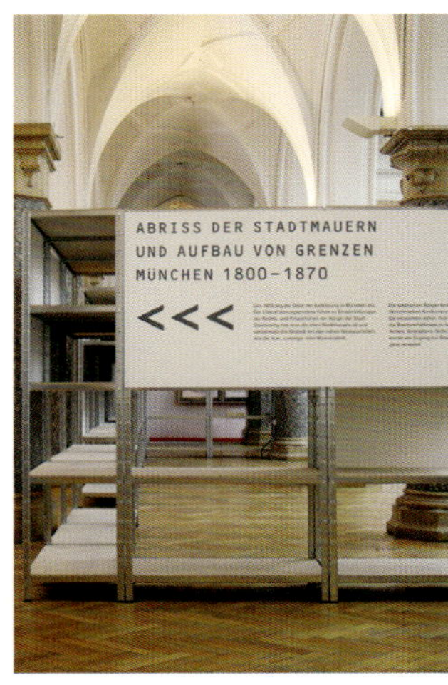

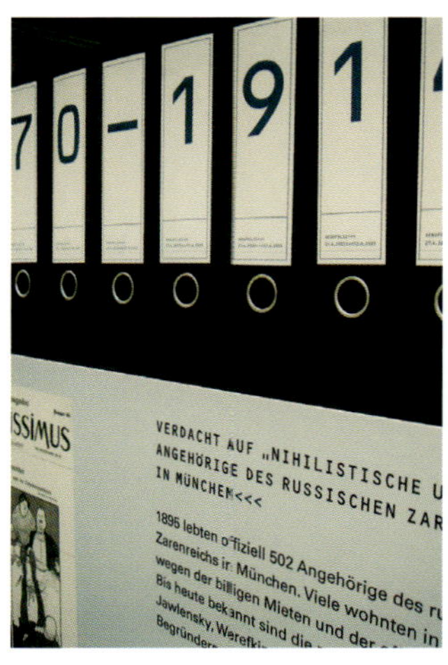

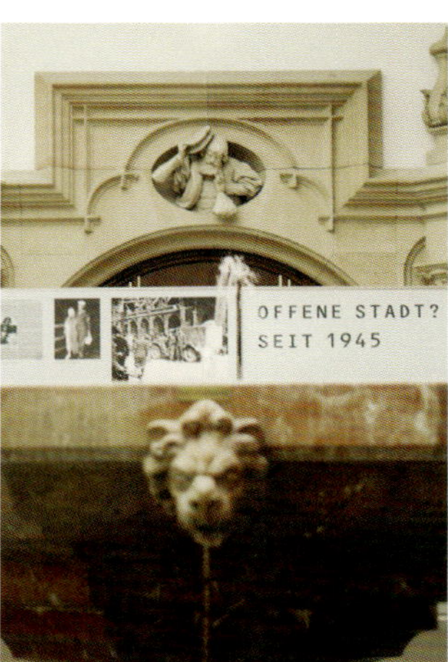

Rathausgalerie
27. April bis 12. Juni 2005
Dienstag bis Sonntag 11-20 Uhr

Weitere Ausstellungsorte
Liftarchiv im Kreisverwaltungsreferat
Ed/Meiers Art Schaufenster

EINLADUNG ZUR ERÖFFNUNG AM 26. APRIL 2005 UM 19 UHR

XENOPOLIS<<<Von der Faszination und Ausgrenzung des Fremden<<<
Künstlerische Beiträge und historische Perspektiven

PASSIERSCHEIN

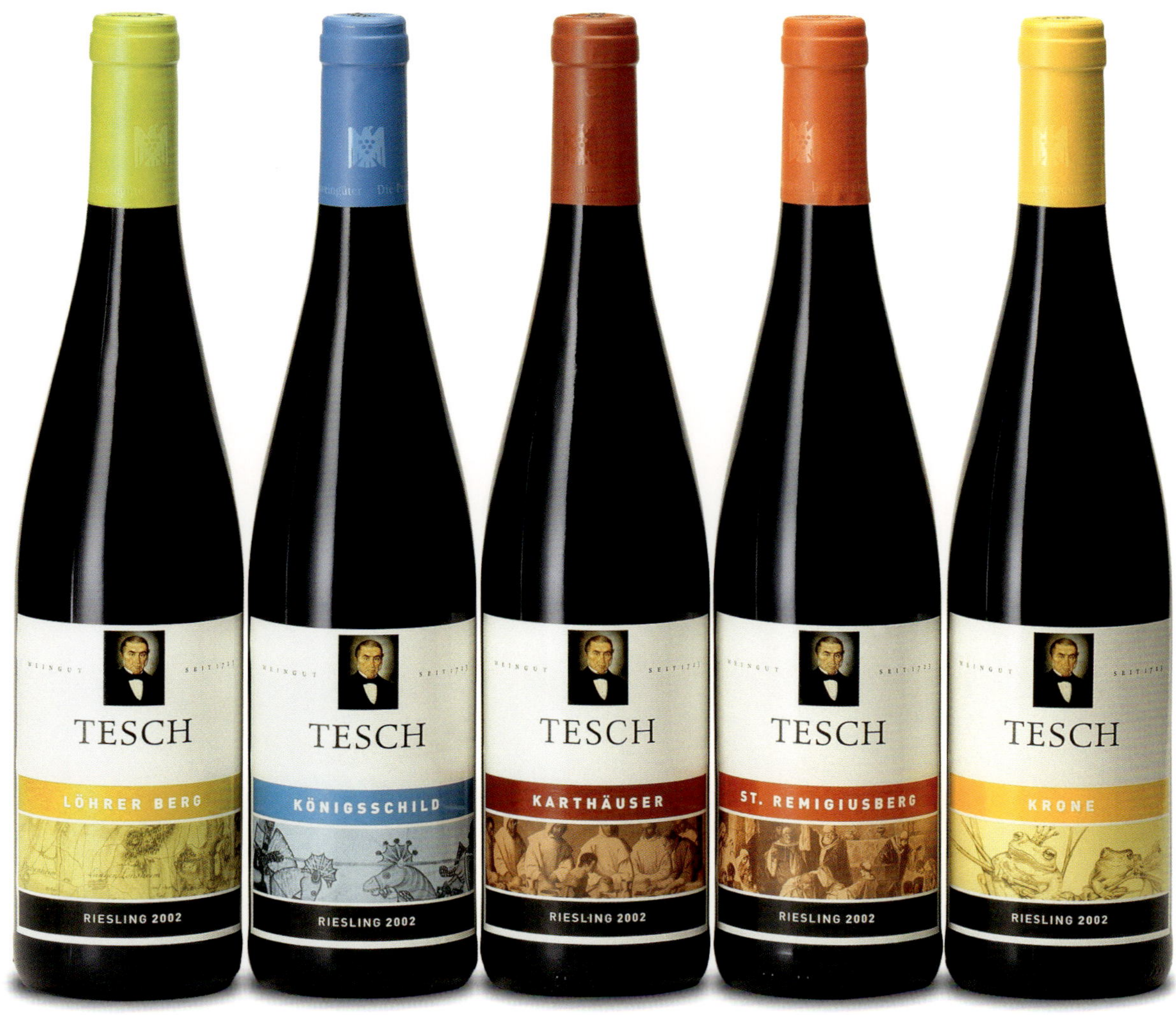

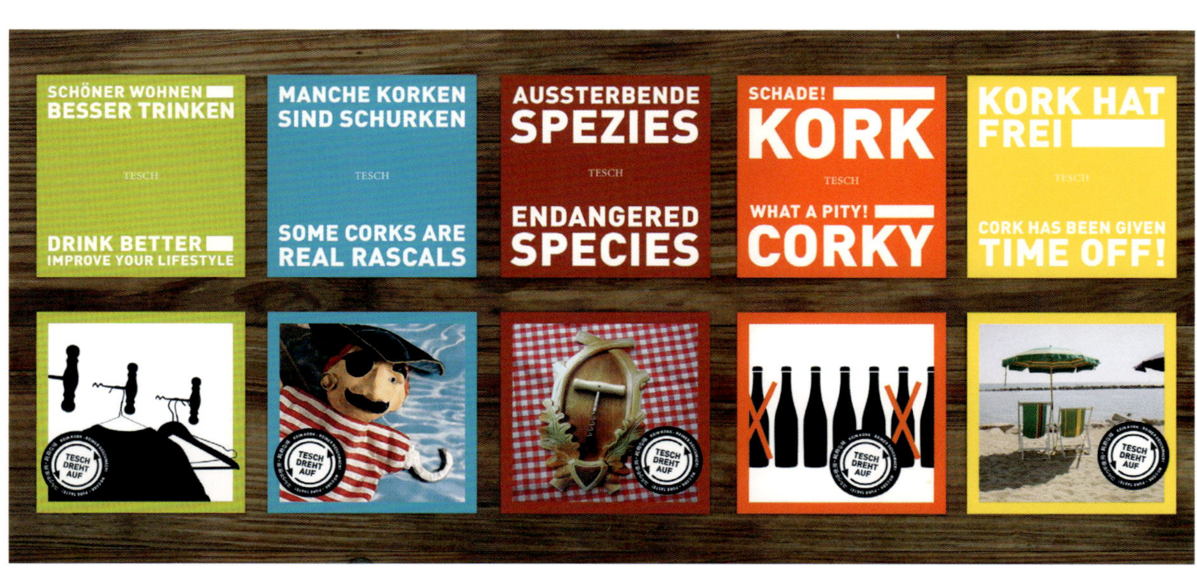

107

title
Weingut Tesch

type of work
Corporate communication, product communication

appeared in
2005/2006

client
Weingut Tesch, Langenlonsheim

design
Fuenfwerken Design AG, Wiesbaden

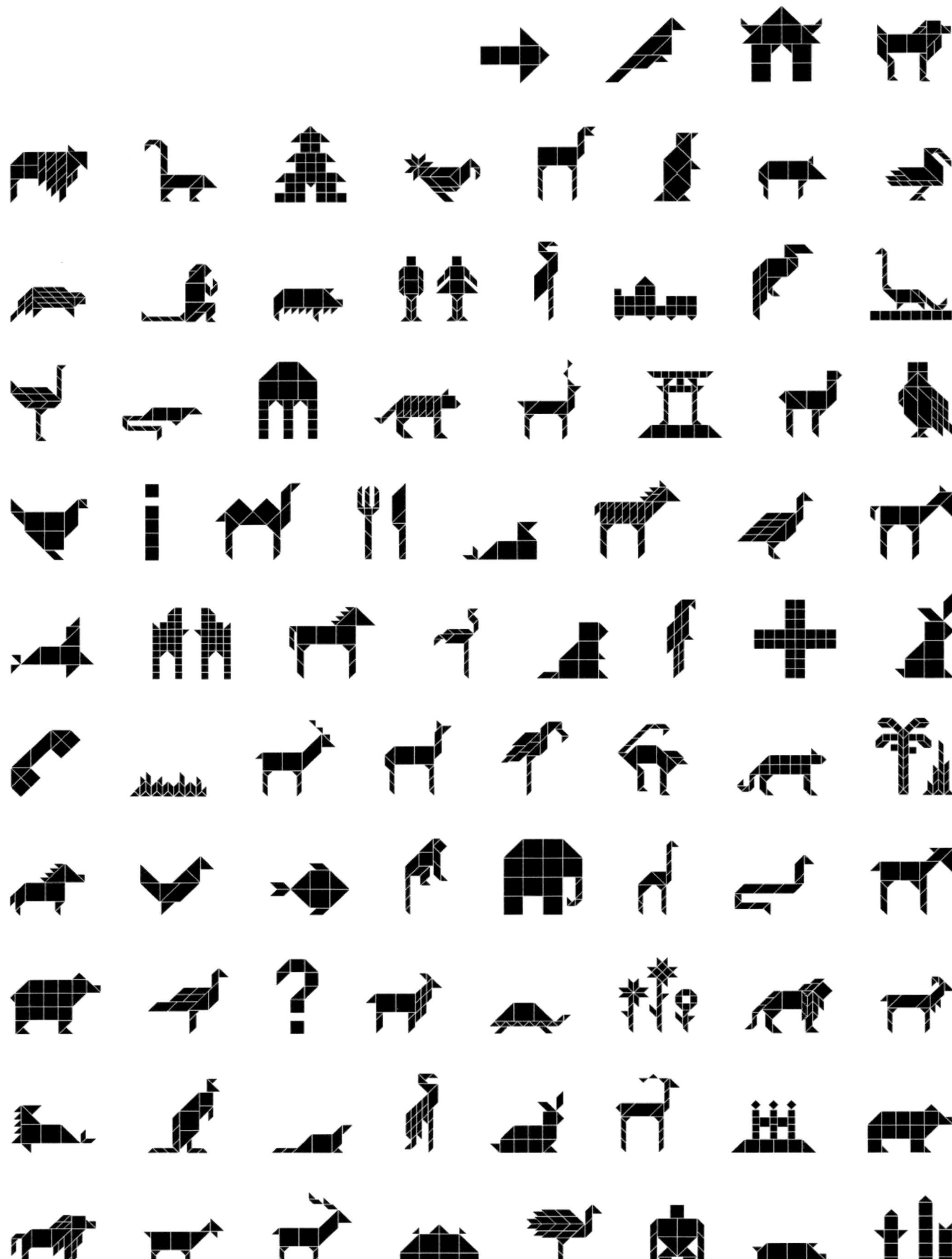

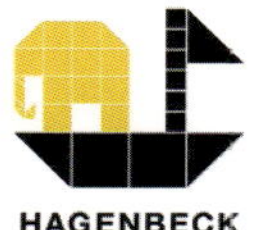

LAGEPLAN

EINGANG SOMMERSAISON

EINGANG

01 PAGODENTEMPEL
02 KATTA
03 ELEFANTENHAUS
04 ZOOSCHULE
05 ELEFANTENKUH
06 ONAGER
07 ELEFANTEN
08 KAMEL
09 ELEFANTENBULLE
10 KROPFGAZELLE
11 NASENBÄR
12 THAI-PAVILLON
13 PAVIAN
14 ZWERGOTTER
15 ANTILOPE
16 SIKAHIRSCH
17 PELIKAN
18 KANINCHEN
19 KODIAKBÄR
20 ARA
21 JUGENDSTILTOR
22 KÄNGURU
23 TAHR
24 STREICHELZOO
25 HAUSTIERPARK 1
26 HAUSRIERPARK 2
27 VOLIERE
28 VOGELHAUS
29 TAPIR
30 KRANICH
31 VOGELWIESE
32 PINGUIN
33 SEEBÄR
34 SEEHUND
35 ZEBRA
36 EISBÄR
37 MÄHNENROBBE
38 WARZENSCHWEIN
39 FLAMINGO
40 STRAUSS
41 MANDRILL
42 STACHELSCHWEIN
43 LÖWE
44 PINSELOHRSCHWEIN
45 GIRAFFE
46 KUDU
47 SPRINGBOCK
48 MÄHNENSPRINGER
49 HUTAFFE
50 JAPANISCHE INSEL
51 PAVILLON
52 GARTEN
53 ALPAKA
54 BISON
55 NANDU
56 KANADAGANS
57 PRÄRIEHUND
58 SCHNEE-EULE
59 TOTEMPFÄHLE
60 LEOPARD
61 WAPITI
62 WILDTRUTHUHN
63 DSCHUNGEL
64 TIGER
65 BIRMAINSEL
66 DINOSAURIER
67 ORANG-UTAN
68 MÄRCHENBAHN
69 FESTZELT
70 SCHILDKRÖTE
71 LIEGEWIESE
72 TROPARIUM
73 TAMARIN

title
Diplomarbeit: “Ein neues Corporate Design für Hagenbeck” (junior award)

type of work
Corporate design

appeared in
2006

client
Hochschule für Ange- wandte Wissenschaften Hamburg
Prof. Welfhard Kraiker,
Prof. Brigitte Stamm
(supervising professors)

design
Berta Meins, Hamburg

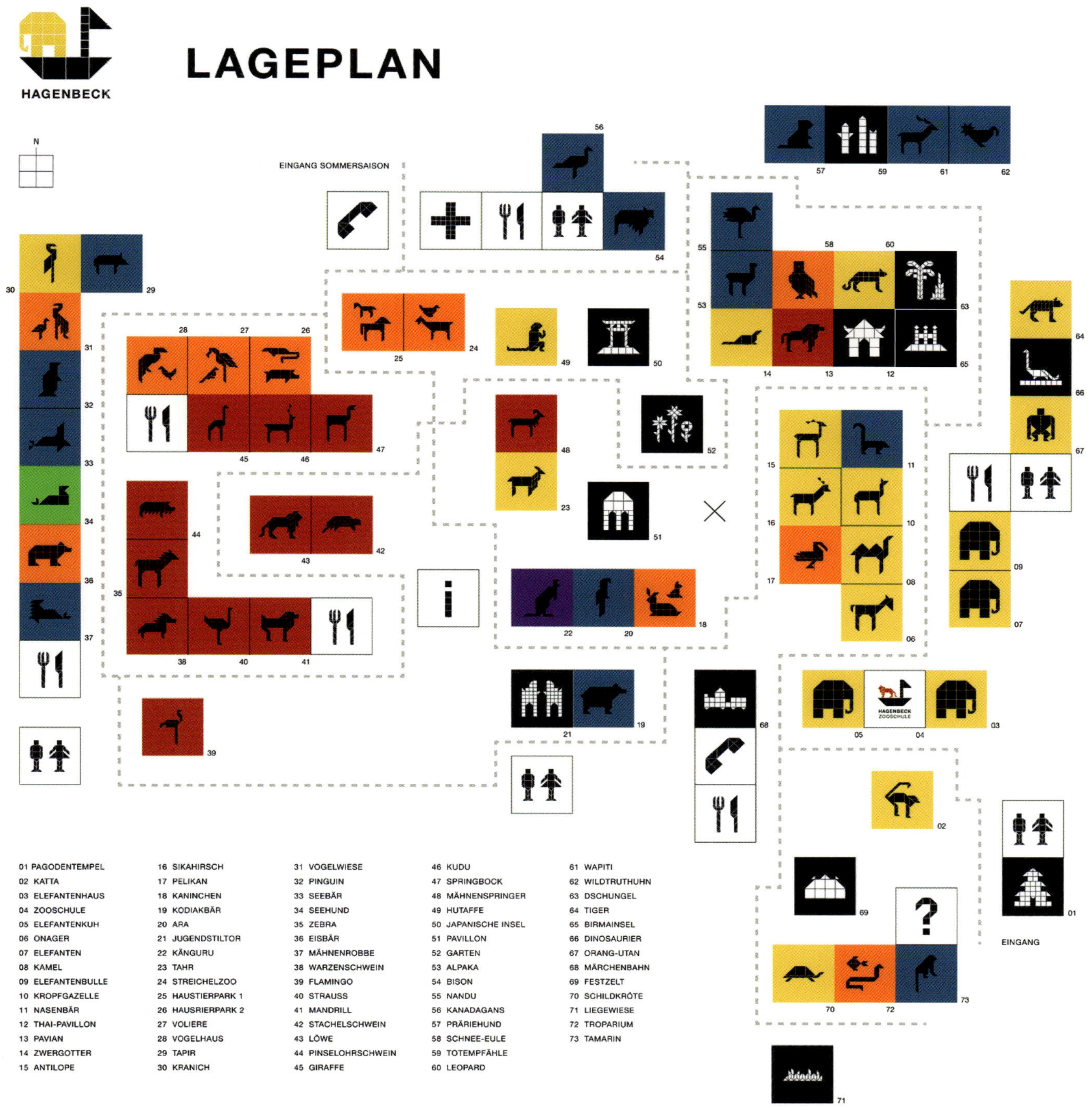

title
12 Minuten

type of work
Brochure

appeared in
2005

client
Typotron AG,
Sankt Gallen

design
merkwürdig GmbH,
Frankfurt/Main
Nadine Bendzulla,
Jennifer Staudacher,
Kai Staudacher
Photography:
Michael Rast
Text:
Michael Guggenheimer
Customer advisory service:
Eva Sieber

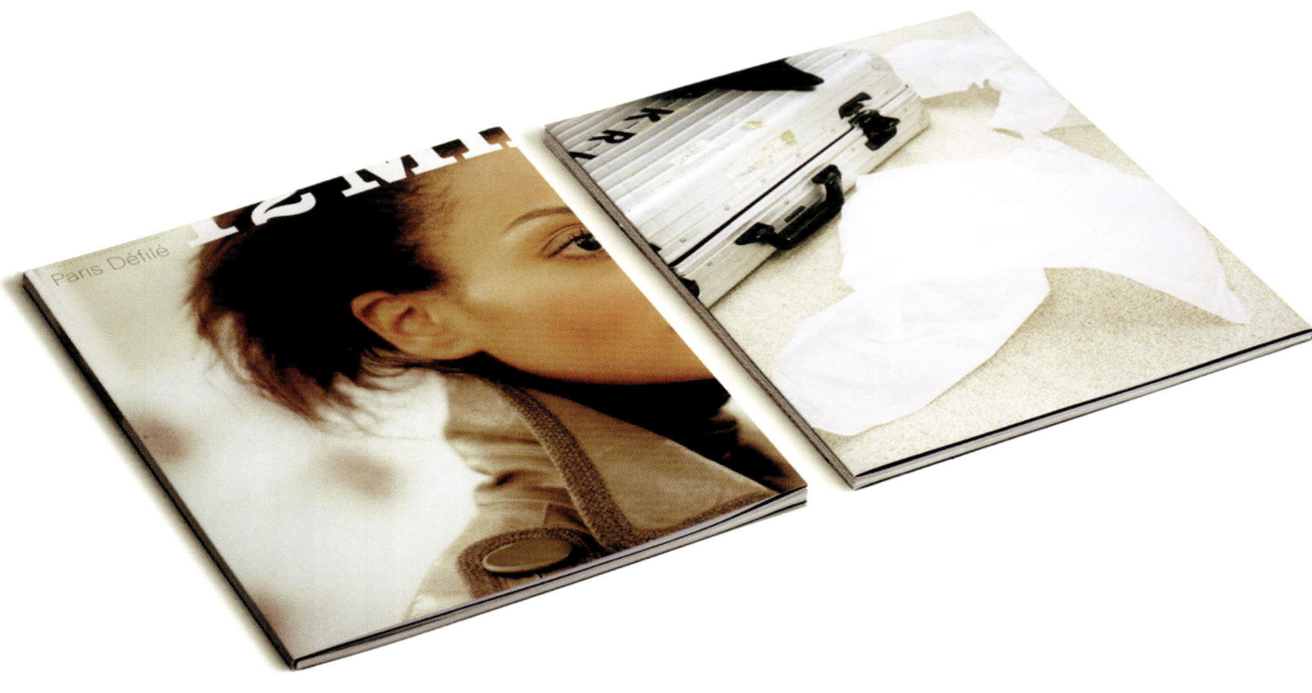

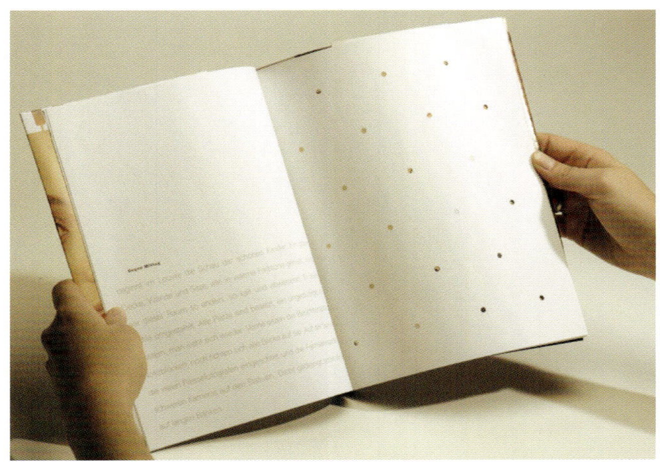

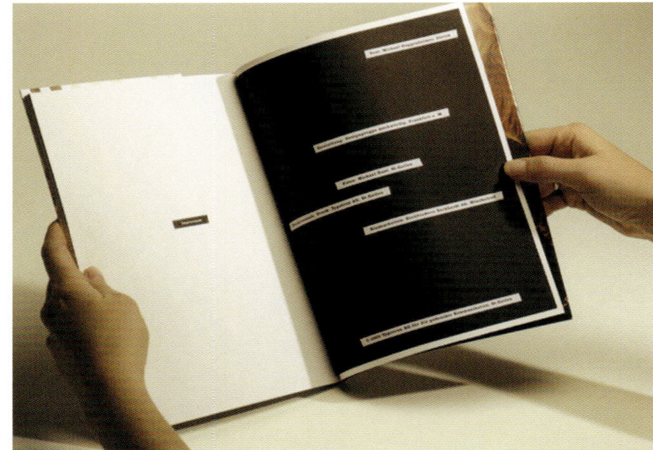

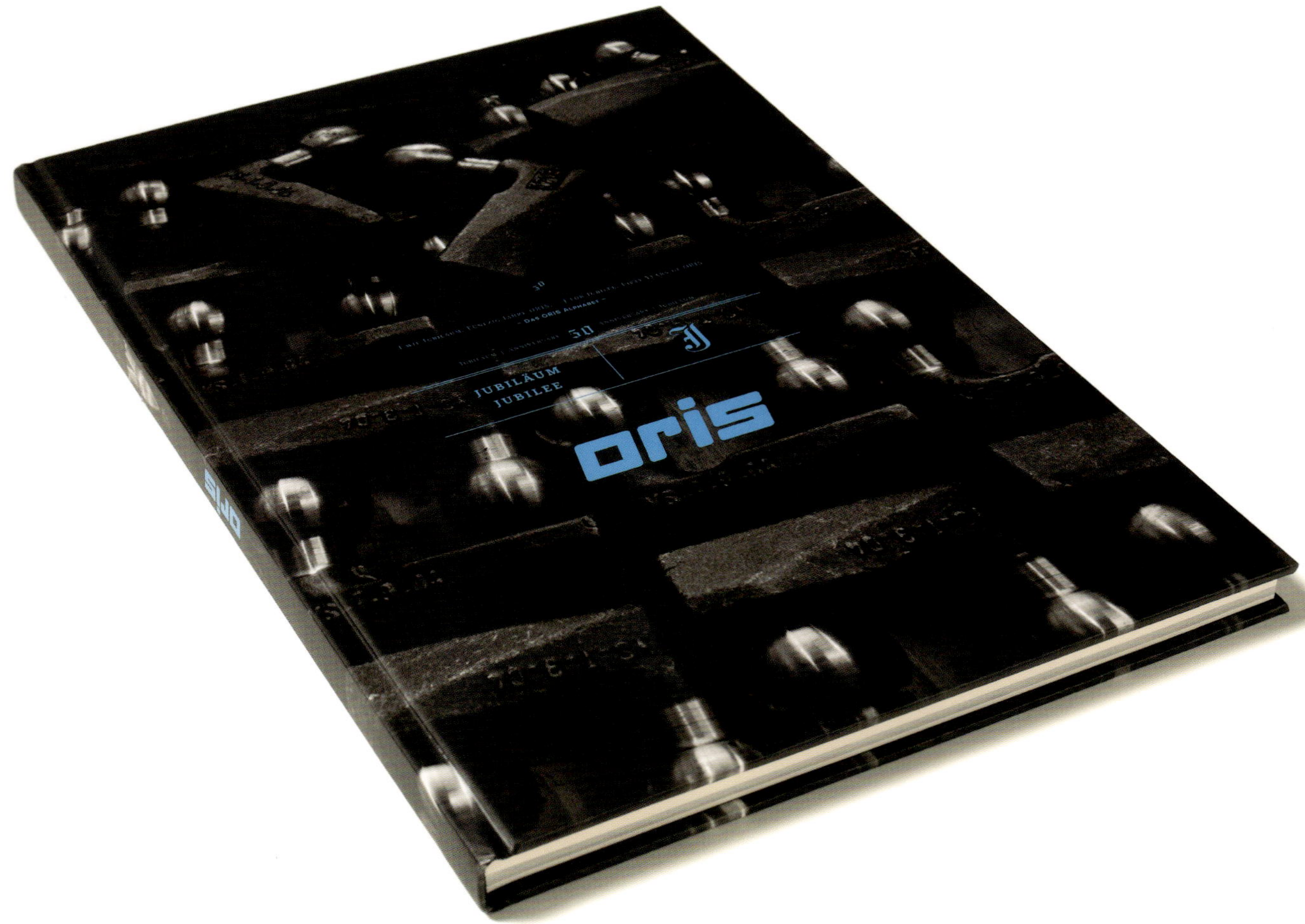

111

title
J wie Jubiläum.
Das Oris Alphabet

type of work
Company anniversary publication

appeared in
2005

client
ORIS Fahrzeugteile Hans Riehle GmbH, Möglingen

design
Sandra Wiesemann, Stuttgart
Photography:
Volker Dautzenberg
Creative direction:
Inken Jagusch, Sandra Wiesemann
Art direction:
Sandra Wiesemann
Text:
Inken Jagusch
Image editing:
recom GmbH

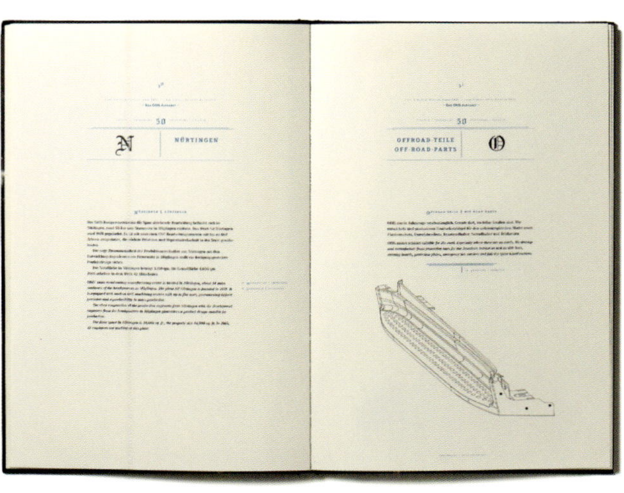

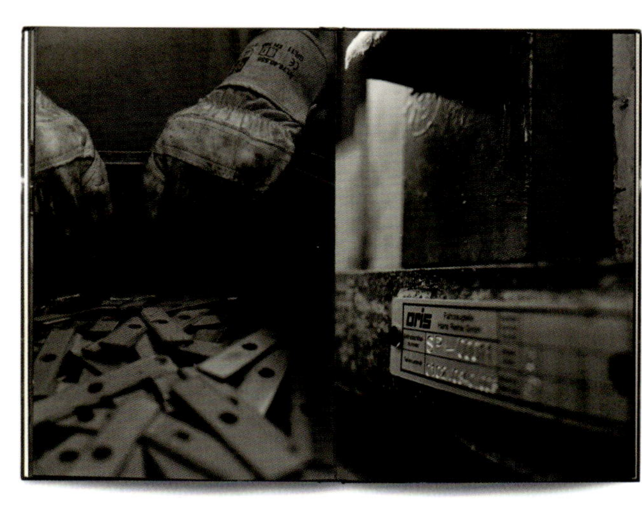

title
MEDIA-SPACE 05

type of work
Posters, flyers, catalogue, vouchers

appeared in
2005

client
Wand 5 e.V., Stuttgart

design
büro diffus GmbH, Stuttgart
Christian Weisser, Holger Pfeifle

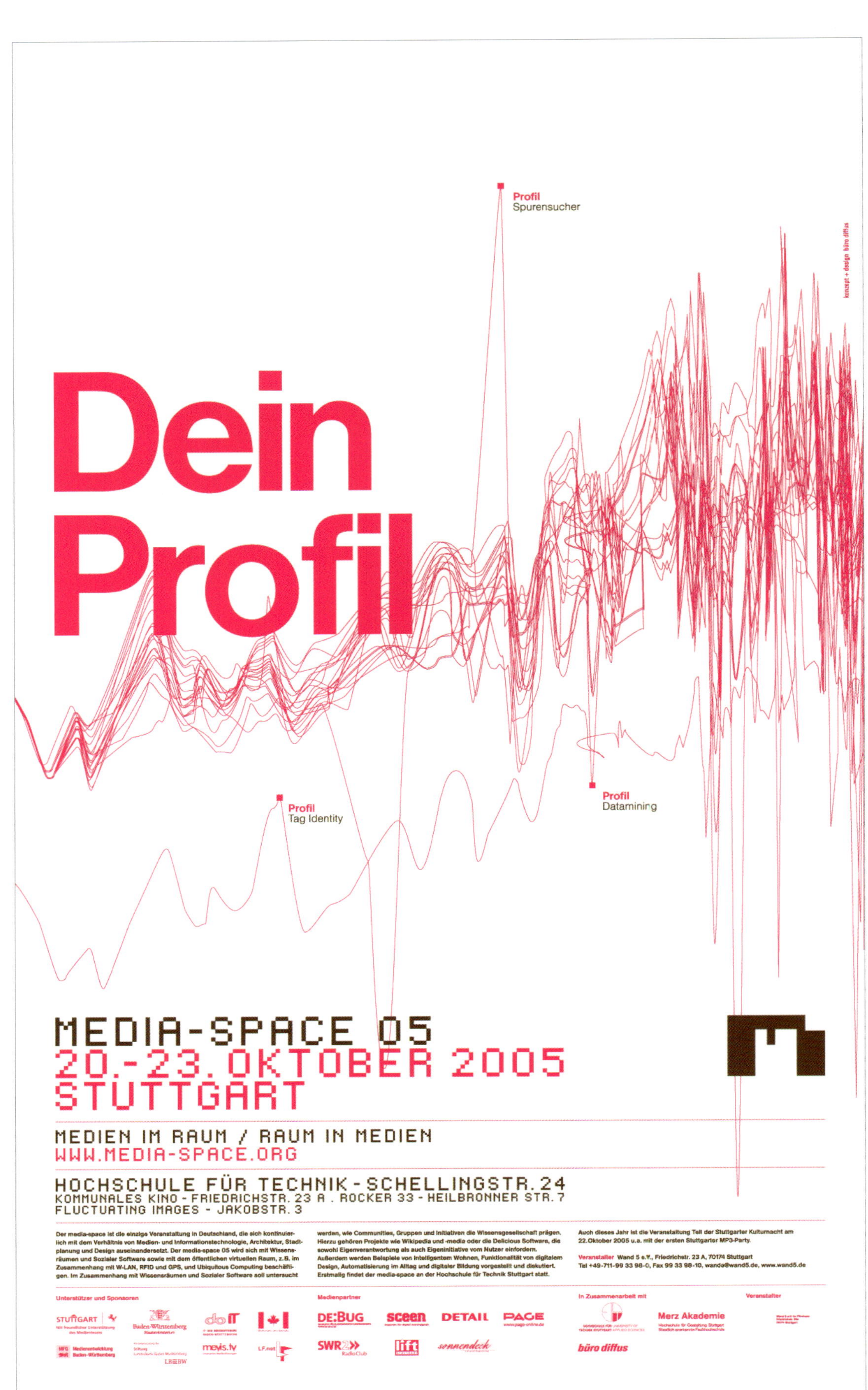

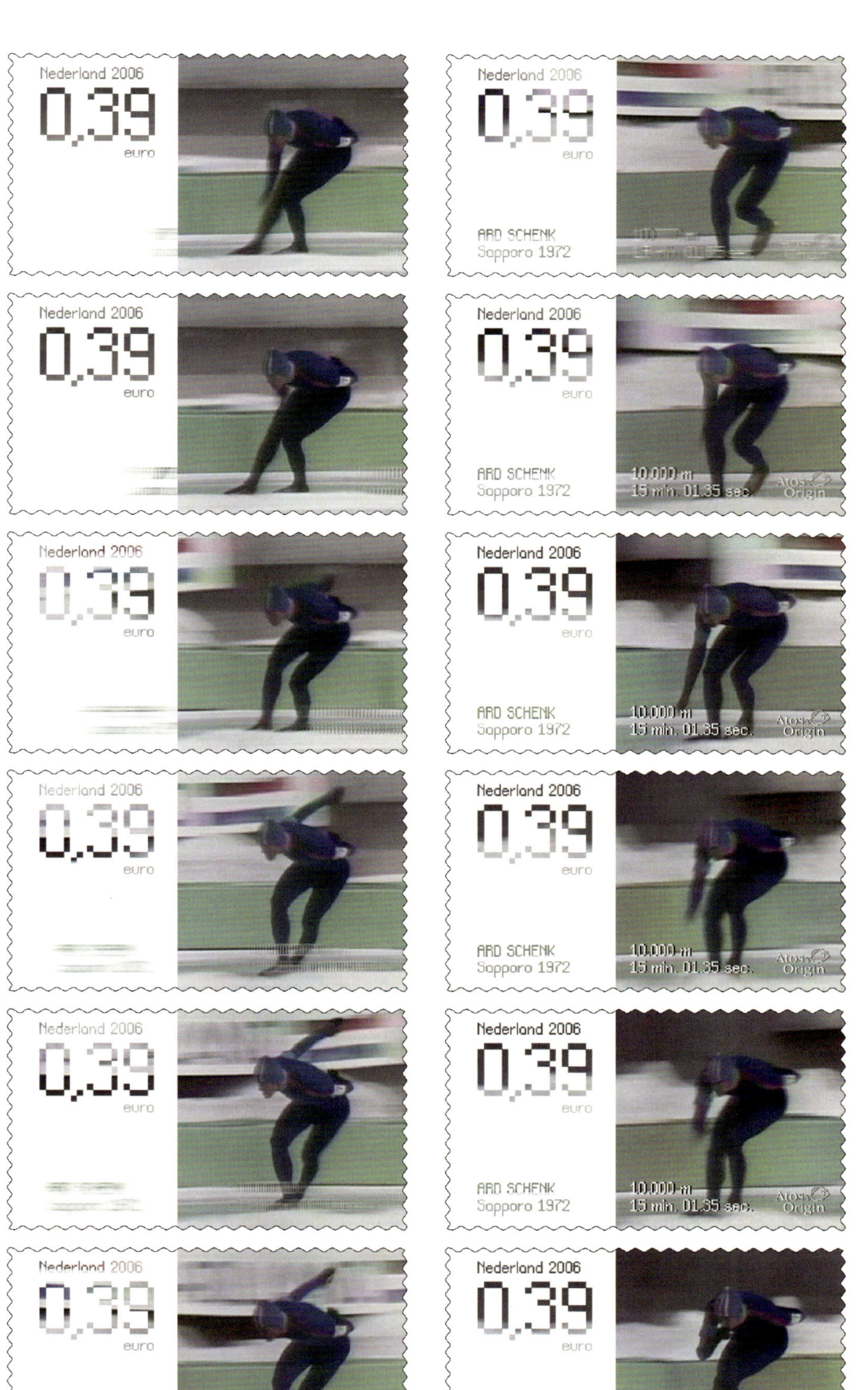

title
"Going for Gold"
Olympic Wintergames
2006

type of work
Stamps

appeared in
2006

client
Royal TPG Post,
The Hague

design
Solar Initiative, Amsterdam
Miguel Gori,
Remco van Bladel,
Tobias Schaub

title
BBA Annual Report 2005

type of work
Annual report

appeared in
2006

client
BBA Group

design
SAS, London
Mike Hall,
David Stocks,
Gilmar Wendt

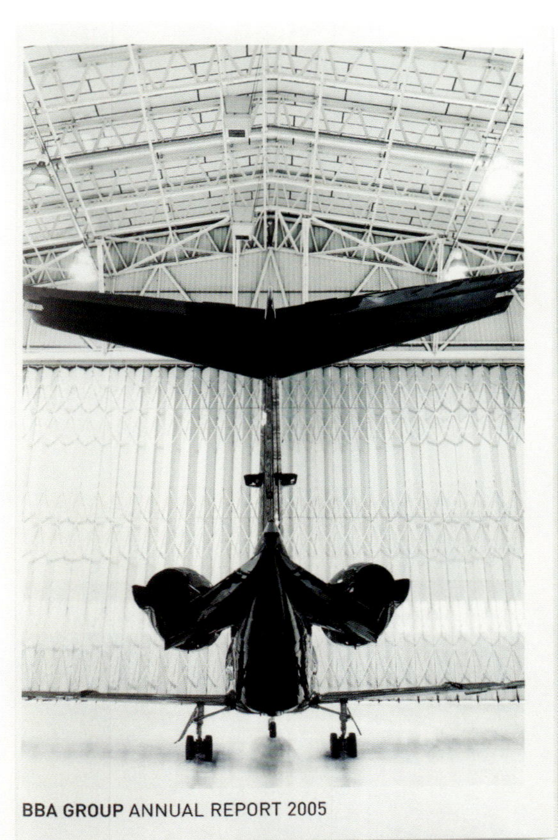

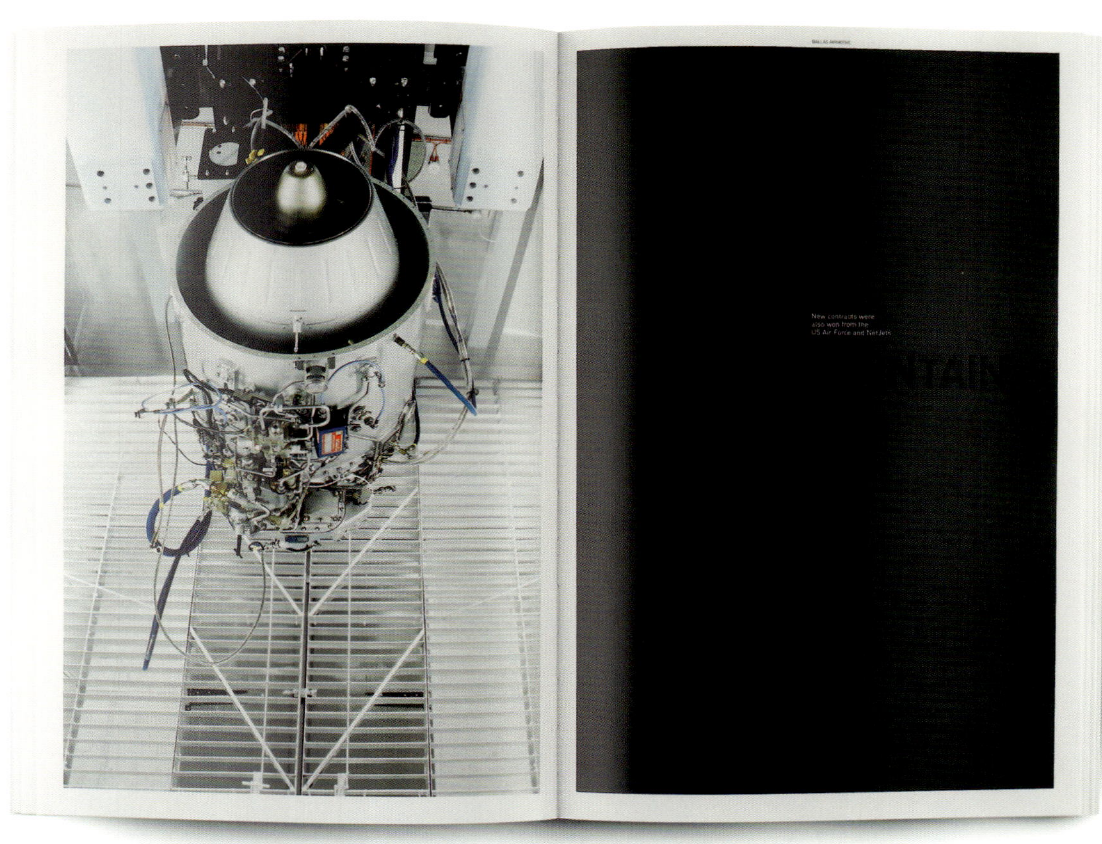

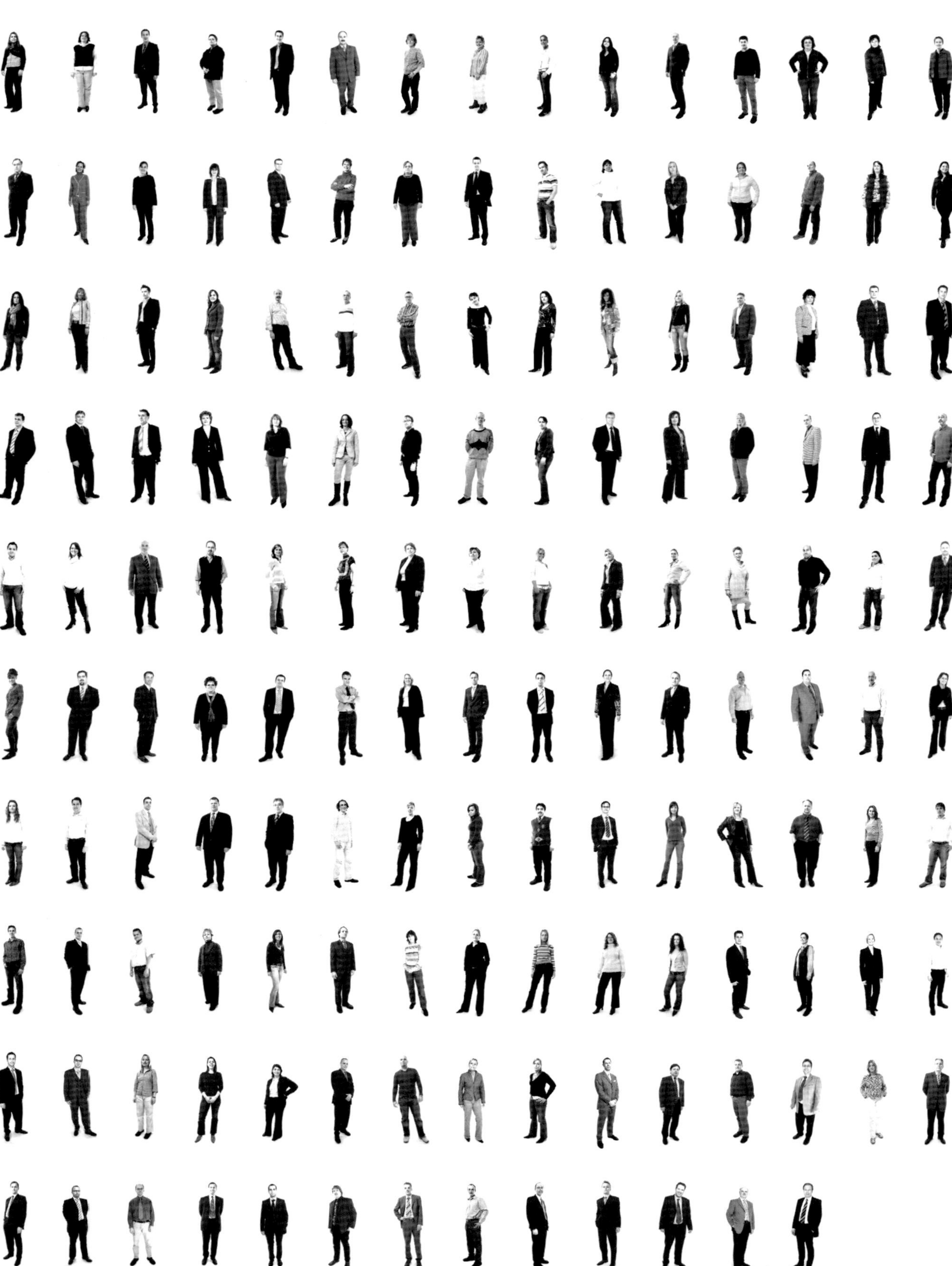

115

title
akf bank
"Von Mensch zu Mensch"

type of work
Annual report

appeared in
2006

client
akf bank, Wuppertal
Petra Hattab
Büro für Design, Düsseldorf

design
herzogenrathsaxler
kommunikationsdesign,
Düsseldorf
Margarethe Saxler,
Matthias Herzogenrath
Photography:
Jo Kirchherr, Cologne

title
Art Aids

type of work
Visual identity

appeared in
2006

client
Art Aids, Amsterdam

design
Studio Dumbar, Rotterdam
Oliver Helfrich
Photography:
Dieter Schütte

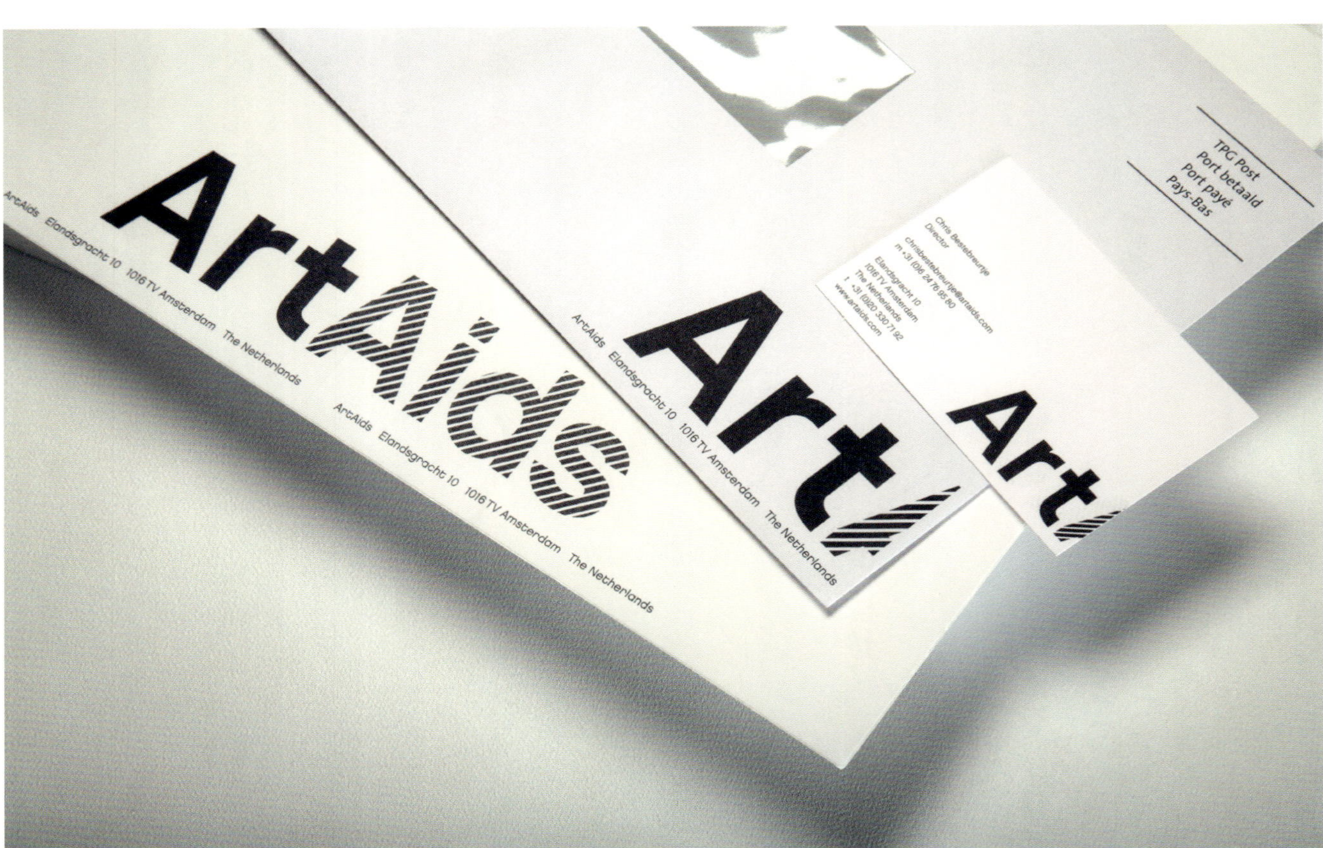

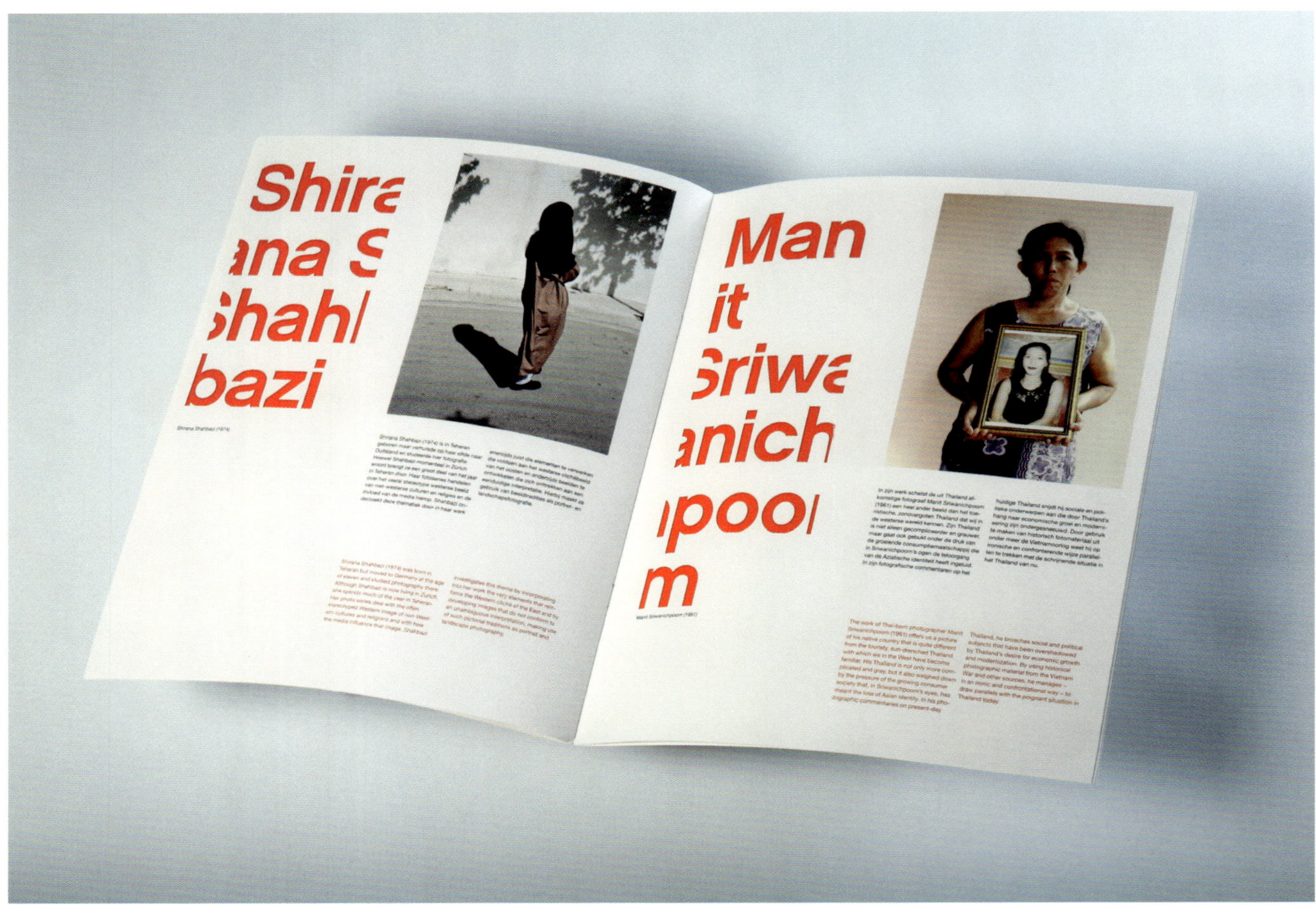

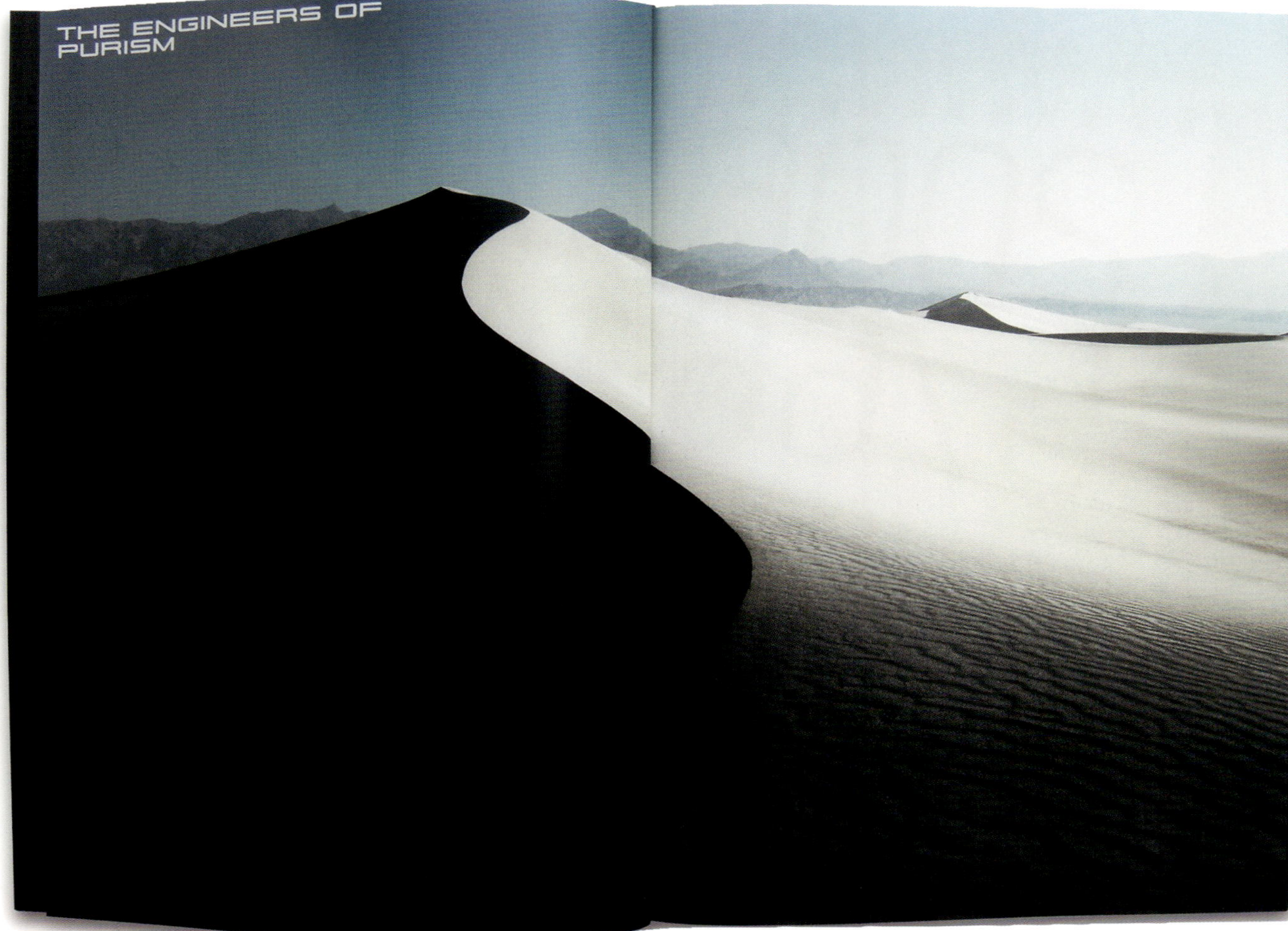

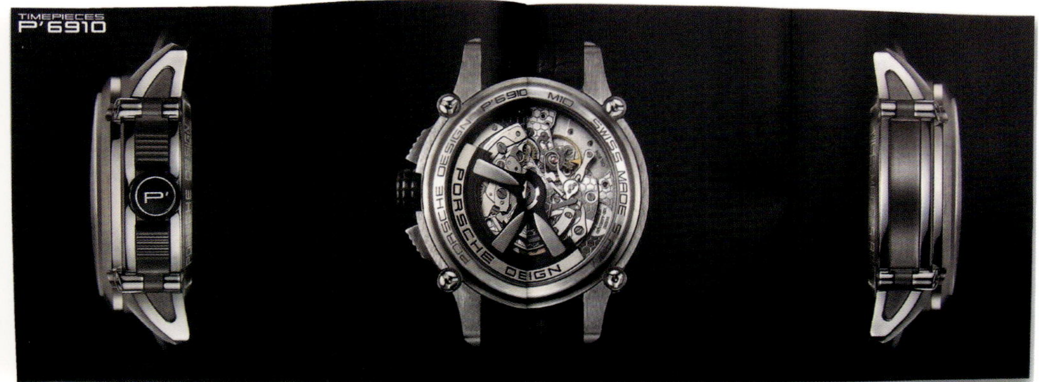

117

title
Porsche Design Product Matrix

type of work
Brochure

appeared in
2005

client
Porsche Lizenz- und Handelsgesellschaft mbH & Co. KG, Bietigheim-Bissingen

design
KW43 BRANDDESIGN, Düsseldorf
Photography: Kai-Uwe Gundlach (Landscape), Thomas Koller (Stills)
Head of marketing: Siegmund Rudigier
Head of advertising: Julia Hohendorf
Creative direction: Margit Tabert
Art direction: Holger Jörg, Katja Hopp
Junior art direction: Mirjam Zastrau
Text: Tanja Schickert, Annchen M. Stiens
Customer advisory service: Michael Rewald, Alexandra Sobota

title
2006-4704-5766-1427
(junior award)

type of work
Calendar

appeared in
2006

client
Spinhex & Industrie
Drukkerij, Amsterdam

design
Clever vs De Graaff, Utrecht
Thomas Clever,
Dennis de Graaff
Text:
Thomas Clever,
Dennis de Graaff

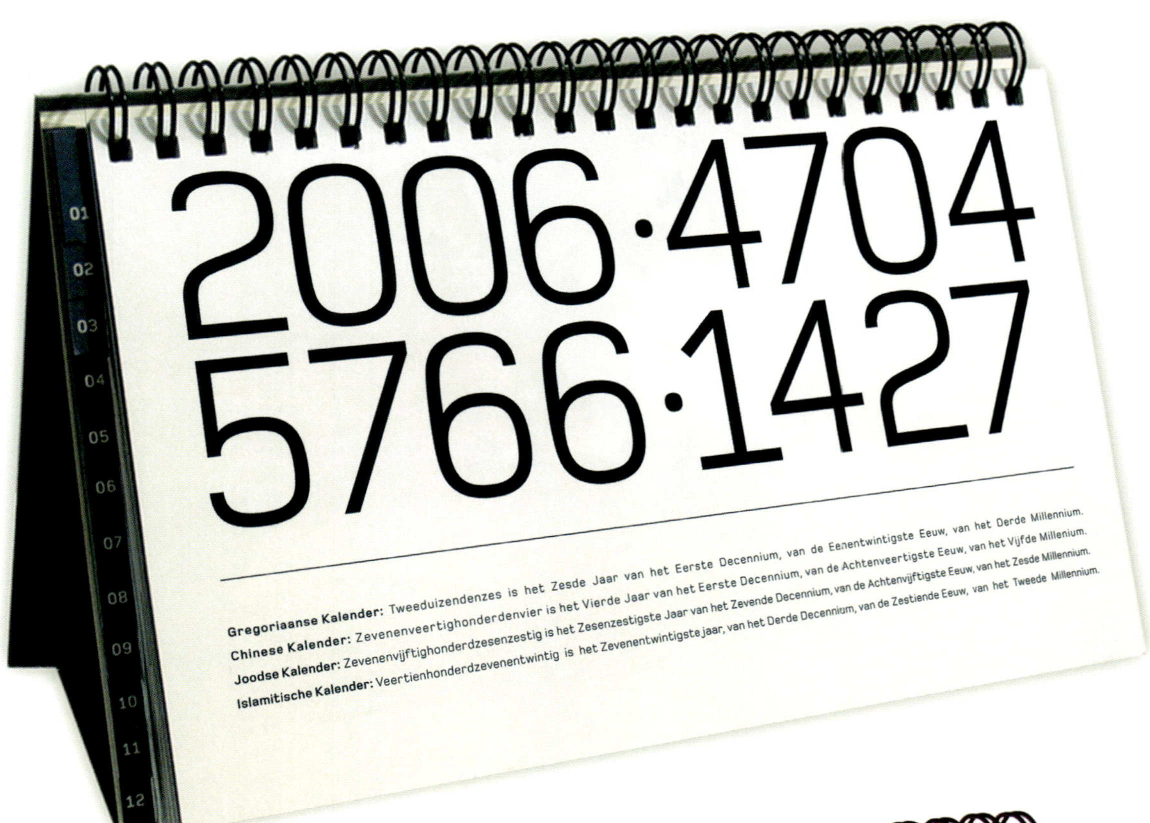

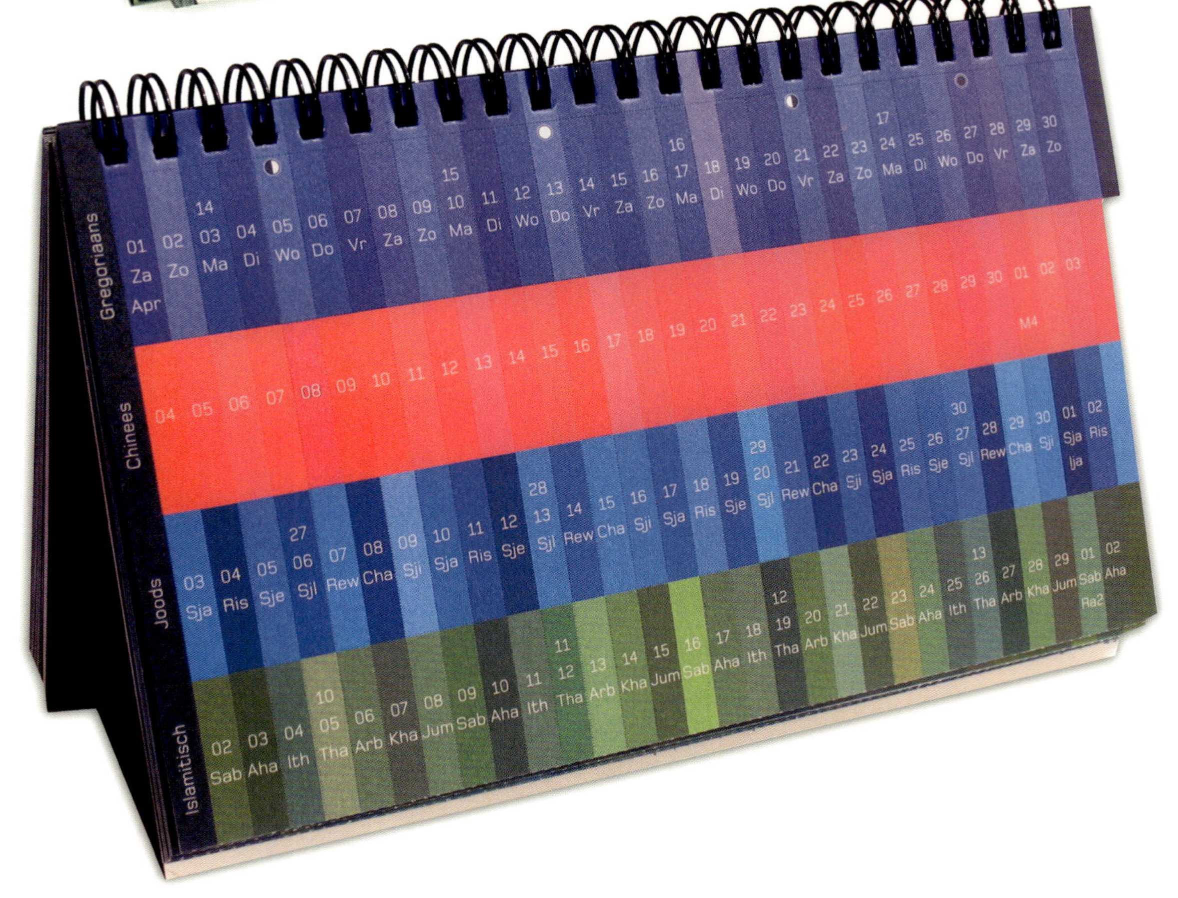

title
SUSHI de luxe
(junior award)

type of work
Corporate design

appeared in
2005

client
Universität Duisburg-Essen
Prof. Volker Küster

design
Katrin Schmuck, Essen

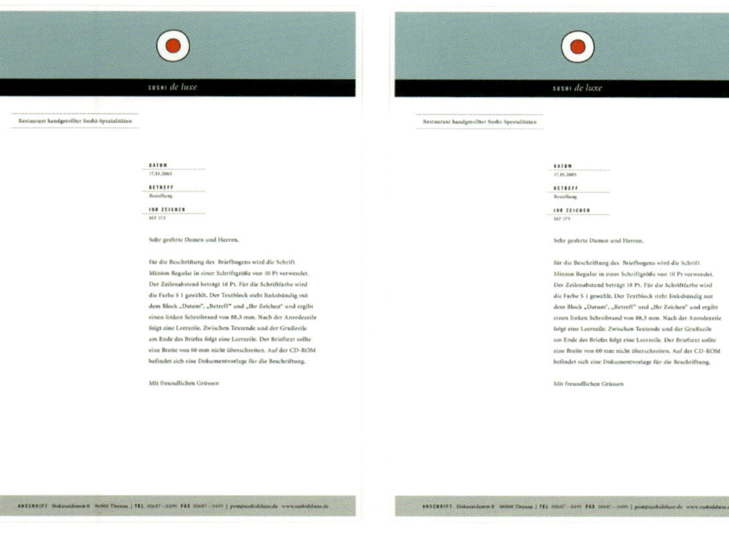
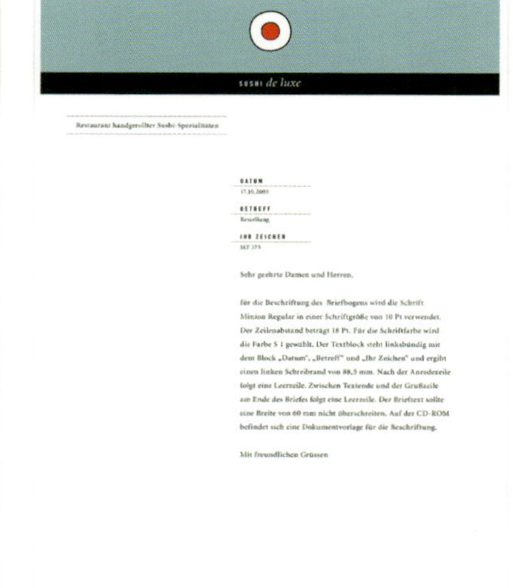
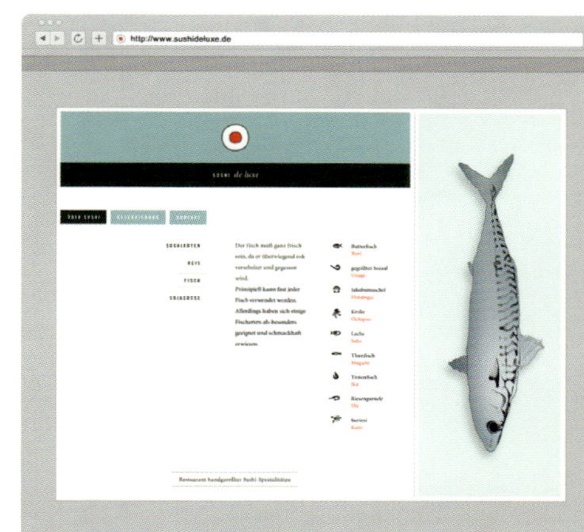

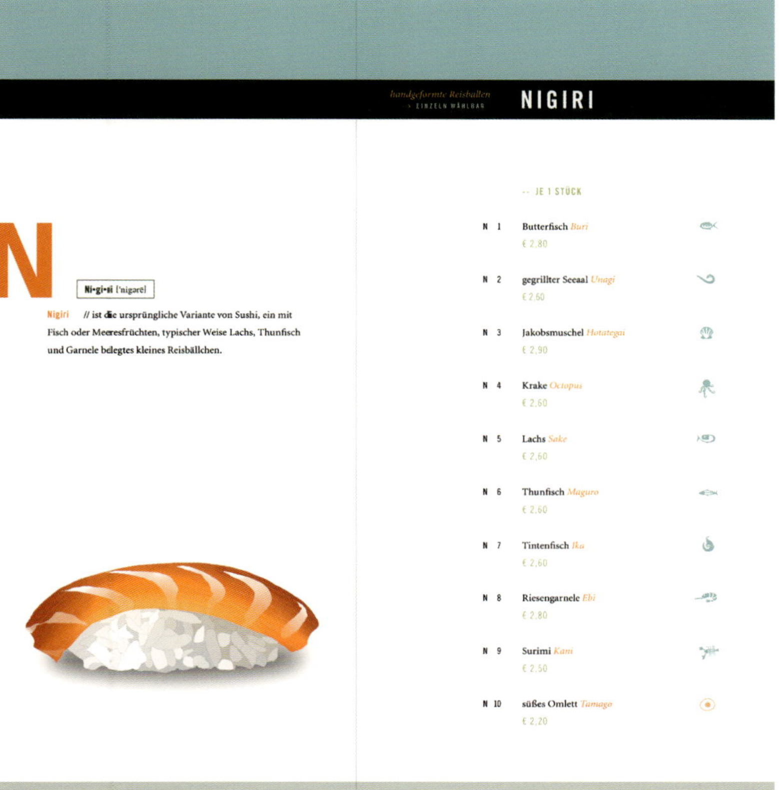

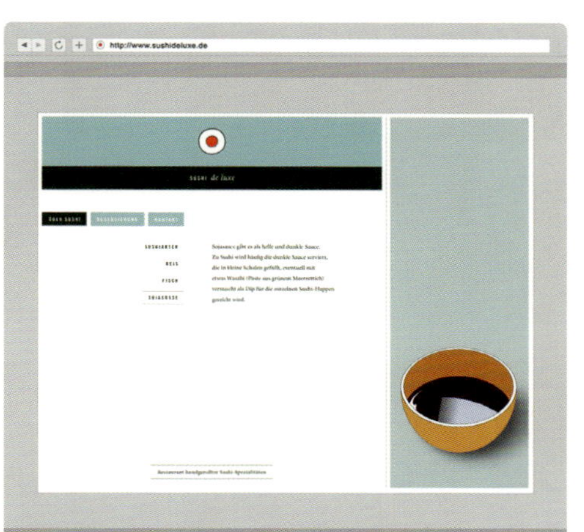

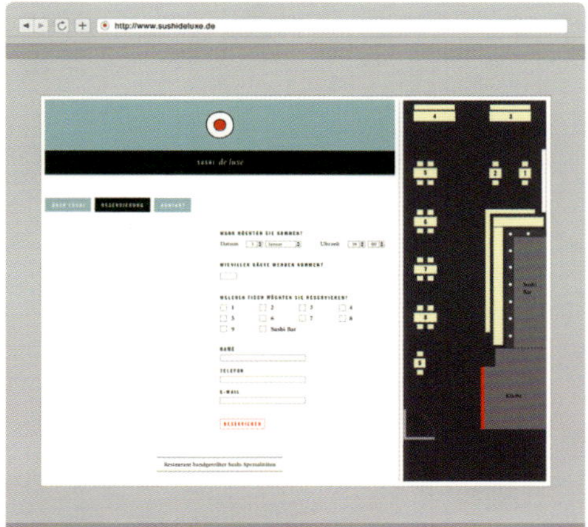

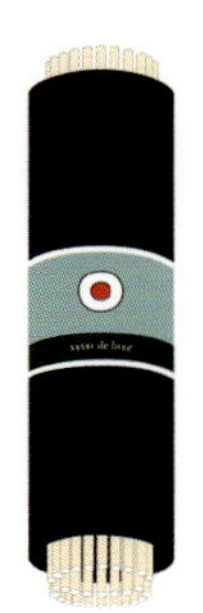
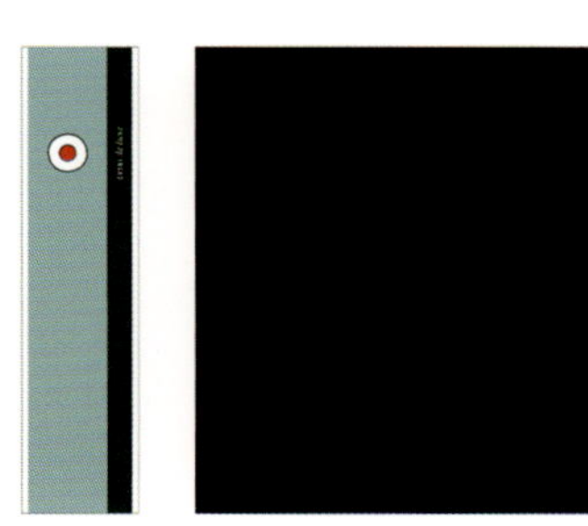
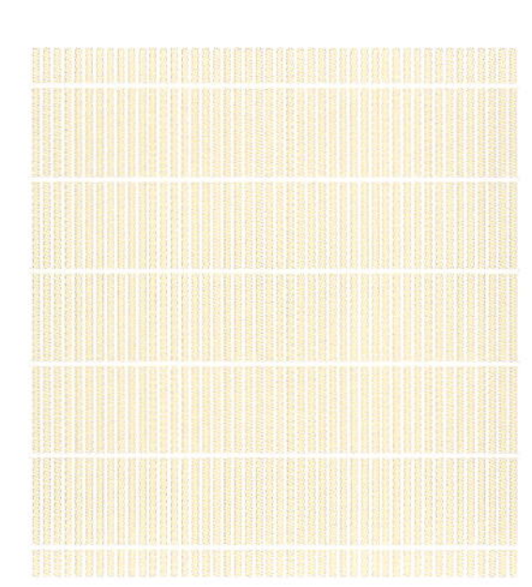

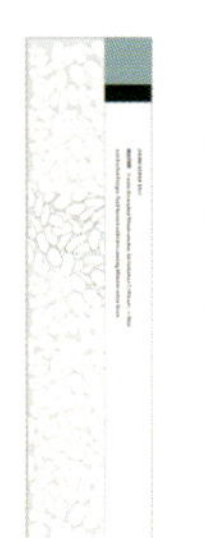
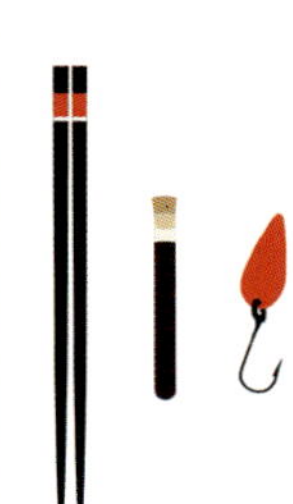

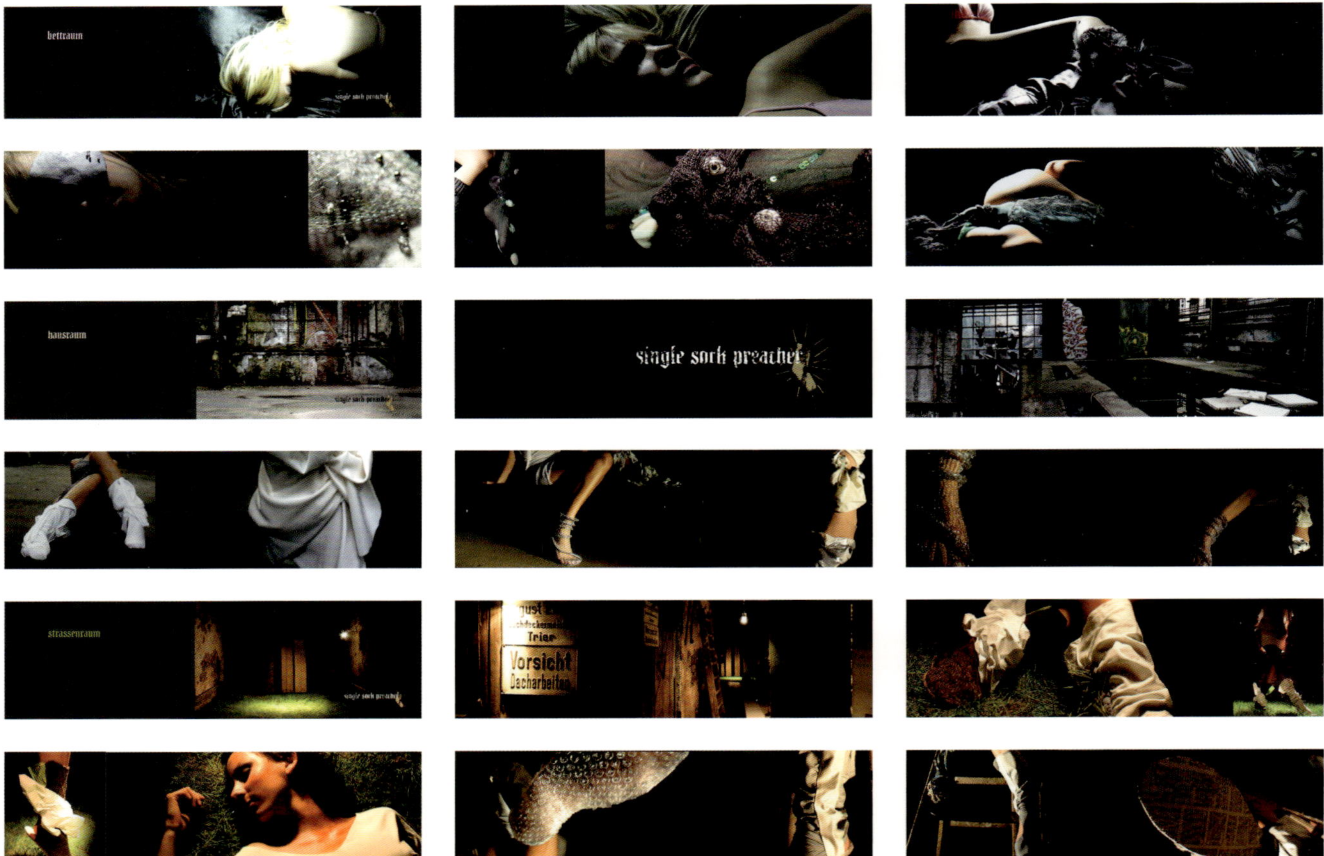
bettraum
hausraum
single sock preacher
strassenraum
Vorsicht

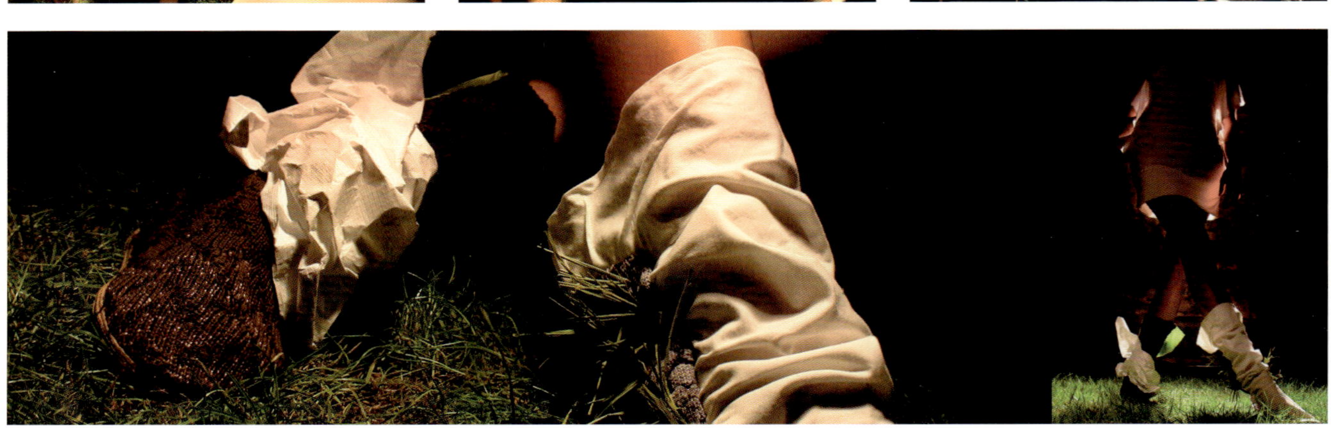

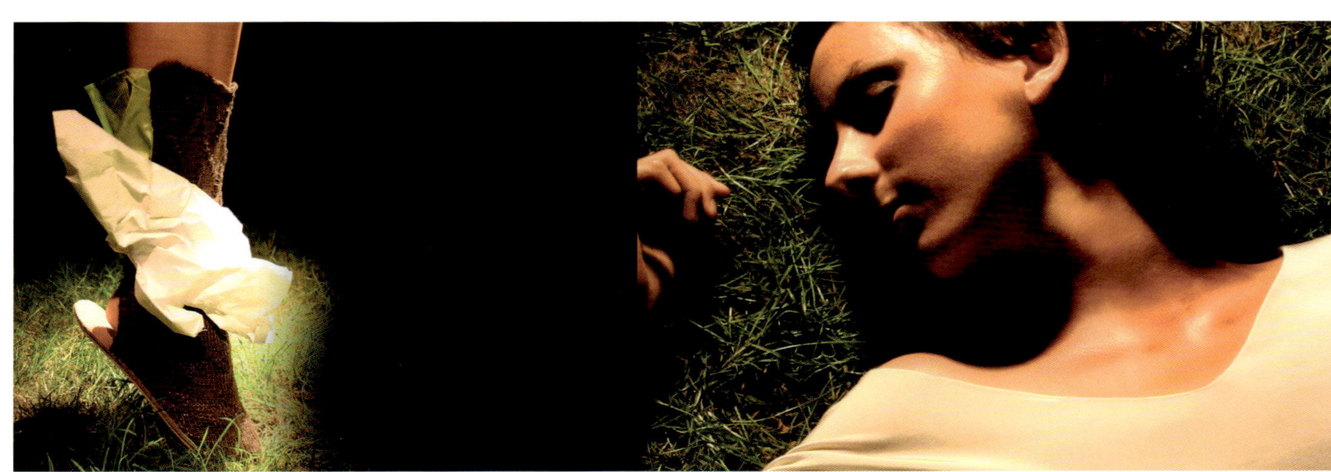

title
single sock preacher
(junior award)

type of work
CD, product development

appeared in
2005

client
Fachhochschule Trier
Prof. Anita Burgard

design
Martina Sprengart,
Düsseldorf

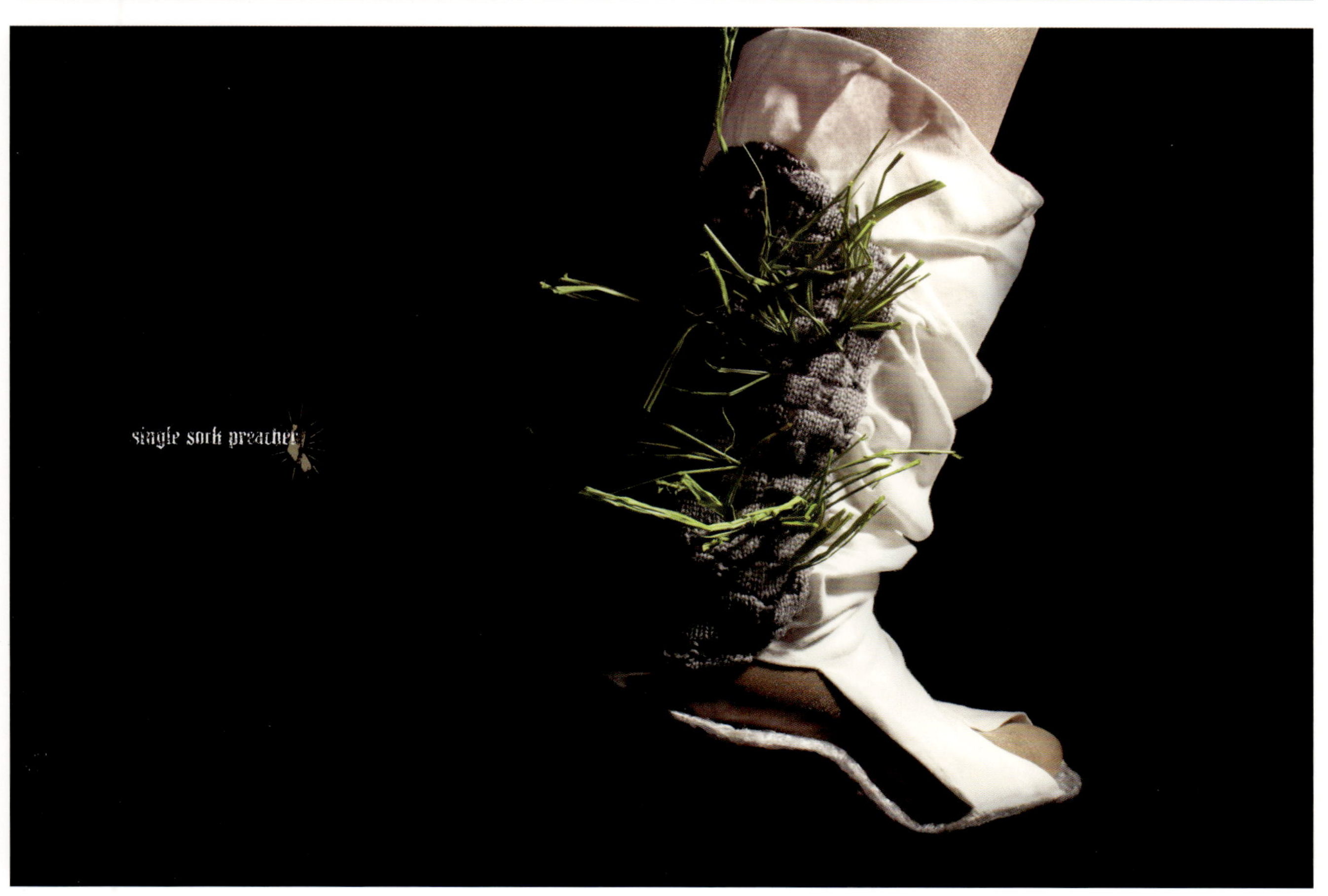

Martin Pross
Kirsten Dietz
Don Ryun Chang

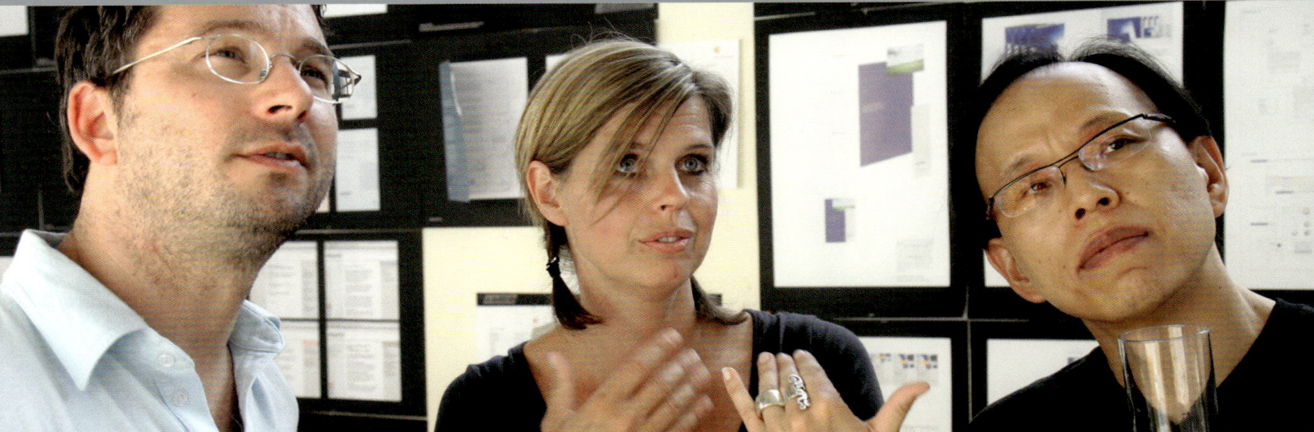

Einfache Ideen mit großer Wirkung

Das Spektrum im Bereich „Informational Design / Public Space" reicht vom klassischen Messestand über Ausstellungsgestaltung, Orientierungs- und Leitsysteme bis hin zu 3-D-Projektionen und Lichtsinfonien. Die Freiheit, die sich Gestaltern dadurch eröffnet, spiegelt sich in einer beeindruckenden Vielfalt an Ausführungen und Experimenten wider. „Manchmal sind es gerade die einfachen Ideen, die eine große Wirkung entfalten", fasst die Jury die Highlights zusammen. Etwa wenn eine archäologische Ausstellung als Kriminalfall inszeniert wird, in dem der Besucher am „Tatort" Spuren sichern muss, und dadurch eine eher trockene Materie auf einfache, aber wirkungsvolle Weise ins Heute übertragen wird und die Sinne und Emotionen unmittelbar berührt werden.

Generell ist die Idee entscheidend, mit der eine Botschaft visualisiert wird. Ist sie gut und wird sie mit ausgewählten Materialien auf hohem gestalterischen Niveau umgesetzt, stößt die Arbeit auf die erwünschte Resonanz. In der Pluralität der Ausprägungen und Gestaltungslösungen lassen sich keine markanten Trends und Stile erkennen. „Und das ist gut so", begründet die Jury ihr Fazit: „Die Kreativen schöpfen aus dem Vollen, realisieren für jede Aufgabe vollkommen eigenständige Entwürfe und erklären so das besondere Potenzial, das der öffentliche Raum Designern bietet."

Simple ideas with great effects

The spectrum in the category "Informational Design / Public Space" ranges from the classical trade fair stand through exhibition design, orientation and guidance systems to 3D projections and symphonies of light. The freedom thus available to designers is reflected in an impressive variety of realisations and experiments. "Sometimes it is the simple idea which has a great effect," the jury summarises the highlights. Such as for example in the case of an archaeological exhibition which is staged as a criminal case where the visitors have to secure evidence at the "crime scene", thus updating a rather dry matter for today in a simple but effective way as well as appealing to the senses and the emotions.

Overall, the idea based on which a message is visualised makes all the difference. If it is good and realised with excellent materials and high-quality craftsmanship, the work gets the desired response. In the plurality of variations and design solutions no clear trends and styles can be recognised. "And this is good," the jury justifies their result, "the creative people draw on unlimited resources, realising completely original designs for each task, thus explaining the special potential offered to designers by public space."

international design
public space

title
Das Wissen der Welt

type of work
Press event, public event

appeared in
2005

client
Bibliographisches Institut & F. A. Brockhaus AG, Mannheim

design
Milla und Partner Agentur & Ateliers, Stuttgart
BBDO Campaign, Stuttgart
Head of advertising:
Hans Gareis (Bibliographisches Institut & F. A. Brockhaus AG)
Creative direction:
Johannes Milla
Customer advisory service:
Marion Kerckhoff
Film direction:
Martin Wagner
Producer:
Marc Feigenspan
Music/sound design:
Theo Bleckmann

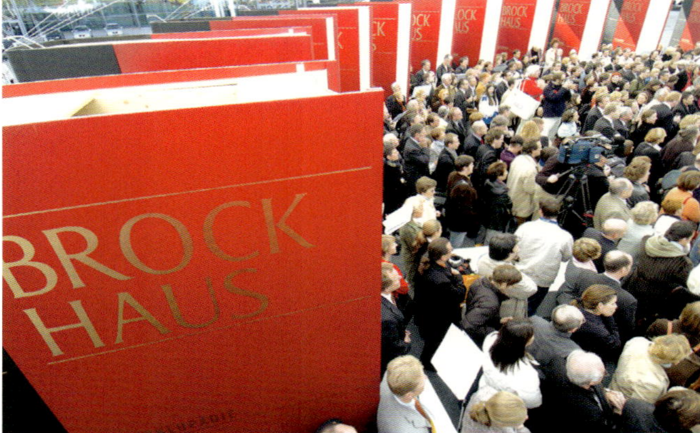

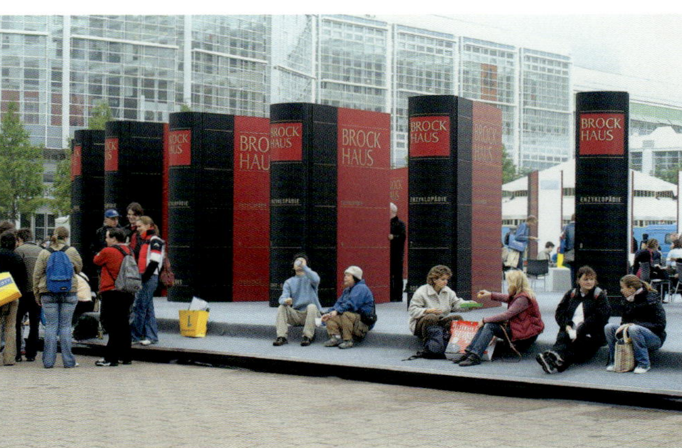

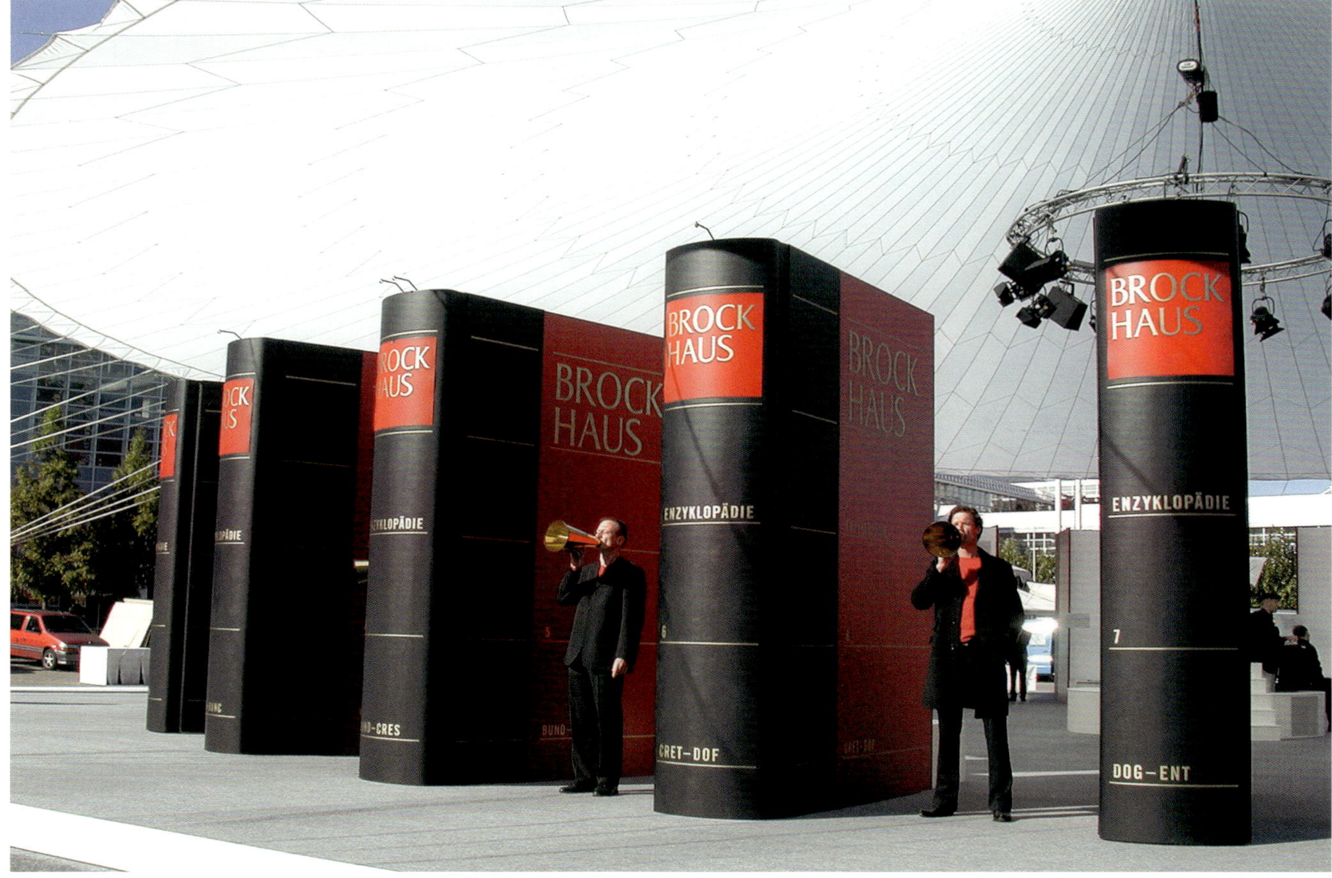

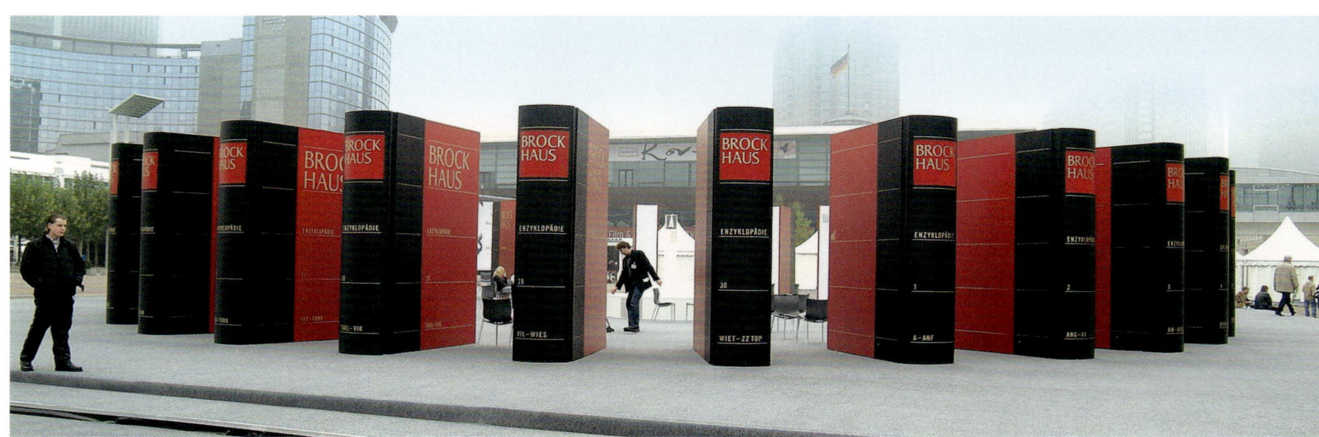

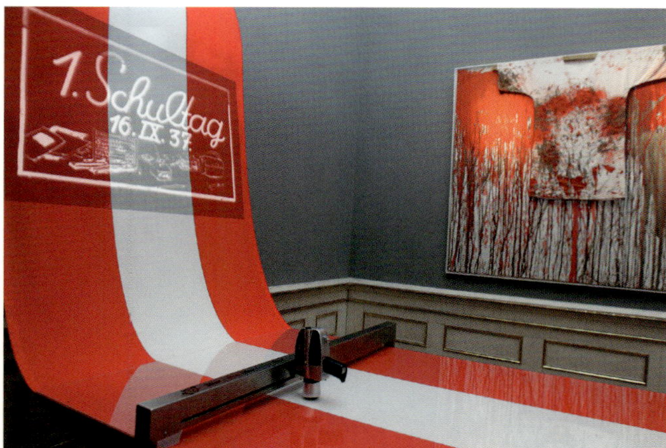

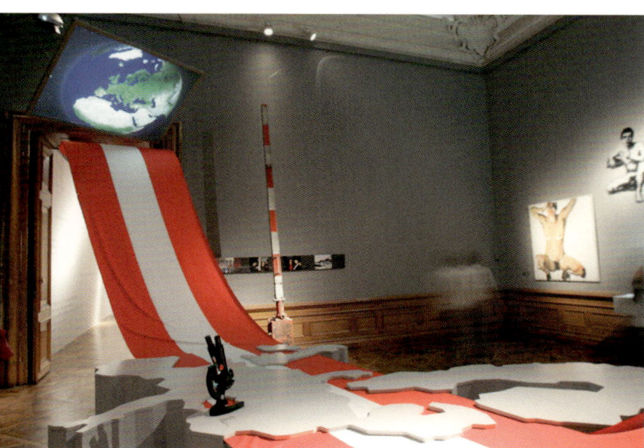

title
Fahnenspur in Rot-Weiß-Rot

type of work
Informational design

appeared in
2005

client
Österreichische Galerie Belvedere, Vienna

design
ART+COM AG, Berlin
Simon Häcker,
Mina Hagedorn,
Jakob Lehr, Dennis Paul
Concept:
Wolfgang Luser
Architecture:
Atelier Martin Kohlbauer

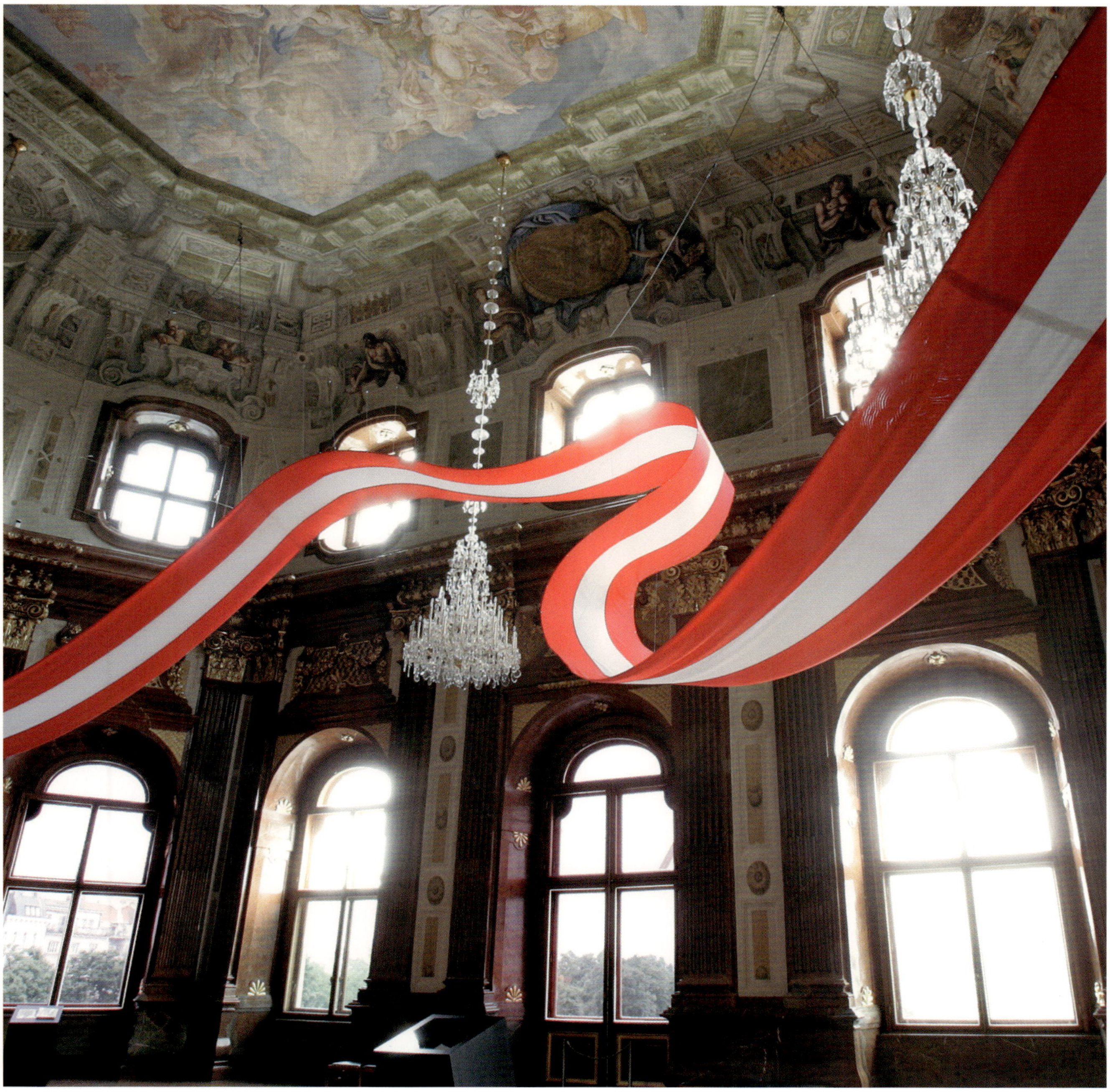

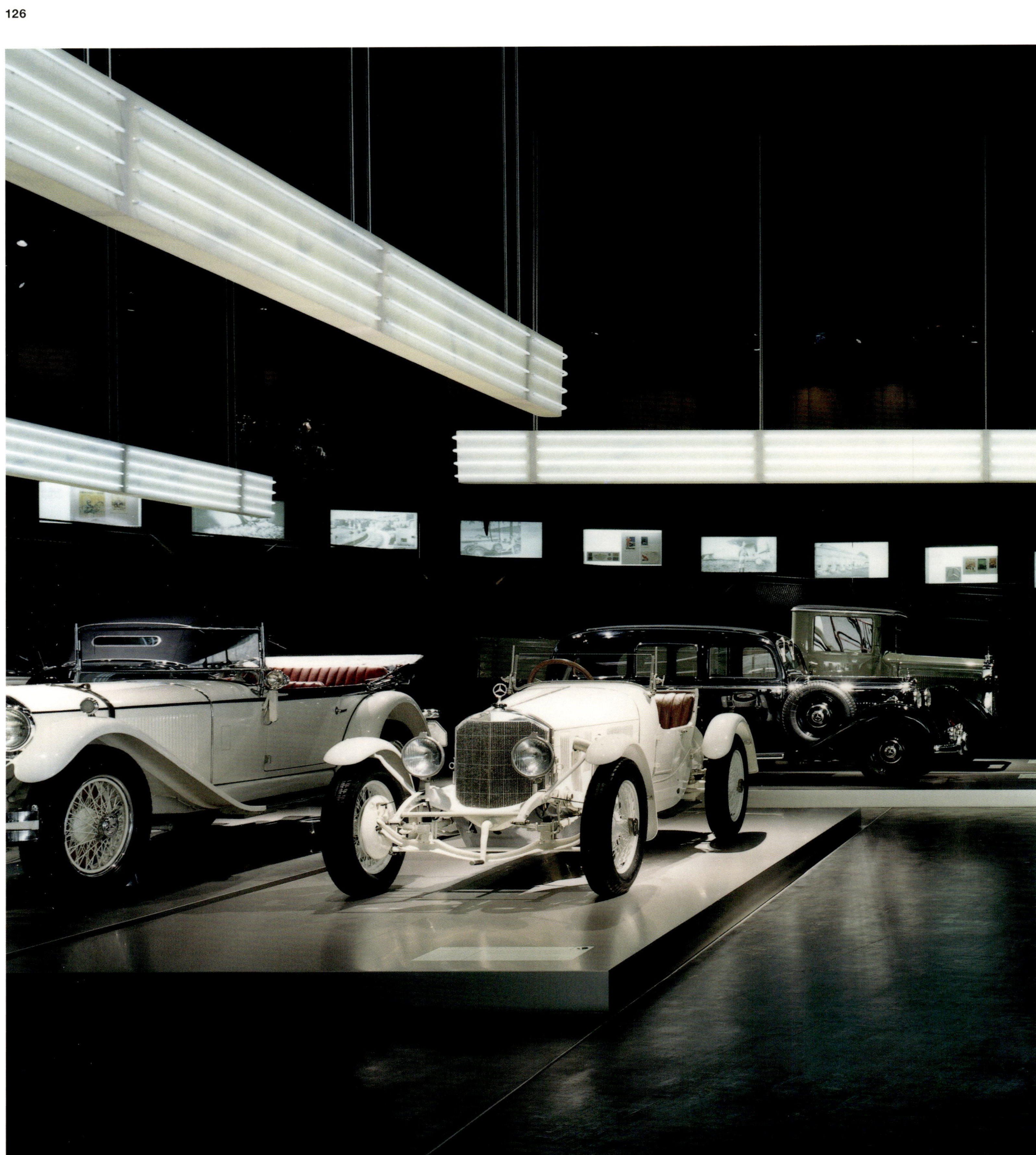

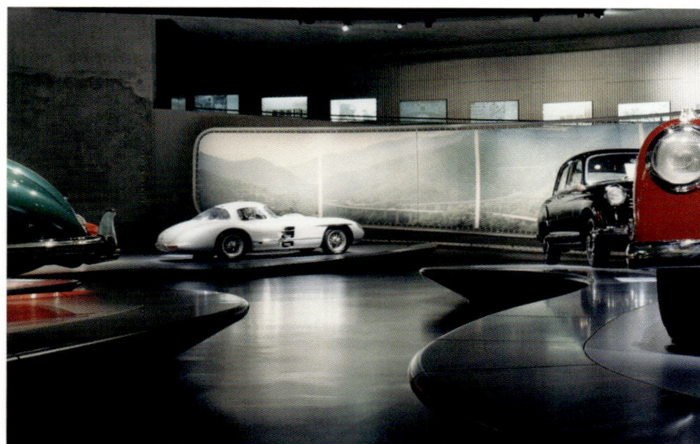

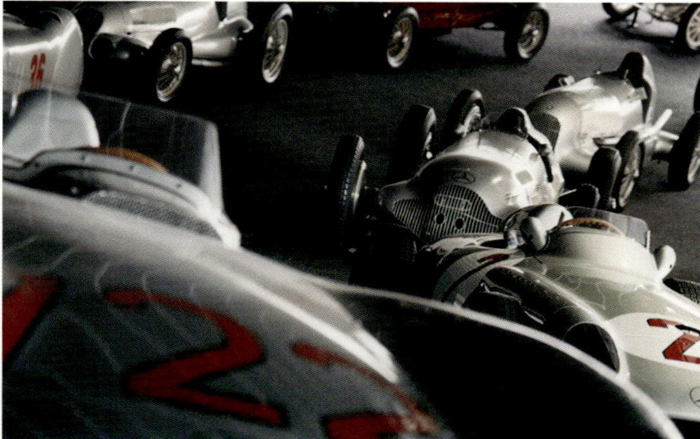

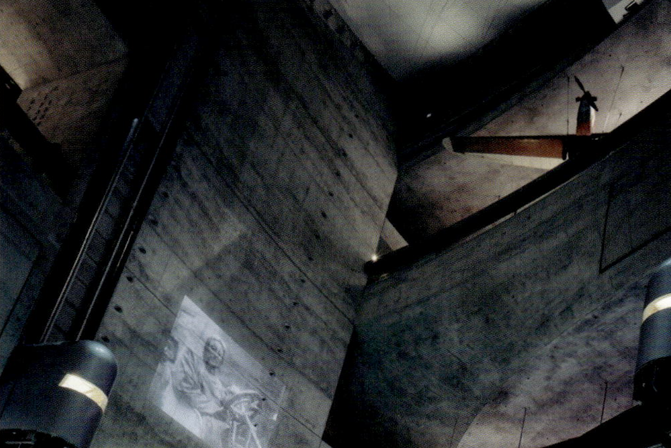

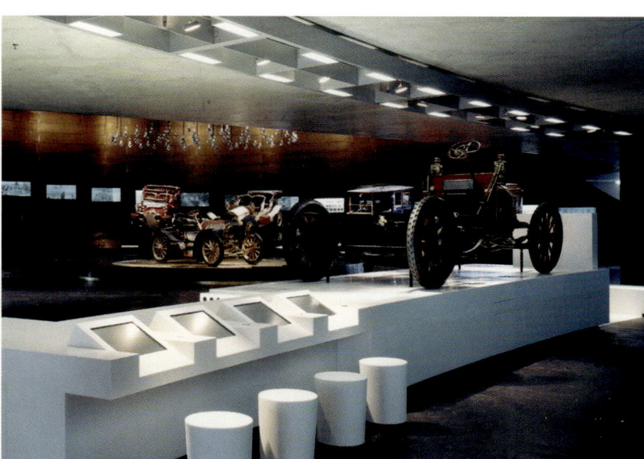

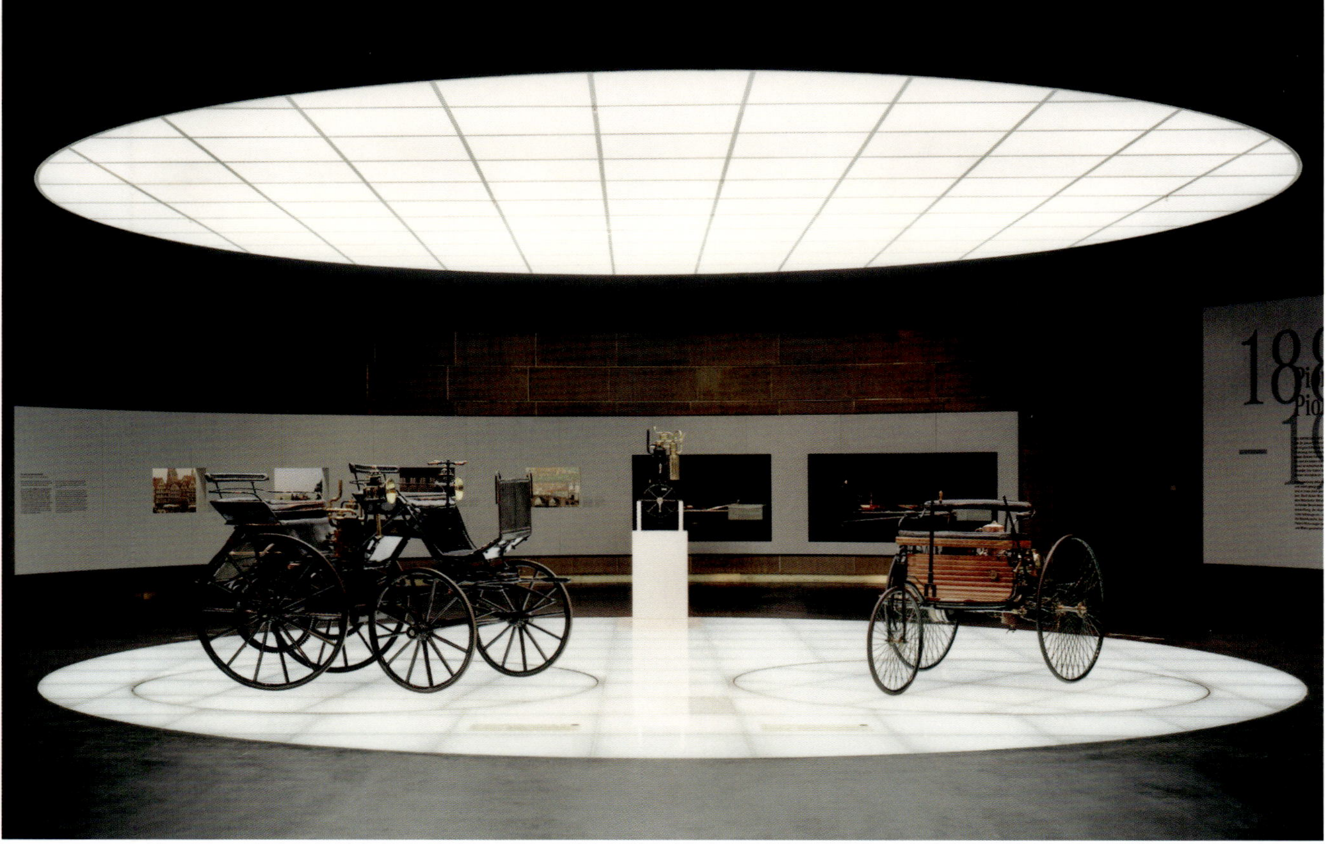

title
Mercedes-Benz Museum
Stuttgart

type of work
Exhibition

appeared in
2006

client
DaimlerChrysler
Immobilien GmbH, Berlin

design
hg merz architekten
museumsgestalter,
Stuttgart
L2M3, Stuttgart
Fons Hickmann m23
GmbH, Berlin
teamstratenwerth,
Allschwil
iart interactive ag, Basel
Photography:
Brigida Gonzalez
Creative direction:
Prof. HG Merz
Art direction:
Markus Betz,
Christine Kappei
Text:
Thomas Thiemeyer

title
H 122

type of work
Guidance system, orientation system

appeared in
2006

client
Boehringer Ingelheim Pharma GmbH & Co. KG, Biberach an der Riß

design
Designklinik
Büro für Design und Kommunikation, Stuttgart
Björn Börris Peters

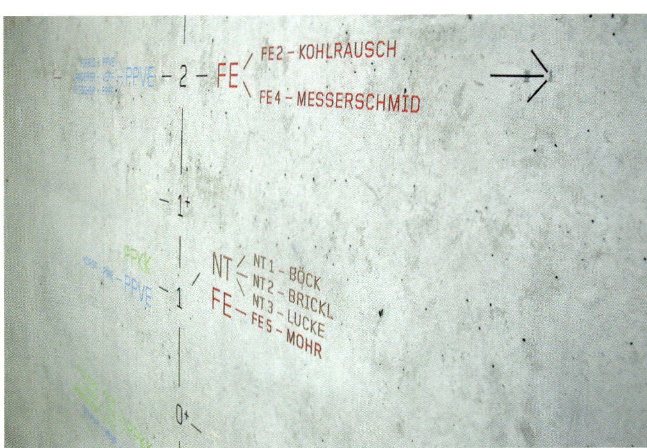

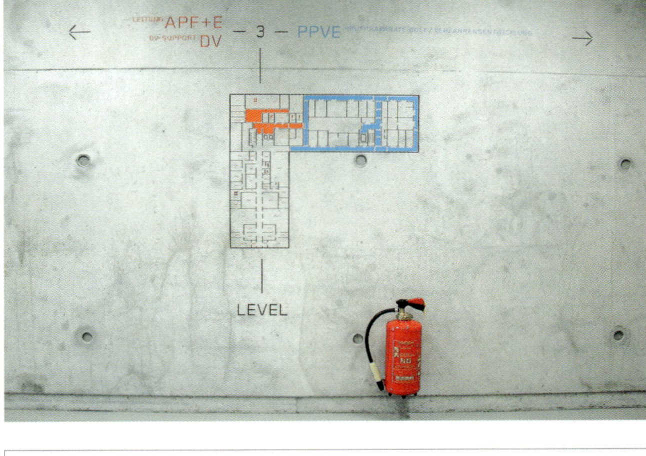

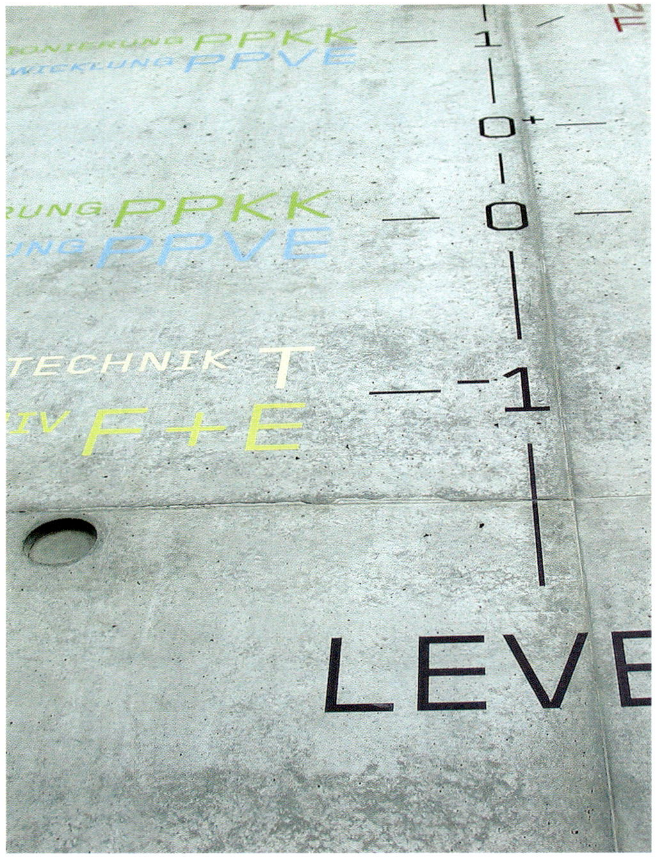

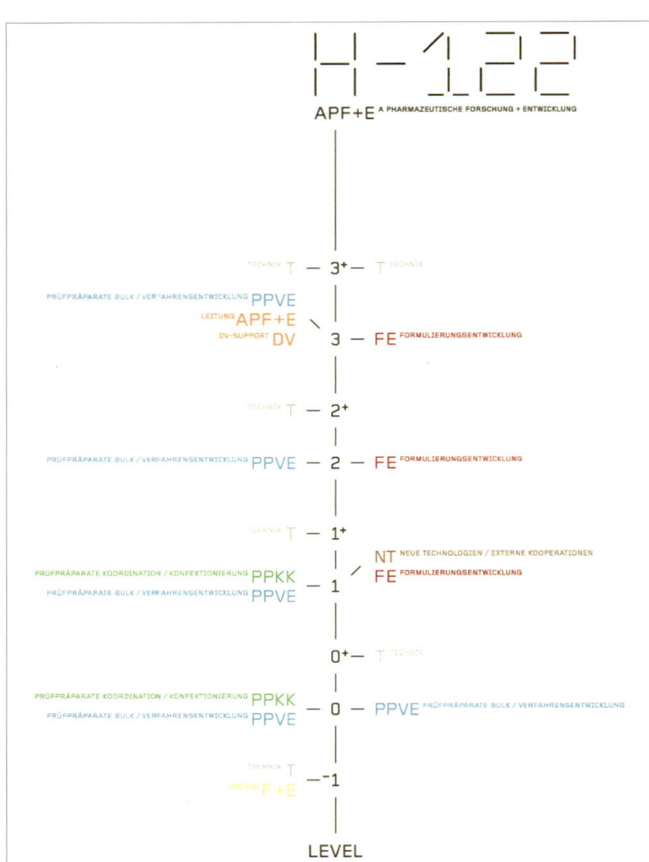

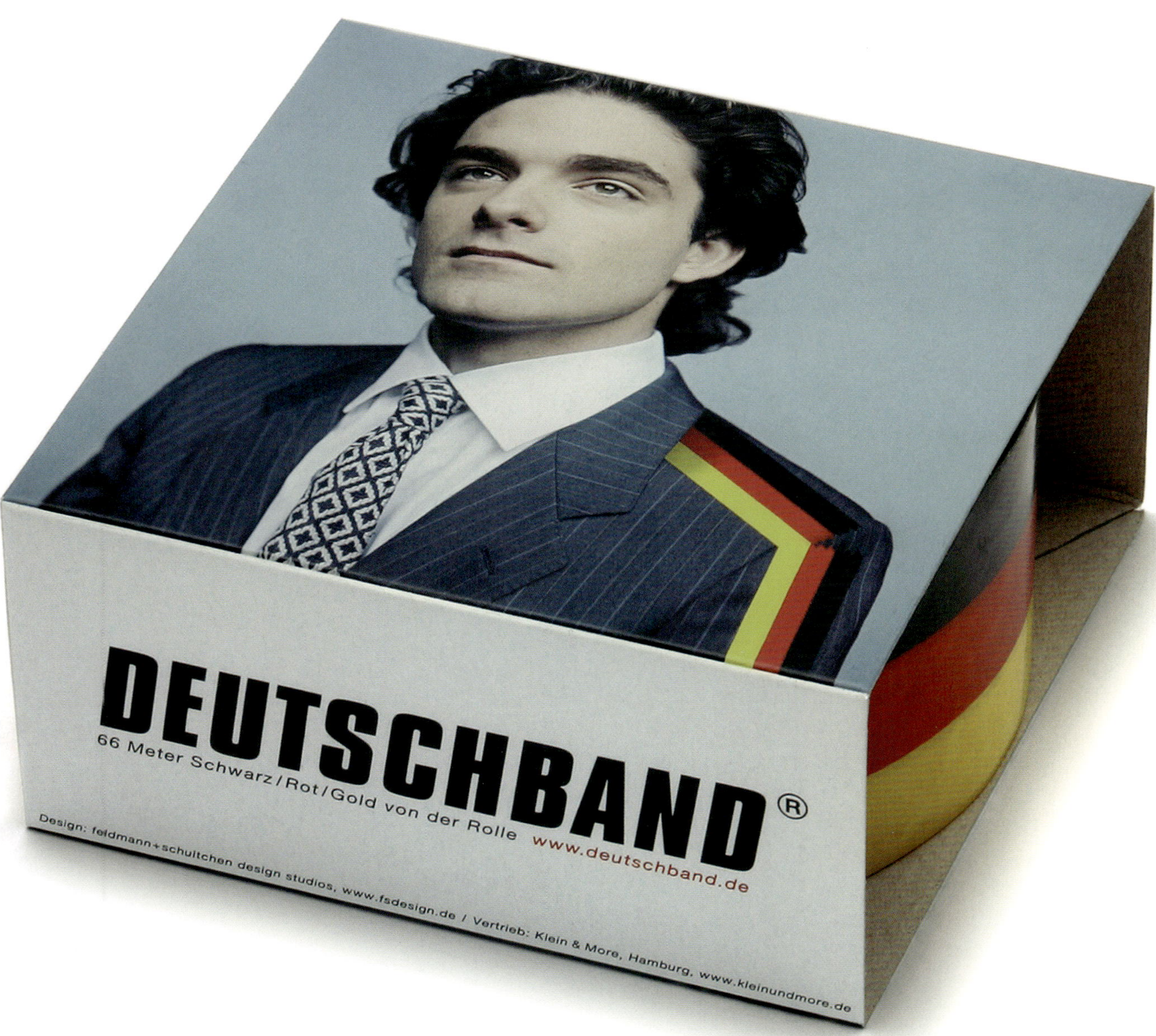

129

title
Deutschband

type of work
Informational design

appeared in
2006

client
feldmann+schultchen
design studios, Hamburg

design
feldmann+schultchen
design studios, Hamburg

title
Messeauftritt CeBIT 2006

type of work
Trade fair stand

appeared in
2006

client
O_2 (Germany) GmbH & Co. OHG, Munich

design
KMS Team GmbH, Munich
Schmidhuber + Partner, Munich
Creative direction:
Michael Keller,
Susanne Schmidhuber
Art direction:
Birgit Vogel, Kerstin Arleth
Customer advisory service:
Andreas Koch
Strategic planning:
Christoph Rohrer
Technical direction:
Wahan Mechitarian
Production management:
Melanie Sauer
Graphic design:
Birgit Vogel,
Julia Romeiß,
Anders Herwig

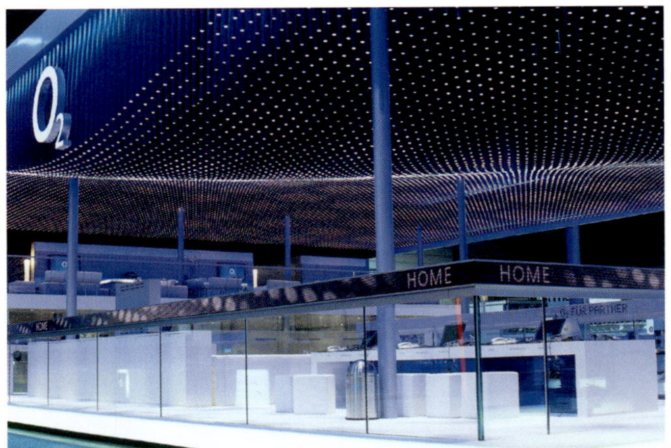

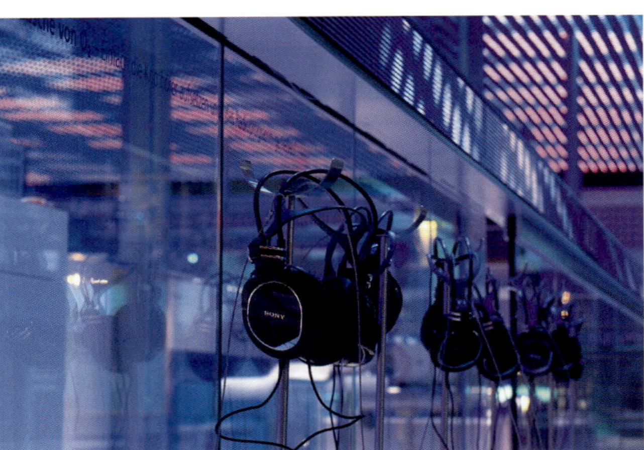

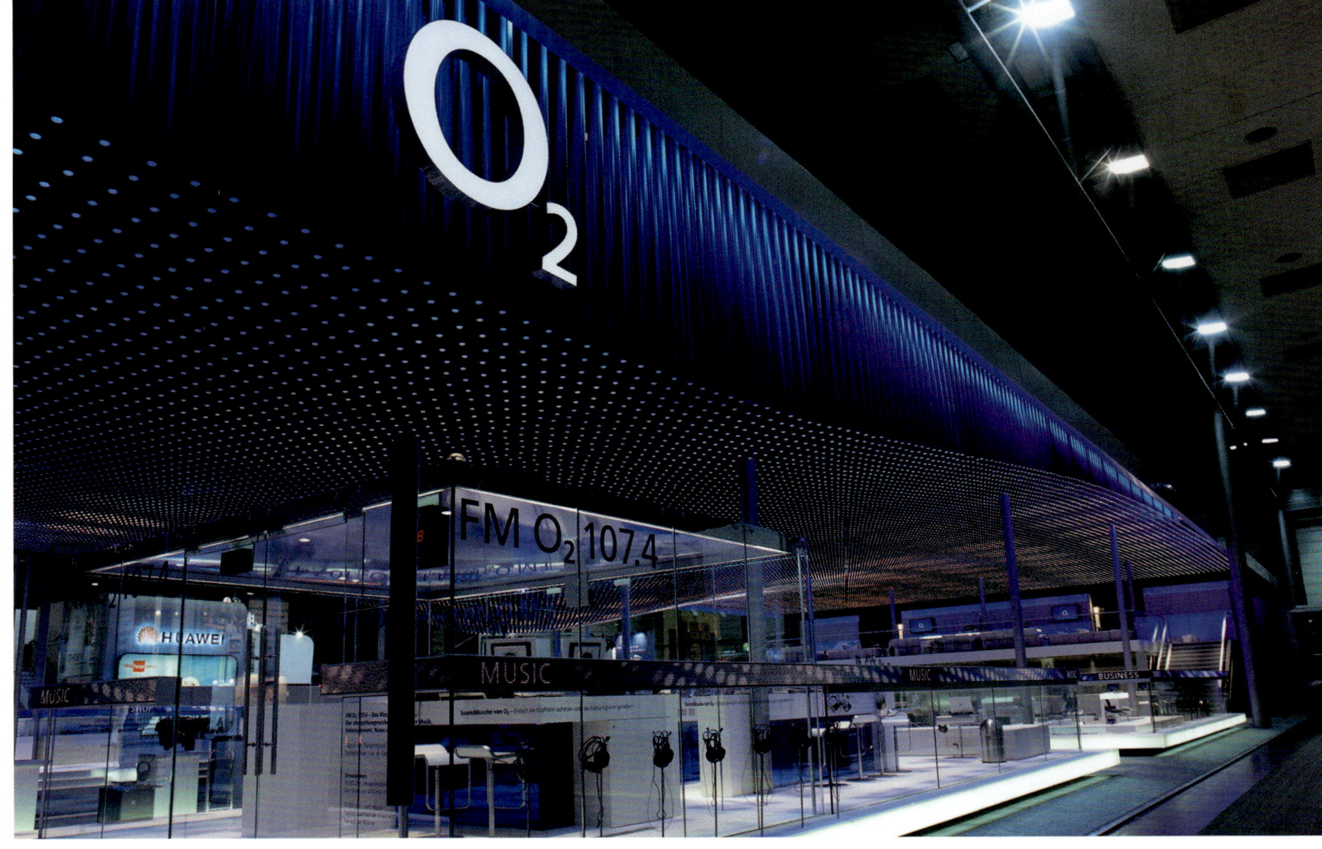

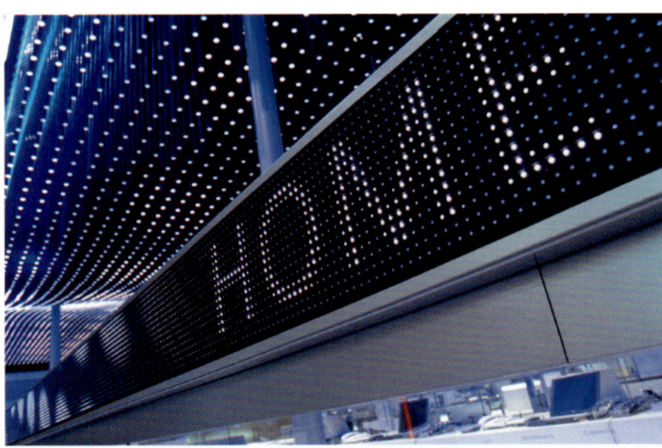

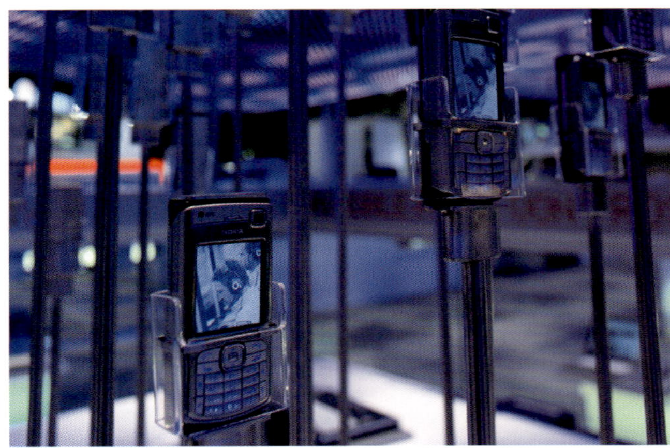

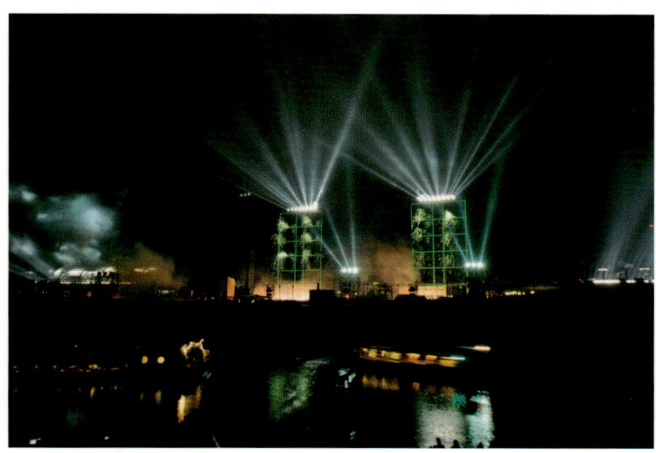

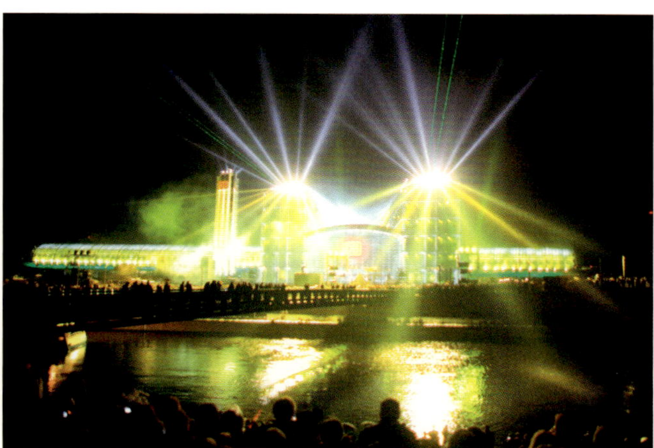

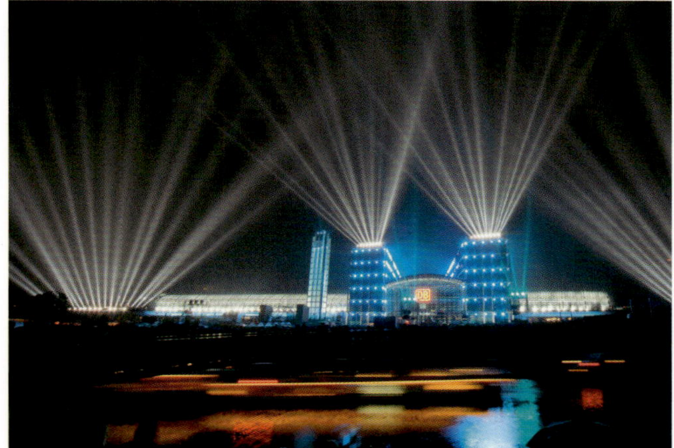

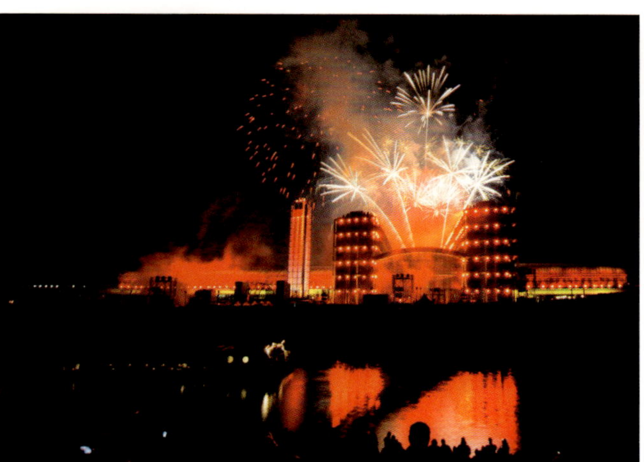

title
Lichtsinfonie Berliner Hauptbahnhof

type of work
Light show

appeared in
2006

client
Deutsche Bahn Station und Service AG

design
Scholz & Friends Brand Affairs GmbH, Hamburg
Customer advisory service:
Sebastian Turner
Strategic planning:
Sebastian Turner
Agency producer:
Thomas Krecker
Light design:
Jerry Appelt, Hamburg

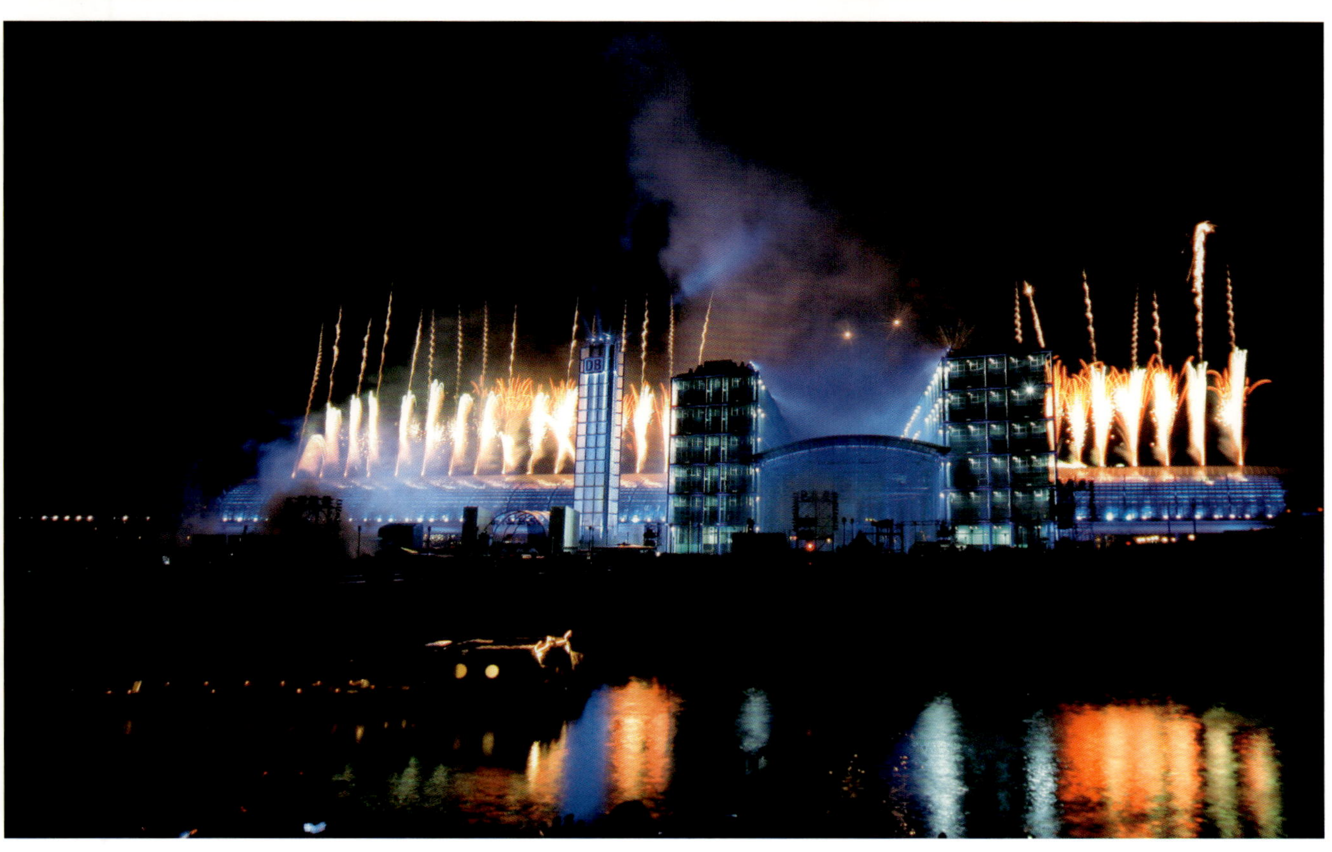

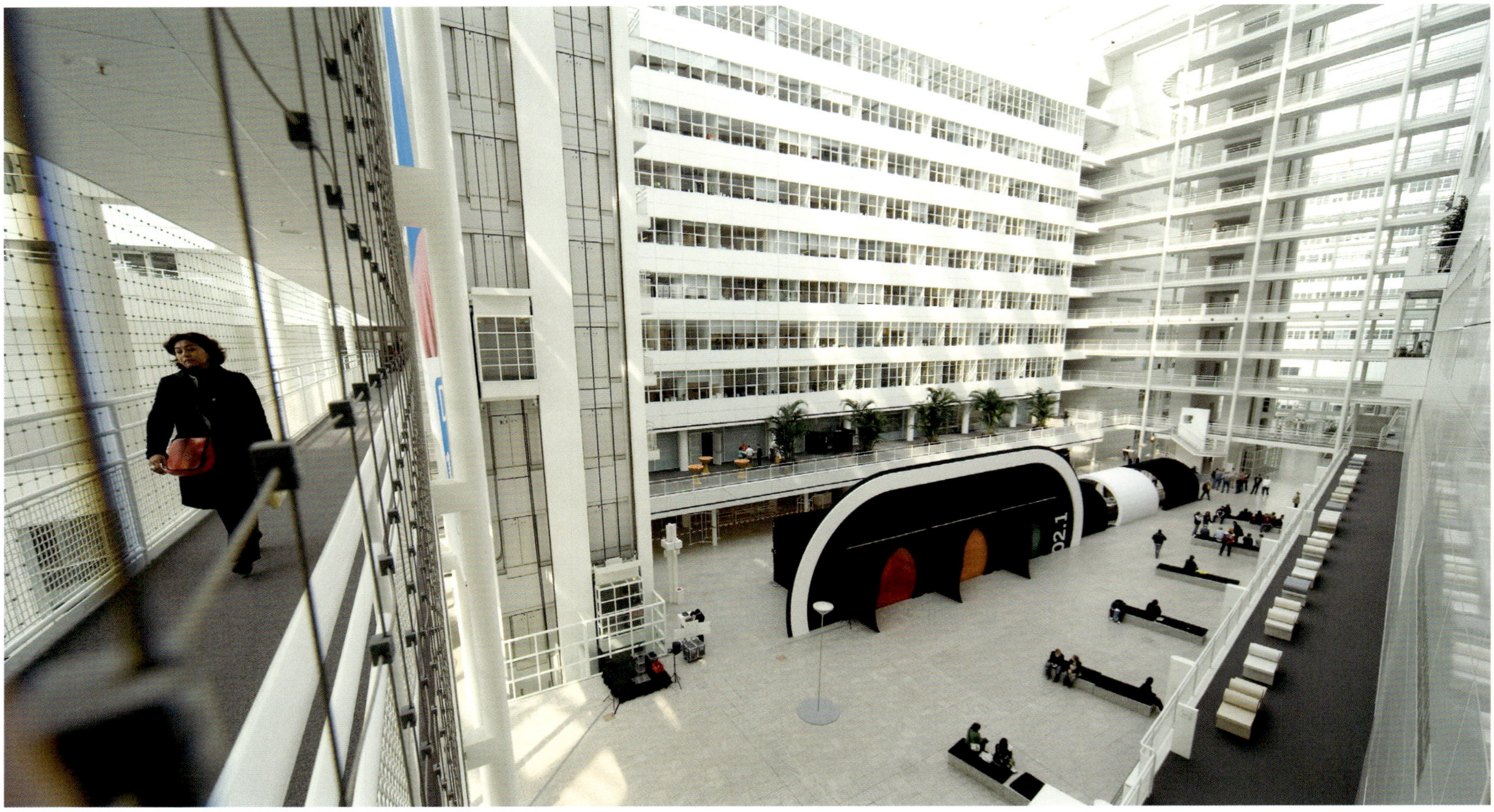

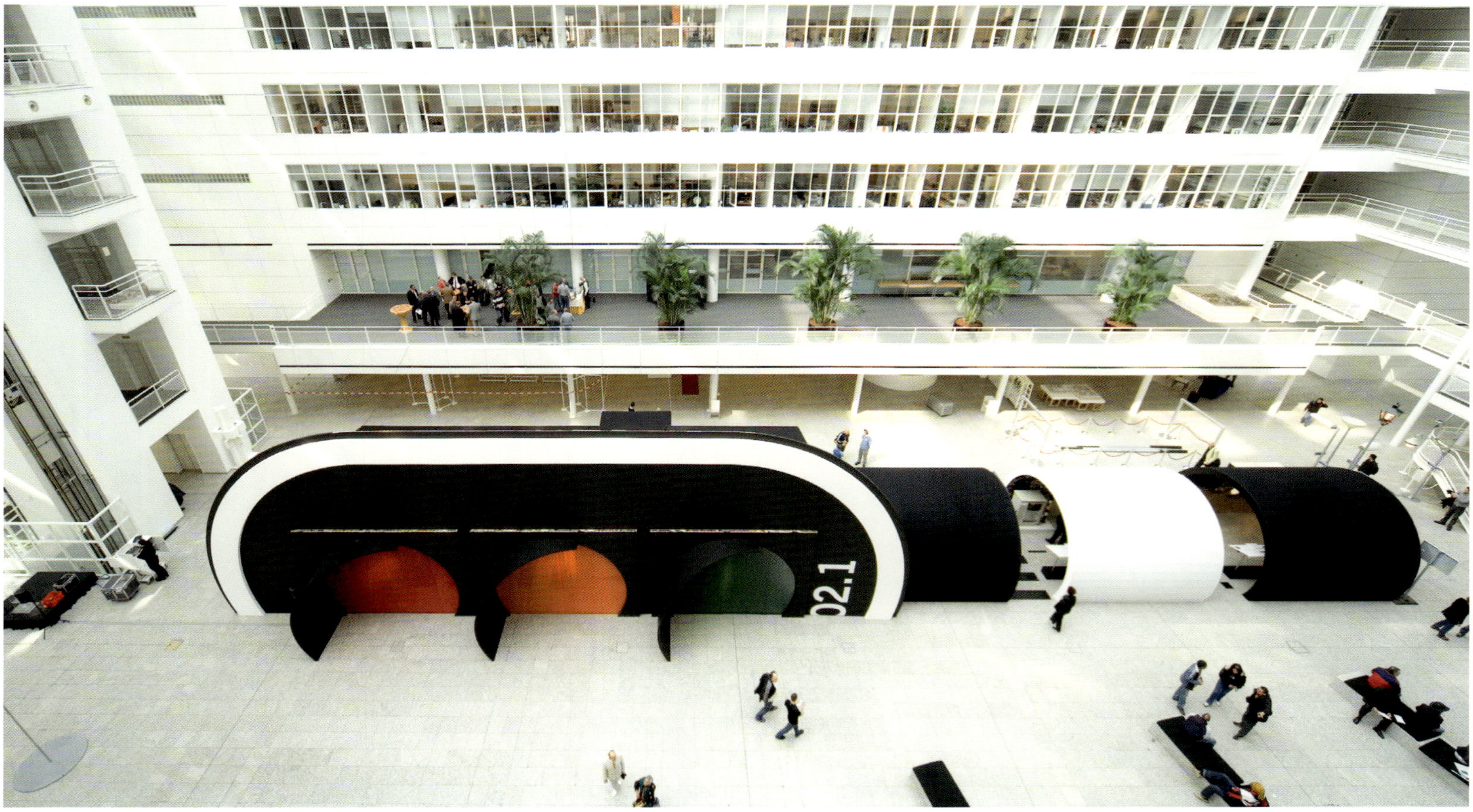

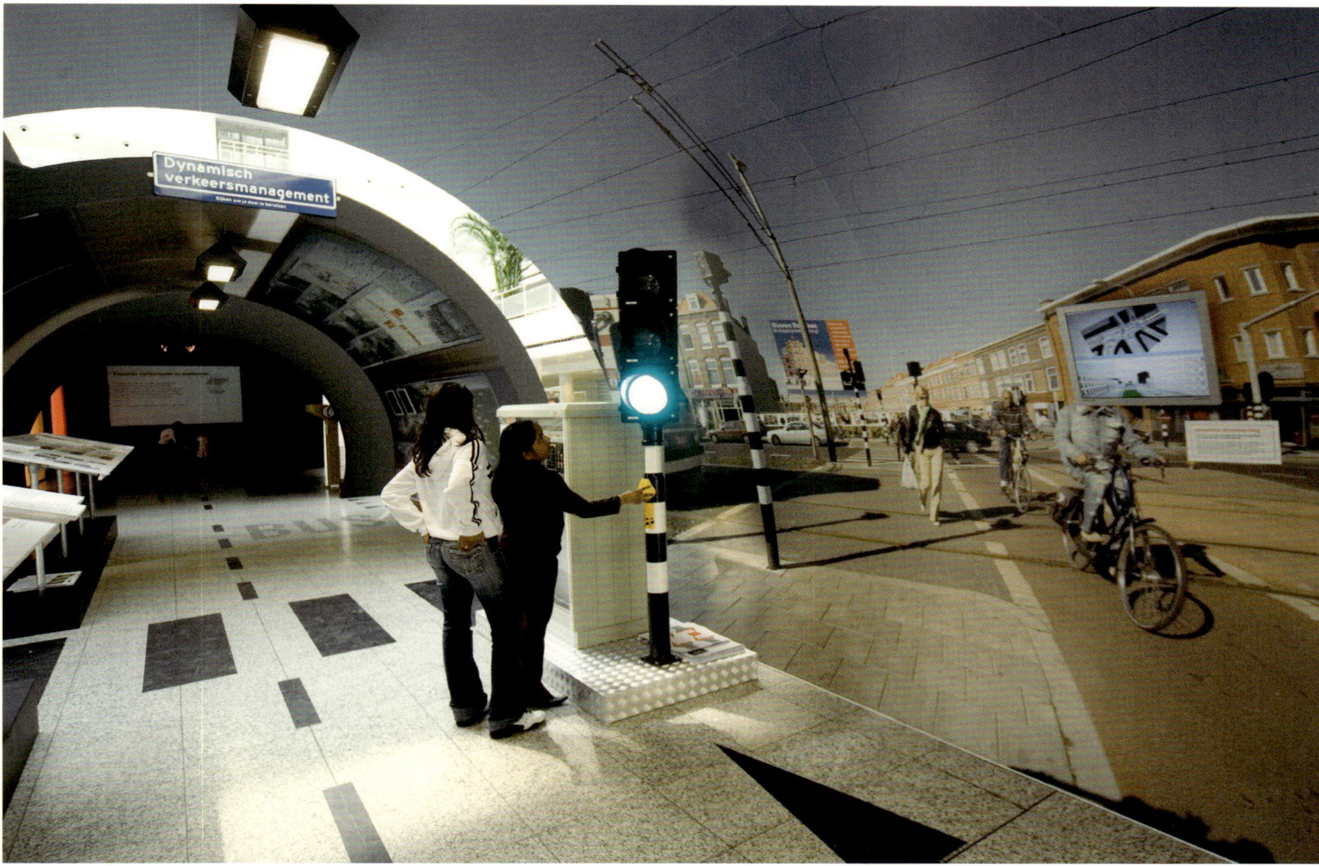

title
The Hague Enlightened

type of work
Exhibition

appeared in
2006

client
Gemeente Den Haag,
City of The Hague

design
Eden Design &
Communication,
Amsterdam
Creative direction:
Jan Dirk Porsius,
Arjan van Zeumeren
Photography:
Joost Guntenaar

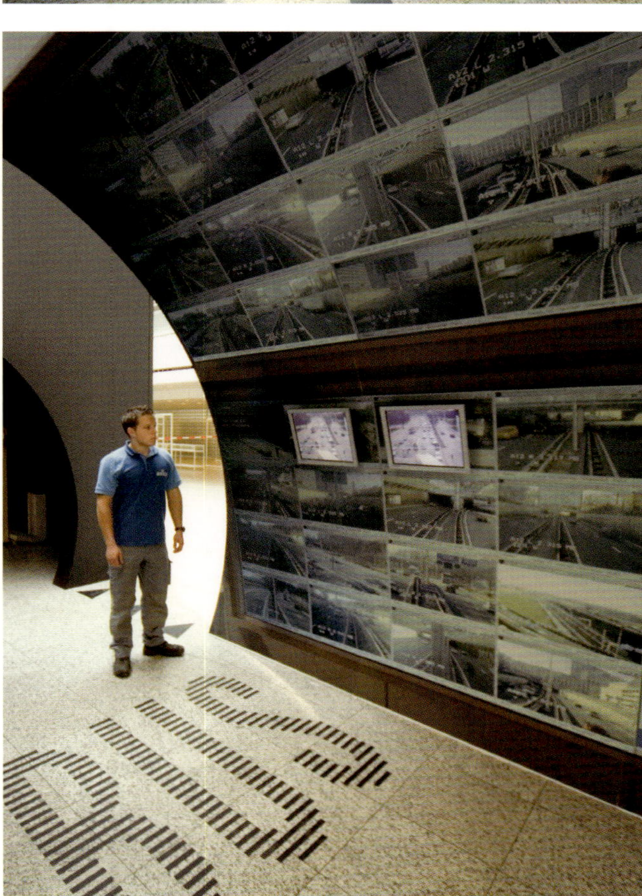

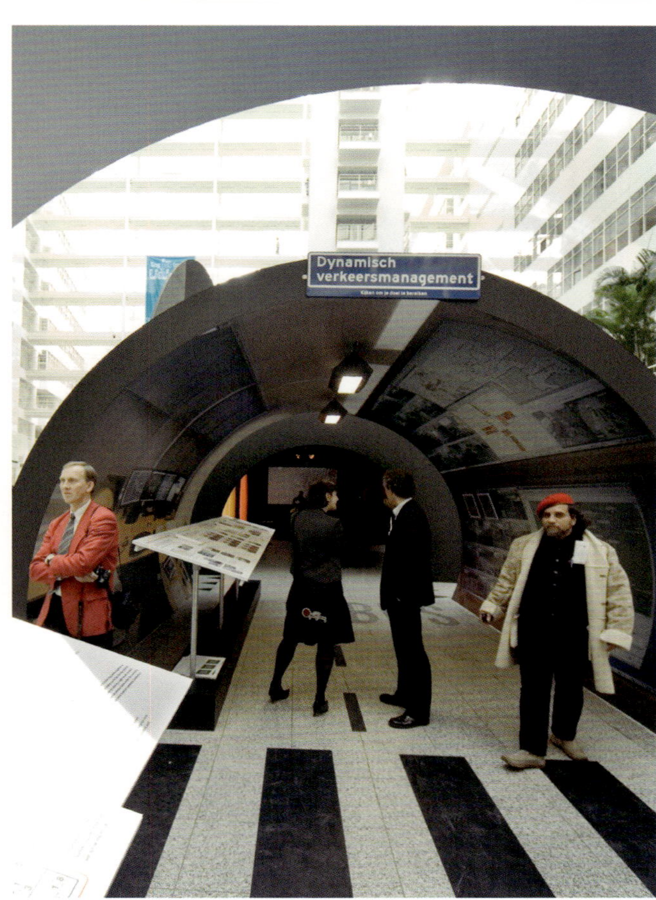

title
Filmfestival Nippon Connection 2006 (junior award)

type of work
Poster, programme, flyer, cinema trailer

appeared in
2006

client
Nippon Connection e.V., Frankfurt/Main

design
Alice Deußer,
Angelika Haus,
Maiken Laackmann,
Katrin Schacke
Hochschule für Gestaltung Offenbach
Kai Bergmann (supervising professor)
Photography:
Jörg Baumann

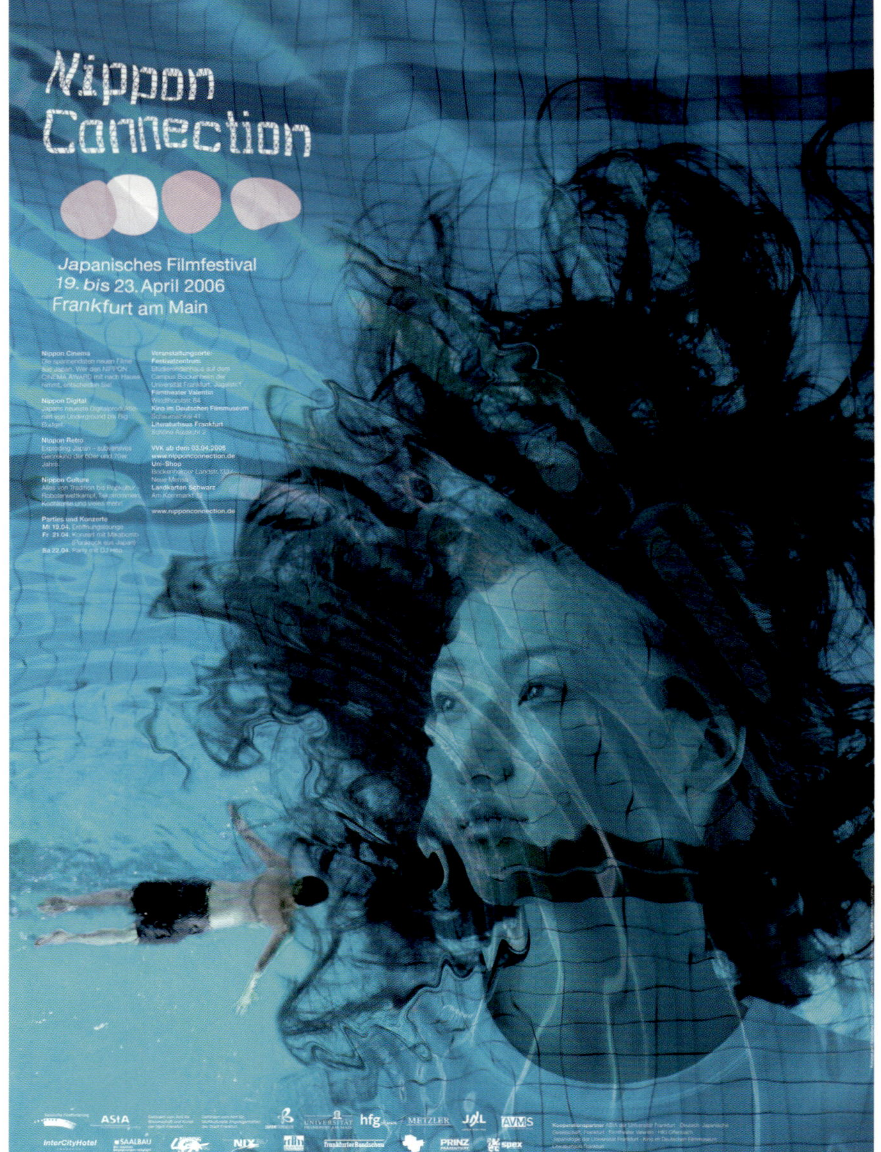

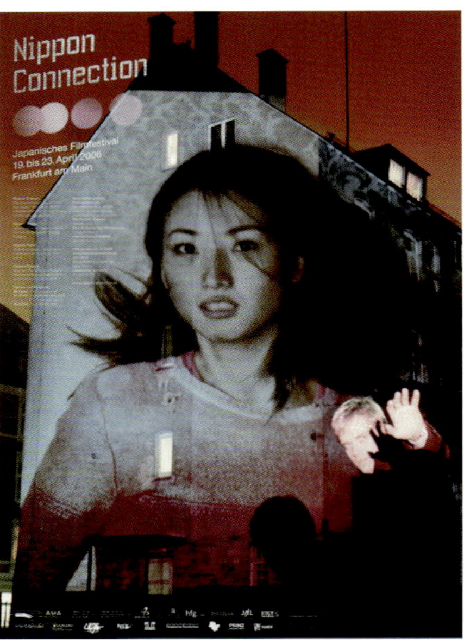

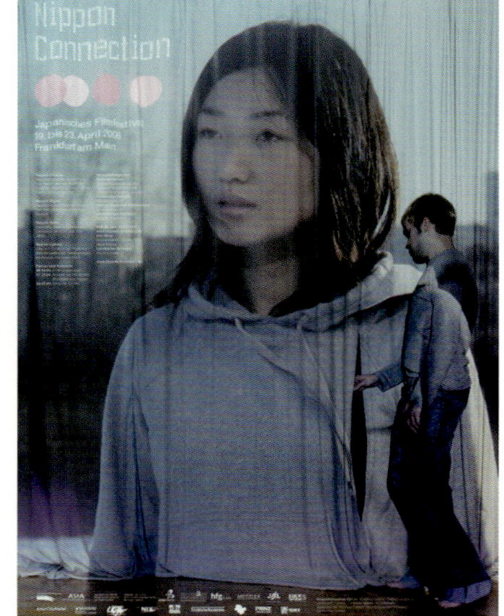

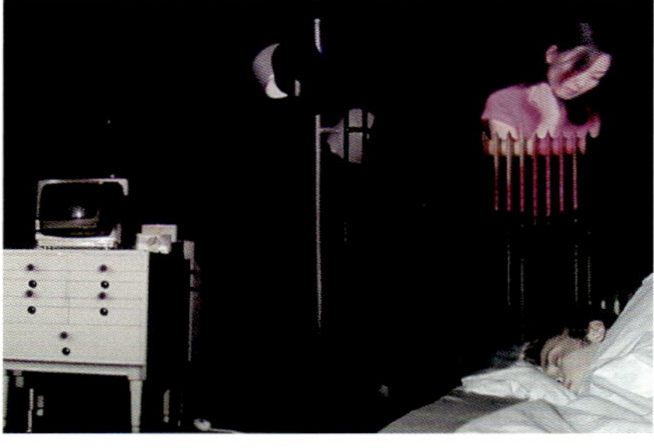

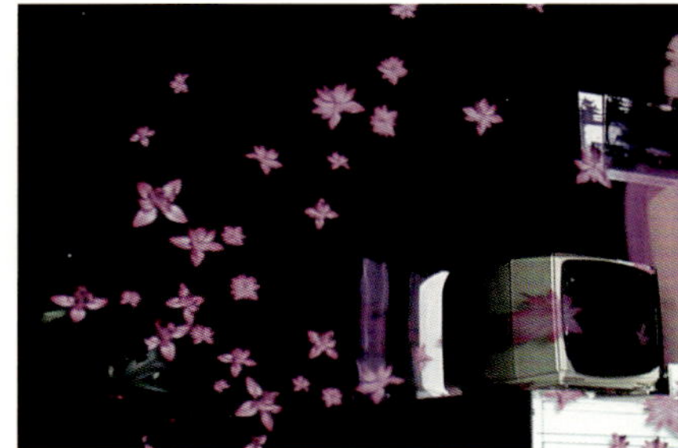

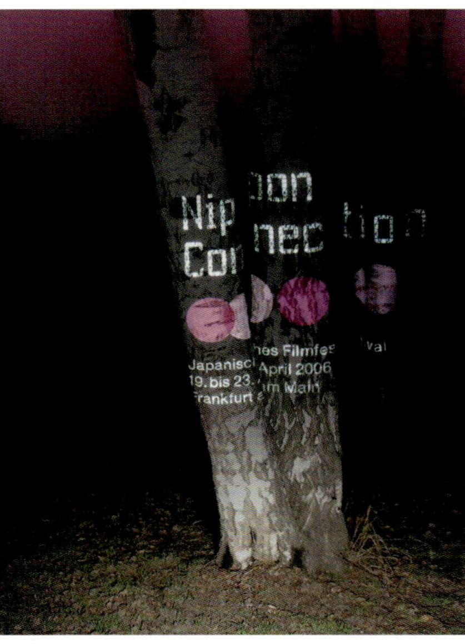

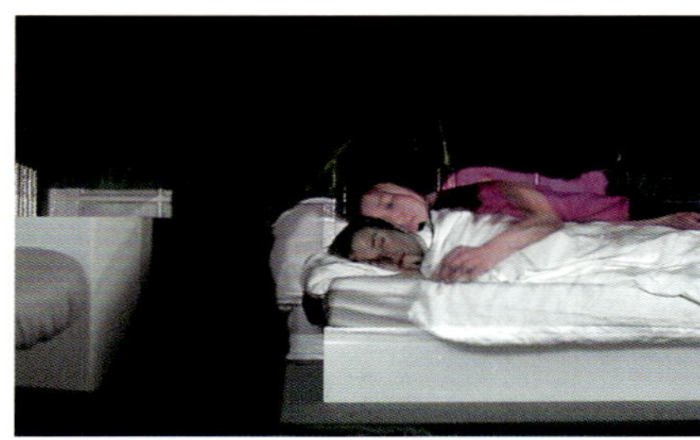

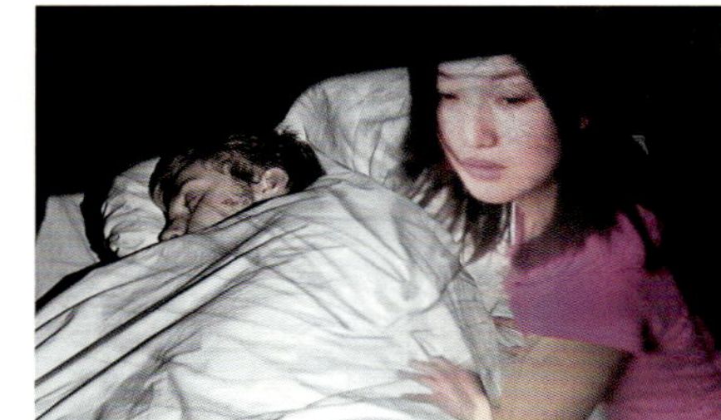

title
Informationssystem öffentlicher Verkehrsmittel im urbanen Raum (junior award)

type of work
Informational design

appeared in
2005

client
Hochschule für Gestaltung Schwäbisch Gmünd
Prof. Michael Götte, Prof. Hans Krämer (supervising professors)

design
Bettina Hiel, Norbert Riedelsheimer, Schwäbisch Gmünd

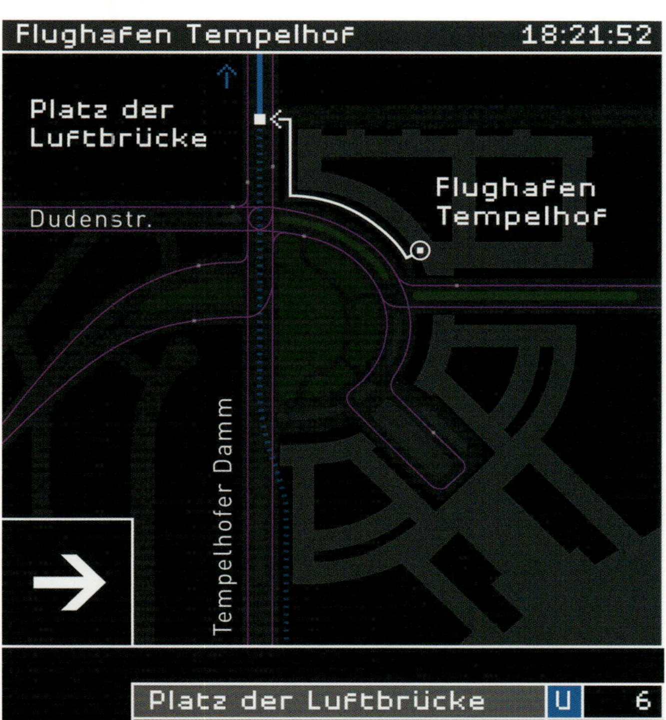

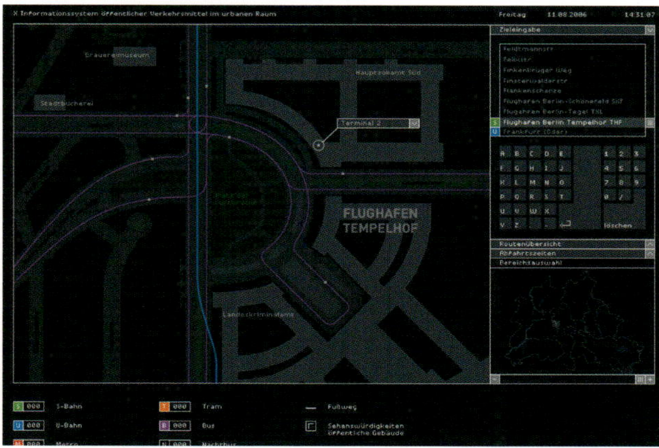

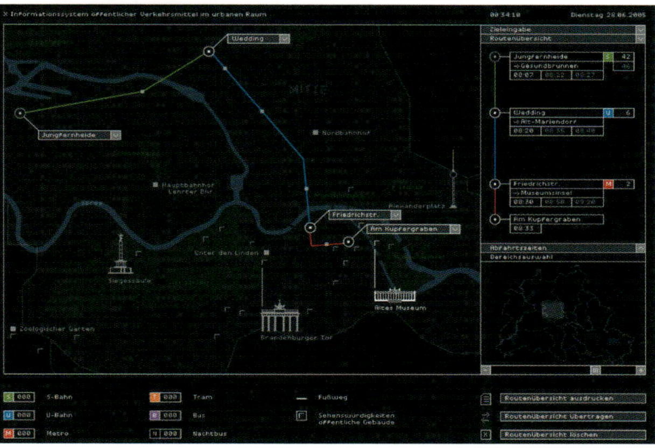

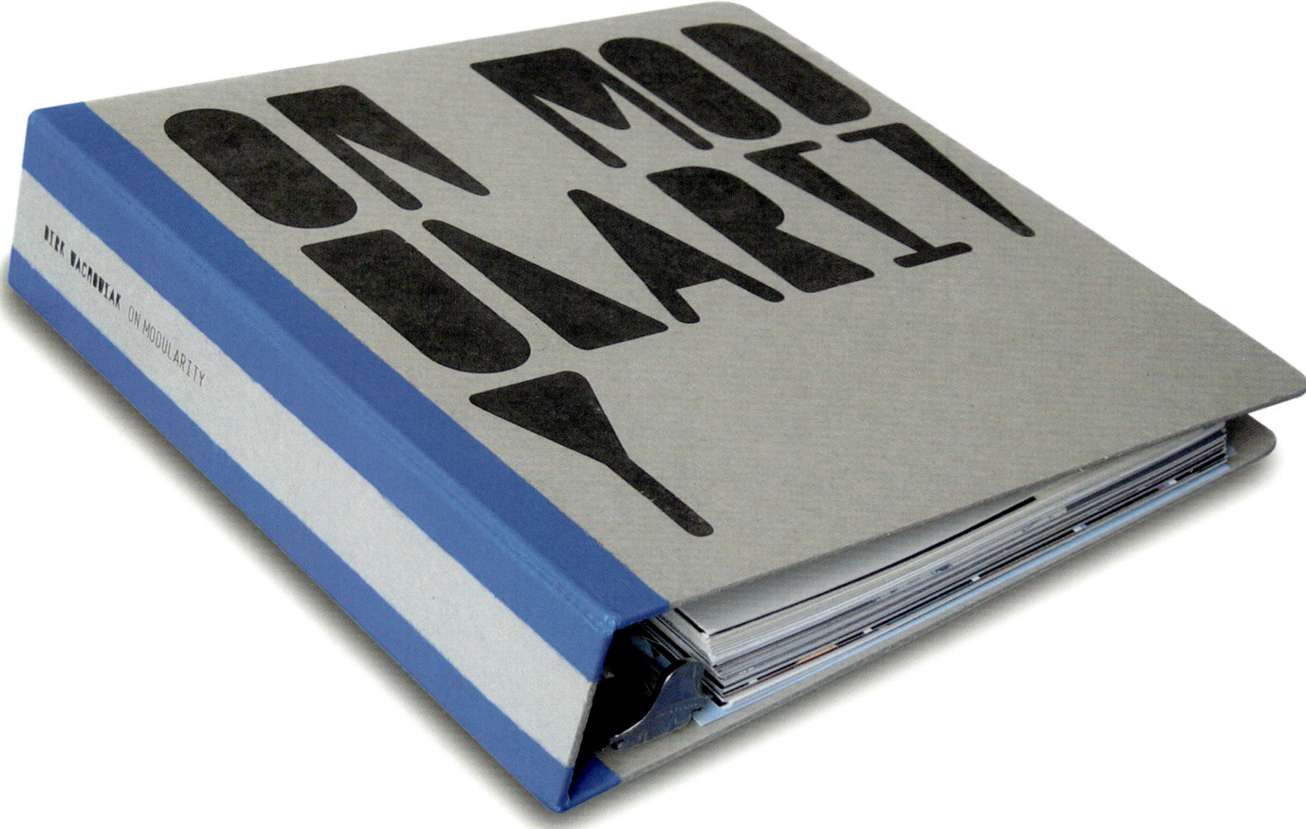
ON MODULARITY
ON MODULARITY

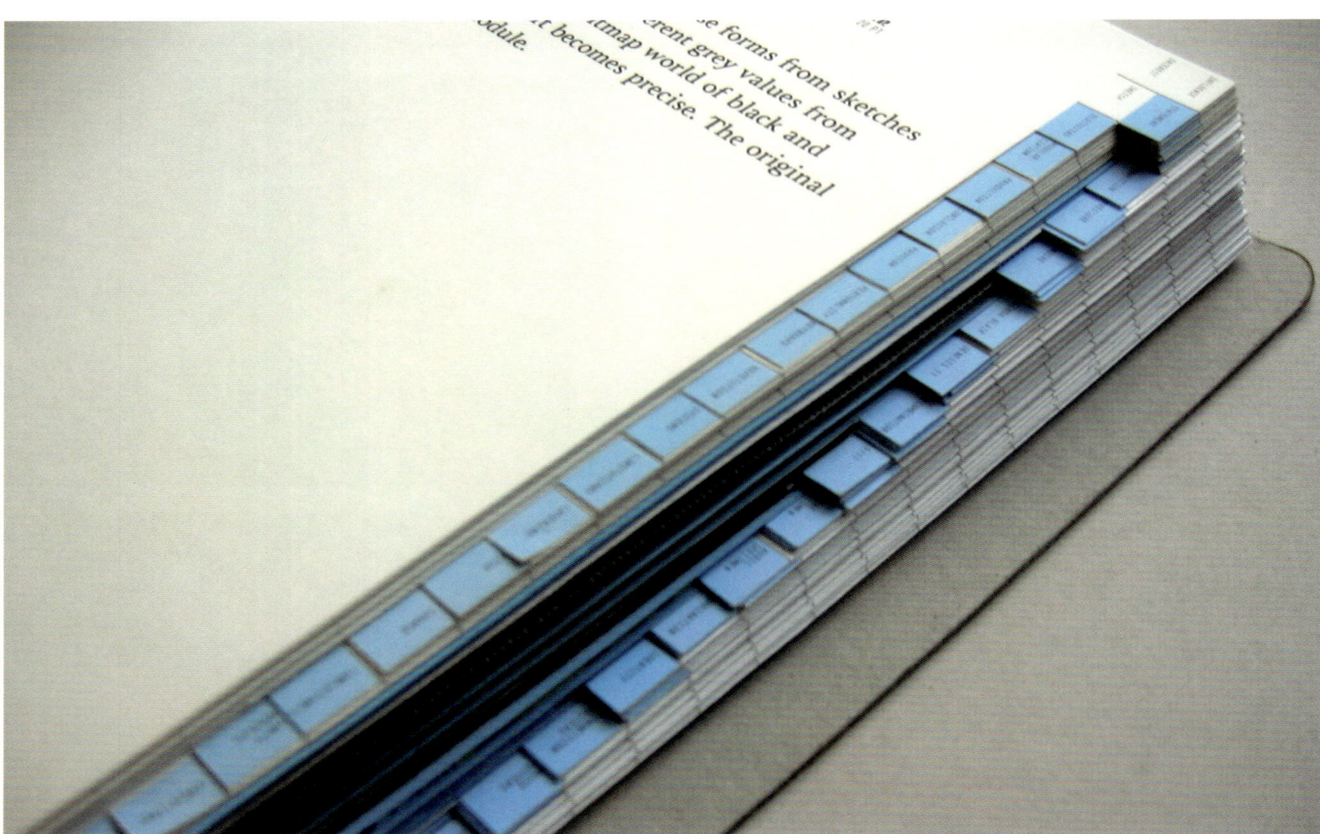
se forms from sketches
rent grey values from
tmap world of black and
t becomes precise. The original
odule.

137

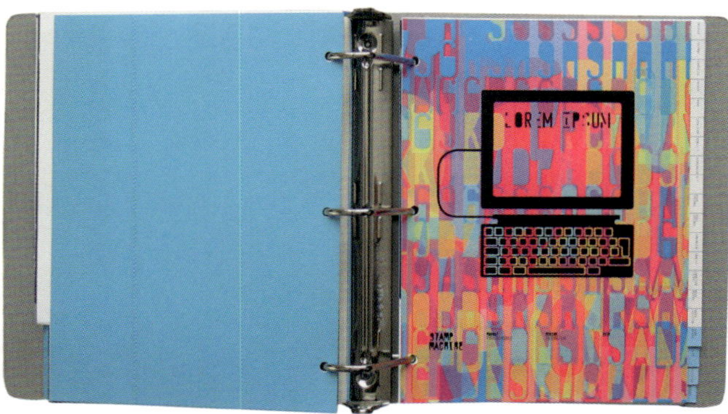

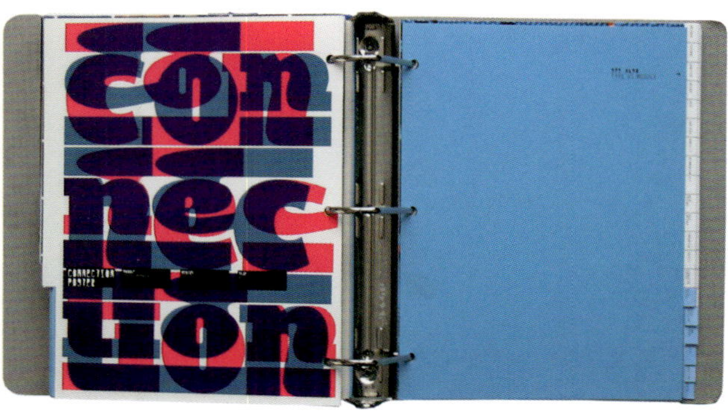

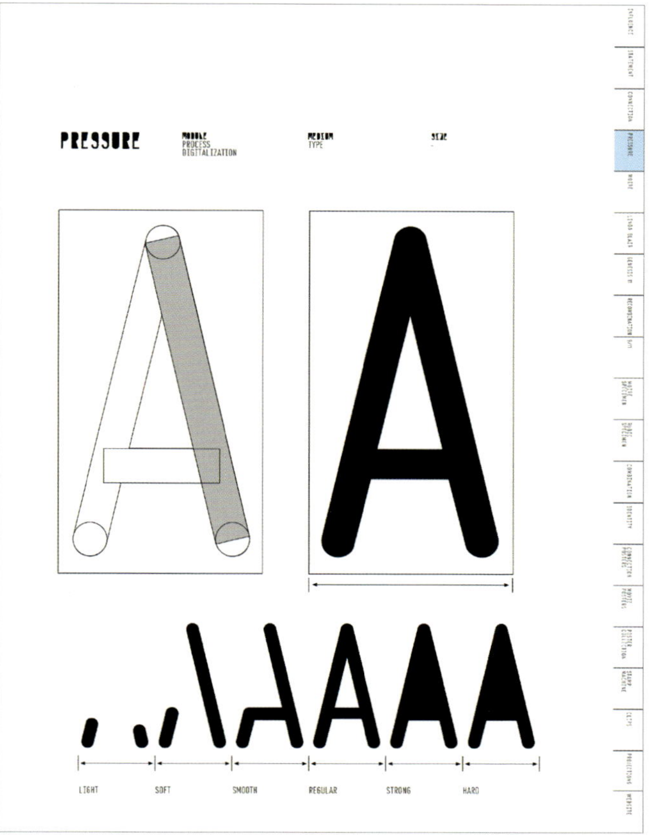

title
On Modularity
(junior award)

type of work
Book

appeared in
2005

client
Yale University School
of Art, New Haven

design
Dirk Wachowiak, Stuttgart

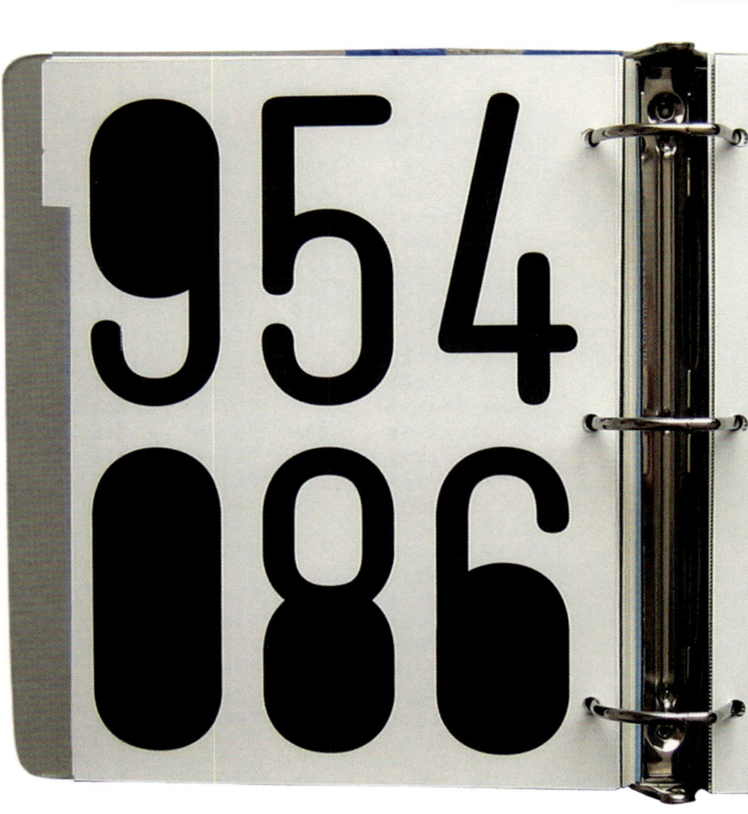

Don Ryun Chang
Kirsten Dietz
Martin Pross

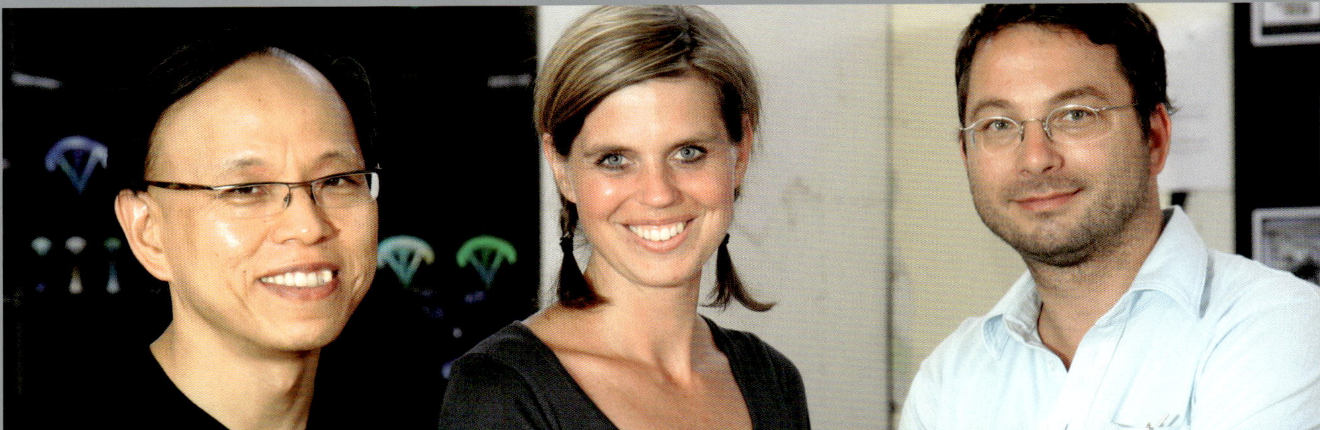

Klare Linien als Verstärker der Botschaft

„Eine hübsche Idee darf nicht nur hübsch aussehen, sondern muss auch überdauern", fordert die Jurorin Kirsten Dietz. In unserer schnelllebigen Zeit mit Überangeboten an Konsumgütern aller Art ist es wichtiger denn je, dass es vertraute Produkte gibt und Werte, die Bestand haben. Das gilt auch für die Werbung, die zugleich aber immer Neues bieten muss.

Um diesen Spagat zu meistern, müssen die unterschiedlichsten Kriterien erfüllt werden. In der Vielfalt der durchweg professionell umgesetzten Arbeiten setzen sich strenge und klare Gestaltungslinien durch. Sie überzeugen, weil ihre Klarheit die Ideen umso prägnanter zum Ausdruck bringt. Nach Ansicht der Jury funktionieren die Kampagnen, wenn sie einen übergreifenden Wert vermitteln. Und wenn sie nicht auf einen einmaligen Effekt abzielen, sondern eine umfassende Botschaft transportieren.

„Über die Standards einer überzeugenden Idee und hochwertigen Gestaltung hinaus", resümiert die Jury, „behaupten sich Kampagnen, die über den flüchtigen Reiz hinweg fortbestehen und sich mit Seriencharakter gegen die Masse und Geschwindigkeit der Konkurrenz behaupten."

Clear lines to enhance the message

"A pretty idea does not only have to look pretty, but also has to last," juror Kirsten Dietz demands. In our fast-moving times with great oversupply of consumer goods of any kind it is more important than ever that there are familiar products and values that endure. This also applies to advertising, which additionally has to be new every time.

To master this balancing act several different criteria have to be met. In the variety of throughout professional works strict and clear design lines dominate, because their clarity expresses ideas more concisely. According to the jury these campaigns work if they convey an overall value, and if they do not target a one-time effect, but instead transport a comprehensive message.

"Beyond the standards of convincing ideas and high-quality design," the jury resumes that "it is campaigns which have a lasting effect and with a series character maintain their position against the masses and speed of the competitors."

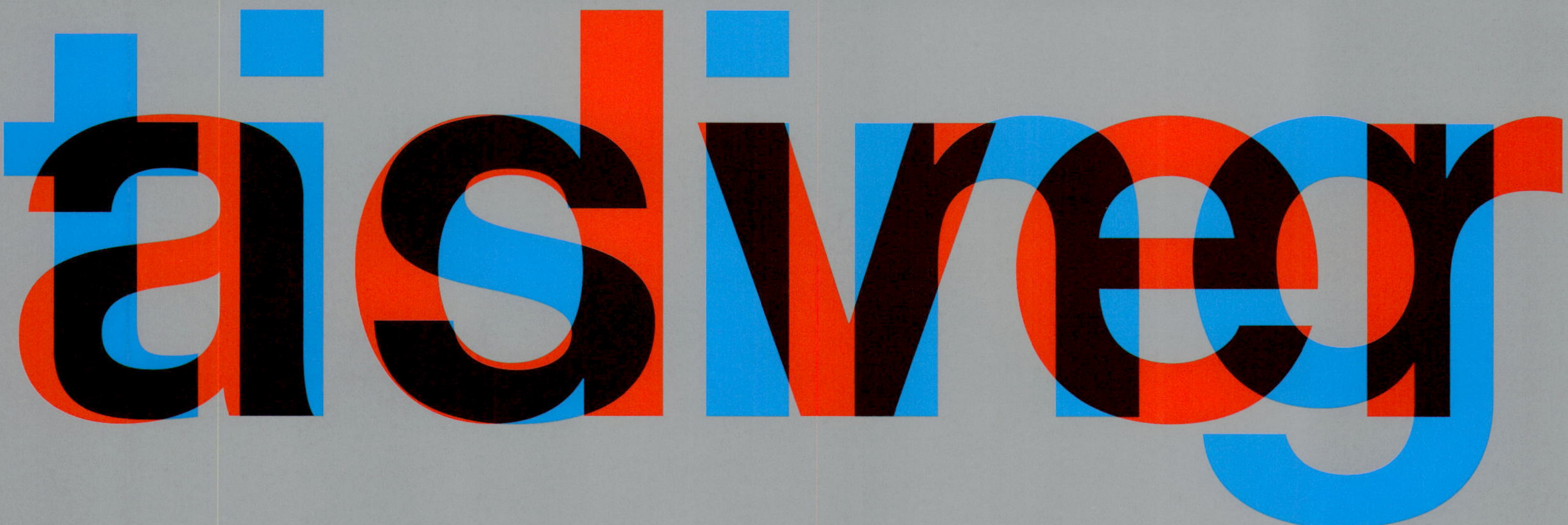

title
Porzellanklinik

type of work
Poster

appeared in
2005

client
H. H. Vierth Antiquitäten
und Porzellanklinik
Düsseldorf

design
Tillmanns, Ogilvy & Mather,
Düsseldorf
Photography:
Kay Schiefer
Creative direction:
Volker Kuwertz
Art direction:
Ursel Barwinski
Text:
Einar Armbruster
Customer advisory service:
Jens Lange

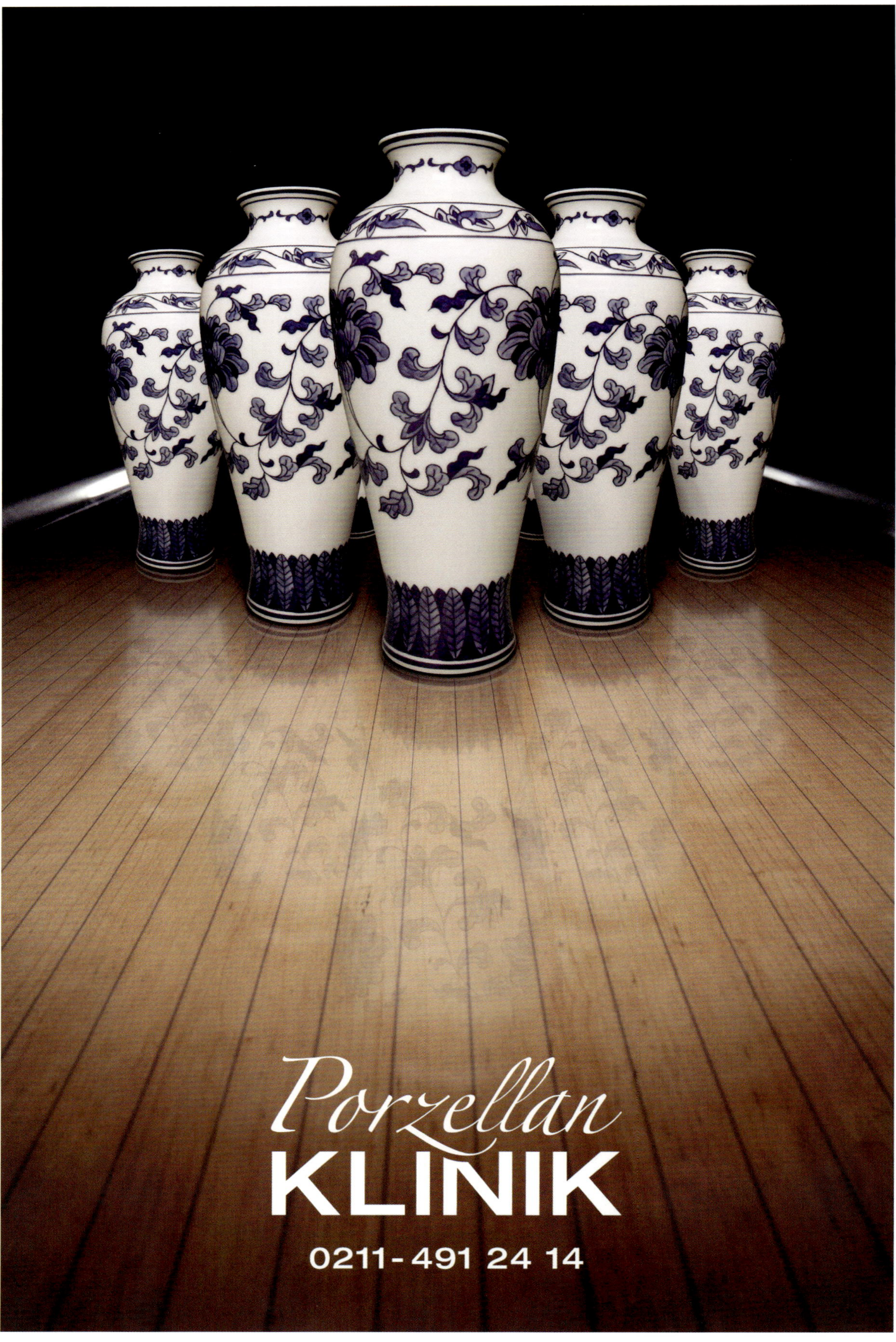

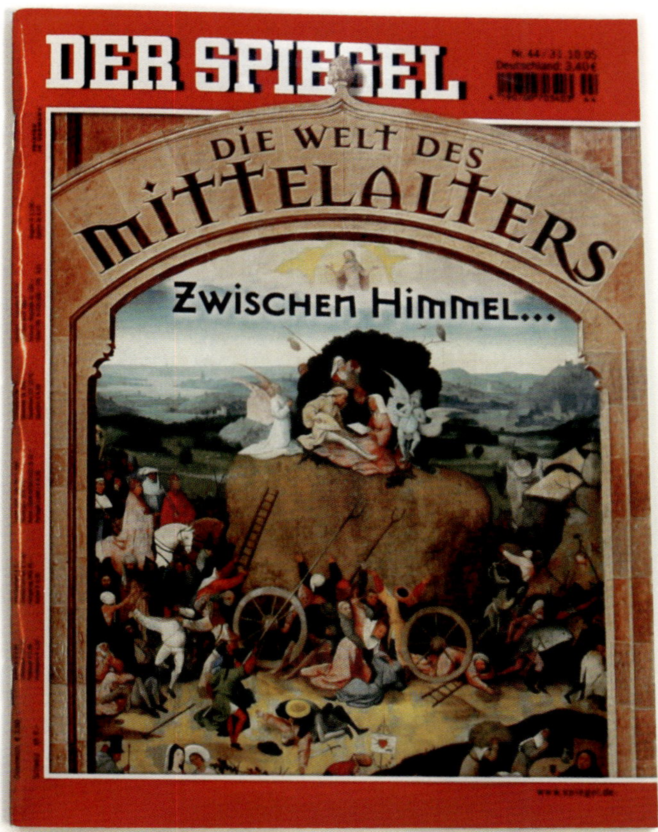

title
BP Doppelhülle

type of work
Advertisement

appeared in
2006

client
Deutsche BP AG, Bochum
Head of marketing:
Ulrich Winkler
Head of advertising:
Stefanie Hansen

design
Tillmanns, Ogilvy & Mather, Düsseldorf
Creative direction:
Harald Breidenbach
Art direction:
Nanny Exler
Copy:
Diana Gutsch
Customer advisory service:
Birgit Gosda
Strategic planning:
Michael Freiherr

Zwei Hüllen schützen besser als eine.

Schon heute fahren in der BP-eigenen Flotte ausschließlich Doppelhüllentanker. 5 Jahre früher als gesetzlich vorgeschrieben. deutschebp.de

Der Anfang ist gemacht.

beyond petroleum®

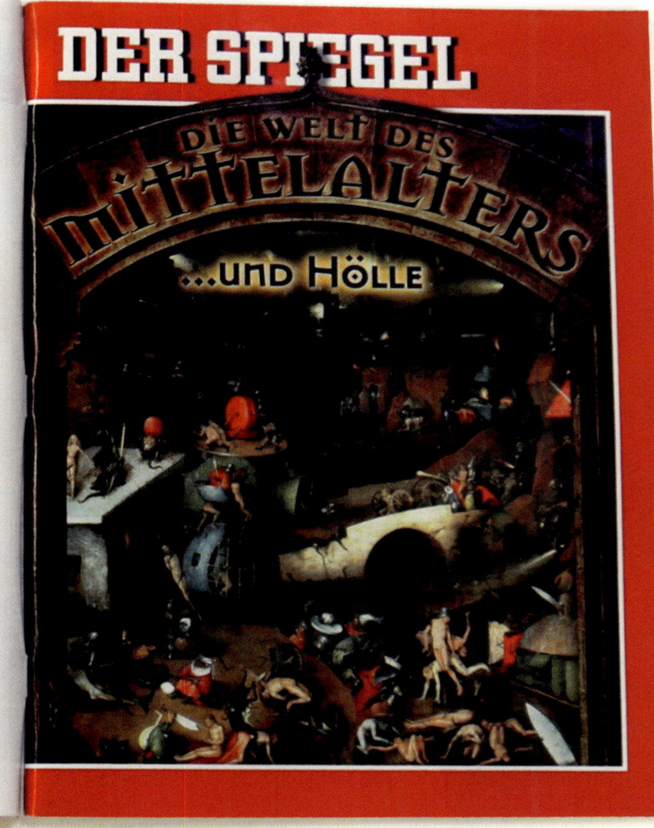

title
Toilettenlektüre

type of work
Print series

appeared in
2005

client
Danone GmbH, Haar

design
Young & Rubicam GmbH & Co. KG, Frankfurt/Main
Head of marketing:
Henner Rinsche
Head of advertising:
Gerd Beilke
Creative direction:
Christian Daul
Art direction:
Bruno Petz,
Guido Masson
Text:
Christian Daul,
Gebrüder Grimm
Customer advisory service:
Pia Schütz
Strategic planning:
Achim Rietze
Agency producer:
Marion Lakatos

OHNE ACTIVIA

MIT ACTIVIA

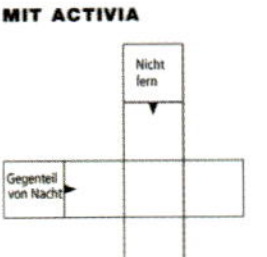

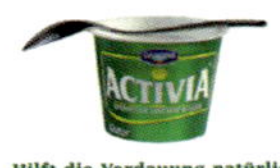

OHNE ACTIVIA

MIT ACTIVIA

Hänsel und Gretel gingen in den Wald. Und wenn sie nicht gestorben sind, dann leben sie noch heute.

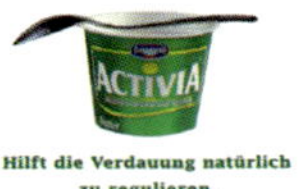

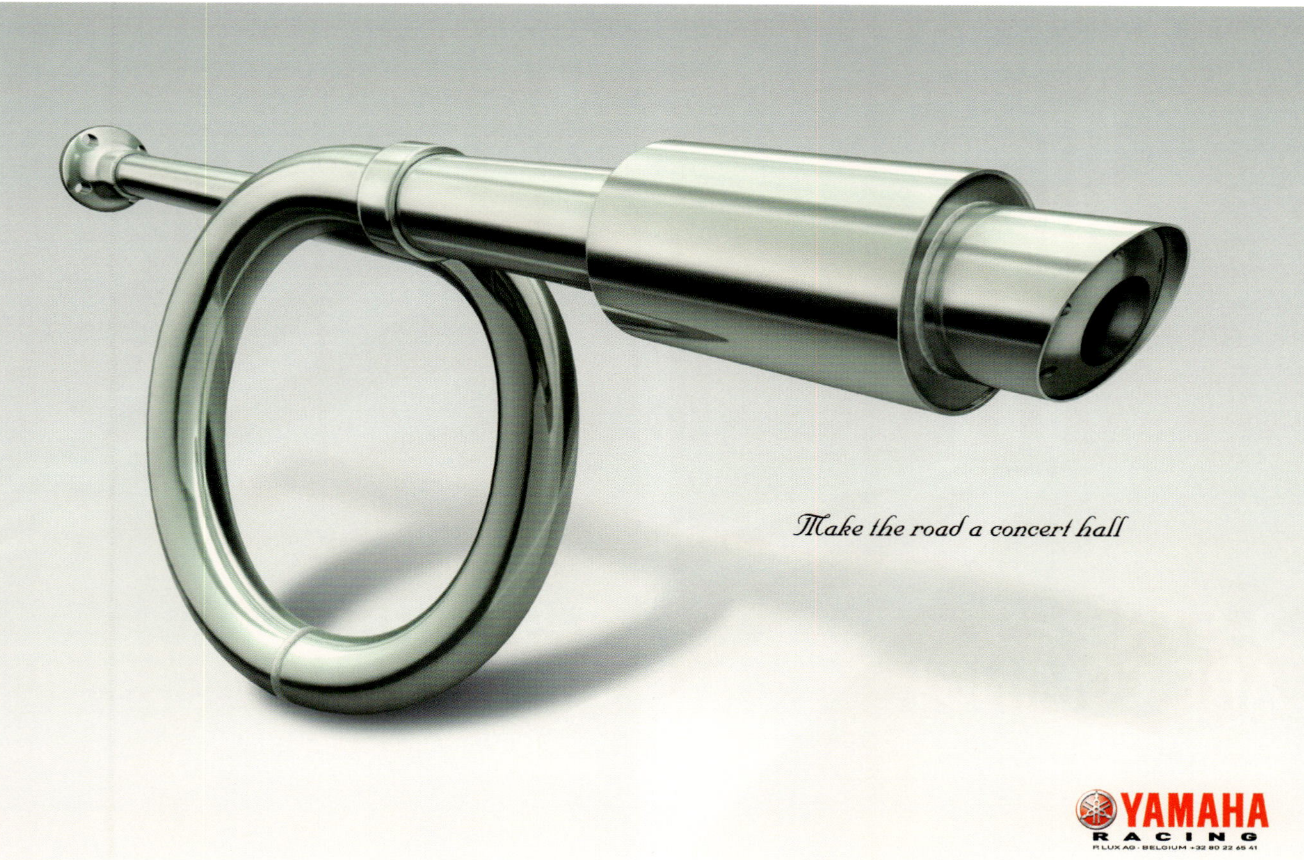

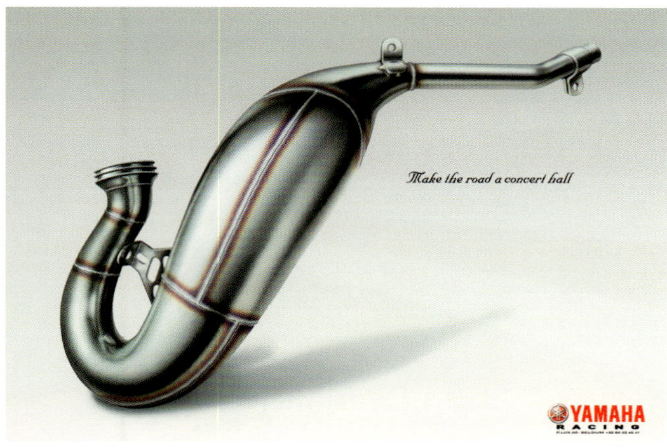

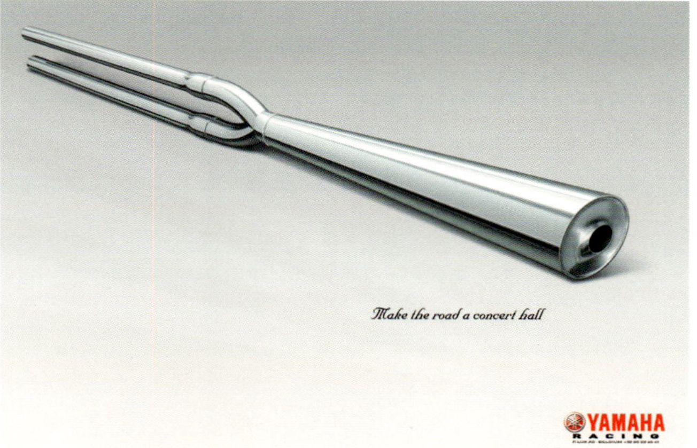

title
Instrumente (Horn, Saxofon, Stimmgabel)

type of work
18/1 poster campaign

appeared in
2005

client
Lux AG, St. Vith

design
Young & Rubicam GmbH & Co. KG, Frankfurt/Main
Head of marketing:
Peter Lux
Creative direction:
Christian Daul
Art direction:
Guido Masson
Text:
Guido Masson
Customer advisory service:
Lothar Grim
Agency producer:
Marion Lakatos
Illustration:
Klaus Gerber
c/o Claudia Schönhals

title
3 STRIPES ARE COMING!

type of work
Poster series

appeared in
2006

client
adidas-Salomon AG,
Herzogenaurach

design
KMS Team GmbH, Munich
Creative direction:
Michael Keller
Art direction:
Julia Just, Carola Gerlach
Customer advisory service:
Silke Streppelhoff
Strategic planning:
Armin Schlamp
Production management:
Melanie Sauer

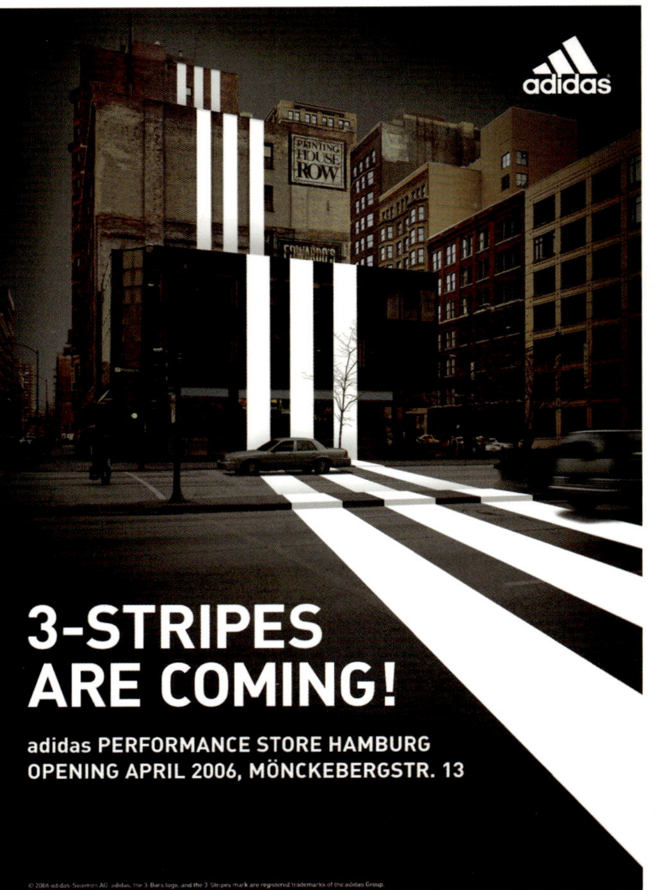

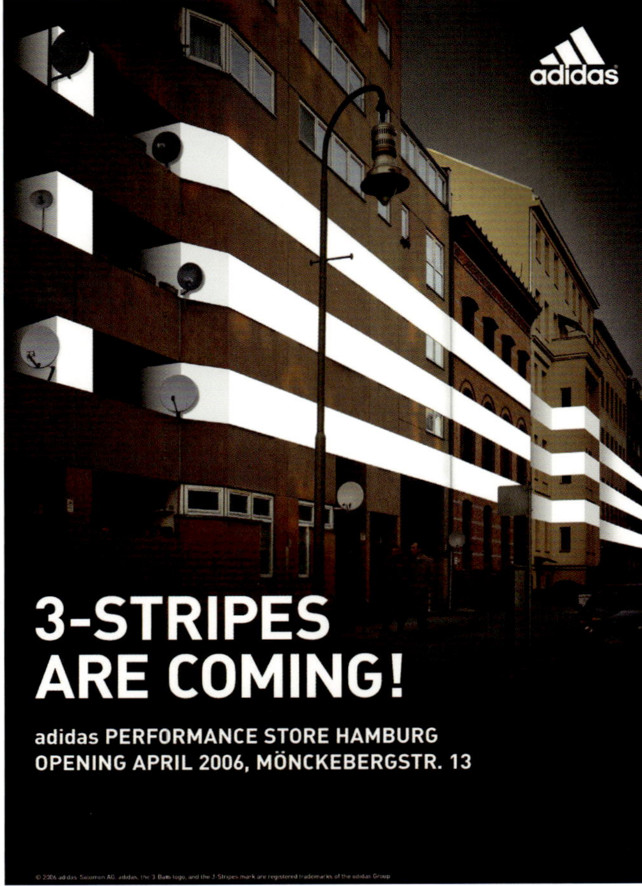

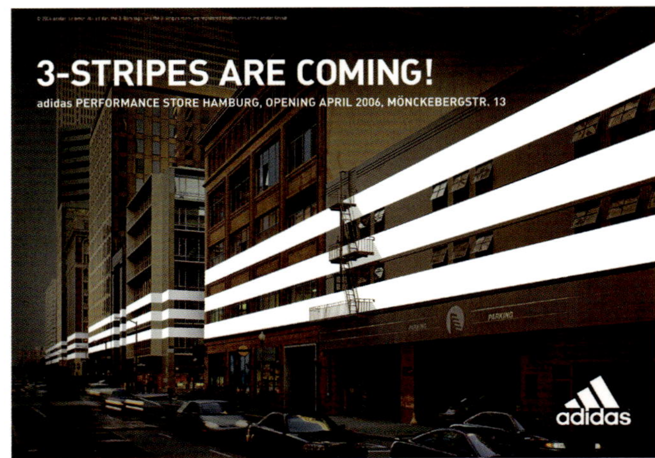

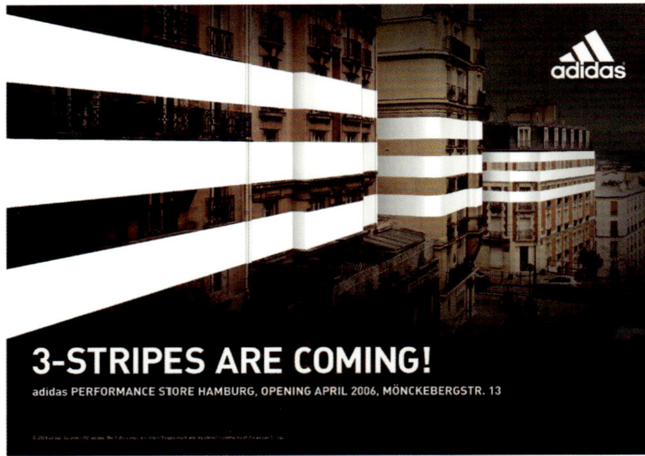

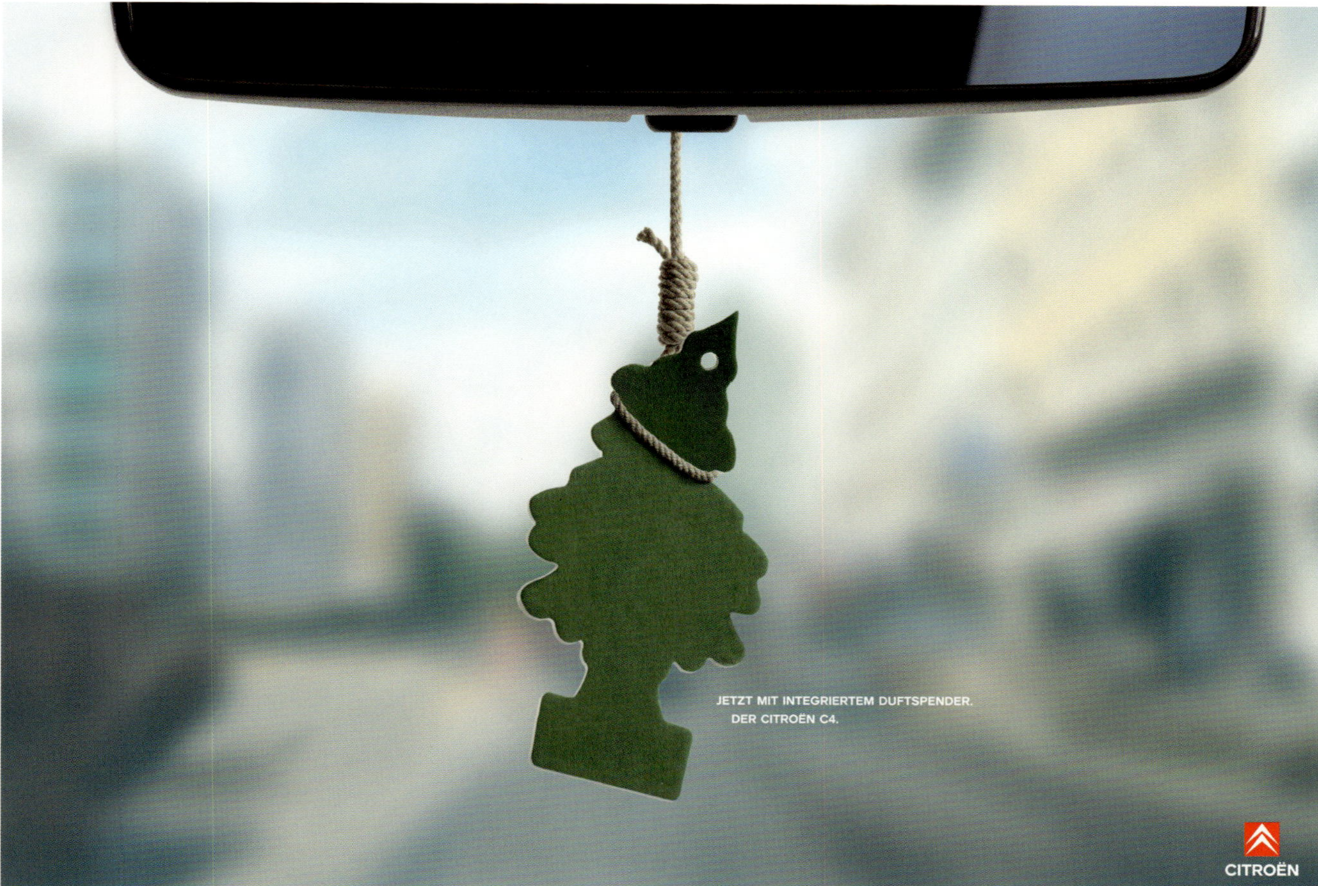

title
Duftbaum

type of work
Advertisement

appeared in
2005

client
Citroën Deutschland AG, Cologne
Head of marketing: Sonja Heine
Head of advertising: Silke Carstens, Heike Kaatz

design
Euro RSCG Düsseldorf
Creative direction: Martin Breuer
Text: Martin Venn
Graphic design: Nathalie Funke
Image editing: Siegfried Diersch
Photography: Volker Möhrke

title
Nichts ist, wie es scheint.

type of work
Advertisements

appeared in
2005

client
Süddeutsche Zeitung
GmbH, Munich

design
GBK, Heye Werbeagentur
GmbH, Munich
Photography:
Jan Willem Scholten
Head of marketing:
Klaus Füreder
(Süddeutsche Zeitung
GmbH)
Head of advertising:
Sonja Assfalg,
Gabriella Hoffmann
Creative direction:
Alexander Bartel,
Martin Kießling
Art direction:
Zeljko Pezely
Text:
Marcel Koop
Customer advisory service:
Clemens Dreyer,
Florine Falkenstein

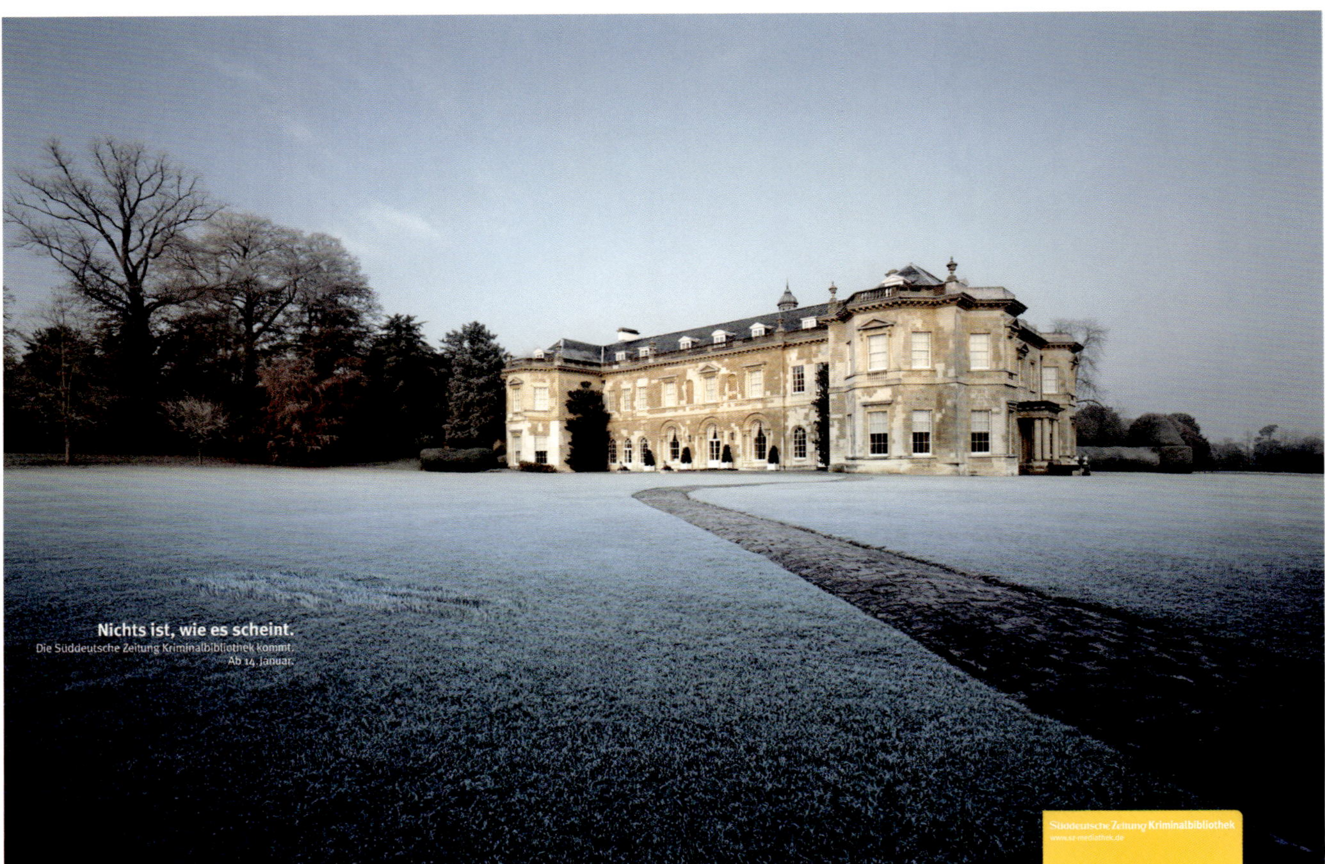

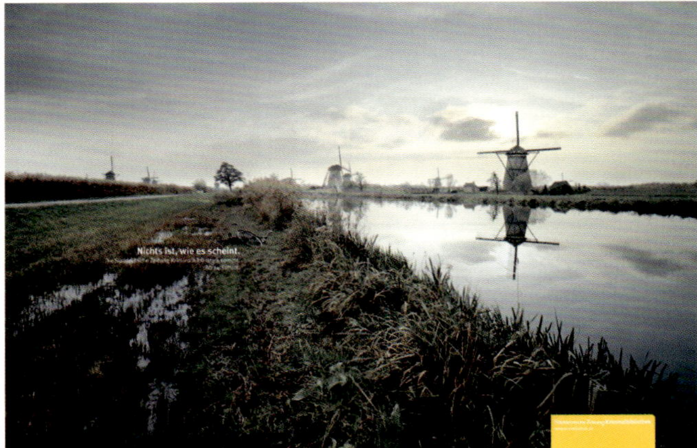

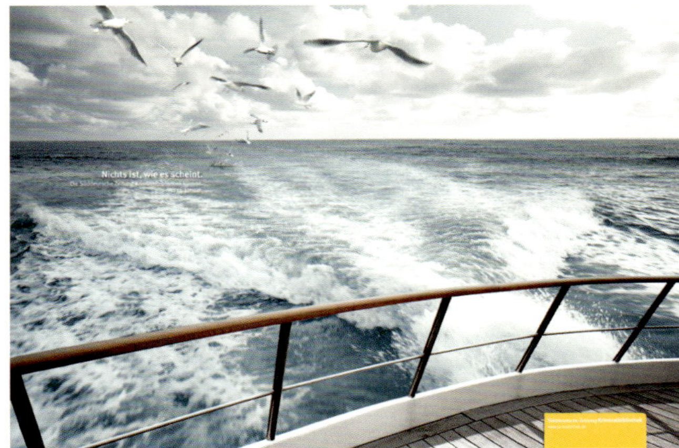

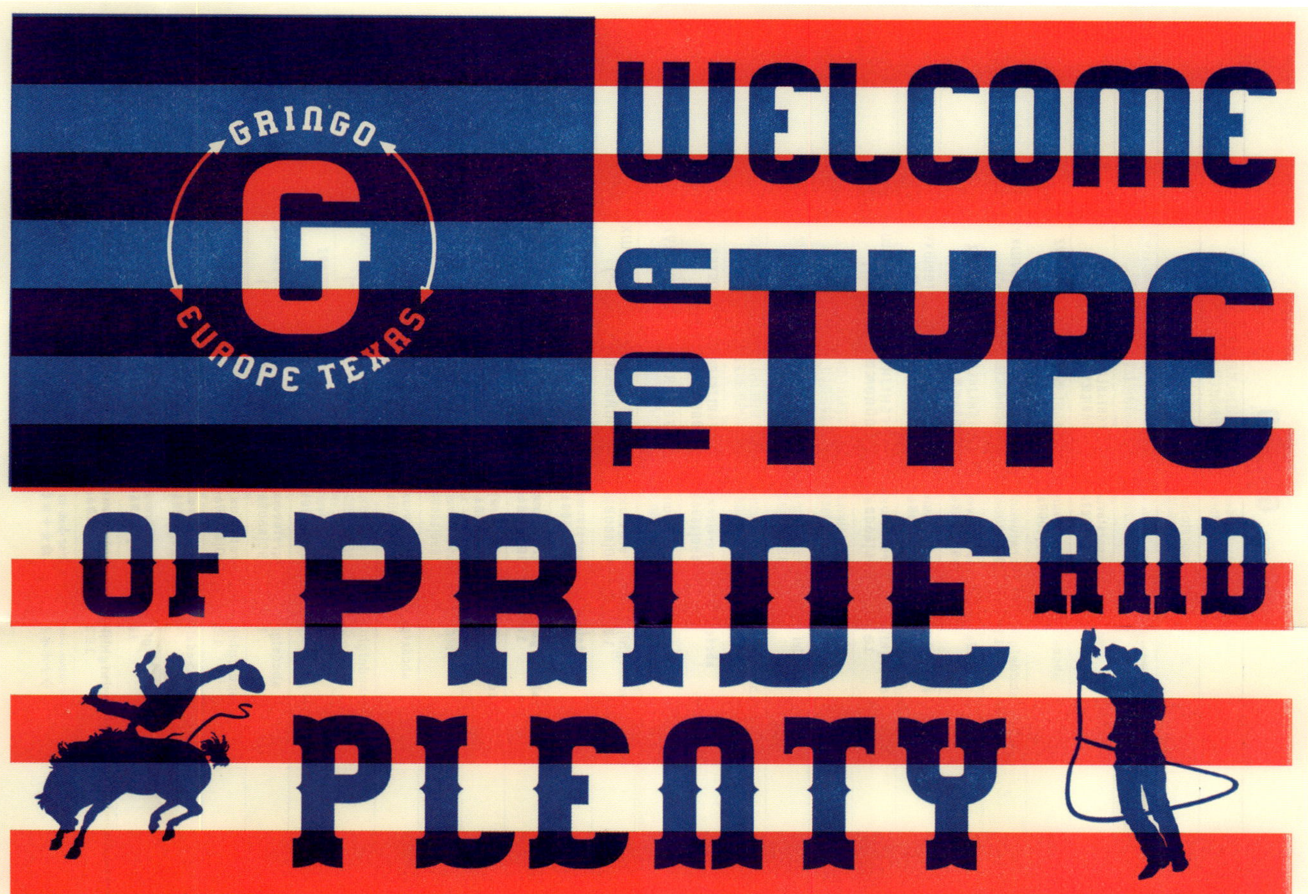

title
Gringo Schriftensystem
(junior award)

type of work
Font brochure

appeared in
2006

client
Volcano type, Karlsruhe
Hochschule Pforzheim,
Fakultät für Gestaltung

design
Peter Brugger, Karlsruhe

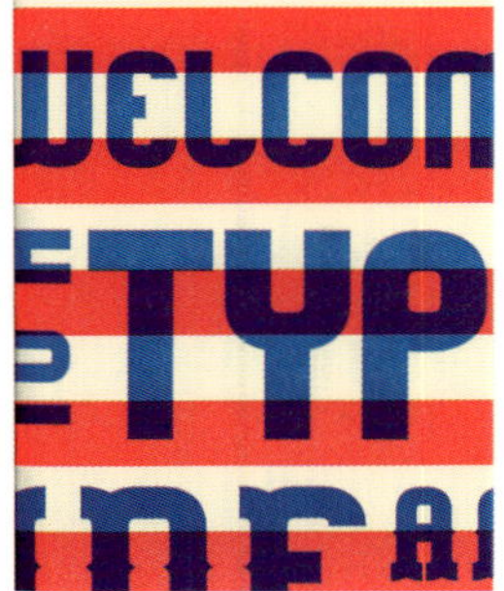

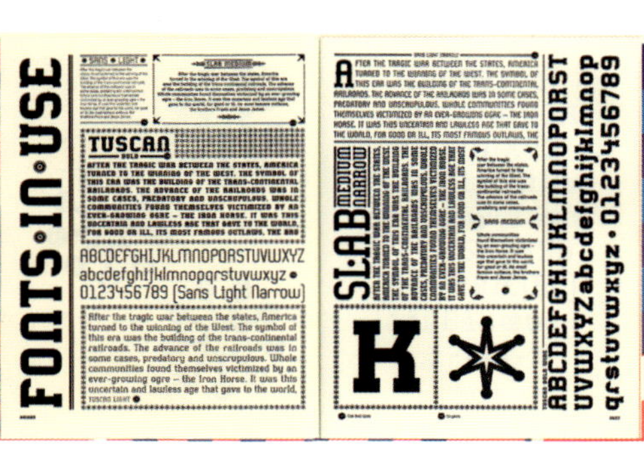

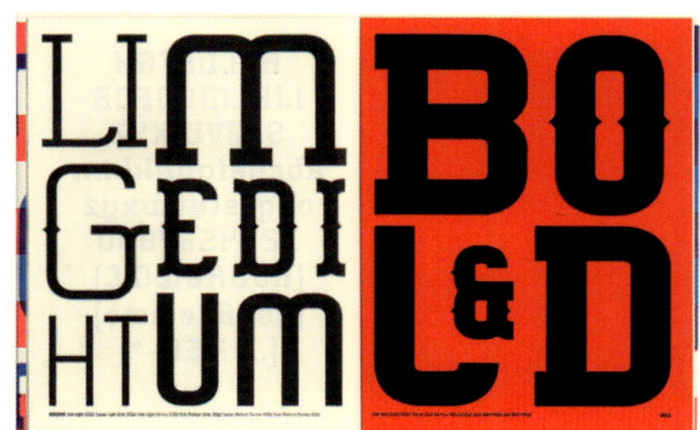

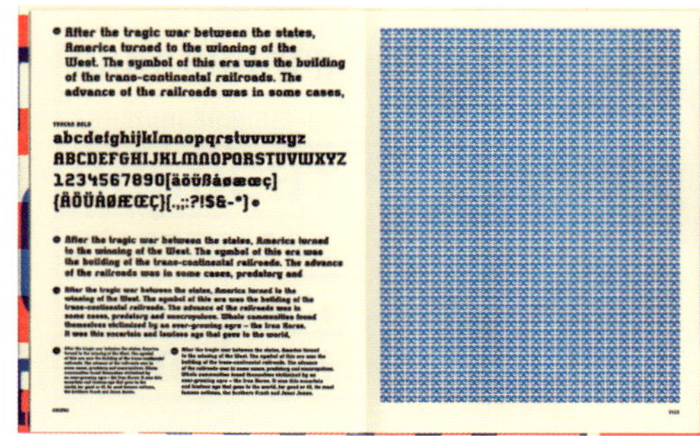

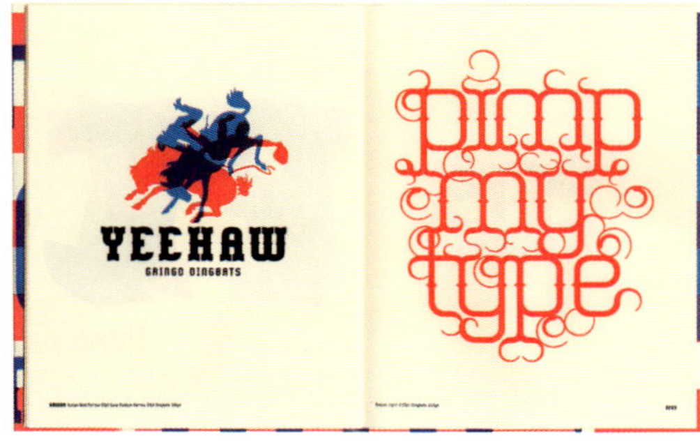

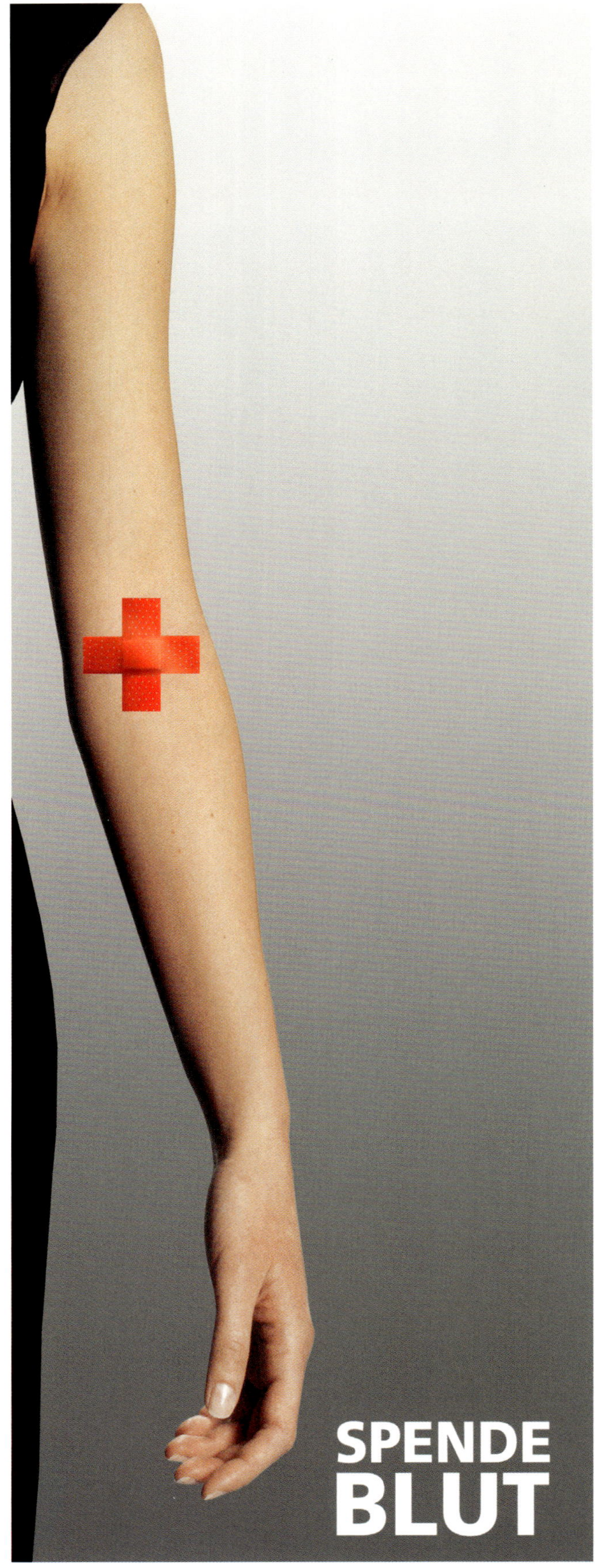
SPENDE
BLUT

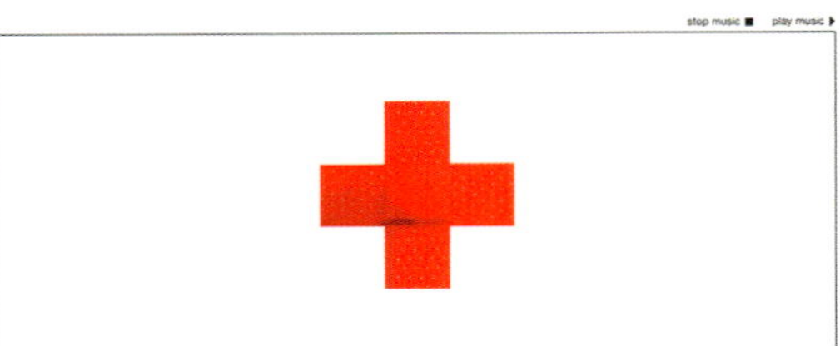
stop music
play music

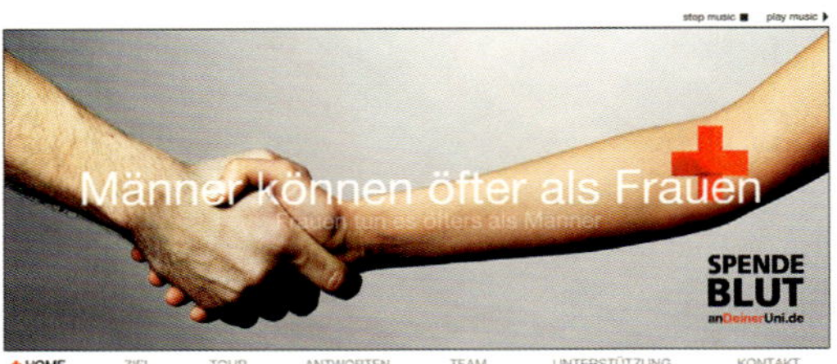
stop music
play music
Männer können öfter als Frauen
SPENDE
BLUT
anDeinerUni.de
HOME
ZIEL
TOUR
ANTWORTEN
TEAM
UNTERSTÜTZUNG
KONTAKT

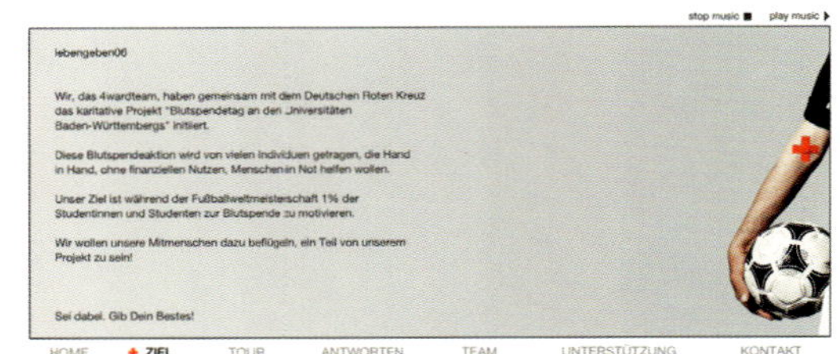
stop music
play music
lebengeben06
Wir, das 4wardteam, haben gemeinsam mit dem Deutschen Roten Kreuz das karitative Projekt "Blutspendetag an den Universitäten Baden-Württembergs" initiiert.
Diese Blutspendeaktion wird von vielen Individuen getragen, die Hand in Hand, ohne finanziellen Nutzen, Menschen in Not helfen wollen.
Unser Ziel ist während der Fußballweltmeisterschaft 1% der Studentinnen und Studenten zur Blutspende zu motivieren.
Wir wollen unsere Mitmenschen dazu beflügeln, ein Teil von unserem Projekt zu sein!
Sei dabei. Gib Dein Bestes!
HOME
ZIEL
TOUR
ANTWORTEN
TEAM
UNTERSTÜTZUNG
KONTAKT

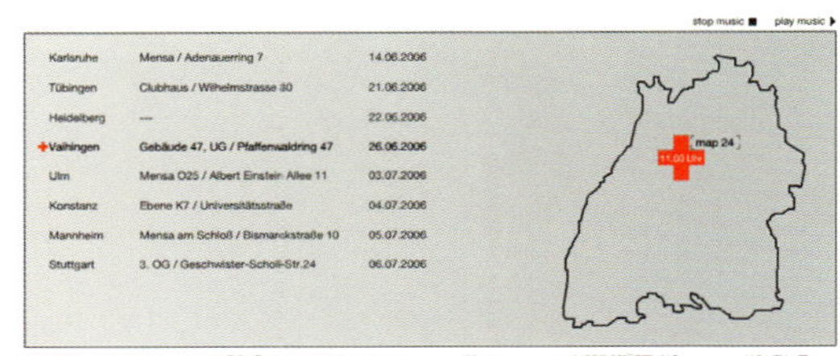
stop music
play music
Karlsruhe Mensa / Adenauerring 7 14.06.2006
Tübingen Clubhaus / Wilhelmstrasse 30 21.06.2006
Heidelberg --- 22.06.2006
Vaihingen Gebäude 47, UG / Pfaffenwaldring 47 26.06.2006
Ulm Mensa O25 / Albert Einstein Allee 11 03.07.2006
Konstanz Ebene K7 / Universitätsstraße 04.07.2006
Mannheim Mensa am Schloß / Bismarckstraße 10 05.07.2006
Stuttgart 3. OG / Geschwister-Scholl-Str.24 06.07.2006
map 24
HOME
ZIEL
TOUR
ANTWORTEN
TEAM
UNTERSTÜTZUNG
KONTAKT

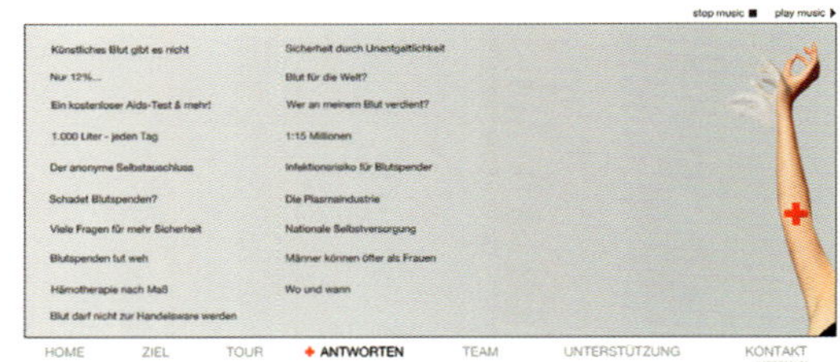
stop music
play music
Künstliches Blut gibt es nicht
Nur 12%...
Ein kostenloser Aids-Test & mehr!
1.000 Liter - jeden Tag
Der anonyme Selbstauschluss
Schadet Blutspenden?
Viele Fragen für mehr Sicherheit
Blutspenden tut weh
Hämotherapie nach Maß
Blut darf nicht zur Handelsware werden
Sicherheit durch Unentgeltlichkeit
Blut für die Welt?
Wer an meinem Blut verdient?
1:15 Millionen
Infektionsrisiko für Blutspender
Die Plasmaindustrie
Nationale Selbstversorgung
Männer können öfter als Frauen
Wo und wann
HOME
ZIEL
TOUR
ANTWORTEN
TEAM
UNTERSTÜTZUNG
KONTAKT

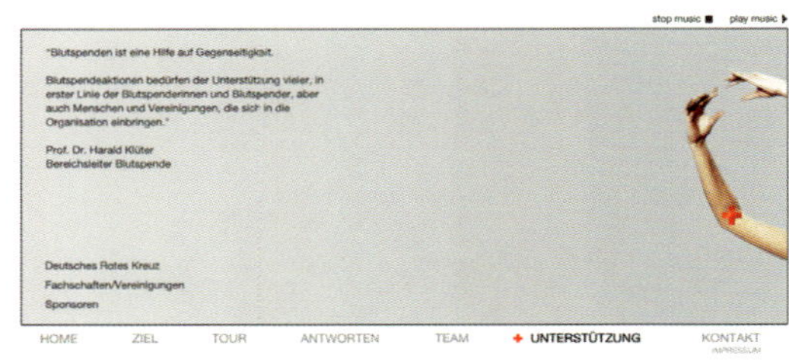
stop music
play music
"Blutspenden ist eine Hilfe auf Gegenseitigkeit.
Blutspendeaktionen bedürfen der Unterstützung vieler, in erster Linie der Blutspenderinnen und Blutspender, aber auch Menschen und Vereinigungen, die sich in die Organisation einbringen."
Prof. Dr. Harald Klüter
Bereichsleiter Blutspende
Deutsches Rotes Kreuz
Fachschaften/Vereinigungen
Sponsoren
HOME
ZIEL
TOUR
ANTWORTEN
TEAM
UNTERSTÜTZUNG
KONTAKT

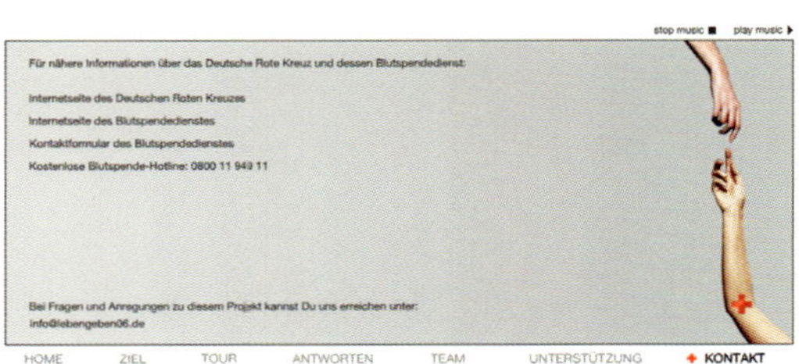
stop music
play music
Für nähere Informationen über das Deutsche Rote Kreuz und dessen Blutspendedienst:
Internetseite des Deutschen Roten Kreuzes
Internetseite des Blutspendedienstes
Kontaktformular des Blutspendedienstes
Kostenlose Blutspende-Hotline: 0800 11 949 11
Bei Fragen und Anregungen zu diesem Projekt kannst Du uns erreichen unter:
info@lebengeben06.de
HOME
ZIEL
TOUR
ANTWORTEN
TEAM
UNTERSTÜTZUNG
KONTAKT

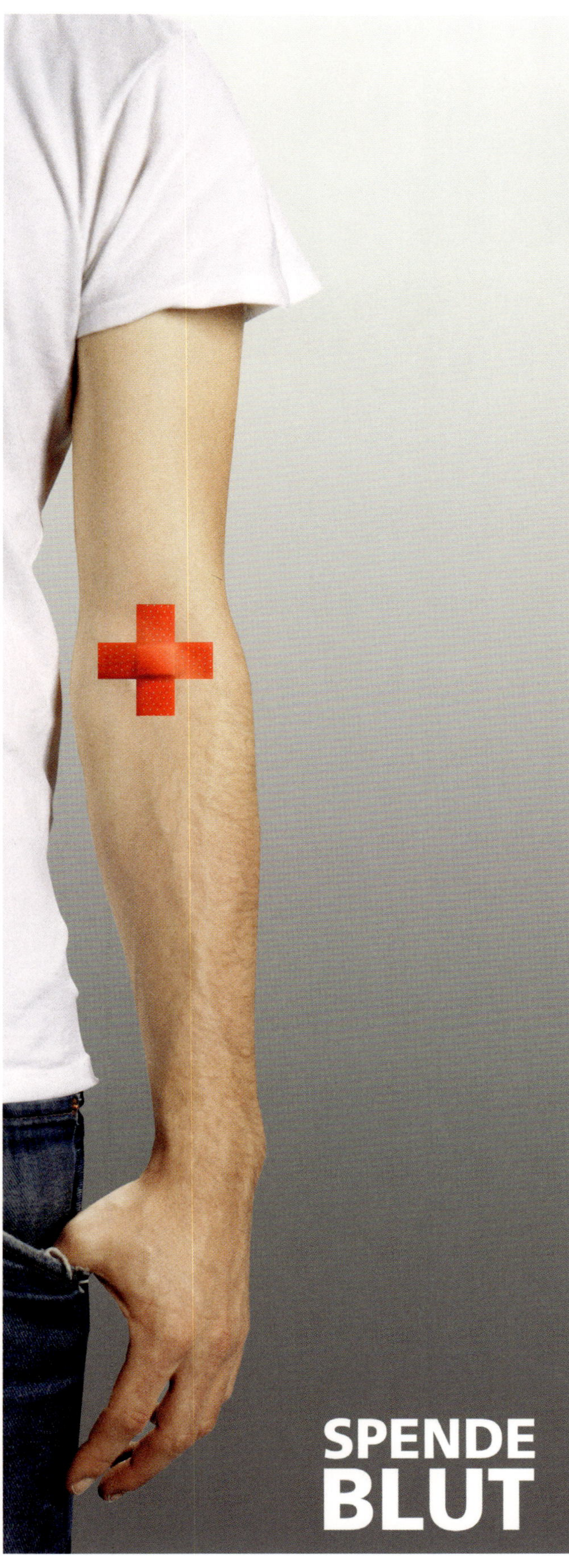

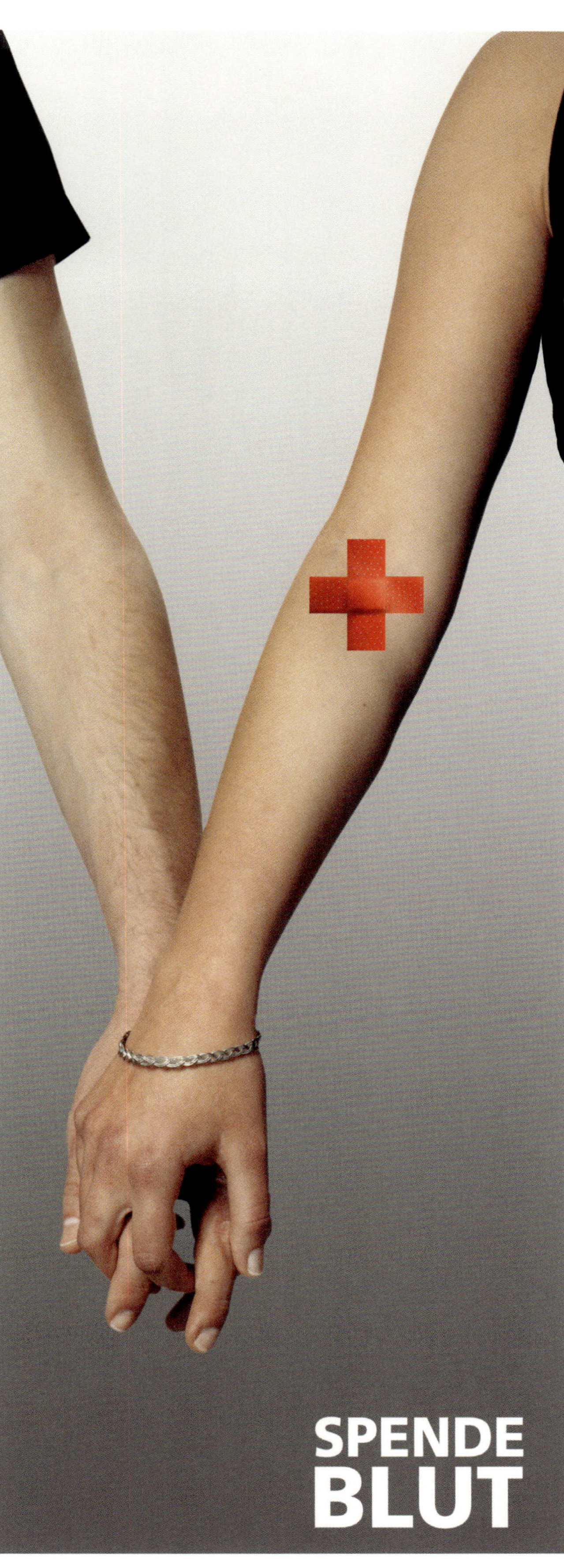

title
lebengeben
(junior award)

type of work
Initial campaign
(posters, internet, info
stand, plaster)

appeared in
2006

client
Deutsches Rotes Kreuz
Blutspendedienst
Baden-Württemberg /
Hessen

design
STUDIOHEINZ, Stuttgart
Pascal Heinz, Silke Schorr
Web:
Robert Heyes
Photography:
Andreas Dalferth
Music:
Can Erdogan
Internet:
Totems c&a
Printing:
Wachter GmbH

Leonardo Sonnoli
Apex Lin
Jean Jacques Schaffner

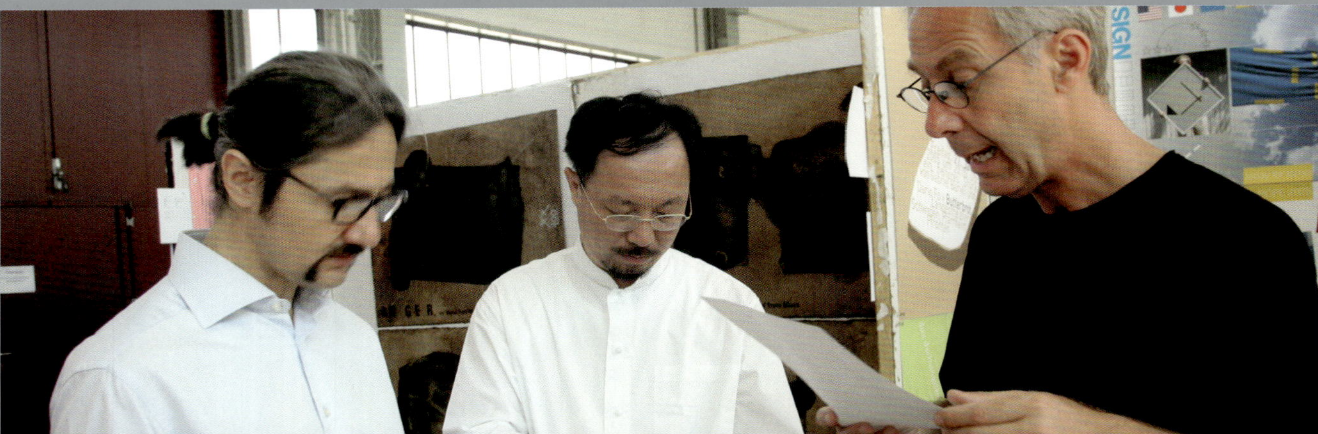

Eleganz trotz Barcodes

Im Bereich des Verpackungsdesigns stehen trotz der strengen Vorgaben durch die Hersteller Leichtigkeit und Humor im Vordergrund. Auffallend ist eine Reduktion auf das Wesentliche, die originell umgesetzt wird. Eine anziehende Schlichtheit verleiht der Verpackung einen edlen Charakter, und in der Verbindung von klaren Formen mit prägnanter Typographie und Farbigkeit ergeben sich überzeugende Gestaltungslösungen. Im medizinischen Bereich sind eine hohe Funktionalität und Anwenderfreundlichkeit die wichtigsten Kriterien. Sehr gut durchdacht sind beispielsweise Pillenverpackungen, die unterschiedlich portionierbar sind und damit sensibel auf die individuellen Anforderungen des Patienten eingehen können. Die Jury zeigt sich beeindruckt. „Denn", so ihr Urteil, „die besondere Leistung erfolgreichen Verpackungsdesigns besteht darin, die Qualität und Anziehungskraft eines Produkts treffend auf den Punkt zu bringen und mit einer eigenständigen Idee zugleich für sich selbst zu stehen."

Elegance despite bar codes

Despite manufacturers' strict requirements, light-heartedness and humour are to the fore in the field of packaging design. A noticeable trend is the reduction to the essentials, which is implemented in original ways. An attractive simplicity gives the packaging a high-quality character, and the combination of clear forms with striking typography and colouring results in convincing design solutions. High functionality and user-friendliness are the most important criteria in the medical field. Cleverly thought-out pill packaging for example which allows different portions can adjust to patients' individual needs. The jury was impressed, "because the special achievement of successful packaging design lies in expressing the quality and attractiveness of a product concisely while at the same time being original with an independent idea."

design packaging

title
Landjäger
Das unregelmäßige
Magazin aus dem Wald

type of work
Magazine, packaging

appeared in
2006

client
Magazin Landjäger,
Egg

design
Magazin Landjäger, Egg
Head of advertising:
Michael Breidenbrücker
Creative direction:
Christian Feurstein,
Björn Matt, Karin Beer
Art direction:
Christian Feurstein,
Björn Matt, Karin Beer
(Chief) editorship:
Robert Hiller, Silke Ritter,
Christina Fink, Gunter Fetz

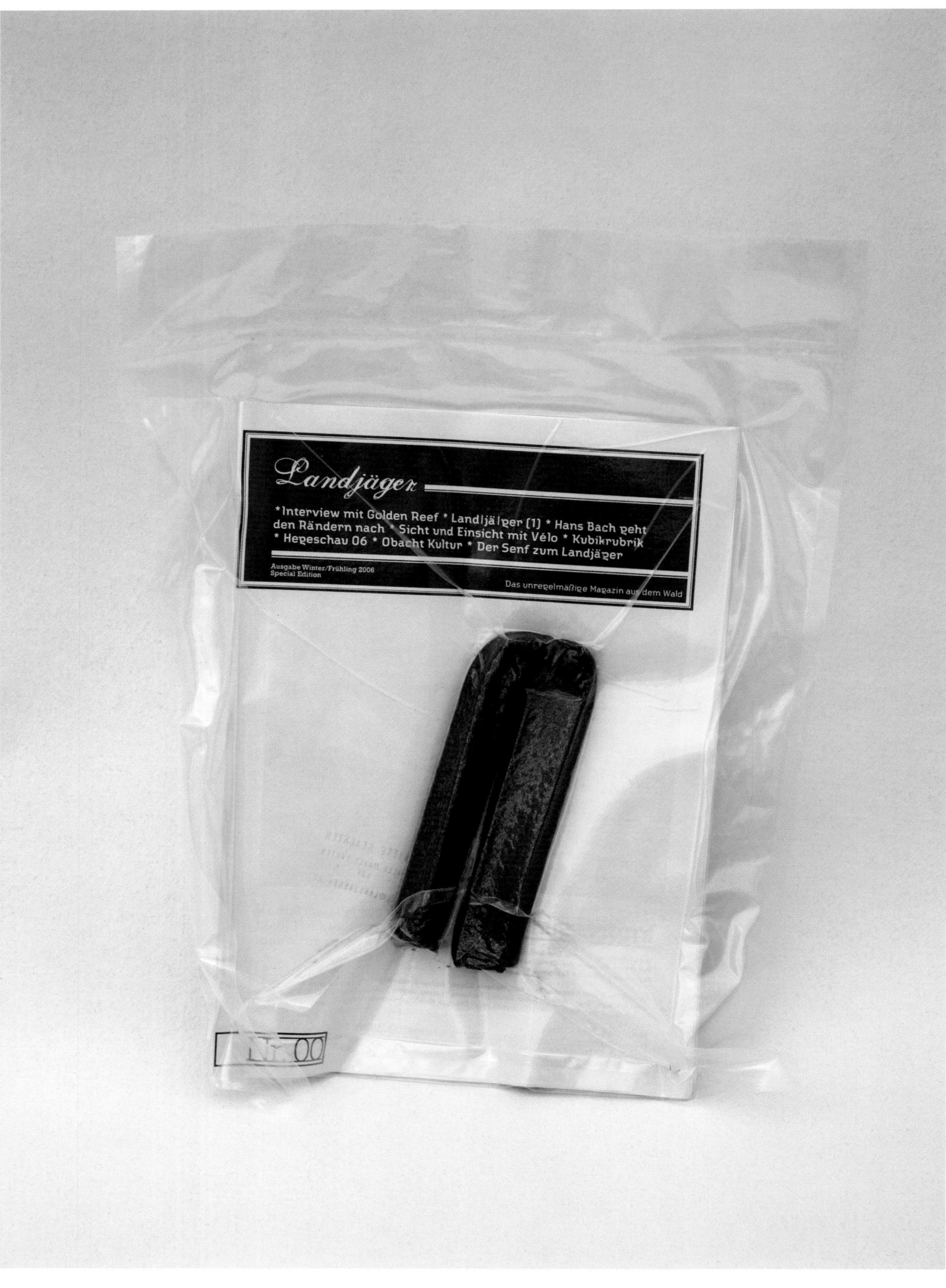

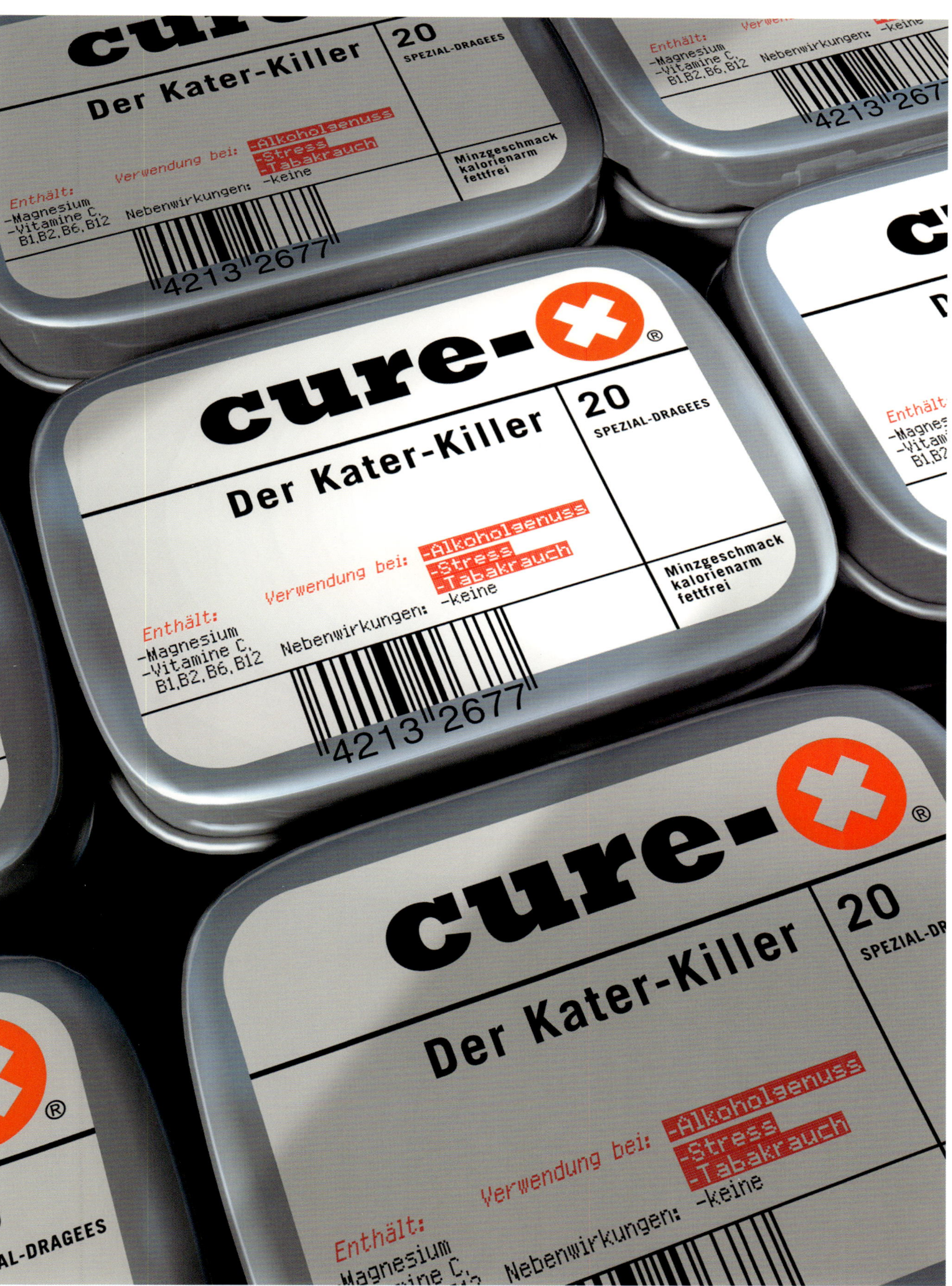

title
CURE-X

type of work
Package label design

appeared in
2005

client
CURE-X GmbH, Düsseldorf

design
HOME^Agentur für Kommunikation, Essen
Creative direction: Klaus Trommer
Art direction: Klaus Trommer
Text: Klaus Trommer
Customer advisory service: Klaus Trommer
Strategic planning: Klaus Trommer

title
multicolorLEDpanel

type of work
Illuminated DVD cover
with multicolor animation

appeared in
2006

client
LightDec GmbH,
Ingolstadt
Agentur Thomas Weber,
Munich

design
Godotdesign agency,
Munich
Maximilian Schmitz
Head of marketing:
Thomas Weber
(Agentur Thomas Weber)
Creative direction:
Maximilian Schmitz
Photography:
Christian Döring GmbH,
Munich
Image editing:
Lucas Müller
(Christian Döring GmbH)
Sponsoring:
Allianz AG, Munich
BMW AG, Munich
Bayer AG, Leverkusen
Covertex GmbH, Obing

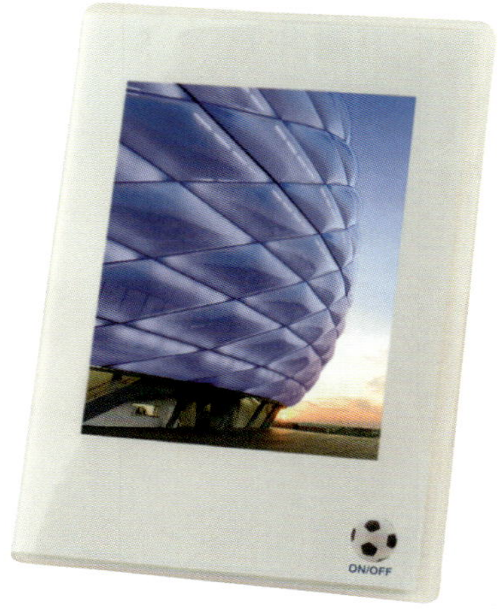

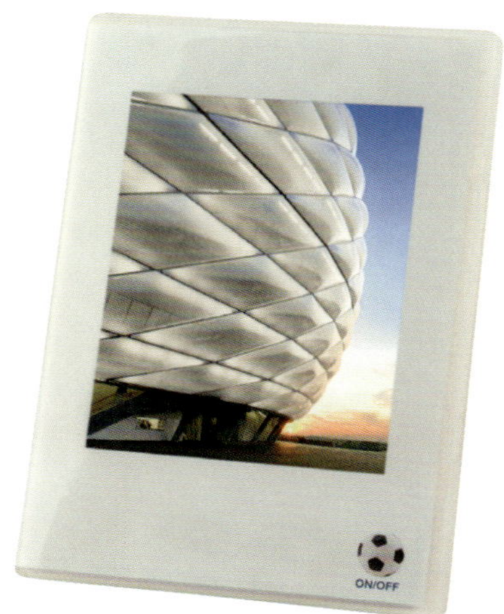

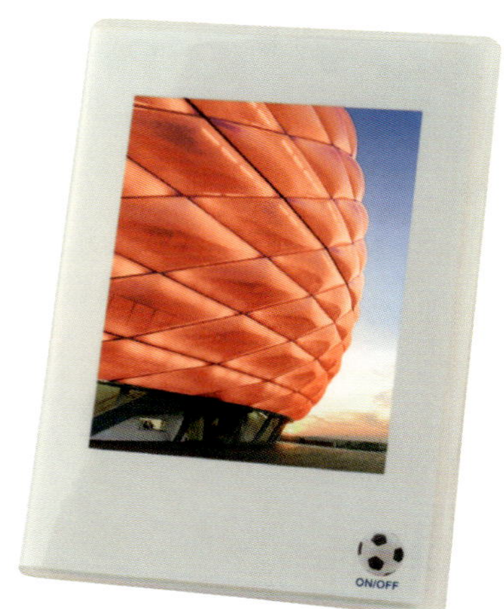

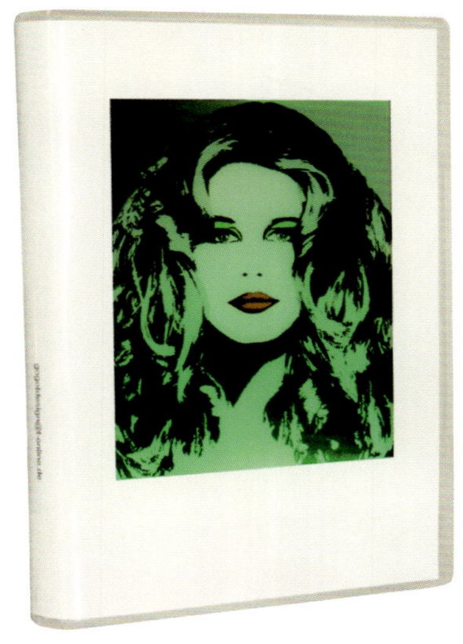
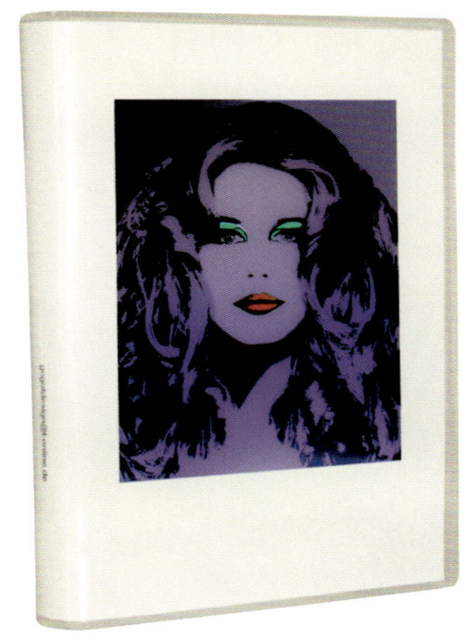
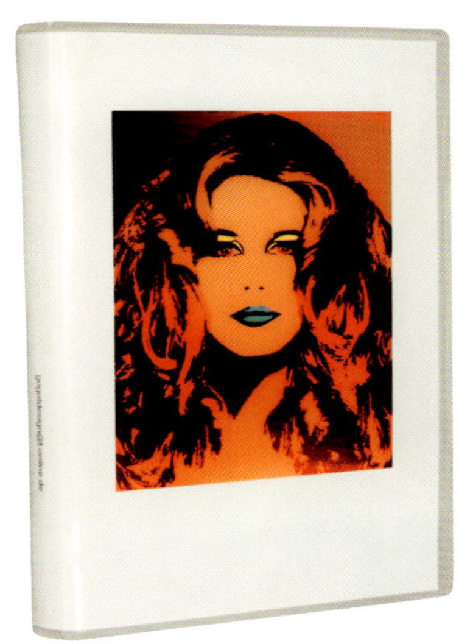
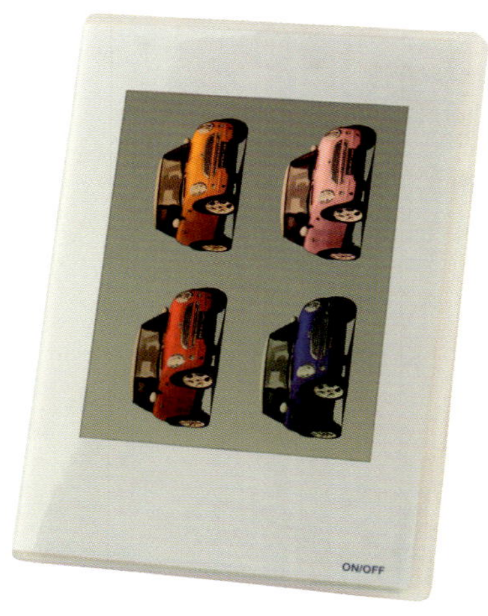

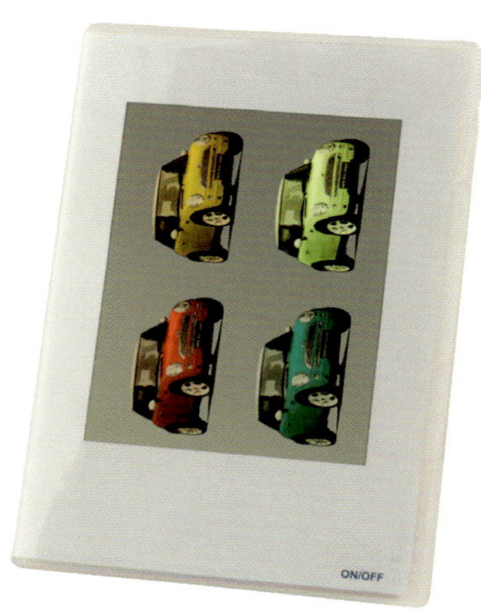

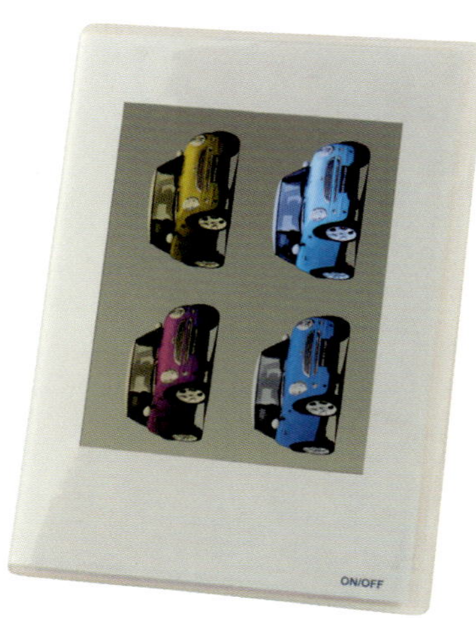

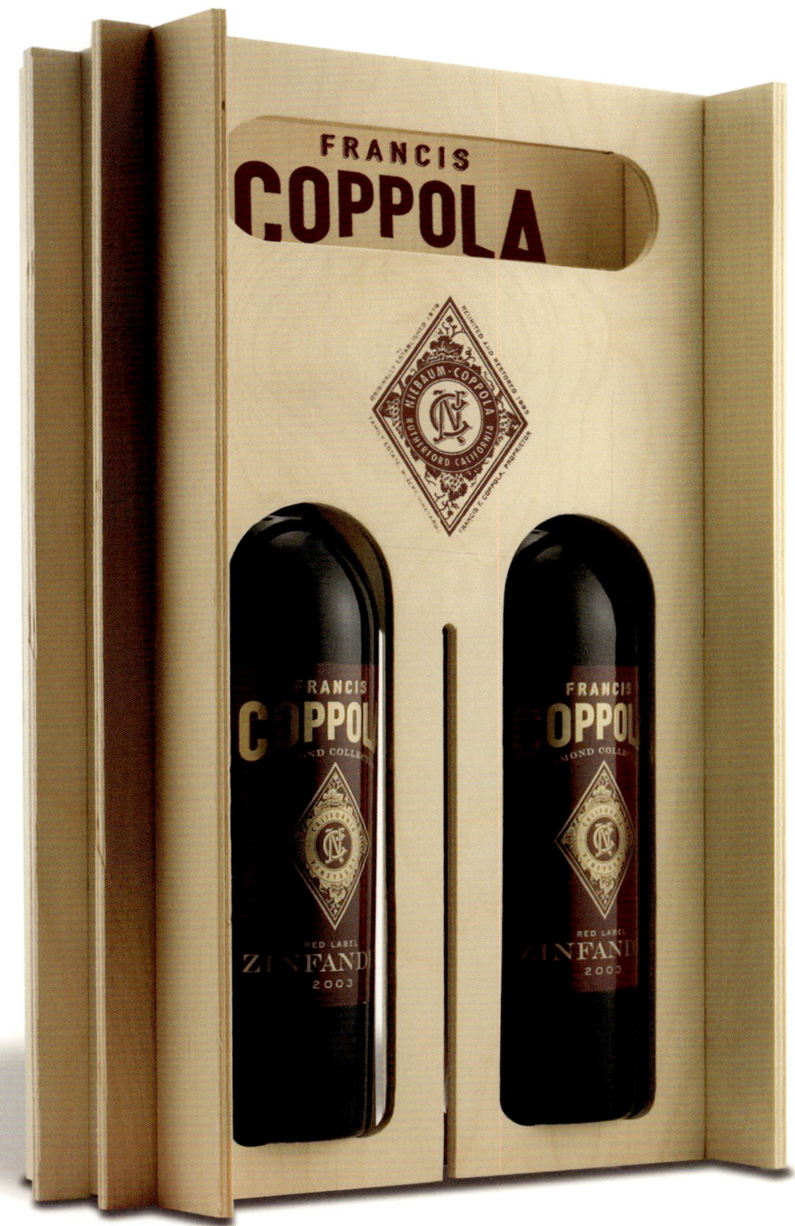

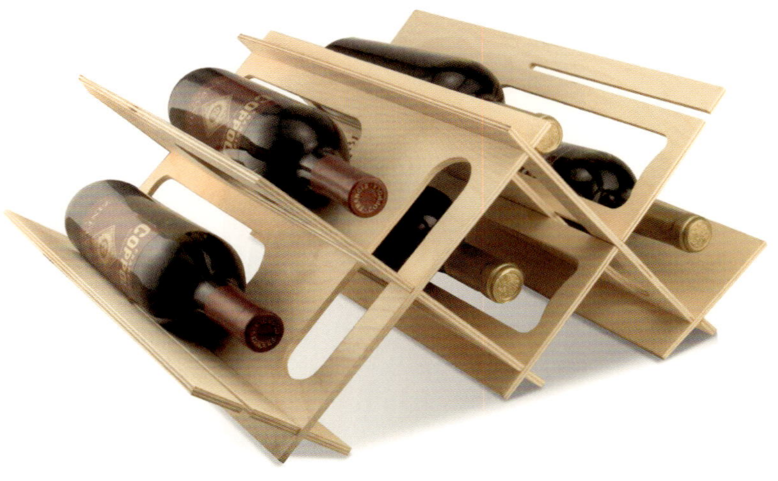

155

title
Tresdon Wine Packaging

type of work
Packaging design

appeared in
2005

client
ICON Packaging, Irvine

design
ICON Packaging, Irvine
Photography:
Emily Ivey
Head of marketing:
Ben LaBelle
Art direction:
Jason Ivey

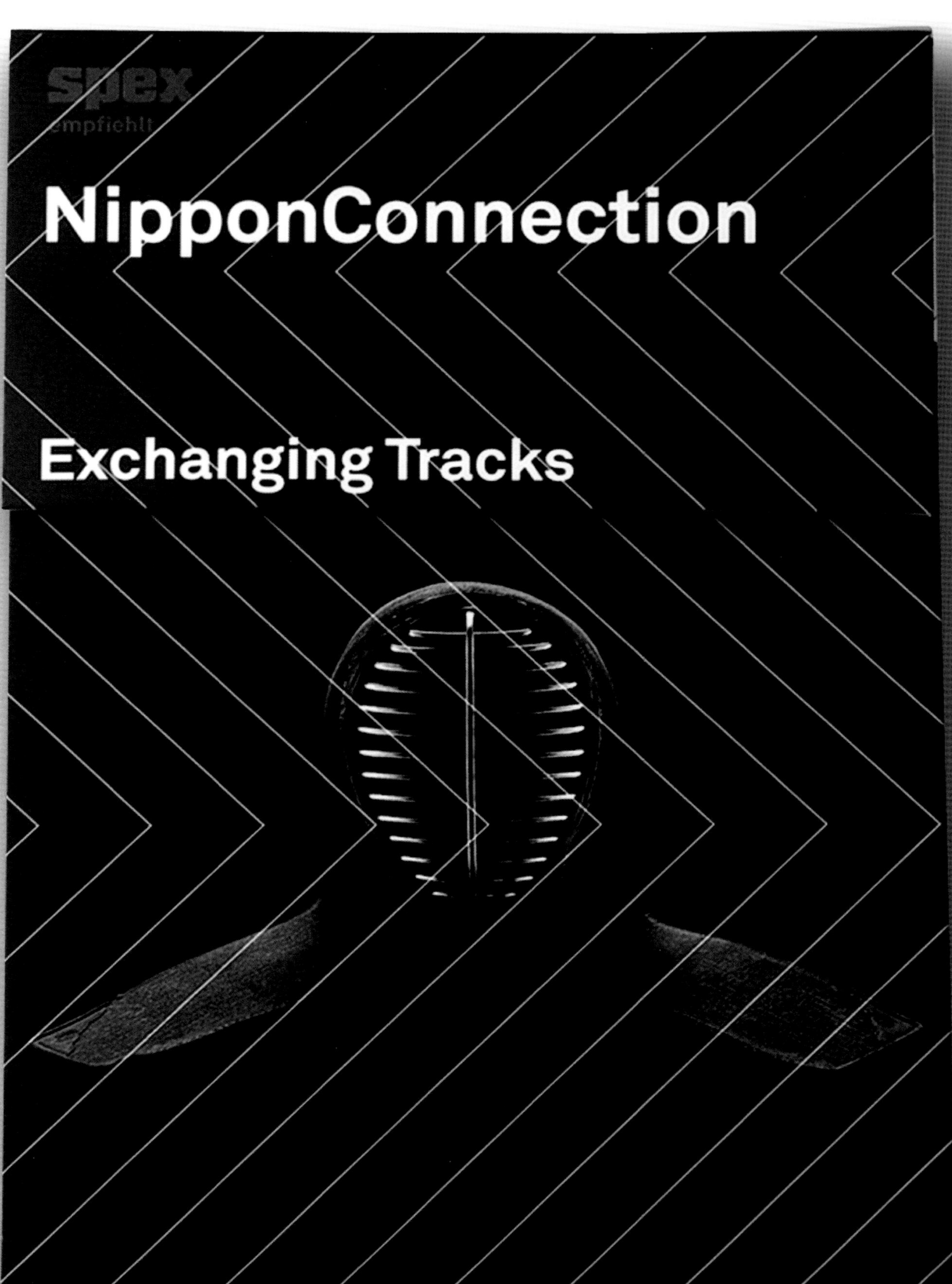
spex
empfiehlt
NipponConnection
Exchanging Tracks

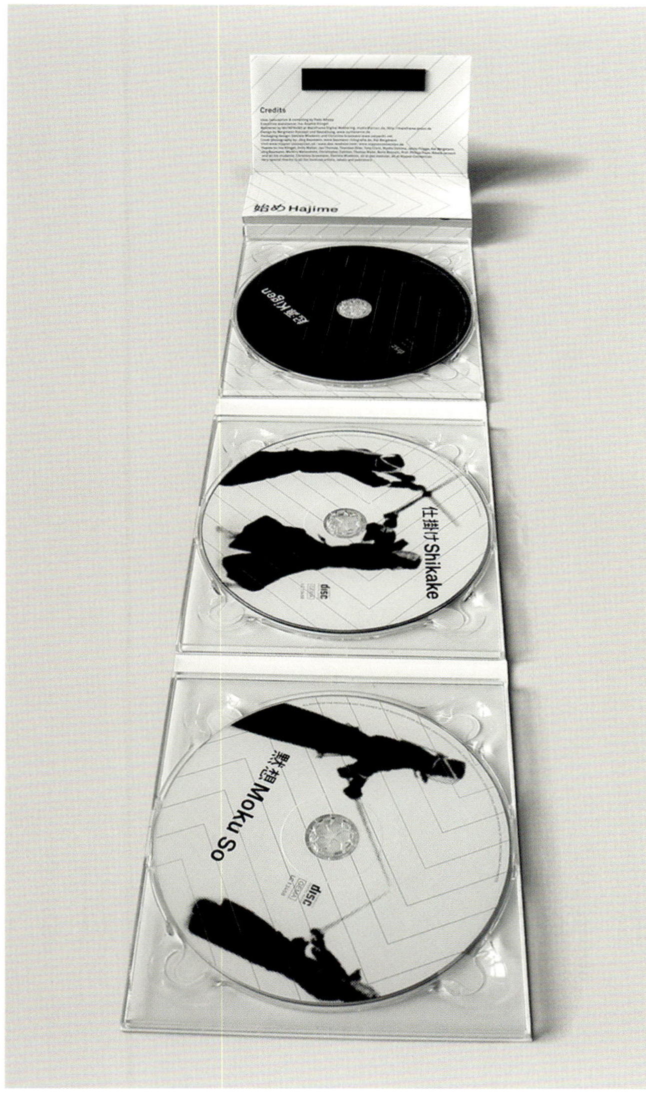

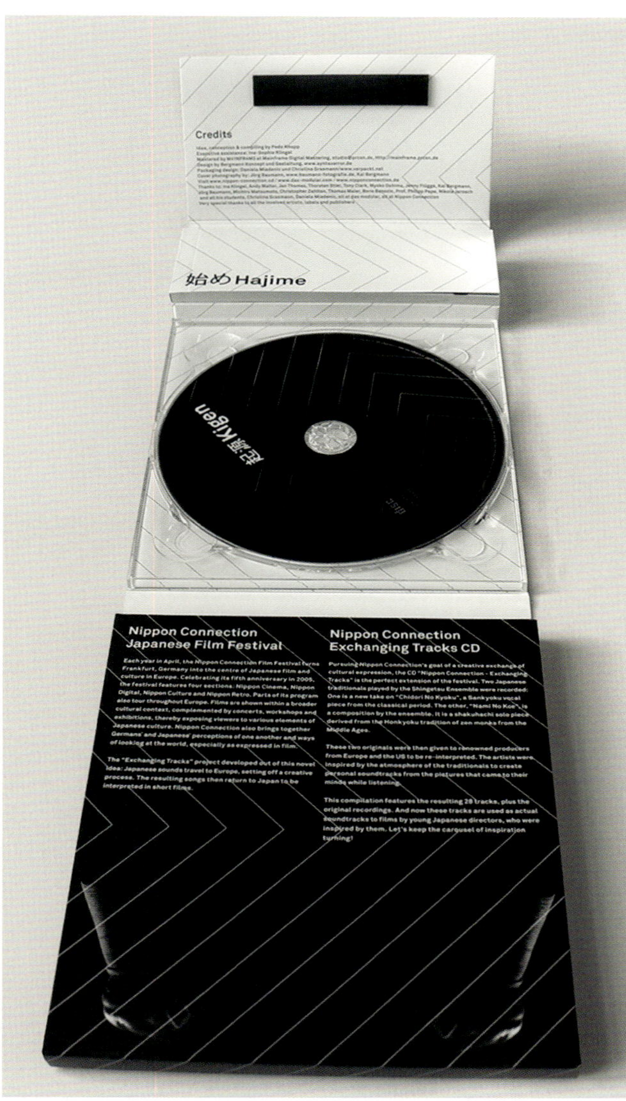

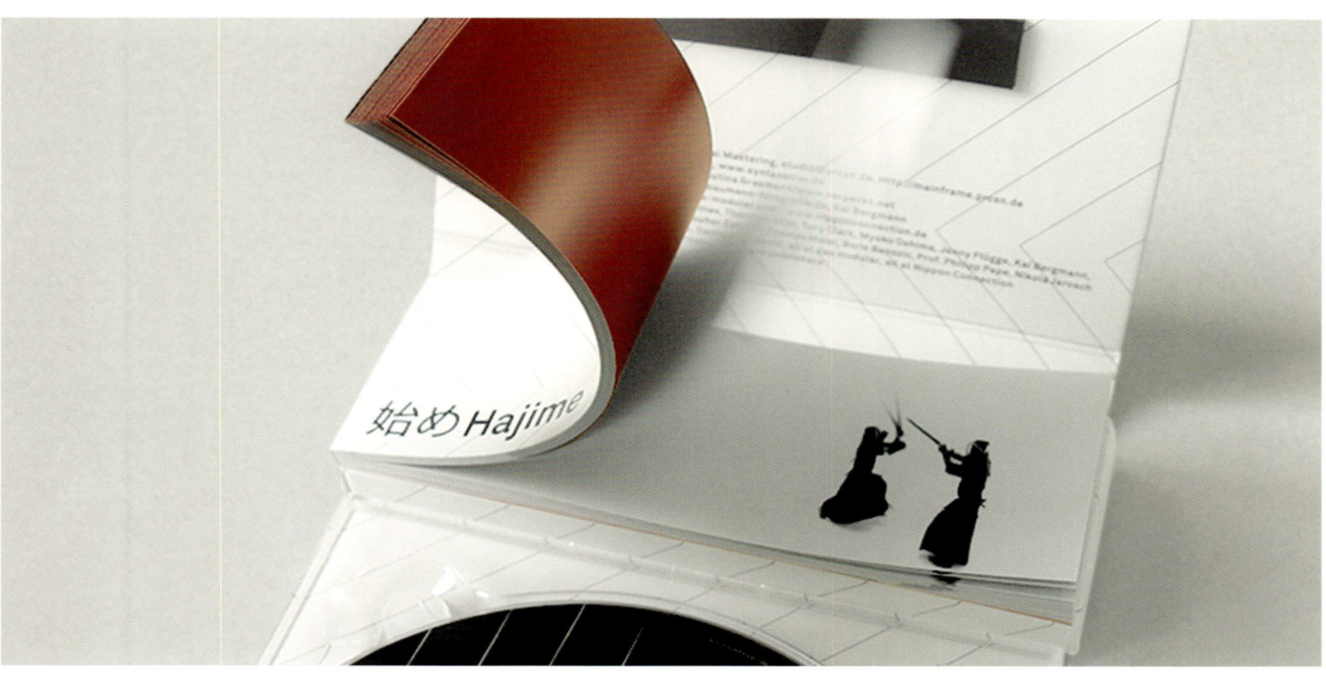

title
Nippon Connection – Exchanging Tracks

type of work
CD packaging design

appeared in
2005

client
das modular music and publishing, Hattersheim

design
dreizueins®, architektur-designgrafik, banozic bergmann seitz gbr, Frankfurt/Main
verpackt.net, Packaging Design, Semesterprojekt Fachhochschule Mainz, Studiengang Design, Prof. Philipp Pape (supervising professor)
Daniela Mladenic, Christina Grasmann
Photography:
Jörg Baumann
Creative direction:
Kai Bergmann
Art direction:
Kai Bergmann
Text:
Pedo Knopp (das modular music and publishing), Kai Bergmann
Customer advisory service:
Kai Bergmann
Strategic planning:
Kai Bergmann, Pedo Knopp (das modular music and publishing)
Image editing:
Kai Bergmann
Illustration:
Kai Bergmann

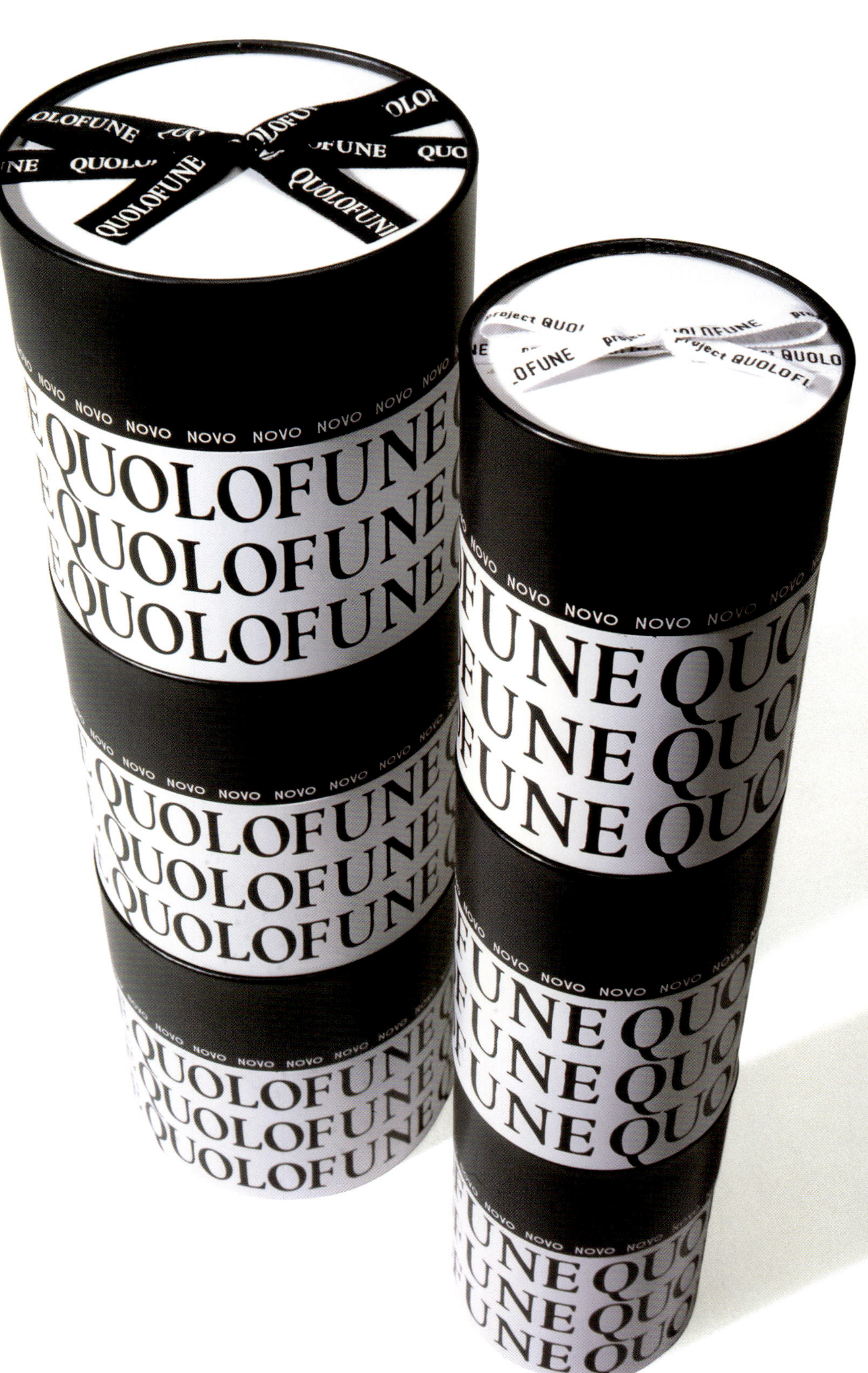
QUOLOFUNE
NOVO NOVO NOVO NOVO NOVO
QUOLOFUNE
QUOLOFUNE
QUOLOFUNE
project QUOLOFUNE

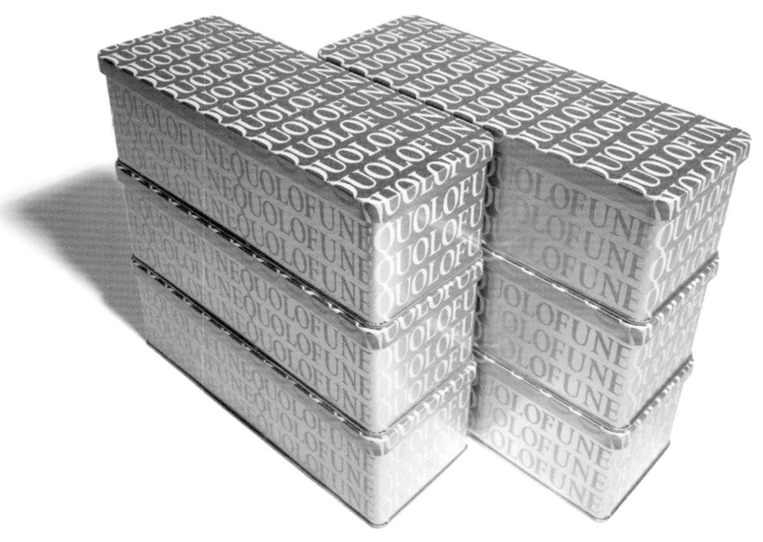

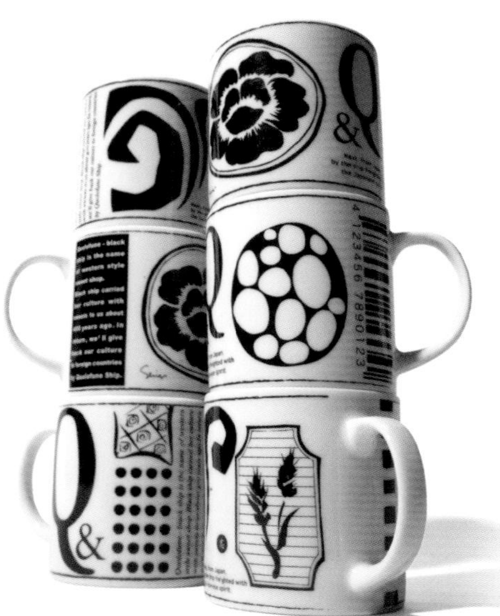

159

title
QUOLOFUNE

type of work
Packaging design

appeared in
2005

client
Quolofune, Osaka

design
Shigeno Araki Design & Co, Osaka
Creative direction:
Shigeno Araki
Art direction:
Shigeno Araki

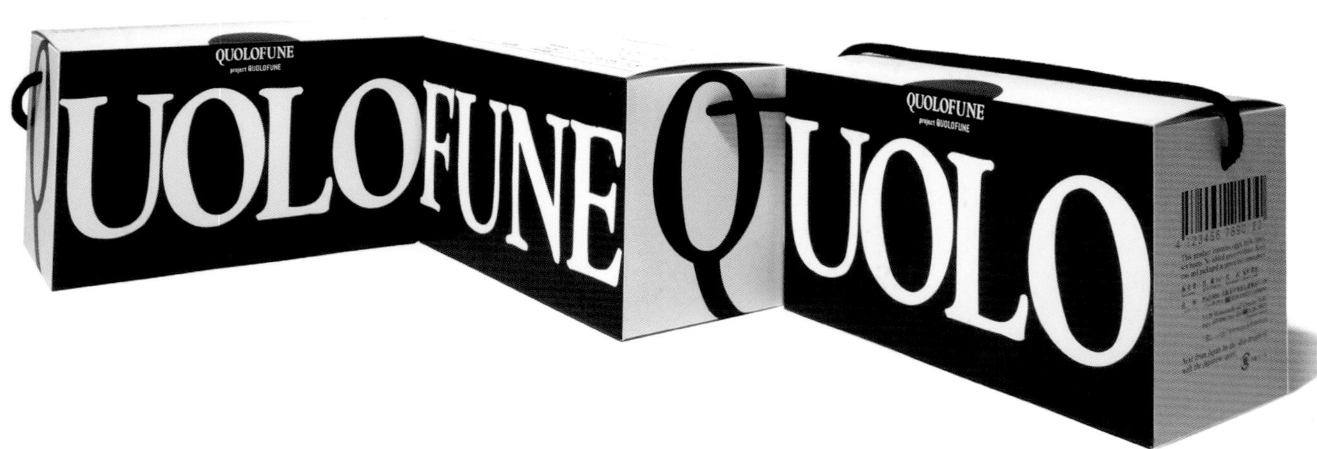

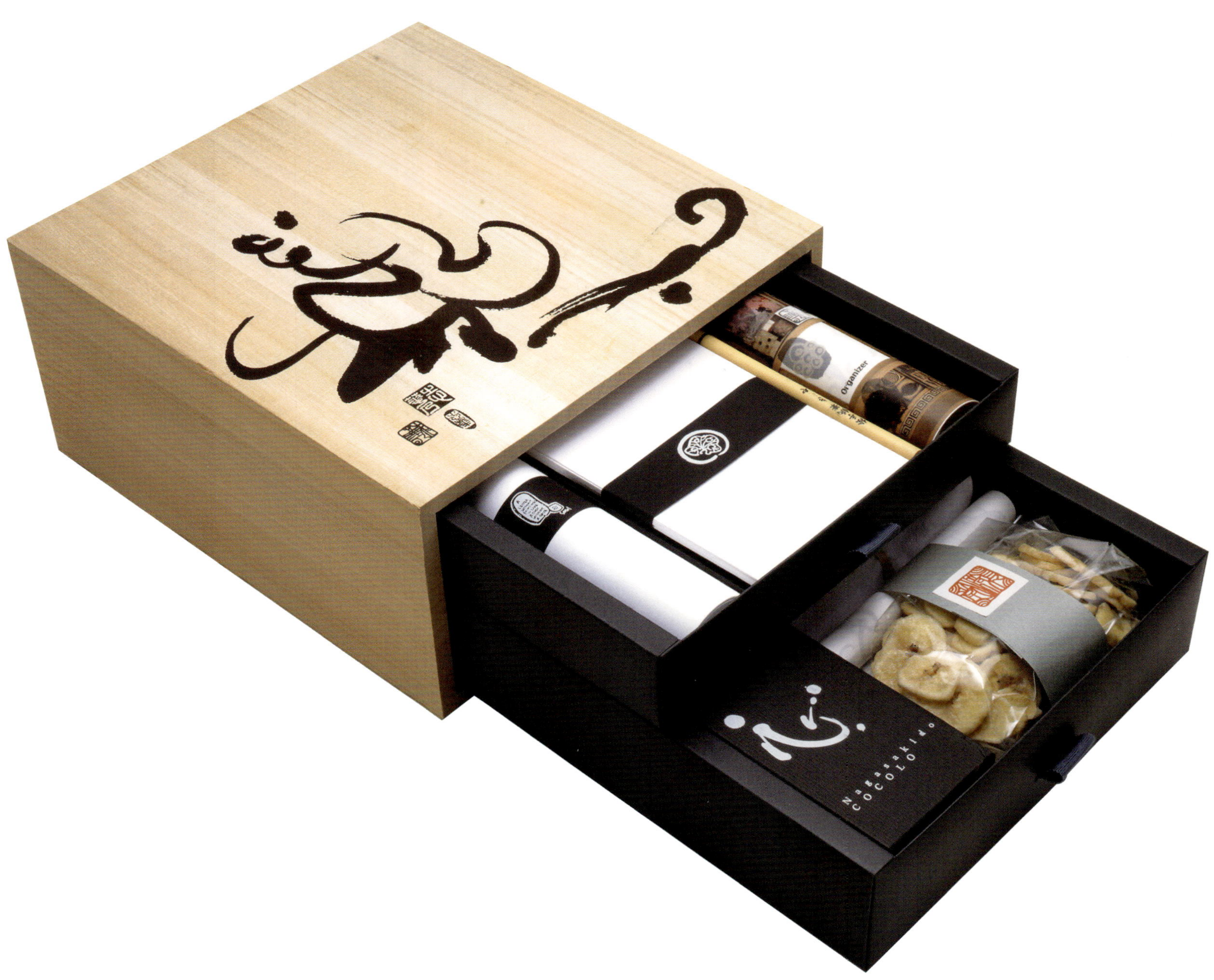
Organizer
Nagasakido
COCOLO

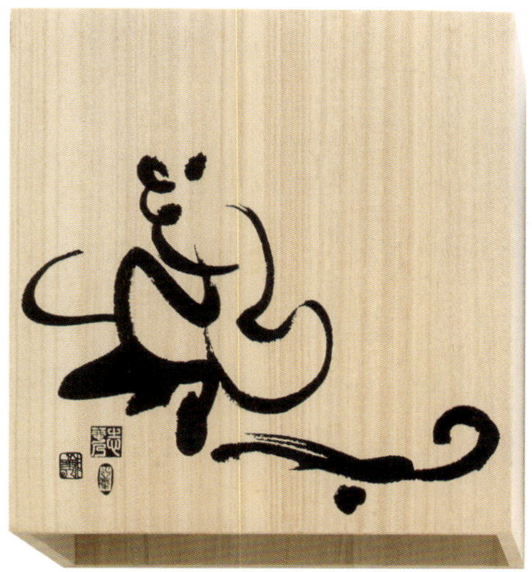

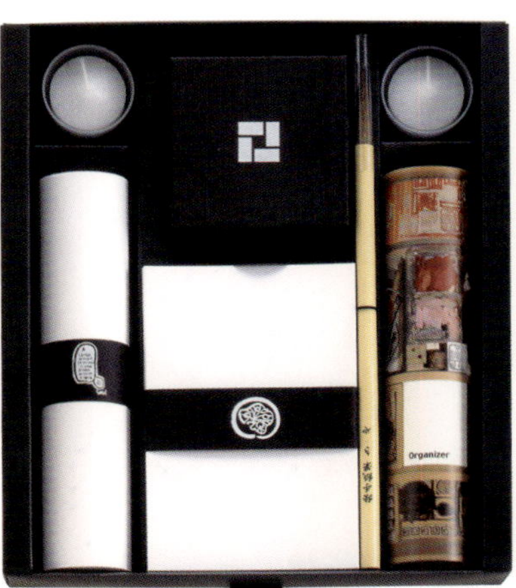

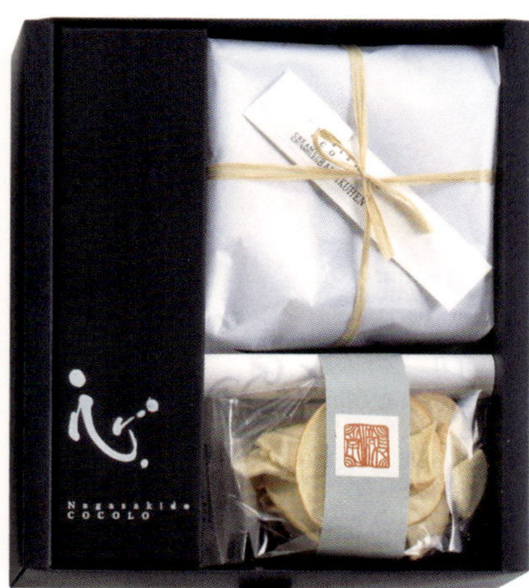

161

title
Winter Gift

type of work
Packaging design

appeared in
2005

client
Nagasakido Co. Ltd.,
Osaka

design
Shigeno Araki Design & Co,
Osaka
Creative direction:
Shigeno Araki
Art direction:
Shigeno Araki

title
Swell juices

type of work
Packaging design

appeared in
2005

client
Envasados Eva,
Lecumberri

design
ruiz+company,
Barcelona
David Ruiz,
Jordi Torres

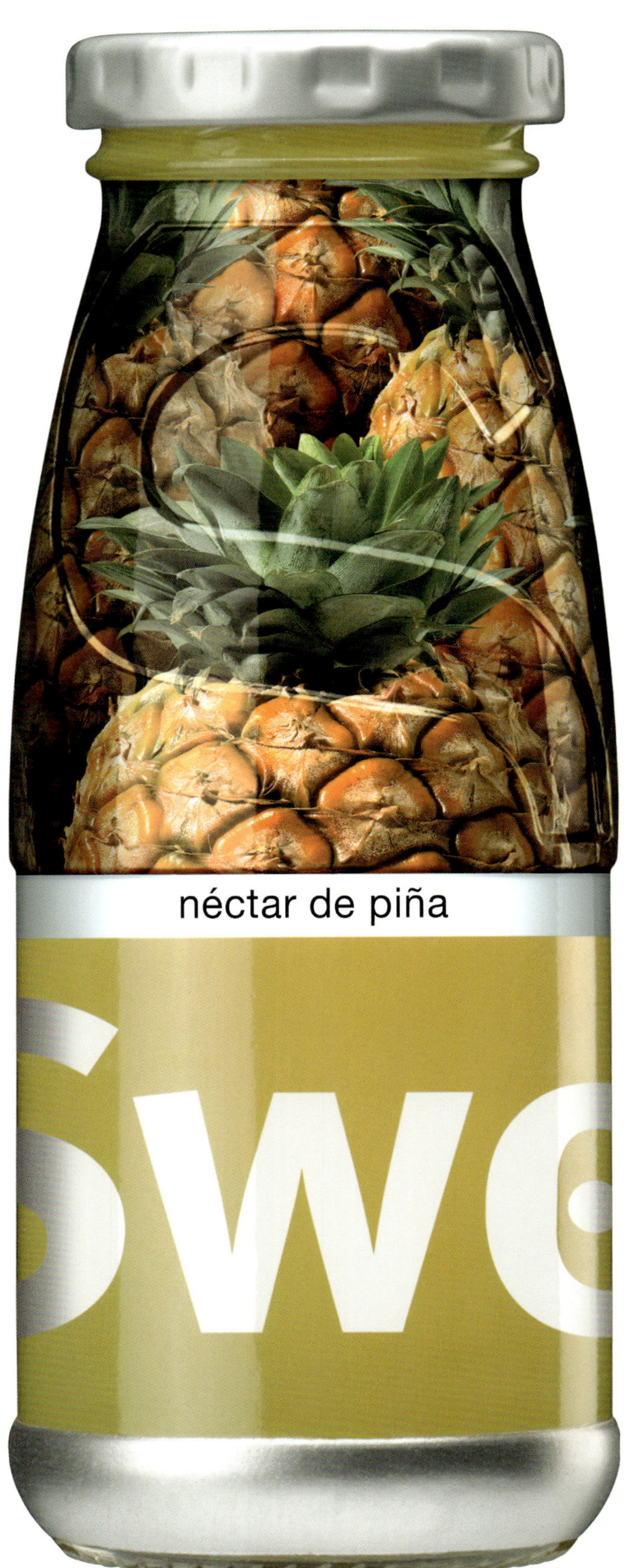

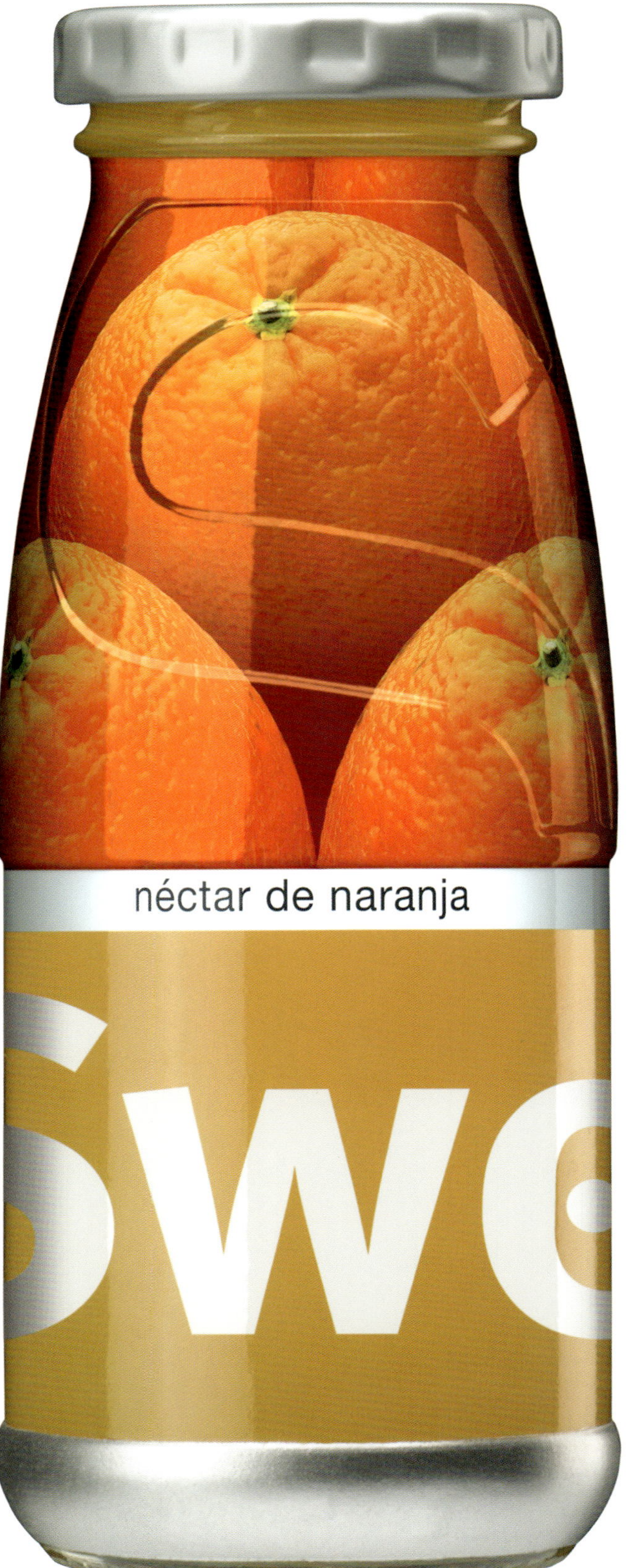

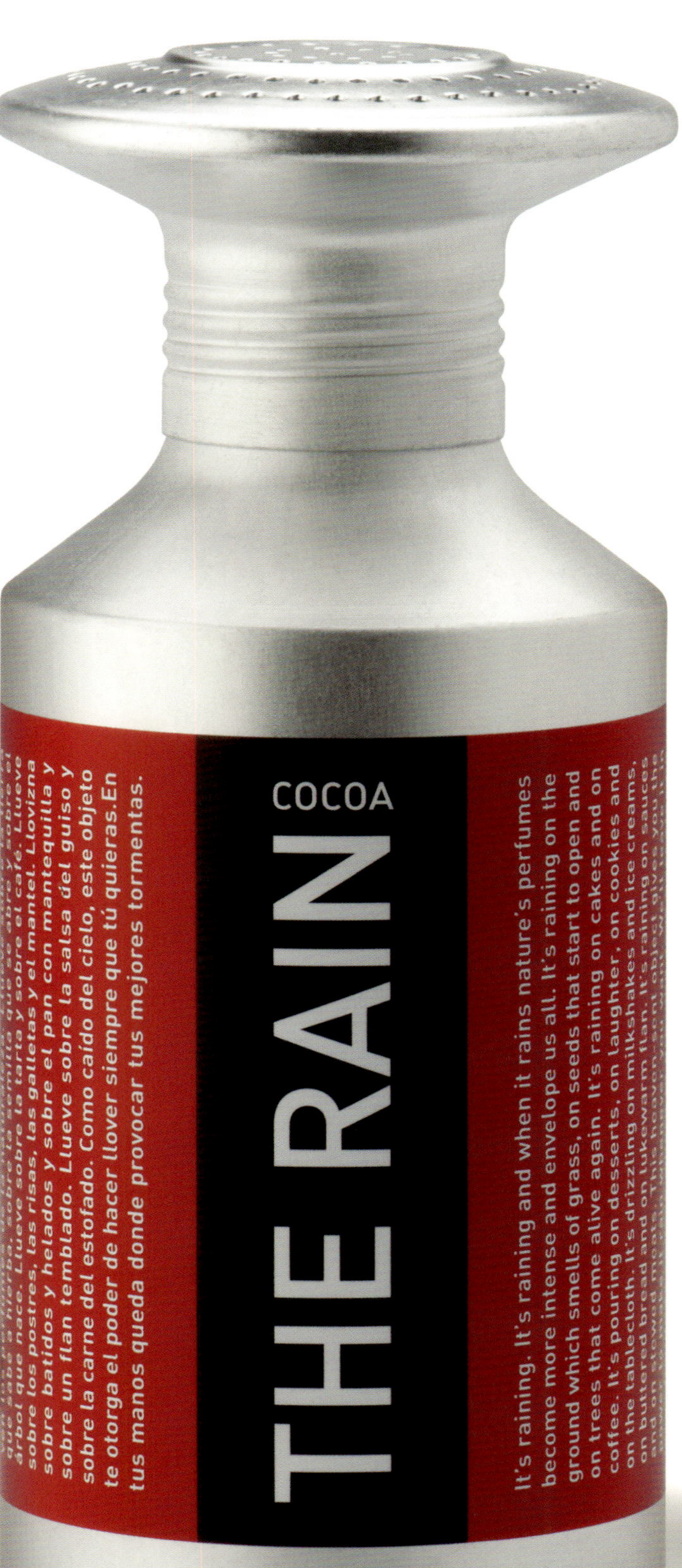

163

title
The Rain

type of work
Packaging design

appeared in
2005

client
Chocolat Factory,
Sant Cugat (Barcelona)

design
ruiz+company, Barcelona
David Ruiz

title
Tongue Sucker
(junior award)

type of work
Product packaging

appeared in
2006

client
Intervent, London

design
Intervent, London
Graeme Davies,
Phillip Greer,
Christopher Huntley,
Lisa Stroux

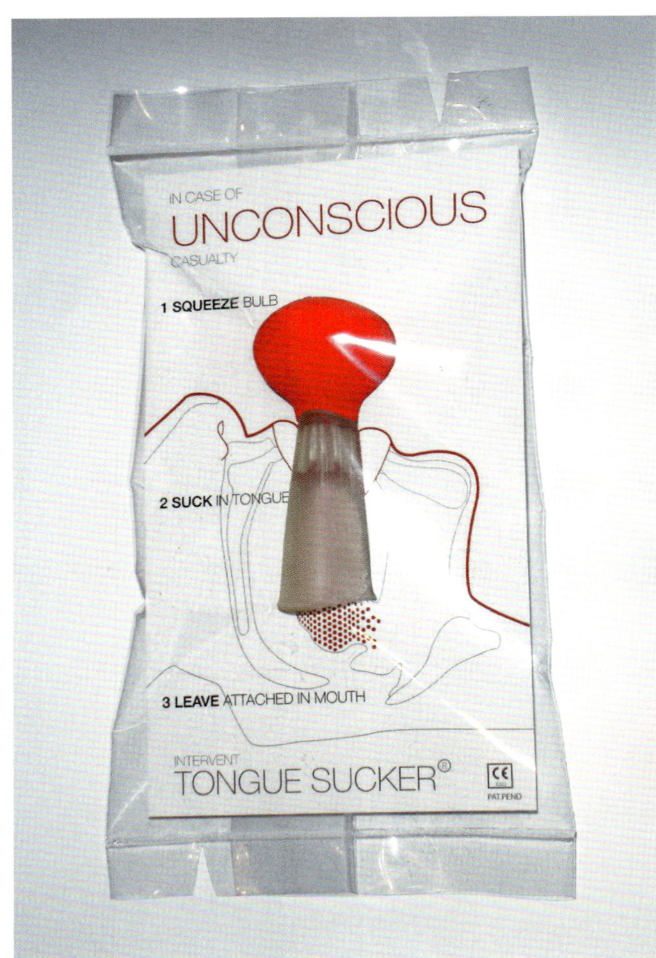

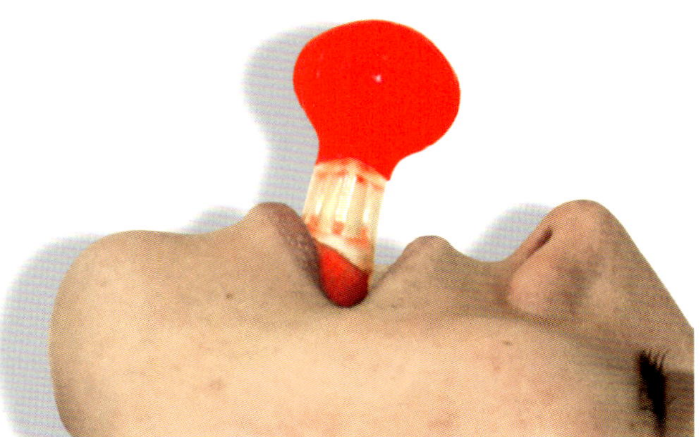

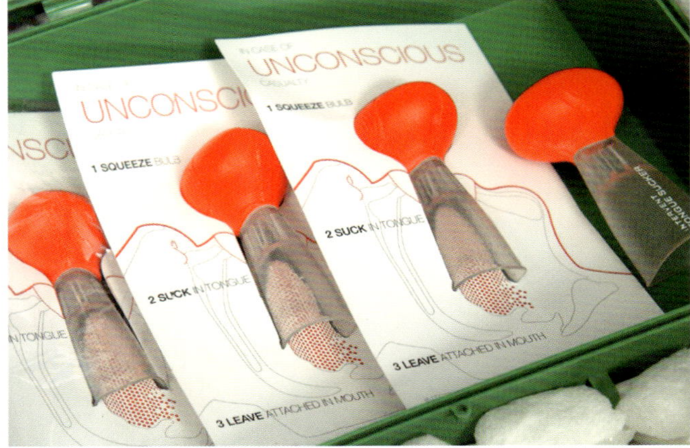

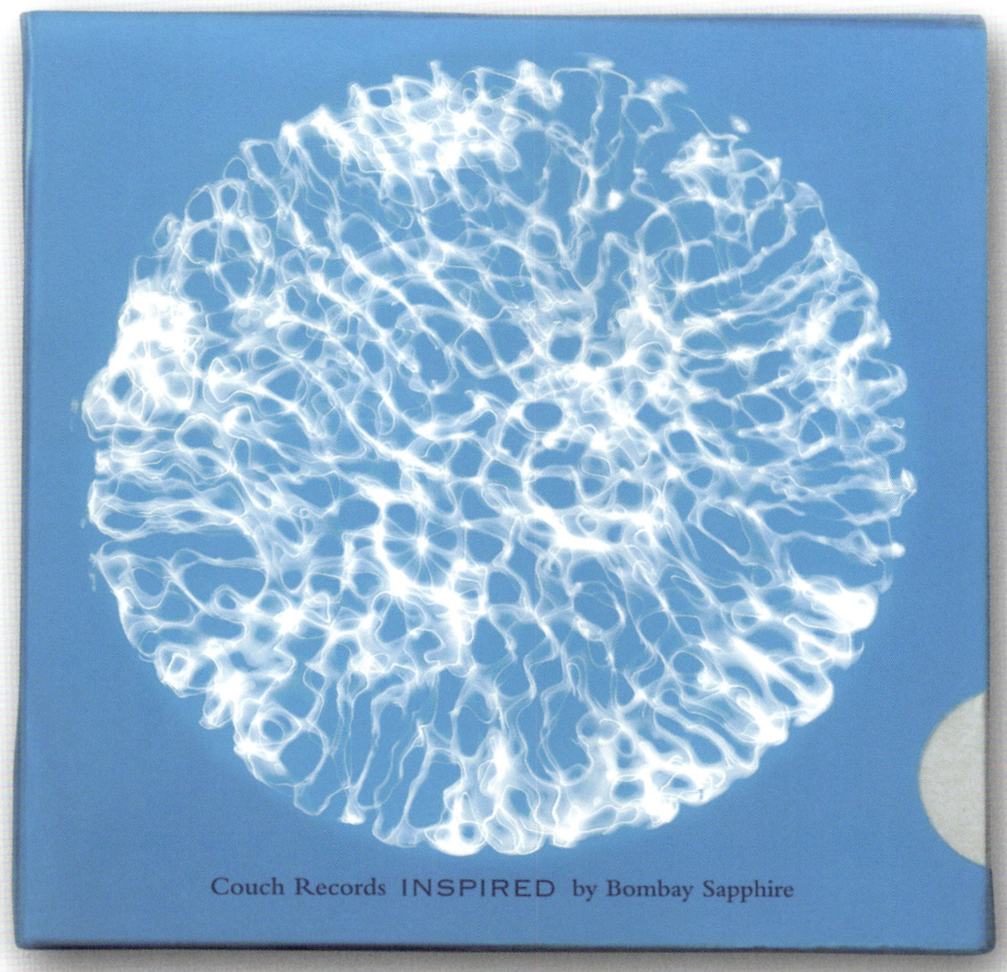

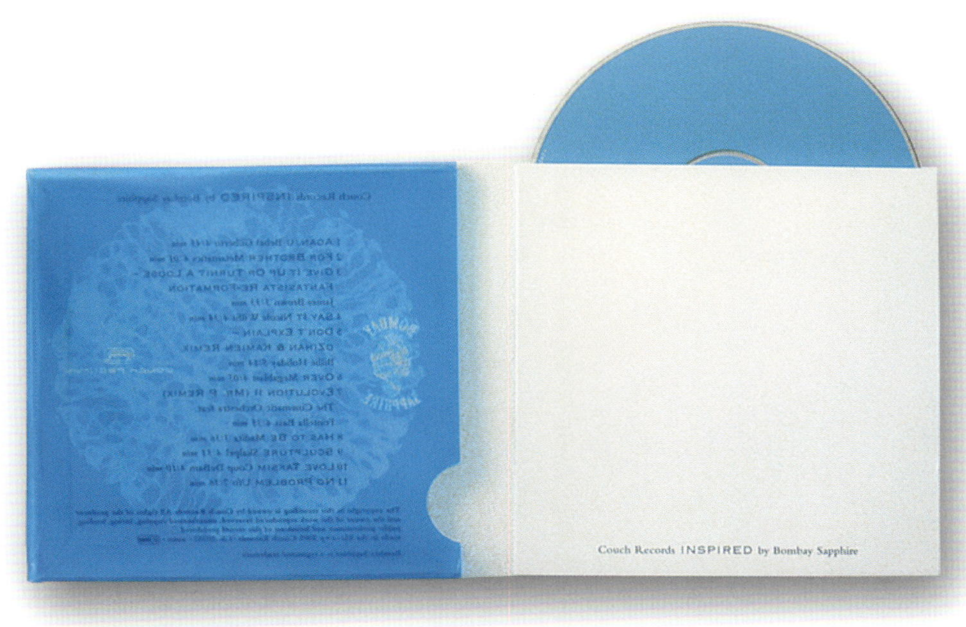

165

title
Inspired
(junior award)

type of work
CD packaging design

appeared in
2005

client
Bacardi Austria

design
Universität für angewandte
Kunst Wien, Vienna
Klasse für Grafik Design,
Prof. Fons Hickmann
Art direction:
Susanne Schmid

Leonardo Sonnoli
Apex Lin
Jean Jacques Schaffner

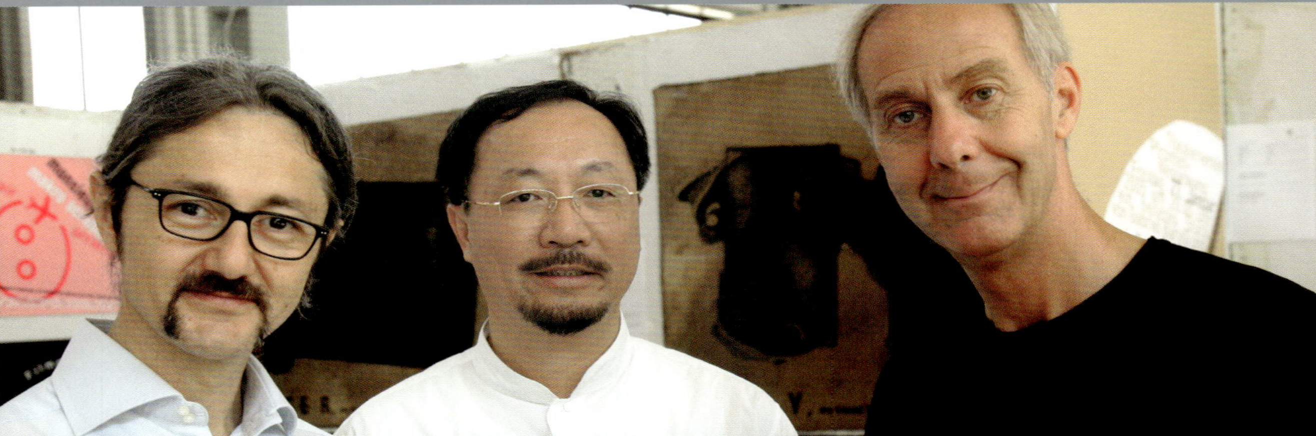

Das Buch erreicht neue gestalterische Dimensionen

Im Bereich „Editorial" schreibt die Jury dem Buch eine neue, sehr hohe Wertigkeit zu. Für sie steht daher außer Zweifel: „Buchgestaltung und Editorial Design spielen auch in Zukunft eine zentrale Rolle im Kommunikationsdesign und erfahren gerade im Zuge der elektronischen Medien eine neue gestalterische Ausdruckskraft." Im Zeitalter des Internets erhält die Materialität des Buches eine völlig neue Bedeutung. So eröffnet die stetige Fortentwicklung in der Produktion neue gestalterische Dimensionen, ermöglicht ungewöhnliche Formate und innovative Formen. Eine Rückbesinnung auf die handwerkliche Tätigkeit wird kunstvoll in Szene gesetzt und mit perfektionierter Typographie ausgeführt. Nahezu unendliche Variationen im Design erlauben interessante Dramaturgien, die aus den unterschiedlichsten Gestaltungsarten zusammengesetzt sind. In hochwertig aufgemachten Arbeiten, die versuchen, komplexe Zusammenhänge in eine schlichte Form zu übersetzen, spiegeln sich die Anforderungen an den Designer wider.

The book reaches new design dimensions

In the category "Editorials", the jury ascribes a new, very high quality to the book. They are certain beyond any doubt that "book design and editorial design will play a central role in communication design and particularly in times of electronic media they have a new expressiveness." In times of the Internet the materiality of the book has a completely new significance. The constant development in the field of production offers new design dimensions and allows unusual formats and innovative forms. A return to craftsmanship is staged artfully and executed with perfected typography. An almost endless number of design variations allow interesting dramaturgies, which are put together from the most diverse design types. High-quality works, which attempt to translate complex matters into a simple form, reflect the demands on the designers.

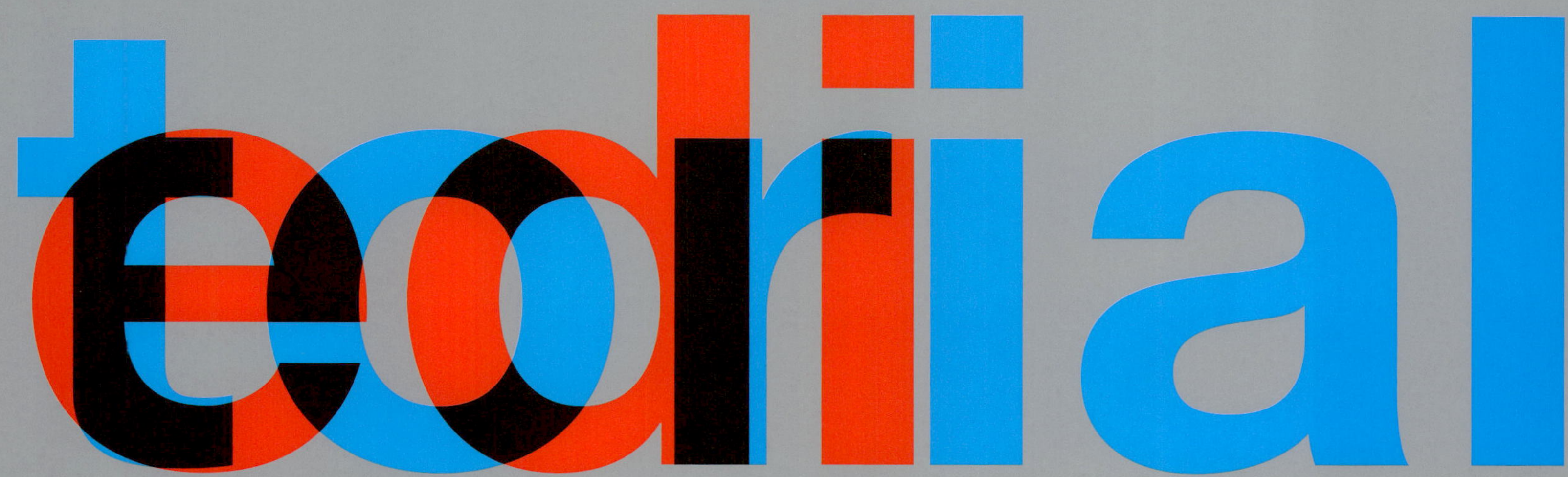

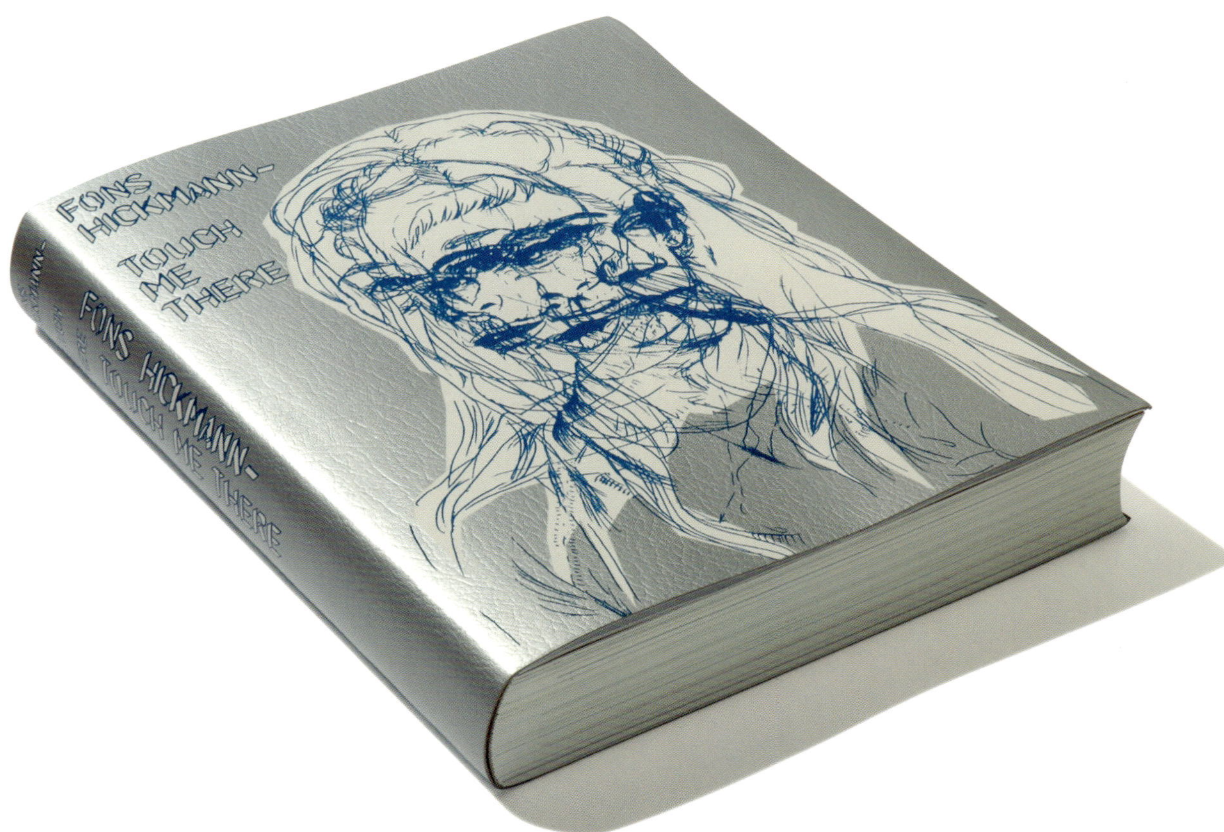
FONS HICKMANN-
TOUCH ME THERE
FONS HICKMANN-
TOUCH ME THERE

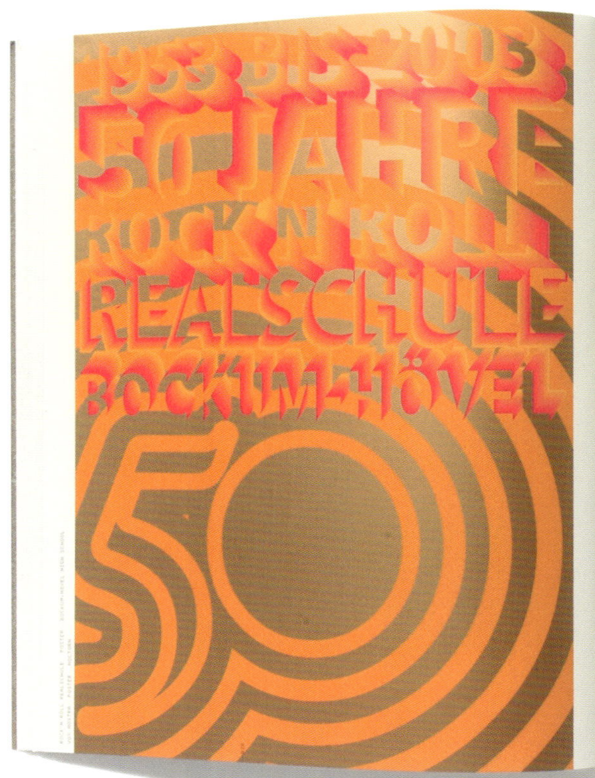
1953 BIS 2003
50 JAHRE
ROCK N ROLL
REALSCHULE
BOCKUM-HÖVEL
50

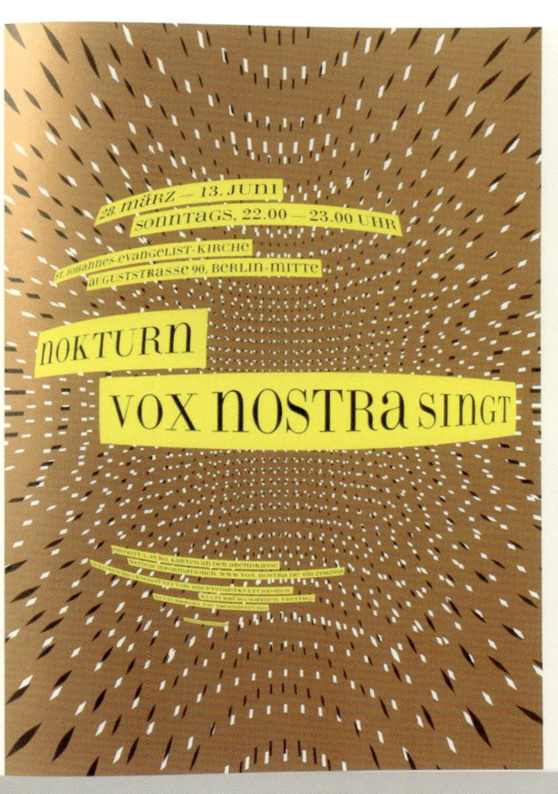
28. märz — 13. juni
sonntags, 22.00 — 23.00 uhr
st. johannes-evangelist-kirche
auguststrasse 90, berlin-mitte
nokturn
vox nostra singt

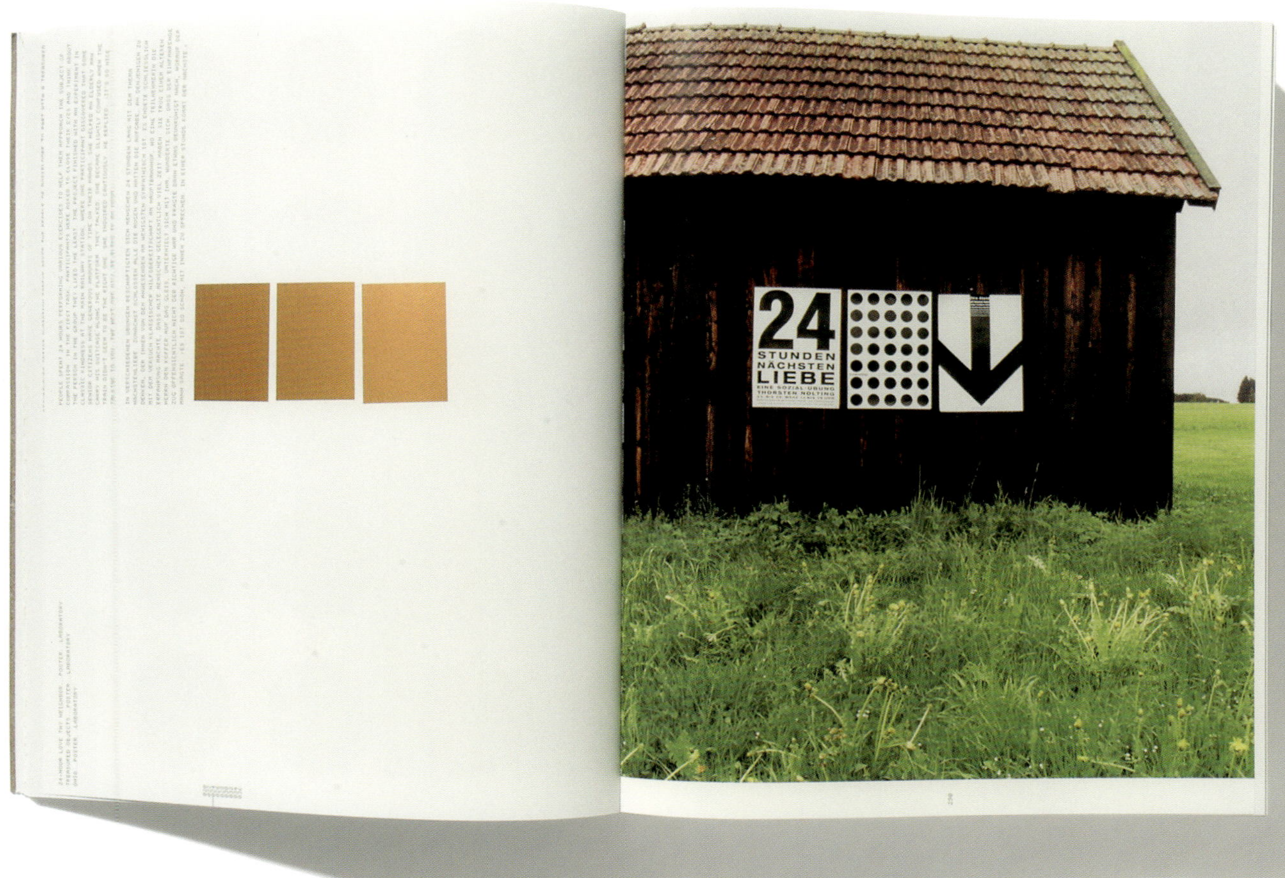

169

title
Touch Me There

type of work
Book

appeared in
2005

client
Fons Hickmann m23,
Berlin

design
Fons Hickmann m23,
Berlin
Creative direction:
Fons Hickmann
Art direction:
Carolin Hansen,
Sabine Kornbrust,
Verene Petrasch,
Annik Troxler,
Fons Hickmann
Strategic planning:
Franziska Morlock
Publishing company:
Die Gestalten Verlag (dgv)
Illustration:
Gesine Grotrian-Steinweg,
Barbara Bättig,
Anke Dessin
Photography:
Simon Gallus,
Frank Göldner,
Fons Hickmann,
Jens Nieth,
Nicola Schudy,
Markus Steur

title
20 Gründe wider
den VSF – eine Festschrift

type of work
Book

appeared in
2005

client
VSF – Verbund selbstver-
walteter Fahrradbetriebe
e.V., Aurich

design
echtweiß | Corporate
Design, Heidelberg
Head of marketing:
Gunnar Fehlau (VSF)
Creative direction:
Sven Marten
Art direction:
Henning Parche
Text:
Gunnar Fehlau (VSF)

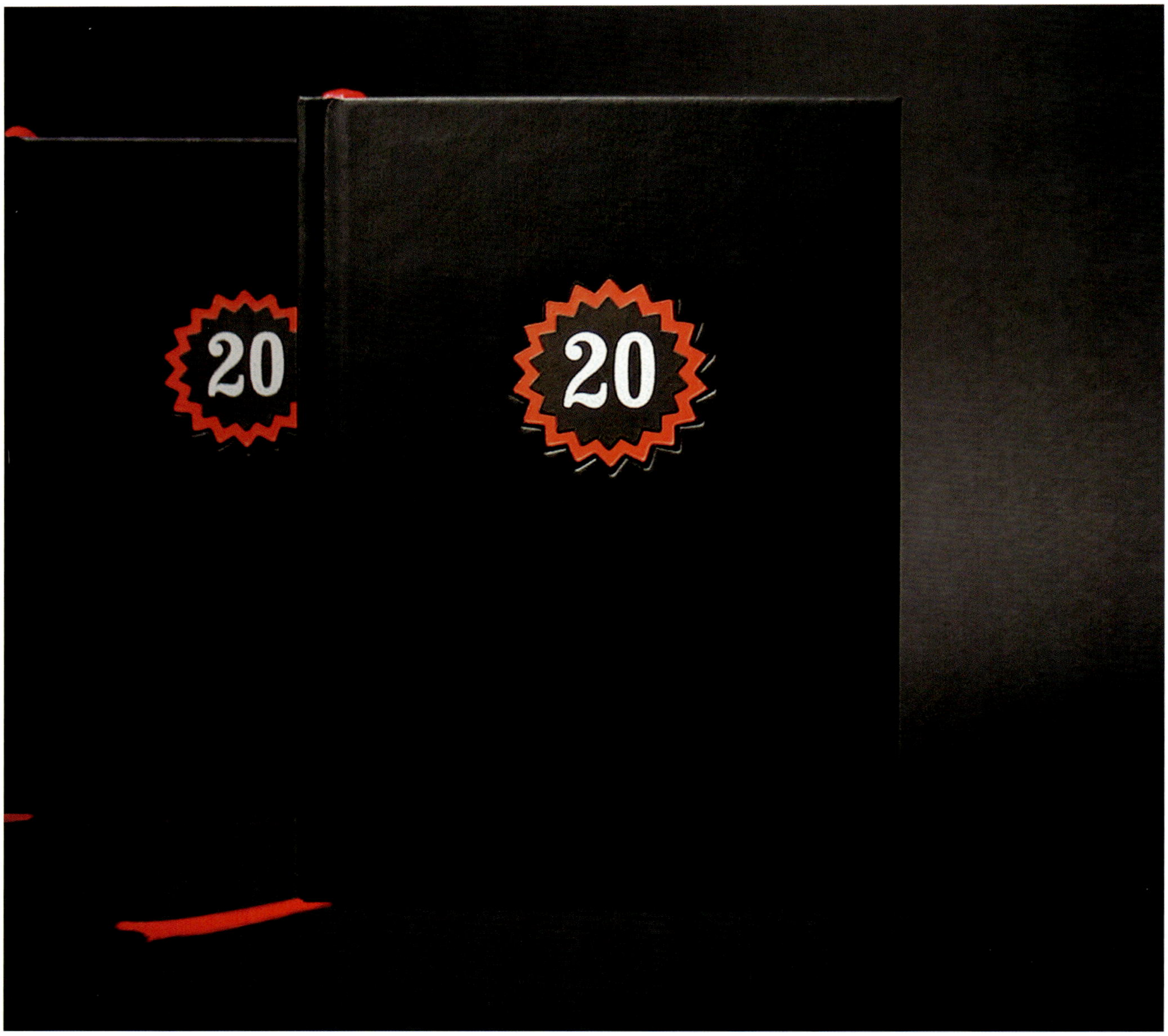

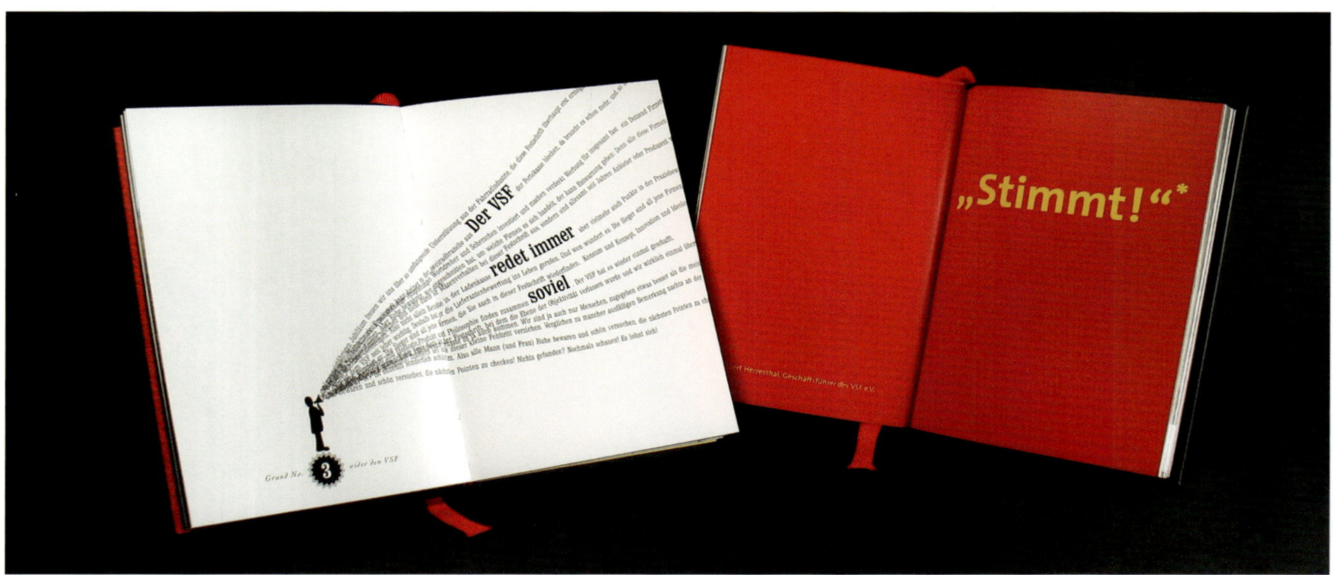

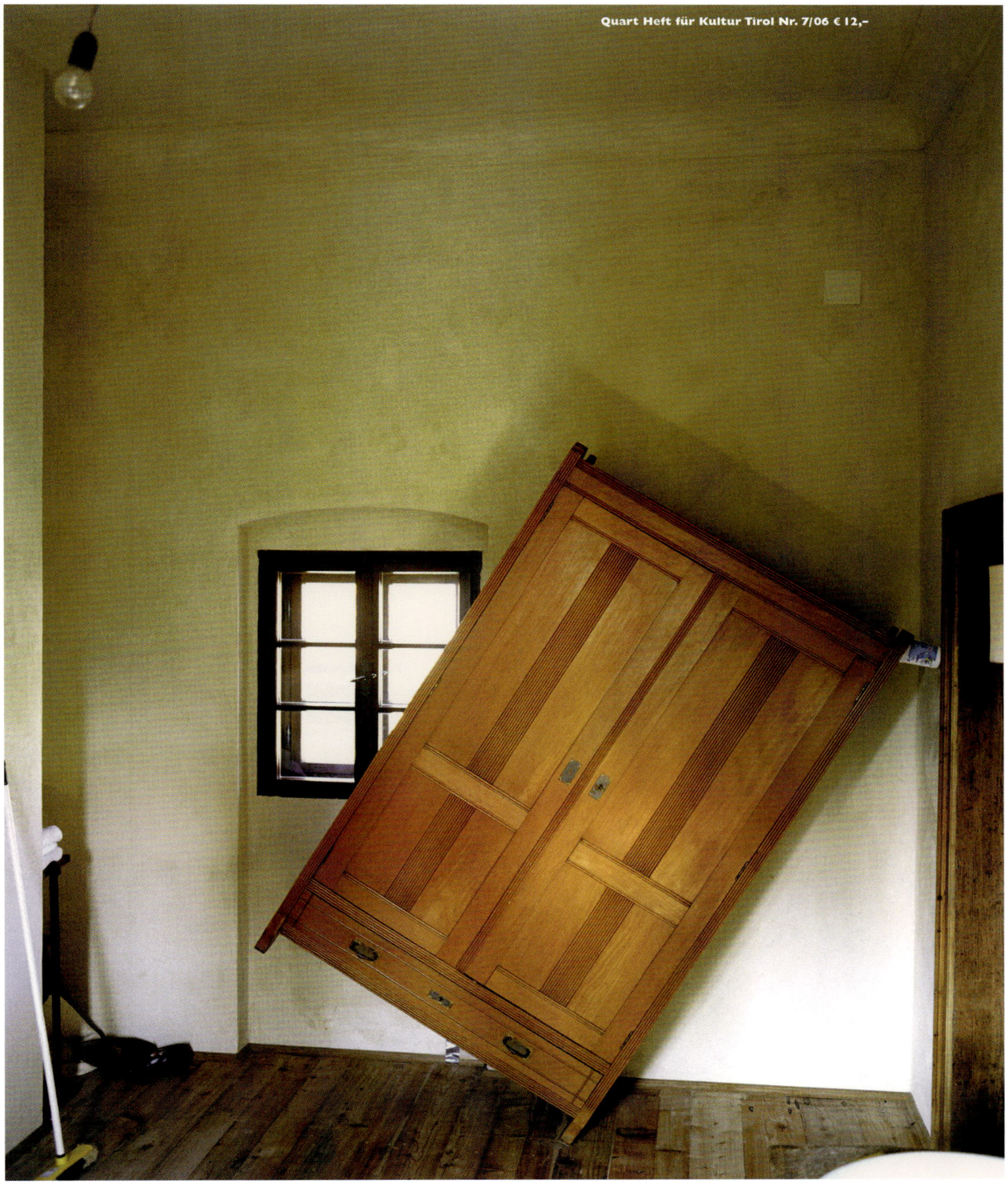

Quart Heft für Kultur Tirol Nr. 7/06 € 12,-

title
Quart

type of work
Magazine

appeared in
2005

client
Land Tirol, Innsbruck

design
Circus
Büro für Kommunikation
und Gestaltung,
Innsbruck
Michaela Wurzer,
Klaus Mayr
Creative direction:
Heidi Hackl,
Andreas Schett
Art direction:
Heidi Hackl,
Andreas Schett
(Chief) editorship:
Heidi Hackl,
Andreas Schett
Publisher:
Haymon, Innsbruck

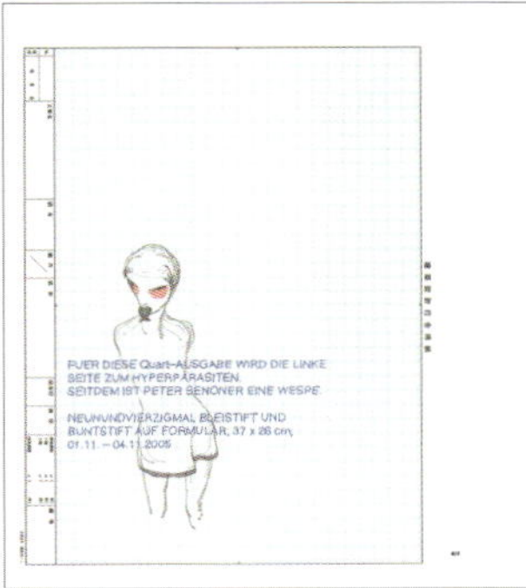

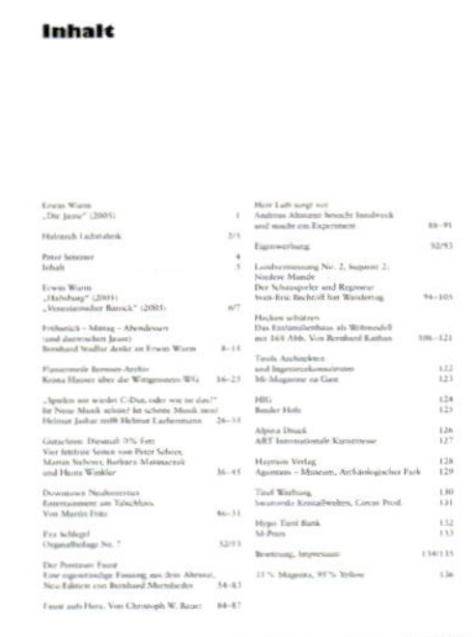
Inhalt

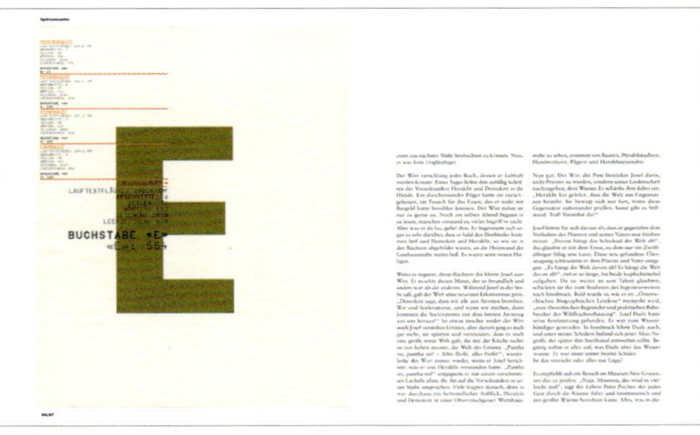

title
DUMONT Speicher-Reihe

type of work
Book

appeared in
2006

client
DuMont, Cologne

design
Groothuis, Lohfert,
Consorten
Gesellschaft für
Formfindung und Sinnes-
wandel mbH, Hamburg
Art direction:
Sandra Ost
Agency producer:
Ralf Schnarrenberger
Image editing:
Frische Grafik

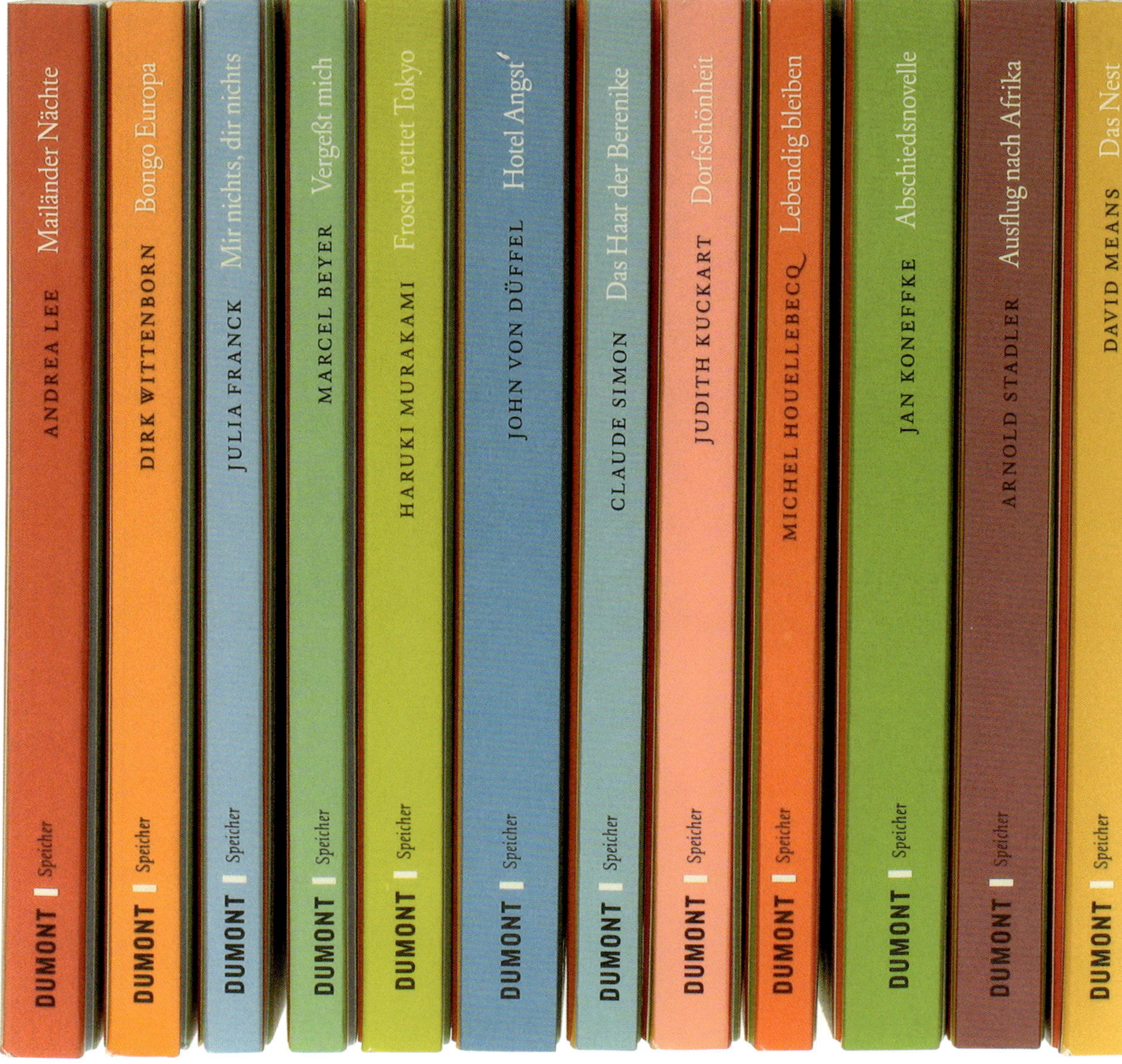

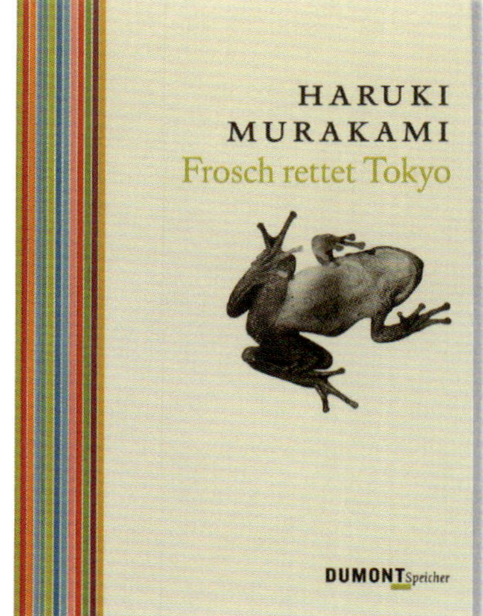

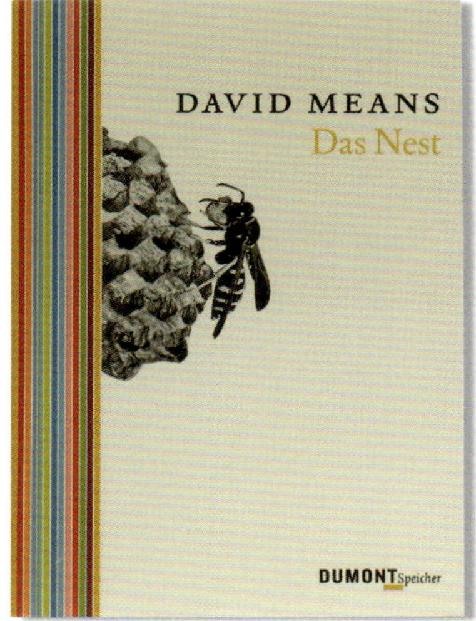

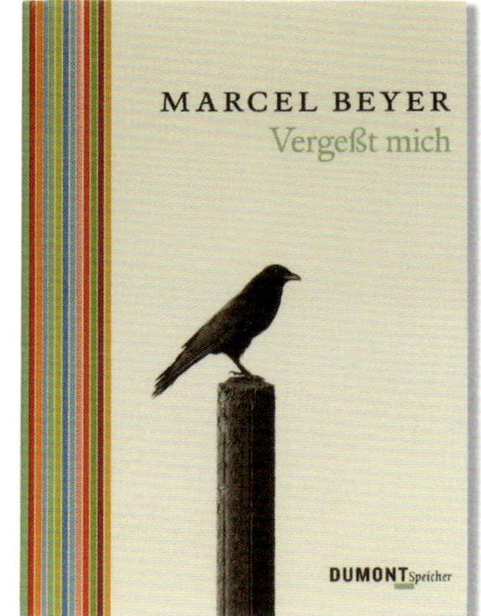

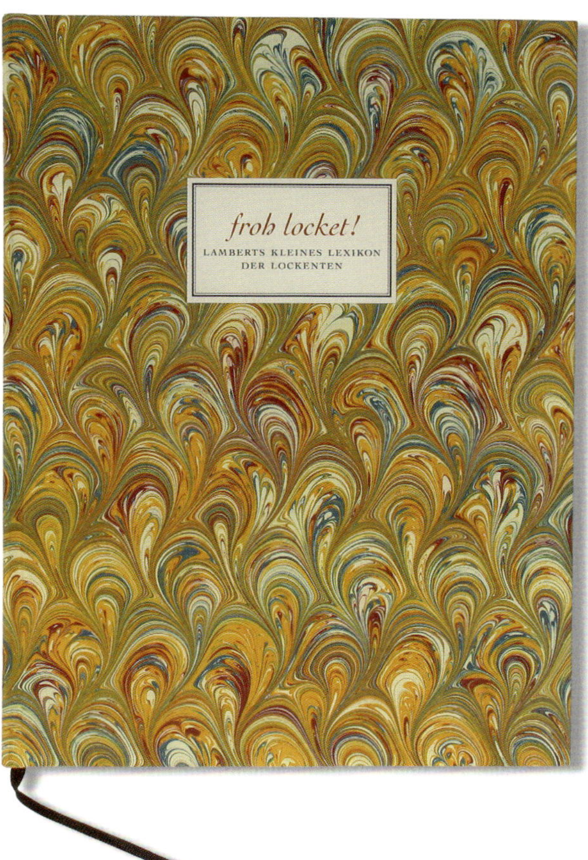

173

title
froh locket!
Lamberts kleines Lexikon der Lockenten

type of work
Book

appeared in
2005

client
Michael Jahr, Hamburg

design
Groothuis, Lohfert, Consorten
Gesellschaft für Formfindung und Sinneswandel mbH, Hamburg
Art direction:
Hanna Kronberg
Agency producer:
Kathleen Bernsdorf
Image editing:
Frische Grafik

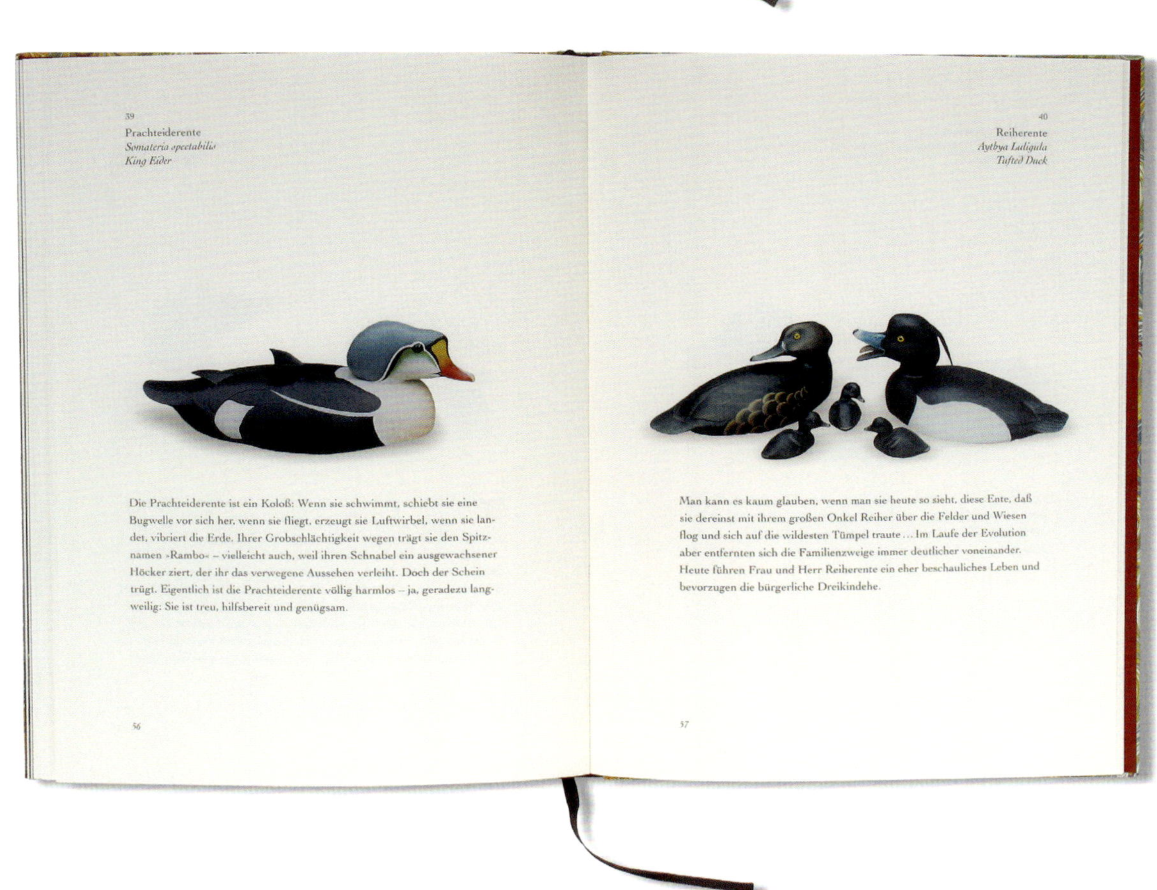
39
Prachteiderente
Somateria spectabilis
King Eider

Die Prachteiderente ist ein Koloß: Wenn sie schwimmt, schiebt sie eine Bugwelle vor sich her, wenn sie fliegt, erzeugt sie Luftwirbel, wenn sie landet, vibriert die Erde. Ihrer Grobschlächtigkeit wegen trägt sie den Spitznamen »Rambo« – vielleicht auch, weil ihren Schnabel ein ausgewachsener Höcker ziert, der ihr das verwegene Aussehen verleiht. Doch der Schein trügt. Eigentlich ist die Prachteiderente völlig harmlos – ja, geradezu langweilig: Sie ist treu, hilfsbereit und genügsam.

56

40
Reiherente
Aythya Luligula
Tufted Duck

Man kann es kaum glauben, wenn man sie heute so sieht, diese Ente, daß sie dereinst mit ihrem großen Onkel Reiher über die Felder und Wiesen flog und sich auf die wildesten Tümpel traute … Im Laufe der Evolution aber entfernten sich die Familienzweige immer deutlicher voneinander. Heute führen Frau und Herr Reiherente ein eher beschauliches Leben und bevorzugen die bürgerliche Dreikindehe.

57

title
Warum gerade ich?

type of work
Brochure

appeared in
2006

client
Nils Holger Moormann GmbH, Aschau i. Ch.

design
Jäger & Jäger, Überlingen

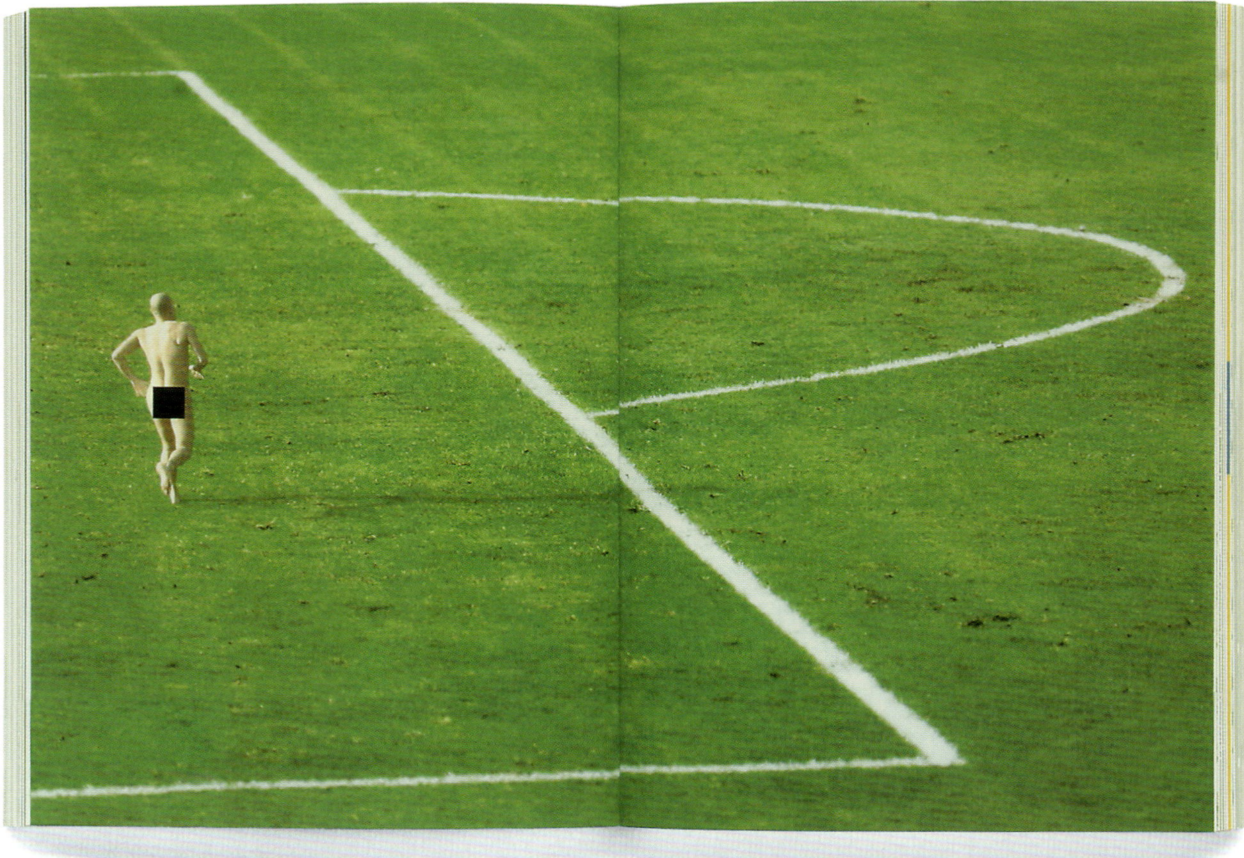

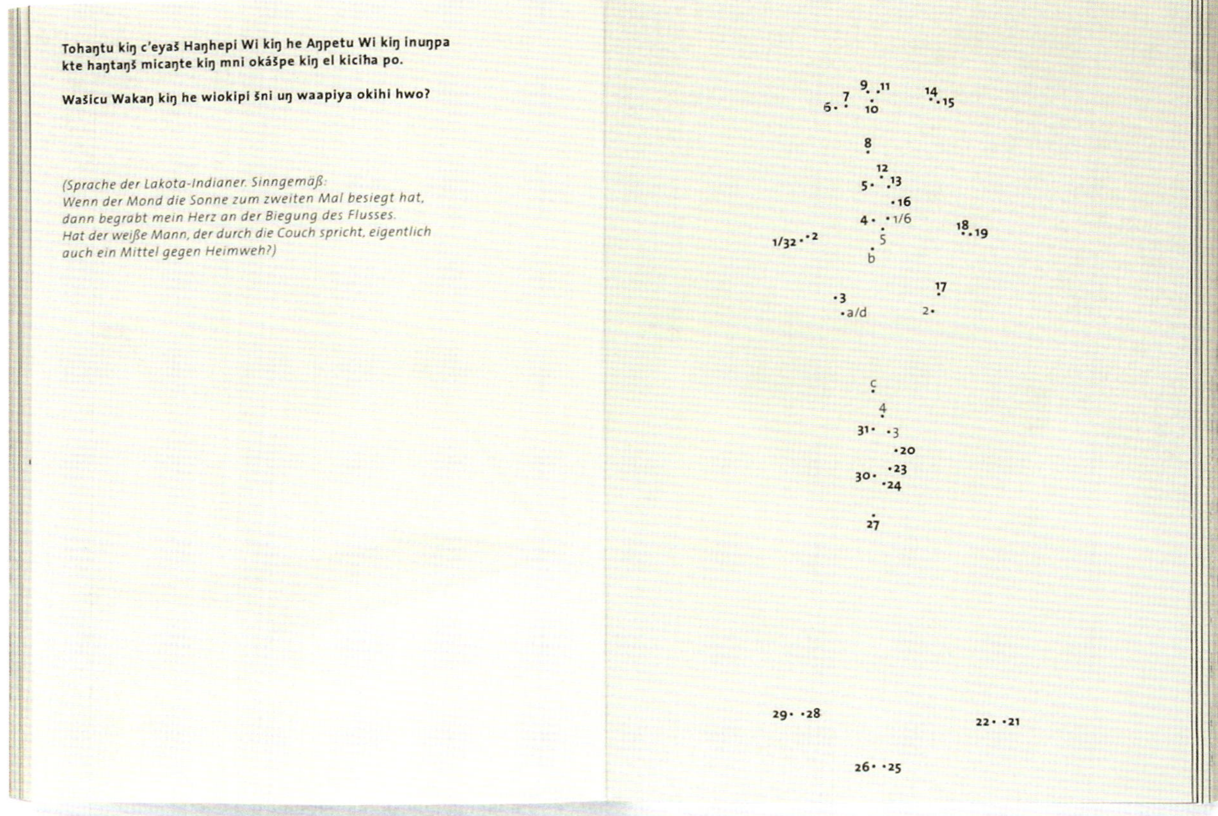

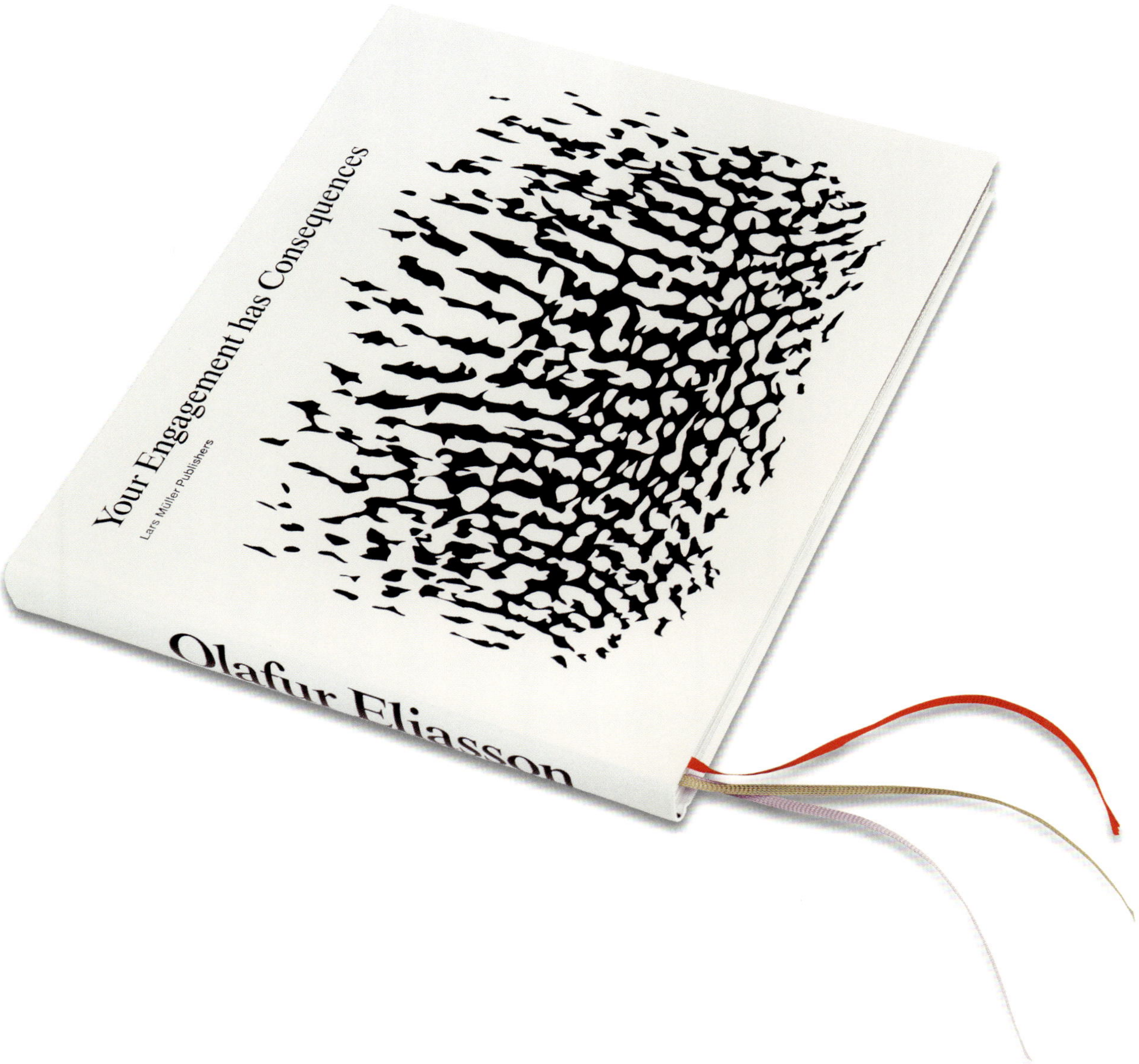

175

title
Your Engagement has Consequences

type of work
Book

appeared in
2006

client
Studio Olafur Eliasson

design
groenland.berlin, Berlin
Image editing:
hausstaetter herstellung
Editor:
Olafur Eliasson
Printing:
Jütte-Messedruck
Leipzig GmbH
Publishing company:
Lars Müller Publishers

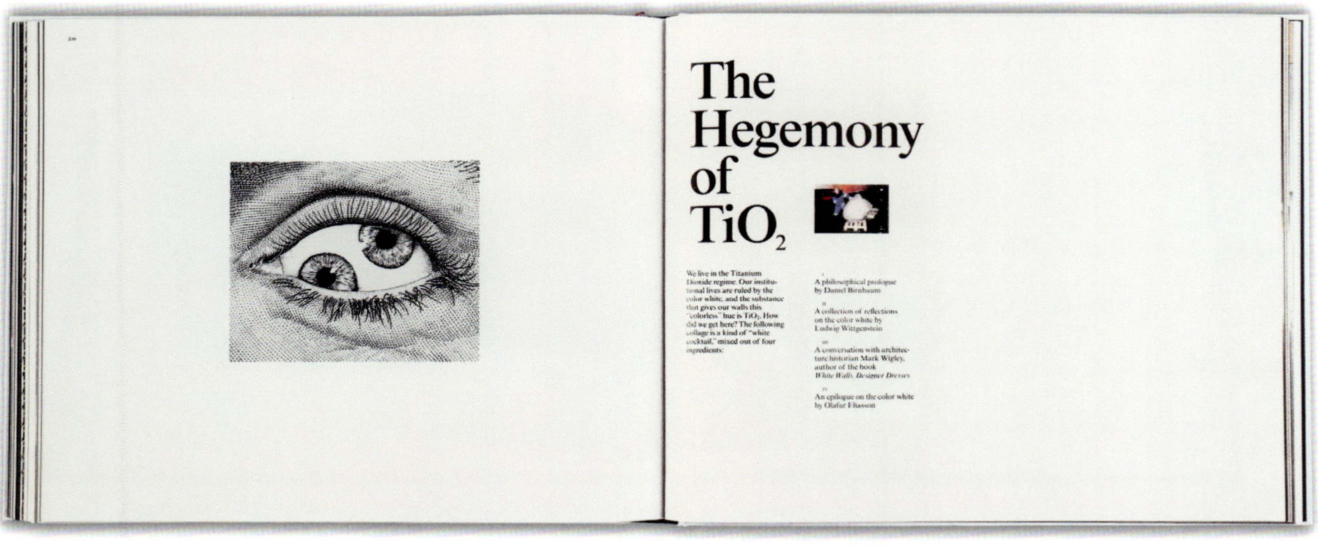

title
UNA Desk Diary 2006

type of work
Desk diary

appeared in
2005

client
UNA (Amsterdam)
designers, Amsterdam

design
UNA (Amsterdam)
designers
Creative direction:
Will de l'Ecluse
Designers:
Will de l'Ecluse,
Tim Baumgarten
Photography:
André Thijssen
Initiators:
UNA (Amsterdam)
designers
André Thijssen Imagery
Grafisch Papier
Mart. Spruijt Printers
AKS Graphic Finishing
Hexspoor Book Binders

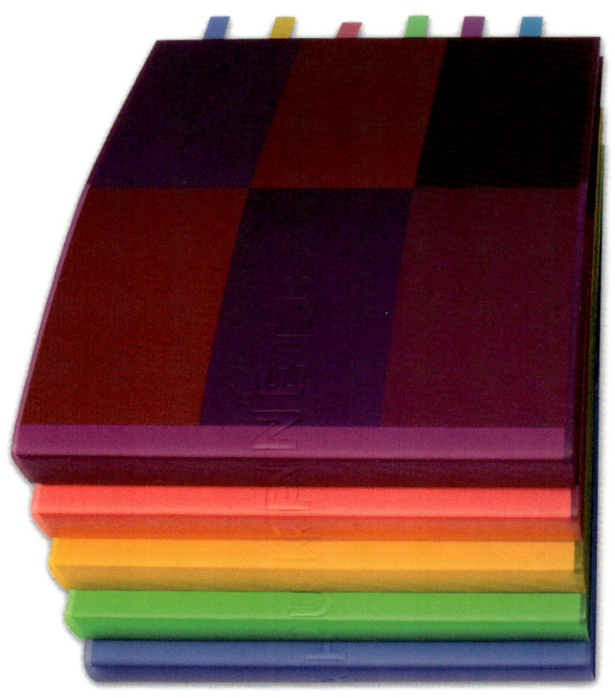

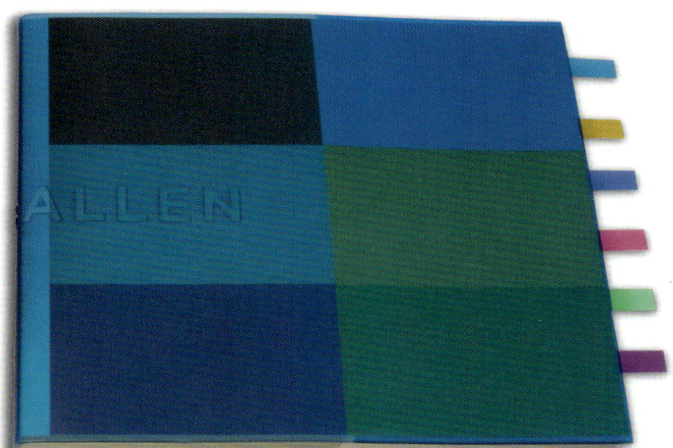

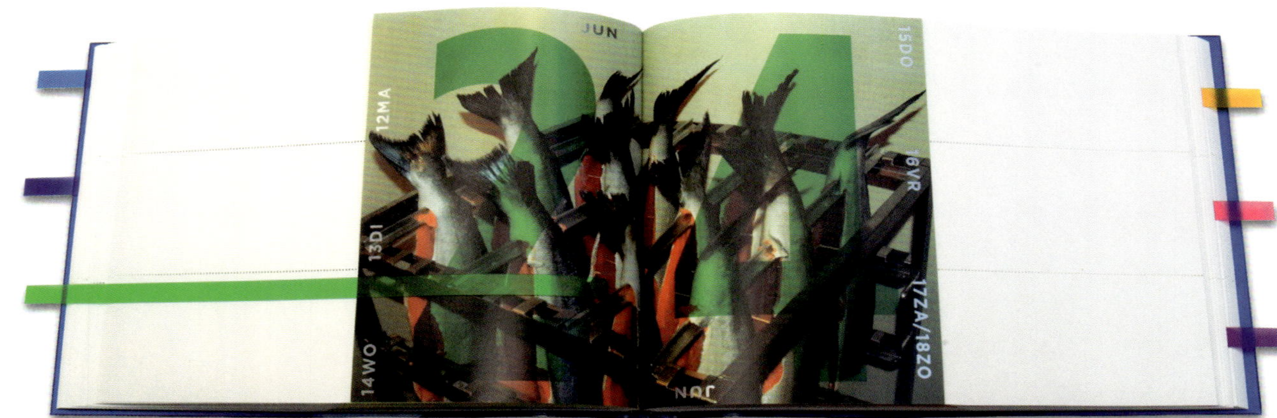

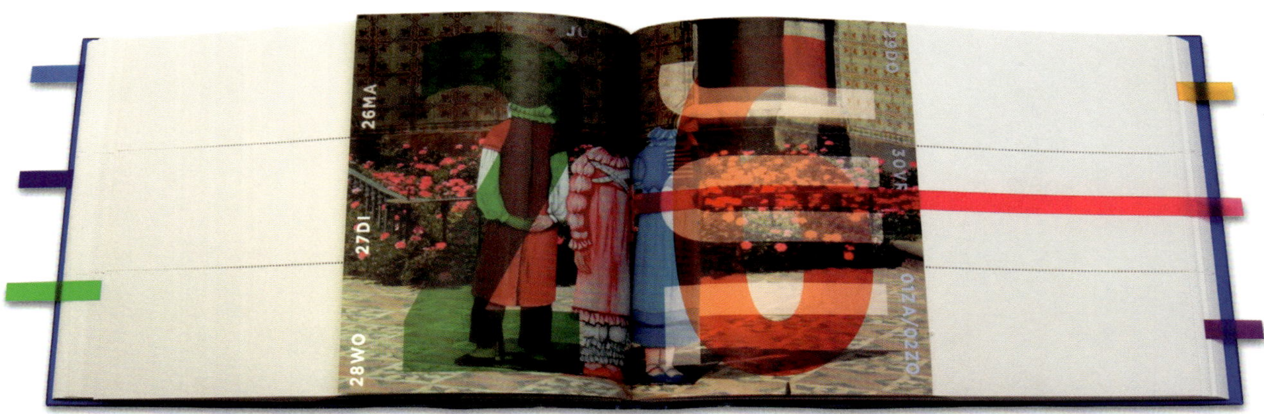

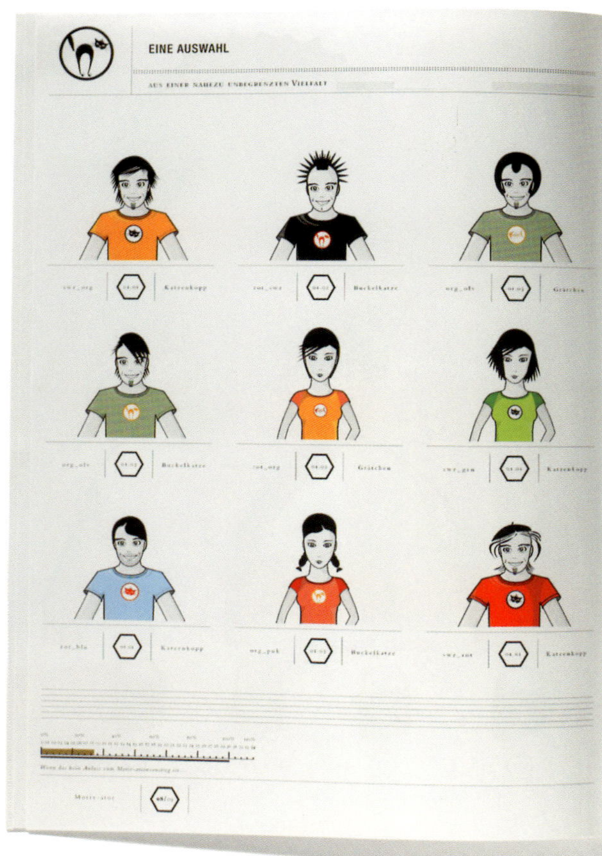

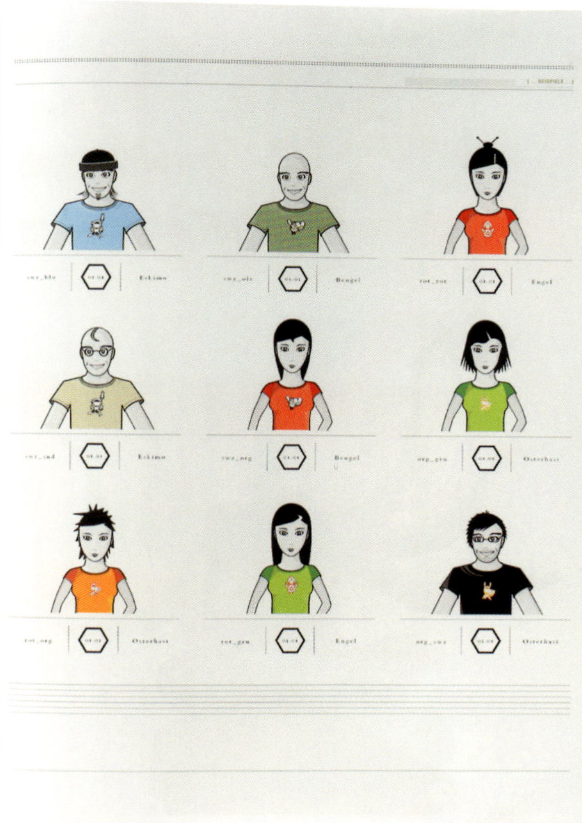

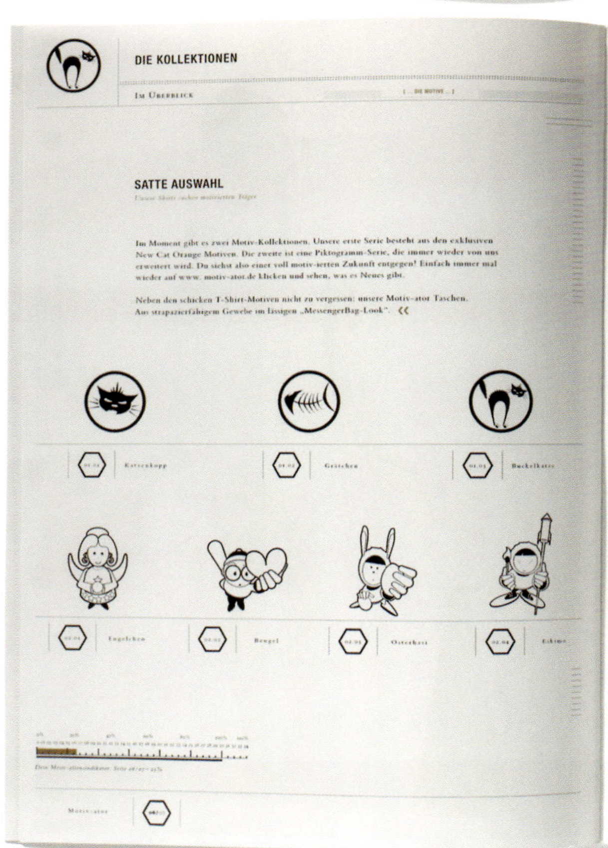

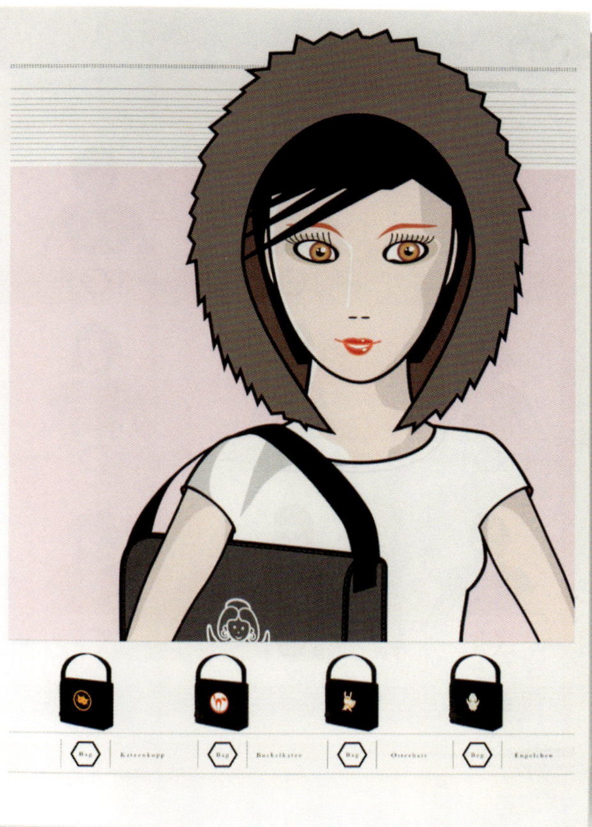

title
Motiv-ator

type of work
Brochure

appeared in
2006

client
New Cat Orange Gestaltung und Kommunikation, Wiesbaden

design
New Cat Orange Gestaltung und Kommunikation, Wiesbaden
Photography:
Peter Pobjyepicz
(Poby Photography)
Creative direction:
HP Becker
Art direction:
HP Becker
Text:
Cordula Becker
Image editing:
Pobywork, Munich

178

title
CHINA

type of work
Book

appeared in
2005

client
Edition Panorama,
Mannheim

design
Wolff Kommunikation,
Frankfurt/Main
Carsten Wolff,
Thomas Rott
Photography:
Karl Lang
Text:
Jung Chang

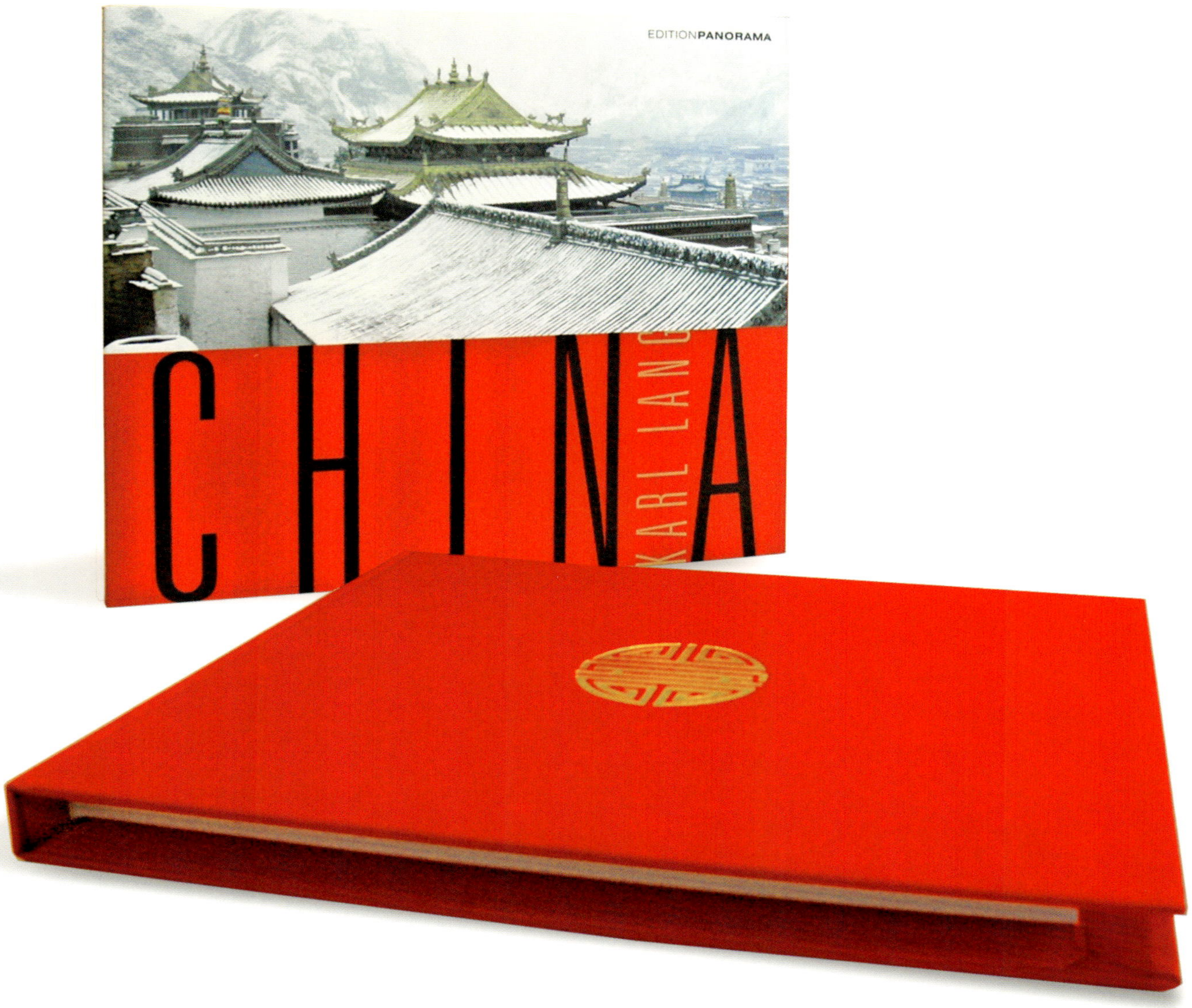

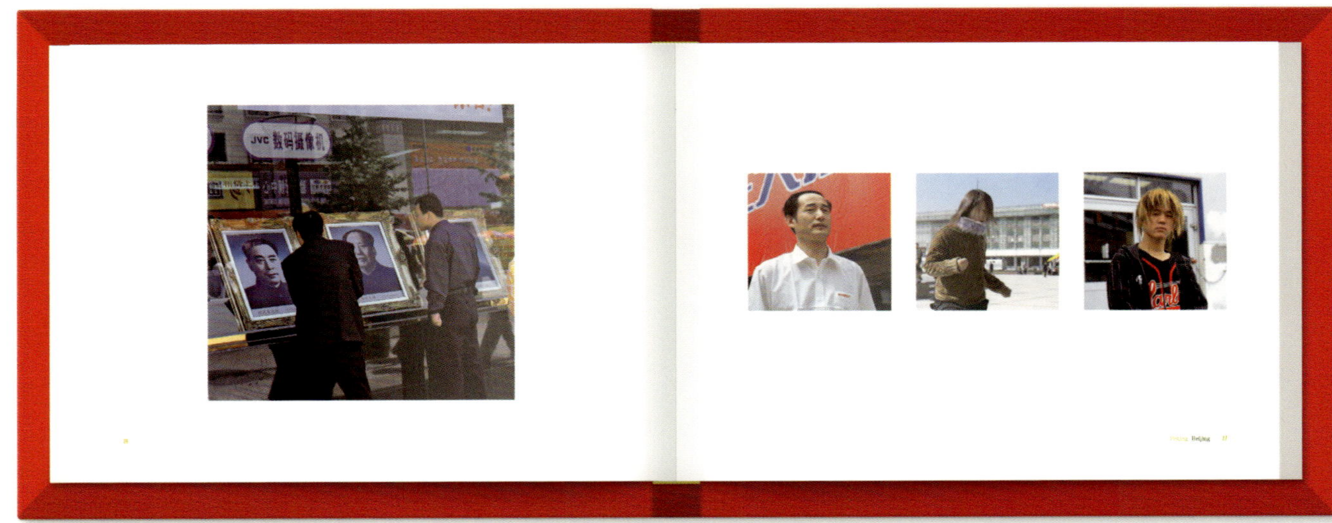

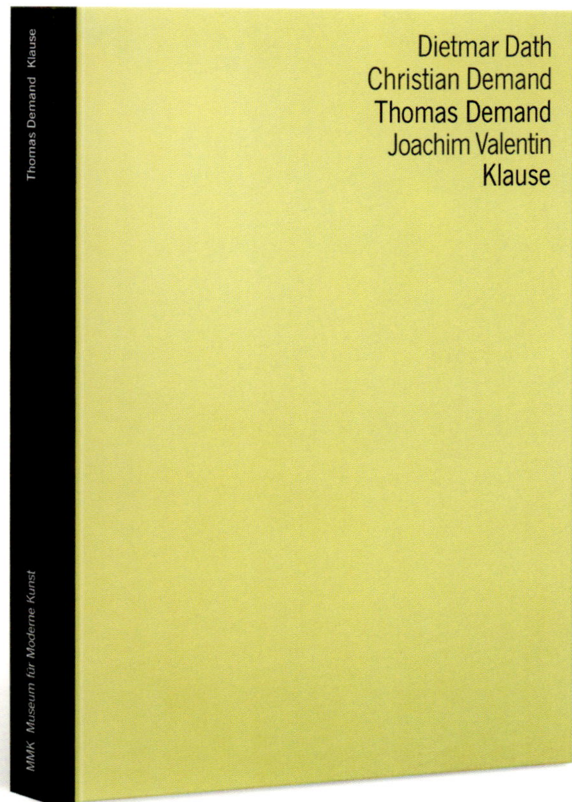

179

title
Thomas Demand. Klause

type of work
Book

appeared in
2006

client
MMK Museum für Moderne Kunst, Frankfurt/Main

design
Wolff Kommunikation, Frankfurt/Main
Carsten Wolff, Thomas Rott
Photography: Thomas Demand

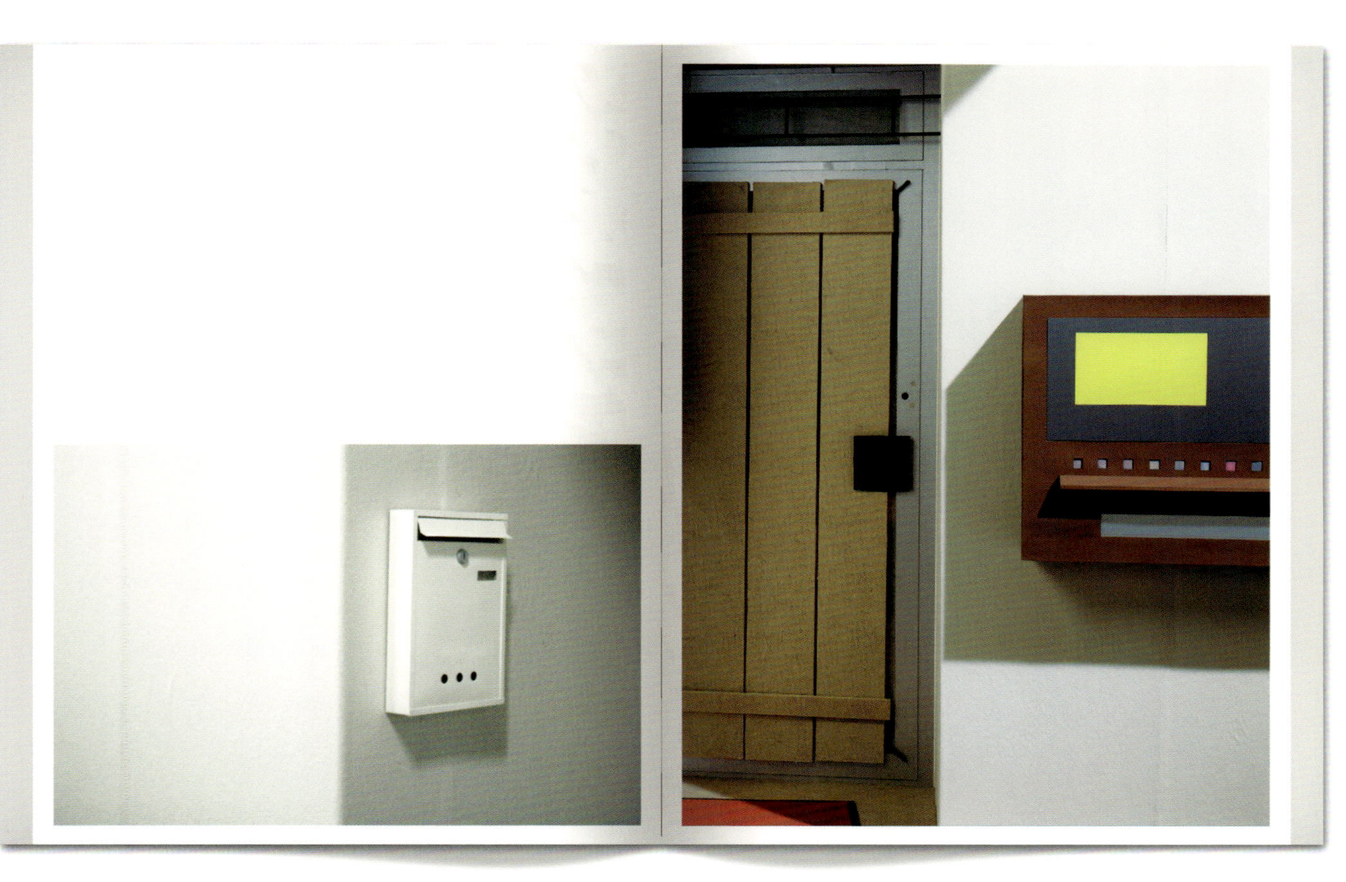

title
Museumsführer
Schmuckmuseum
Pforzheim

type of work
Museum guide

appeared in
2006

client
Schmuckmuseum
Pforzheim

design
L2M3 Kommunikations-
design GmbH, Stuttgart
Creative direction:
Sascha Lobe
Art direction:
Gitte Brohl

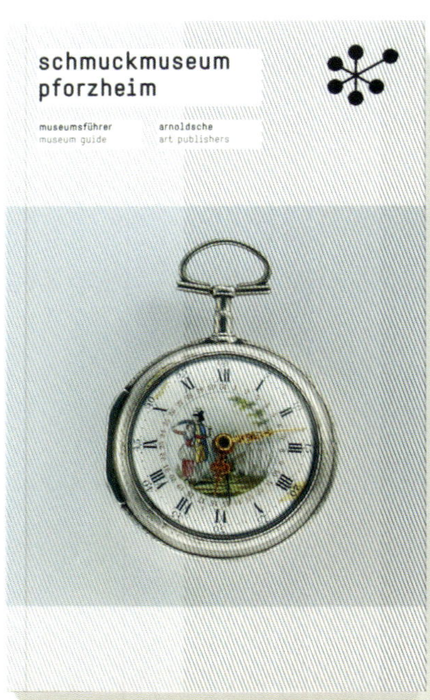

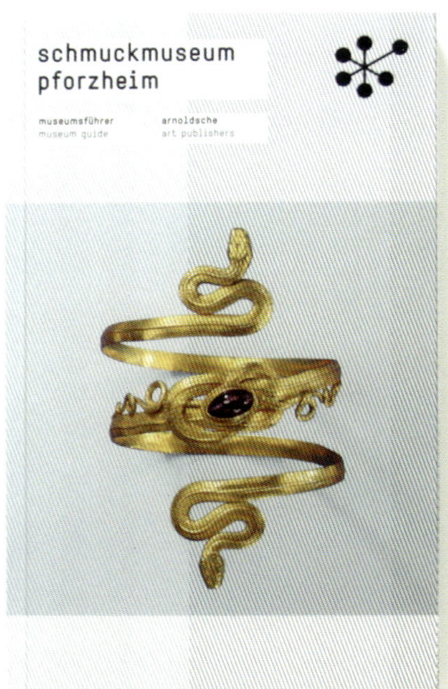

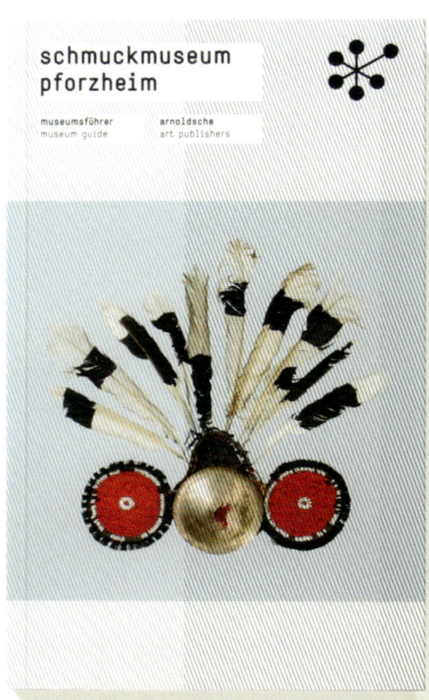

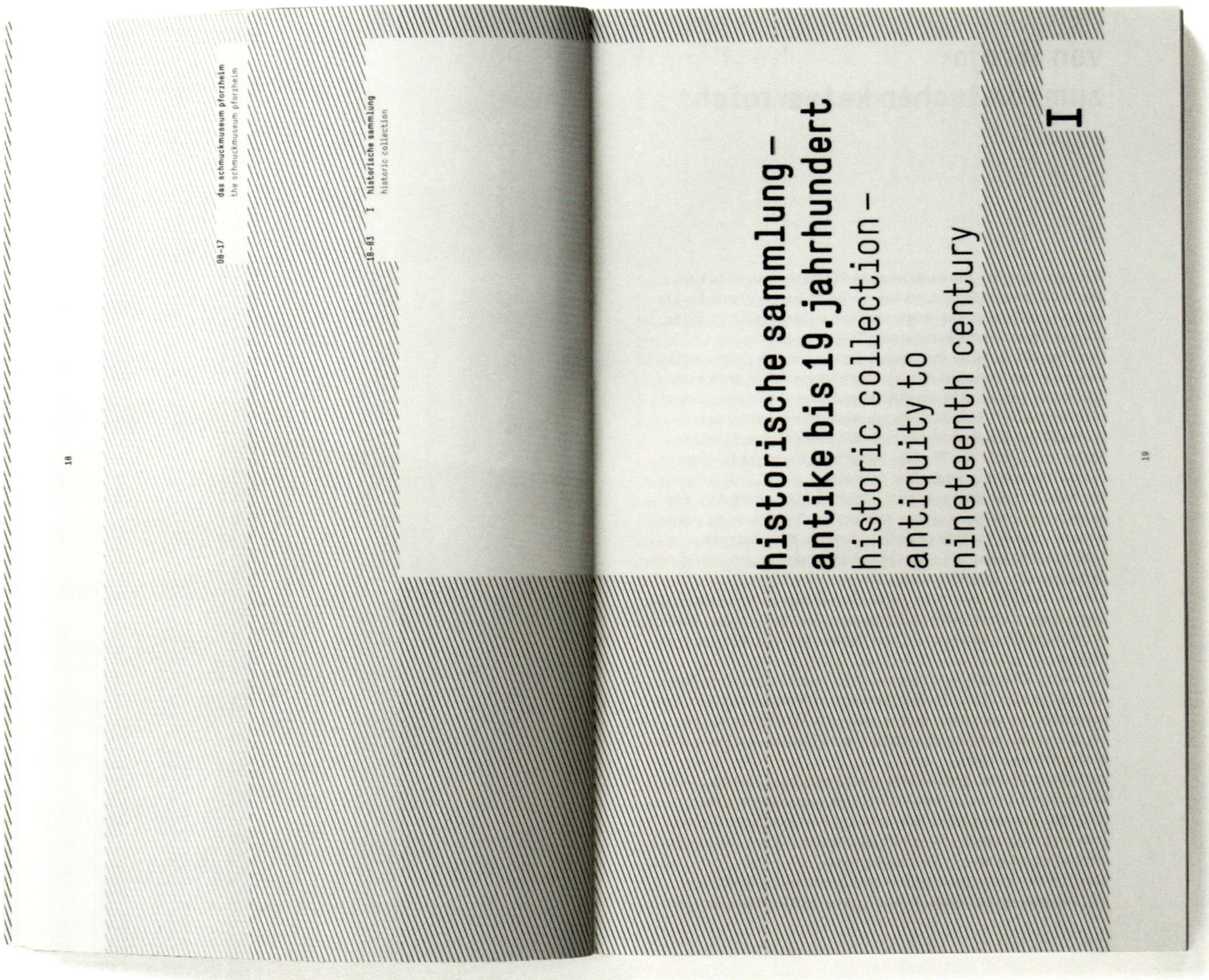

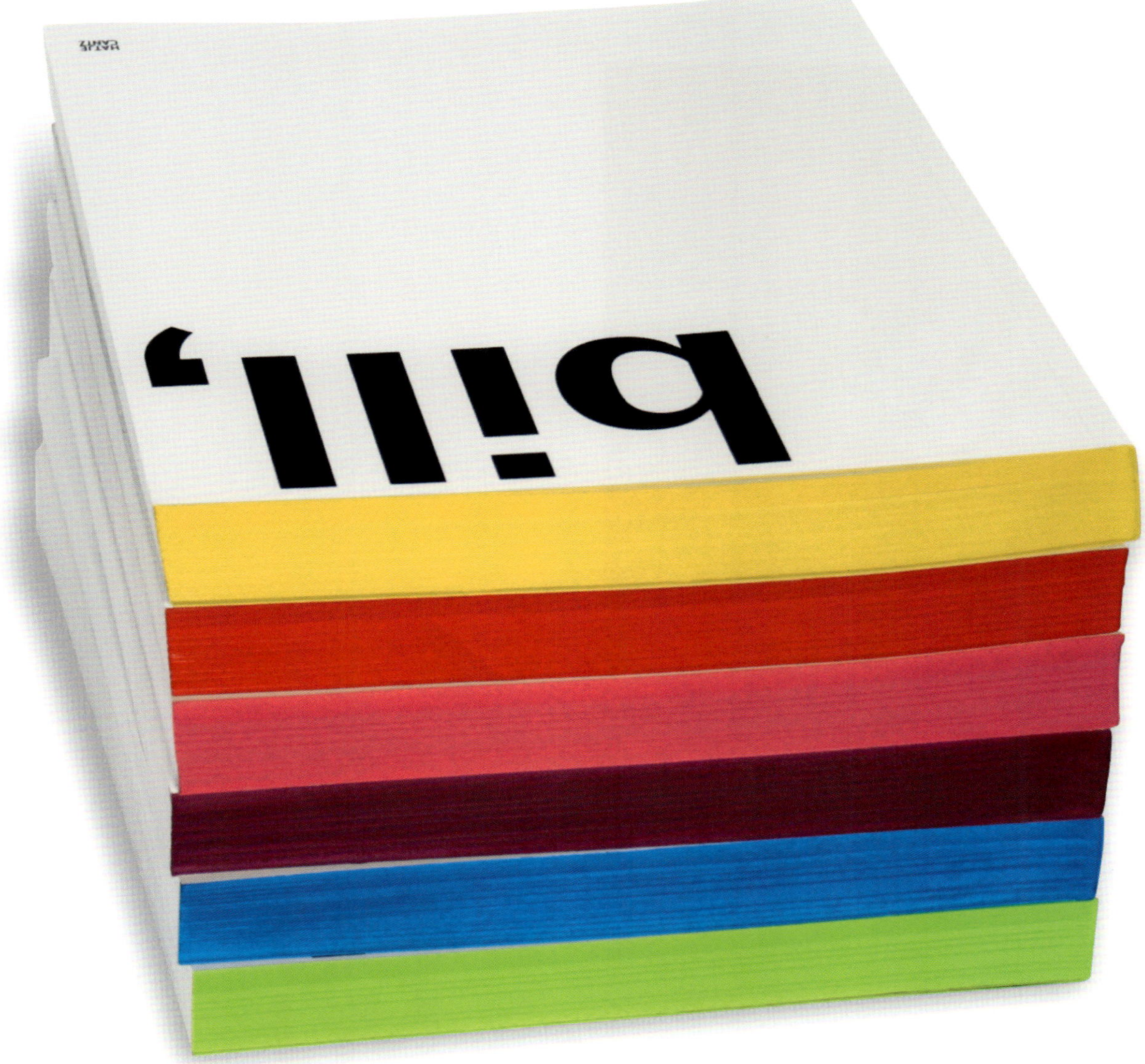

181

title
Max Bill,
Maler, Bildhauer,
Architekt, Designer

type of work
Catalogue

appeared in
2005

client
Institut für Kulturaus-
tausch, Tübingen

design
L2M3 Kommunikations-
design GmbH, Stuttgart
Creative direction:
Sascha Lobe
Art direction:
Ina Bauer

itekt, desig

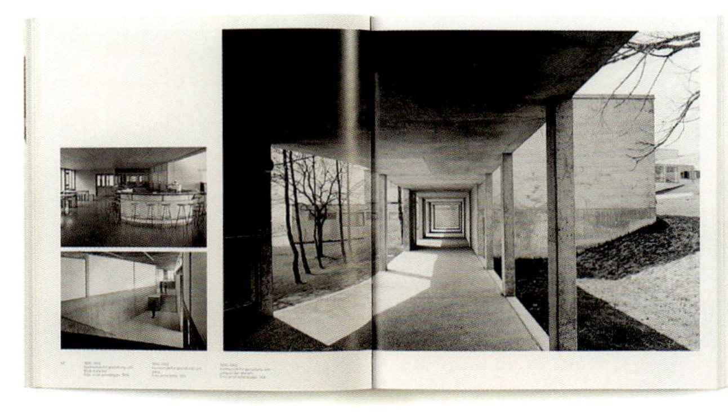

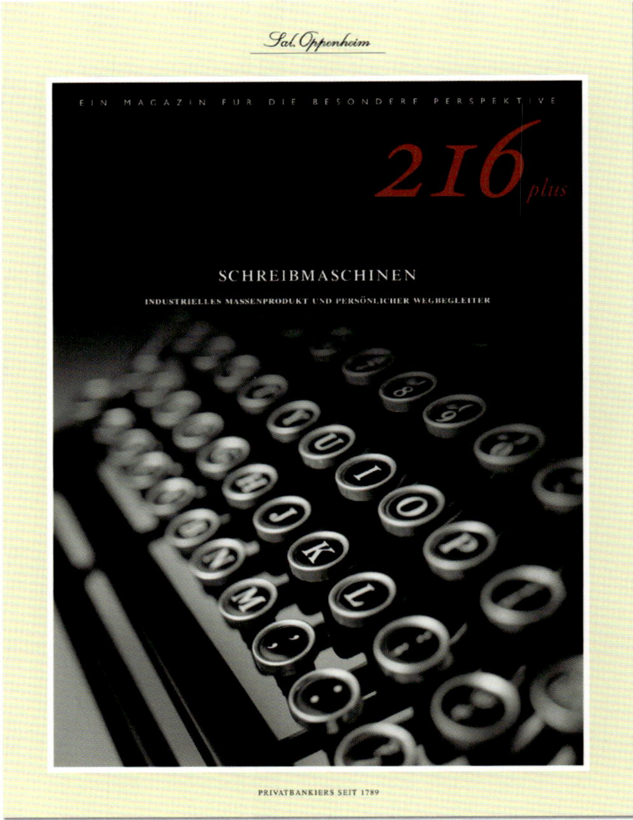

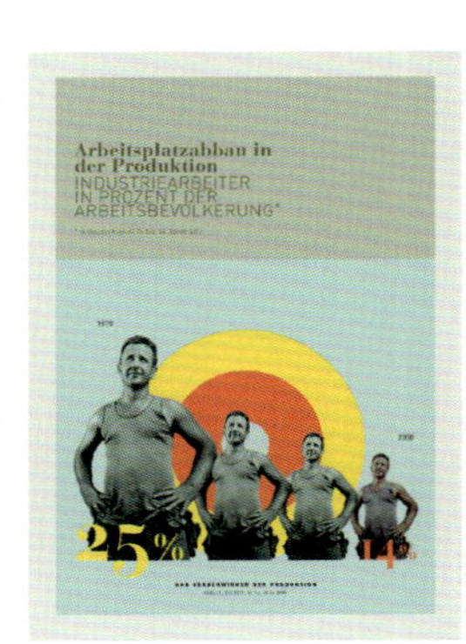

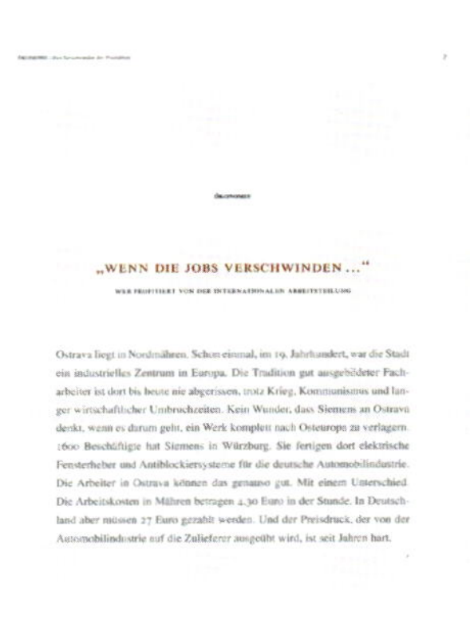

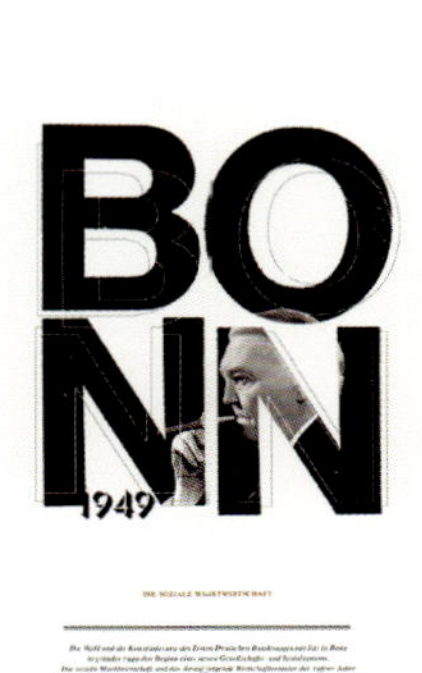

Was ist bloß mit Deutschland los?

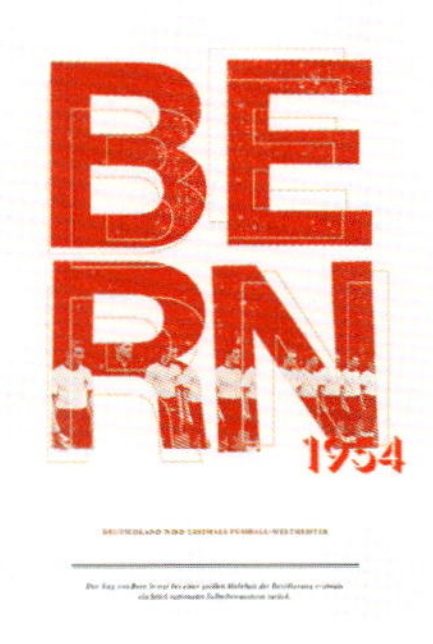

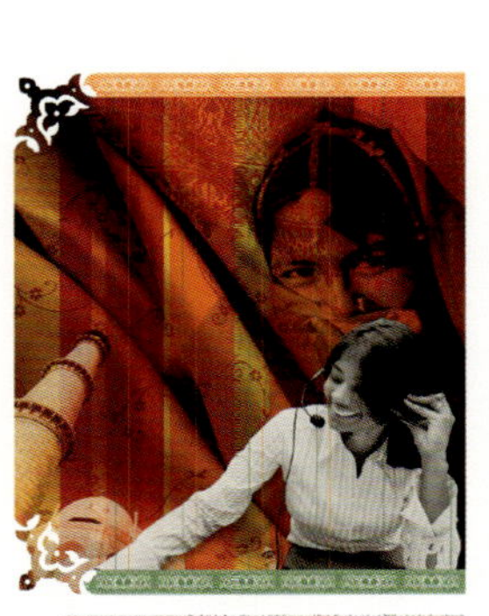

Der Elefant erwacht

title
216plus – Ein Magazin für die besondere Perspektive

type of work
Customer magazine

appeared in
2005

client
Sal. Oppenheim jr. & Cie. KGaA, Cologne

design
Simon & Goetz Design GmbH & Co.KG, Frankfurt/Main
Art direction:
Bernd Vollmöller
Customer advisory service:
Katrin Peisert,
Tanja Zingrebe

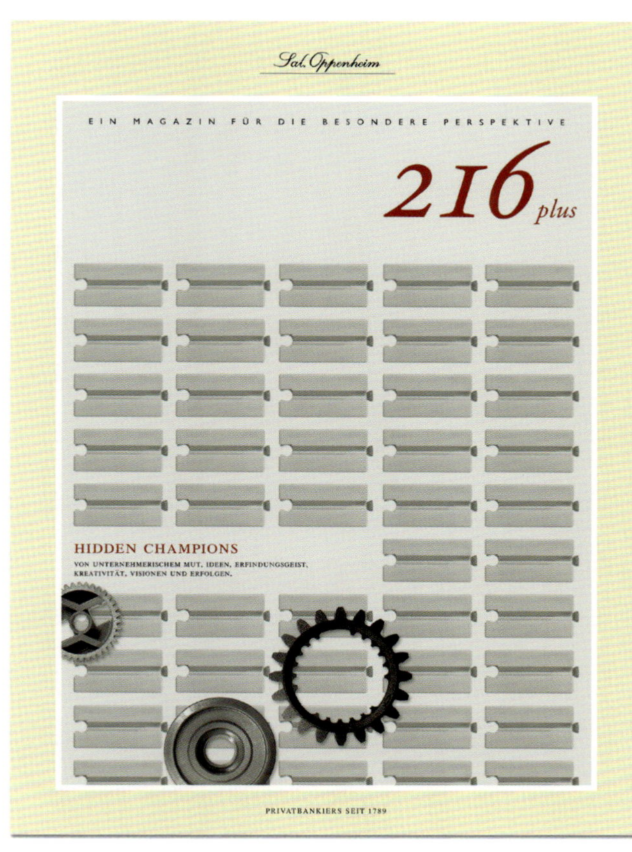

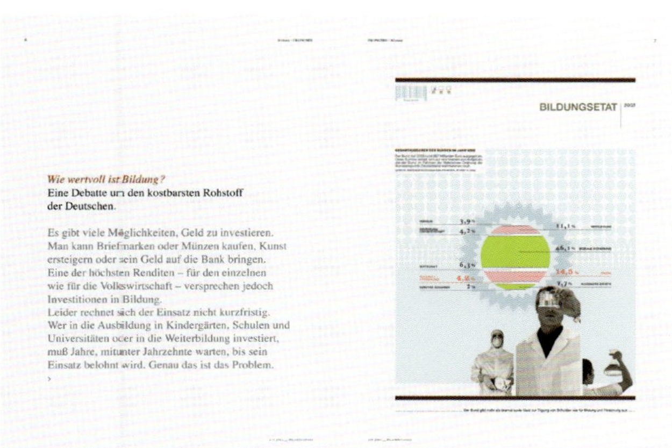

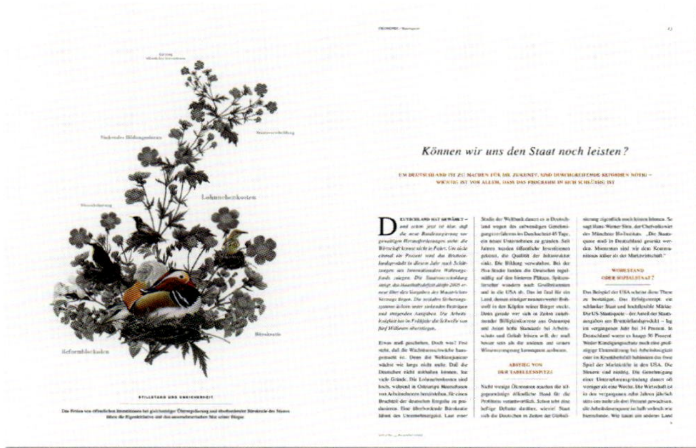

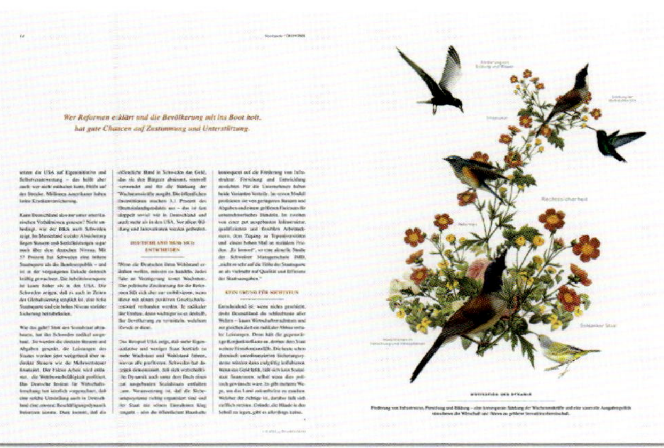

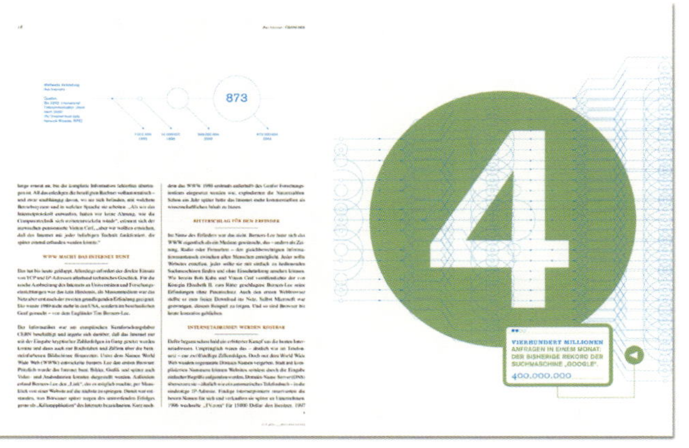

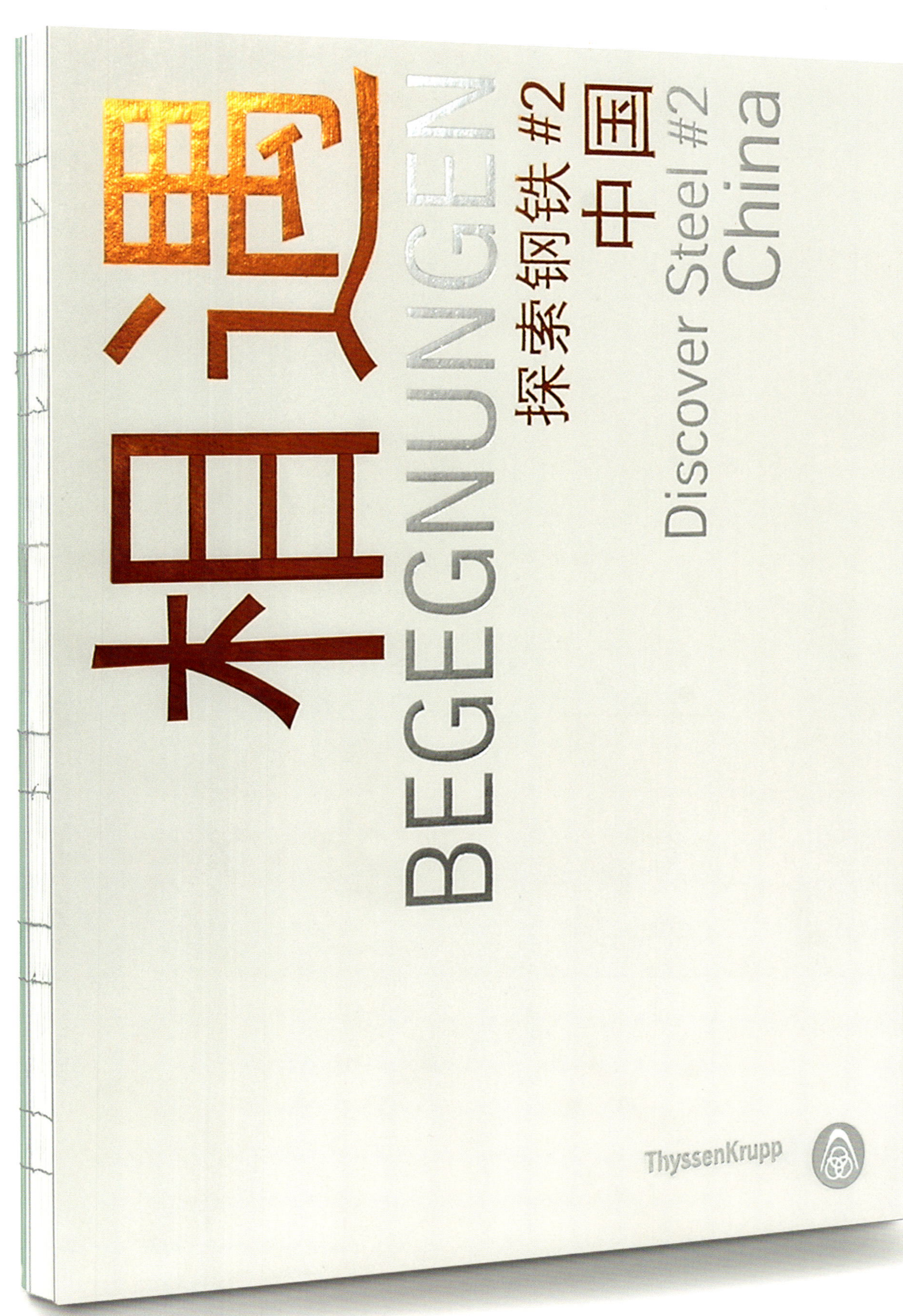
相遇
BEGEGNUNGEN
探索钢铁 #2
中国
Discover Steel #2
China
ThyssenKrupp

title
Discover Steel #2
China, Begegnungen

type of work
Image book

appeared in
2006

client
ThyssenKrupp

design
häfelinger+wagner design GmbH, Munich
Creative direction/concept:
Annette Häfelinger
Art direction:
Kerstin Weidemeyer
Designer:
Kurt Steinebrunner

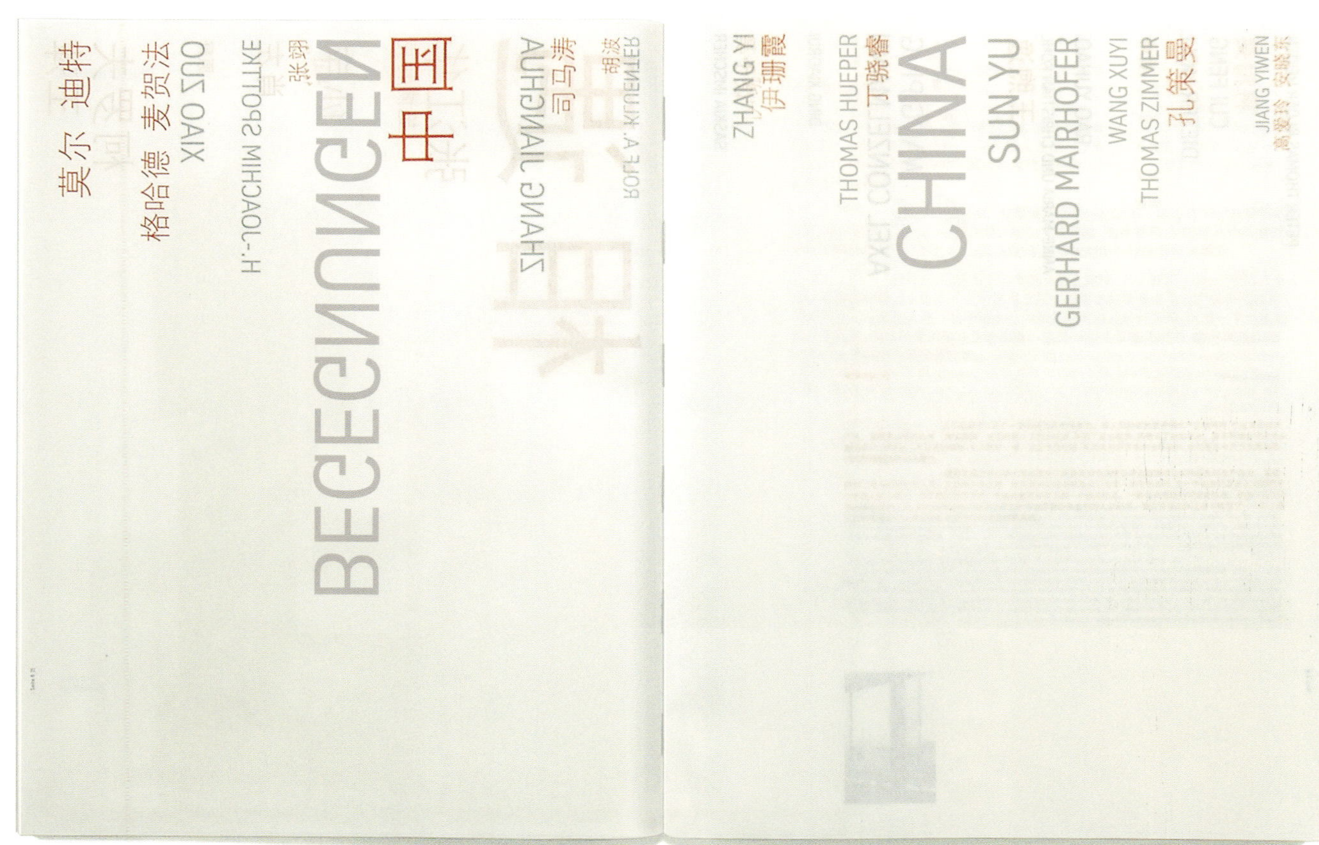

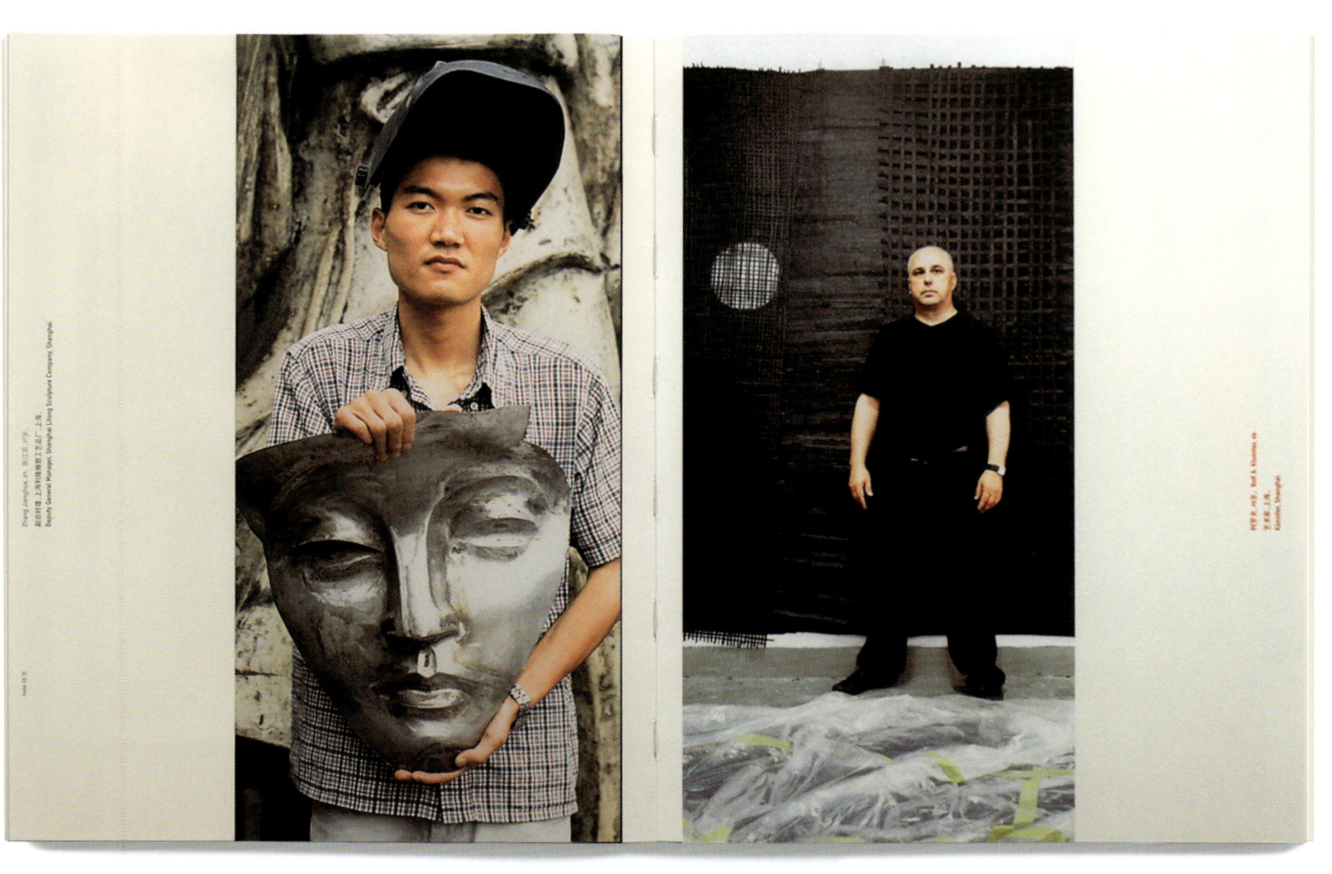

title
Die Weltmeister

type of work
Book

appeared in
2006

client
Edition Panorama,
Mannheim

design
Edition Panorama,
Mannheim
Sebastian Wipfler
Photography:
Horst Hamann

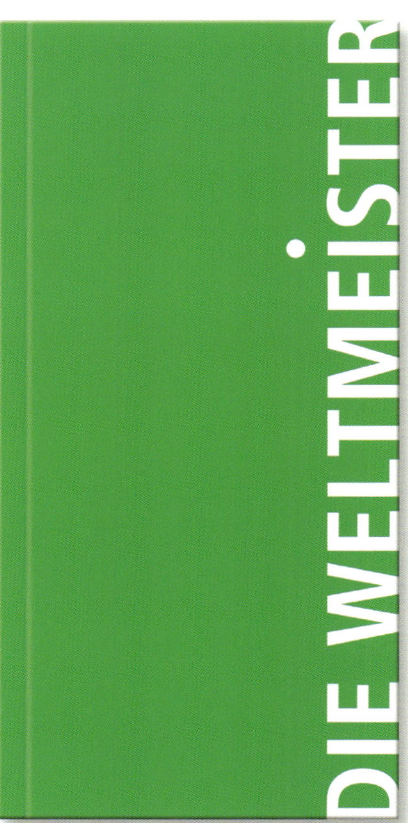

Horst Eckel

Mit 74 Jahren ist Horst Eckel vor allem eines: jung. Äußerlich verändert sich ein Mensch mit den Jahren, aber das Jugendliche, das bei Horst Eckel von innen kommt, scheint noch immer durch. 1954 war er mit 22 der Jüngste in der Weltmeisterelf, ein agiler, kämpferischer Außenläufer. Ein halbes Jahrhundert danach fällt ihm, dem Junggebliebenen, die Rolle zu, die Erinnerung an die nächsten Generationen weiterzureichen. Horst Eckel widmet sich der Aufgabe geduldig und verständnisvoll, auch wenn er schon zum eintausendundersten Mal erzählen muss, wie ihn Bundestrainer Sepp Herberger auf einem seiner legendären Spaziergänge am Thuner See darauf einschwor, im Endspiel von Bern den bewunderten Ungarn Nándor Hidegkuti zu bewachen: „Du bist schneller, wendiger, besser", wiederholte Herberger so oft, bis Eckel „nichts anderes mehr wusste, als daran zu glauben". Am Tag nach dem Finale stand in der *Frankfurter Rundschau*: „Bewundernswert, wie Eckel, einer der besten Halbstürmer, zu decken wusste." Er war ein großartiger Spieler, der Einzige, der neben Fritz Walter 1954 alle sechs WM-Partien absolvierte, zweimal deutscher Meister mit Kaiserslautern, 74 Tore schoss er für den Verein, obwohl sie ihn früh vom Stürmer zum rechten Mann in der „Läuferreihe" umschulten, wie das Mittelfeld damals hieß. Vor allem aber ist er ein bewundernswerter Mensch: Mit Mitte 30 holte er noch sein Lehramtsstudium nach, unterrichtete bis zur Pension Kunst und Sport an der Realschule Kusel und kümmert sich noch heute um junge Straftäter. Er steckt an: seine Bescheidenheit, seine Freundlichkeit, seine Wärme; die Jugend. Wenn heute am Betzenberg in Kaiserslautern ein Abschiedsspiel für einen verdienten Fußballer ansteht, dann zieht Horst Eckel, 74, die kurzen Hosen an und spielt selbstverständlich mit.

Vogelbach, Pfalz

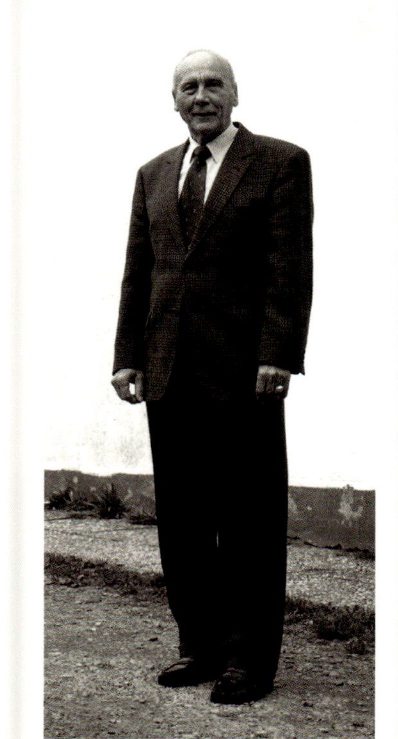

Franz Beckenbauer

Doch, es gibt jemanden, der behauptet: Ach, der Franz, der war gar nicht gut genug, um beim Fußball mitzuspielen. Sein Bruder Walter sagt das, wenn er von den Schlachten auf den Straßen von Giesing erzählt, Anfang der fünfziger Jahre. Der Franz musste daneben stehen, zuschauen und hoffen, dass er endlich älter werden würde. Und der Rest ist Geschichte: Der einzige Mensch der Welt, der als Spieler und Trainer Weltmeister wurde, der einzige Mensch in Deutschland, der sagen kann, was er will und das ganze Land hört ihm zu. Franz Beckenbauer ist immer der erste, der vergisst, was er gestern erzählt hat. Das zeugt – welch feiner Wesenszug – davon, dass er selbst sich noch immer längst nicht so ernst nimmt wie der Rest der Welt. Sein permanenter Begleiter ist die Eleganz, schon damals, als er sich als Libero ins Hohlkreuz legte, bevor er den Ball spielte; noch heute, wenn er als Gottvater über den deutschen Fußball urteilt. Ein Glückskind, ein Charmeur – ein Gewitter, wenn er denn einmal zornig wird. Sein Bruder Walter sagt: „Wir haben uns auch alle in der Familie gewundert, als der Franz so ein guter Fußballer wurde. Wir wussten nicht, wo er das her hat."

Central Park South, New York

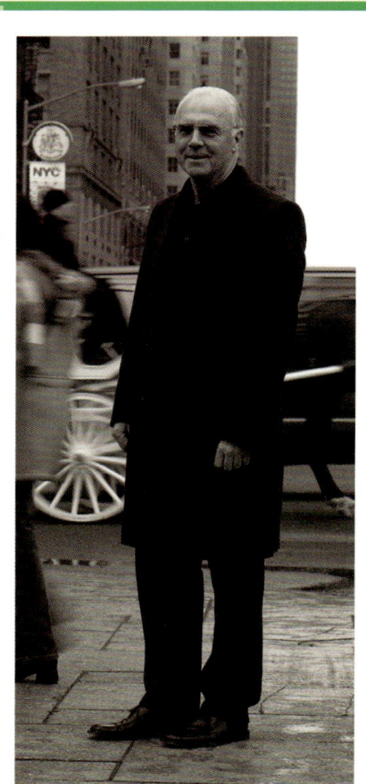

187

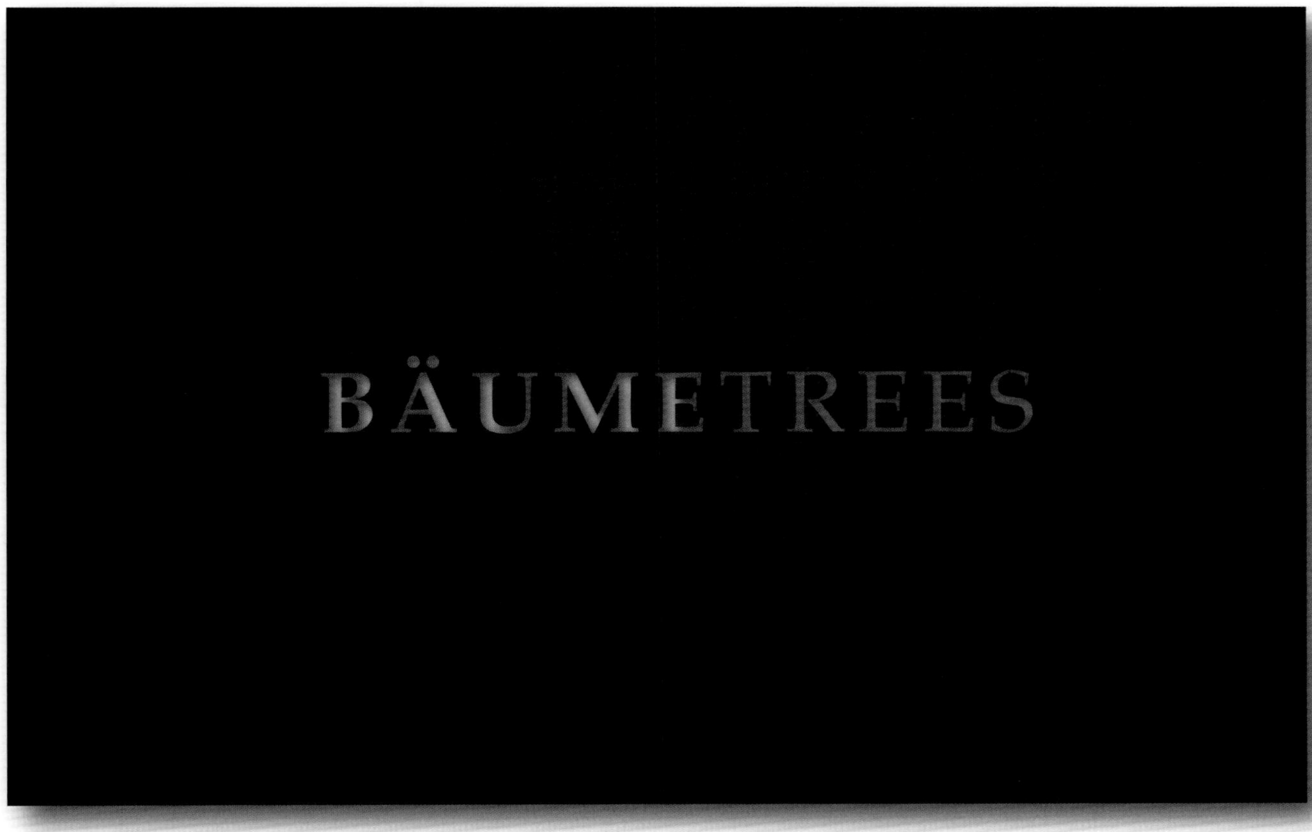

title
Bäume / Trees

type of work
Book

appeared in
2005

client
Edition Panorama, Mannheim

design
Edition Panorama, Mannheim
Sebastian Wipfler
Photography:
Helmut Hirler
Text:
Elsemarie Maletzke

29 Germany-Oberschwaben

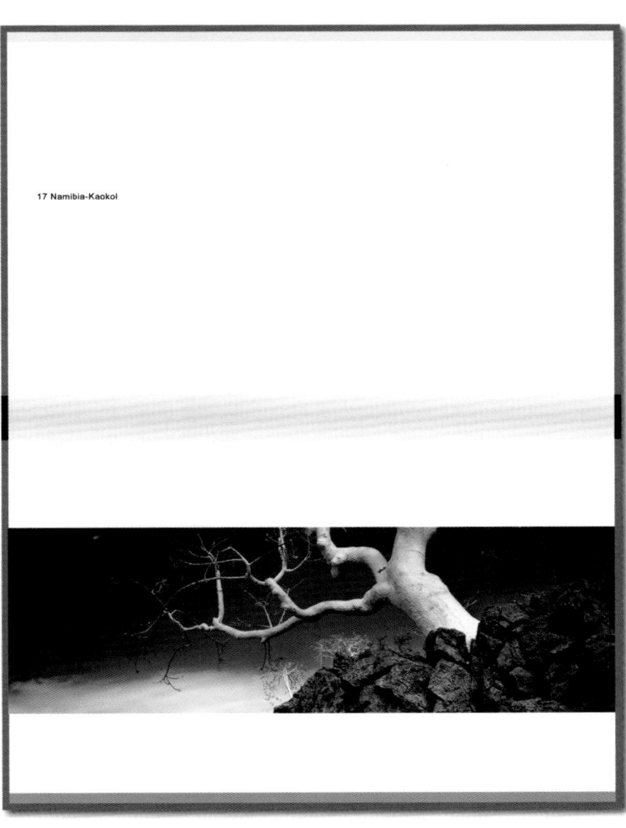

188

title
Ongwe

type of work
Book

appeared in
2006

client
Thomas Kettner, Stuttgart

design
KPG Grafikdesign

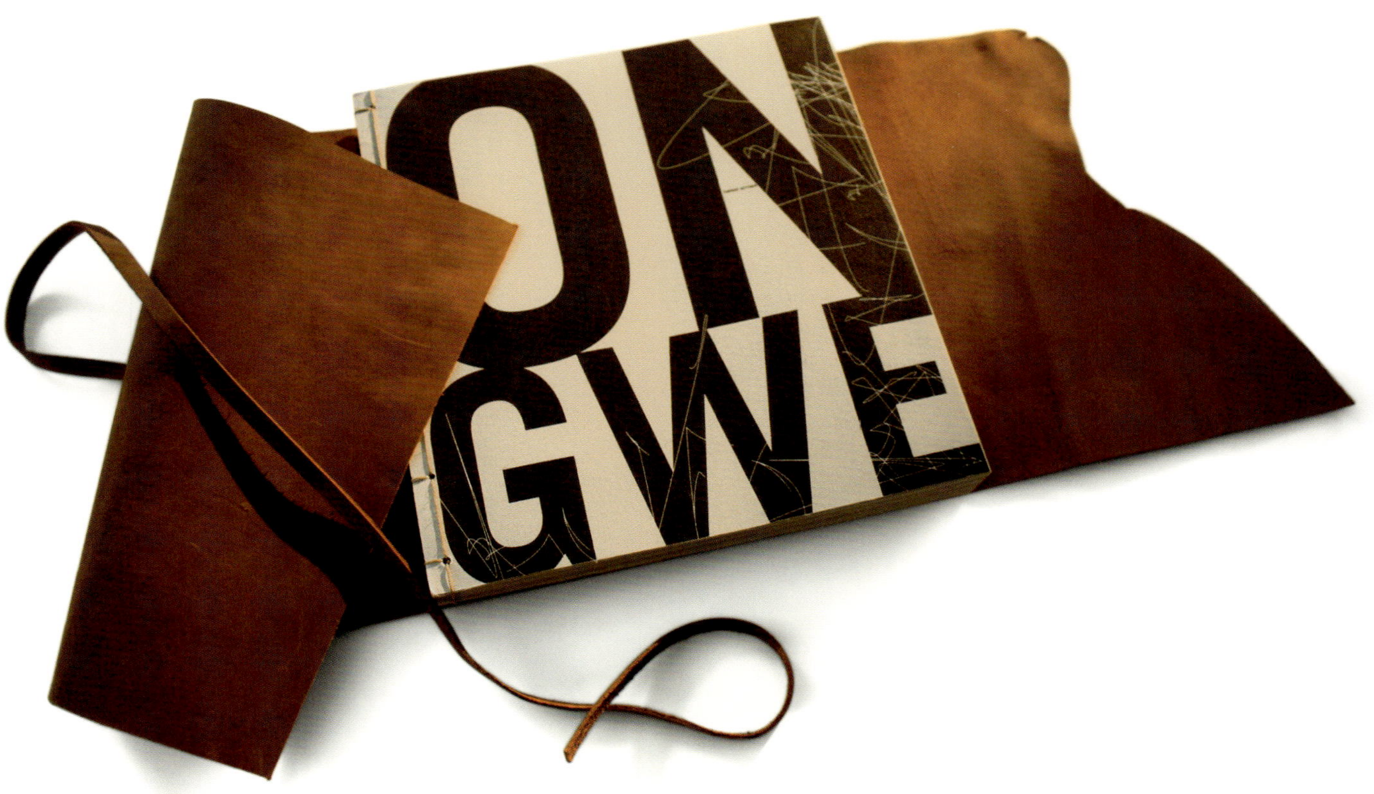

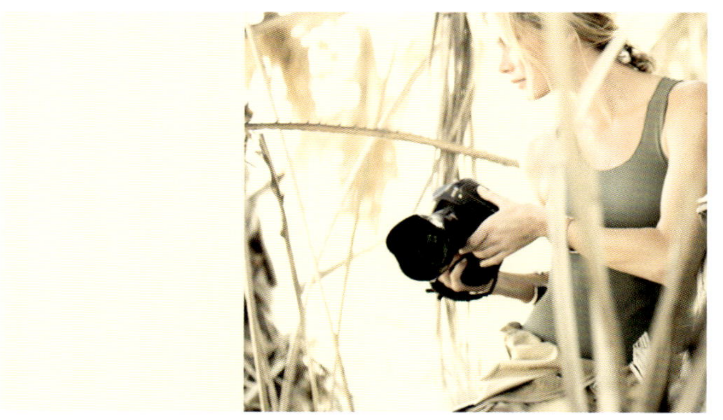

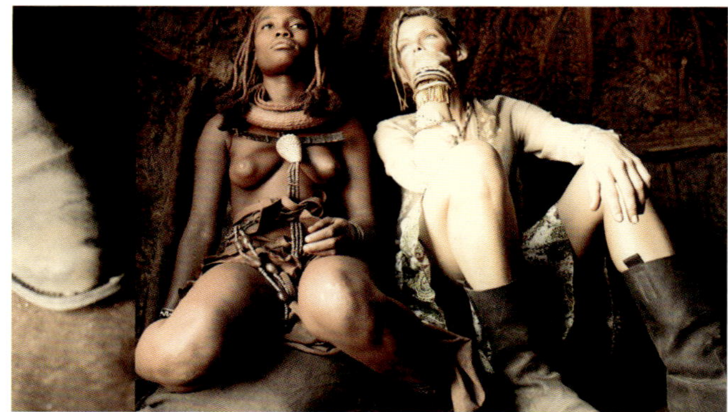

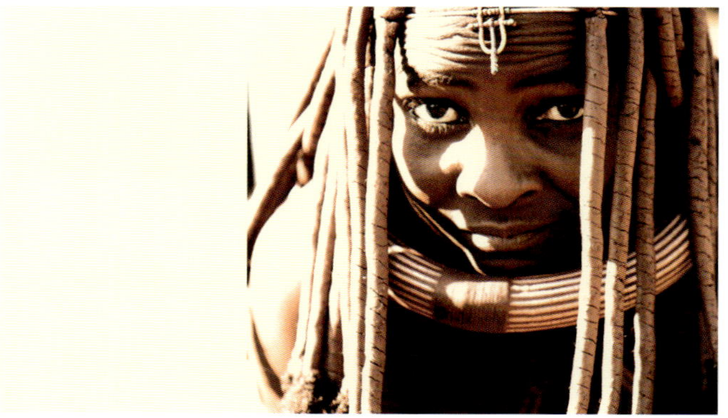

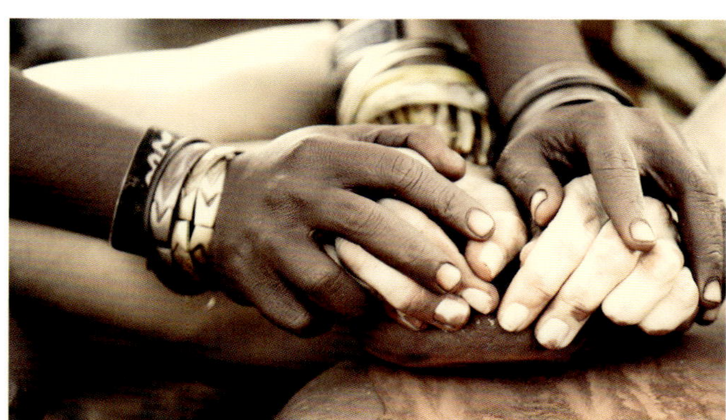

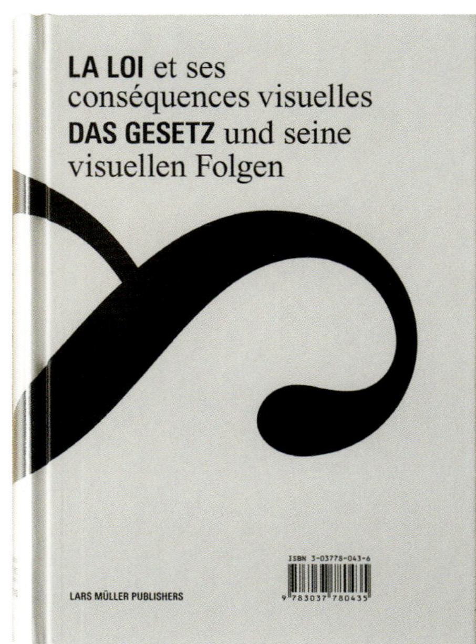

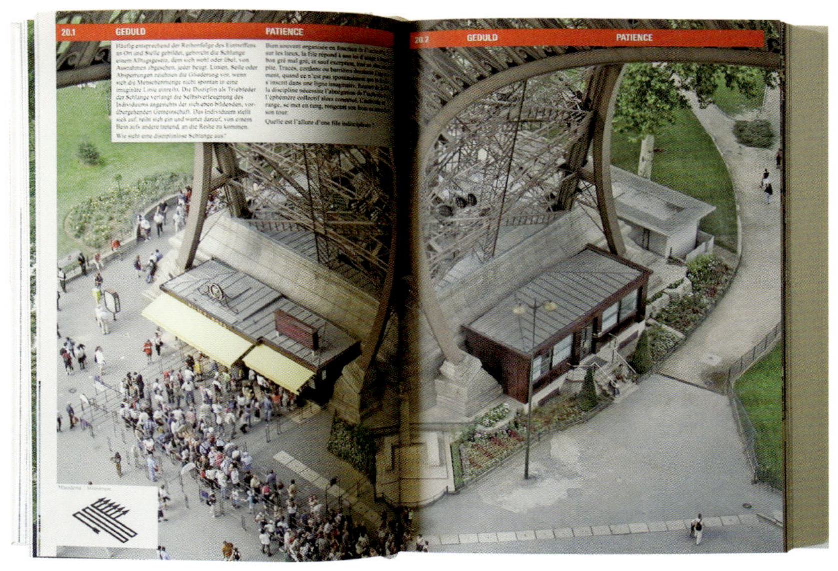

189

title
Das Gesetz und seine visuellen Folgen / La loi et ses consequences visuelles

type of work
Research documentation

appeared in
2005

client
Prof. Ruedi Baur
Institut Design2context
Hochschule für Gestaltung und Kunst Zürich

design
Severin Wucher, Berlin
Creative direction:
Prof. Ruedi Baur
Art direction:
Severin Wucher
Text:
Sébastien Thiery

190

title
Your life with SK Telecom

type of work
Annual report

appeared in
2006

client
SK Telecom, Seoul

design
S/O PROJECT, Seoul
Photography:
Jun-Bin Leem
Creative direction:
Hyun Cho
Art direction:
Chae Lee, Sang-do Kim
Text:
Jung-dong Lee
Strategic planning:
Jong-kuk Lee

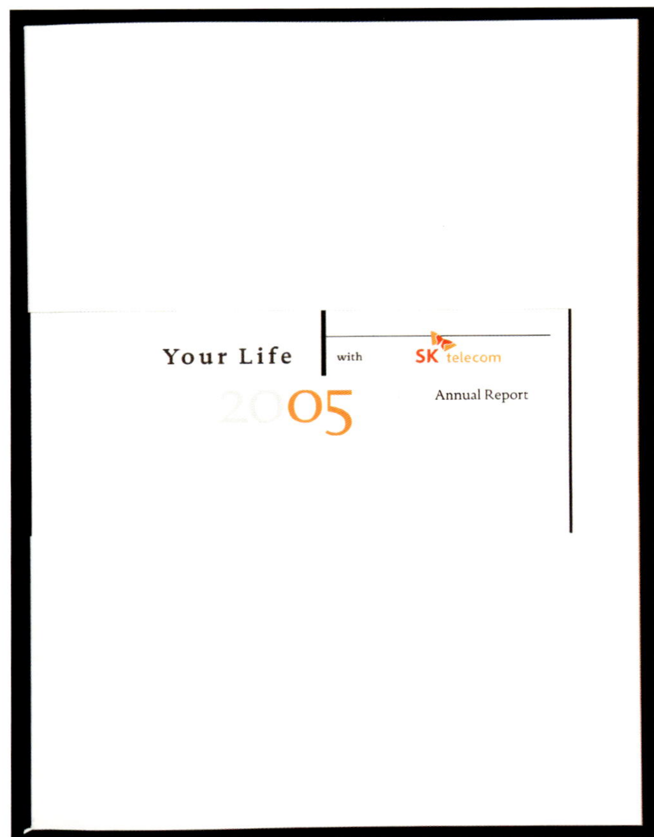

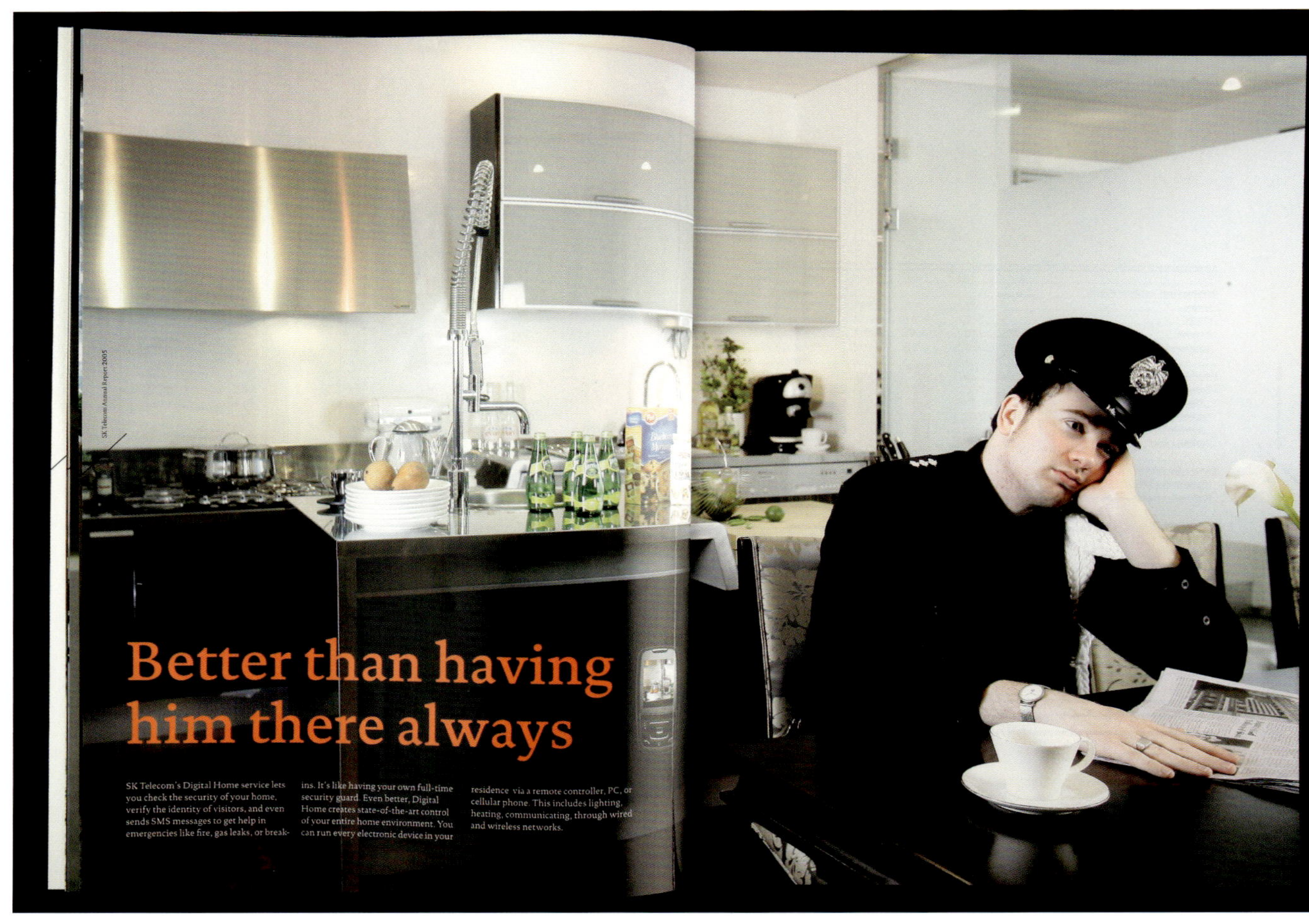
Better than having him there always

SK Telecom's Digital Home service lets you check the security of your home, verify the identity of visitors, and even sends SMS messages to get help in emergencies like fire, gas leaks, or break-ins. It's like having your own full-time security guard. Even better, Digital Home creates state-of-the-art control of your entire home environment. You can run every electronic device in your residence via a remote controller, PC, or cellular phone. This includes lighting, heating, communicating, through wired and wireless networks.

title
TT unseen

type of work
Brochure

appeared in
2006

client
Audi AG, Ingolstadt

design
Mutabor Design GmbH, Hamburg
Creative direction: Johannes Plass
Art direction: Axel Domke
Graphic design: Nils Zimmermann
Picture editorship: Nicole Dresen
Production: Jessica Hoppe
Illustration: Axel Domke

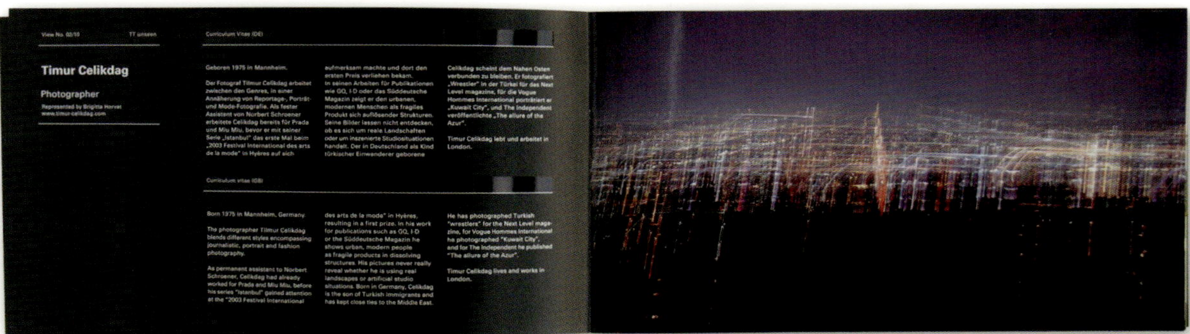

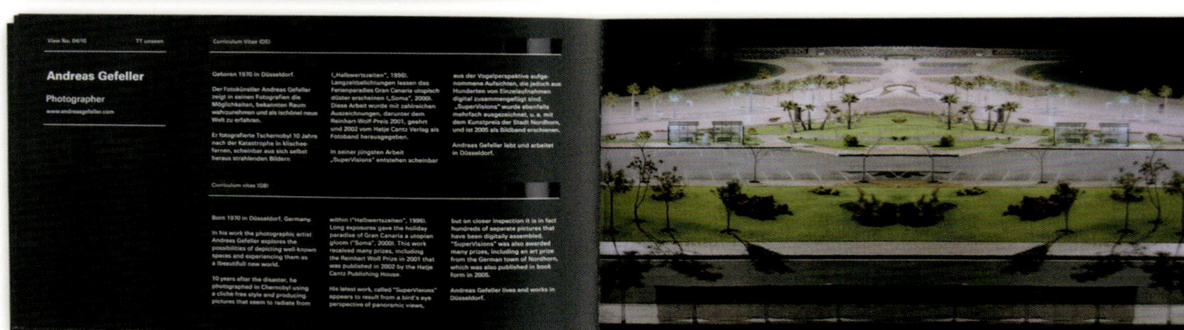

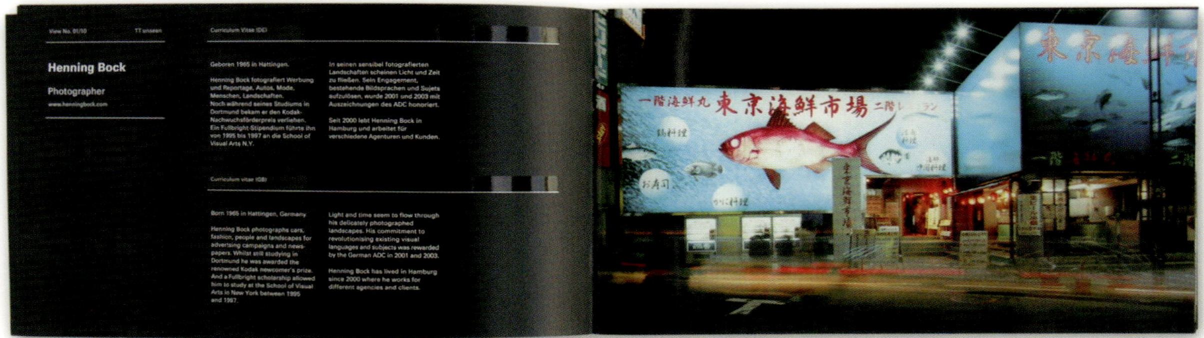

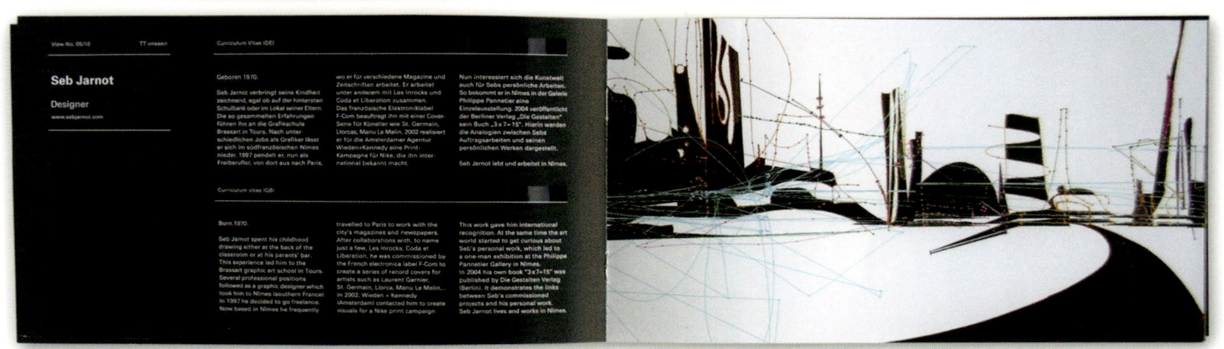

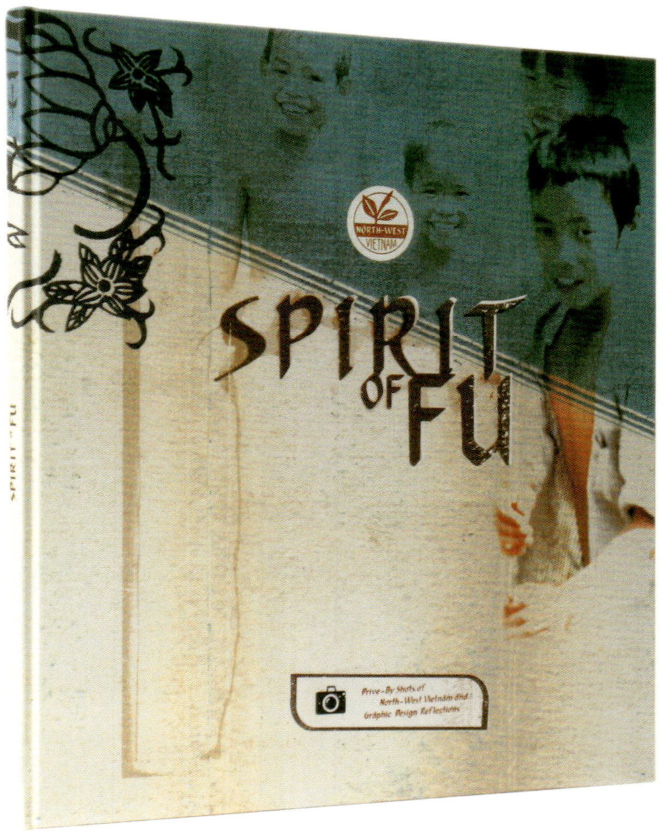
NORTH-WEST
VIETNAM
SPIRIT OF FU
Drive-By Shots of
North-West Vietnam and
Graphic Design Reflections

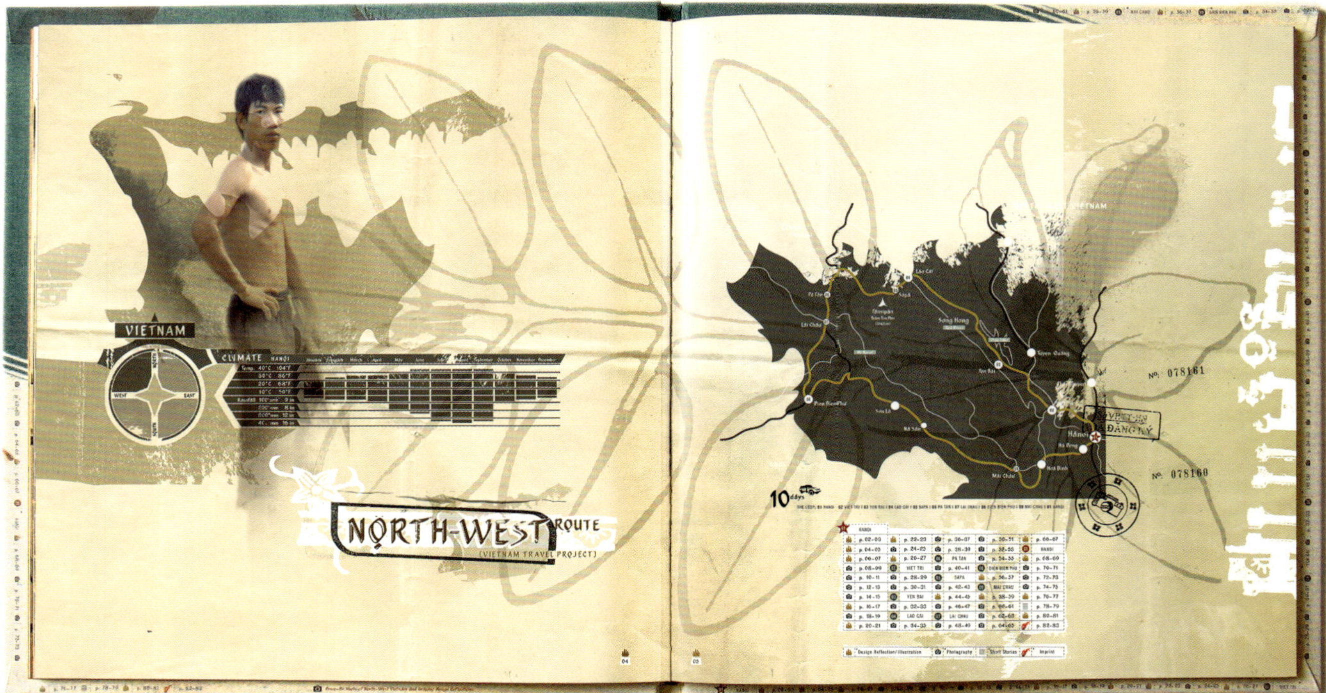
VIETNAM
CLIMATE
NORTH-WEST ROUTE
(VIETNAM TRAVEL PROJECT)
No. 078161
No. 078160

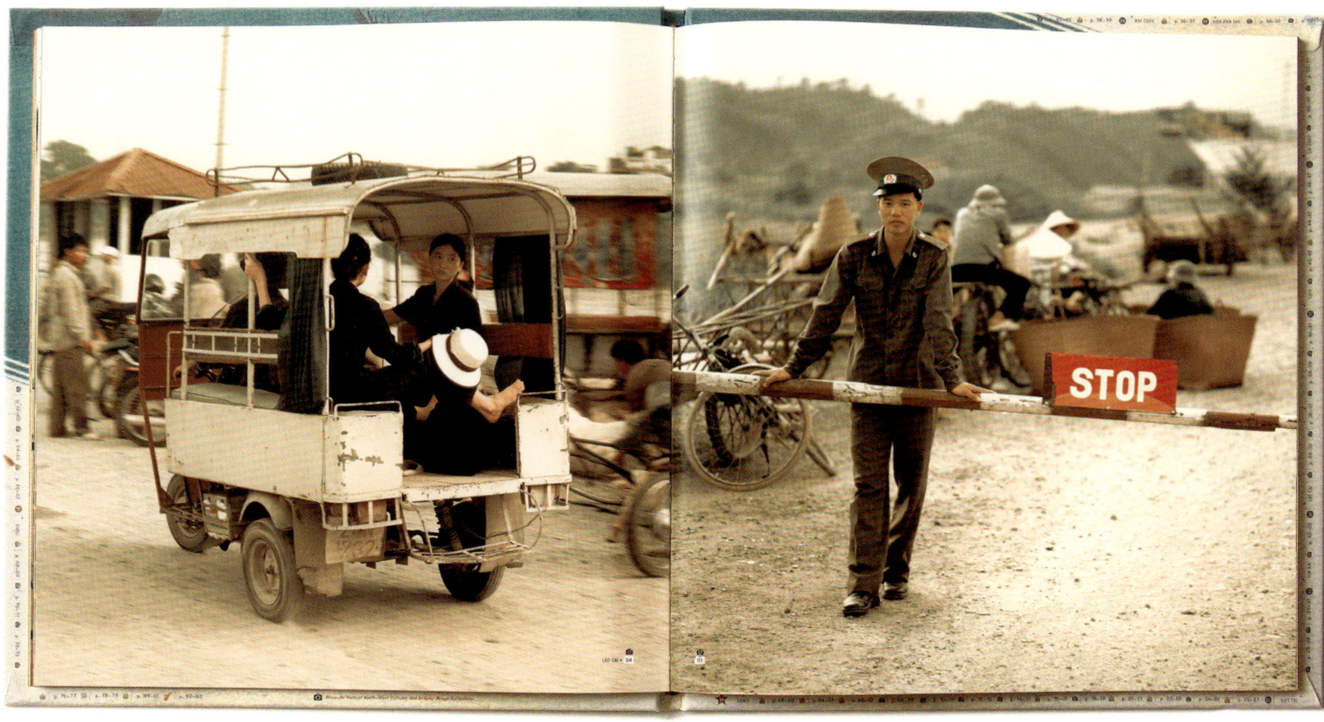

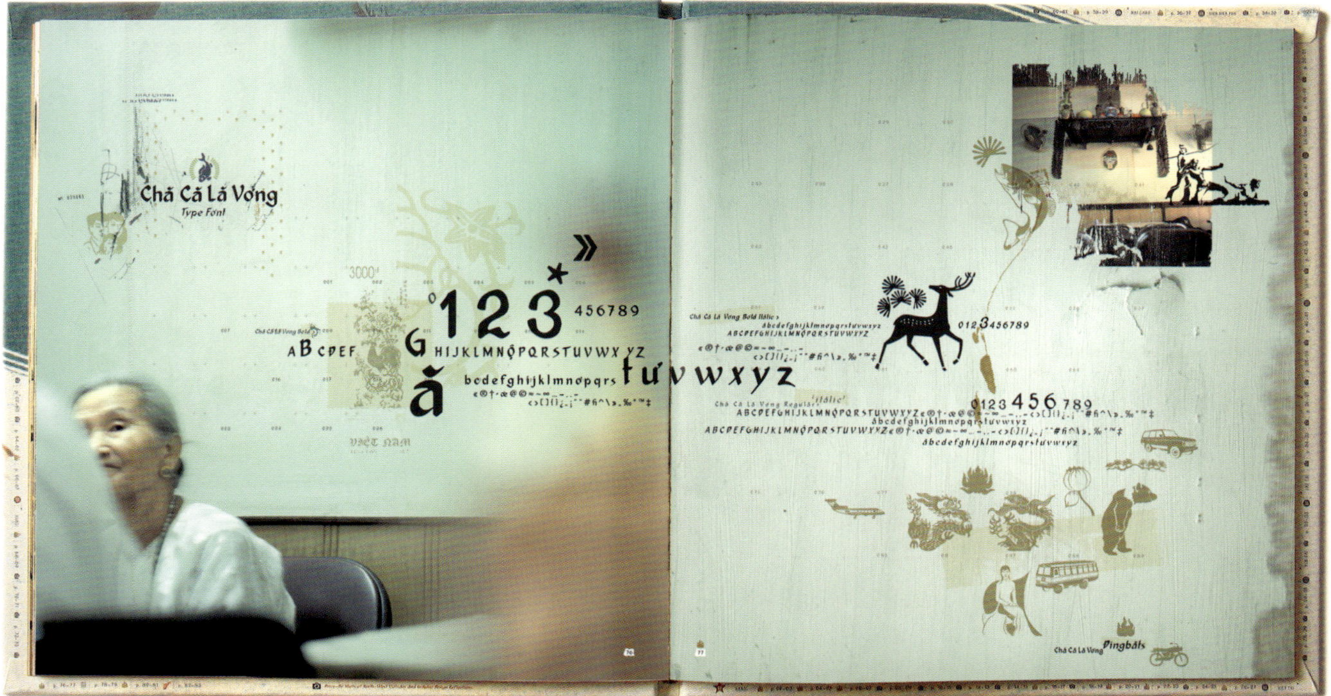

title
Spirit of Fu – Drive-By Shots of North-West Vietnam and Graphic Design Reflections

type of work
Book

appeared in
2005

client
BRANDIT Marketing & Kommunikation, Cologne

design
BRANDIT Marketing & Kommunikation, Cologne
Photography:
Peter Specht
Head of marketing:
Ulla Weyers, Trudis Weber
Head of advertising:
Ulla Weyers, Trudis Weber
Creative direction:
Peter Specht,
Angela Strecker
Art direction:
Peter Specht,
Angela Strecker
Text:
Peter Specht,
Kirstin Matthews,
Jon Matthews
Customer advisory service:
Peter Specht
Strategic planning:
Peter Specht,
Angela Strecker
Agency producer:
Peter Specht,
Frank Kruszka
Image editing:
Peter Specht
Illustration:
Peter Specht,
Angela Strecker

title
Liveshow: Design Annual 2005 for Beijing Institute of Clothing Technology

type of work
Book

appeared in
2006

client
Beijing Institute of Clothing Technology, Beijing

design
Tsinghua University, Beijing
Photography:
Jianan Liu, Xiaoye Guo
Art direction:
Xiaoye Guo, Huang Lee
Text:
Ping Yi
Producer:
Prof. Ronglin Jia
(Chief) editorship:
Prof. Ronglin Jia, Xiaoye Guo
Image editing:
Huang Lee, Dagong Chen

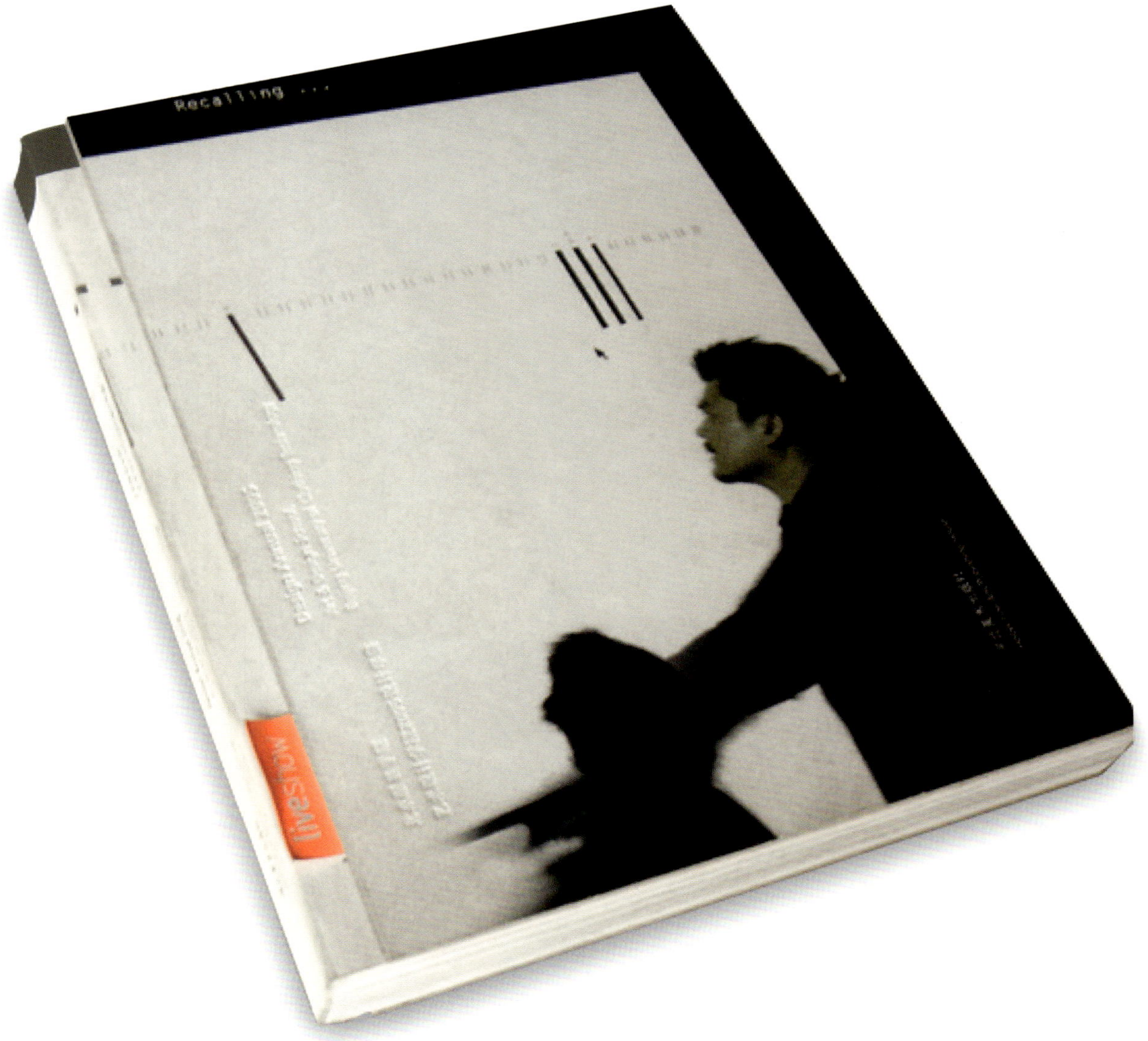

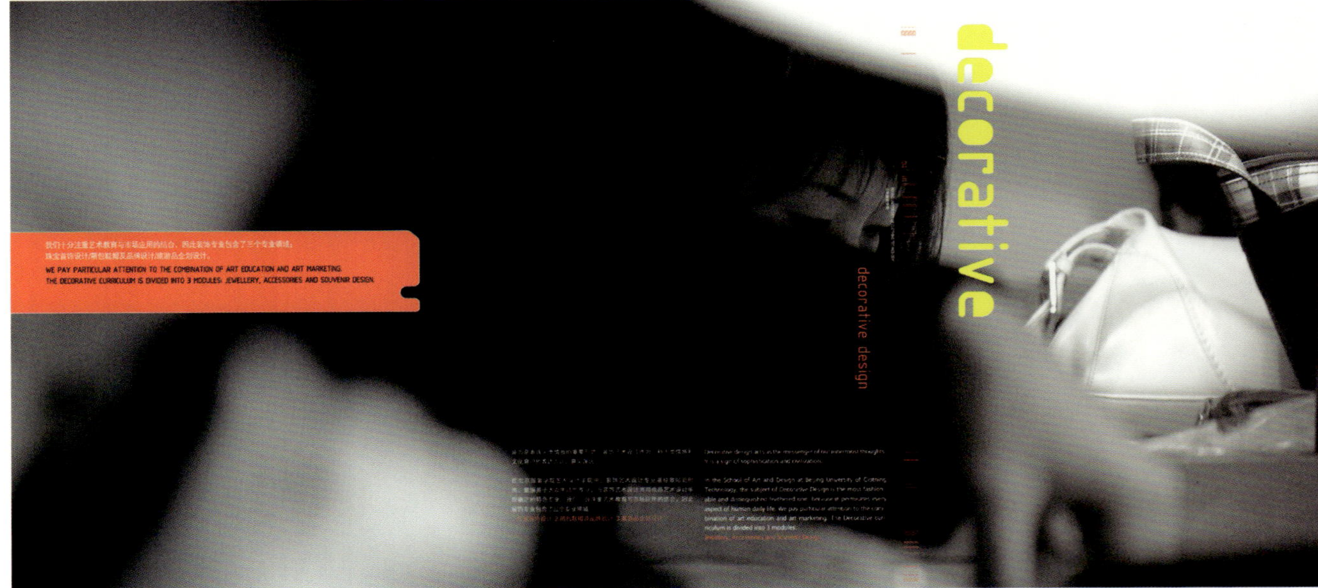

195

title
Colour your day

type of work
Calendar, diary

appeared in
2006

client
Drukkerij Ando,
The Hague

design
Barlock bv, The Hague
Art direction:
Saskia Wierinck,
Hélène Bergmans,
Käthi Dübi
Text:
Jan Luijendijk
Illustration:
Frederique Westerveel,
Käthi Dübi

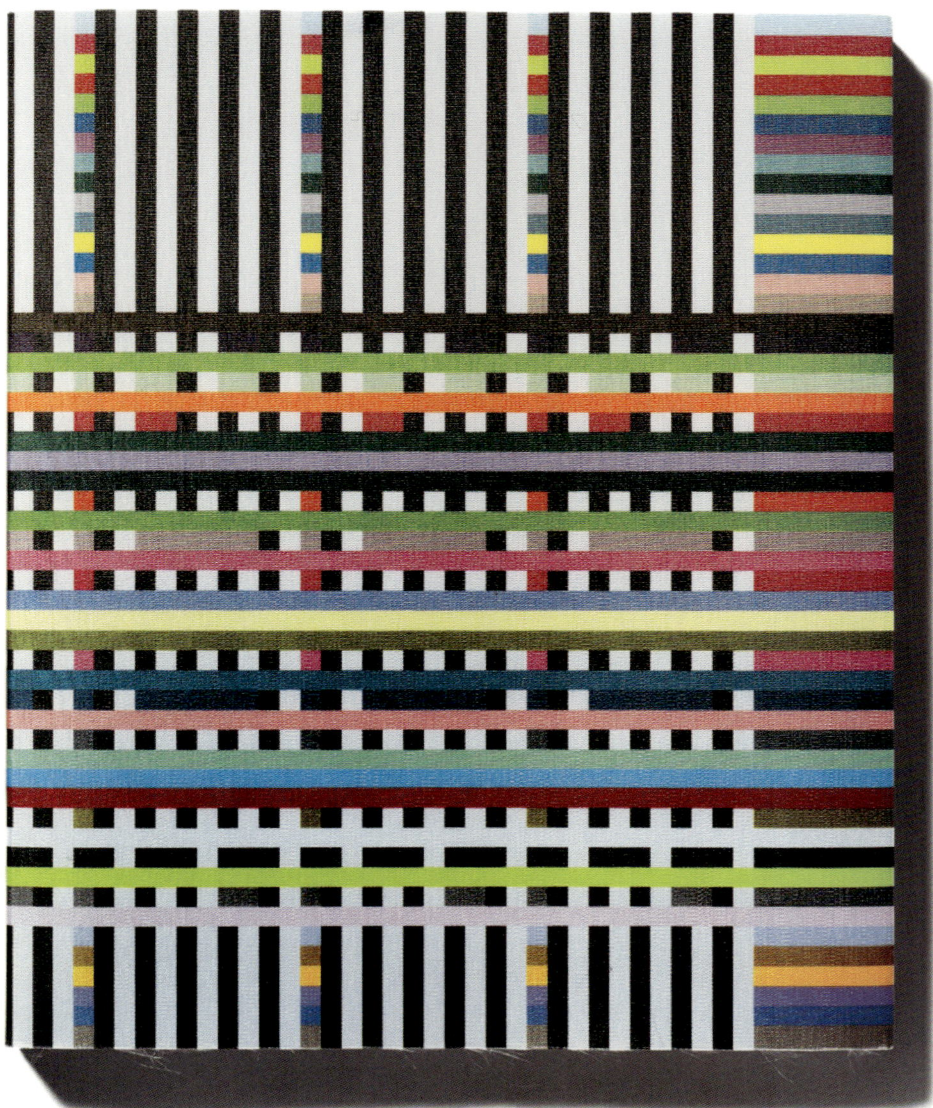

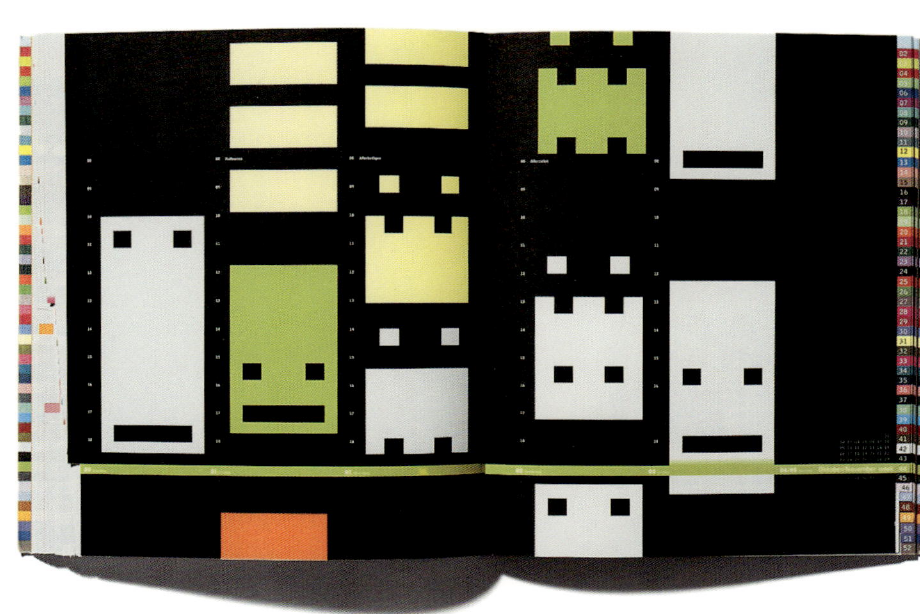

title
Nonplusultra –
Wandkalender 2006
Papierfabrik Scheufelen

type of work
Wall calendar

appeared in
2005

client
Papierfabrik Scheufelen
GmbH & Co. KG,
Lenningen

design
Strichpunkt GmbH,
Stuttgart
Head of marketing:
Irmgard Glanz
(Papierfabrik Scheufelen)
Creative direction:
Kirsten Dietz,
Jochen Rädeker
Art direction:
Kirsten Dietz
Customer advisory service:
Jochen Rädeker
Illustration:
Susanne Hörner

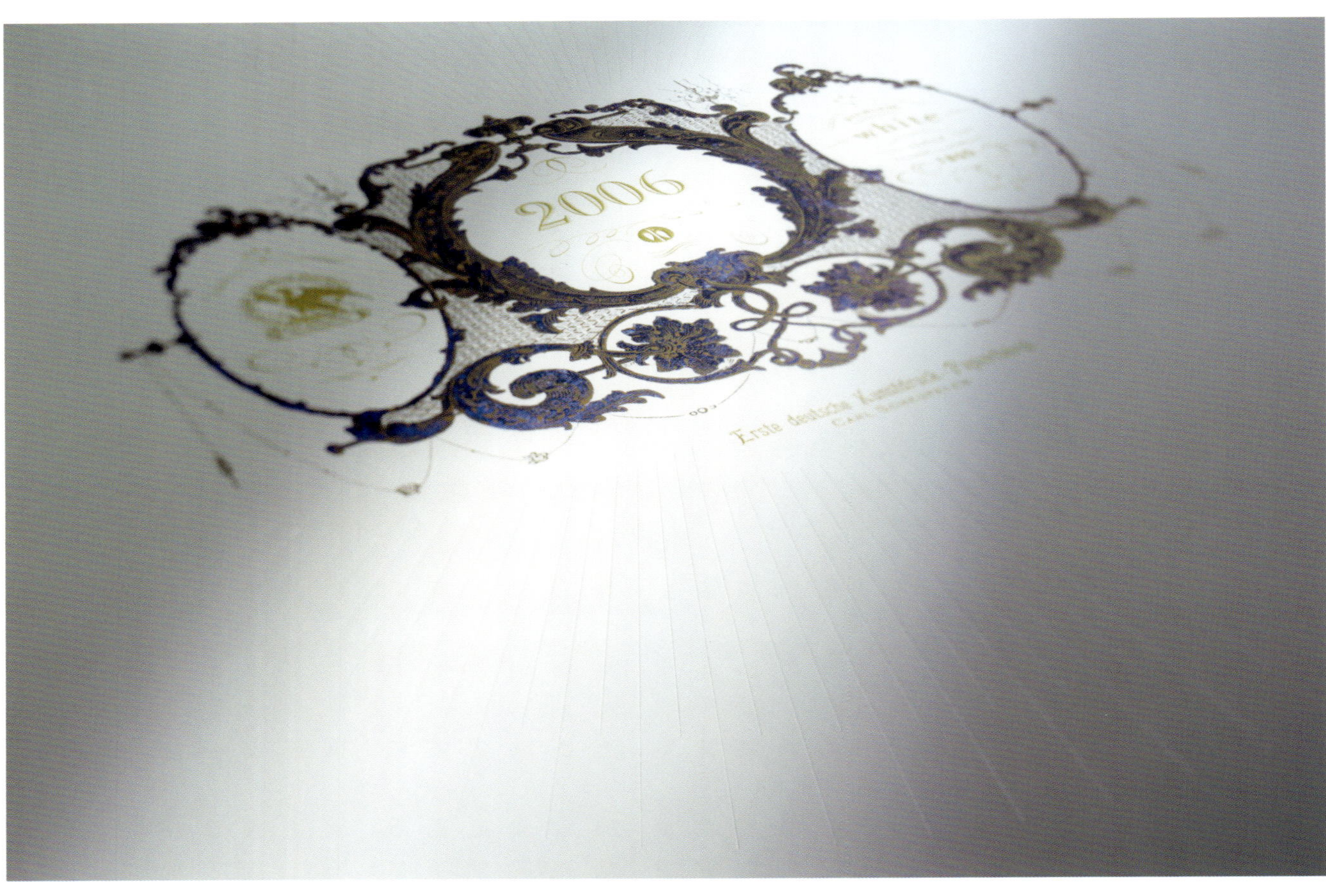

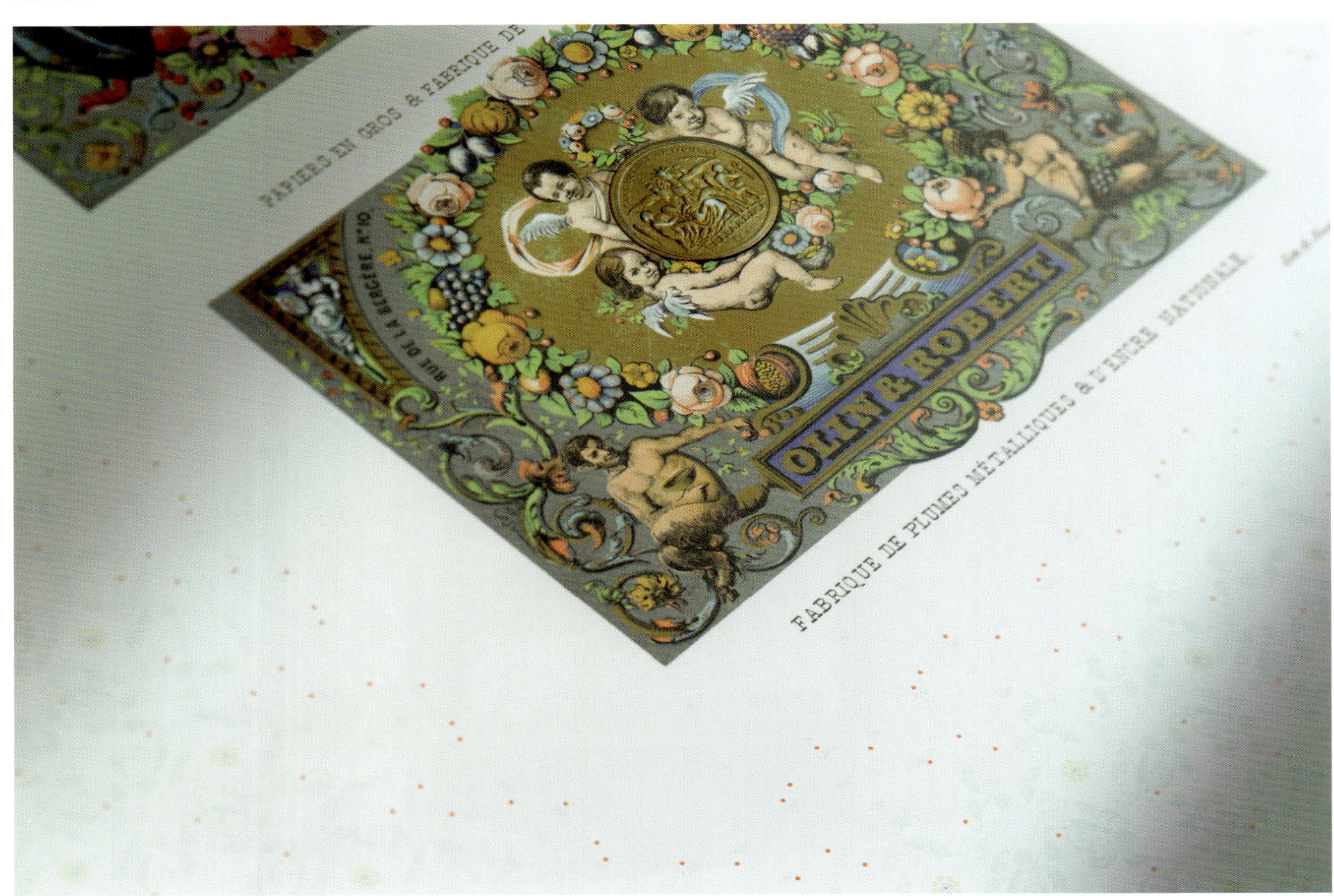

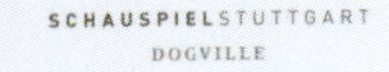

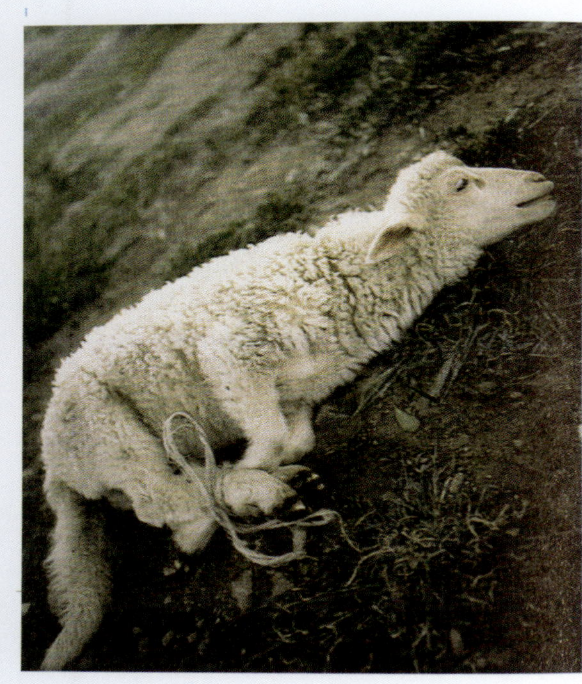

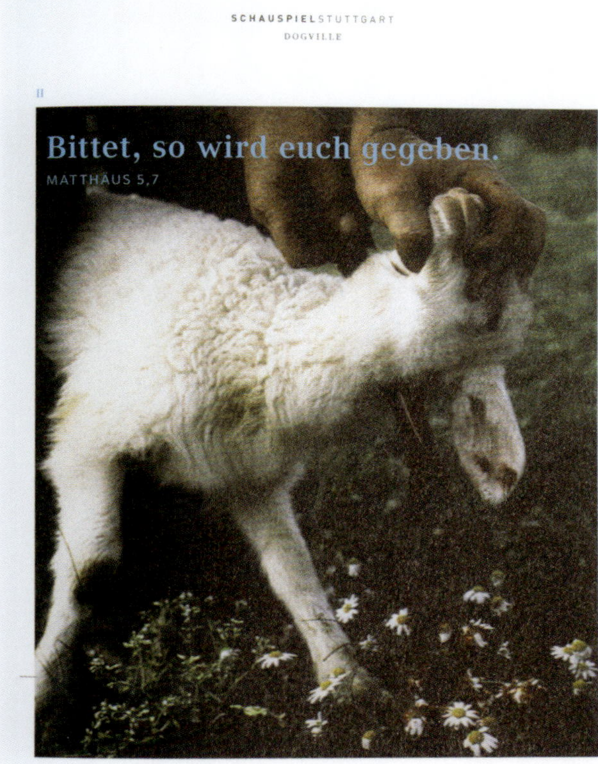

SENSATIONELLES ANGEBOT;
LETZTE MÖGLICHKEIT!
DIE SIEBEN TODSÜNDEN
NUR DIESE WOCHE
ALLES MUSS RAUS.!!!

title
Programmhefte
Schauspiel Stuttgart
(Spielzeit 2005/2006)

type of work
Programmes

appeared in
2005

client
Württembergische
Staatstheater /
Schauspiel Stuttgart

design
Strichpunkt GmbH,
Stuttgart
Head of public relations:
Ingrid Trobitz
(Schauspiel Stuttgart)
Creative direction:
Kirsten Dietz,
Jochen Rädeker
Art direction:
Kirsten Dietz
Customer advisory service:
Jochen Rädeker
Illustration:
Anders Bergesen
Designer:
Anders Bergesen,
Kirsten Dietz,
Anika Marquardsen,
Jochen Rädeker

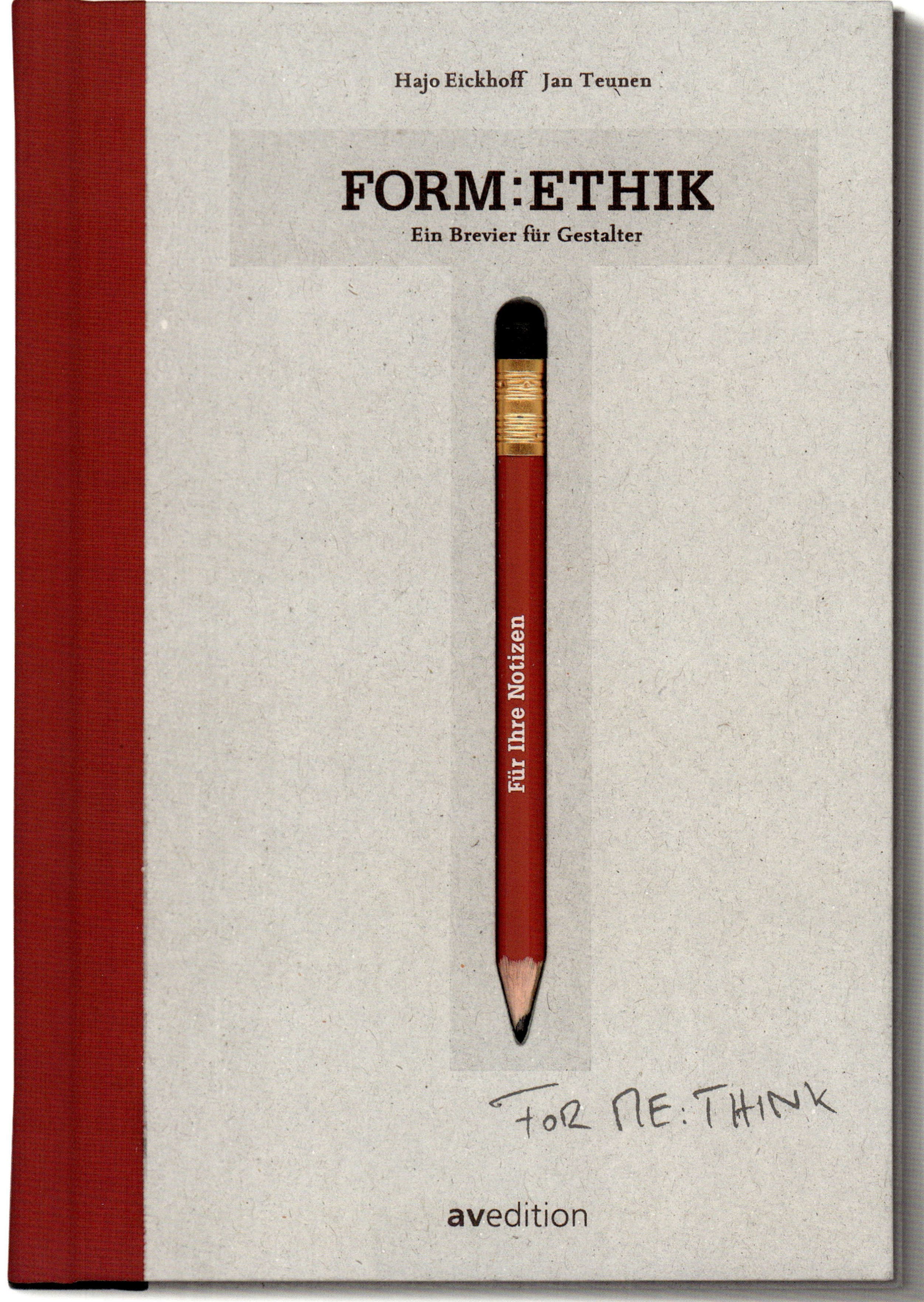
Hajo Eickhoff Jan Teunen
FORM:ETHIK
Ein Brevier für Gestalter
Für Ihre Notizen
FOR ME:THINK
avedition

199

title
FORM:ETHIK

type of work
Book

appeared in
2005

client
designafairs, Munich

design
KOCHAN & PARTNER GmbH, Munich
Creative direction:
Martin Summ
Text:
Hajo Eickhoff, Jan Teunen
Agency producer:
Katja Schmelz

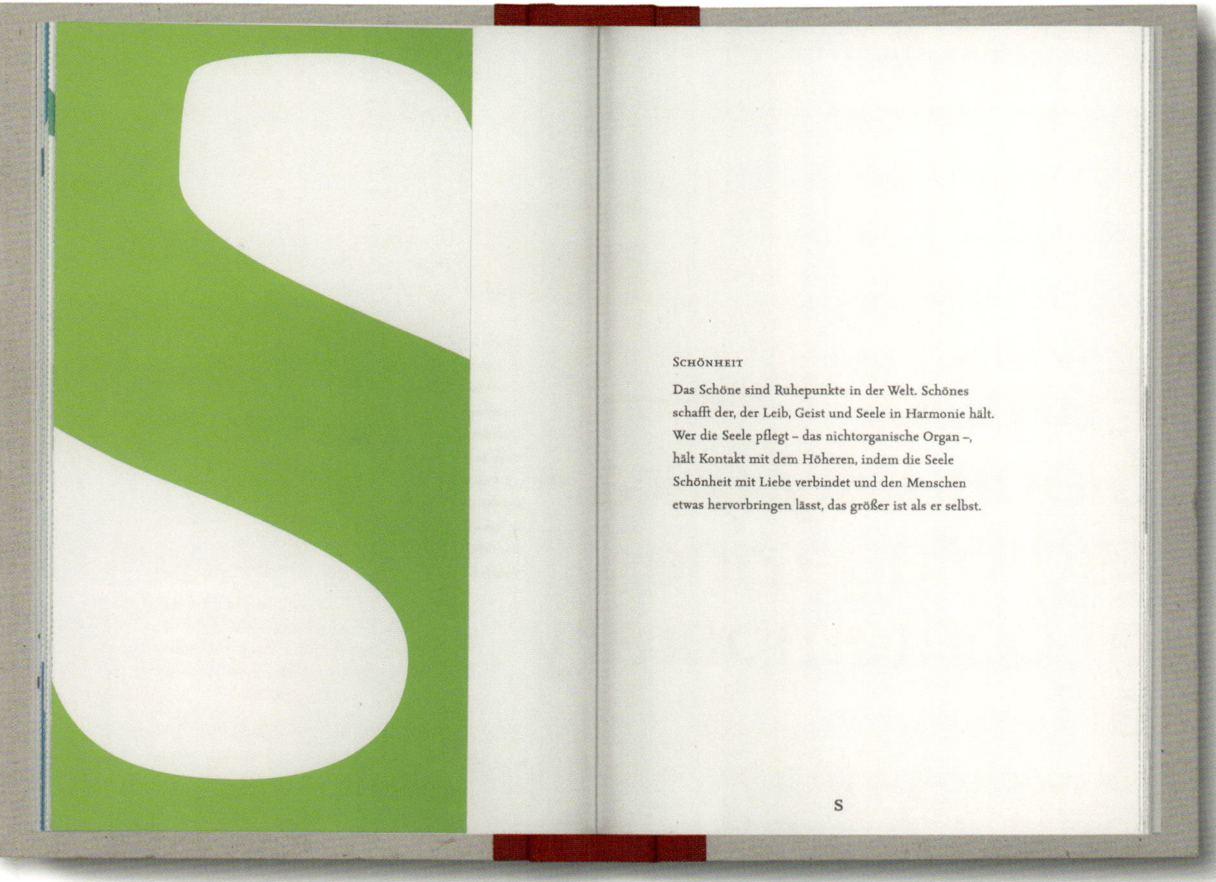

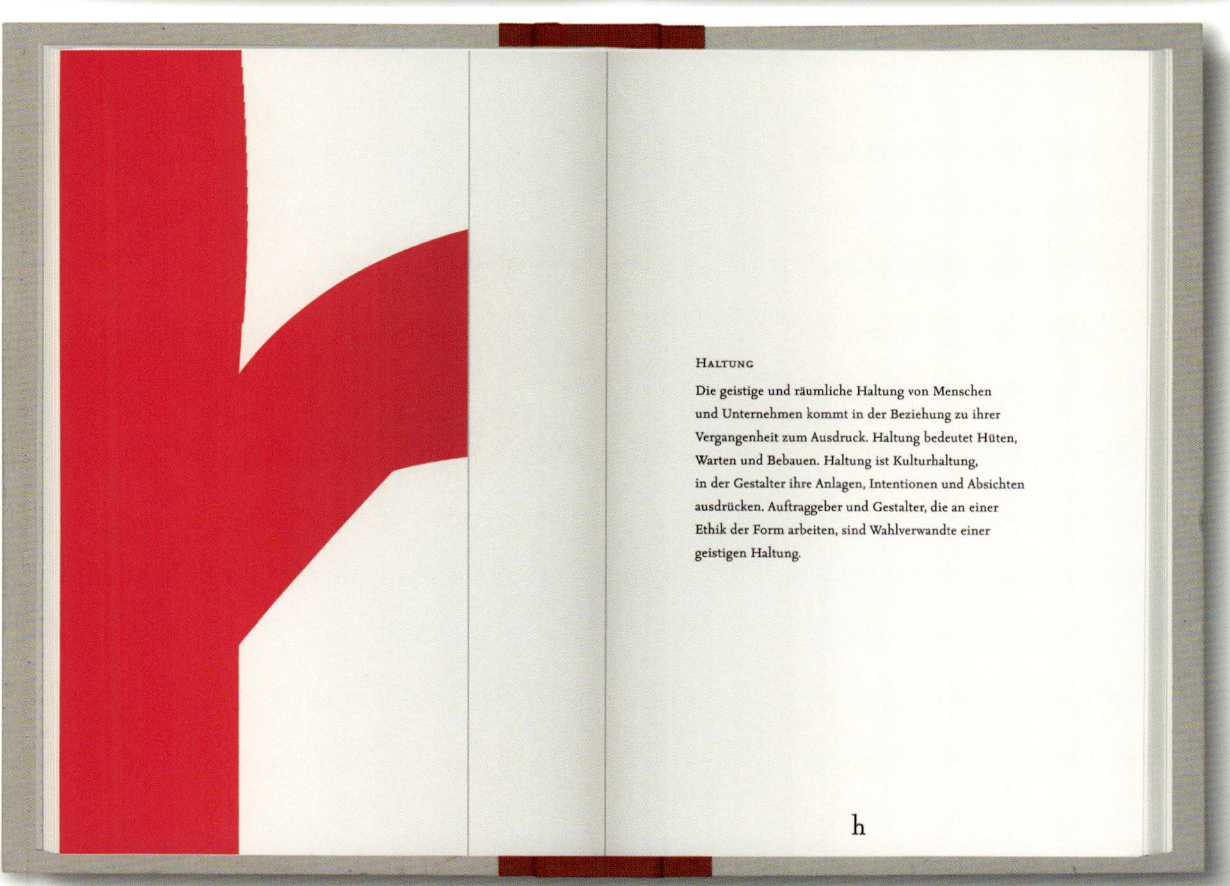

title
Parabol AM

type of work
Art magazine

appeared in
2006

client
section.d
design.communication
gmbh, Vienna

design
section.d
design.communication
gmbh, Vienna
Creative direction:
Chris Goennawein
Art direction:
Chris Goennawein
Curator:
Daniel Baumann

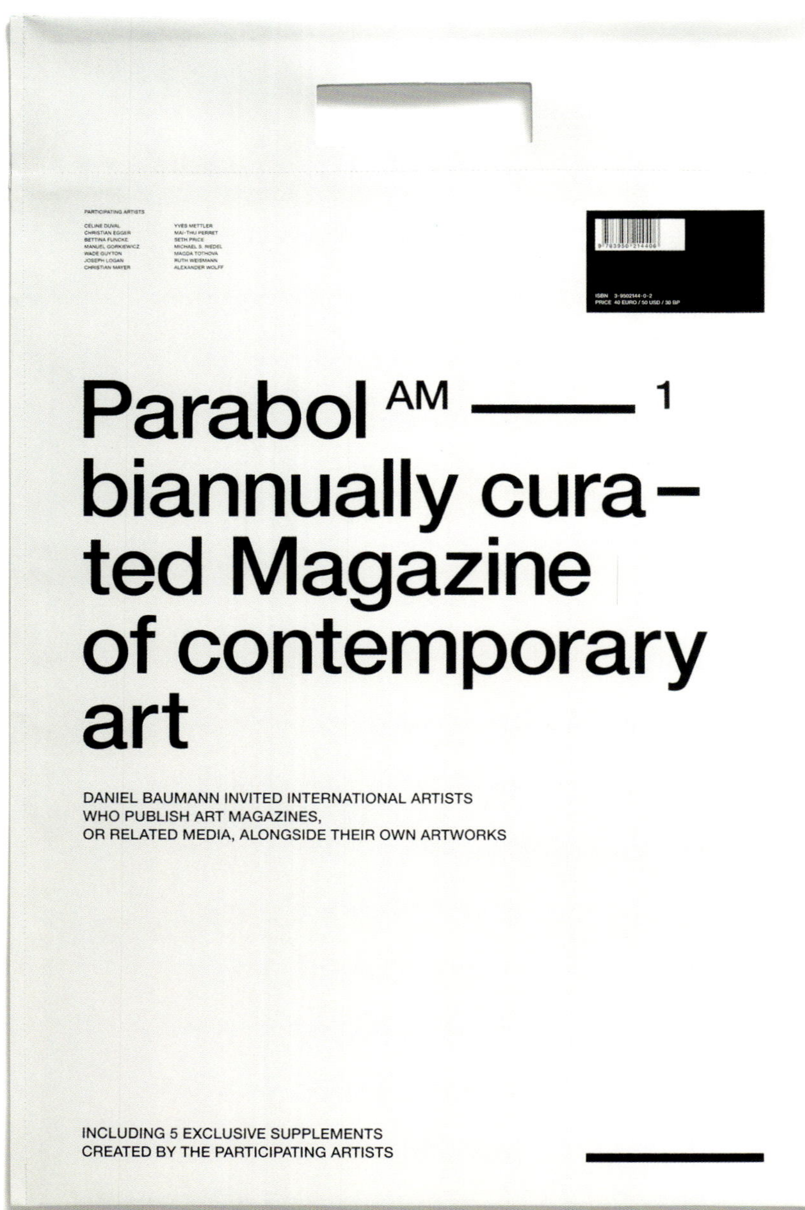

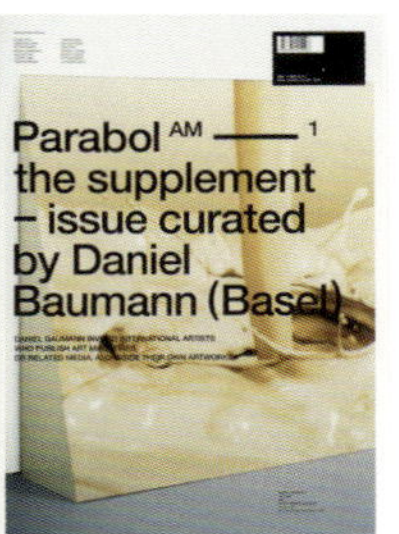

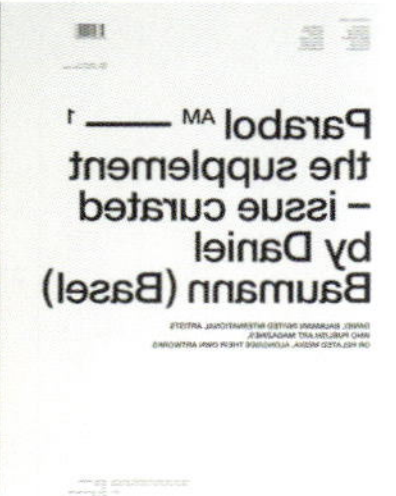

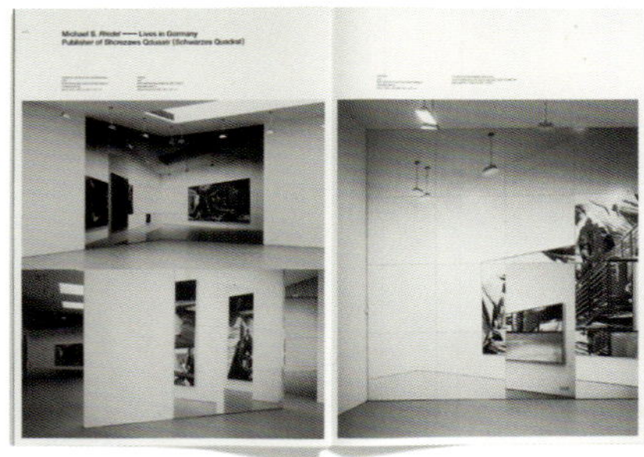

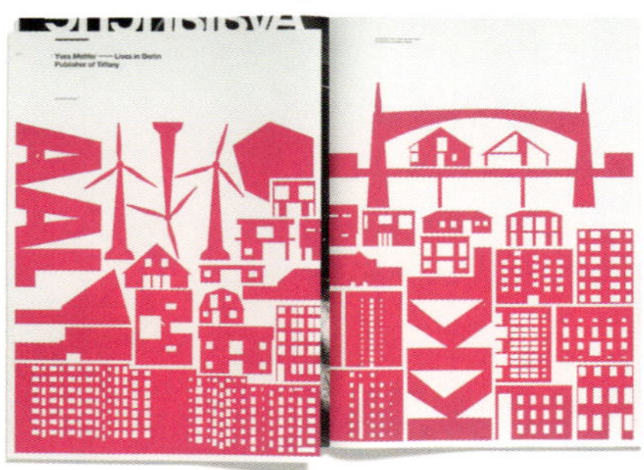

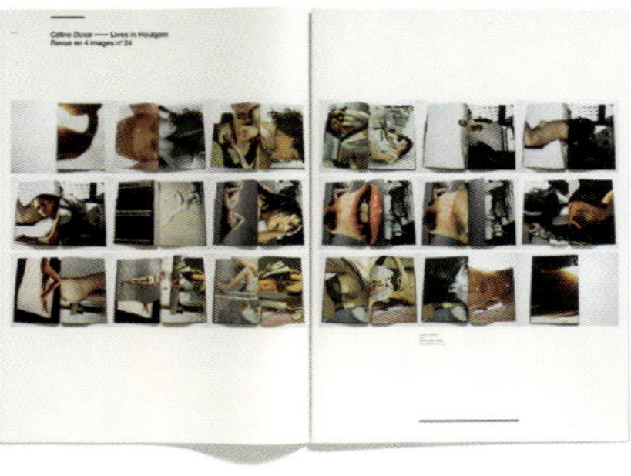

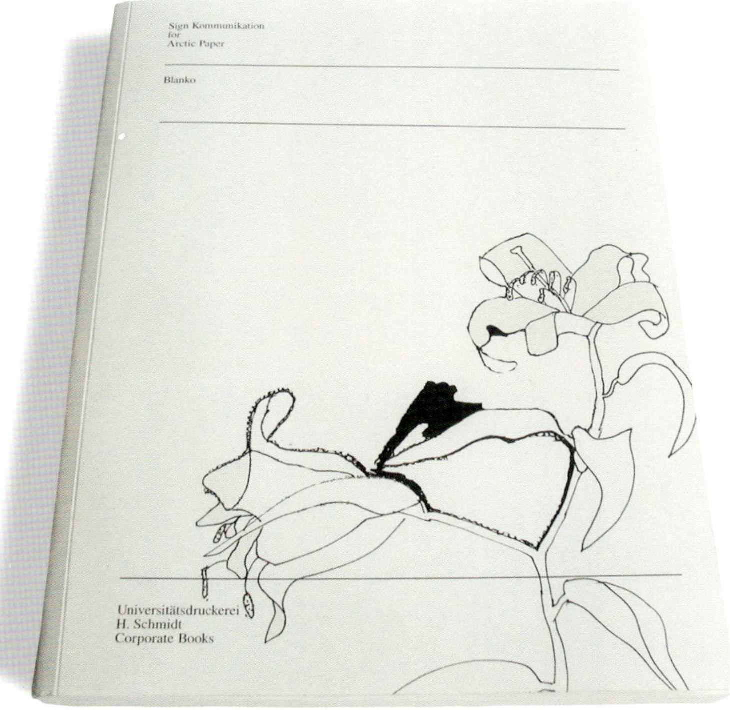

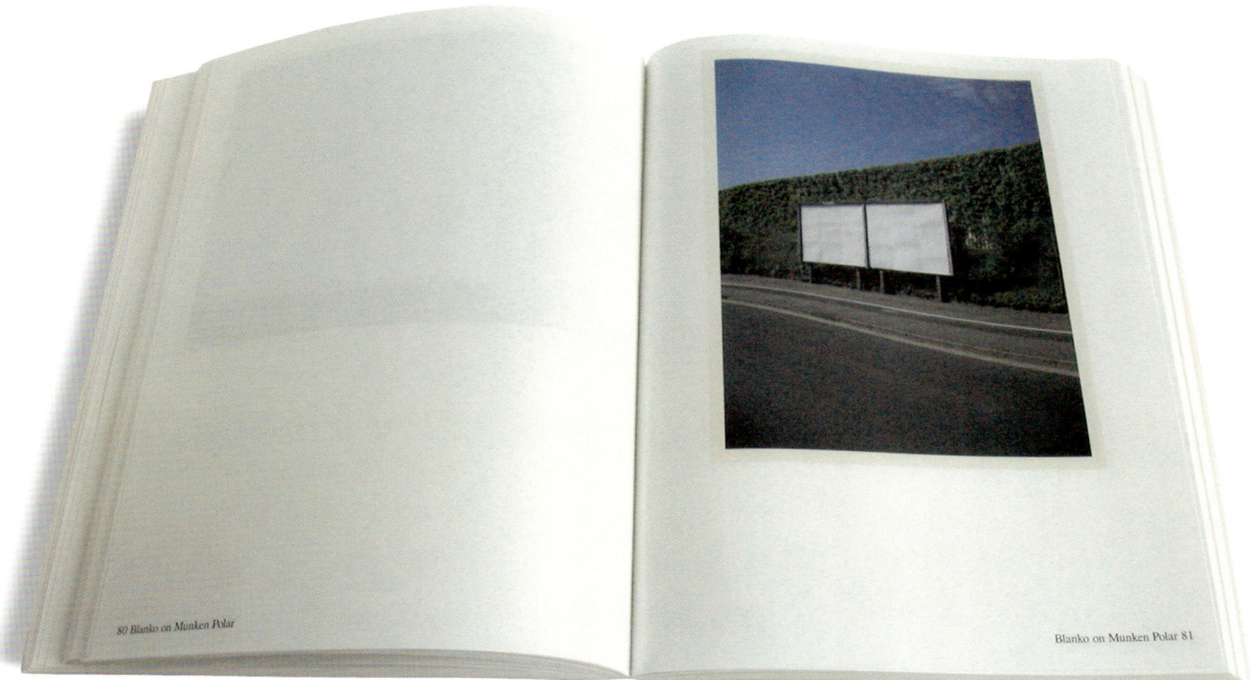

201

title
Blanko: Beyond Emptiness

type of work
Book

appeared in
2006

client
Arctic Paper Deutschland GmbH, Hamburg

design
SIGN Kommunikation GmbH, Frankfurt/Main
Photography:
Kiril Golovchenko
Creative direction:
Antonia Henschel
Art direction:
Antonia Henschel
Text:
Markus Frenzl
Illustration:
Antonia Henschel,
Karl W. Henschel,
Jörn Hofmann,
Martin Kaufmann

title
Projekt km 497

type of work
Book

appeared in
2004

design
Fachhochschule Mainz
Studiengang Design
Project management:
Prof. Jean Ulysses Voelker
Inquiry text, editorial
design, realisation:
Peter Glaab
(project assistance),
Julia-Mylena Krobb,
Julia Langfeldt,
Dunja Metz
Analysing text:
Prof. Jean Ulysses Voelker

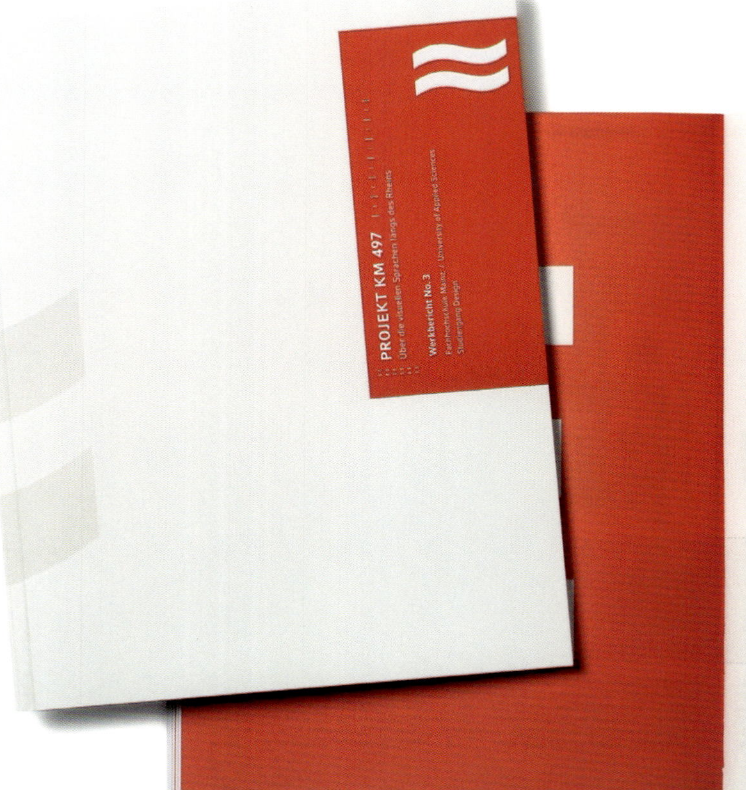

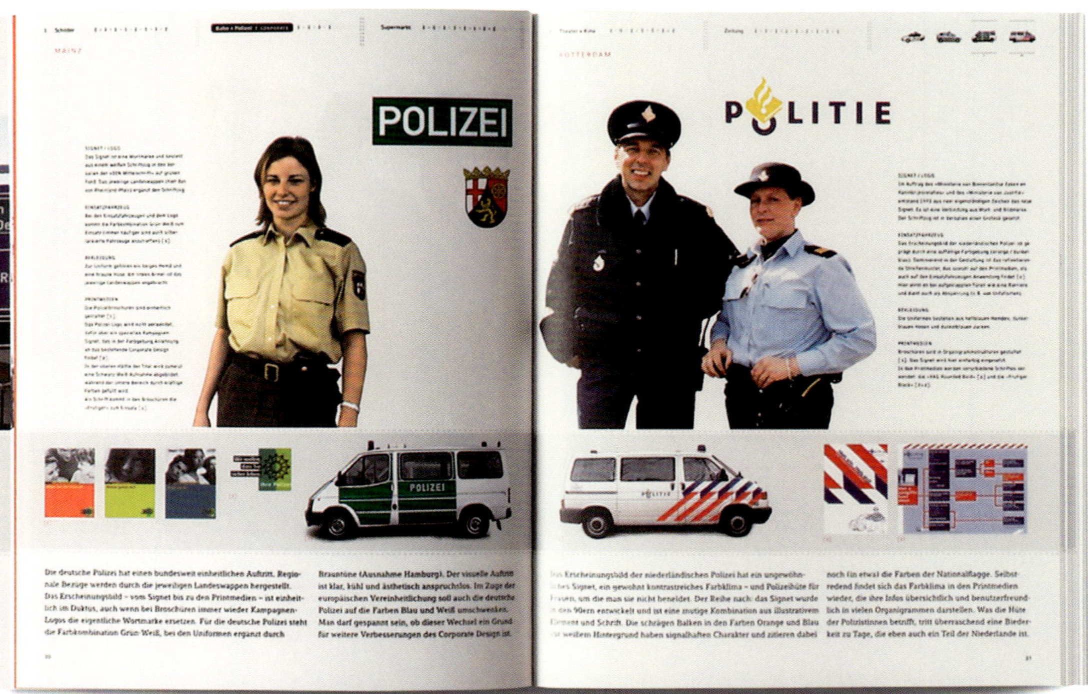

203

title
VIDAK 2005

type of work
Book

appeared in
2005

client
VIDAK
Visual Information Design
Association of Korea

design
601bisang, Seoul
Kum-jun Park,
Dong-jun Oh
Creative direction:
Kum-jun Park
Art direction:
Kum-jun Park
Text:
Myoung-jin Oh
Customer advisory service:
Seung-youn Nam,
Ji-won Kim, Na-won You
Strategic planning:
Kum-jun Park,
Jong-in Jung, Hyun-tai Kim
Producer:
Myeong-sik Ryu (VIDAK)
Agency producer:
Jong-in Jung
Image editing:
Joong-gyu Kang
Illustration:
Kum-jun Park, Han-na Choi

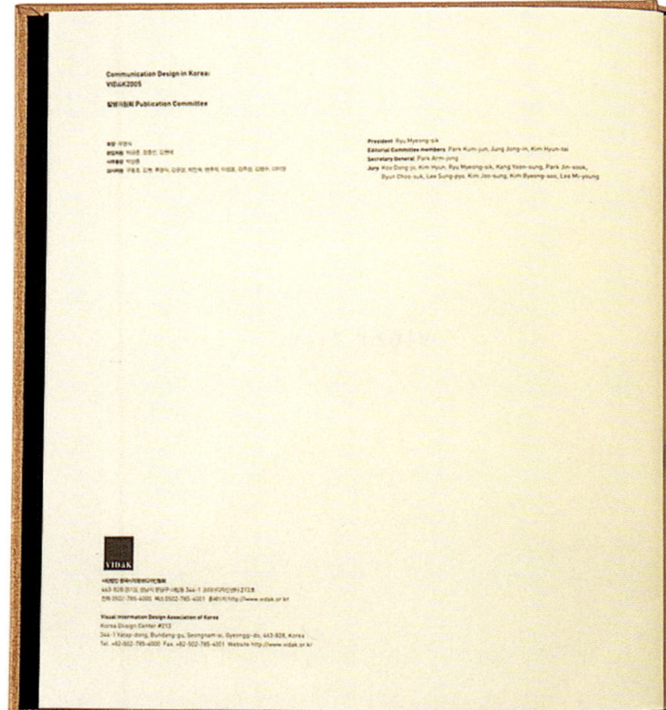

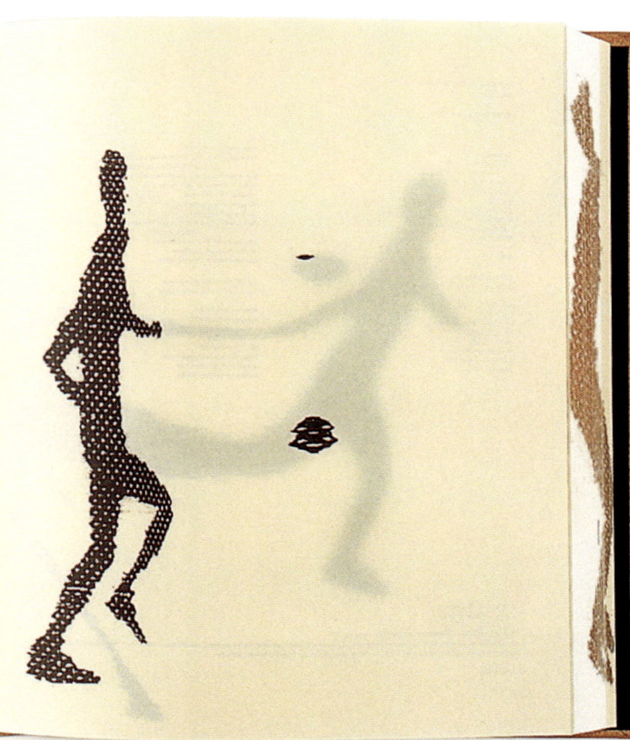

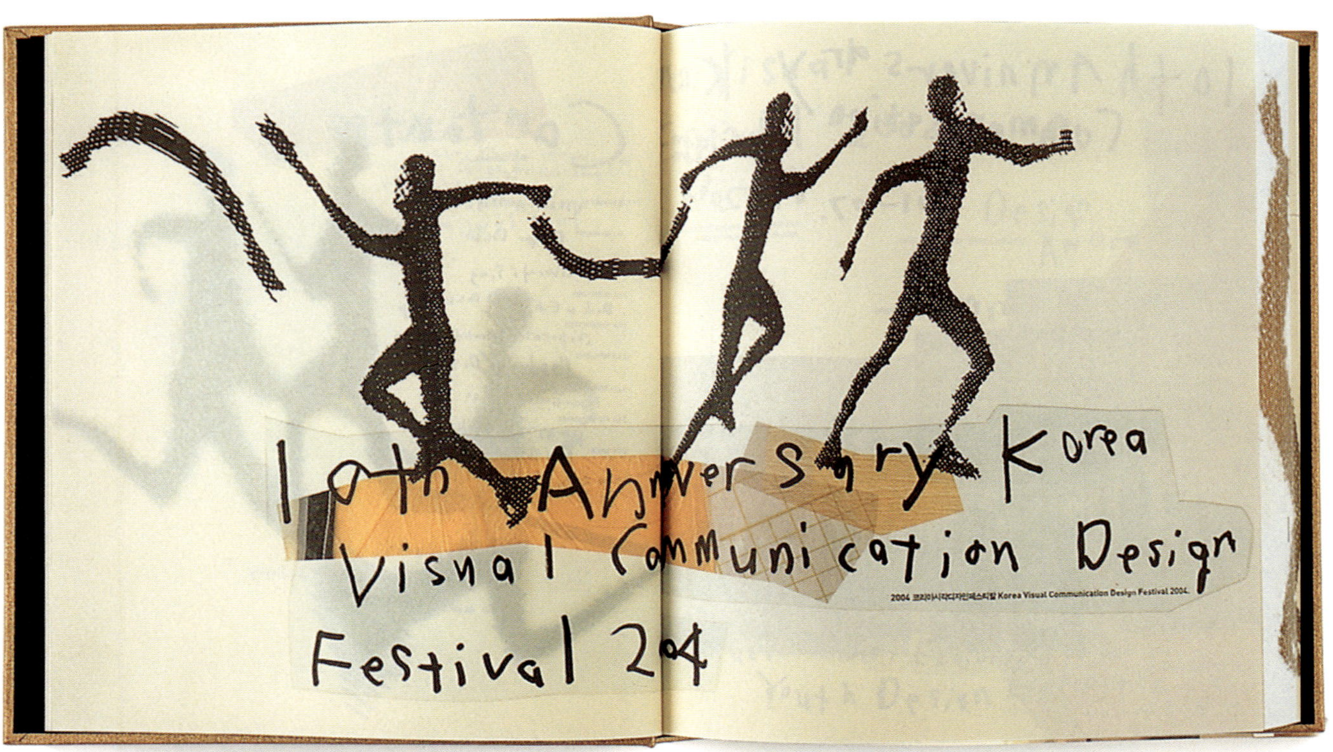

title
Bielefelder Philharmoniker

type of work
Season programme

appeared in
2006

client
Bielefelder Philharmoniker

design
Nodesign, Essen
Photography:
Sannah Kvist
Head of marketing:
Tilmann Böttcher
(Bielefelder Philharmoniker)
Creative direction:
HD Schellnack

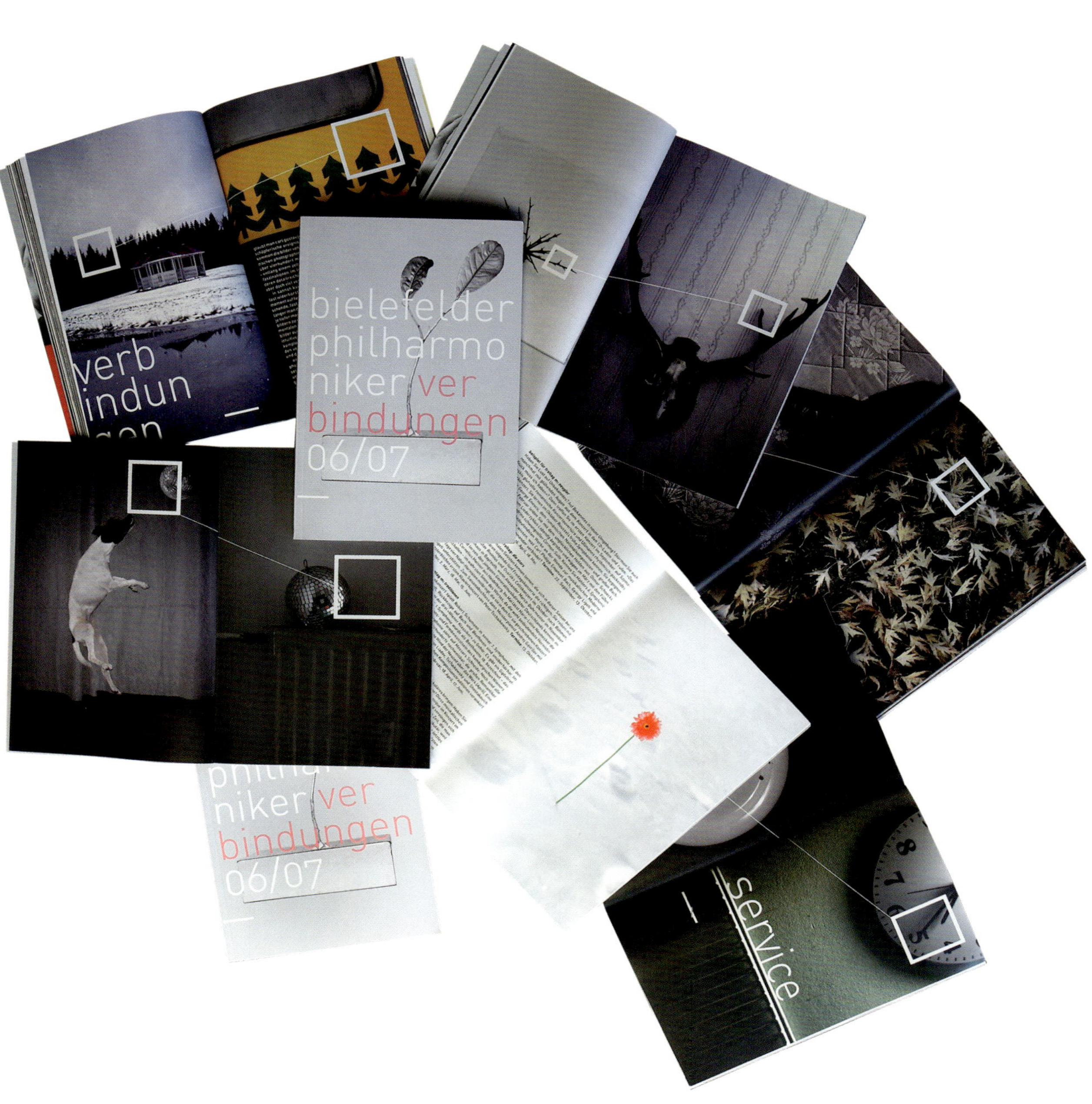

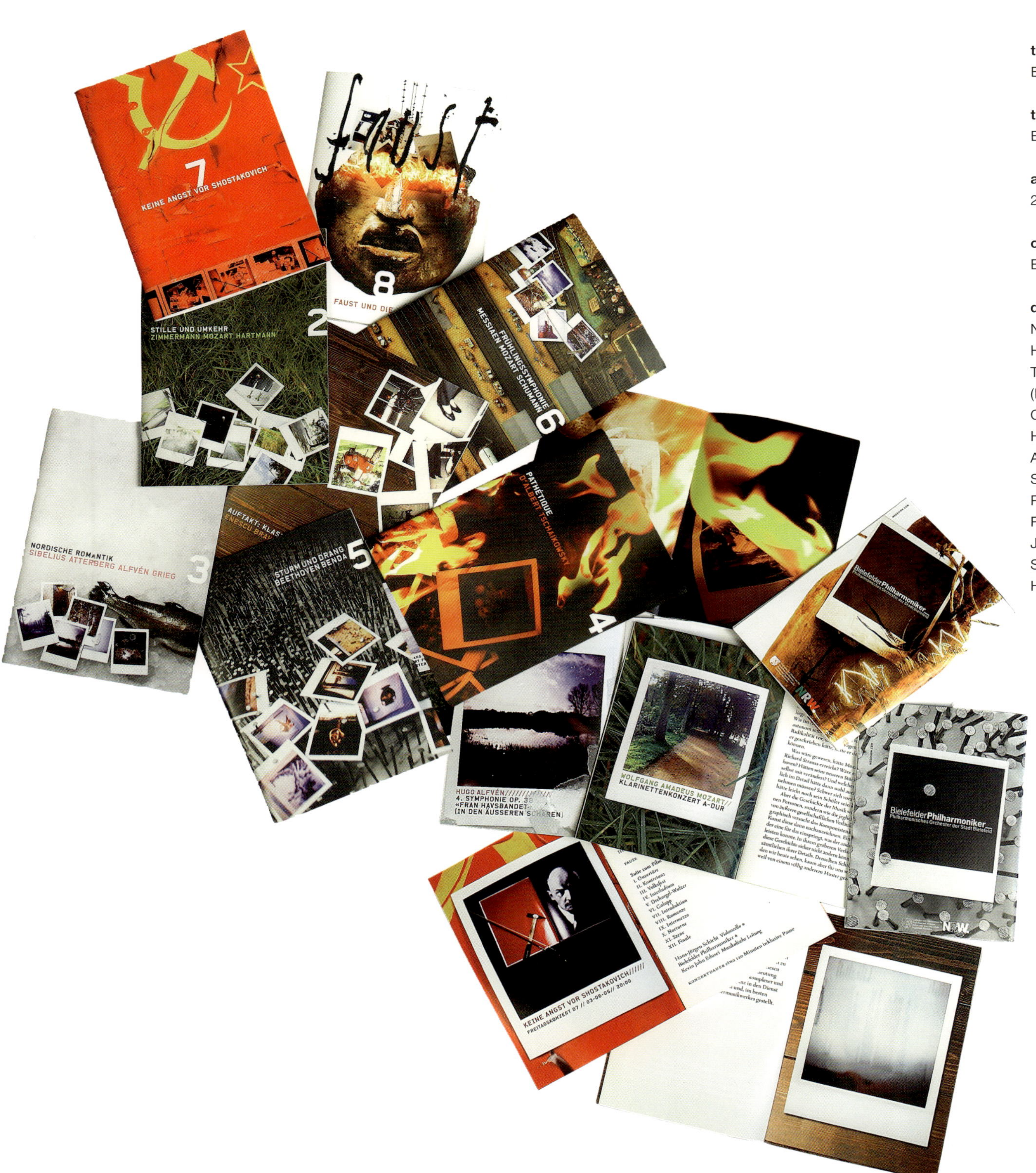

title
Bielefelder Philharmoniker

type of work
Evening programme

appeared in
2005

client
Bielefelder Philharmoniker

design
Nodesign, Essen
Head of marketing:
Tilmann Böttcher
(Bielefelder Philharmoniker)
Creative direction:
HD Schellnack
Art direction:
Stefanie Schröder
Photography:
René Siepmann,
Julia Kappus,
Stefanie Schröder,
HD Schellnack

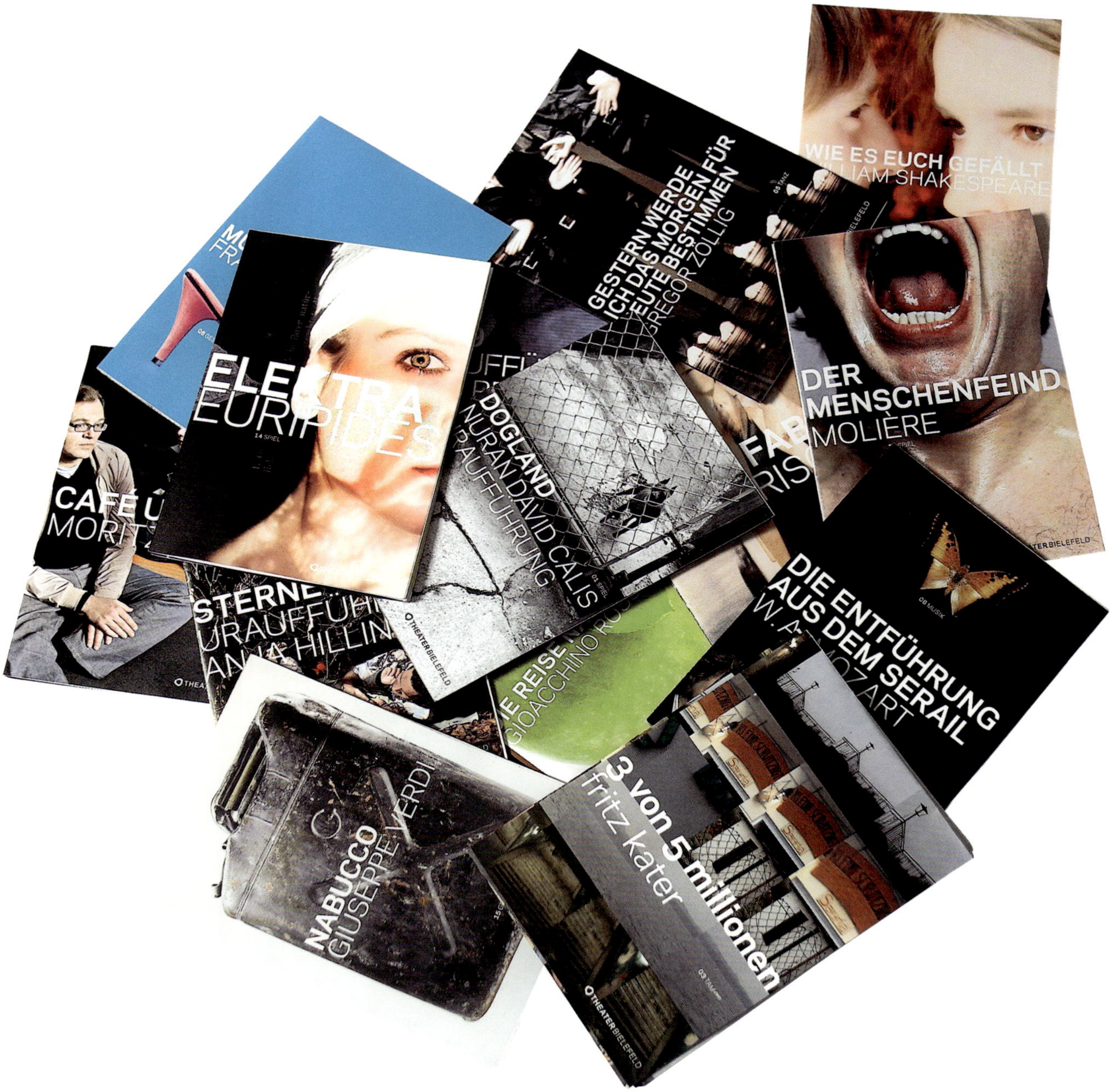

title
Theater Bielefeld

type of work
Evening programmes

appeared in
2006

client
Theater Bielefeld

design
Nodesign, Essen
Creative direction:
HD Schellnack
Art direction:
Stefanie Schröder
Theatre photography:
Philipp Ottendörfer

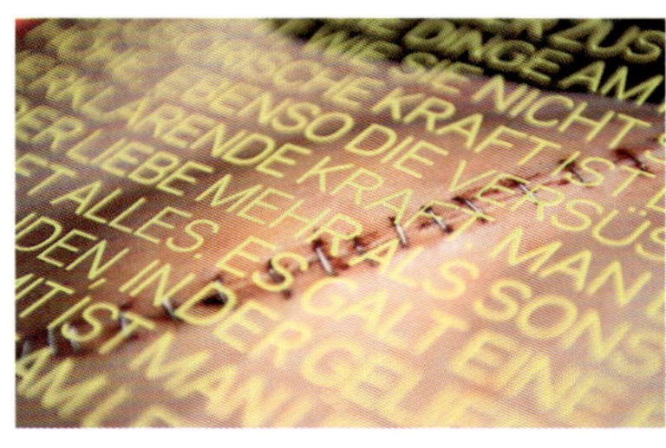
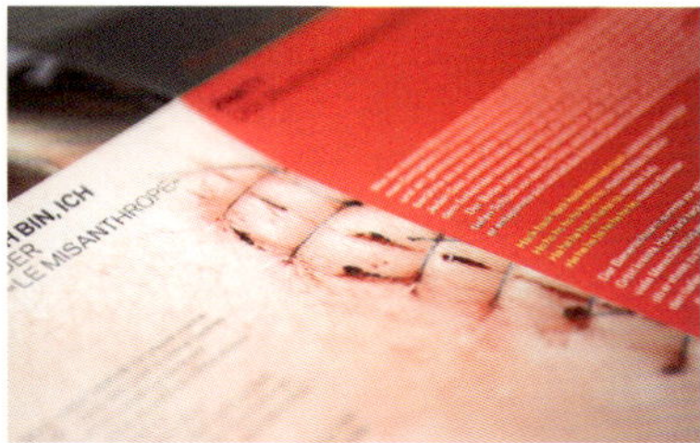
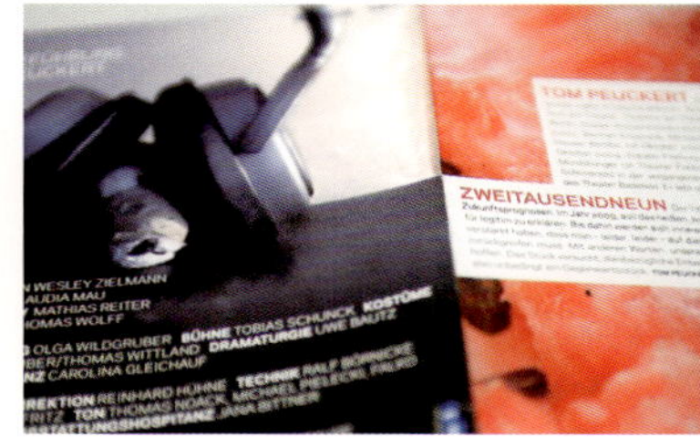
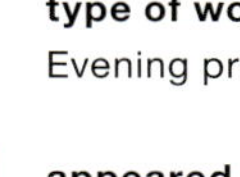
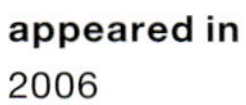
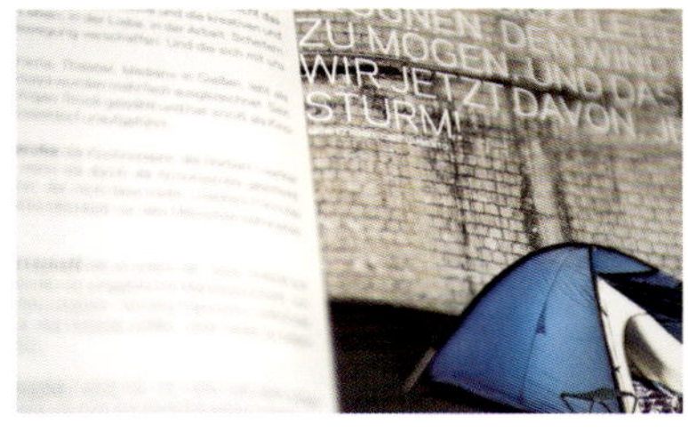
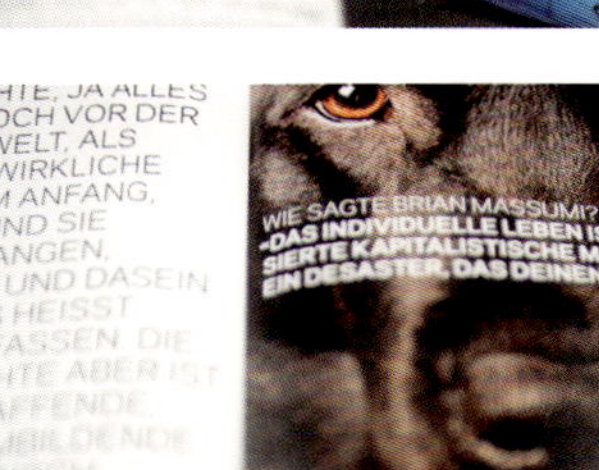
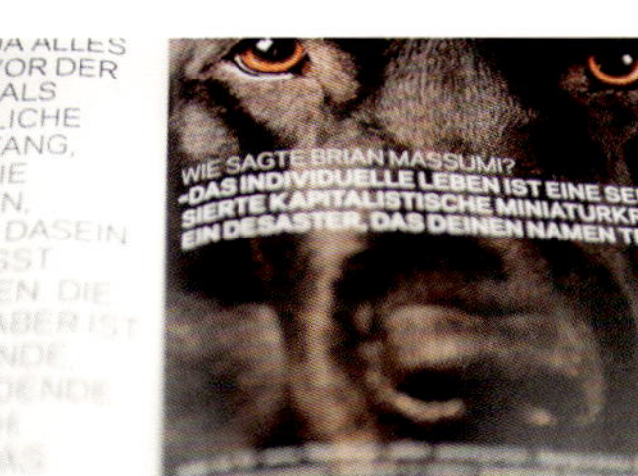
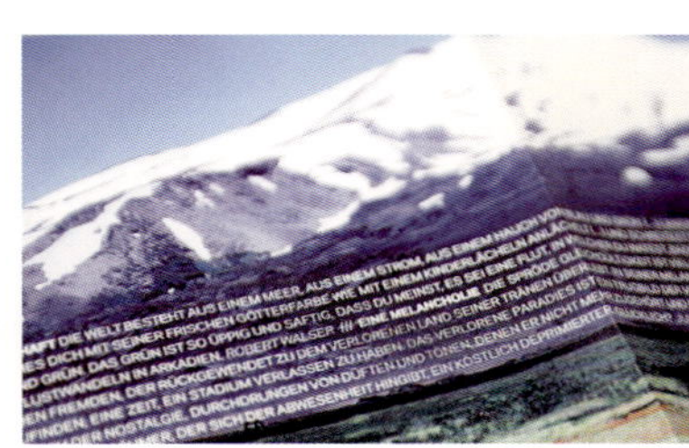
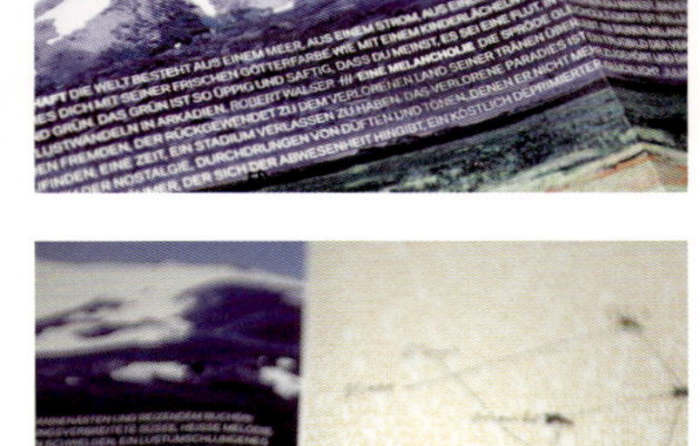
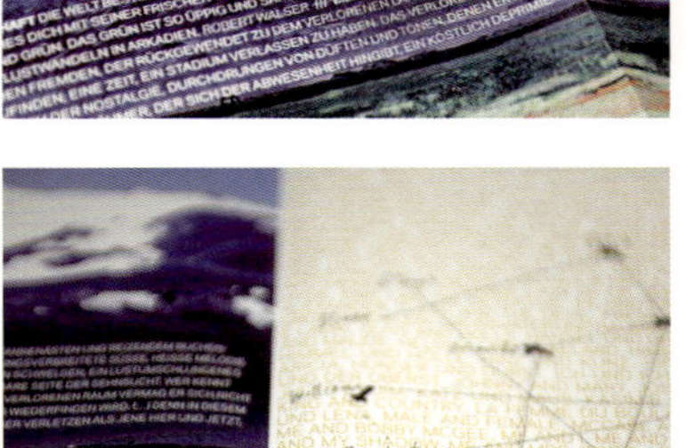
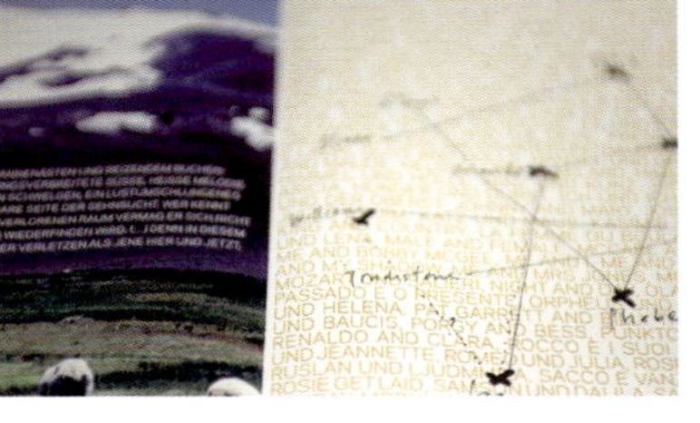
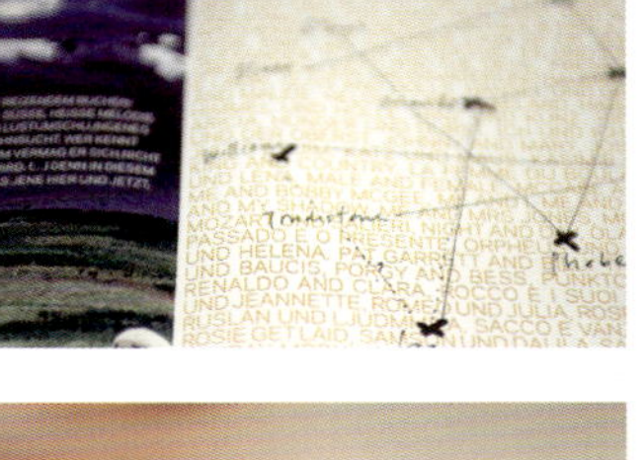
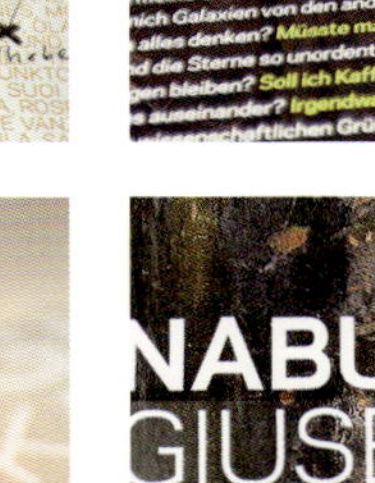
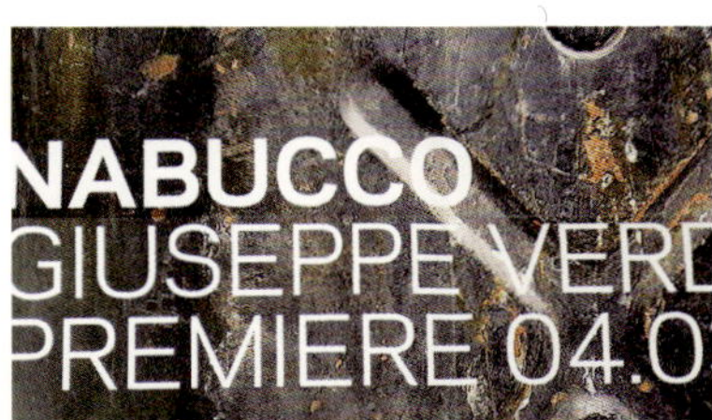

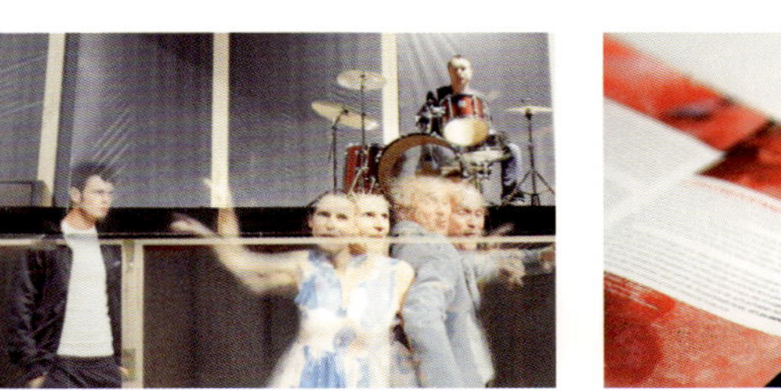
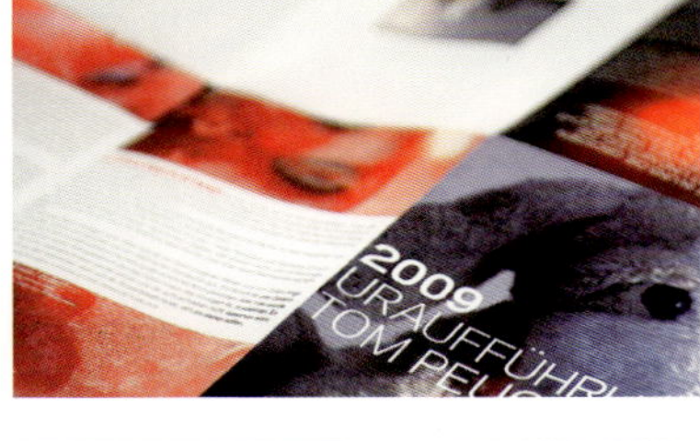
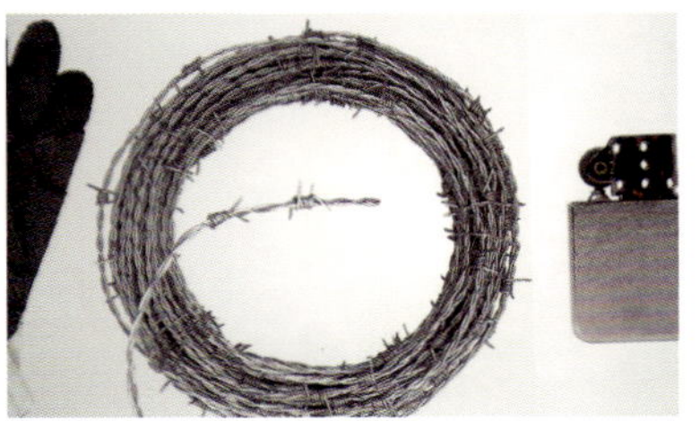
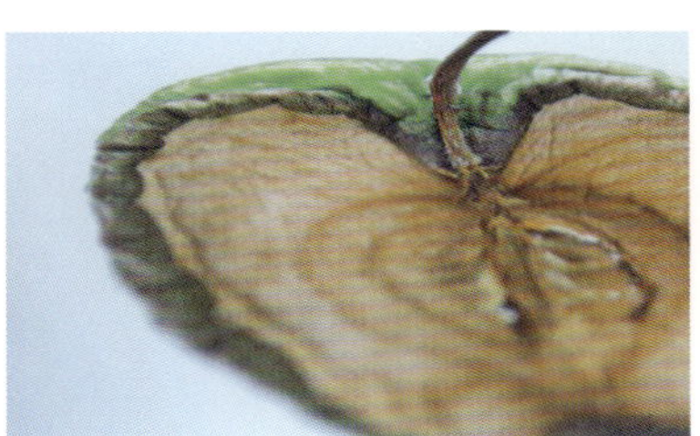
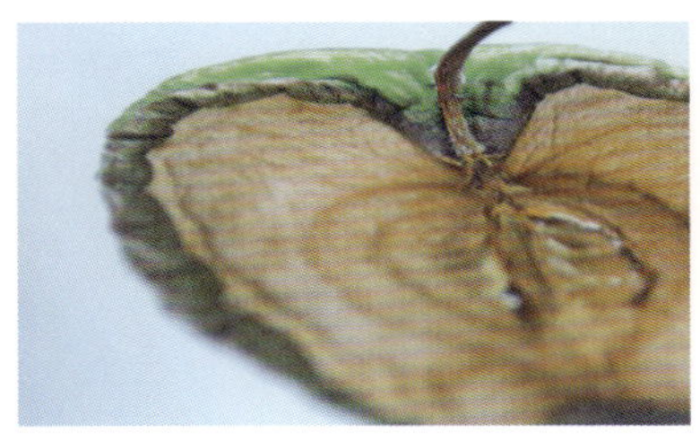
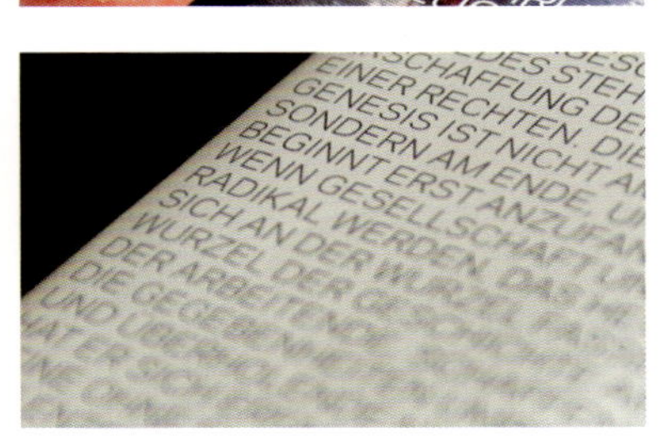

title
chinese character

type of work
Editorial design

appeared in
2005

client
Yu design Co., Taipei

design
Yu design Co., Taipei
Chiao.ju Yen
Art direction:
Yu Ming-Lung

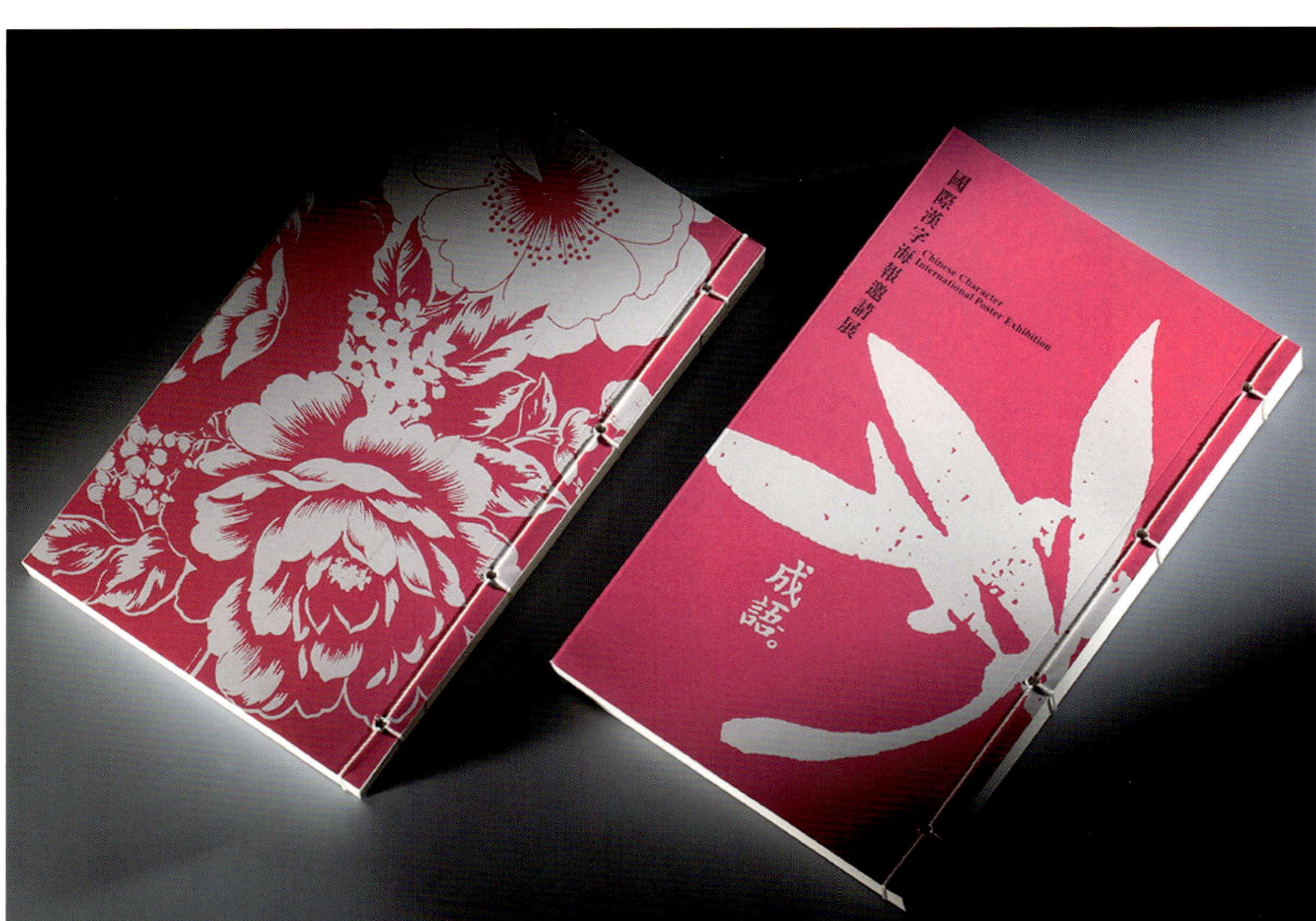

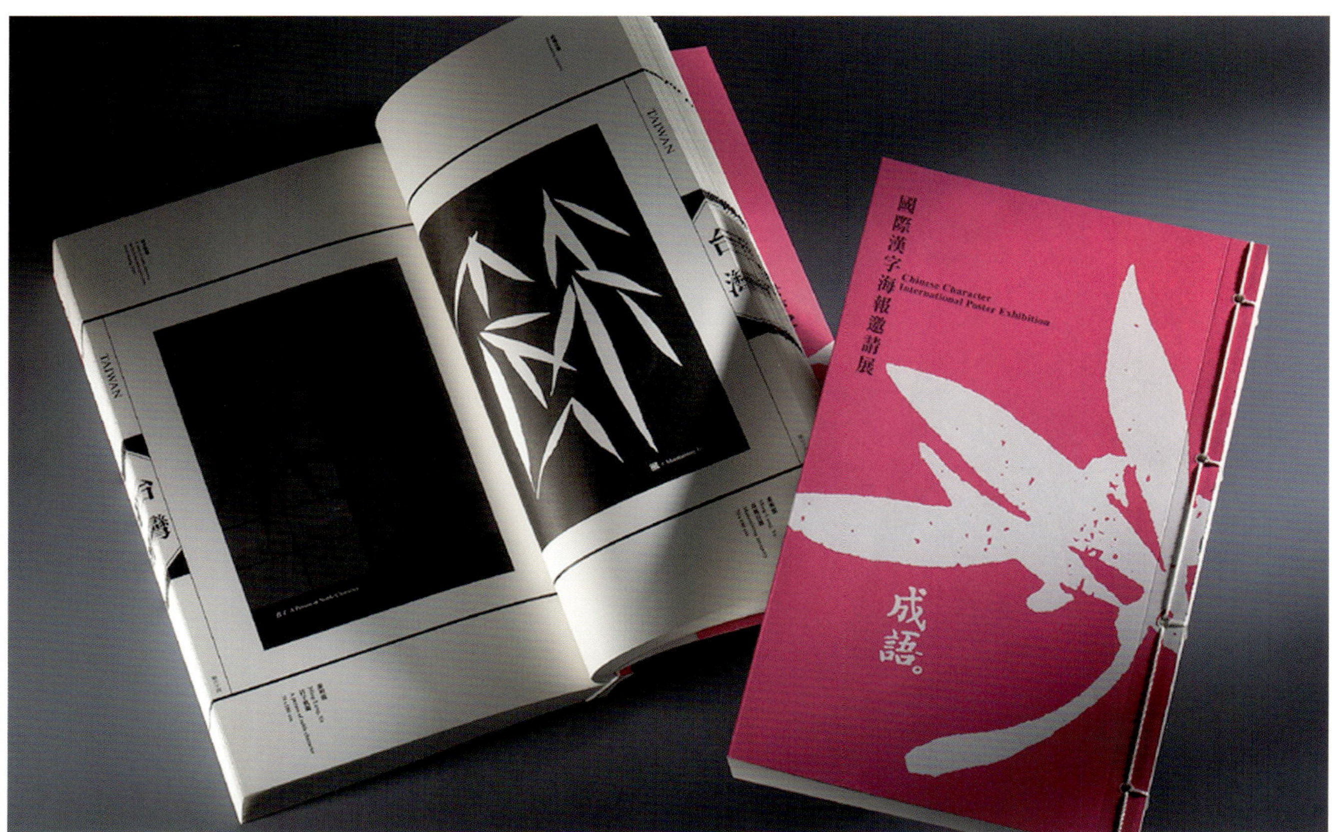

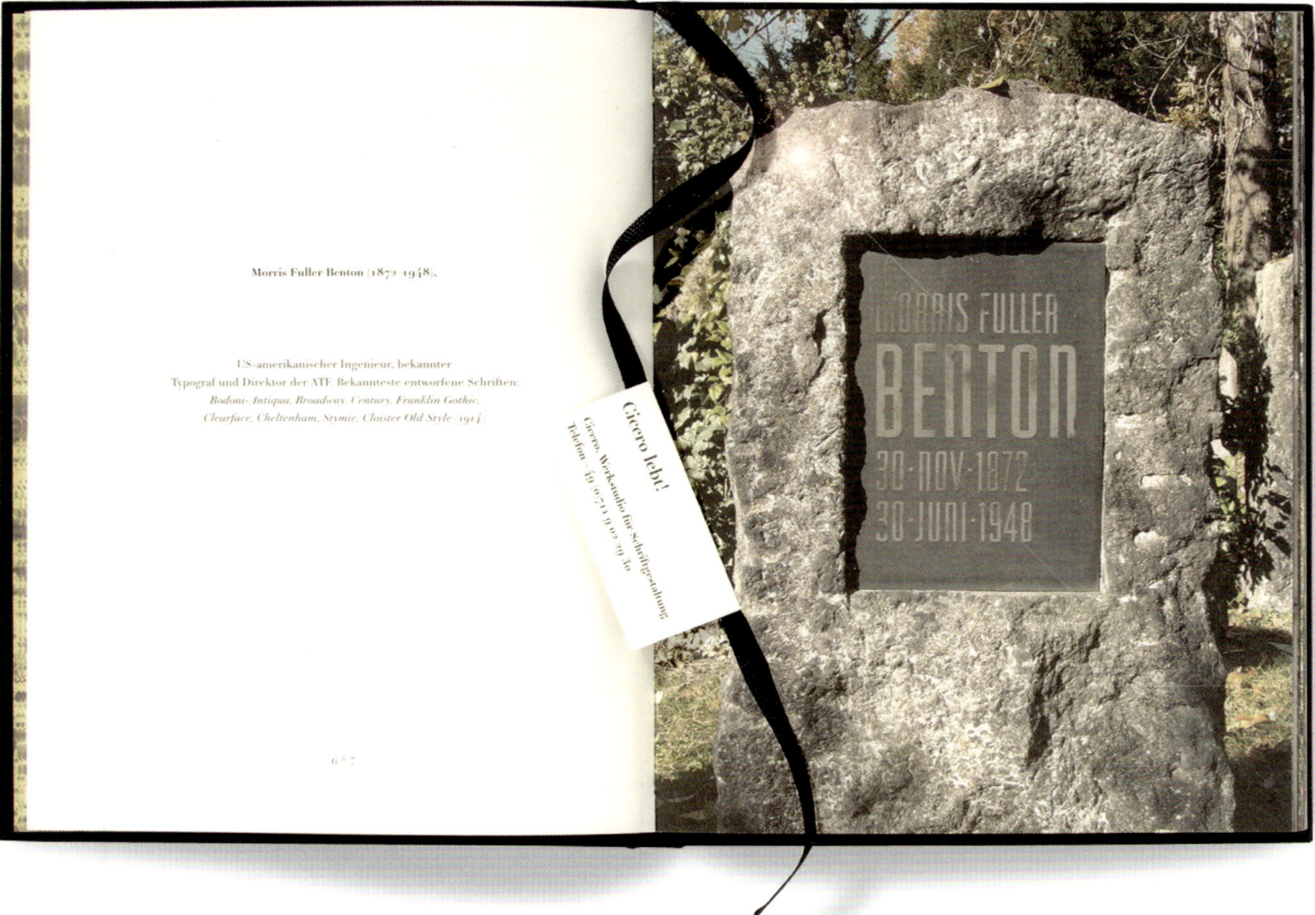

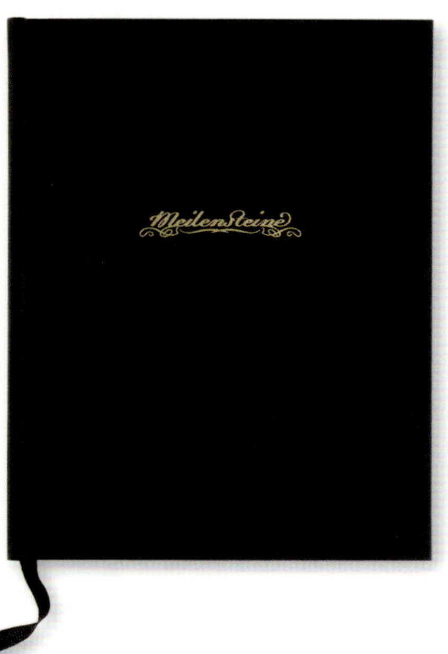

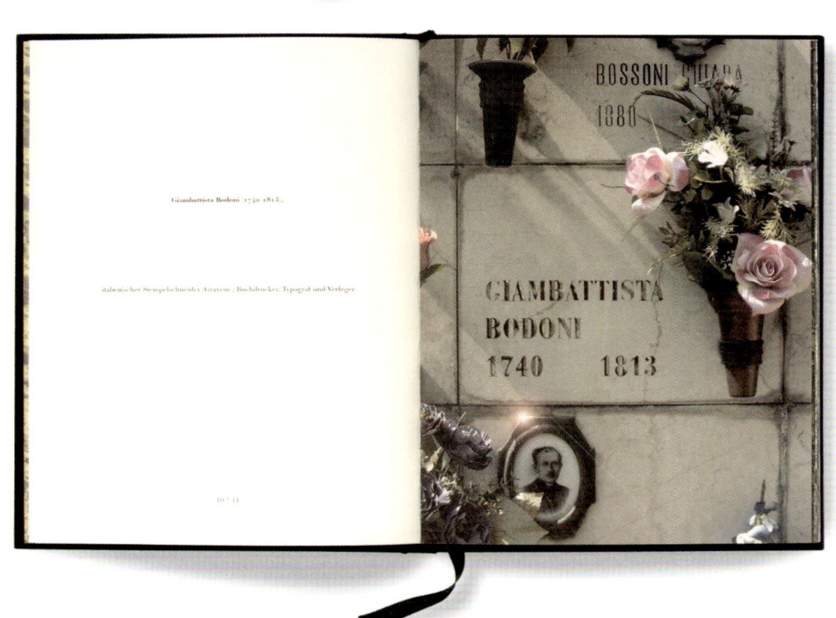

title
Meilensteine

type of work
Book

appeared in
2005

client
Cicero Werkstudio für Schriftgestaltung GmbH, Stuttgart

design
BBDO Campaign GmbH Stuttgart
Head of advertising:
Wolfgang Schif
(Cicero Werkstudio)
Creative direction:
Armin Jochum,
Andreas Rell, Jörg Bauer
Art direction:
Armin Jochum,
Jörg Bauer, Wolfgang Schif
Text:
Andreas Rell
Customer advisory service:
Andreas Rauscher
Production company:
Cicero Werkstudio
Producer:
Wolfgang Schif

210

title
The power of simplicity

type of work
Book, CD-ROM

appeared in
2004

client
ModoVanGelder, Amsterdam

design
Solar Initiative, Amsterdam
Marieke Müskens van Bemmel, Miguel Gori, Remco van Bladel, Ivo Schmetz, Stephan Jae Joon Achterberg, Nelleke Wegdam

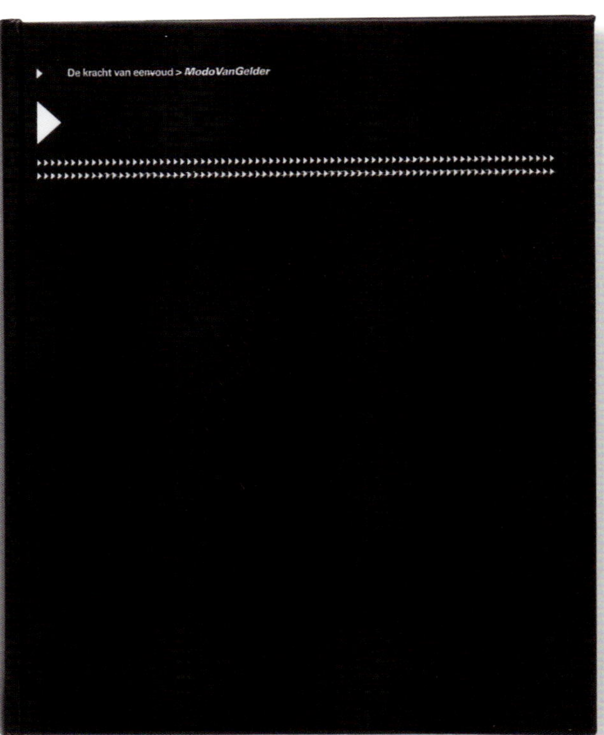

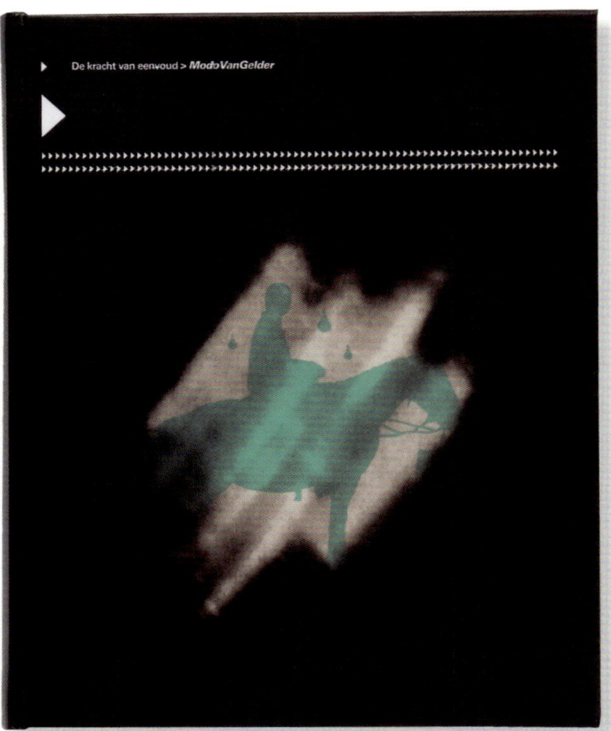

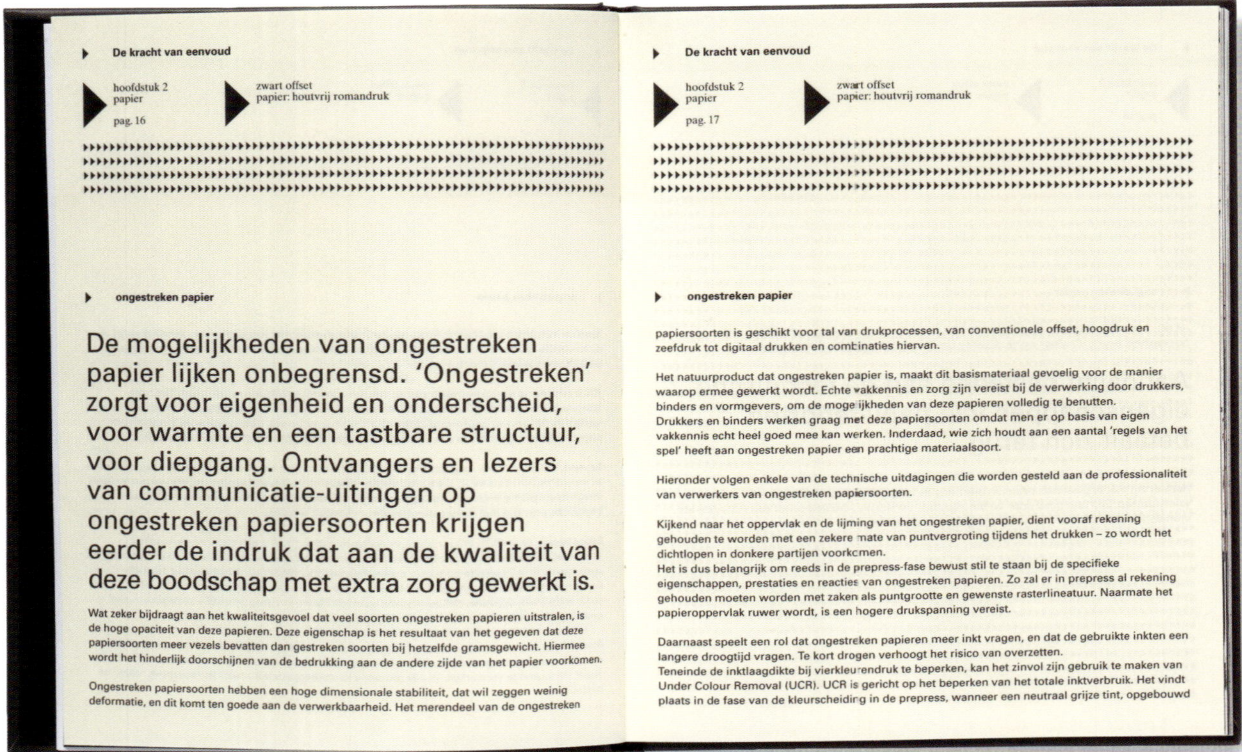

De kracht van eenvoud

hoofdstuk 2
papier
pag. 16

zwart offset
papier: houtvrij romandruk

ongestreken papier

De mogelijkheden van ongestreken papier lijken onbegrensd. 'Ongestreken' zorgt voor eigenheid en onderscheid, voor warmte en een tastbare structuur, voor diepgang. Ontvangers en lezers van communicatie-uitingen op ongestreken papiersoorten krijgen eerder de indruk dat aan de kwaliteit van deze boodschap met extra zorg gewerkt is.

Wat zeker bijdraagt aan het kwaliteitsgevoel dat veel soorten ongestreken papieren uitstralen, is de hoge opaciteit van deze papieren. Deze eigenschap is het resultaat van het gegeven dat deze papiersoorten meer vezels bevatten dan gestreken soorten bij hetzelfde gramsgewicht. Hiermee wordt het hinderlijk doorschijnen van de bedrukking aan de andere zijde van het papier voorkomen.

Ongestreken papiersoorten hebben een hoge dimensionale stabiliteit, dat wil zeggen weinig deformatie, en dit komt ten goede aan de verwerkbaarheid. Het merendeel van de ongestreken

De kracht van eenvoud

hoofdstuk 2
papier
pag. 17

zwart offset
papier: houtvrij romandruk

ongestreken papier

papiersoorten is geschikt voor tal van drukprocessen, van conventionele offset, hoogdruk en zeefdruk tot digitaal drukken en combinaties hiervan.

Het natuurproduct dat ongestreken papier is, maakt dit basismateriaal gevoelig voor de manier waarop ermee gewerkt wordt. Echte vakkennis en zorg zijn vereist bij de verwerking door drukkers, binders en vormgevers, om de mogelijkheden van deze papieren volledig te benutten.
Drukkers en binders werken graag met deze papiersoorten omdat men er op basis van eigen vakkennis echt heel goed mee kan werken. Inderdaad, wie zich houdt aan een aantal 'regels van het spel' heeft aan ongestreken papier een prachtige materiaalsoort.

Hieronder volgen enkele van de technische uitdagingen die worden gesteld aan de professionaliteit van verwerkers van ongestreken papiersoorten.

Kijkend naar het oppervlak en de lijming van het ongestreken papier, dient vooraf rekening gehouden te worden met een zekere mate van puntvergroting tijdens het drukken – zo wordt het dichtlopen in donkere partijen voorkomen.
Het is dus belangrijk om reeds in de prepress-fase bewust stil te staan bij de specifieke eigenschappen, prestaties en reacties van ongestreken papieren. Zo zal er in prepress al rekening gehouden moeten worden met zaken als puntgrootte en gewenste rasterlineatuur. Naarmate het papieroppervlak ruwer wordt, is een hogere drukspanning vereist.

Daarnaast speelt een rol dat ongestreken papieren meer inkt vragen, en dat de gebruikte inkten een langere droogtijd vragen. Te kort drogen verhoogt het risico van overzetten.
Teneinde de inktlaagdikte bij vierkleurendruk te beperken, kan het zinvol zijn gebruik te maken van Under Colour Removal (UCR). UCR is gericht op het beperken van het totale inktverbruik. Het vindt plaats in de fase van de kleurscheiding in de prepress, wanneer een neutraal grijze tint, opgebouwd

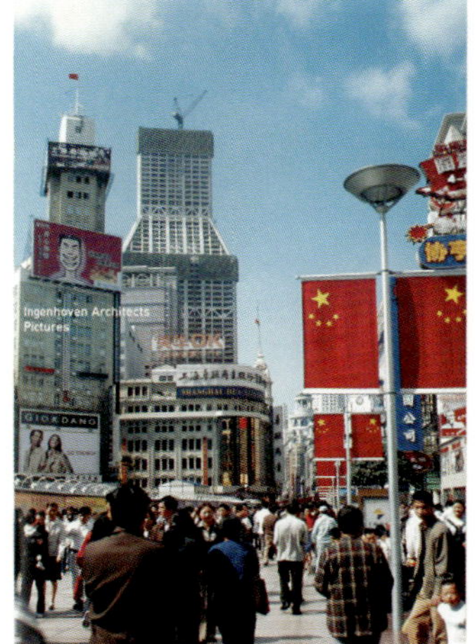

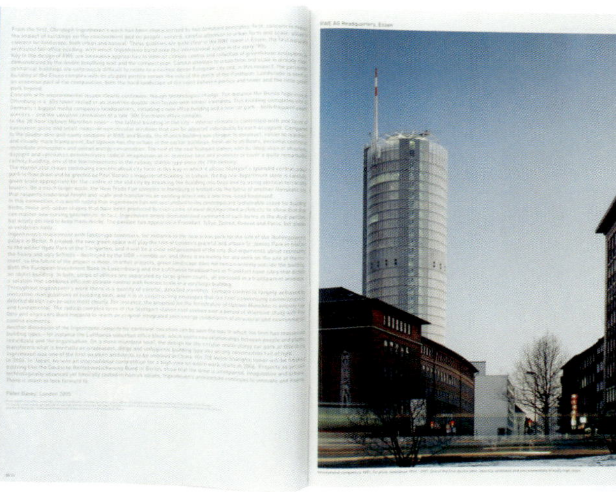

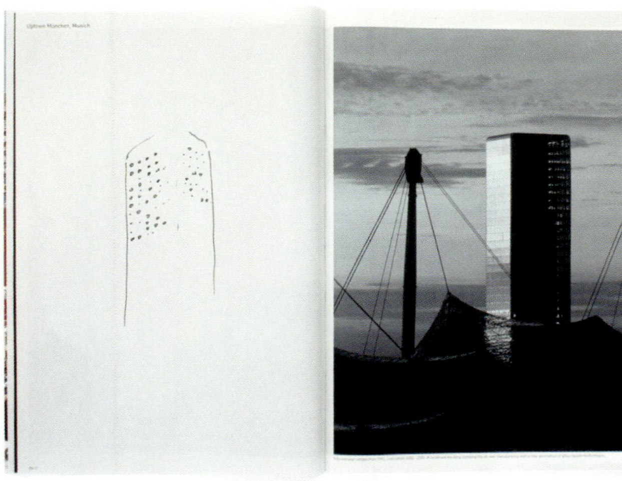
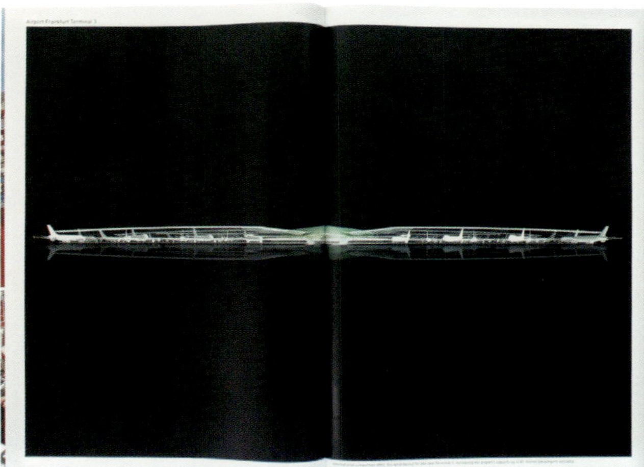
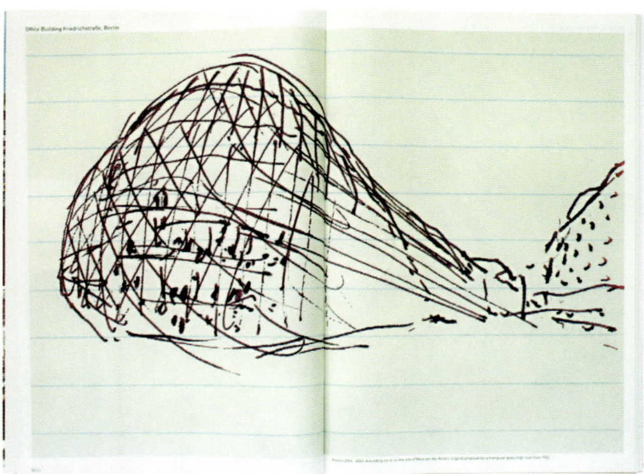
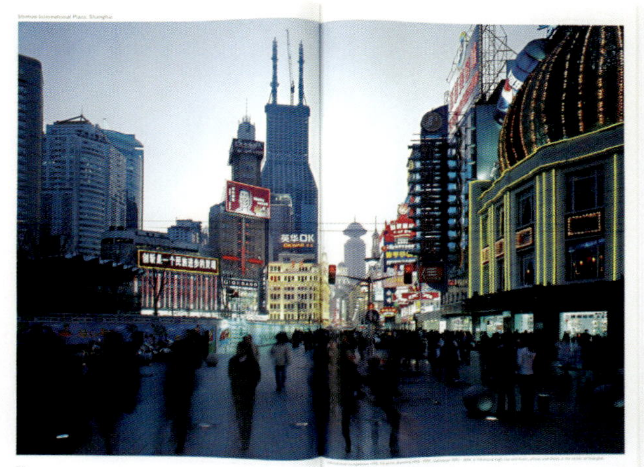

title
Pictures

type of work
Brochure

appeared in
2005

client
Ingenhoven Architekten, Düsseldorf

design
schmitz
Visuelle Kommunikation, Wuppertal
Creative direction:
Hans Günter Schmitz
Art direction:
Thordis Ohler

title
Theresienhöhe

type of work
Exhibition catalogue

appeared in
2005

client
Fotohof Edition, Salzburg

design
Schmid+Widmaier
Design, Munich
Creative direction:
Sabine Schmid,
Lutz Widmaier
Art direction:
Sabine Schmid,
Lutz Widmaier
Photography:
Franziska von Gagern,
Zoltan Jokay,
Ulrike Myrzik,
Peter Neusser,
Andrew Phelps,
Wolfgang Thaler

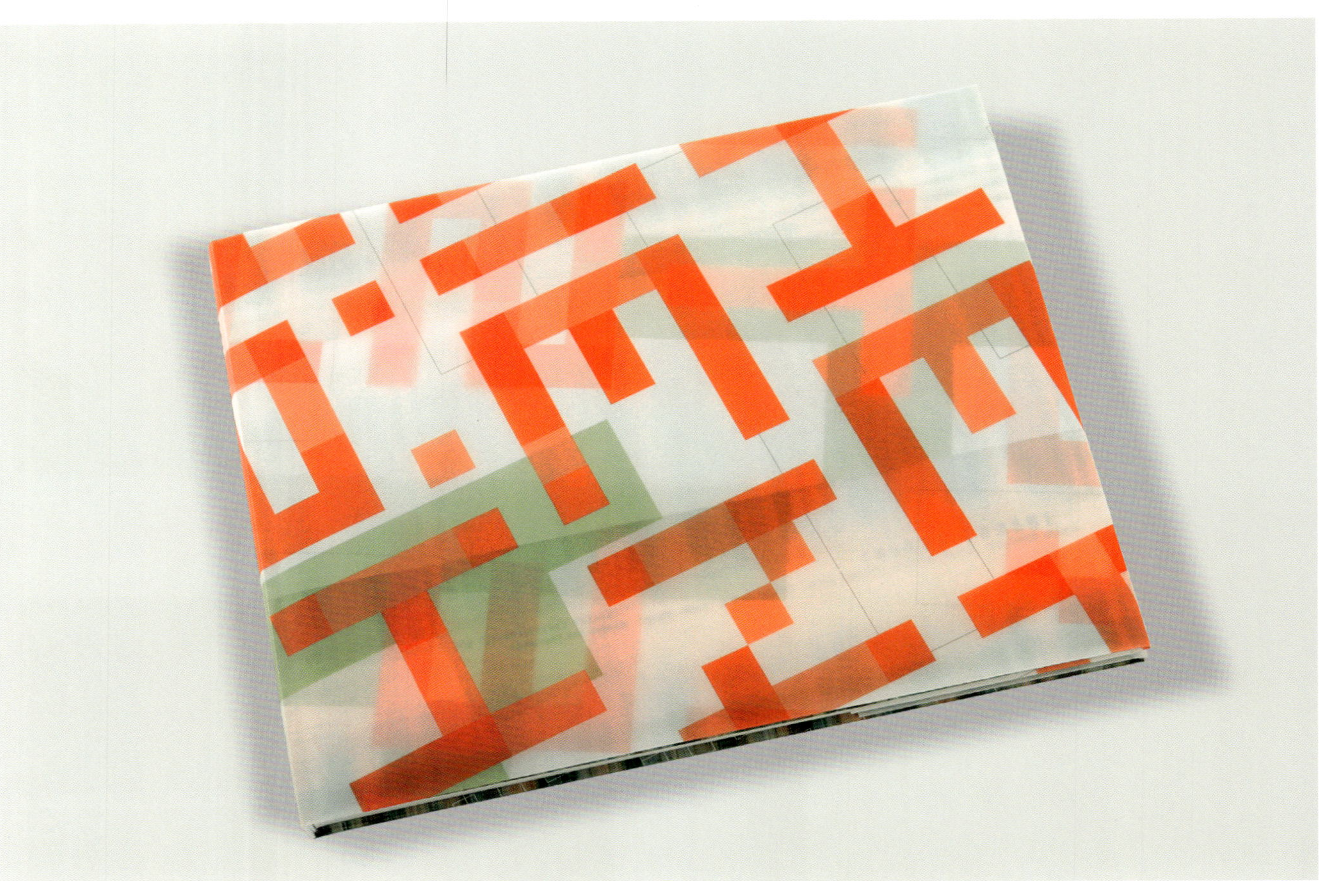

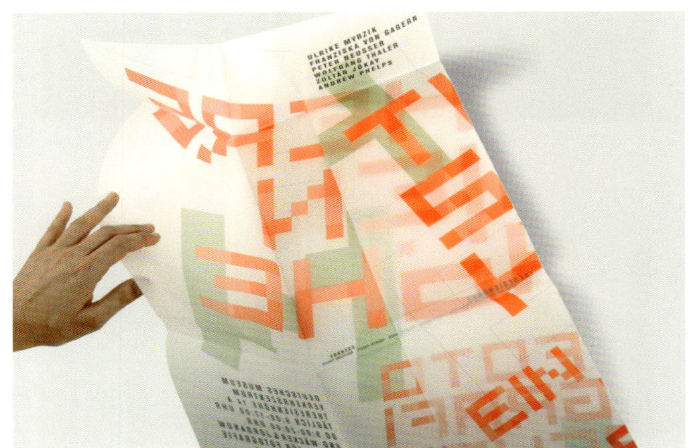

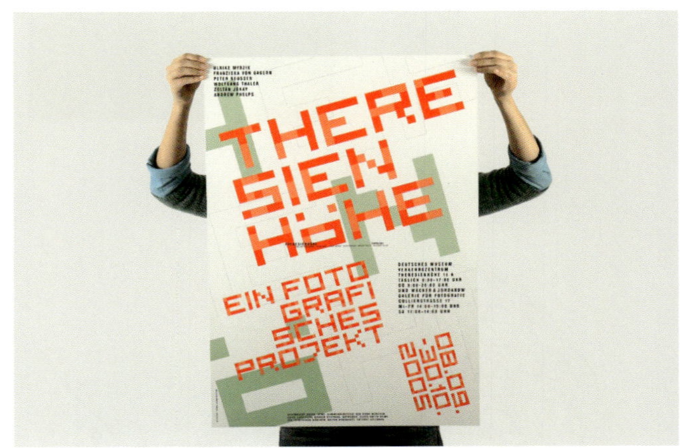

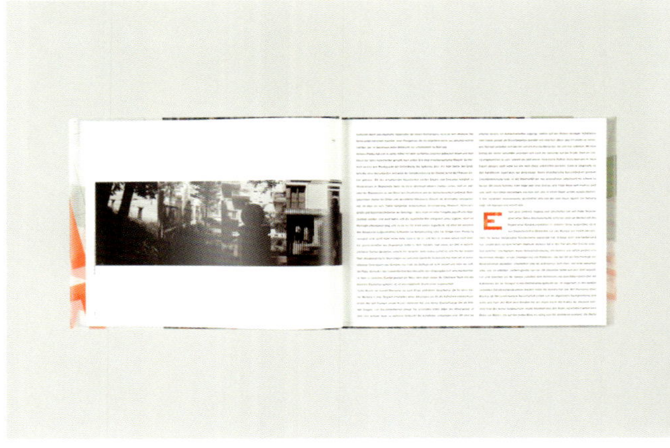

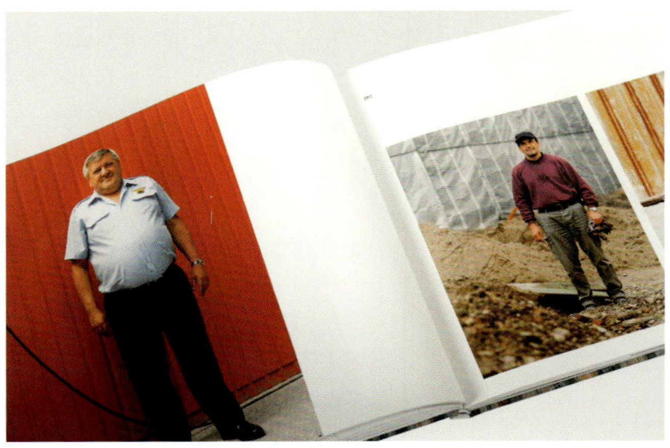

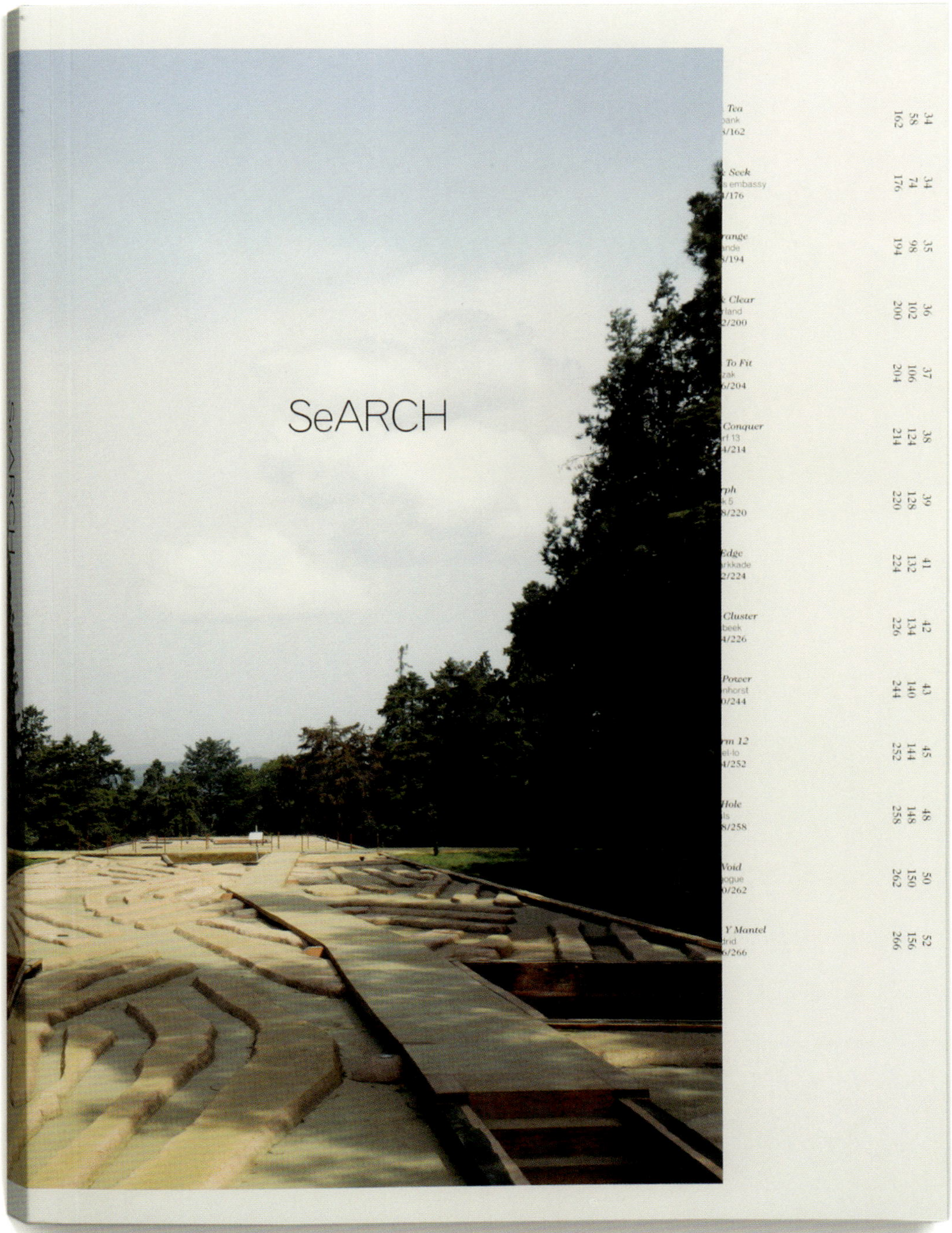

title
SeARCH

type of work
Book

appeared in
2006

client
SeARCH Architects, Amsterdam

design
Solar Initiative, Amsterdam
Miguel Gori, Remco van Bladel, Marjolein Delhaas

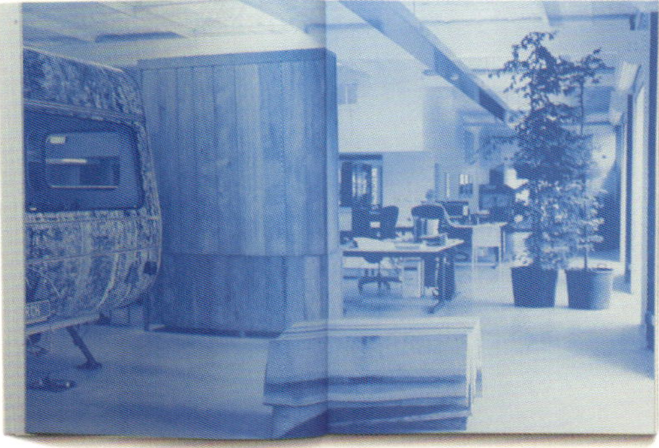

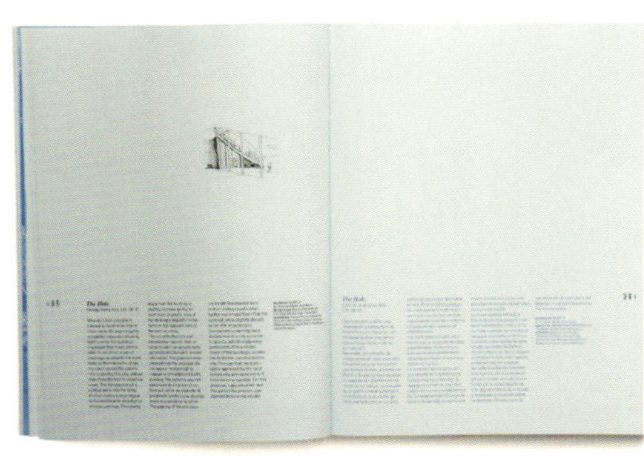

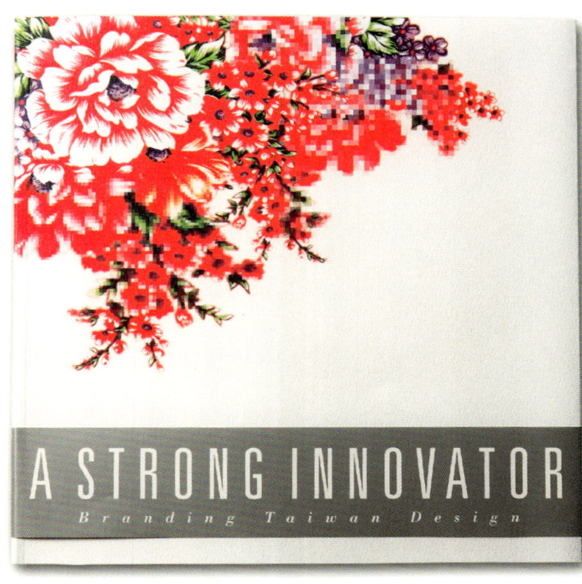
A STRONG INNOVATOR
Branding Taiwan Design

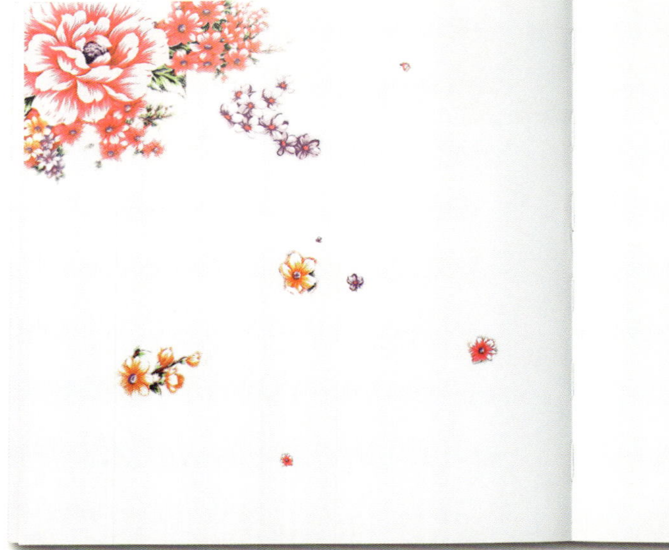
Branding Taiwan Design

title
Branding Taiwan Design

type of work
Promotion brochure

appeared in
2005

client
Taiwan Design Center, Taipei

design
Leslie Chan Design Co Ltd, Taipei
Creative direction:
Leslie Chan
Art direction:
Leslie Chan

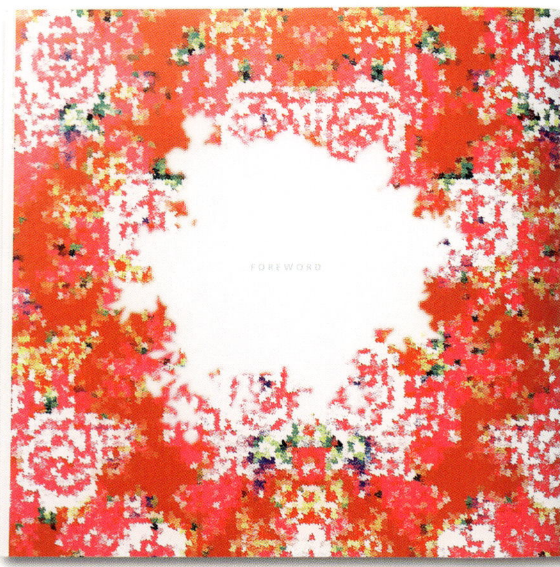

Around four hundred years ago, Taiwan was called *Formosa* - Beautiful Island by Dutch and Spanish in the sixteenth century; it was the beginning of the modern history in Taiwan's cultivation period. *A Strong Innovator,* Taiwan, is the comment from the World Economic Forum based on the research of global major economic entities' competition at the end of the year 2004. Taiwan was listed fourth on the global ranking.

During its uneasy war time, Taiwan's existing design industry was almost ruined and many principles of the industry had to be reborn, including patterns, illustrations, cover designs, woodcarvings, sending works to press, etc. By the end of the war, woodcarving and printing technology were still undeveloped, which made pattern design both complicated and trivial.

Unikdesign has many dedicated designers and engineers who can provide clients with high quality innovations. We have the design and engineering capability to support your promotional material needs with high product quality, quick time-to-market and profitability. Today, unikdesign is a full-service design firm with a team formed by certified graphic designers, industrial designers, and mechanical engineers.

unikdesign

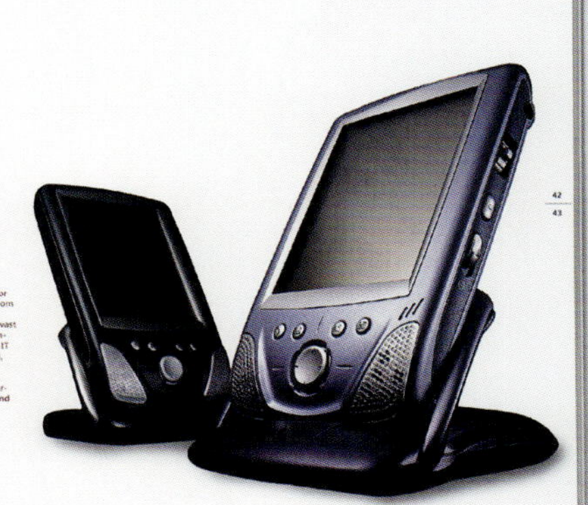

title
Otto Piene – Solo

type of work
Exhibition catalogue

appeared in
2006

client
Prof. Otto Piene,
Groton (Massachusetts)
Halle 6 – Galerie Christine
Hölz, Düsseldorf

design
herzogenrathsaxler
kommunikationsdesign,
Düsseldorf
Margarethe Saxler,
Matthias Herzogenrath

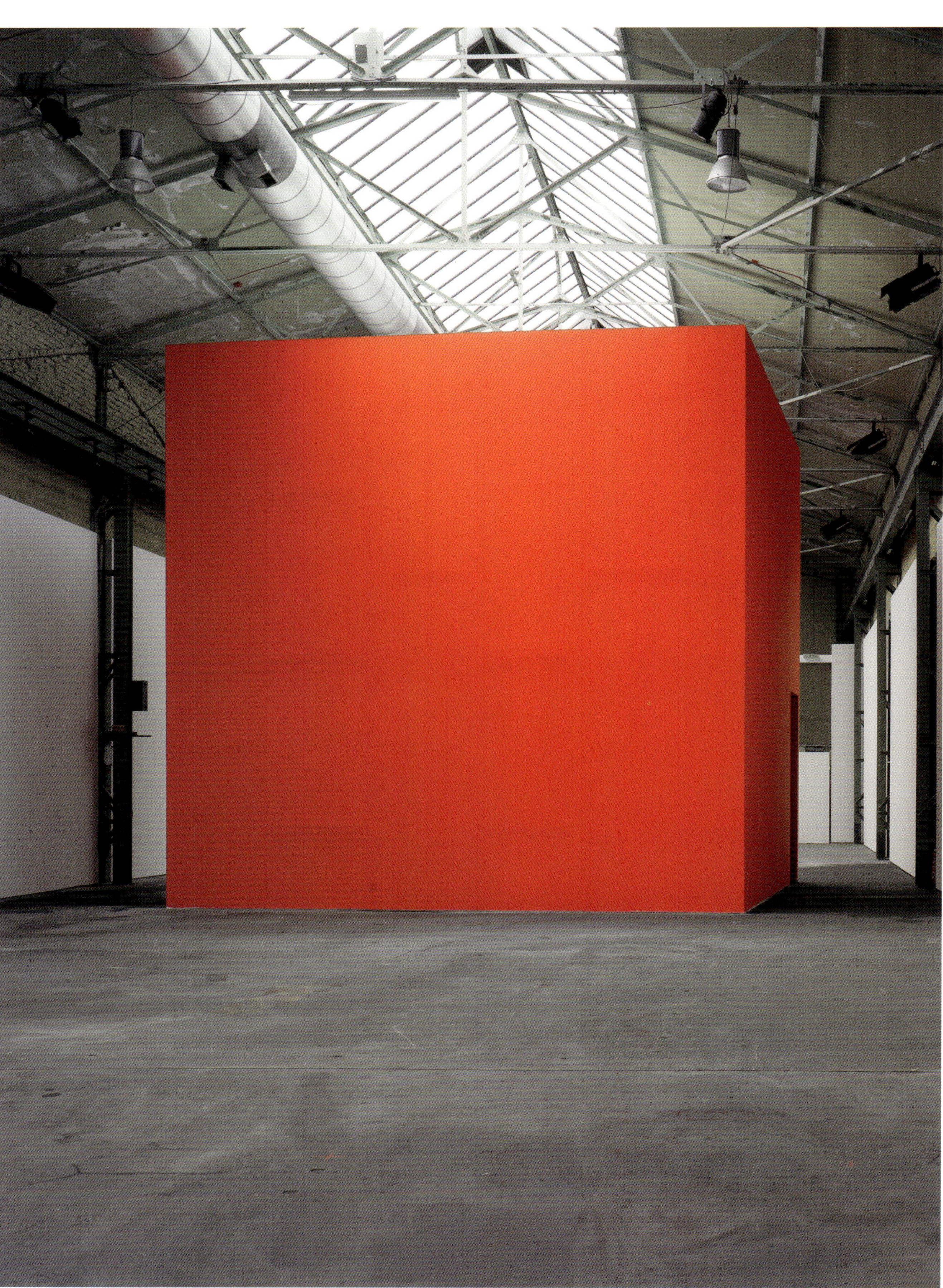

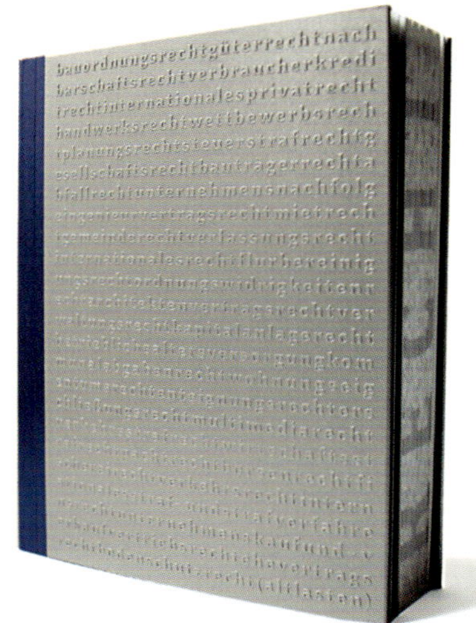

title
Kanzleibuch Meyerhuber Rechtsanwälte Partnerschaft

type of work
Book

appeared in
2005

client
Meyerhuber Rechtsanwälte Partnerschaft, Gunzenhausen

design
Philippa Walz,
Prof. Andreas Opiolka, Stuttgart
Photography:
Prof. Andreas Opiolka,
Philippa Walz
Art direction:
Philippa Walz,
Prof. Andreas Opiolka
Text:
Meyerhuber Rechtsanwälte Partnerschaft

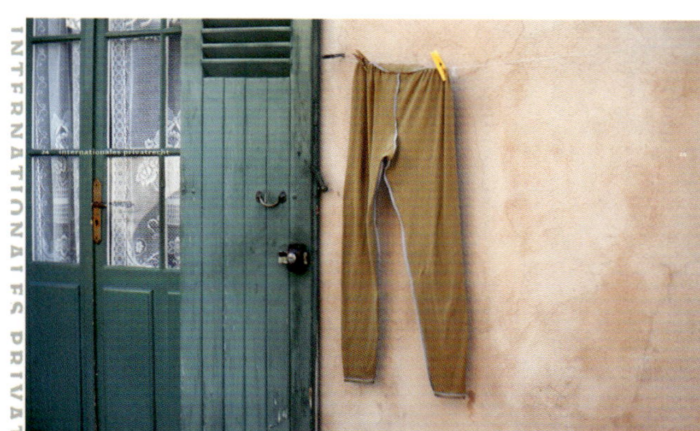

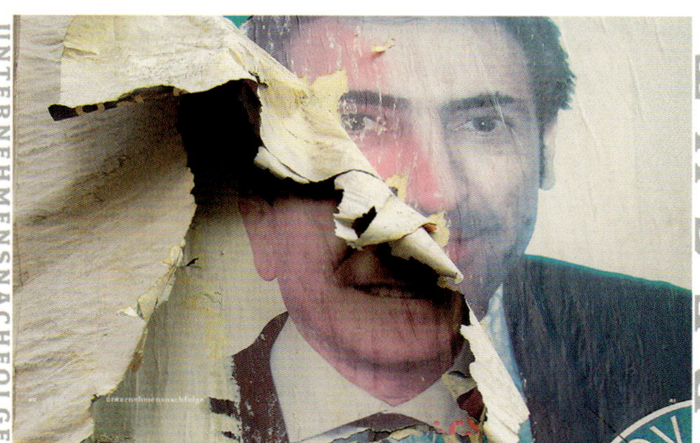

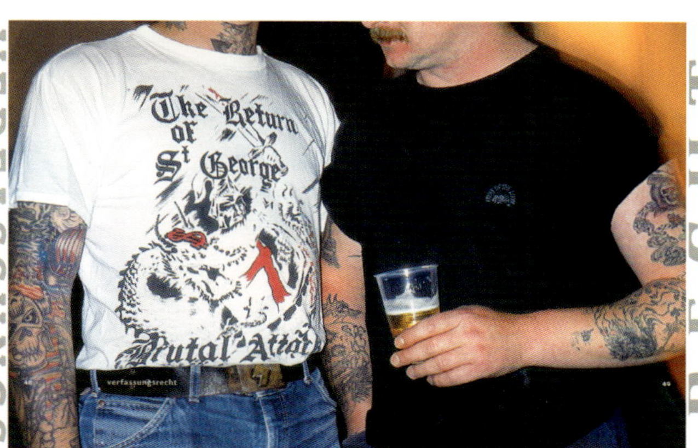

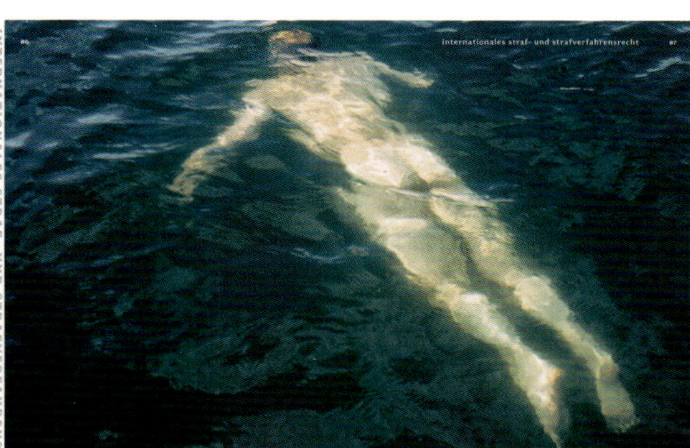

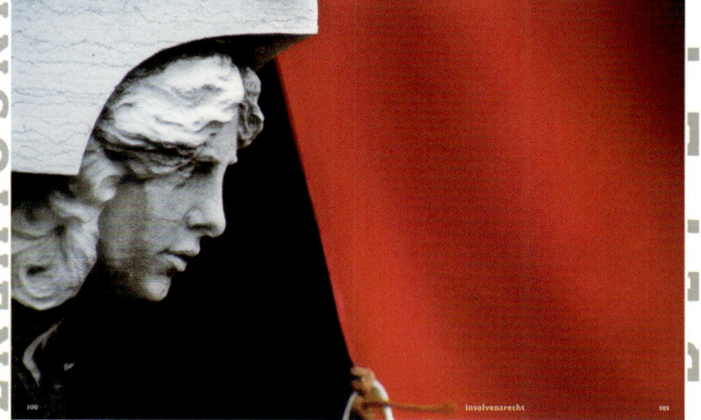

title
Intelligente Gebäude-
technik von Gira

type of work
Brochure

appeared in
2006

client
Gira
Giersiepen GmbH &
Co. KG, Radevormwald

design
schmitz
Visuelle Kommunikation,
Wuppertal
Creative direction:
Hans Günter Schmitz
Art direction:
Thordis Ohler

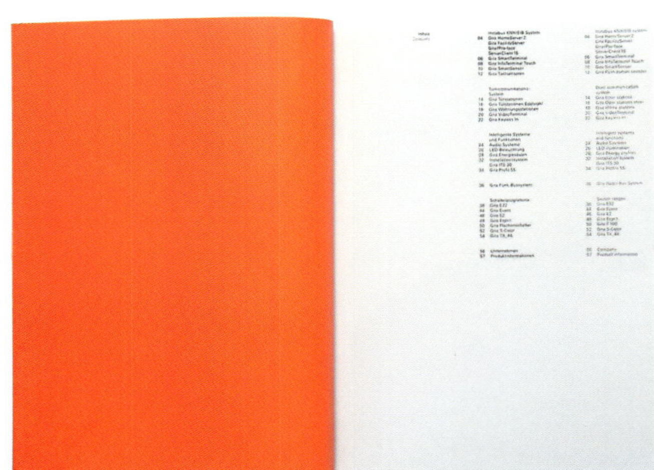

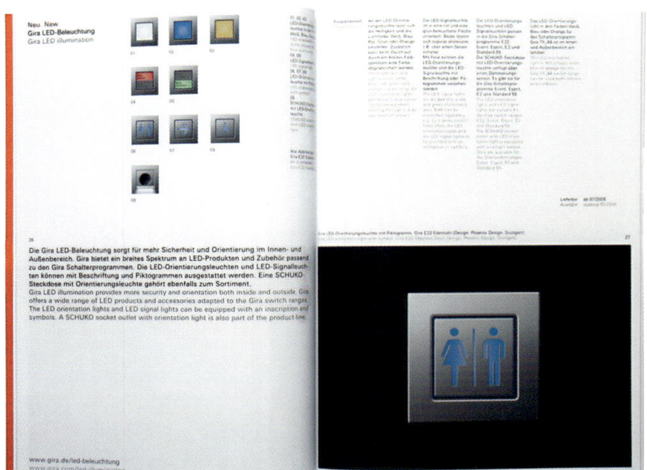

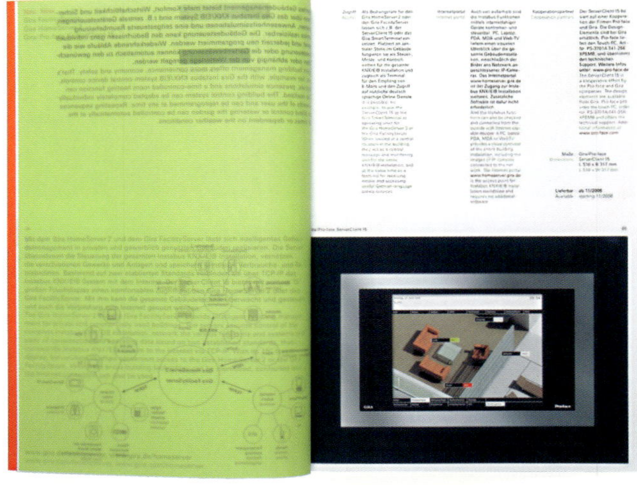

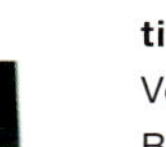

title
Vom Flitschball zum Badmintonsport

type of work
Publication

appeared in
2005

client
1. BC Beuel 1955 e.V., Bonn-Beuel

design
Holger Jörg, Cologne

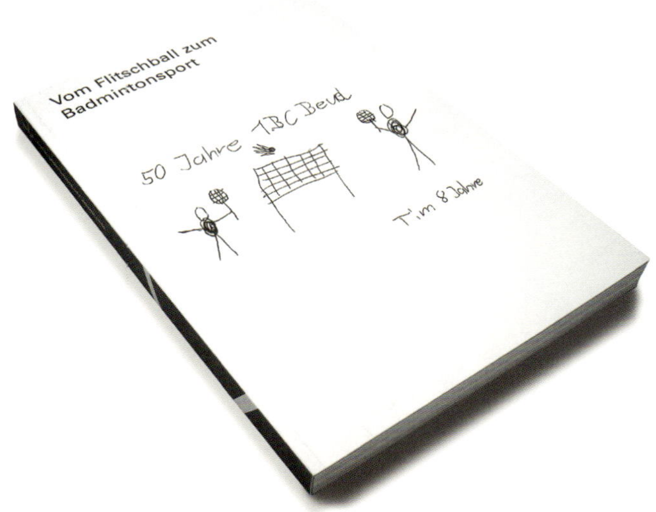

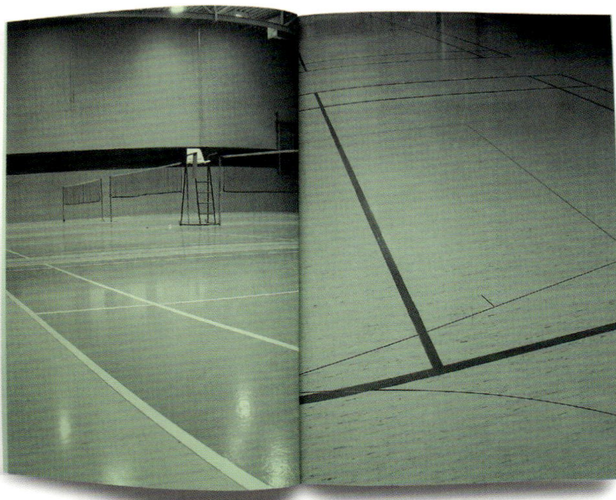

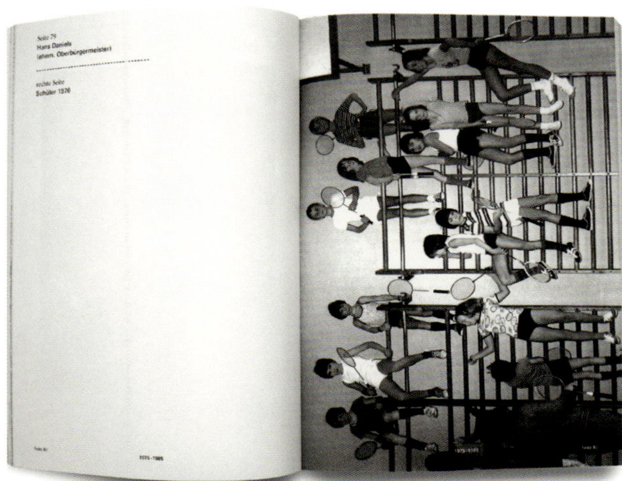

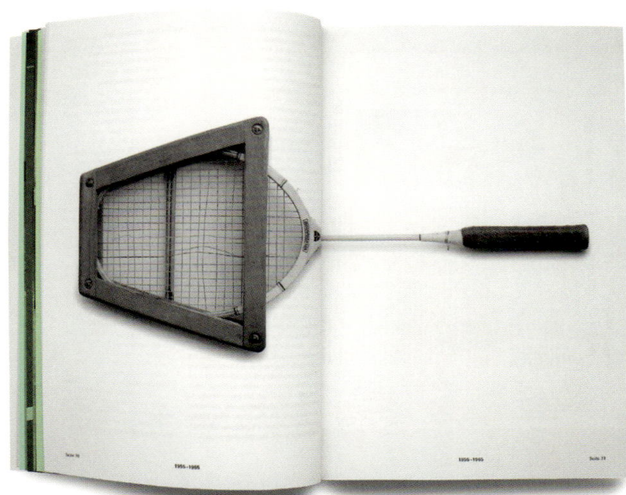

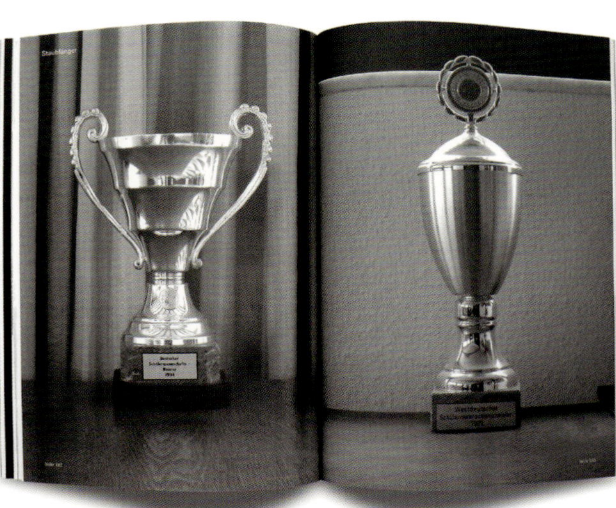

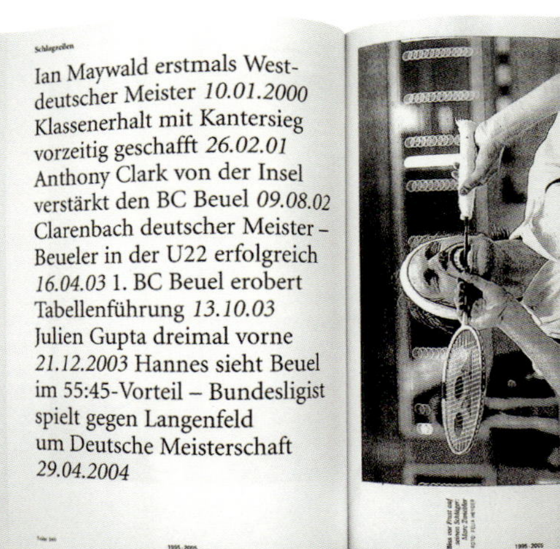
Ian Maywald erstmals Westdeutscher Meister *10.01.2000* Klassenerhalt mit Kantersieg vorzeitig geschafft *26.02.01* Anthony Clark von der Insel verstärkt den BC Beuel *09.08.02* Clarenbach deutscher Meister – Beueler in der U22 erfolgreich *16.04.03* 1. BC Beuel erobert Tabellenführung *13.10.03* Julien Gupta dreimal vorne *21.12.2003* Hannes sieht Beuel im 55:45-Vorteil – Bundesligist spielt gegen Langenfeld um Deutsche Meisterschaft *29.04.2004*

Das Spiel gerät zur Nebensache

title
Jung & Alt Stadt

type of work
Project documentation

appeared in
2006

client
Gesundheits- und
Umweltdepartement
der Stadt Zürich
Sozialdepartement
der Stadt Zürich

design
Büro4
Gestaltung +
Kommunikation,
Zürich

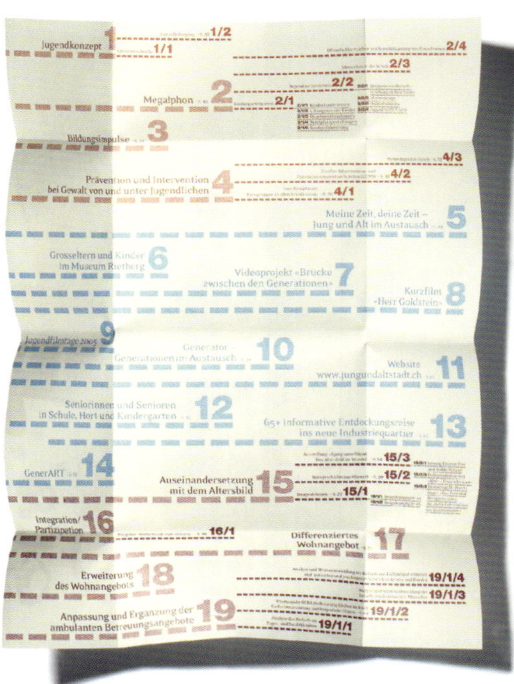

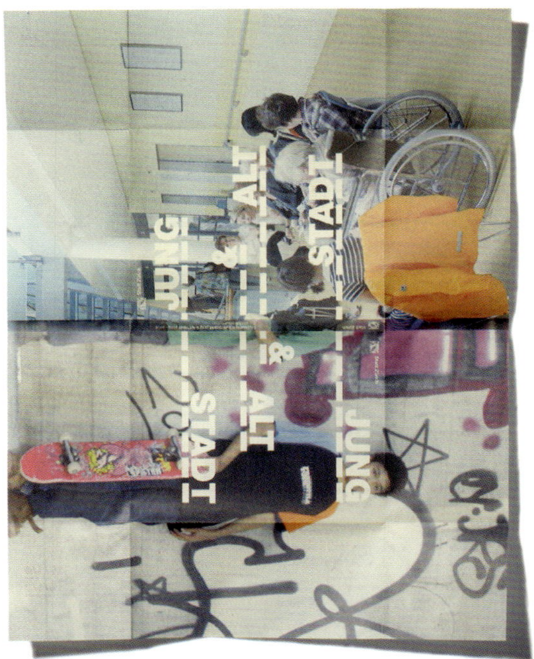

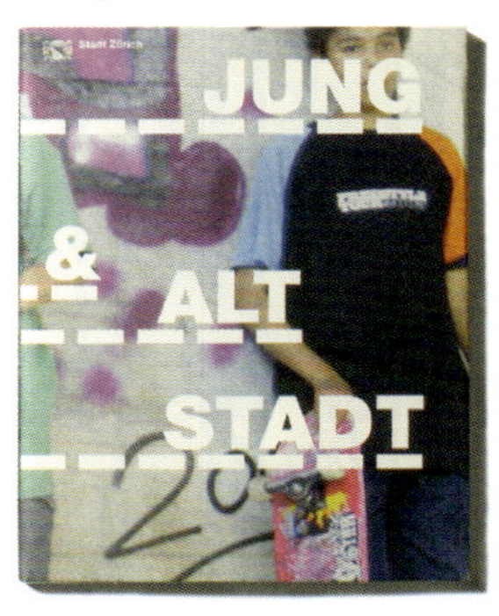

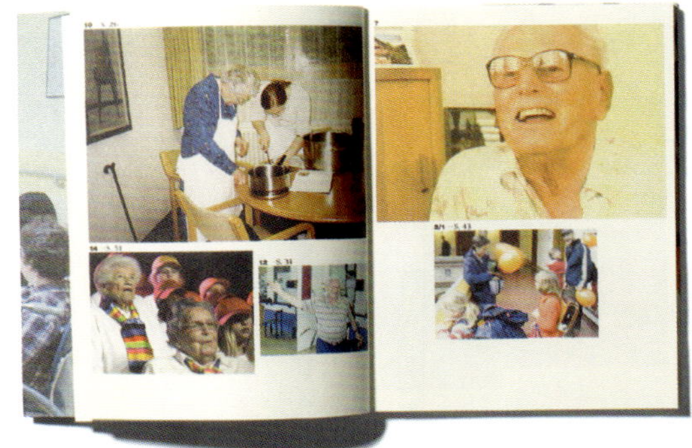

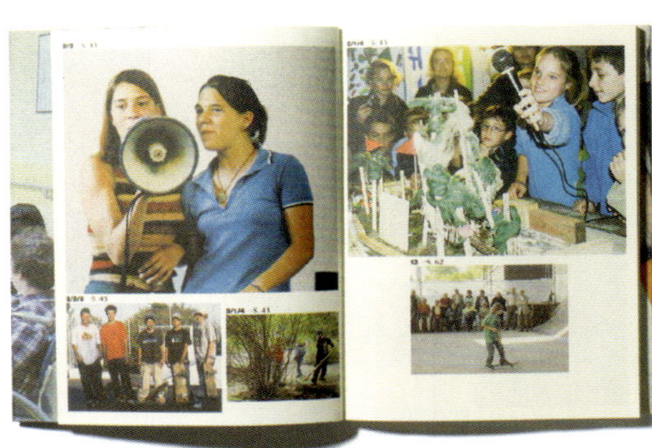

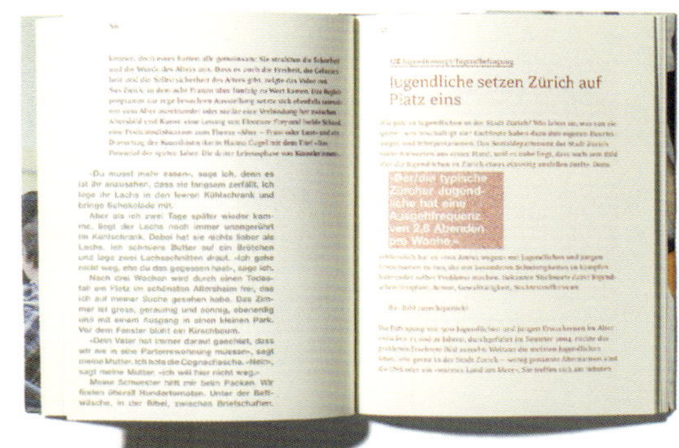

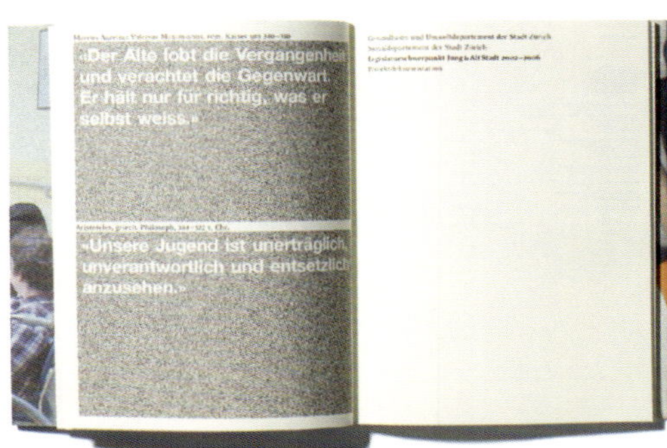

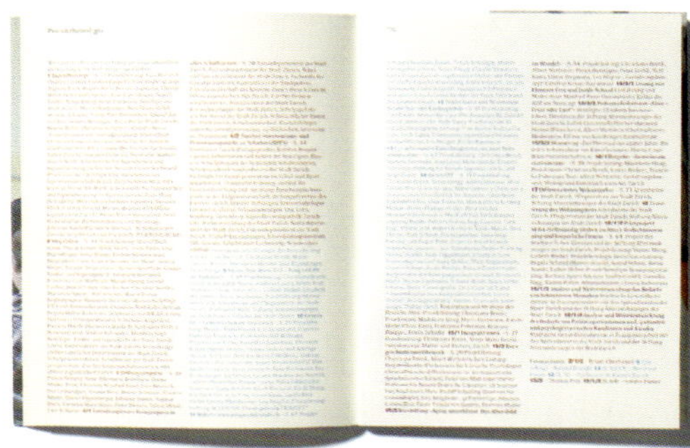

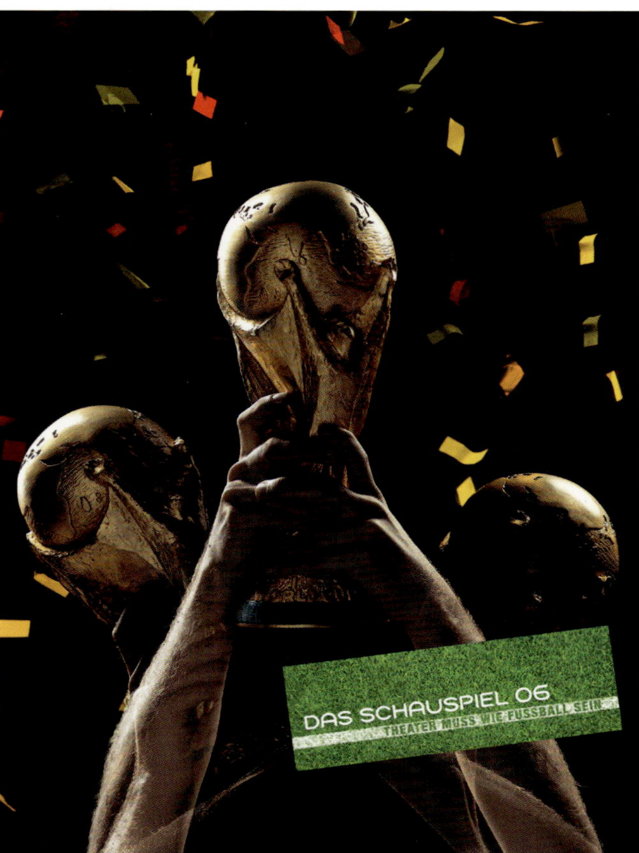

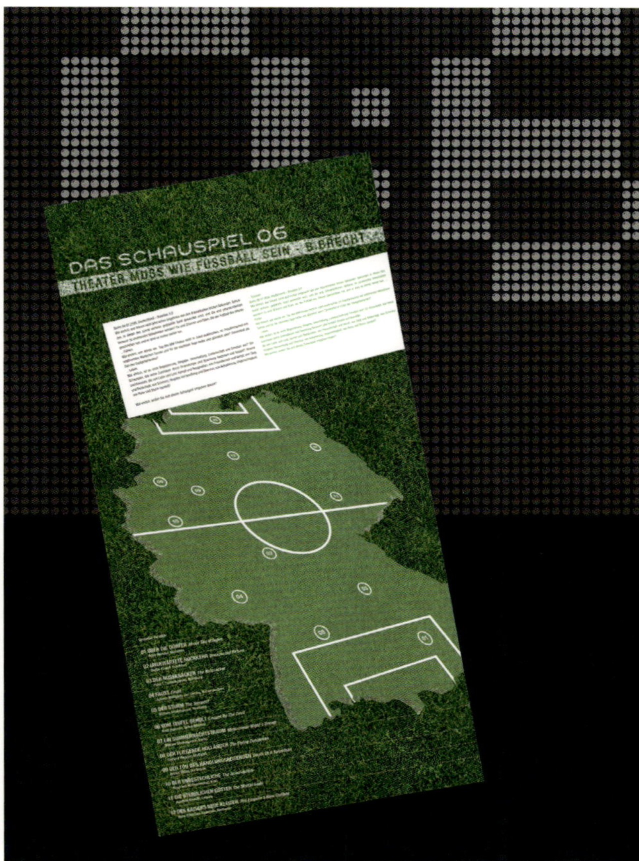

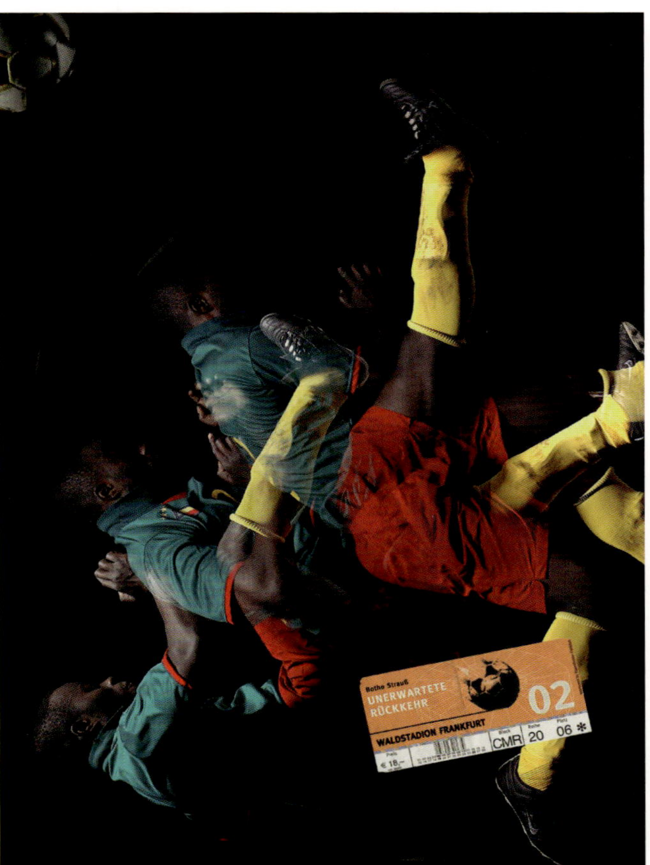

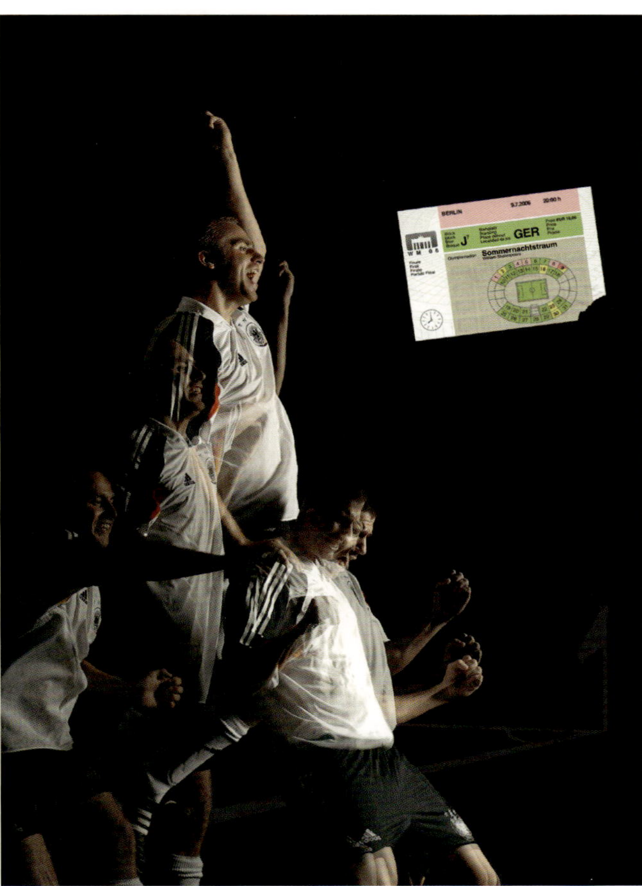

title
Das Schauspiel 06 – Theater muss wie Fußball sein (junior award)

type of work
Calendar

appeared in
2005

client
Fachhochschule Wiesbaden
Fachbereich Design

design
Die Viererkette, Wiesbaden
Photography:
David Fernandez del Campo, Karolin Kutter, Duc Nguyen, Melanie Tu
Creative direction:
Prof. Volker Liesfeld (Fachhochschule Wiesbaden)
Art direction:
David Fernandez del Campo, Karolin Kutter, Duc Nguyen, Melanie Tu

title
Lyrik trifft Fotografie
(junior award)

type of work
Book,
diploma project

appeared in
2006

client
Fachhochschule
Düsseldorf
Prof. Gerhard Vormwald,
Prof. Uwe J. Reinhardt
(supervising professors)

design
Carolin Derks,
Düsseldorf
Text:
Christian Ettwig

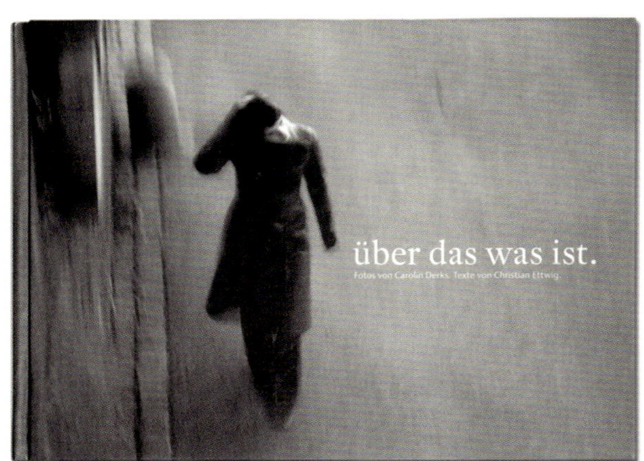

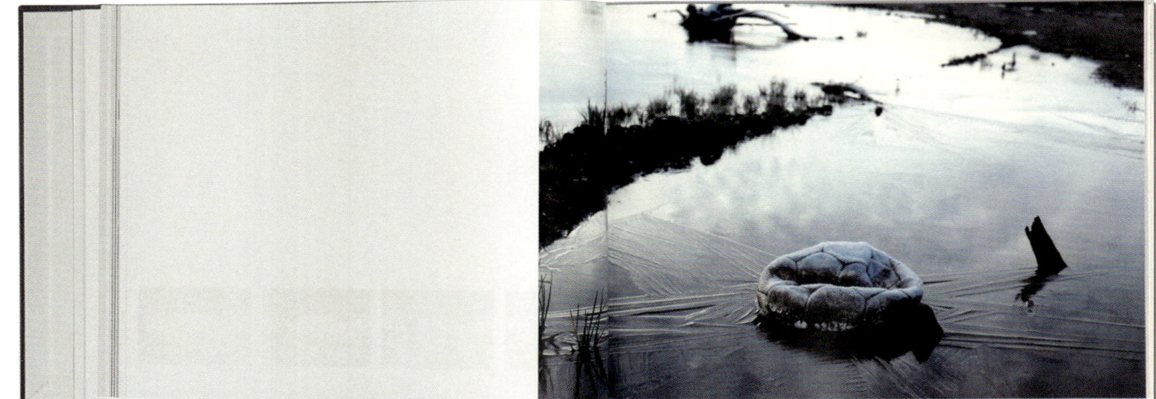

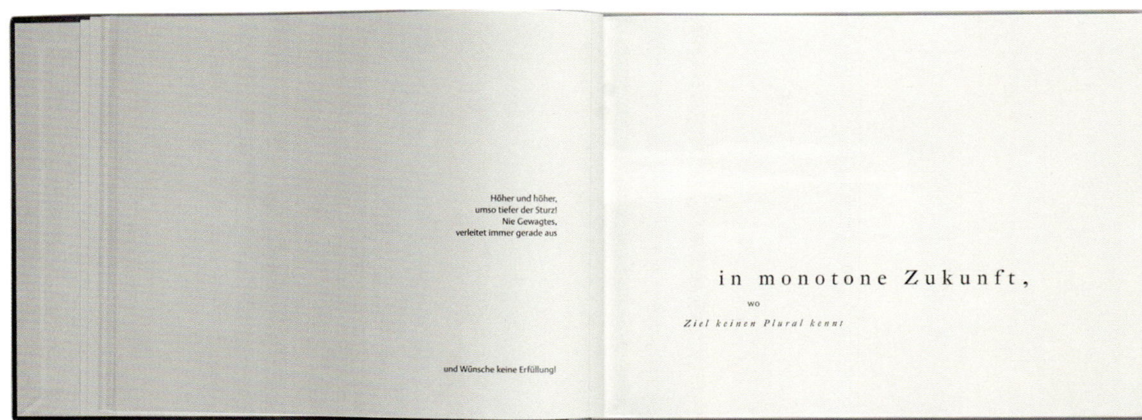

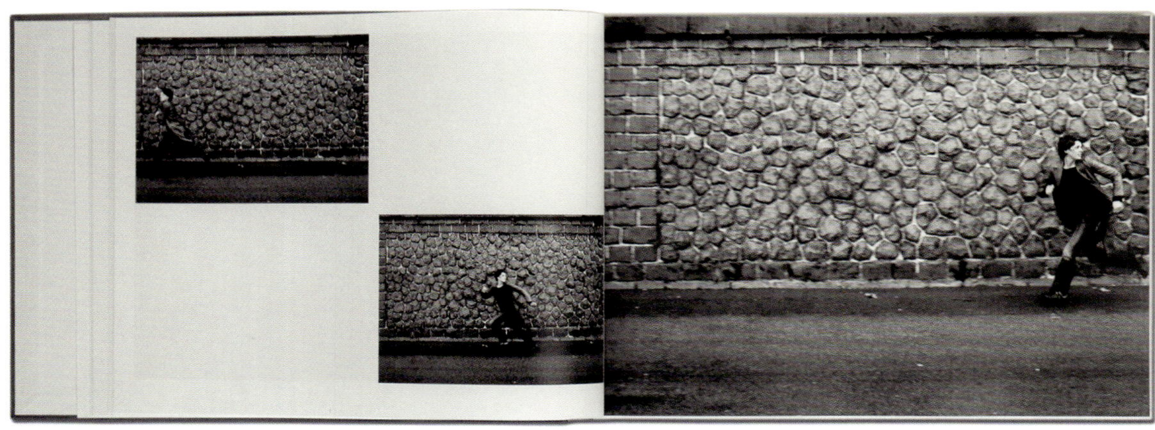

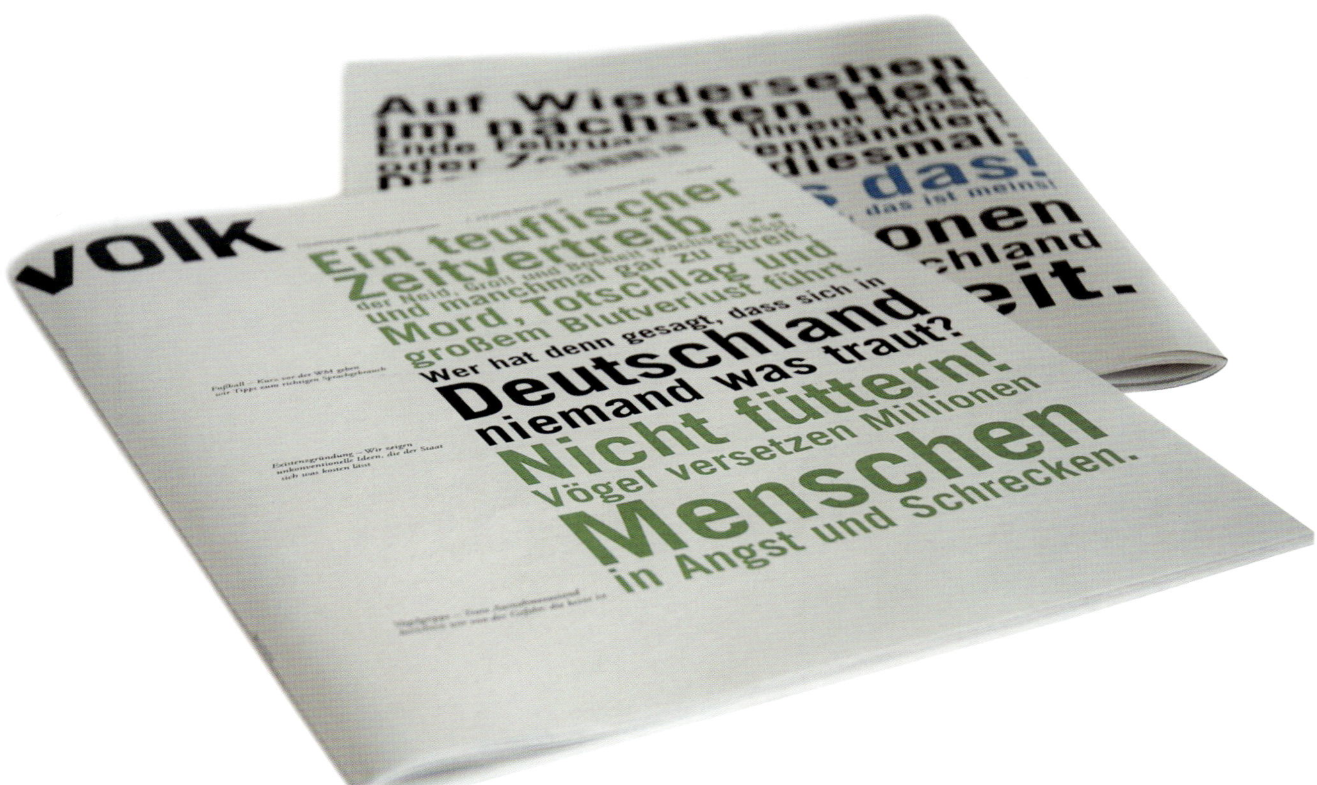

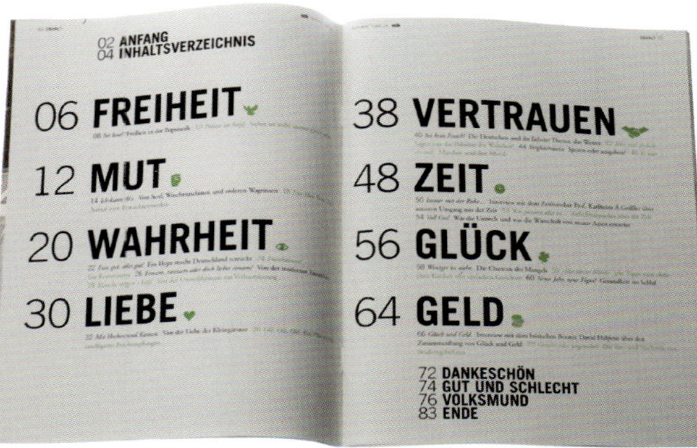

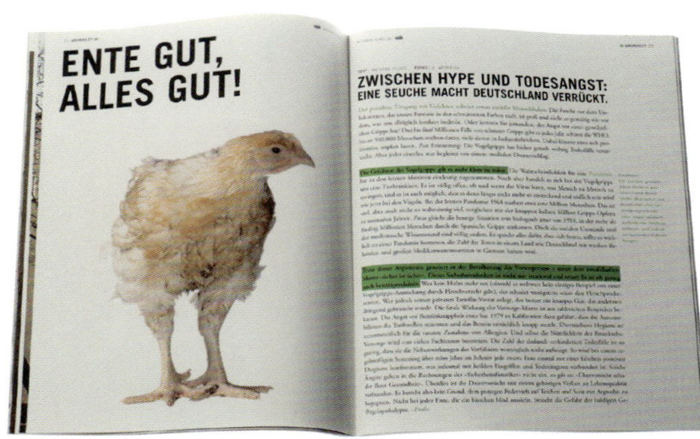

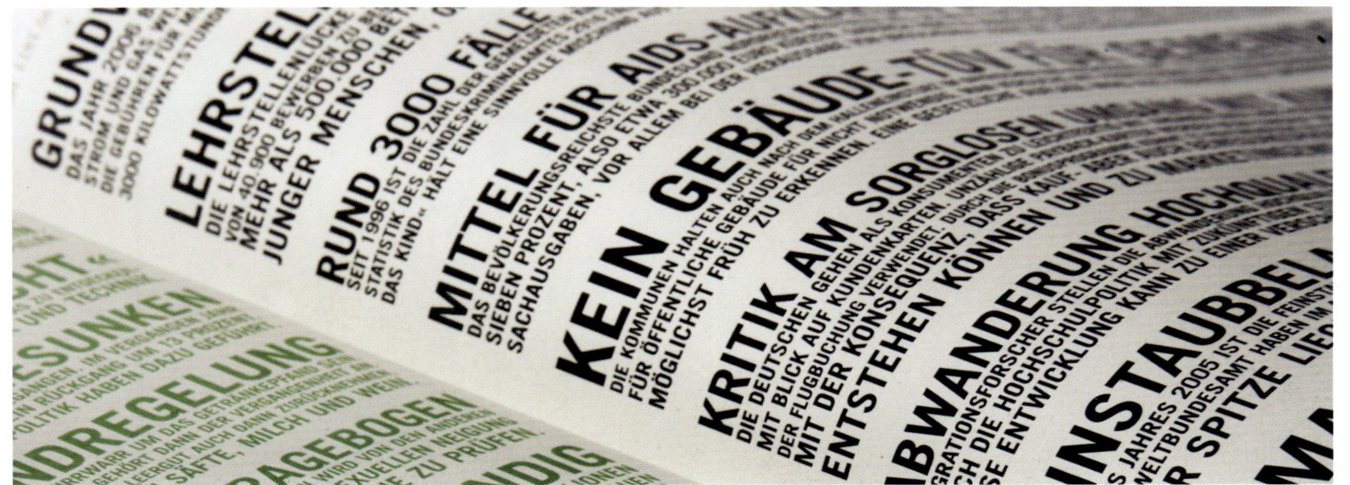

223

title
volk
Konzeption und Entwurf eines Gesellschaftsmagazins
(junior award)

type of work
Magazine,
diploma project

appeared in
2006

client
Fachhochschule Düsseldorf
Prof. Uwe J. Reinhardt,
Anja Steinig
(supervising professors)

design
Silke Schlösser,
Düsseldorf

title
Forever Yours!
(junior award)

type of work
Book, slipcase,
diploma project

appeared in
2006

client
Merz Akademie, Stuttgart
Heidemarie von Wedel
Vier5, Paris
Marco Fiedler,
Achim Reichert

design
Nicole Jacek,
Ludwigsburg
Photography:
DaimlerChrysler Media
Services
Art direction:
Nicole Jacek
Text:
Nicole Jacek

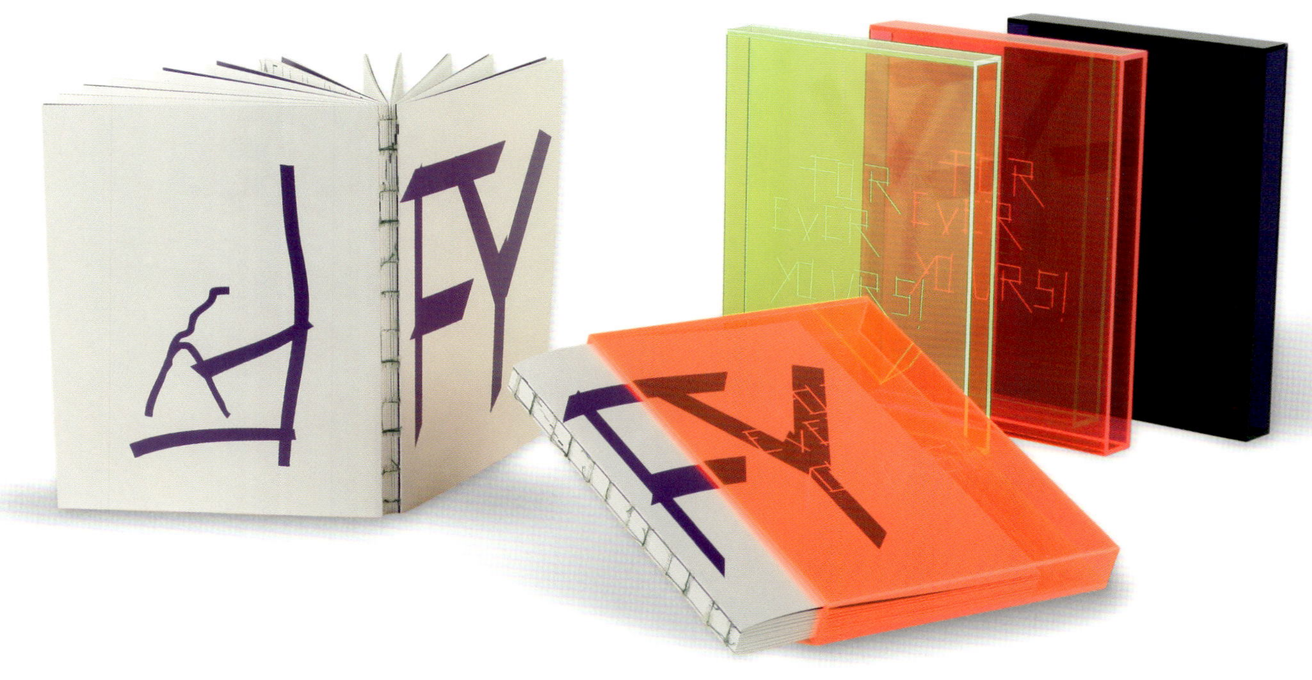

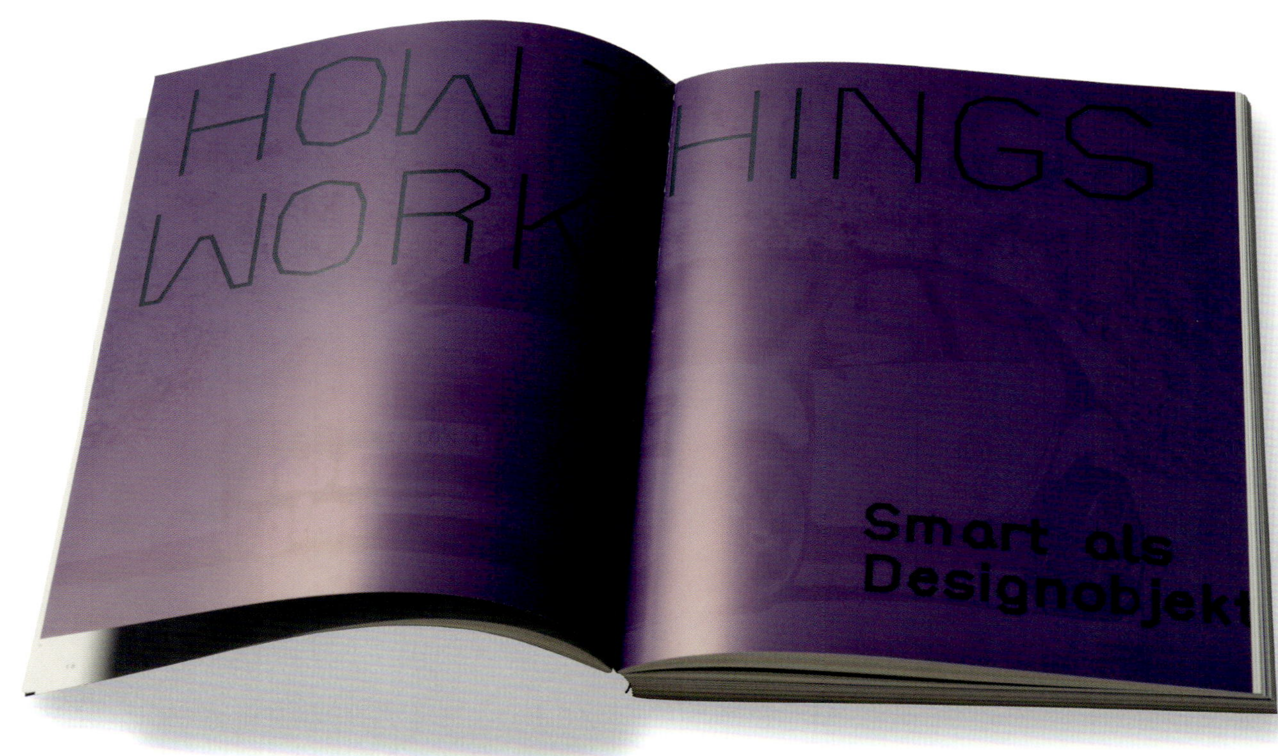

WHAT LOOKS GOOD TODAY, MAY NOT LOOK GOOD TOMORROW

title
What looks good today may not look good tomorrow (junior award)

type of work
Book

appeared in
2006

client
Hochschule Darmstadt
Prof. Sandra Hoffmann

design
Kerstin Finger, Darmstadt

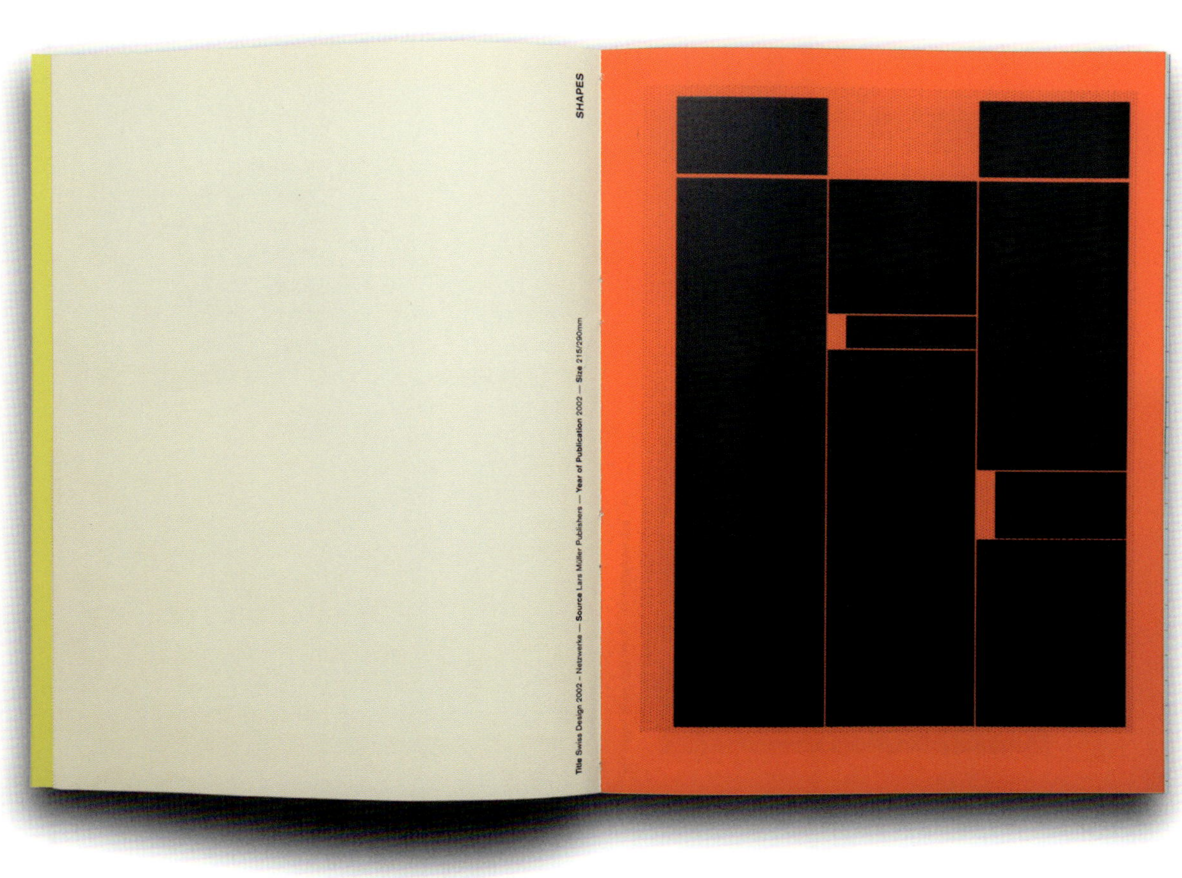

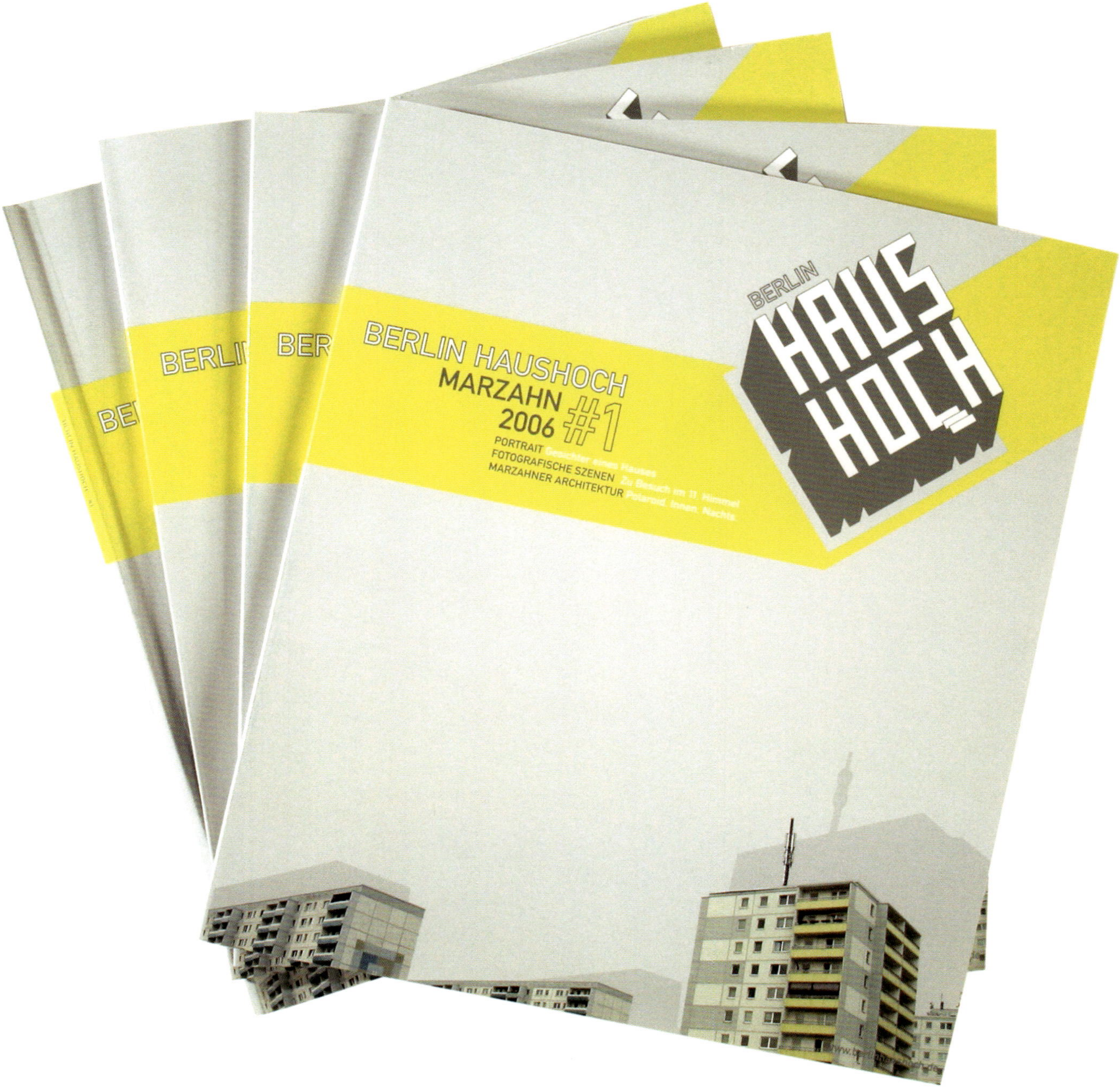

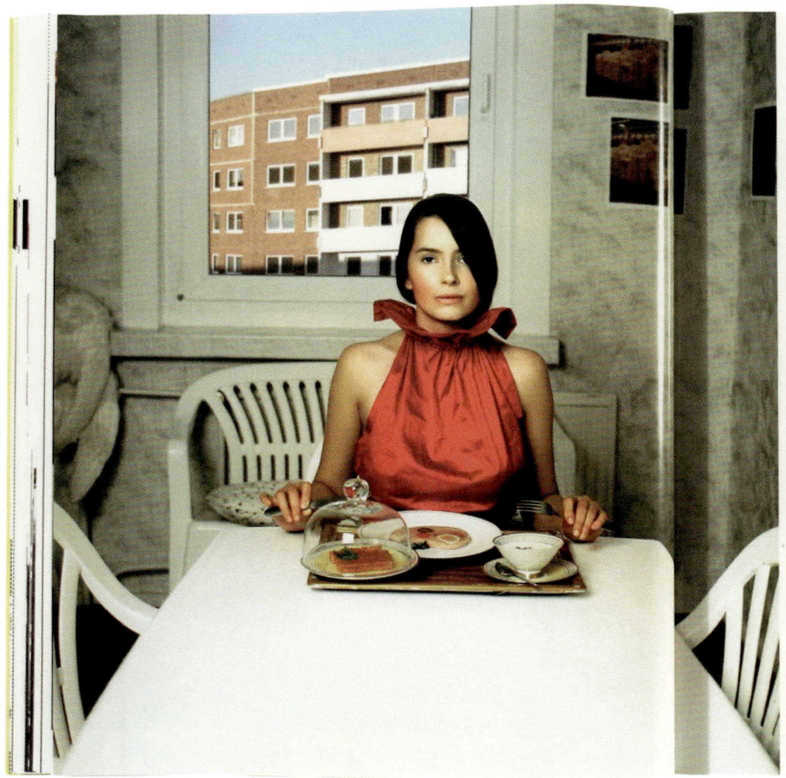

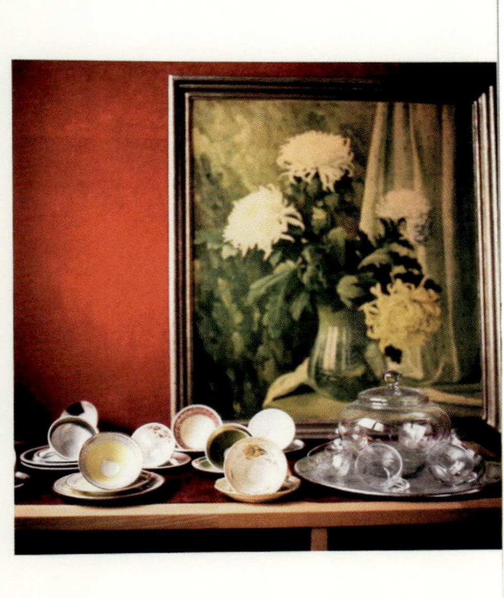

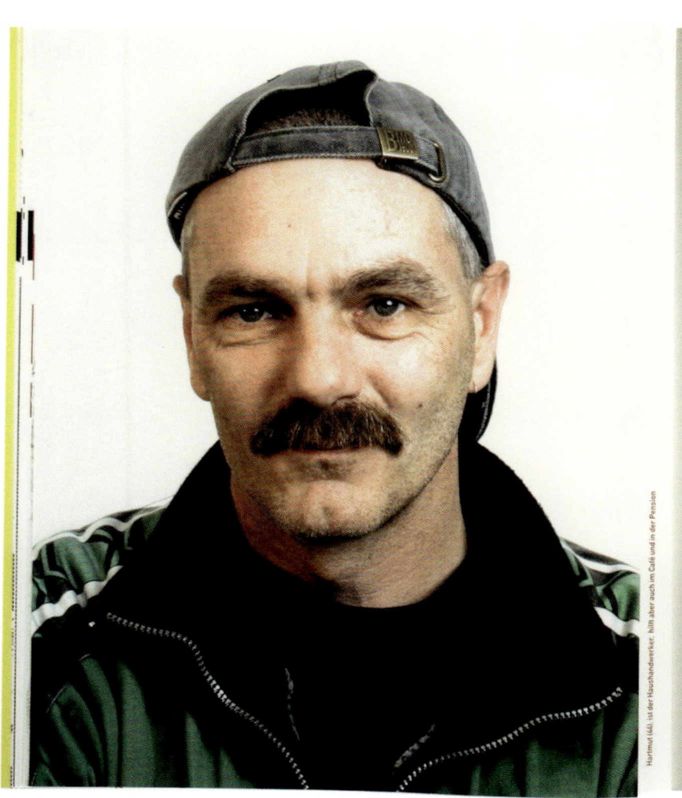

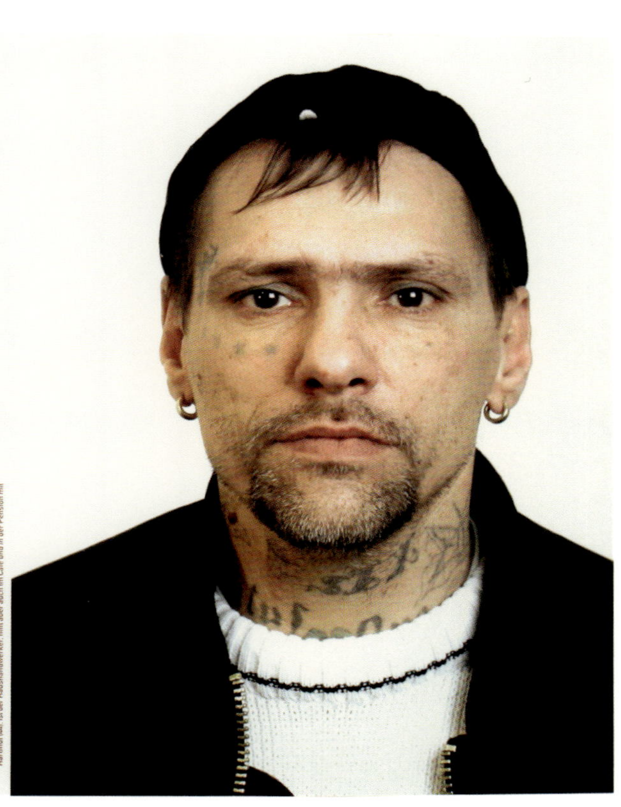

title
Berlin Haushoch
(junior award)

type of work
Magazine

appeared in
2006

client
Universität der
Künste Berlin
Prof. Melk Imboden

design
Alexandra Bald,
Ana Lessing,
Esra Rotthoff, Berlin
Text:
Henriette Serbser

title
Handbuch für
Kurzzeit-Tokyoter
(junior award)

type of work
Book

appeared in
2006

client
Anika Takagi, Münster

design
Anika Takagi, Münster

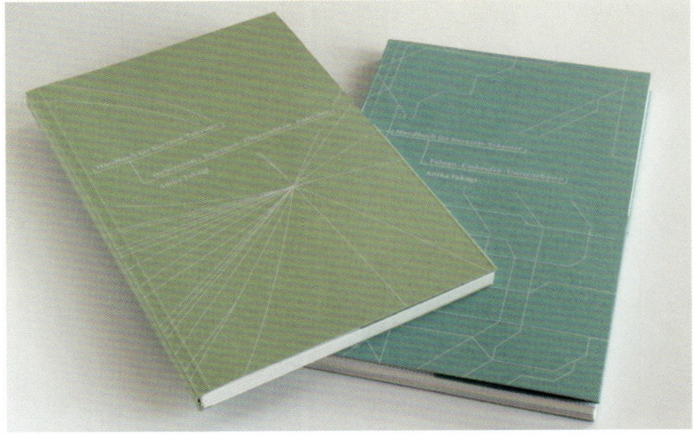

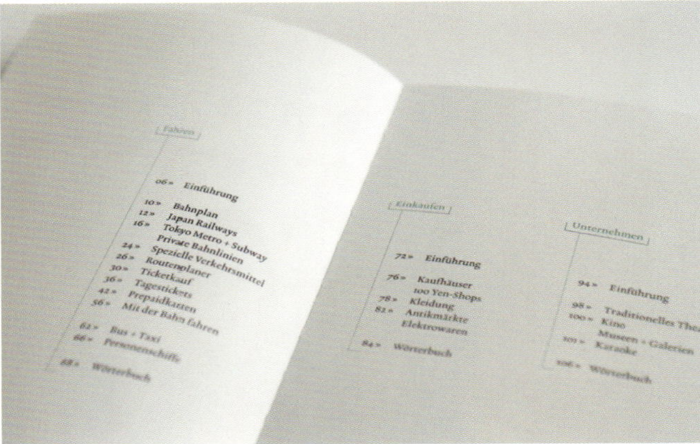

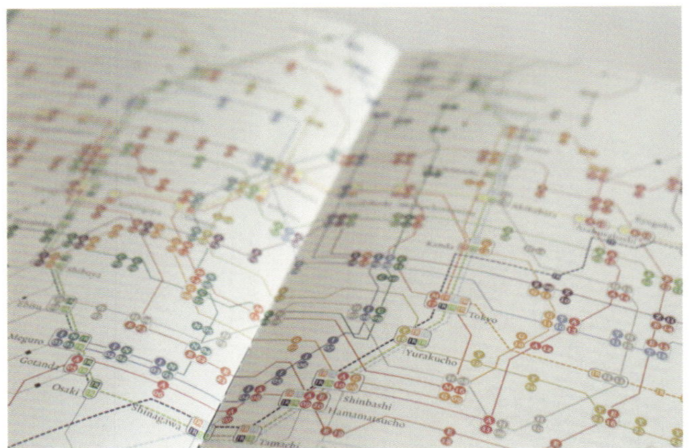

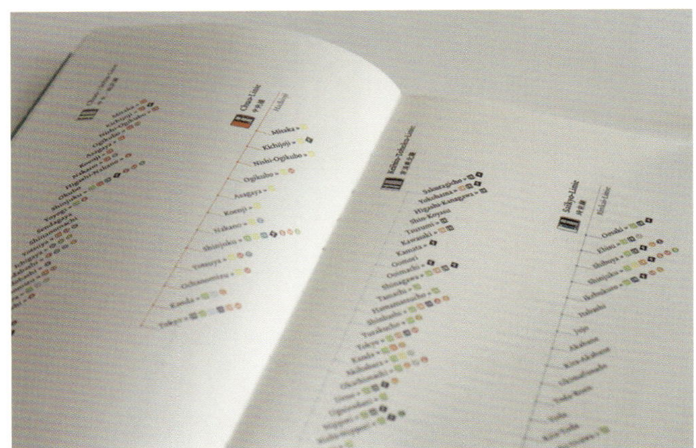

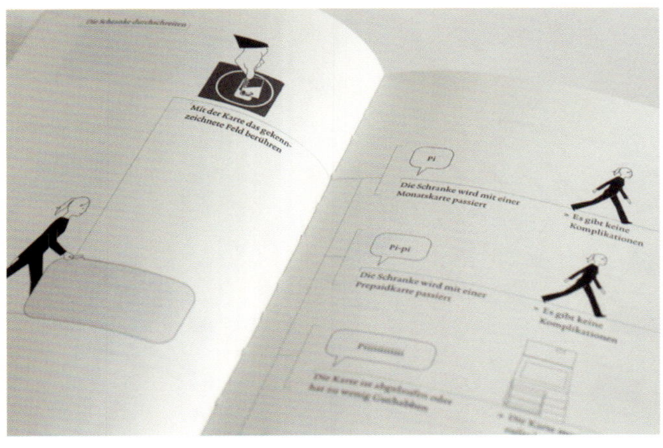

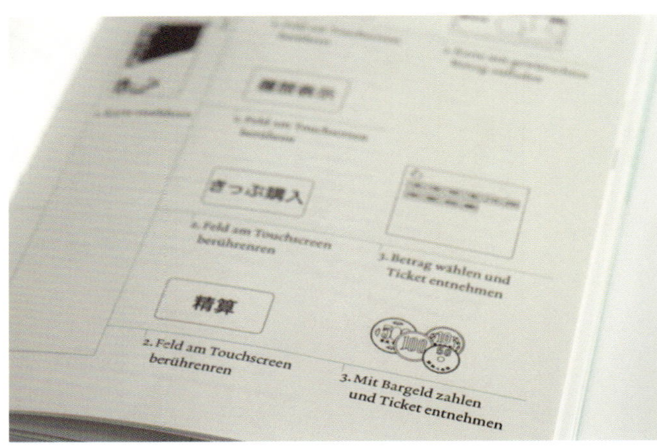

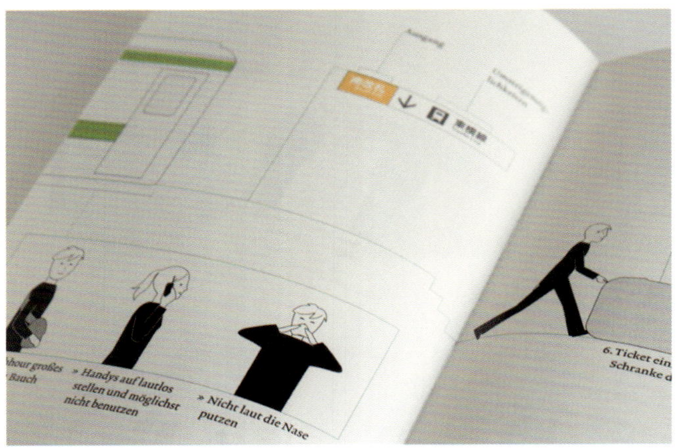

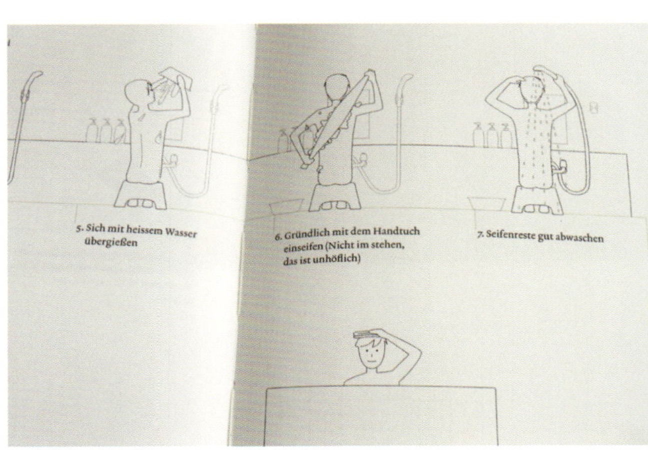

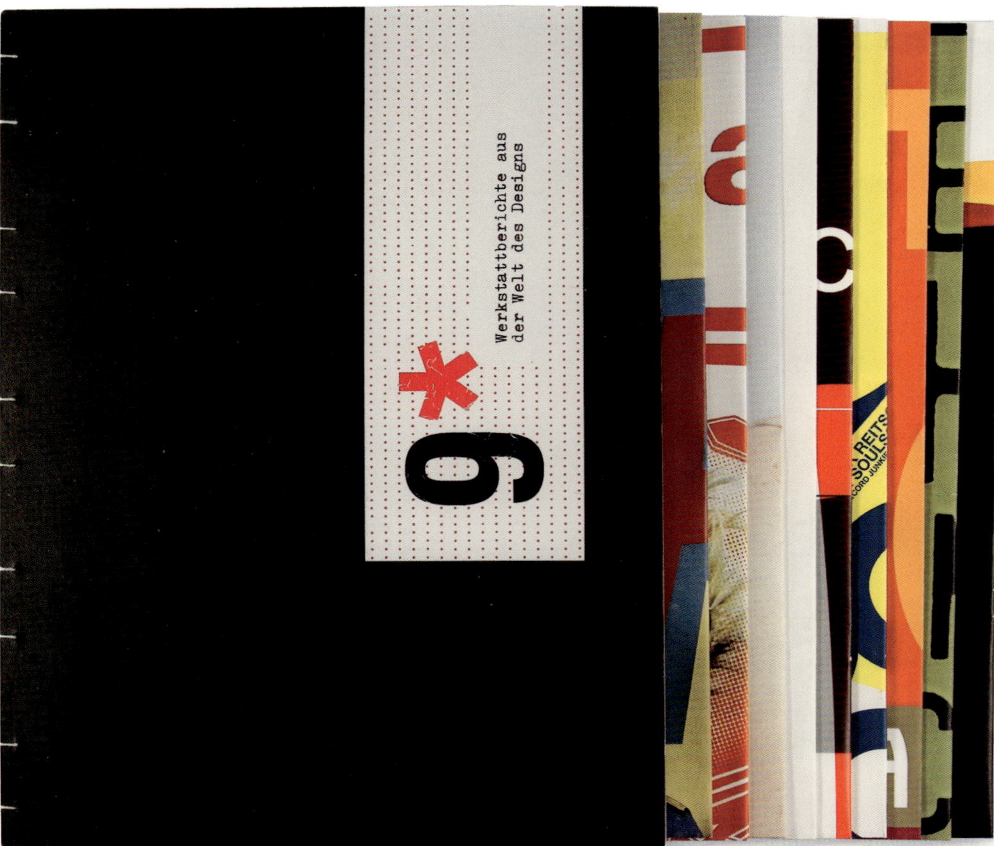

229

title
9*
Werkstattberichte aus
der Welt des Designs
(junior award)

type of work
Book, diploma project

appeared in
2005

client
Fachhochschule Mainz
Studiengang Design
Prof. Jean Ulysses Voelker
(supervising professor)

design
Julia Neller, Mannheim

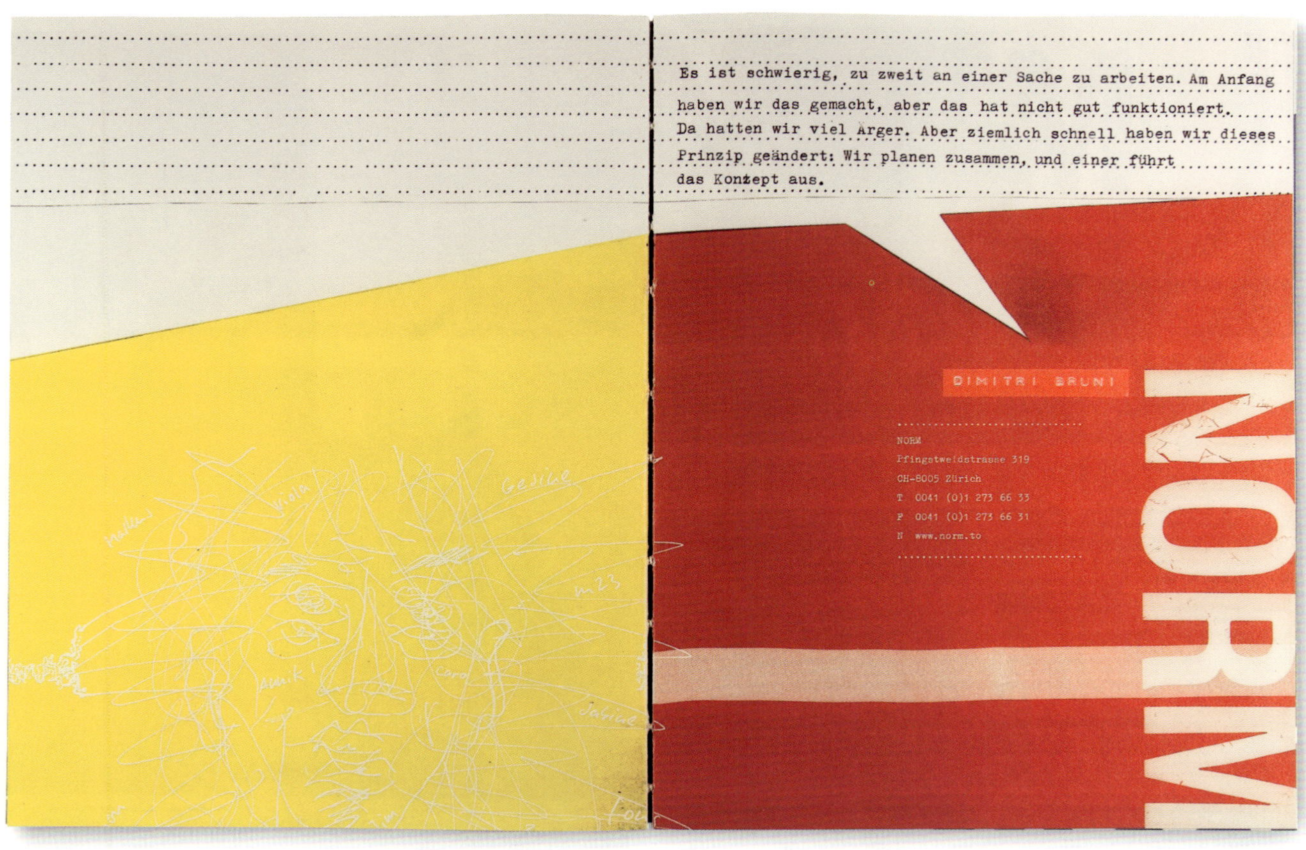

title
Sterntagebücher
(junior award)

type of work
Book,
diploma project

appeared in
2006

client
Fachhochschule
Düsseldorf
Prof. Uwe J. Reinhardt,
Prof. Ulf Rungenhagen

design
Christian Kaeppke,
Mülheim an der Ruhr

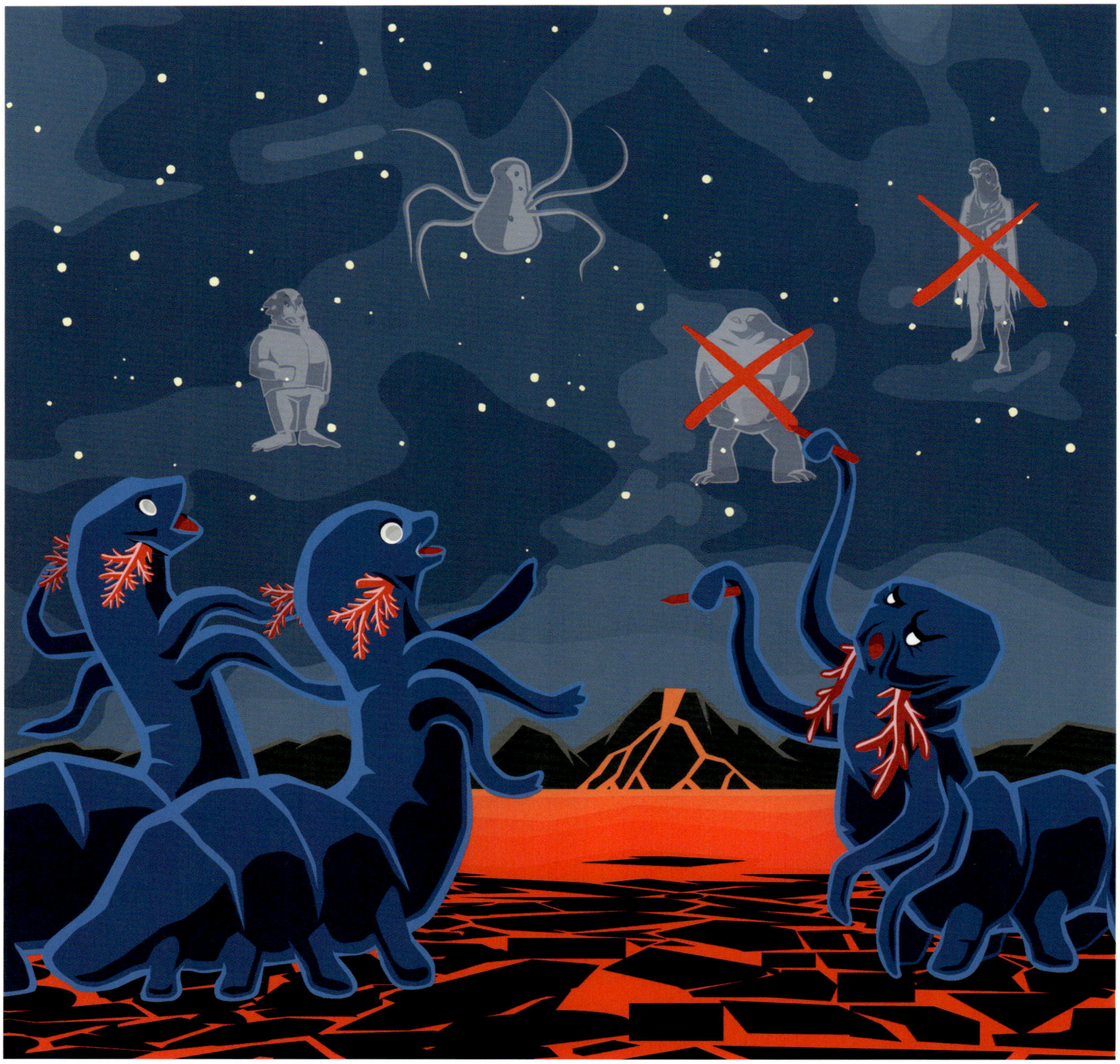

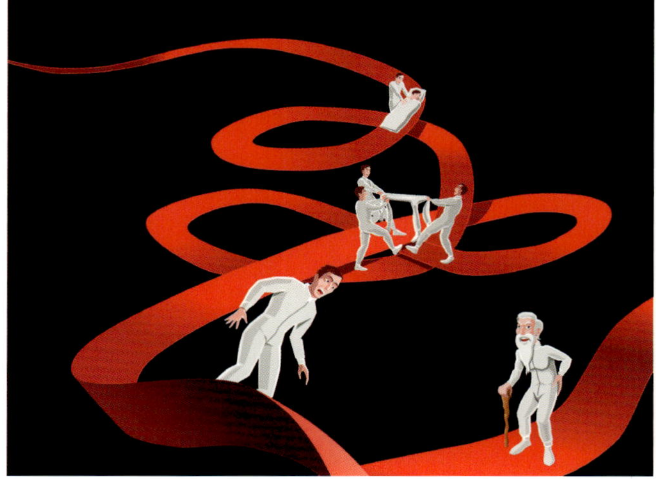

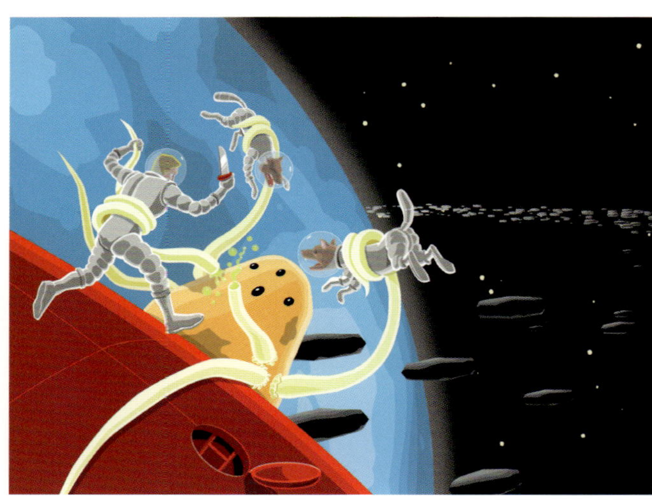

231

title
Der Schrei des gelben Adlers
(junior award)

type of work
Exhibition catalogue, diploma project

appeared in
2004

client
Fachhochschule Vorarlberg, Dornbirn

design
Maximilian Stecher, Christoph Helletsberger, Innsbruck

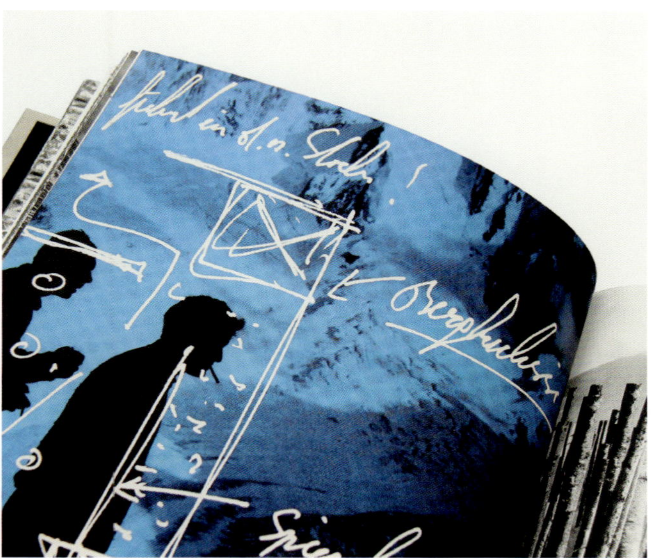

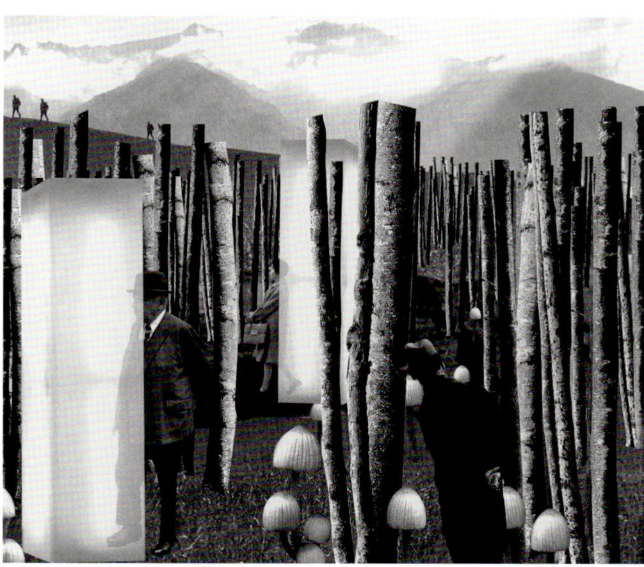

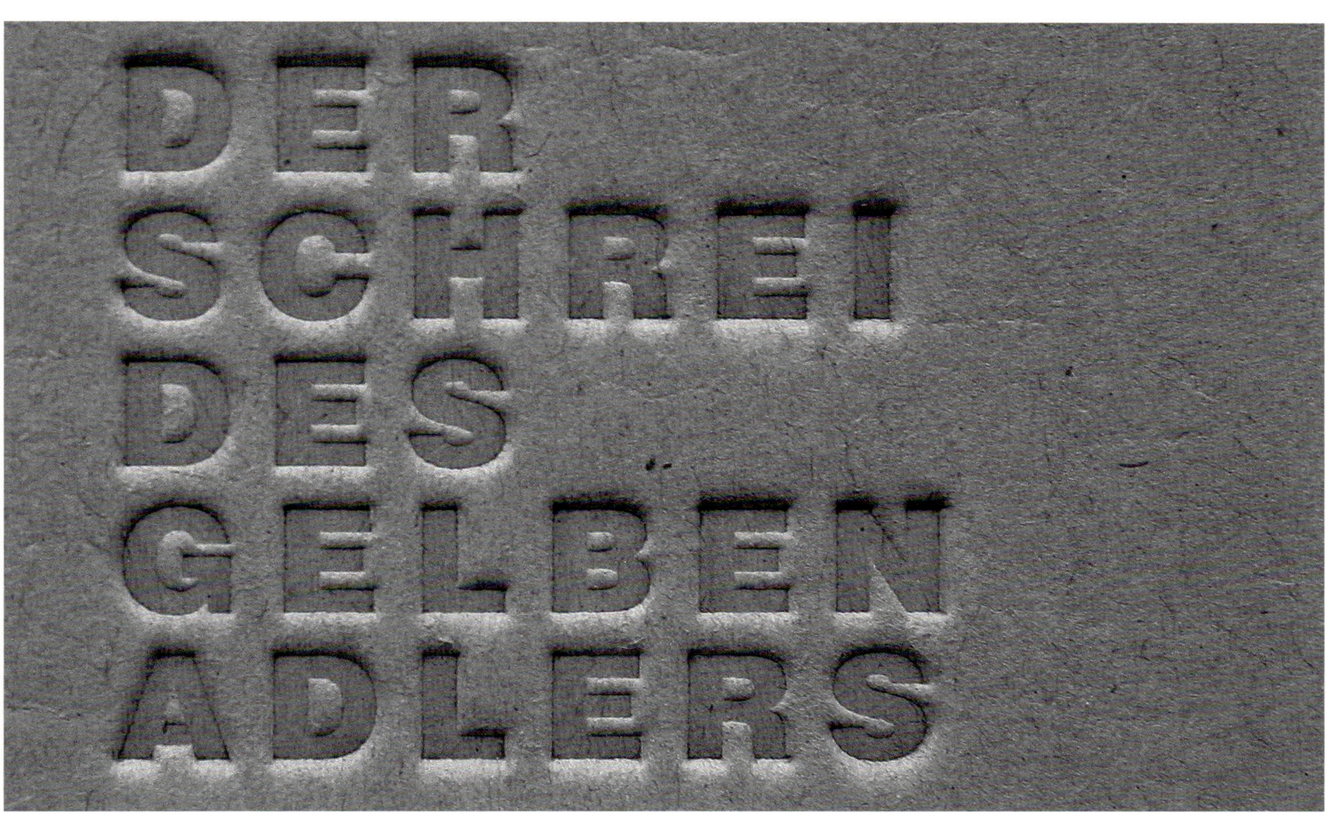

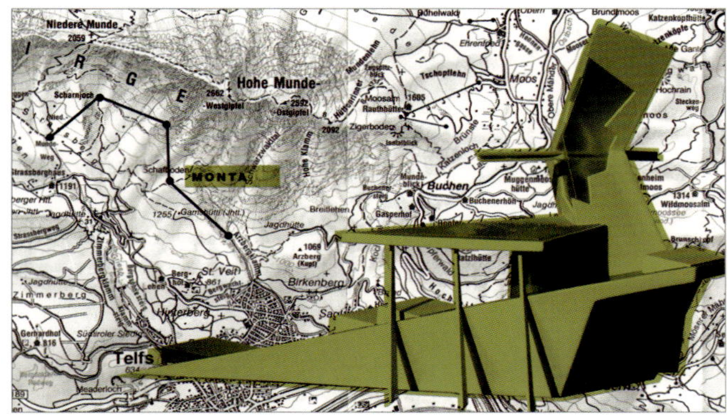

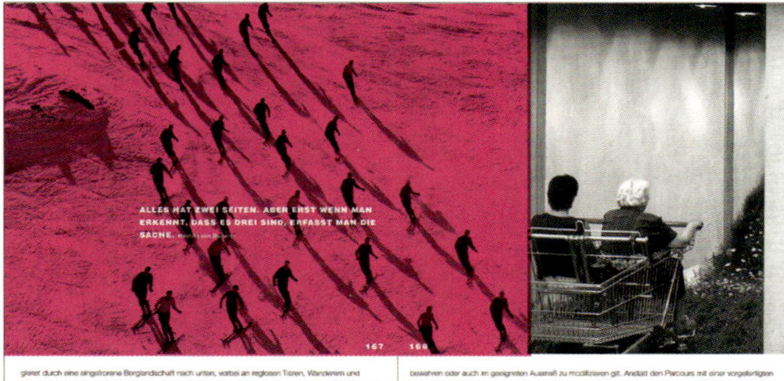

title
In die Hände schenken
gedrückt
Faksimile und Transkription
der Texte des R.R.
(junior award)

type of work
Book

appeared in
2006

client
Fachhochschule Mainz
Prof. Charlotte Schröner,
Prof. Dr. Thomas Daum
(supervising professors)

design
Nina Kathrin Becker,
Marie-Christin Schweizer,
Mainz

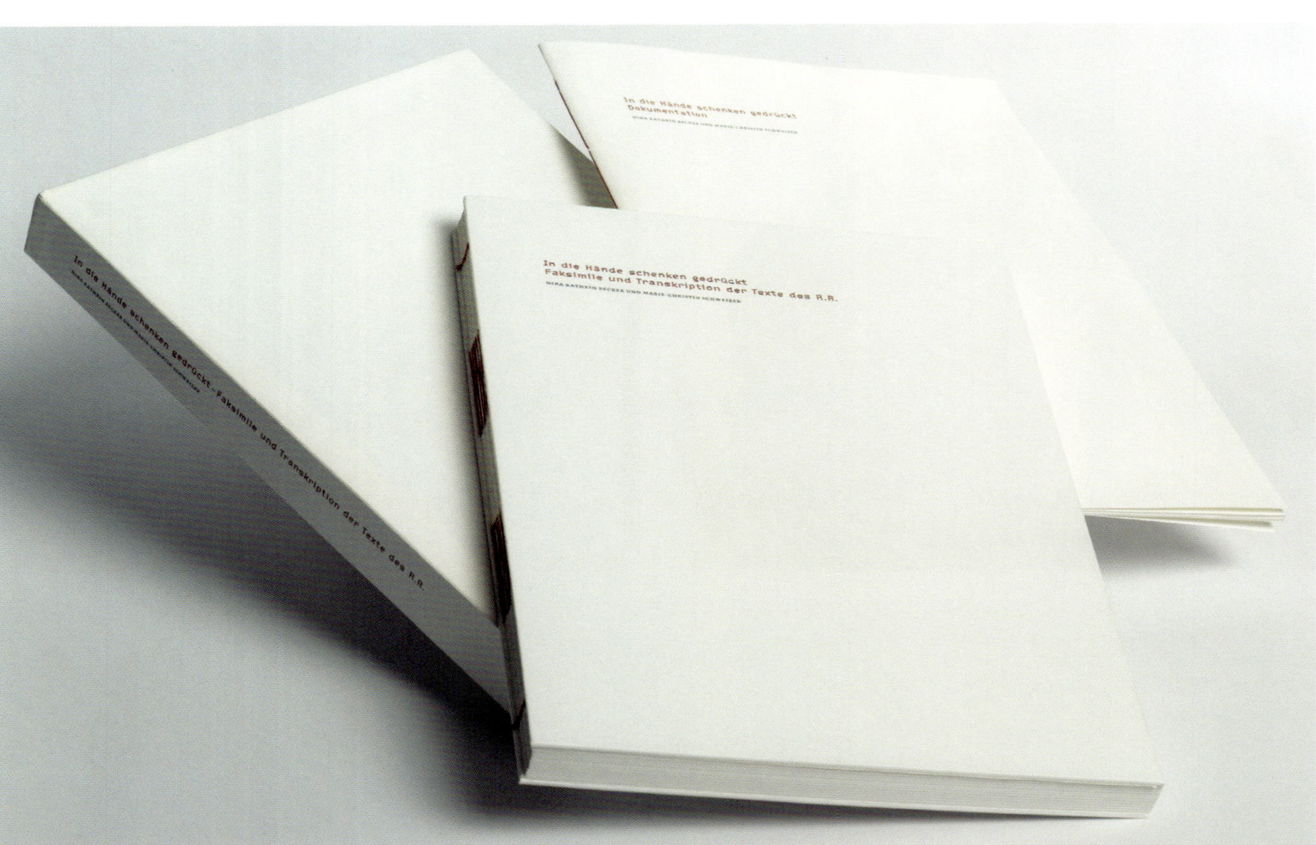

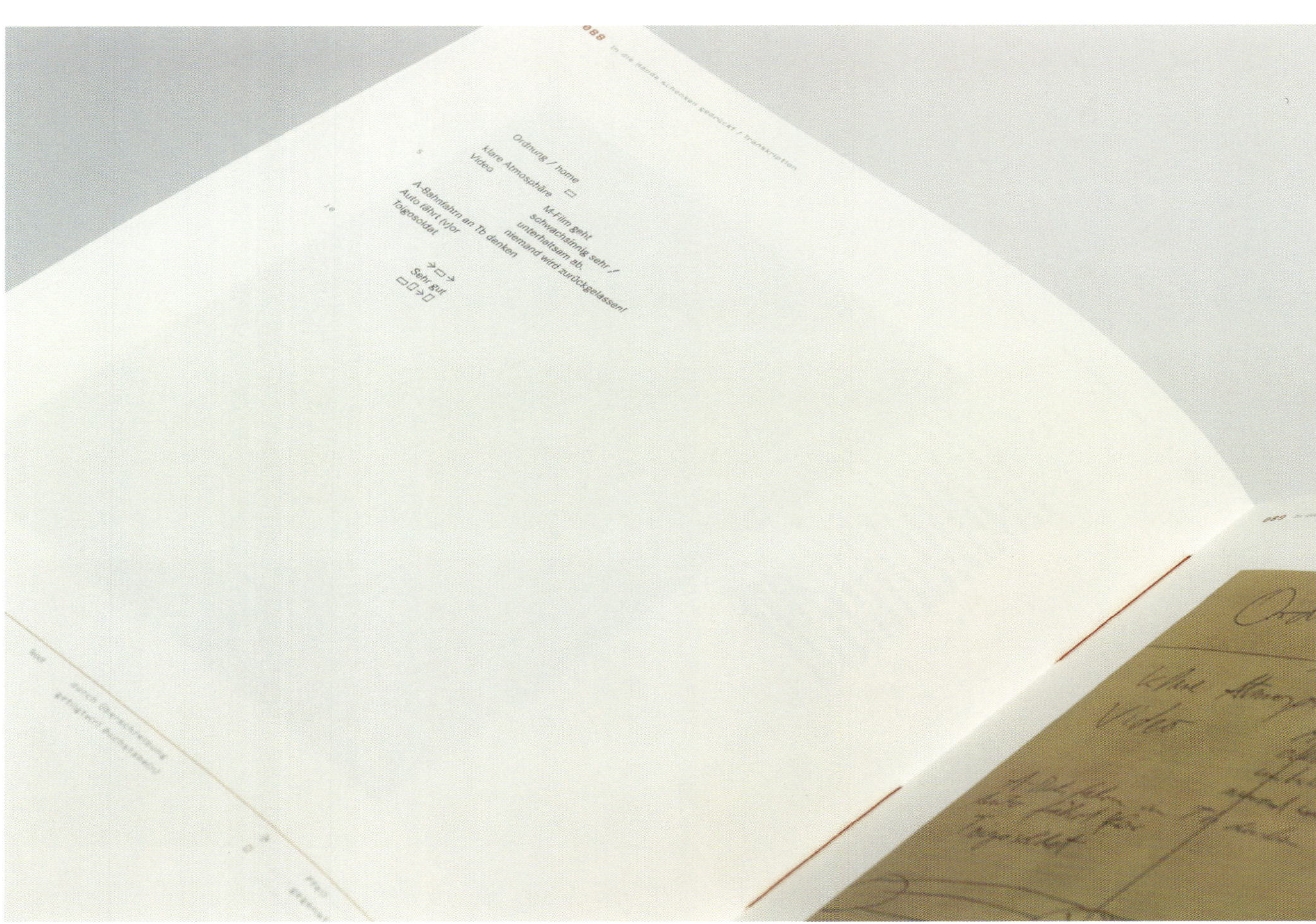

title
Eine Zeitreise durch das alte China (junior award)

type of work
Typography

appeared in
2005

client
Hochschule für Angewandte Wissenschaften Hamburg
Prof. Jovica Veljovic,
Prof. Welfhard Kraiker

design
Pu Chen, Hamburg

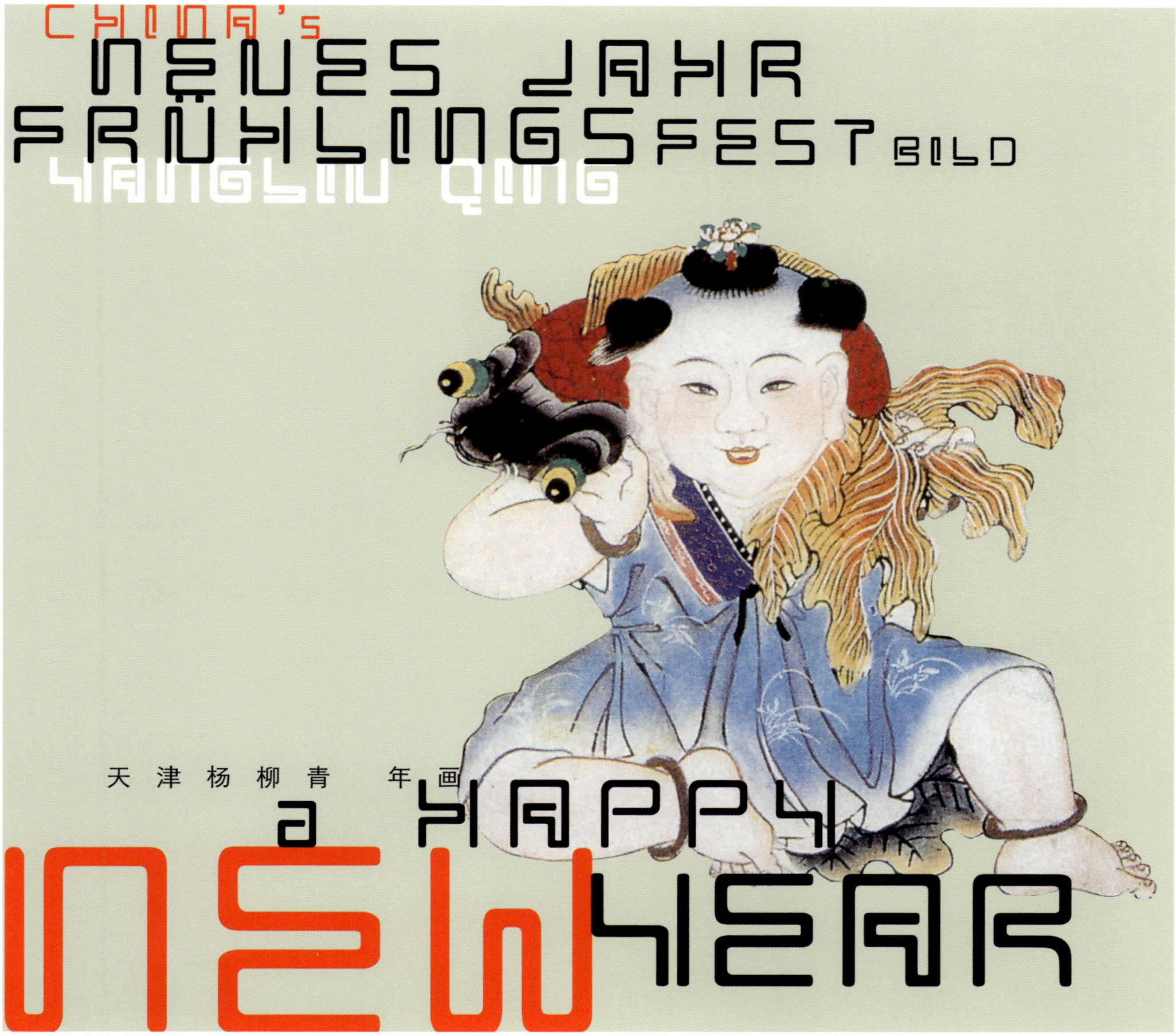

CHINA's
NEUES JAHR
FRÜHLINGSFESTBILD
YANGLIU QING
天津杨柳青 年画
a HAPPY
NEW YEAR

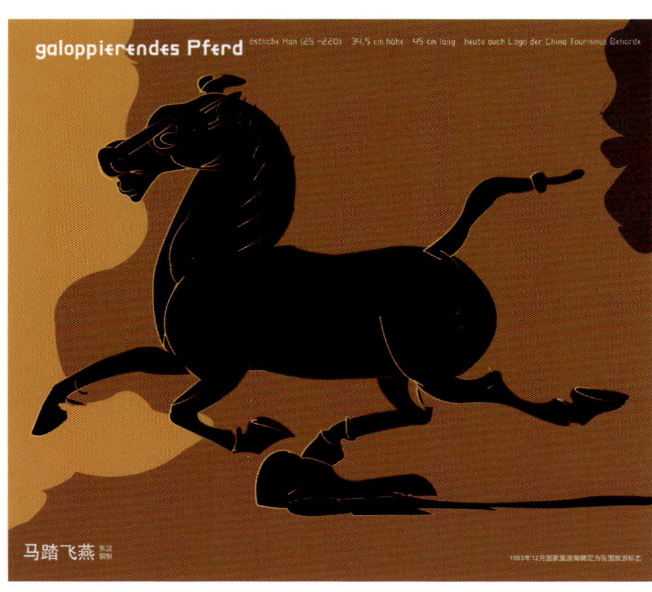

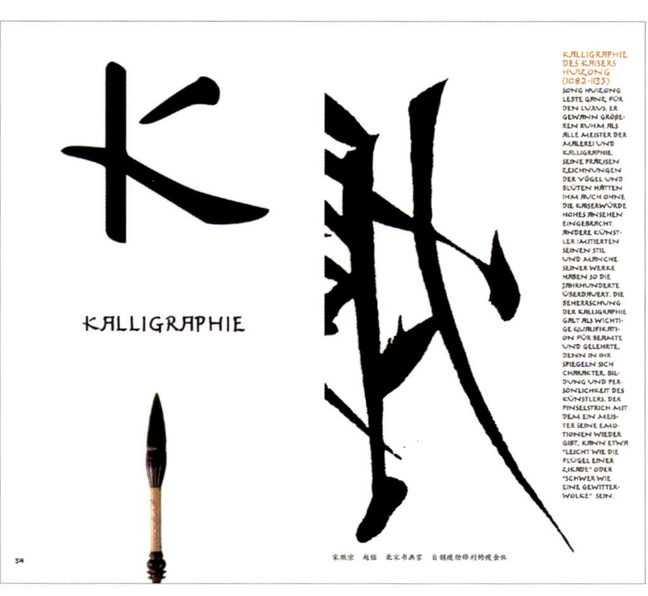

title
Lu Franken, wir danken!
(junior award)

type of work
Book,
diploma project

appeared in
2005

client
Hochschule Niederrhein,
Krefeld
Prof. Monika Hagenberg
(supervising professor)

design
Annika Dornscheidt,
Krefeld

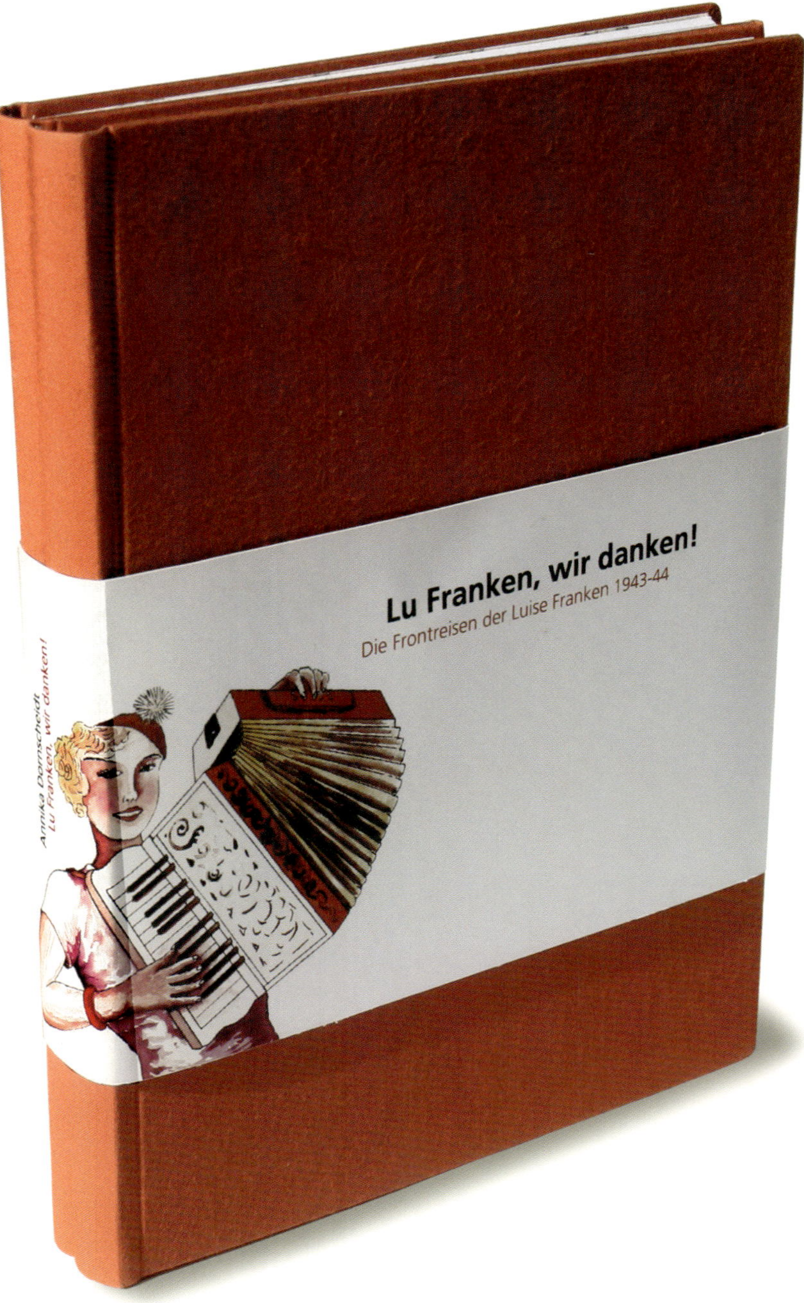

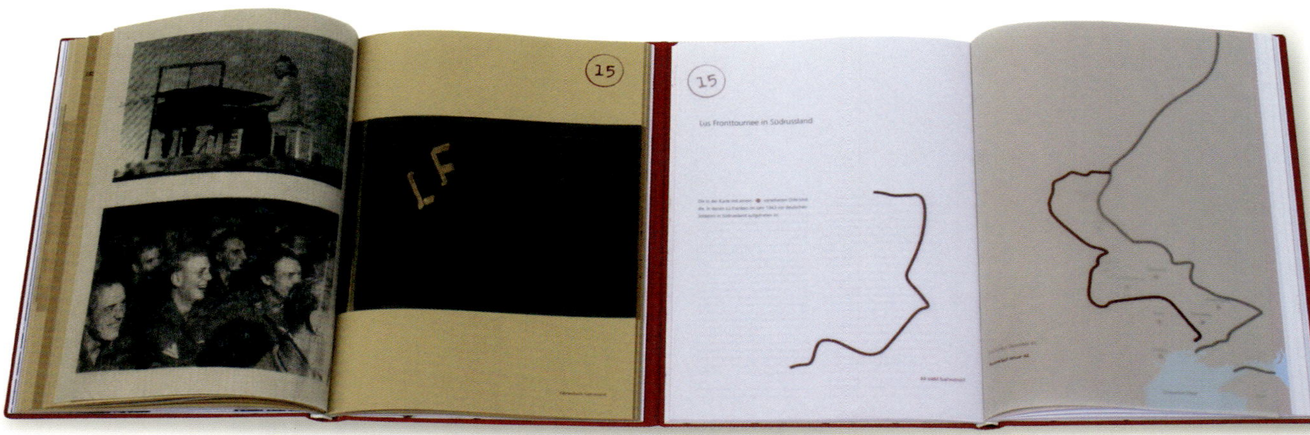

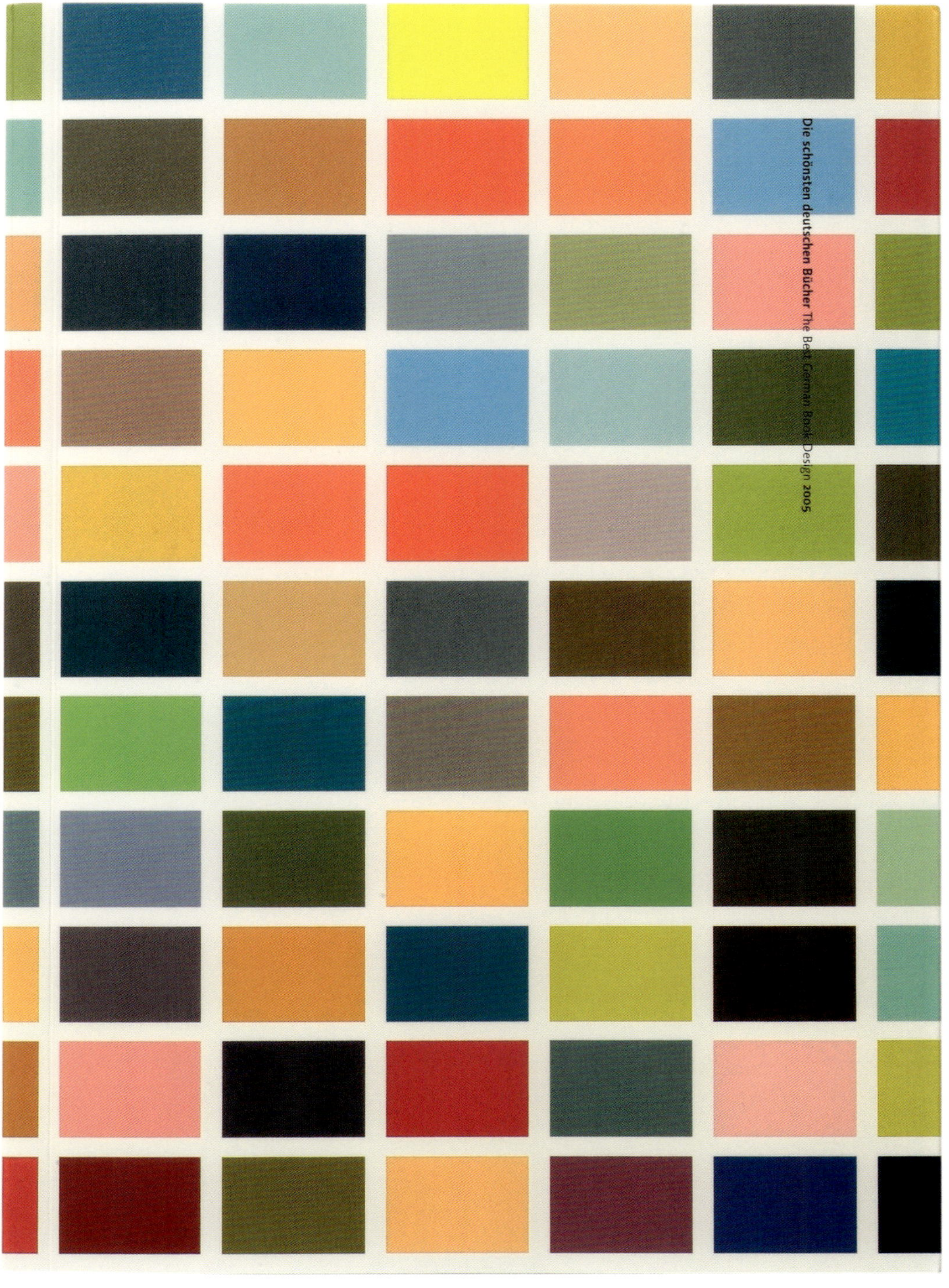

235

title
Die schönsten deutschen Bücher 2006 (junior award)

type of work
Book

appeared in
2006

client
Stiftung Buchkunst, Frankfurt/Main

design
Sarah Cords,
Nina Hardwig,
Alexander Müller,
Tanay Oral, Selina König,
Lukas Bunkowski,
Kassel
Kunsthochschule Kassel
Prof. Christof Gassner (supervising professor)
Photography:
Thomas Hörenz

title
Reboot – Der Einfluss der digitalen Techniken auf die Gestaltung (junior award)

type of work
Book,
diploma project

appeared in
2005

client
Fachhochschule Mainz
Prof. Jean Ulysses Voelker (supervising professor)

design
Eva Hoefer, Mannheim

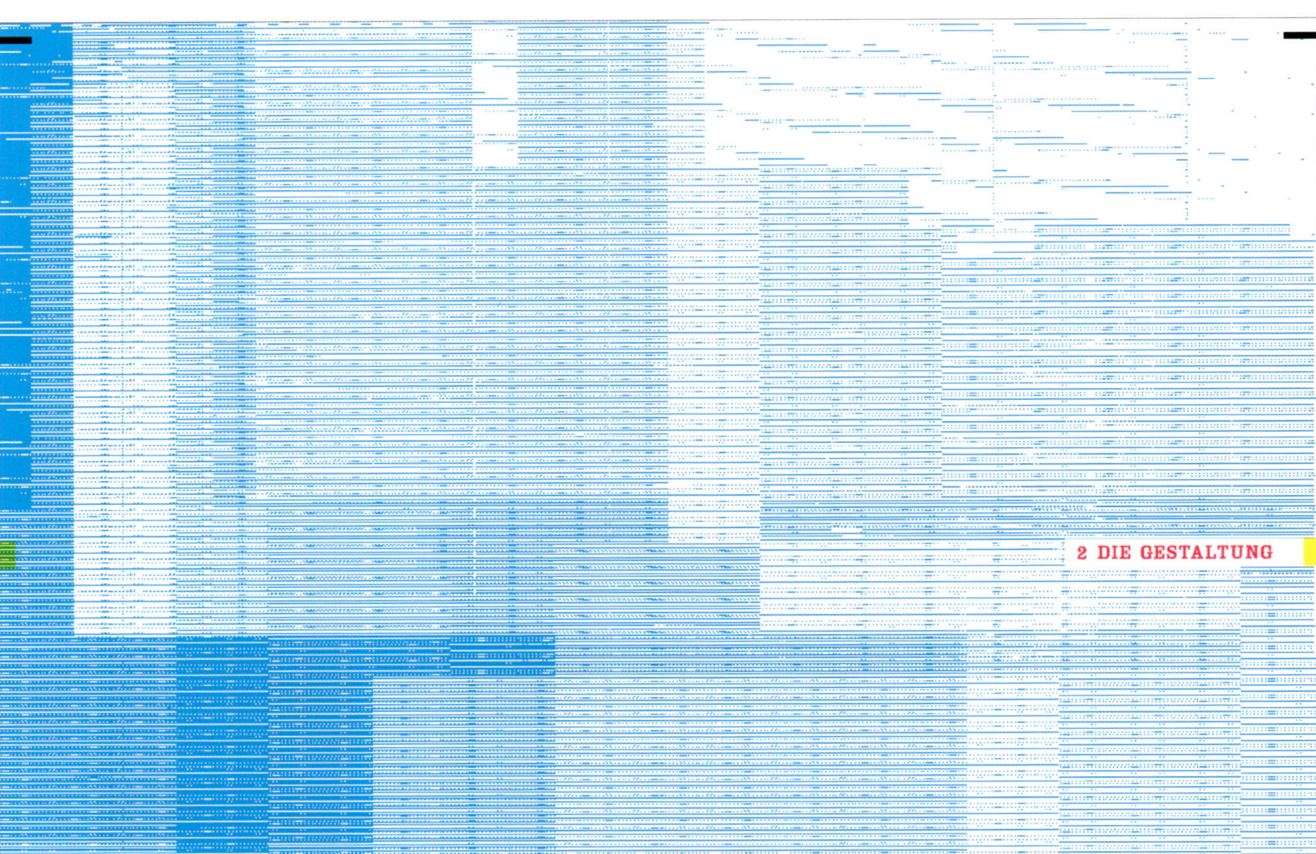

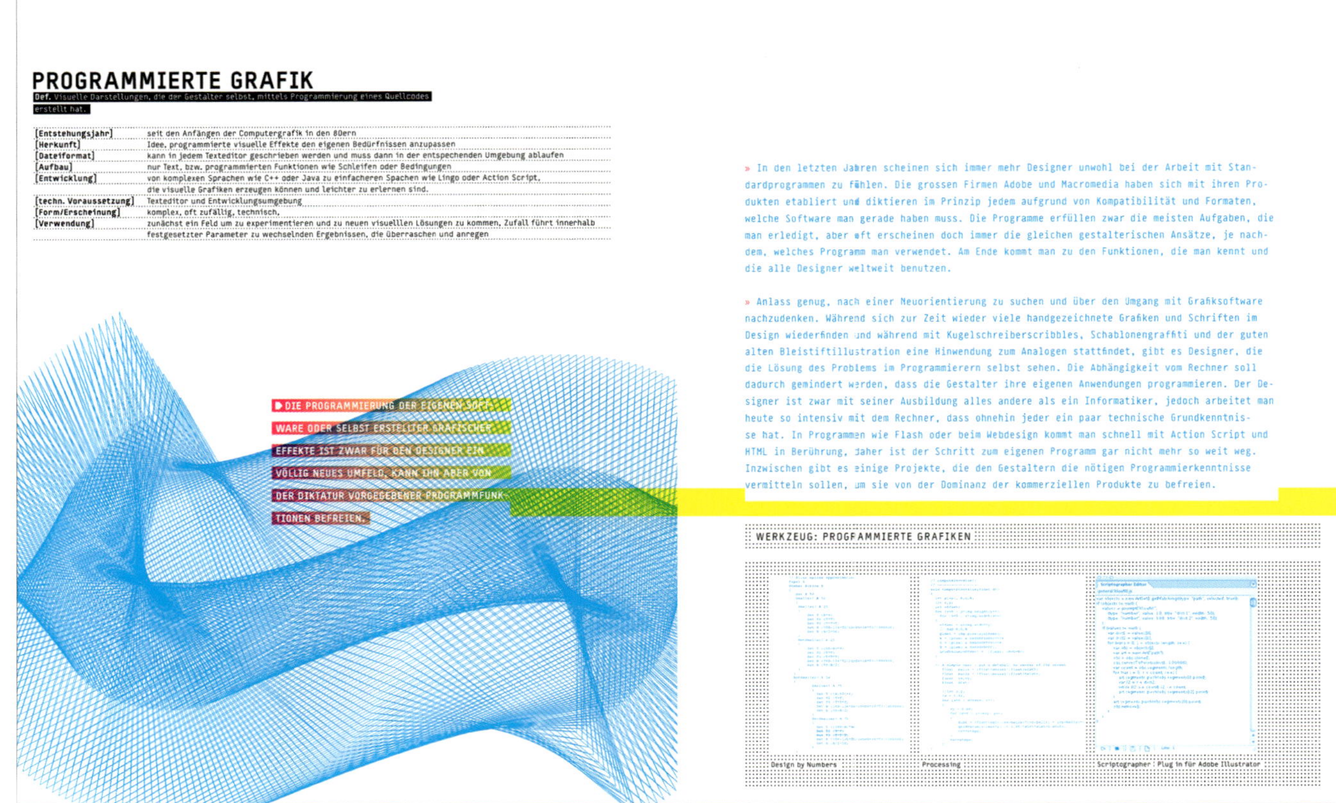

: REBOOT : PROGRAMMIERTE GRAFIK

: 108 / 109 :

PROGRAMMIERTE GRAFIK

Def. Visuelle Darstellungen, die der Gestalter selbst, mittels Programmierung eines Quellcodes erstellt hat.

[Entstehungsjahr]	seit den Anfängen der Computergrafik in den 80ern
[Herkunft]	Idee, programmierte visuelle Effekte den eigenen Bedürfnissen anzupassen
[Dateiformat]	kann in jedem Texteditor geschrieben werden und muss dann in der entspechenden Umgebung ablaufen
[Aufbau]	nur Text, bzw. programmierten Funktionen wie Schleifen oder Bedingungen
[Entwicklung]	von komplexen Sprachen wie C++ oder Java zu einfacheren Spachen wie Lingo oder Action Script, die visuelle Grafiken erzeugen können und leichter zu erlernen sind.
[techn. Voraussetzung]	Texteditor und Entwicklungsumgebung
[Form/Erscheinung]	komplex, oft zufällig, technisch,
[Verwendung]	zunächst ein Feld um zu experimentieren und zu neuen visuelllen Lösungen zu kommen, Zufall führt innerhalb festgesetzter Parameter zu wechselnden Ergebnissen, die überraschen und anregen

DIE PROGRAMMIERUNG DER EIGENEN SOFT-
WARE ODER SELBST ERSTELLTER GRAFISCHER
EFFEKTE IST ZWAR FÜR DEN DESIGNER EIN
VÖLLIG NEUES UMFELD, KANN IHN ABER VON
DER DIKTATUR VORGEGEBENER PROGRAMMFUNK-
TIONEN BEFREIEN.

» In den letzten Jahren scheinen sich immer mehr Designer unwohl bei der Arbeit mit Standardprogrammen zu fühlen. Die grossen Firmen Adobe und Macromedia haben sich mit ihren Produkten etabliert und diktieren im Prinzip jedem aufgrund von Kompatibilität und Formaten, welche Software man gerade haben muss. Die Programme erfüllen zwar die meisten Aufgaben, die man erledigt, aber oft erscheinen doch immer die gleichen gestalterischen Ansätze, je nachdem, welches Programm man verwendet. Am Ende kommt man zu den Funktionen, die man kennt und die alle Designer weltweit benutzen.

» Anlass genug, nach einer Neuorientierung zu suchen und über den Umgang mit Grafiksoftware nachzudenken. Während sich zur Zeit wieder viele handgezeichnete Grafiken und Schriften im Design wiederfinden und während mit Kugelschreiberscribbles, Schablonengraffiti und der guten alten Bleistiftillustration eine Hinwendung zum Analogen stattfindet, gibt es Designer, die die Lösung des Problems im Programmierern selbst sehen. Die Abhängigkeit vom Rechner soll dadurch gemindert werden, dass die Gestalter ihre eigenen Anwendungen programmieren. Der Designer ist zwar mit seiner Ausbildung alles andere als ein Informatiker, jedoch arbeitet man heute so intensiv mit dem Rechner, dass ohnehin jeder ein paar technische Grundkenntnisse hat. In Programmen wie Flash oder beim Webdesign kommt man schnell mit Action Script und HTML in Berührung, daher ist der Schritt zum eigenen Programm gar nicht mehr so weit weg. Inzwischen gibt es einige Projekte, die den Gestaltern die nötigen Programmierkenntnisse vermitteln sollen, um sie von der Dominanz der kommerziellen Produkte zu befreien.

WERKZEUG: PROGRAMMIERTE GRAFIKEN

Design by Numbers

Processing

Scriptographer : Plug in für Adobe Illustrator

title
Die Technik des Kochens (junior award)

type of work
Book, poster, diploma project

appeared in
2005

client
Fachhochschule Münster
Fachbereich Design

design
Elisabeth Schwarz, Münster

schnell schneiden

Die hier gezeigte Schneidetechnik ist eine grundlegende Schneidetechnik. Sie beschleunigt das Schneiden von Scheiben, Würfeln oder Streifen aus Obst, Fleisch, Gemüse und anderen Zutaten, und perfektioniert das schneiden von Kräutern. Sie ermöglicht Ihnen äußerst schnell zu schneiden, weil Sie ohne absetzen wie eine Kurbel das Messer bewegen können. Damit können Sie Zuschauer beeindrucken, Wettbewerbe gegen eine Küchenmaschine gewinnen oder einfach die zeitraubende Arbeit des Zerkleinerns akurat und schnell bewerkstelligen.

Sie brauchen dazu ein Kochmesser, bzw. ein mittelspitzes Messer mit breiter und geschwungener Schneide zum Abrollen, und ein Schneidebrett. Das Brett sollte groß genug sein, damit Sie das Schneiden nicht unterbrechen müssen, um das Gechnippelte einzusammeln. Es muß fest auf der Arbeitsplatte ohne Verrutschen aufliegen. Falls nicht, legen Sie ein feuchtes Tuch darunter. Das Messer muß natürlich scharf sein, sonst funktioniert diese Technik nicht. Wie Sie es halten müsen, steht auf der Seite zuvor.

Die Zutat sollten Sie gut halten können, wie zwei Doppelseiten vorher gezeigt. Falls nicht, treffen Sie Vorbereitungen: Zucchins, Auberginen, Möhren oder Lauch können Sie längs halbieren und mit der Schnittfläche nach unten auf dem Brett plazieren. Dann liegen Sie gut auf und rutschen nicht so leicht weg. Alles was zu groß ist, teilen Sie: Paprika wird geviertelt, ein Weißkohl geachtelt oder gesechzehntelt. Alles was sperrig oder »raumgreifend« auf dem Brett liegt, wird zusammengebündelt. Z.B. Blattpetersilie oder Basilikum solten Sie im ganzen Bund waschen und trockenschleudern. Die abstehenden Blätter werden unter die anderen Stengel geschoben und mit den Fingern fixiert. Die Handinnenfläche liegt auf den Stielen und hält den ganzen Bund fest. Sie schneiden dann vom Blätterknäul das Kraut so fein herunter, wie Sie es brauchen. Anschließend können Sie die Kräuter durchwiegen, falls Sie sie noch feiner brauchen: Dazu die Messerspitze mit der linken Hand auf dem Brett halten und das Messer auf und ab über die Kräuter bewegen. Schnittlauchbünde können Sie in der Mitte durchschneiden und zeitsparend die Hälften nebeneinanderliegend schneiden.

Je nachdem wie geübt Sie sind, wie groß Ihre Hand und das Messer sind, legen Sie die Zutatenteile geordnet über- oder nebeneinander, so daß Sie alles gut halten können.

Für viele bedeutet diese Schneidetechik vielleicht eine Umgewöhnung: Sie schneiden, wenn Sie das Messer nach vorne und von Ihnen weg durchdrücken.

Anleitung zum Schnell-Schneiden: Formen Sie dazu mit der linken Hand (Linkshänder denken sich bitte alles umgekehrt) eine Kralle. Spreizen Sie den Zeigefinger ab wie zwei Doppelseiten vorher gezeigt und halten Sie die Zutat. Setzen Sie das Messer an, wie auf Bild 1: Die Messerspitze liegt auf, die Zutat befindet sich ungefähr in der Mitte der Schneide und der Griff ist angehoben.

Drücken Sie das Messer jetzt mit Druck nach vorn und unten durch, so daß Sie die Zutat durchschneiden, bis das Messer kurz vor dem Kropf angelangt ist (Bild 2 und 3).

Um die Schneidebewegung im Fluß zu halten, führen Sie das Messer folgendermaßen zur Ausgangsposition hin: Halten Sie den Druck des Fingerballens auf das Messer, während Sie gleichzeitig den Griff aus dem Handgelenk heraus anheben. Das Messer hat weiterhin Kontakt mit der Fläche und rollt lediglich bis zur Spitze ab (Bild 4).

Ziehen Sie nun das Messer ungefähr in diesem Winkel zu Ihnen hin, die Messerspitze befindet sich dabei auf dem Brett, der Druck des Fingerballens läßt dabei nach. Rücken Sie gleichzeitig mit dem linken Zeigefinger auf der Zutat eine Scheibe breit nach links (Bild 5). Bis das Messer wieder zum Schnitt ansetzt, ist ebenfalls Gelegenheit mit den anderen linken Fingern an der Zutat nach weiter nach links zu klettern.

Bei hohen Zutaten wird die Bewegung nach Bild 3 abgebrochen, das Messer frei aber nah zur Zutat zur Ausgangsposition bewegt und neu zum Schnitt angesetzt.

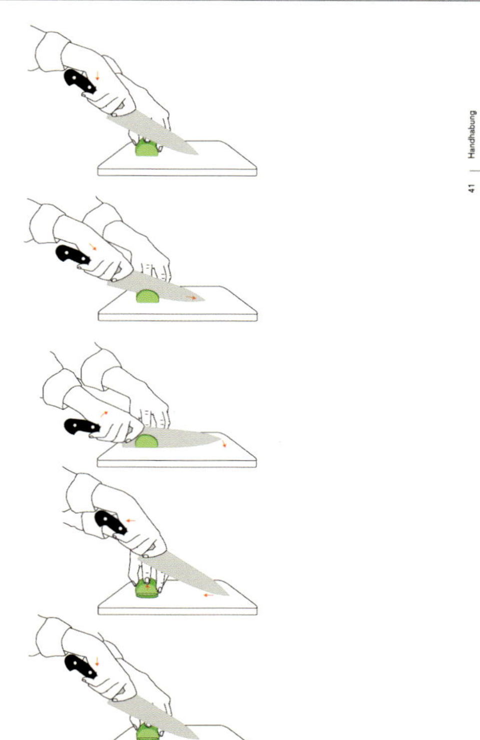

wenden und heben

Zum Hantieren in Töpfen bei hohen Temperaturen braucht man langstieliges und robustes Gerät, das die Hände vor heißem Fett schützt. In Pfannen und auf Grills wendet, hebt und transportiert man das Bratgut mit Pfannenwendern oder -schaufeln oder mit scheren- bzw. pinzettenartigen Zangen. In Backformen werden Lasagne oder Gratins mit Pfannenschaufeln portioniert und herausgehoben.

Die Geräte sollten aus Edelstahl bestehen und in einem Stück gearbeitet sein. Dadurch sind sie leichter zu säubern und halten wesentlich länger als angenietete oder angesetzte Konstruktionen. Die vorderen Kanten von Wendern und Schaufeln sollten sehr flach sein, damit man sie leichter unter das Bratgut schieben kann.

Vorn abgerundete Schaufeln sind gut für Fisch und anderes empfindliches Bratgut geeignet, da sie besonders leicht unter das Bratgut gleiten.

Schaufeln haben ein gerade, Wender eine schräge Kante vorn. Schaufeln und wenden können Sie mit beiden, mit welchem Modell Sie besser zurecht kommen, müssen sie ausprobieren. Linkshänder haben allerdings Schwierigkeiten mit den Wendern, weil sie fast immer für Rechtshänder konzipiert sind. Löcher oder Schlitze sind von Vorteil, dadurch laufen Öl und Fett schnell ab.

Für Pfannen mit Antihaftbeschichtungen gibt es Wender aus Melamin oder Silikon. Suchen Sie sich das Gerät mit der flachesten Kante aus.

Wem die langstieligen Werkzeuge zu unhandlich sind, kann zu Winkelpalette, auch Pizzaschaufel genannt, greifen. Auch Pfannenwender gibt es mit kurzen Griffen. Bei niedertemperaturigem Braten und bei nicht zu heißen Speisen, beim Verteilen und Servieren sind Werkzeuge mit kurzem Griff praktischer. Sie sollten immer gewinkelt sein, damit man leichter ansetzen kann.

Zangen und Scheren sollten gut in der Hand liegen und einfach zu greifen sein: die Griffe von Grillscheren sollten so groß sein, daß man bequem hineingreifen kann. Der Federmechanismus von Grillzangen sollte nicht zu schwergängig sein und die Griffe sollten sich arretieren lassen zur raumsparenden Aufbewahrung. Mit größeren und leicht gewellten Griffflächen können Sie nicht nur Würste und Koteletts sicher wenden, heben und transportieren, sondern auch Gemüse. Manche Zangen haben so große Greifflächen, daß man ganze Fische, aber auch Spargel und andere längliche Gemüse sicher damit greifen kann. Für andere Lebensmittel gibt es weitere spezielle Zangen wie Zuckerzangen für Zuckerwürfel, Eiswürfelzangen, Salatzangen mit abgerundeten Zinken für einhändiges Greifen und Gebäckzangen kennt man aus der Bäckerei.

Fleisch- oder Tranchiergabeln kann man auch zum Wenden nehmen, jedoch verletzt man die Fasern des Fleisches, wenn man hineinsticht. Der Saft tritt aus und der Braten könnte trocken werden. Zum Tranchieren (Zerteilen des Fleisches) drückt man daher mit der Gabel lediglich auf die Fleischoberfläche zum Festhalten. Am besten halten Gabeln mit viereckigen Zinken.

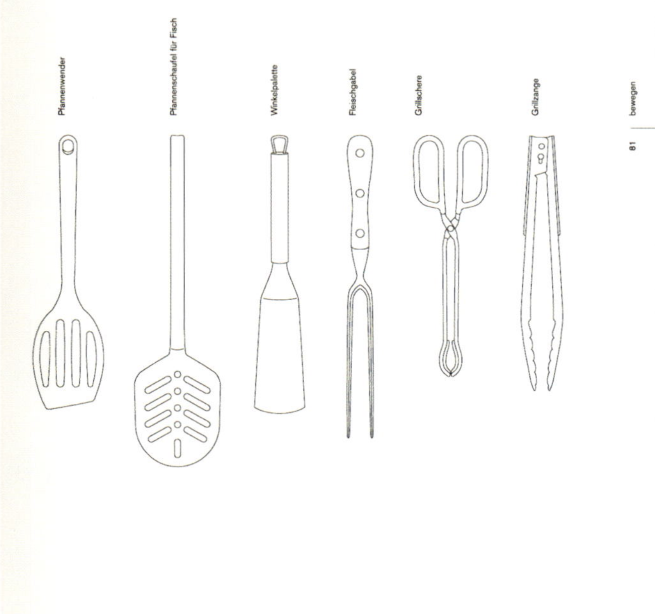

title
Wirtschaftsbericht
1975-2006
Kasimir Reimann
(junior award)

type of work
Business report,
diploma project

appeared in
2006

client
Universität für angewandte
Kunst Wien, Vienna
Klasse für Grafik Design,
Prof. Fons Hickmann

design
Kasimir Reimann, Vienna

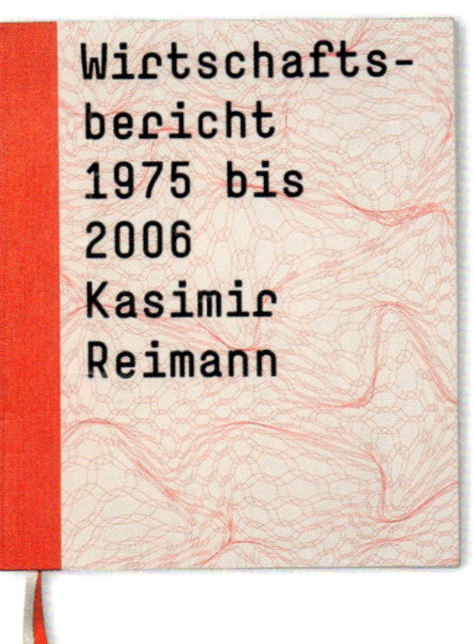

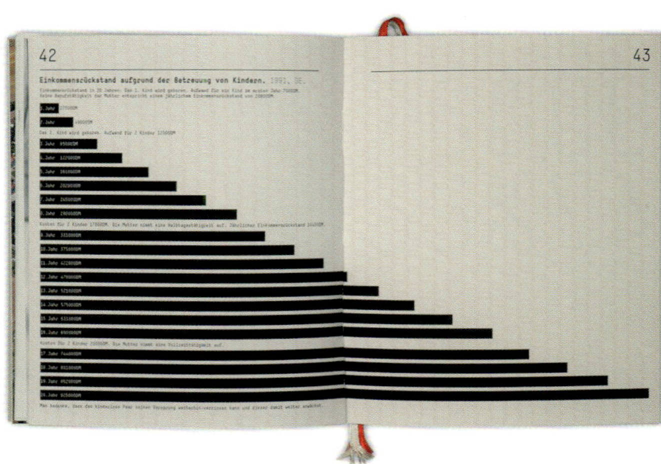

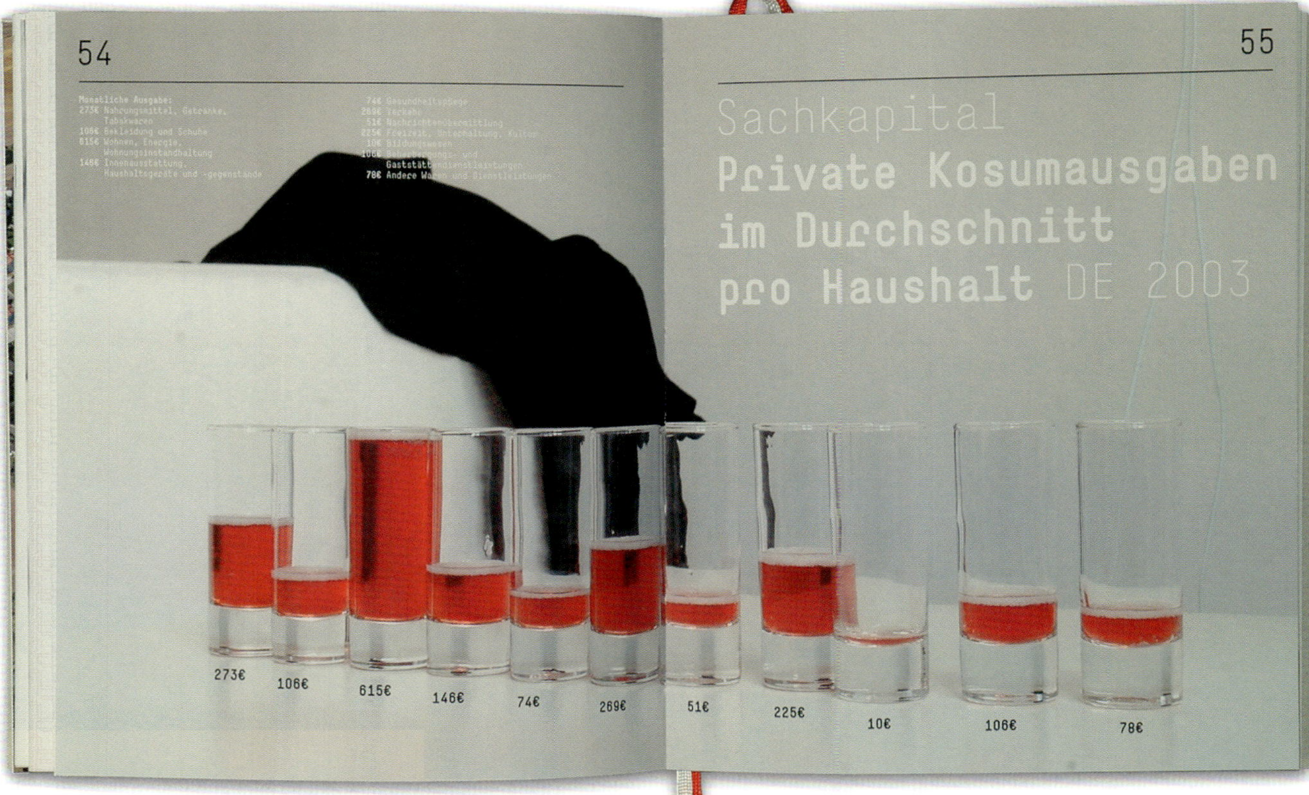

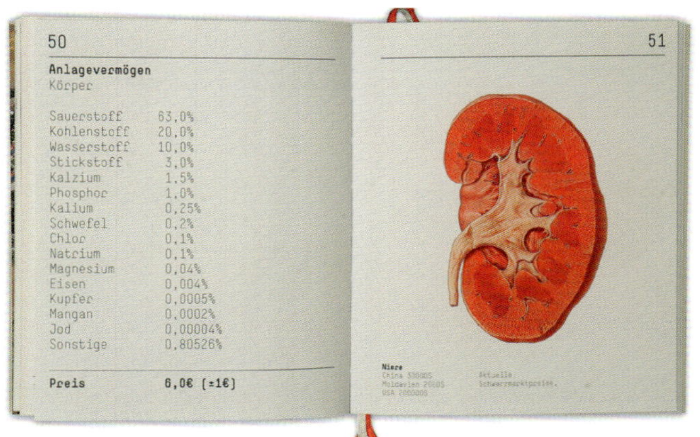

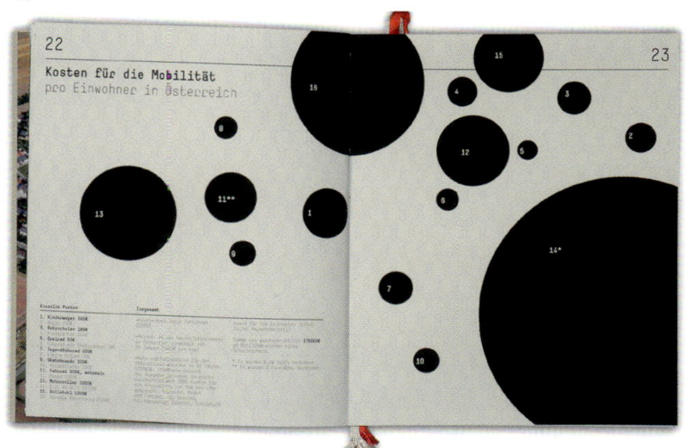

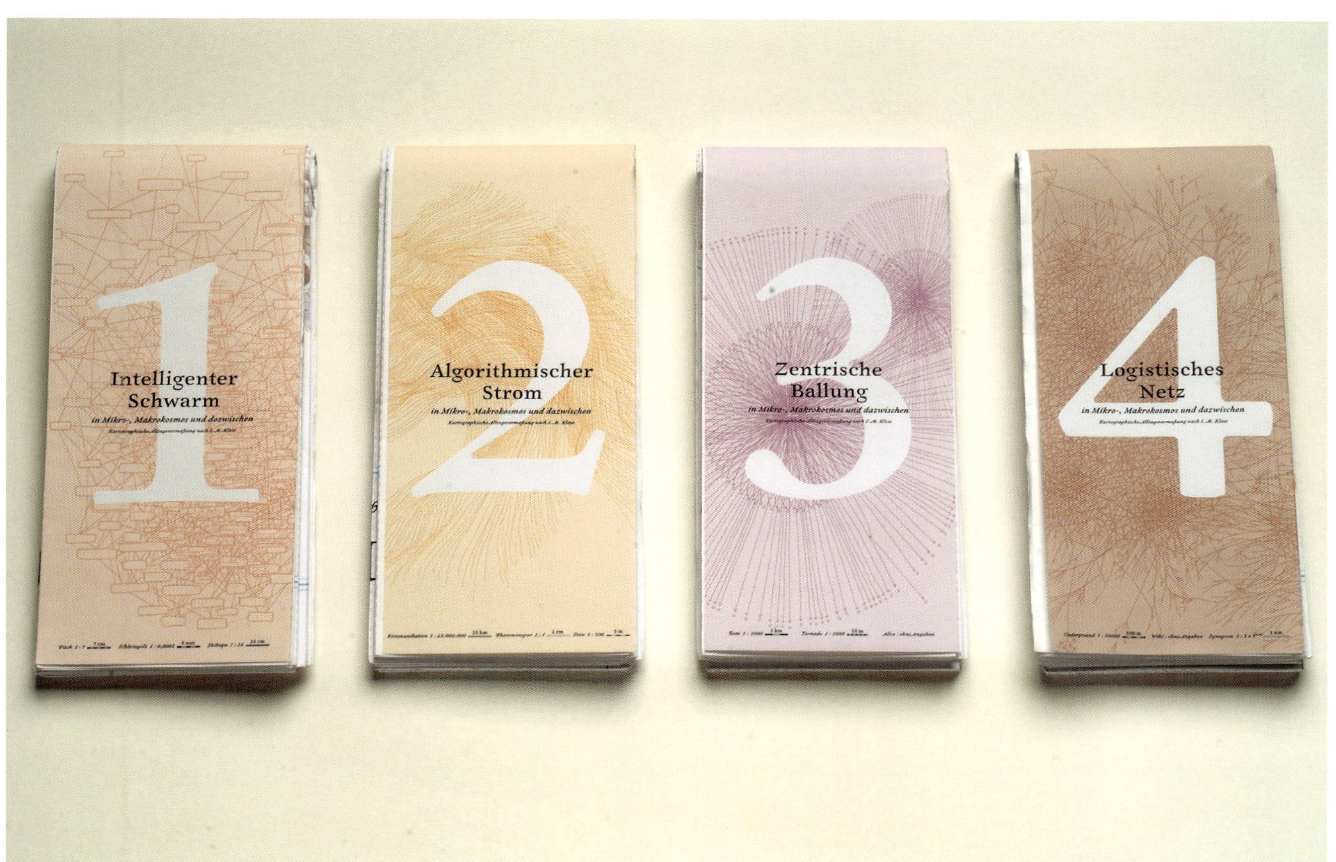

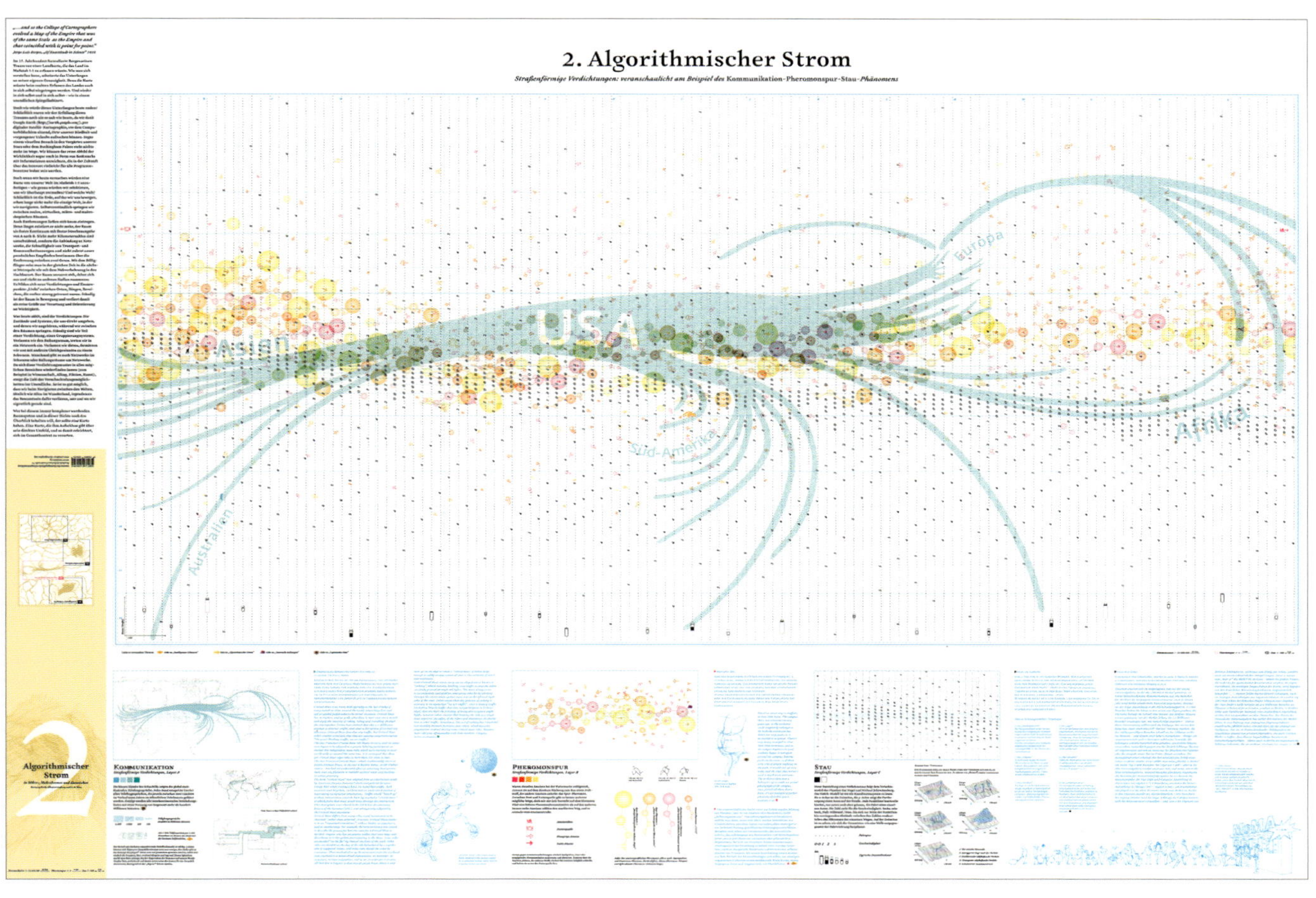

title
Verdichtungen
(junior award)

type of work
Maps

appeared in
2005

client
Fachhochschule Mainz
Prof. Johannes
Bergerhausen
(supervising professor)

design
Eva Klose, Dossenheim

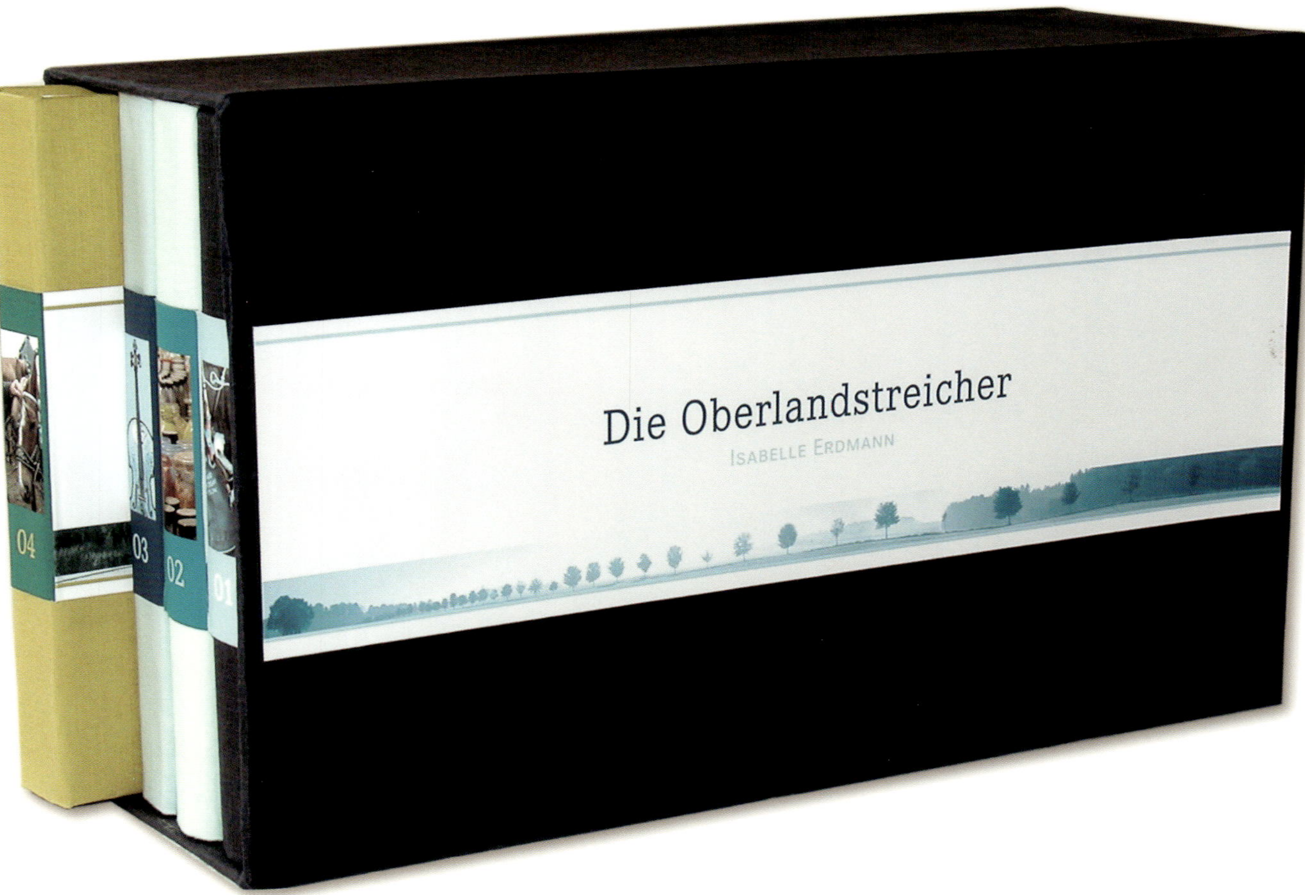
Die Oberlandstreicher
Isabelle Erdmann
04
03
02
01

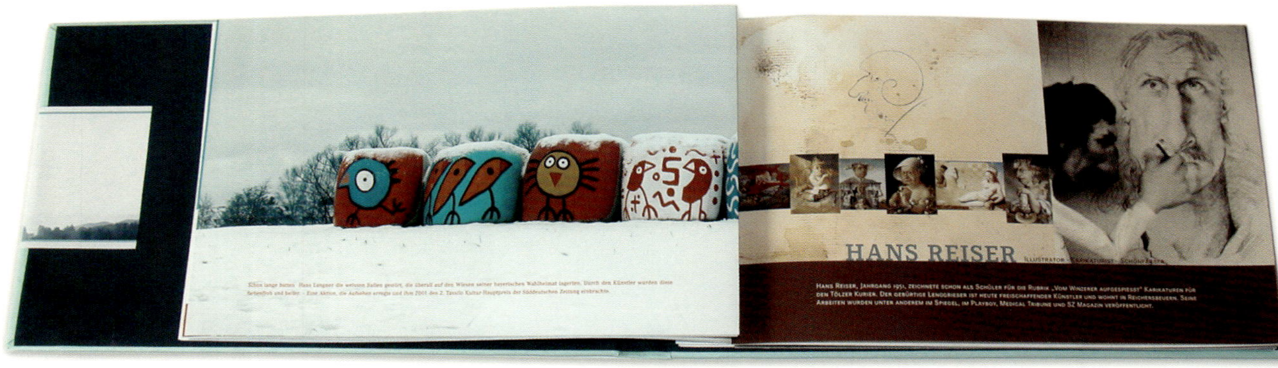
HANS REISER

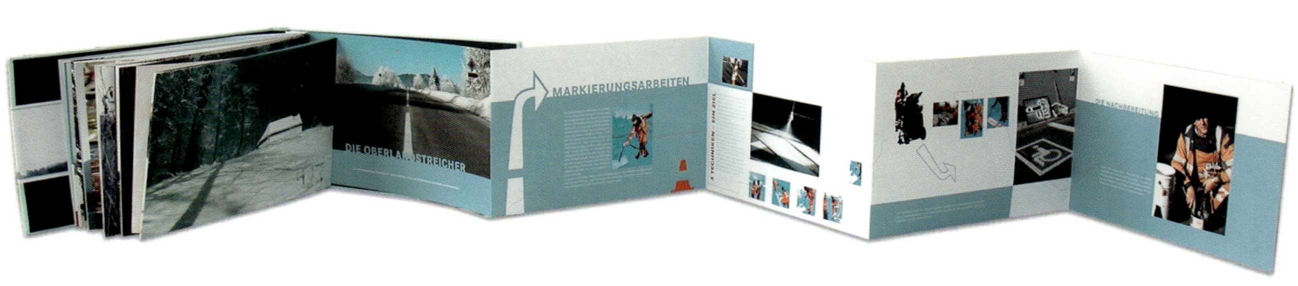
DIE OBERLANDSTREICHER
MARKIERUNGSARBEITEN

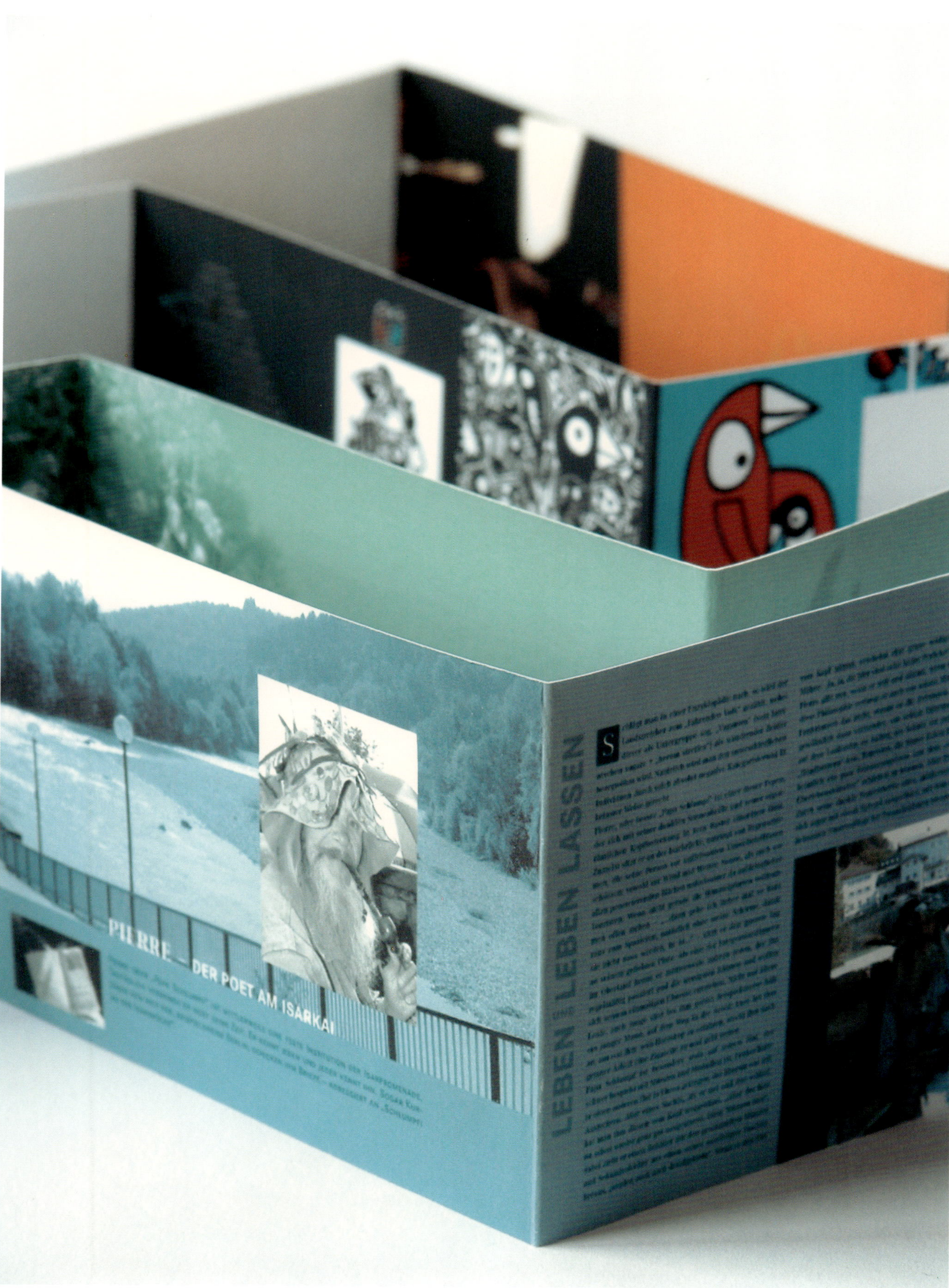

241

title
Die Oberlandstreicher
(junior award)

type of work
Book

appeared in
2006

client
Blocherer Schule, Munich

design
Isabelle Marianne
Erdmann, Stuttgart

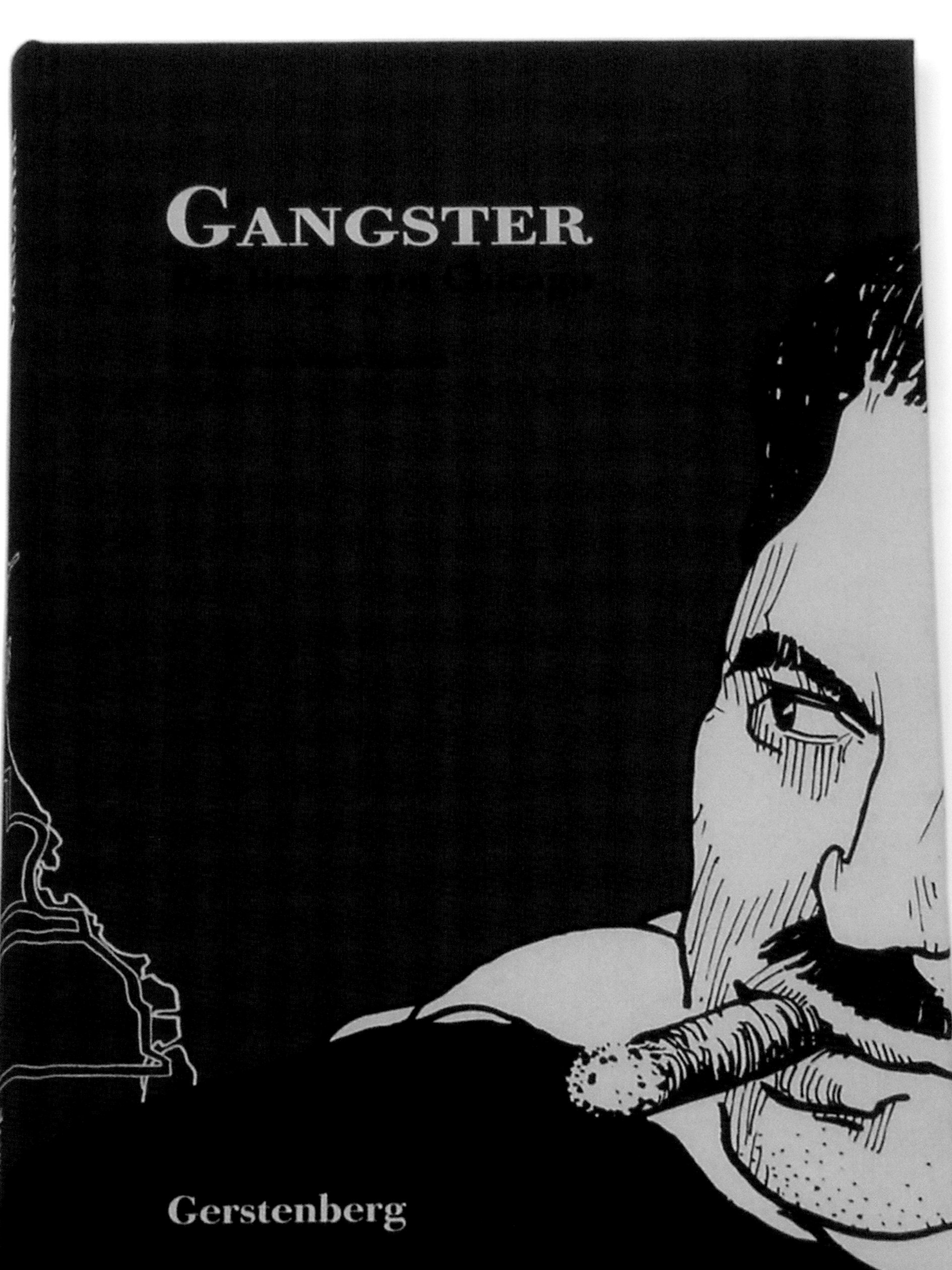
Gangster
Gerstenberg

title
Gangster.
Die Bosse von Chicago
(junior award)

type of work
Book

appeared in
2005

client
Fachhochschule Münster
Fachbereich Design

design
Robert Nippoldt, Münster

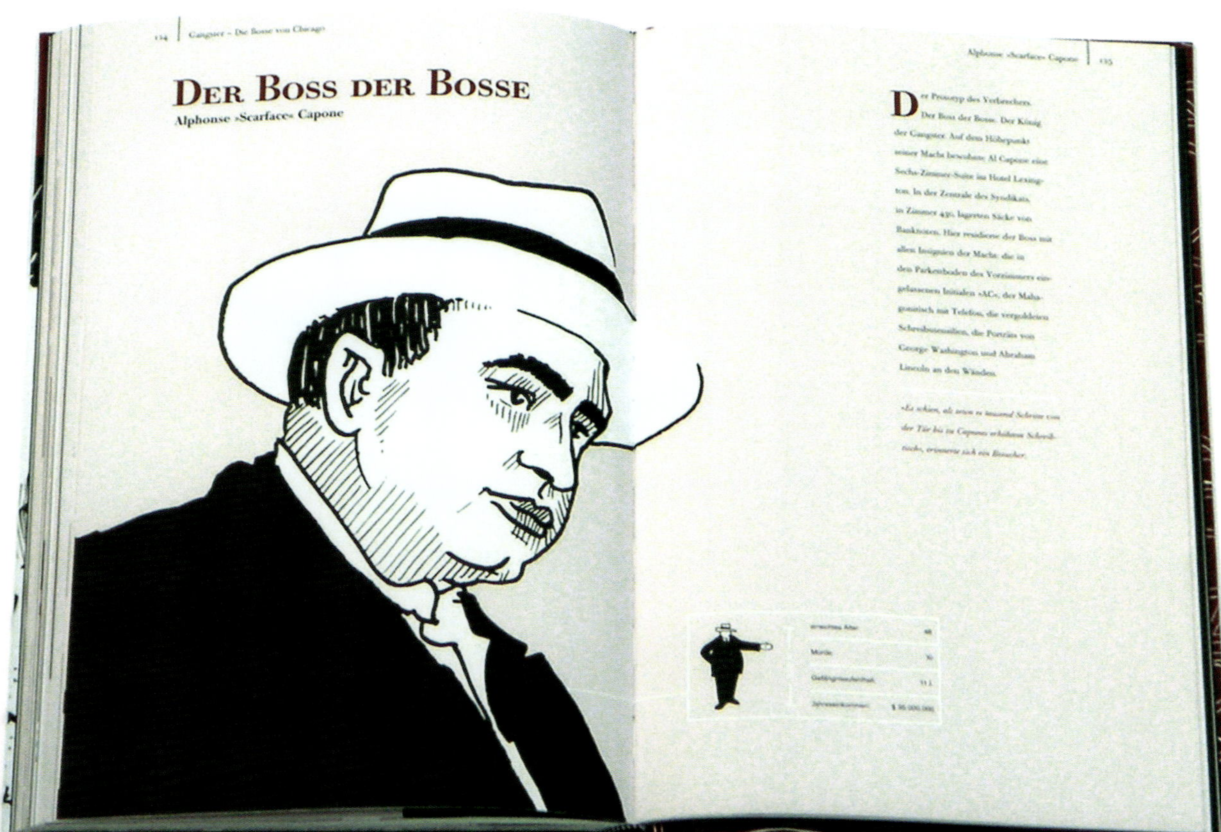

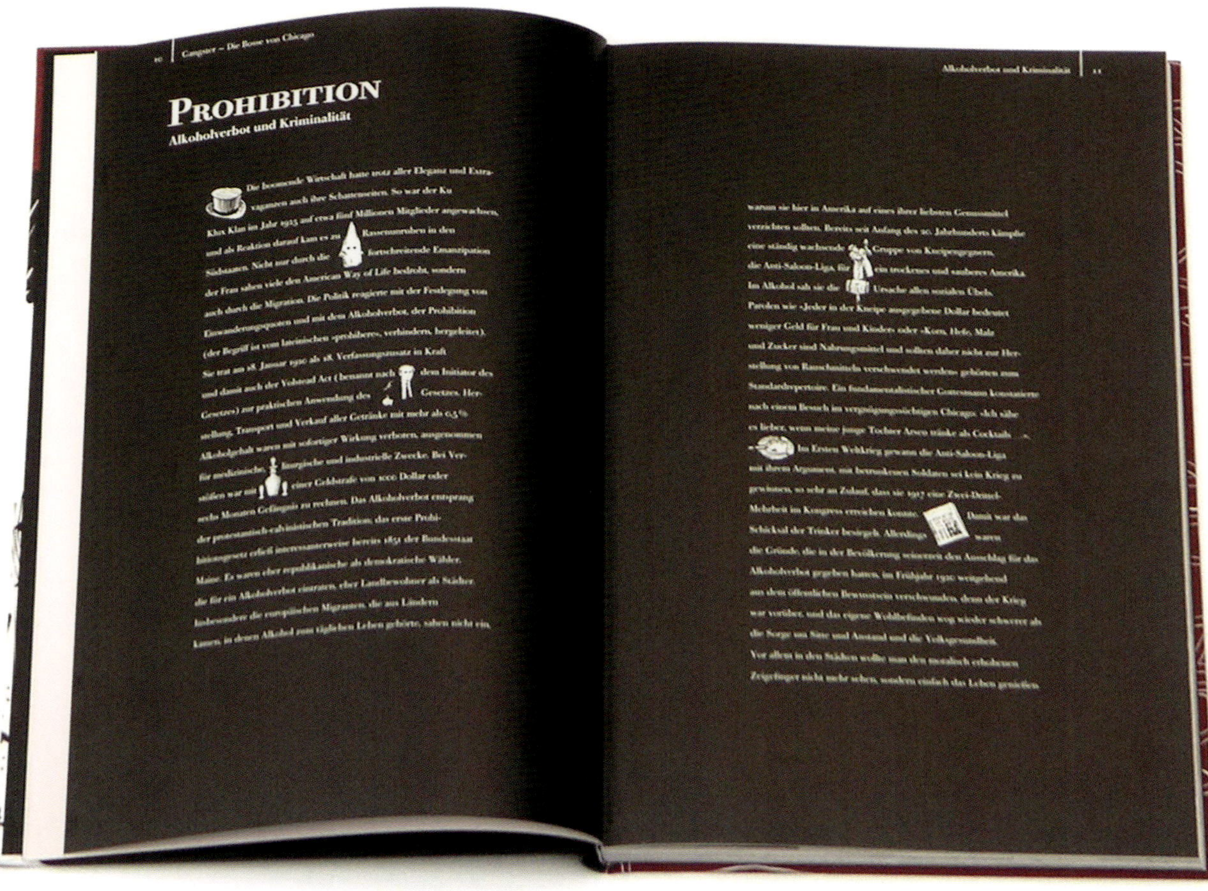

title
Nothing for Nothing?
(junior award)

type of work
Book

appeared in
2005

client
Fachhochschule Mainz
Prof. Jean Ulysses
Voelker
(supervising professor)

design
Dunja Metz, Heppenheim

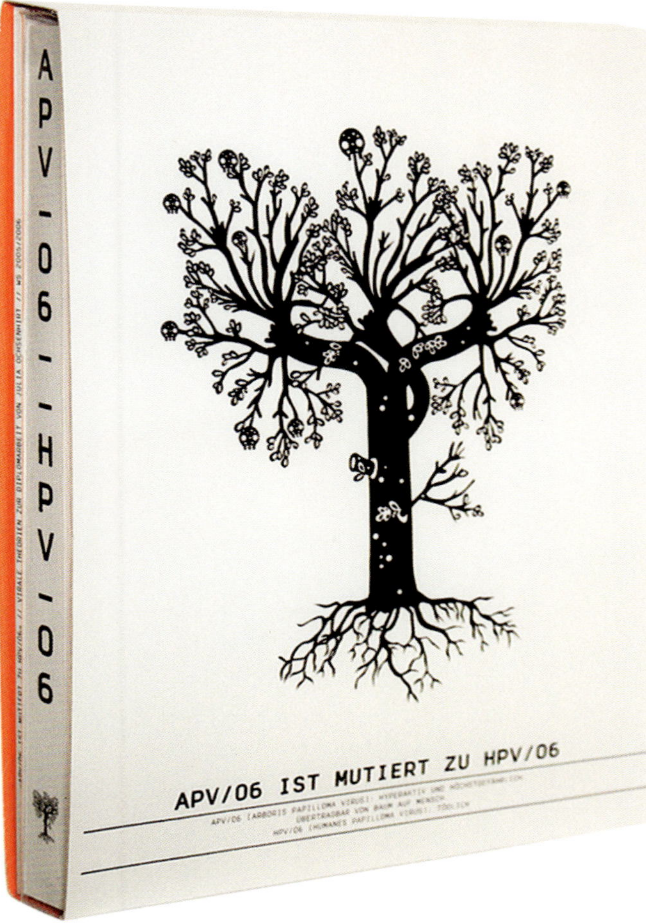

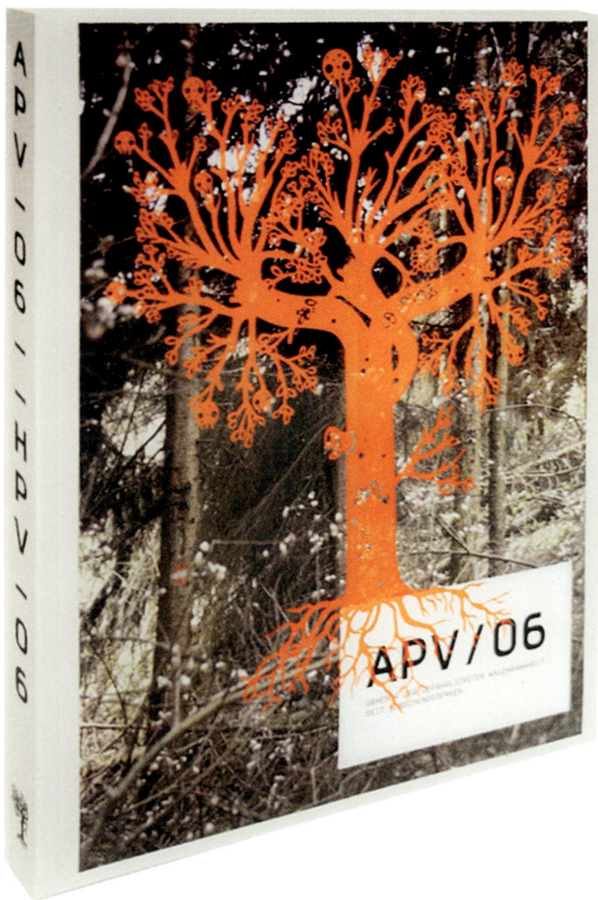

245

title
APV/06 ist mutiert zu HPV/06 (junior award)

type of work
Book, poster, website

appeared in
2006

client
Universität Duisburg-Essen
Prof. Manfred Vogel,
Prof. Thomas Rempen

design
Julia Ochsenhirt, Essen

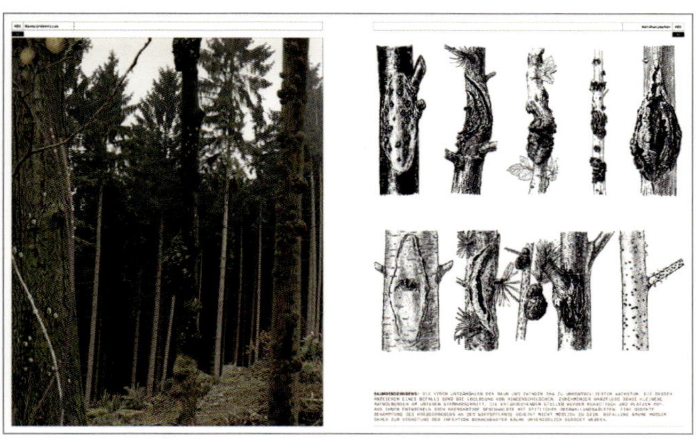

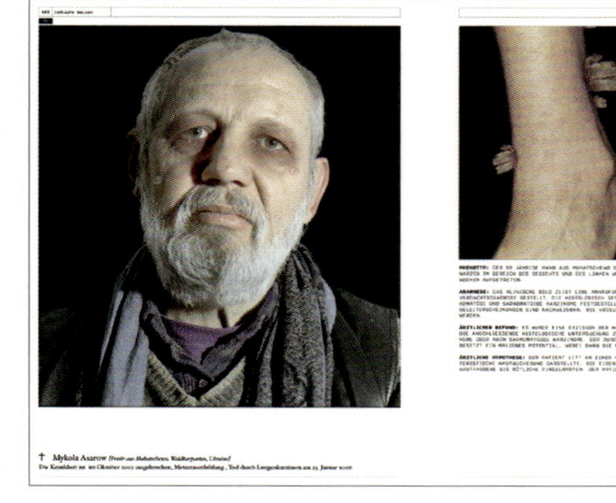

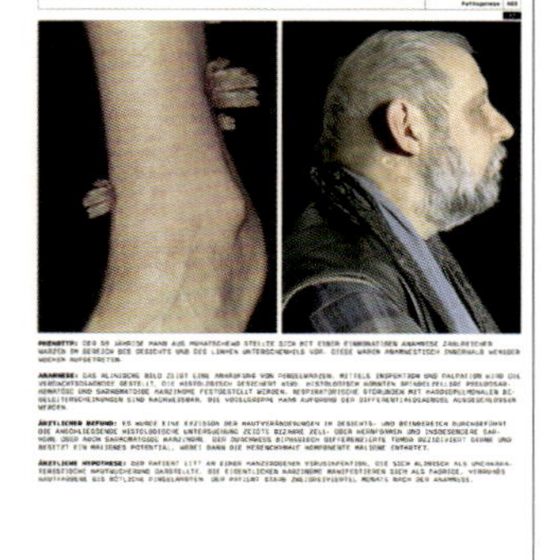

title
Truck & Type –
Transit-Grafik in Europa
(junior award)

type of work
Book

appeared in
2006

client
Bauhaus-Universität
Weimar
Fakultät Gestaltung
Prof. Jay Rutherford

design
Michael Diebold, Weimar

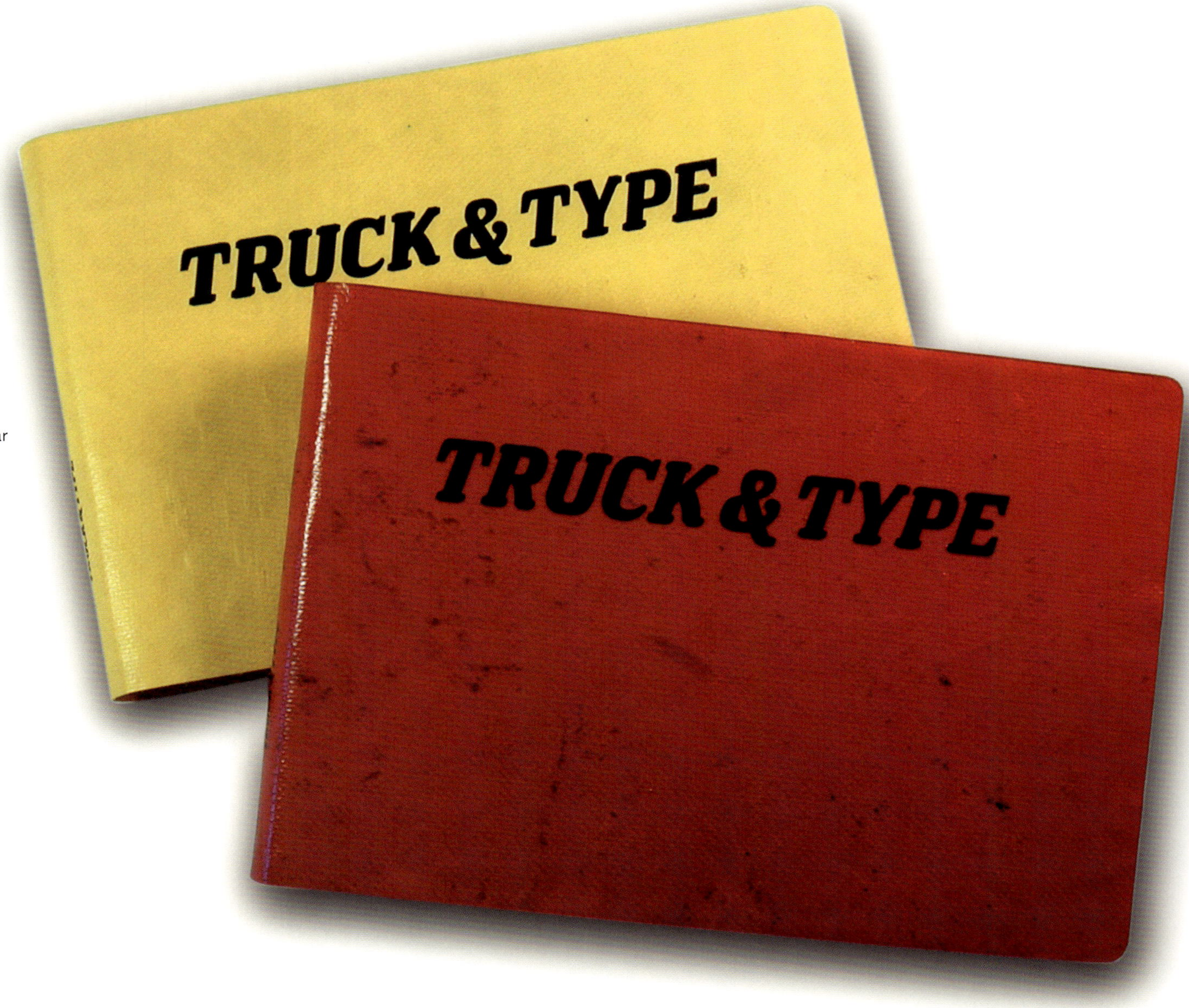

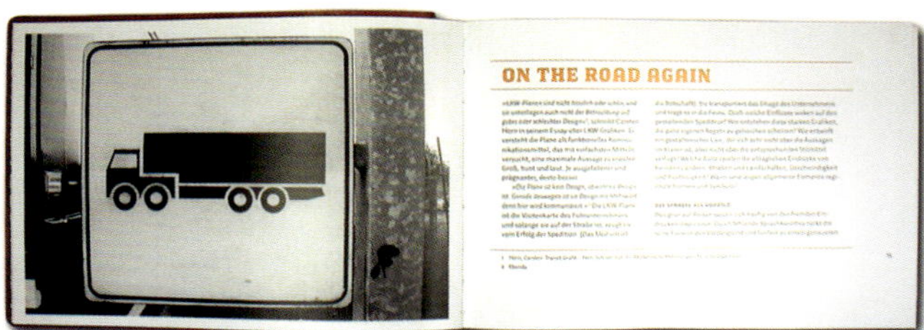

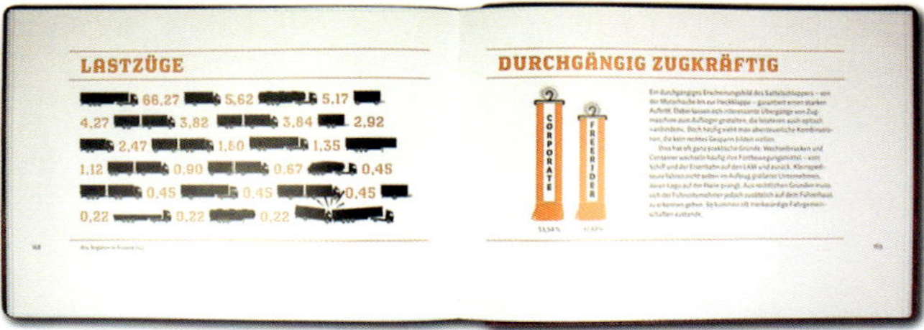

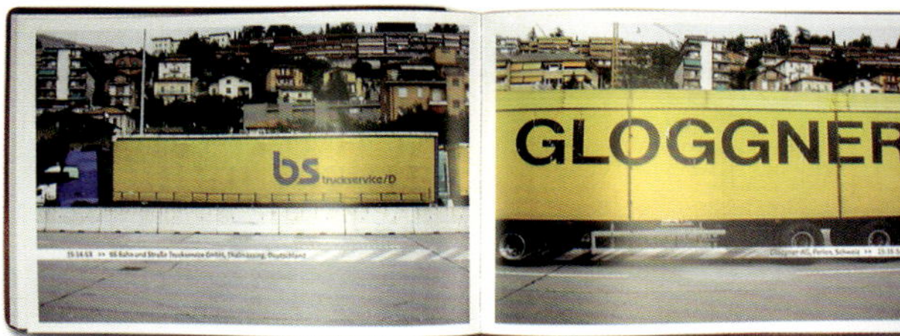

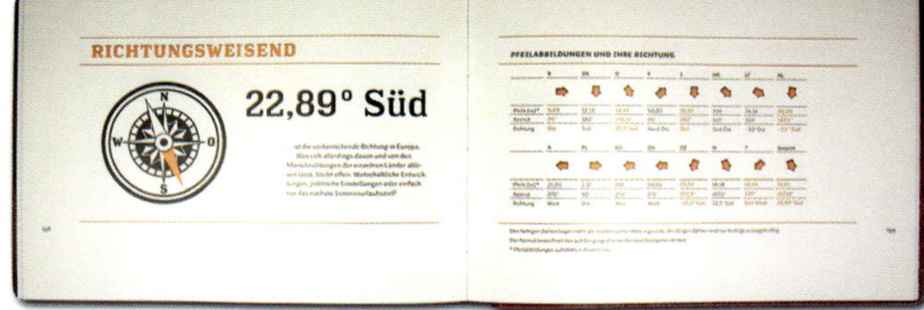

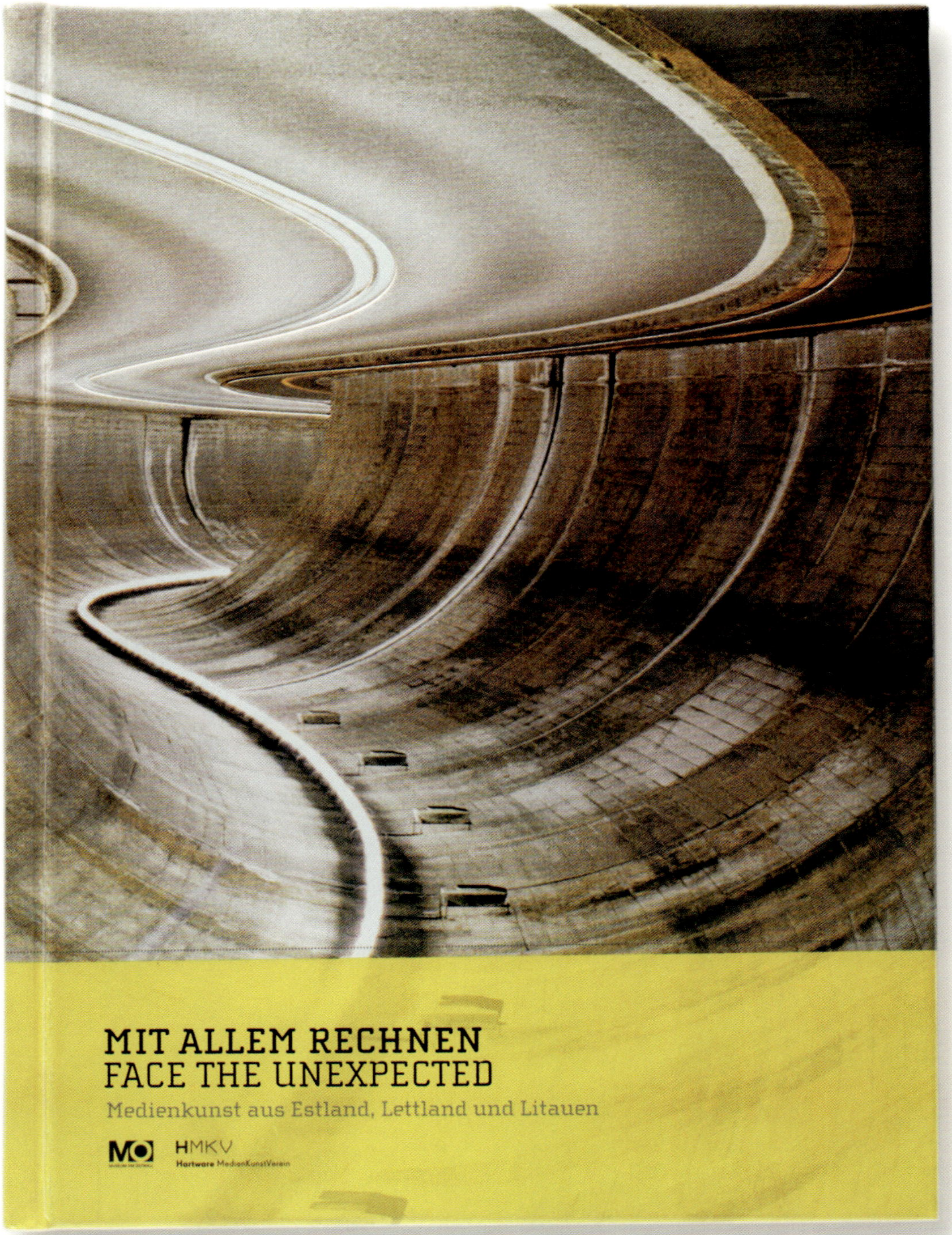

MIT ALLEM RECHNEN
FACE THE UNEXPECTED
Medienkunst aus Estland, Lettland und Litauen
HMKV
Hartware MedienKunstVerein

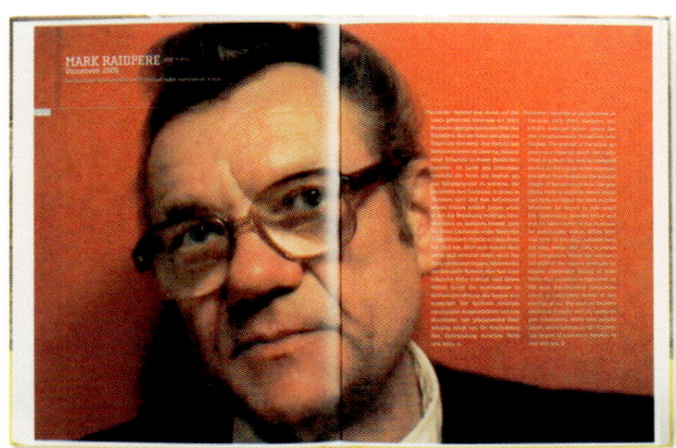

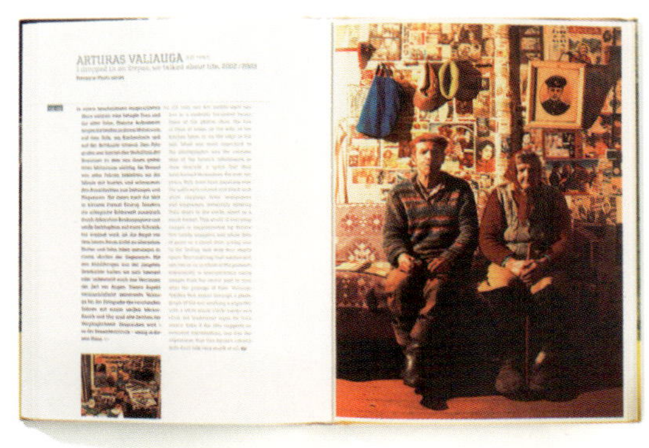

title
Mit Allem Rechnen – Face The Unexpected (junior award)

type of work
Exhibition catalogue

appeared in
2006

client
Hartware MedienKunstVerein & Museum am Ostwall, Dortmund

design
labor b designbüro, Dortmund
Photography: Thomas Wucherpfennig
Creative direction: Sebastian Gröne
Art direction: Simon Busse, Björn Rüther

248

title
Bimbo und sein Vogel –
Re-Design
eines Kinderbuches
(junior award)

type of work
Book, diploma project

appeared in
2004

client
Fachhochschule Mainz
Prof. Albrecht Rissler
(supervising professor)

design
Ingeborg Schindler,
Brussels

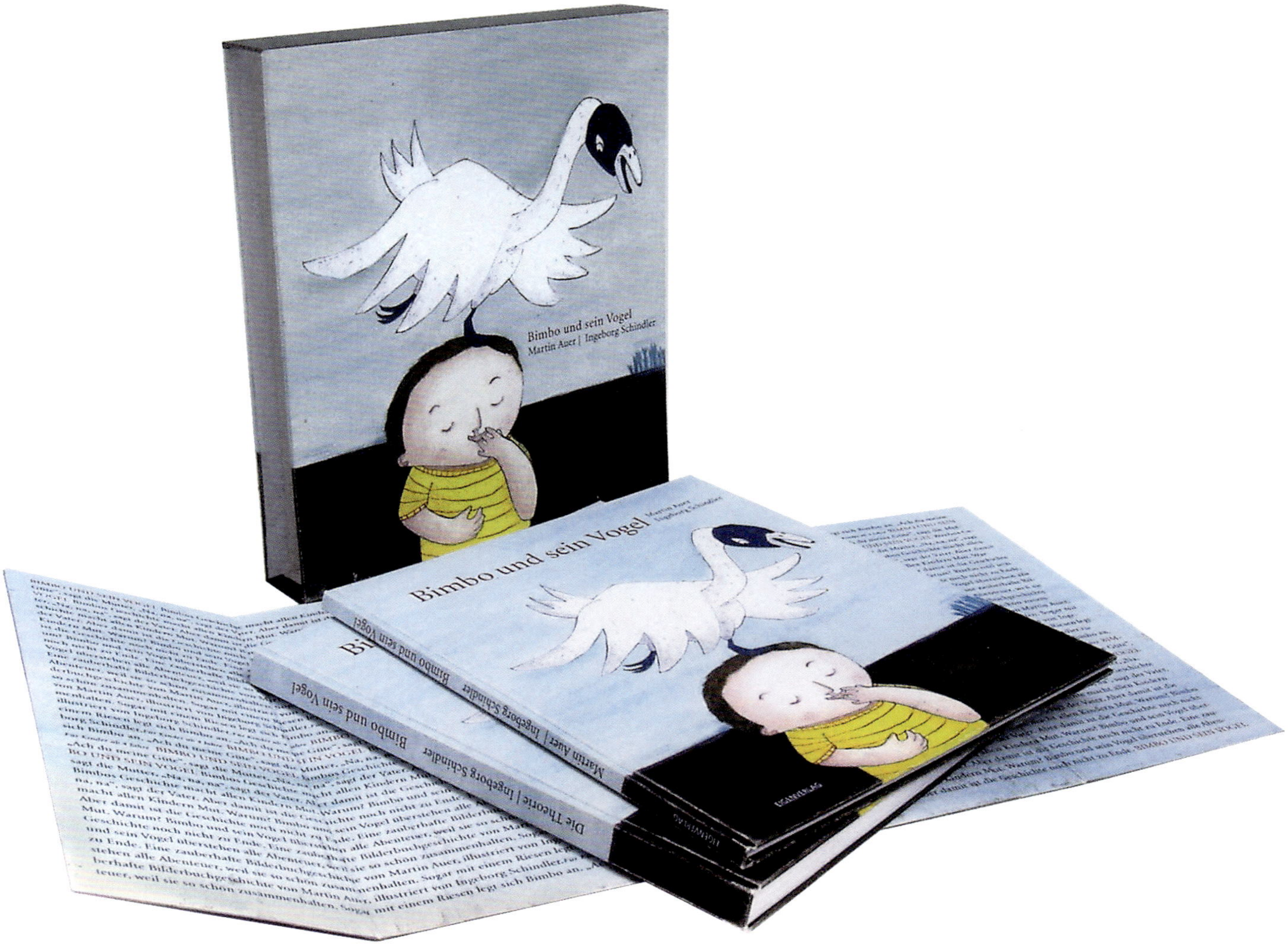

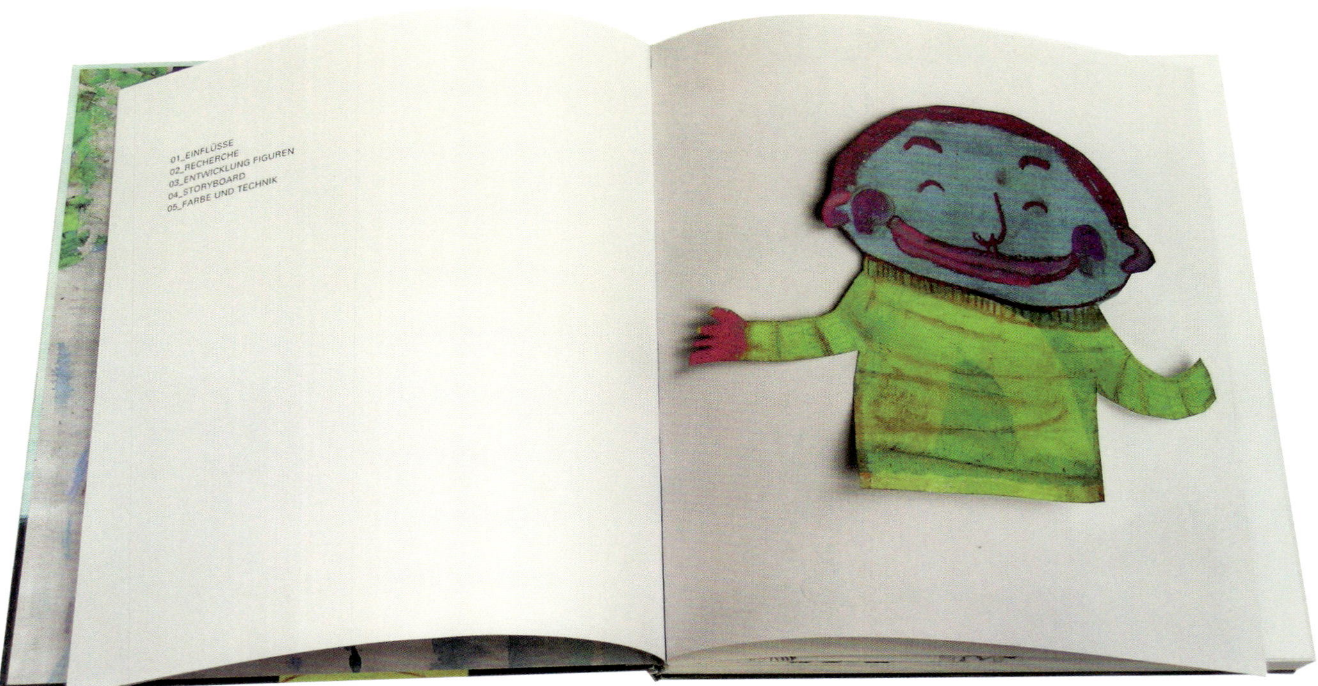

title
Randerscheinungen
(junior award)

type of work
Book

appeared in
2005

client
Fachhochschule
Düsseldorf
Prof. Helfried Hagenberg

design
Rolf Gerhards, Düsseldorf

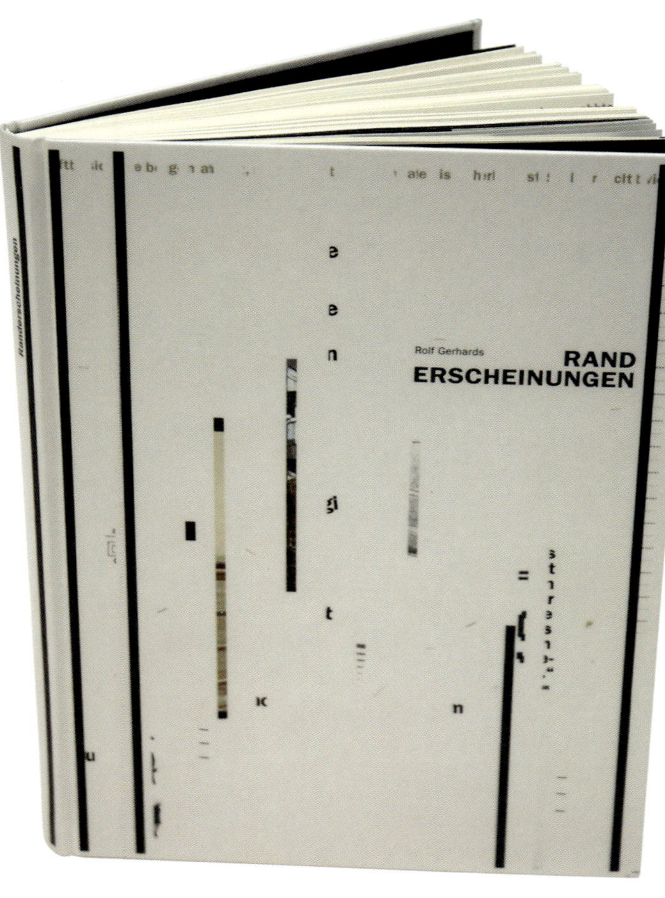

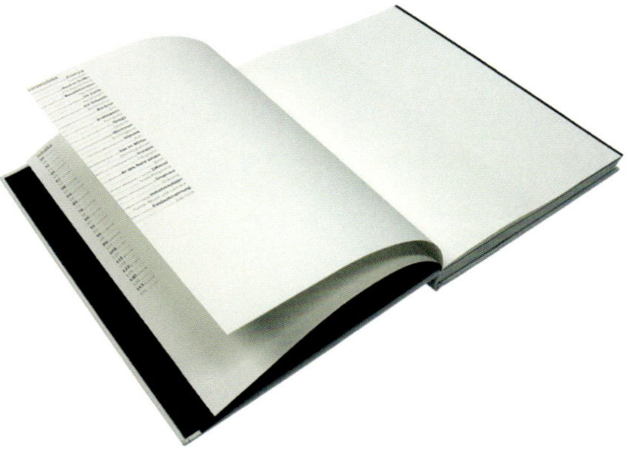

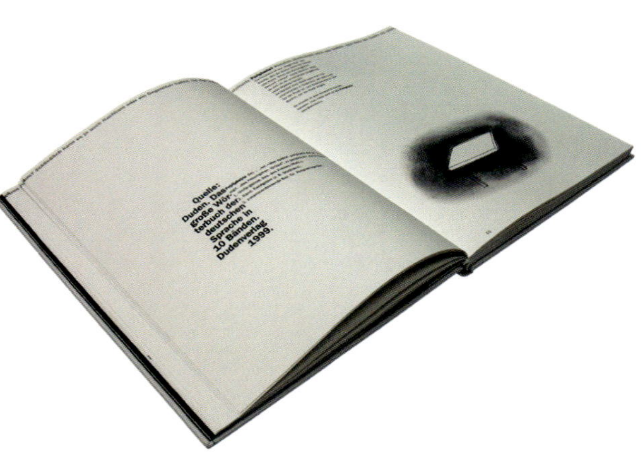

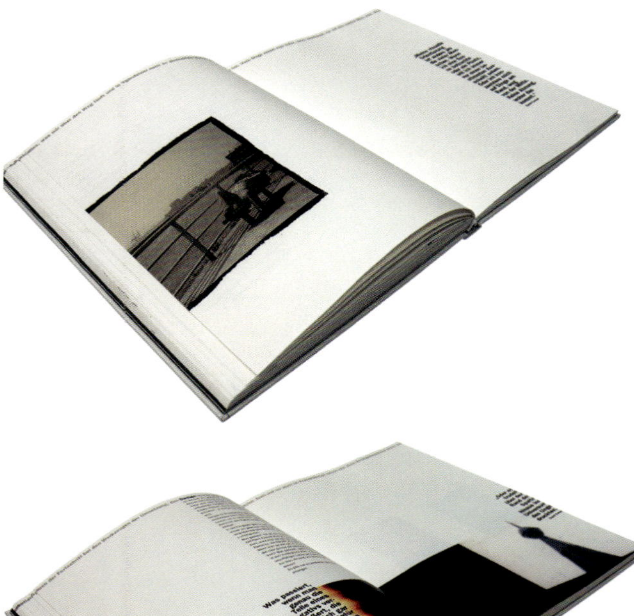

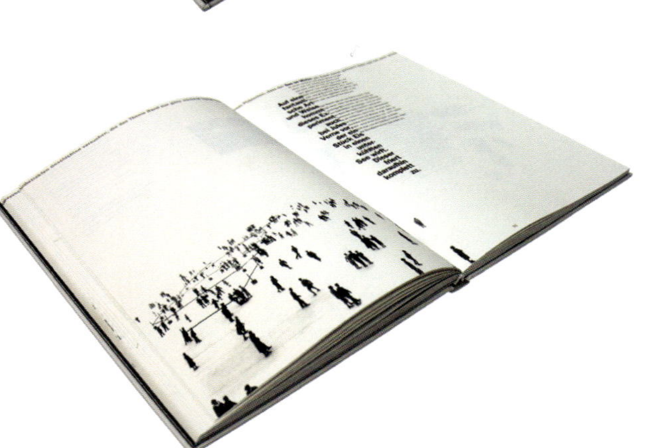

title
Verliebt, Verlobt, Verheiratet – Logbuch der Liebe (junior award)

type of work
Book

appeared in
2006

client
Staatliche Akademie der Bildenden Künste Stuttgart
Prof. Hans-Georg Pospischil

design
Jenny Orel, Stuttgart

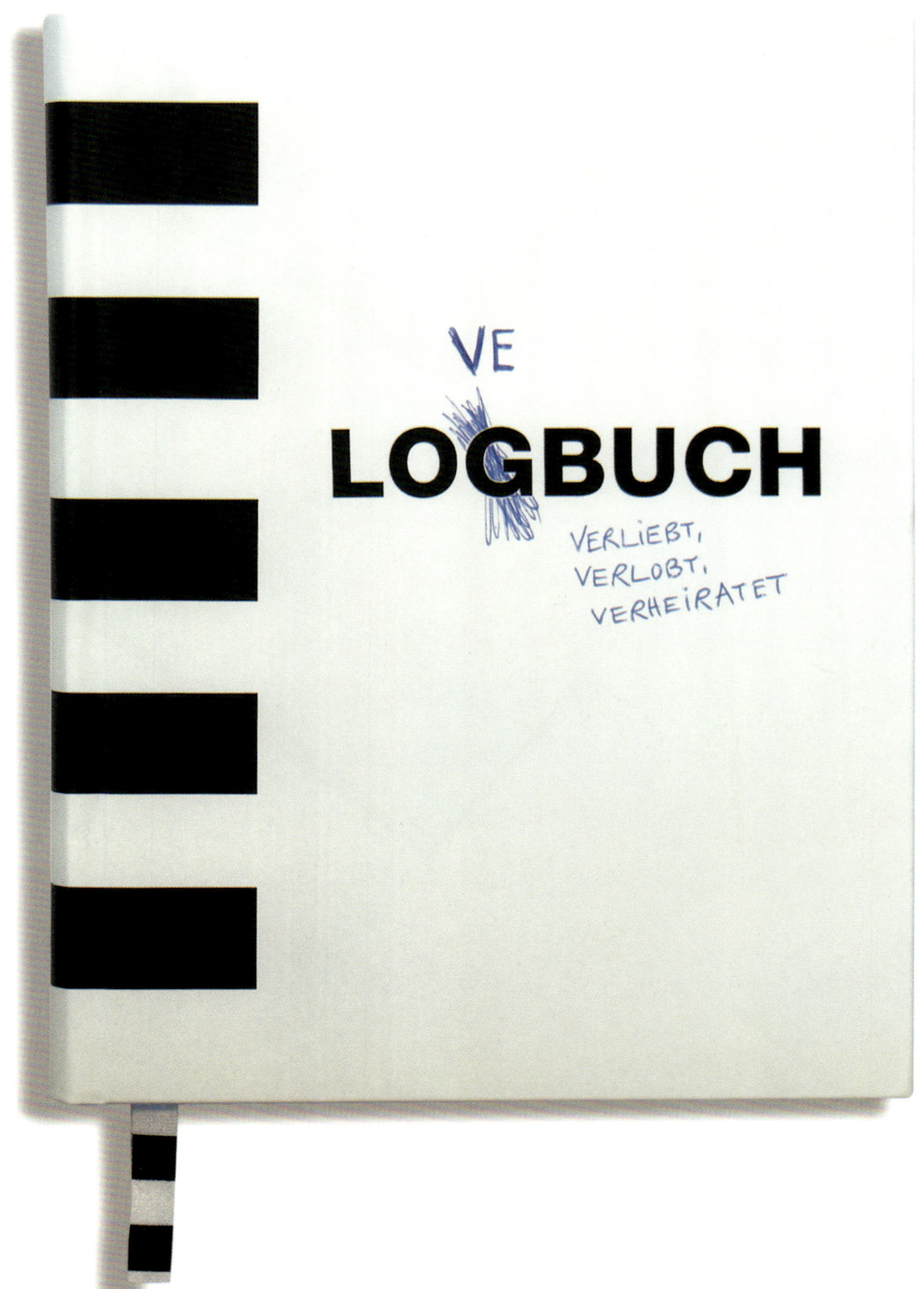

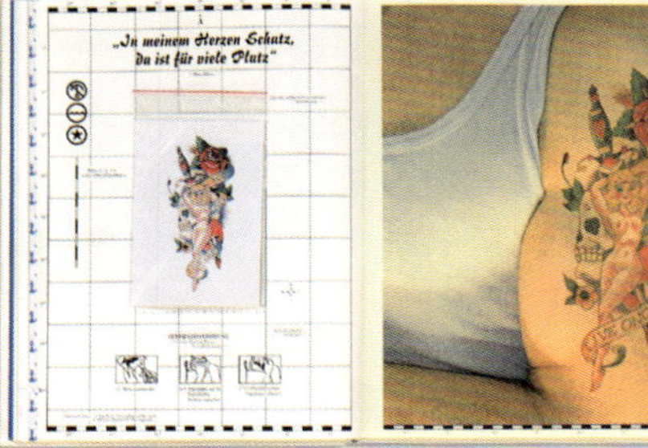

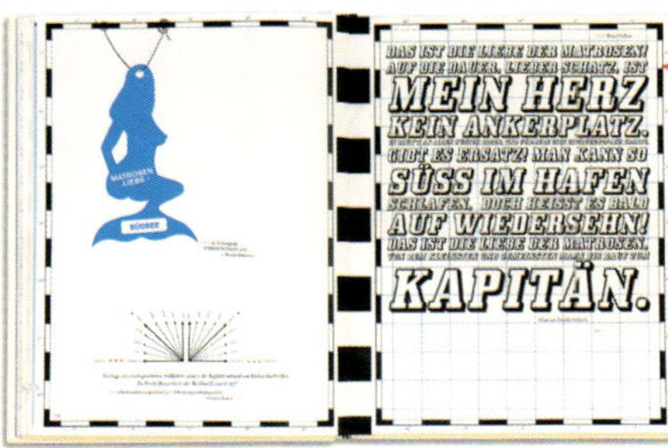

title
Soziale Milieus
in Deutschland
(junior award)

type of work
Supplement, poster,
diploma project

appeared in
2005

client
Fachhochschule Münster

design
Marion Lüchtenborg,
Oldenburg

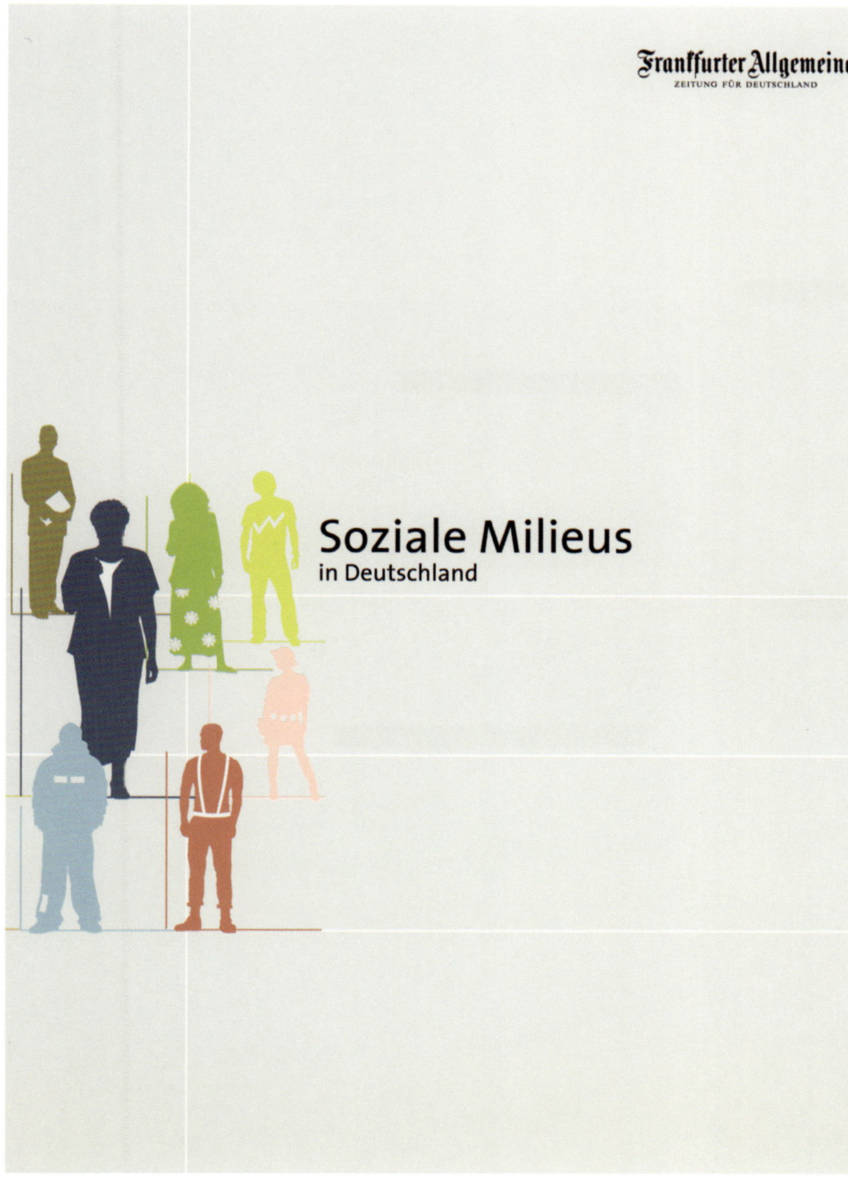

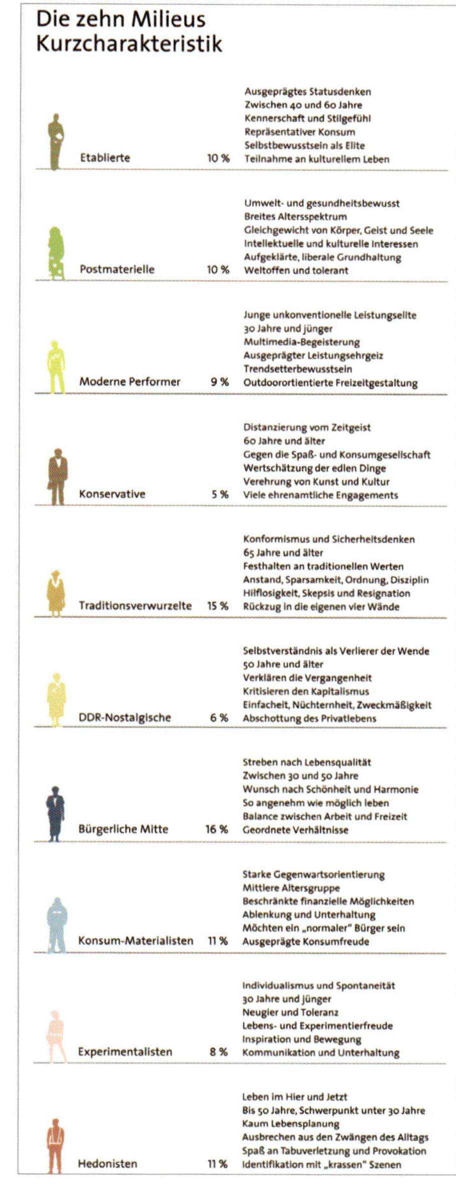

Die zehn Milieus
Kurzcharakteristik

Milieu	Anteil	Kurzcharakteristik
Etablierte	10 %	Ausgeprägtes Statusdenken Zwischen 40 und 60 Jahre Kennerschaft und Stilgefühl Repräsentativer Konsum Selbstbewusstsein als Elite Teilnahme an kulturellem Leben
Postmaterielle	10 %	Umwelt- und gesundheitsbewusst Breites Altersspektrum Gleichgewicht von Körper, Geist und Seele Intellektuelle und kulturelle Interessen Aufgeklärte, liberale Grundhaltung Weltoffen und tolerant
Moderne Performer	9 %	Junge unkonventionelle Leistungselite 30 Jahre und jünger Multimedia-Begeisterung Ausgeprägter Leistungsehrgeiz Trendsetterbewusstsein Outdoororientierte Freizeitgestaltung
Konservative	5 %	Distanzierung vom Zeitgeist 60 Jahre und älter Gegen die Spaß- und Konsumgesellschaft Wertschätzung der edlen Dinge Verehrung von Kunst und Kultur Viele ehrenamtliche Engagements
Traditionsverwurzelte	15 %	Konformismus und Sicherheitsdenken 65 Jahre und älter Festhalten an traditionellen Werten Anstand, Sparsamkeit, Ordnung, Disziplin Hilflosigkeit, Skepsis und Resignation Rückzug in die eigenen vier Wände
DDR-Nostalgische	6 %	Selbstverständnis als Verlierer der Wende 50 Jahre und älter Verklären die Vergangenheit Kritisieren den Kapitalismus Einfachheit, Nüchternheit, Zweckmäßigkeit Abschottung des Privatlebens
Bürgerliche Mitte	16 %	Streben nach Lebensqualität Zwischen 30 und 50 Jahre Wunsch nach Schönheit und Harmonie So angenehm wie möglich leben Balance zwischen Arbeit und Freizeit Geordnete Verhältnisse
Konsum-Materialisten	11 %	Starke Gegenwartsorientierung Mittlere Altersgruppe Beschränkte finanzielle Möglichkeiten Ablenkung und Unterhaltung Möchten ein „normaler" Bürger sein Ausgeprägte Konsumfreude
Experimentalisten	8 %	Individualismus und Spontaneität 30 Jahre und jünger Neugier und Toleranz Lebens- und Experimentierfreude Inspiration und Bewegung Kommunikation und Unterhaltung
Hedonisten	11 %	Leben im Hier und Jetzt Bis 50 Jahre, Schwerpunkt unter 30 Jahre Kaum Lebensplanung Ausbrechen aus den Zwängen des Alltags Spaß an Tabuverletzung und Provokation Identifikation mit „krassen" Szenen

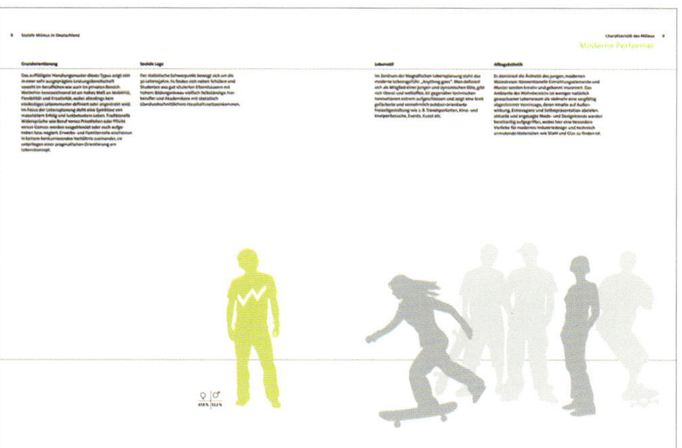

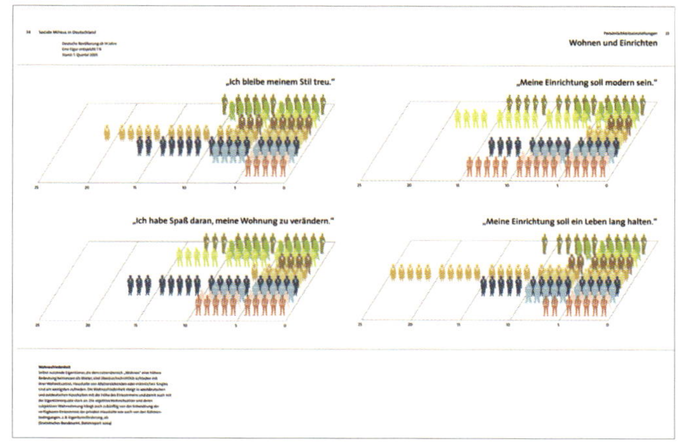

title
Europa ist...
(junior award)

type of work
Brochure

appeared in
2006

client
Österreichisches
Bundeskanzleramt,
Vienna

design
Universität für angewandte
Kunst Wien, Vienna
Klasse für Grafik Design,
Prof. Fons Hickmann
Art direction:
Christoph Blocher,
Gerd Haselsteiner,
Manuel Kiem

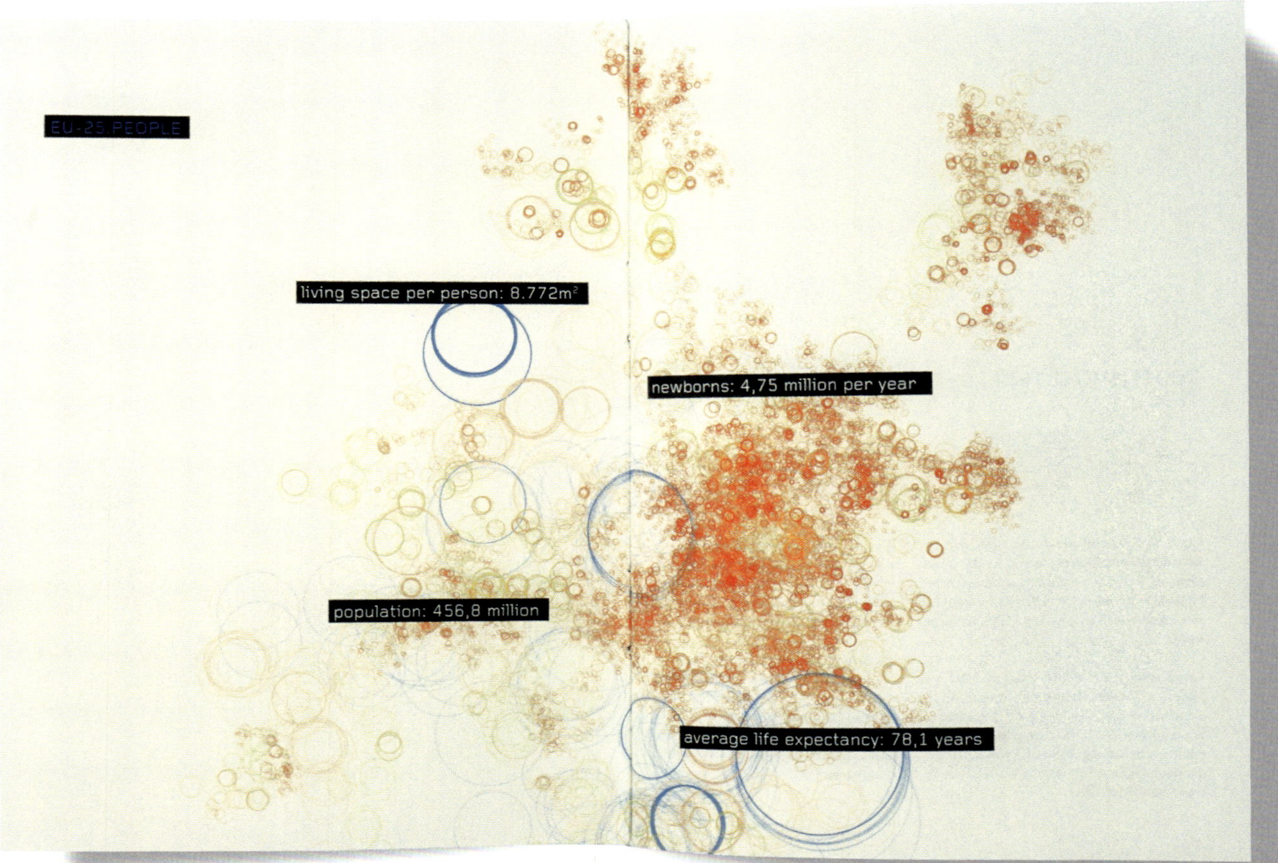

4

PROFILING INTERFACE: EUROPE

Cover und Trennblätter dieser Broschüre sind Bestandteile eines Konzepts, das für die Gestaltung im Foyer der Österreichischen Nationalbibliothek anlässlich der Österreichischen Präsidentschaft der Europäischen Union entwickelt wurde.

Die Grundidee des Konzeptes ist es, Europa in seiner Vielfältigkeit darzustellen. Ausgehend von aktuellen statistischen Zahlen, die den Alltag der Europäischen Union widerspiegeln, generiert ein mathematischer Algorithmus Visualisierungen, die das komplexe, sich ständig verändernde Europa versinnbildlichen.

The cover and separators of this brochure are parts of a concept developed for the design in the foyer of the Austrian National Library on the occasion of the Austrian Presidency of the European Union.

The basic idea of the concept is to portray Europe in all its diversity. Starting from current statistical figures reflecting everyday life in the European Union, a mathematical algorithm generates visualisations symbolising complex, continually changing Europe.

5

VORWORT
PREFACE

Europa ist wie Kuchen[1]. Europa wandert[2]. Europa ist Zukunft[3]. Europa ist in Österreich[4]. Europa liebt Uli, Uli liebt Ali, Ali liebt Anke, Anke liebt Mats,... liebt Goran, Goran liebt Europa[5]. Europa wächst zusammen[6]. Europa ist drunter und drüber[7]. Europa ist im Fluss[8]. Europa ist jeden Tag überall[9]. Europa ist rund[10]. Europa ist Zufall[11].

Europa ist elf experimentelle Projekte[12] in kreativer und gestaltender Kommunikation von Studierenden der Universität für Angewandte Kunst Wien, Klasse für Grafik Design, Prof. Fons Hickmann[13].

Fünfzig junge Designer aus mehr als zehn verschiedenen Nationen haben sich zum Anlass der Österreichischen Präsidentschaft der Europäischen Union 2006[14] über mehrere Wochen und Monate mit der Idee Europa beschäftigt, haben geschaut, gehört, geforscht, gegessen, gerechnet, nachgedacht, gezeichnet und gestaltet. Ohne vorher zu wissen, was das Ergebnis sein wird, haben sie sie gefunden: die vielen Ideen von Europa. Einige davon zeigen sie hier.

Europa ist klasse[hickmann].

Europe is like cake[1]. Europe moves [2]. Europe is future[3]. Europe is in Austria[4]. Europe loves Uli, Uli loves Ali, Ali loves Anke, Anke loves Mats,... loves Goran, Goran loves Europe[5]. Europe grows together[6]. Europe is upside down[7]. Europe is in flux[8]. Europe is everywhere everyday[9]. Europe is a circle[10]. Europe is chance[11].

Europe is eleven experimental projects[12] in creative design communication by students at the University of Applied Arts, Vienna, Graphic Design Class, Prof. Fons Hickmann[13].

On the occasion of the Austrian Presidency of the European Union 2006 fifty young designers from more than ten different nations[14] have absorbed themselves with the idea of Europe over several weeks and months, they have looked, listened, investigated, eaten, calculated, reflected, illustrated and designed. Without knowing beforehand what the result would be, they have found it: the many ideas of Europe. They are showing some of them here.

Europe is klasse[hickmann].

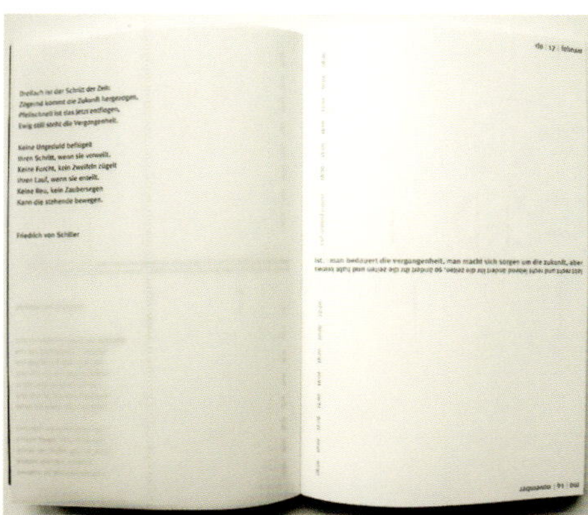

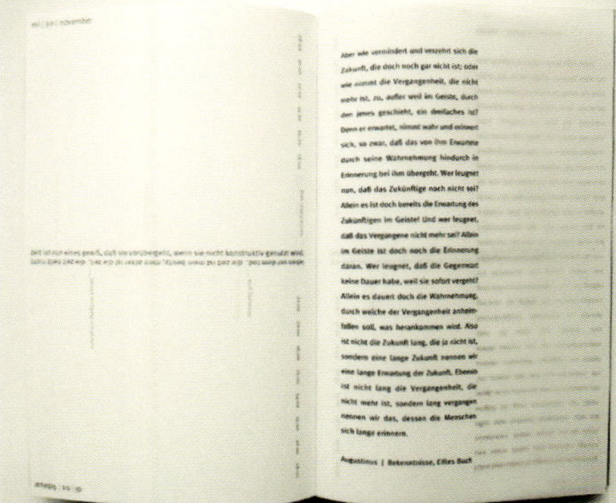

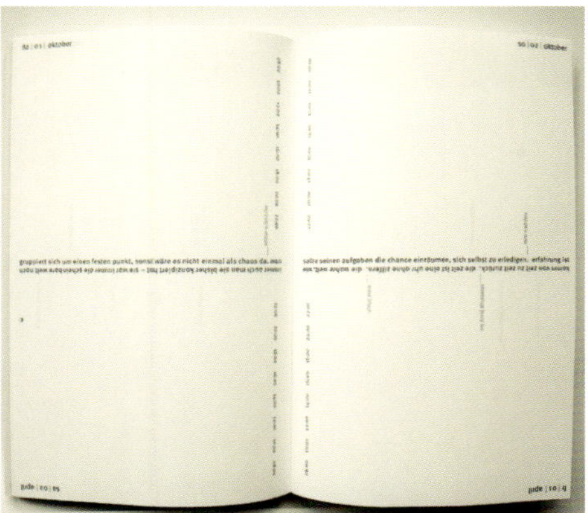

253

title
nichts bleibt
wie es wird : 2005
(junior award)

type of work
Book

appeared in
2005

client
Bergische Universität
Wuppertal

design
Danny Freytag, Neuss

title
Literatur – Konzeption und Entwurf eines Magazins (junior award)

type of work
Magazine,
diploma project

appeared in
2005

client
Fachhochschule
Düsseldorf
Fachbereich Design

design
Meike Hartmann,
Düsseldorf
Photography:
Meike Hartmann

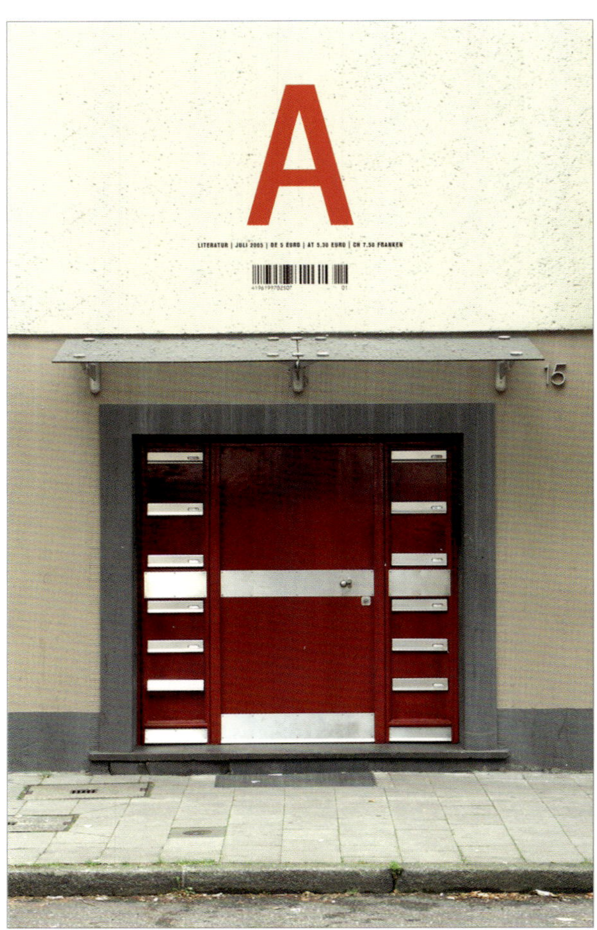

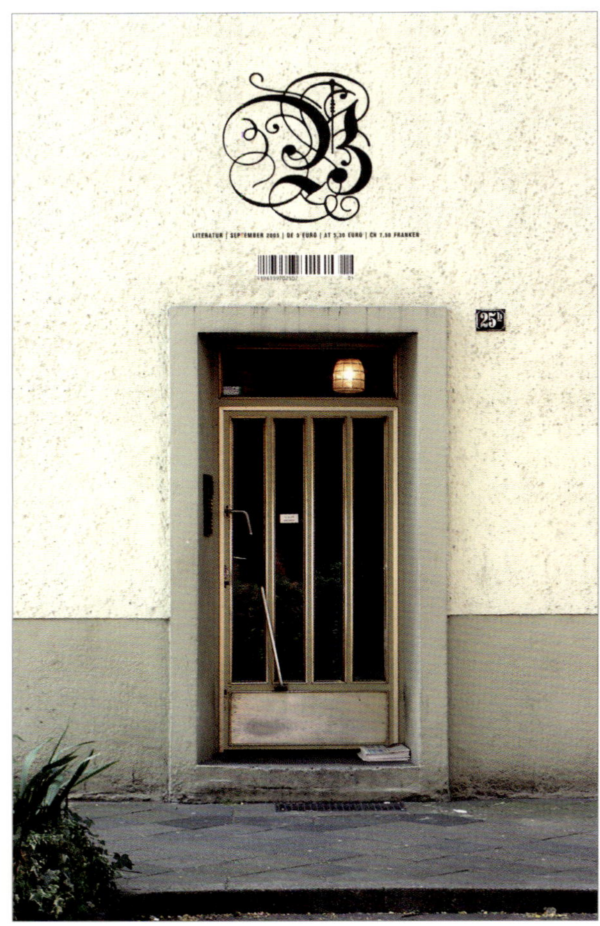

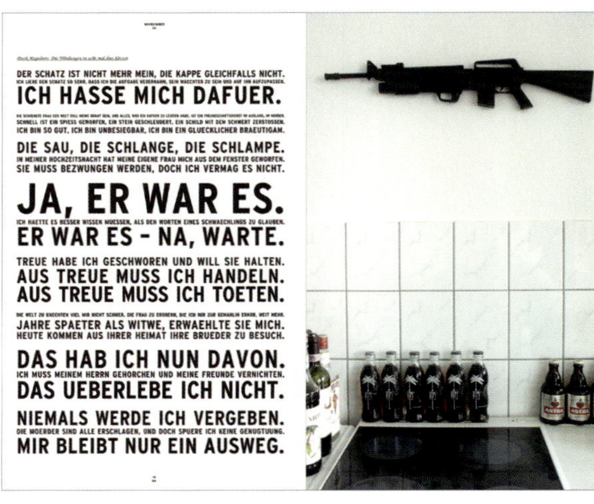
DER SCHATZ IST NICHT MEHR MEIN, DIE KAPPE GLEICHFALLS NICHT.
ICH HASSE MICH DAFUER.
ICH BIN SO GUT, ICH BIN UNBESIEGBAR, ICH BIN EIN GLUECKLICHER BRAEUTIGAM.
DIE SAU, DIE SCHLANGE, DIE SCHLAMPE.
IN MEINER HOCHZEITSNACHT HAT MEINE EIGENE FRAU MICH AUS DEM FENSTER GEWORFEN.
SIE MUSS BEZWUNGEN WERDEN, DOCH ICH VERMAG ES NICHT.
JA, ER WAR ES.
ER WAR ES – NA, WARTE.
TREUE HABE ICH GESCHWOREN UND WILL SIE HALTEN.
AUS TREUE MUSS ICH HANDELN.
AUS TREUE MUSS ICH TOETEN.
JAHRE SPAETER ALS WITWE, ERWAEHLTE SIE MICH.
HEUTE KOMMEN AUS IHRER HEIMAT IHRE BRUEDER ZU BESUCH.
DAS HAB ICH NUN DAVON.
ICH MUSS MEINEM HERRN GEHORCHEN UND MEINE FREUNDE VERNICHTEN.
DAS UEBERLEBE ICH NICHT.
NIEMALS WERDE ICH VERGEBEN.
DIE MOERDER SIND ALLE ERSCHLAGEN, UND DOCH SPUERE ICH KEINE GENUGTUUNG.
MIR BLEIBT NUR EIN AUSWEG.

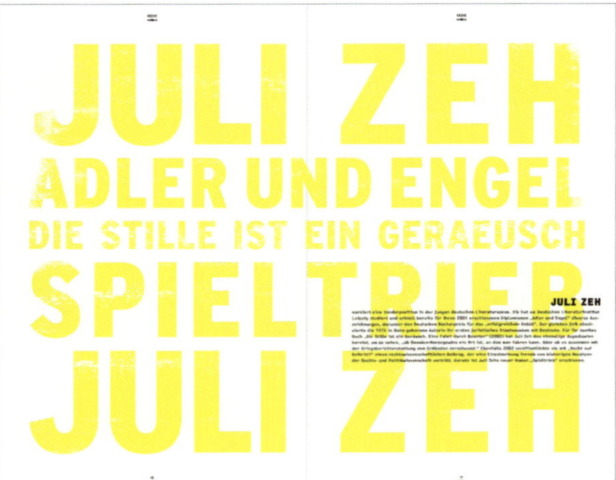
JULI ZEH
ADLER UND ENGEL
DIE STILLE IST EIN GERAEUSCH
SPIELTRIEB
JULI ZEH

JULI ZEH

Die reine Wahrheit
Wirklichkeits-
auffassungen und
Bildwahrheiten
in den Medien.

Helga Aichmaier

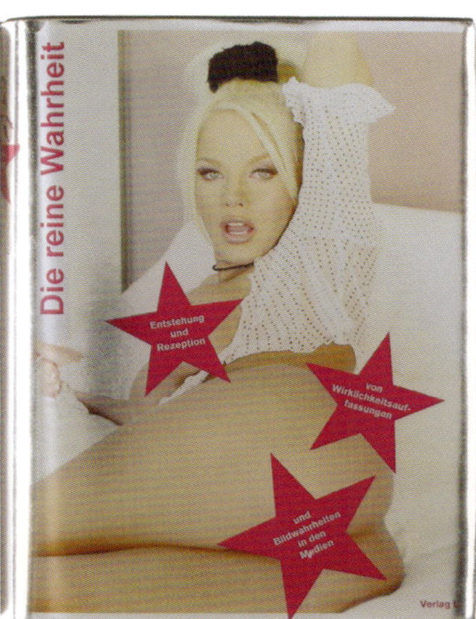

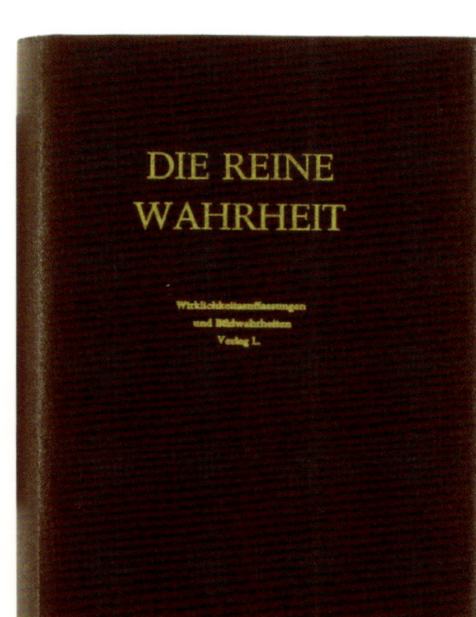

In den folgenden sieben Kapiteln werden Möglich-keiten der Kons-truktion von Bildwahrheiten gezeigt, anhand derer Sie Ihren Blick schärfen können.
Am Ende jedes Kapitels befinden sich Texte, die Ihnen verschiedene Sichtweisen näher bringen. Lassen Sie sich nicht täuschen!

title
Die reine Wahrheit. Entstehung und Rezeption von Wirklichkeitsauffassungen und Bildwahrheiten in den Medien. (junior award)

type of work
Book

appeared in
2004

client
Universität für angewandte Kunst Wien, Vienna
Klasse für Grafik Design, Prof. Fons Hickmann

design
Helga Aichmaier, Vienna

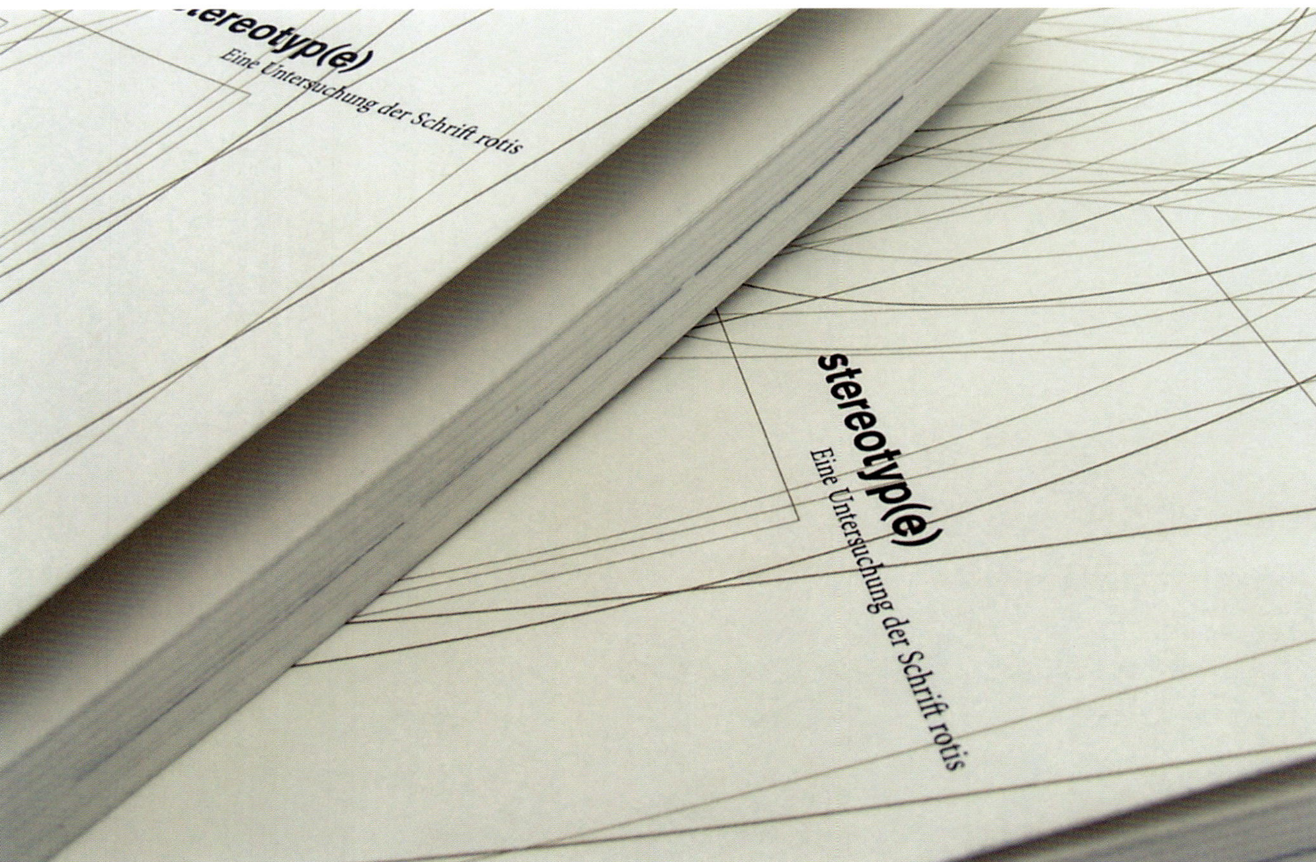
stereotyp(e)
Eine Untersuchung der Schrift rotis

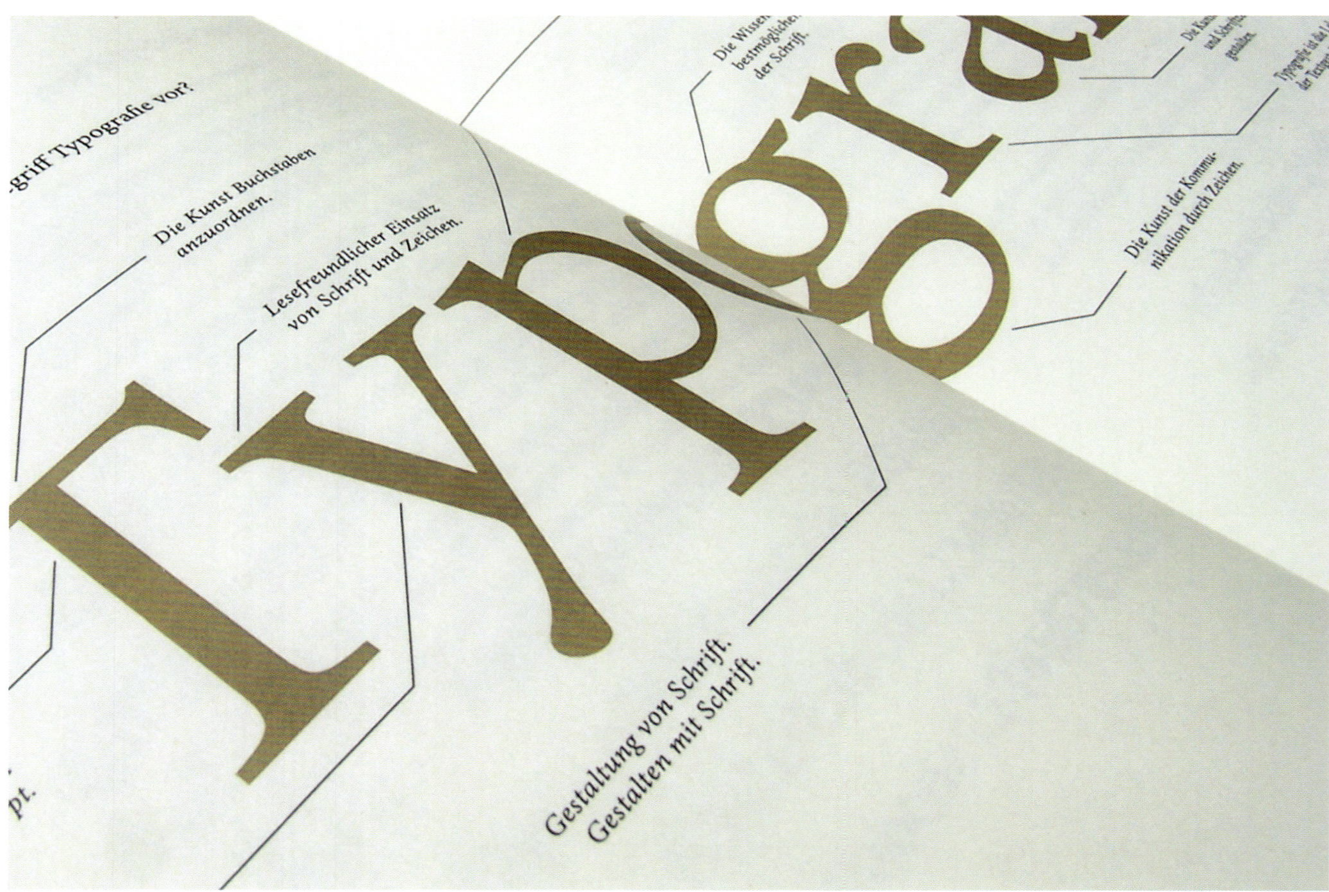
Die Kunst Buchstaben
anzuordnen.
Lesefreundlicher Einsatz
von Schrift und Zeichen.
Die Kunst der Kommu-
nikation durch Zeichen.
Gestaltung von Schrift.
Gestalten mit Schrift.

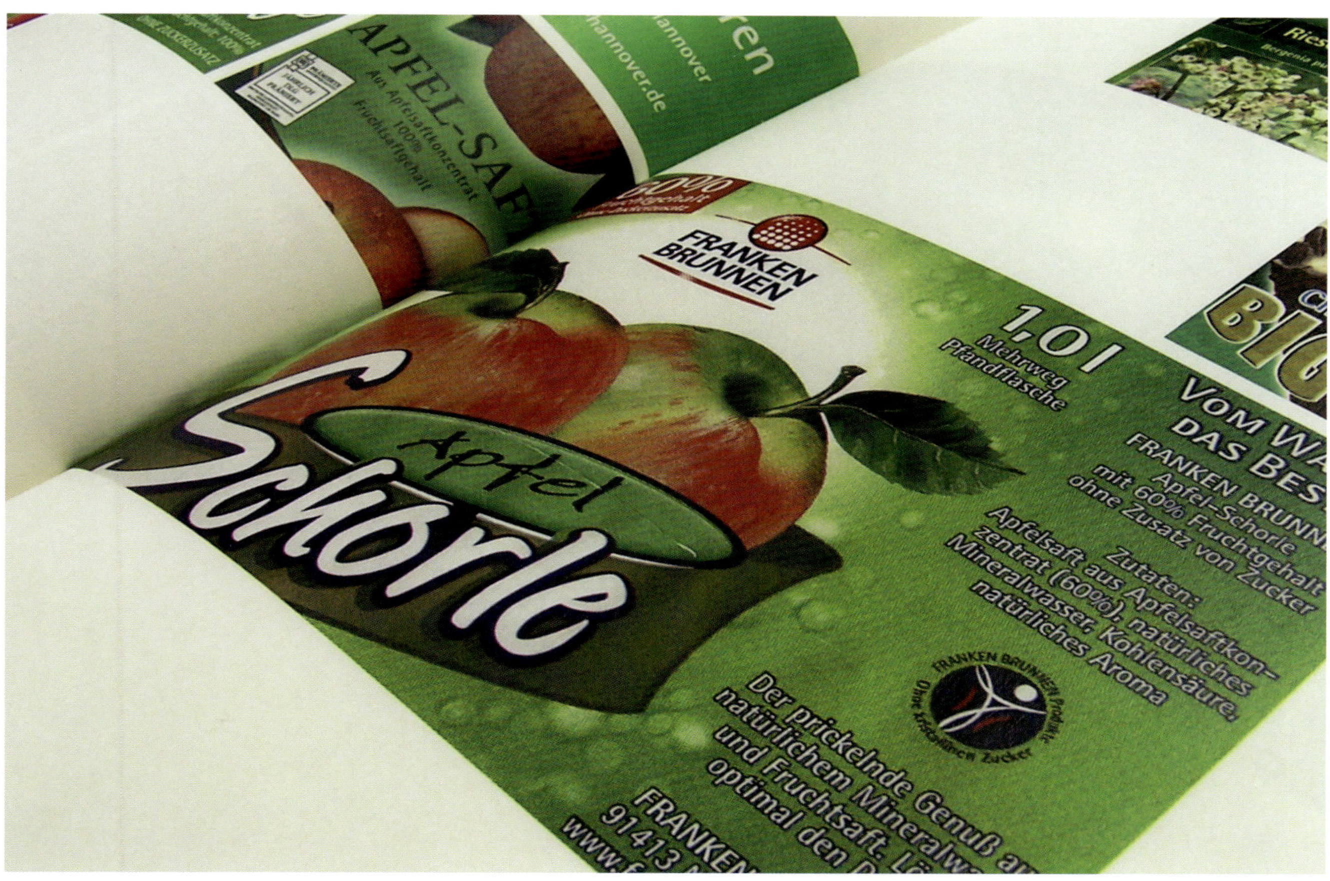

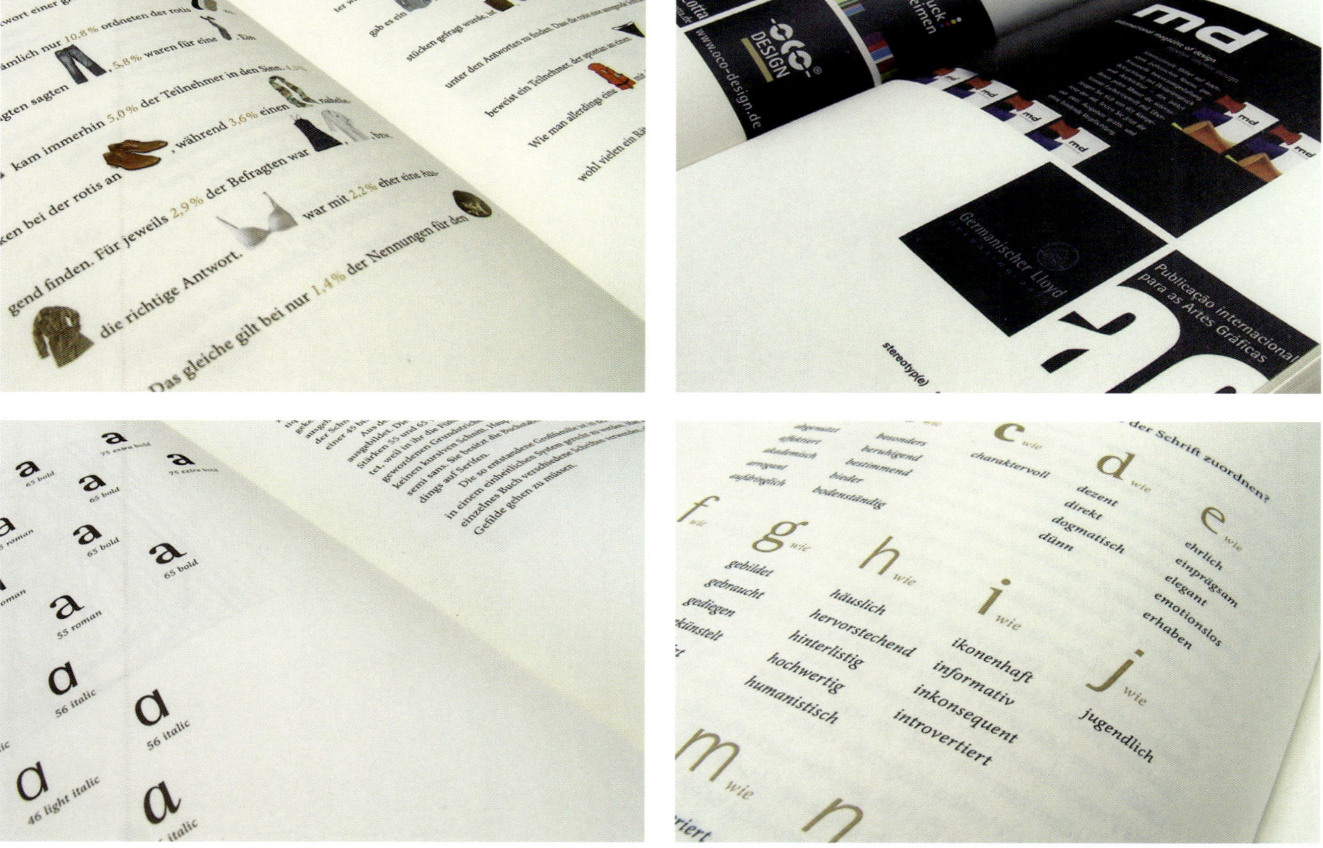

title
stereotyp(e)
(junior award)

type of work
Book

appeared in
2006

client
Hochschule für Gestaltung Schwäbisch Gmünd
Prof. Gabriele N. Reichert

design
Ralph Burkhardt,
Christian Hartig,
Stuttgart/Munich

258

title
Lautsprecher
(junior award)

type of work
Book

appeared in
2005

client
Hochschule Mannheim
Prof. Armin Lindauer

design
Anna Schlecker,
Luise John, Mannheim

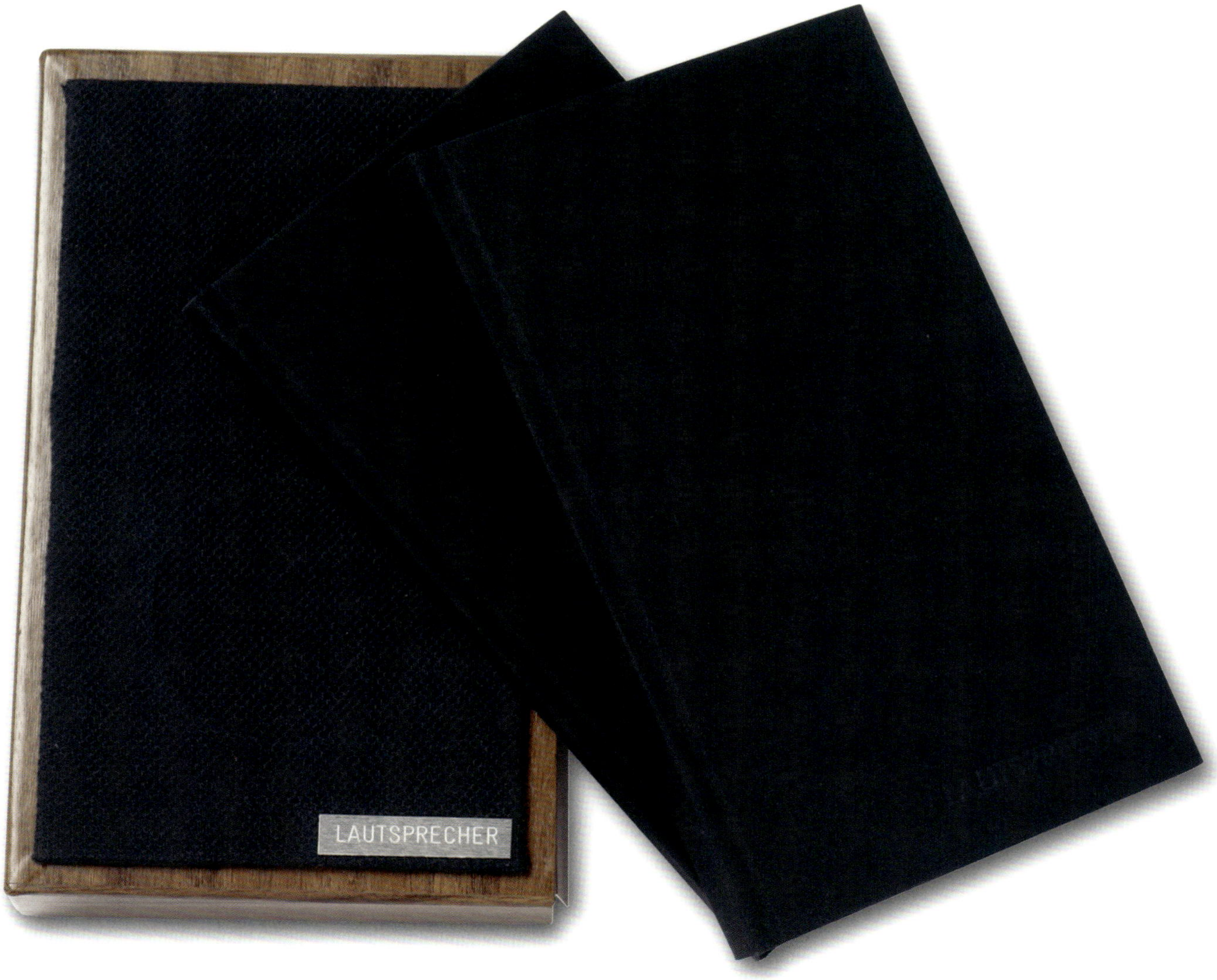

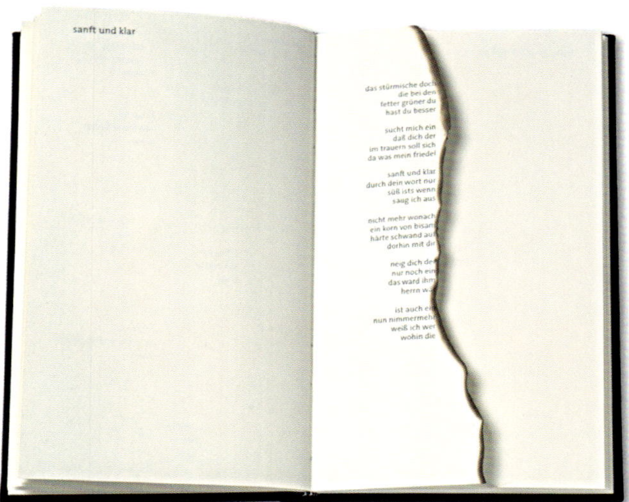

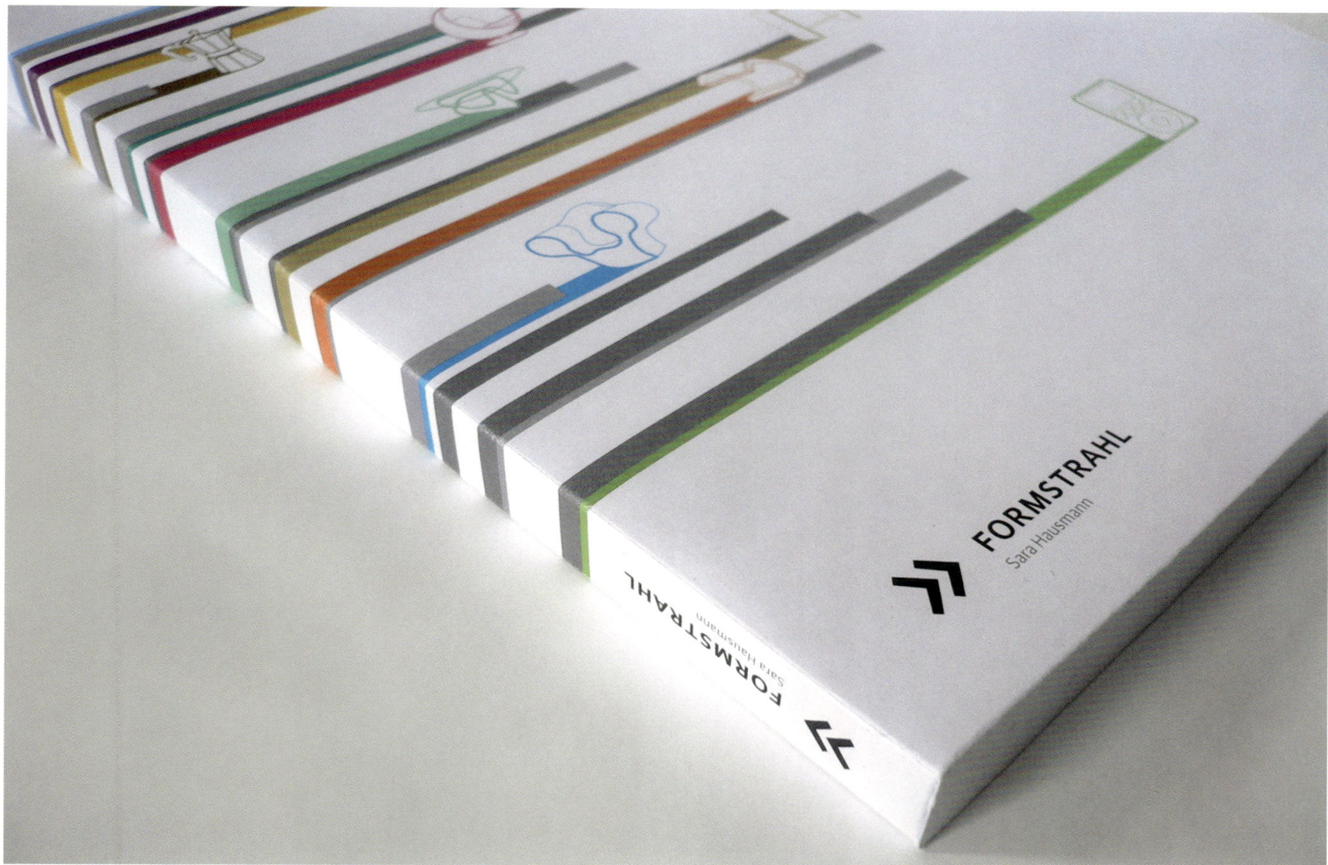

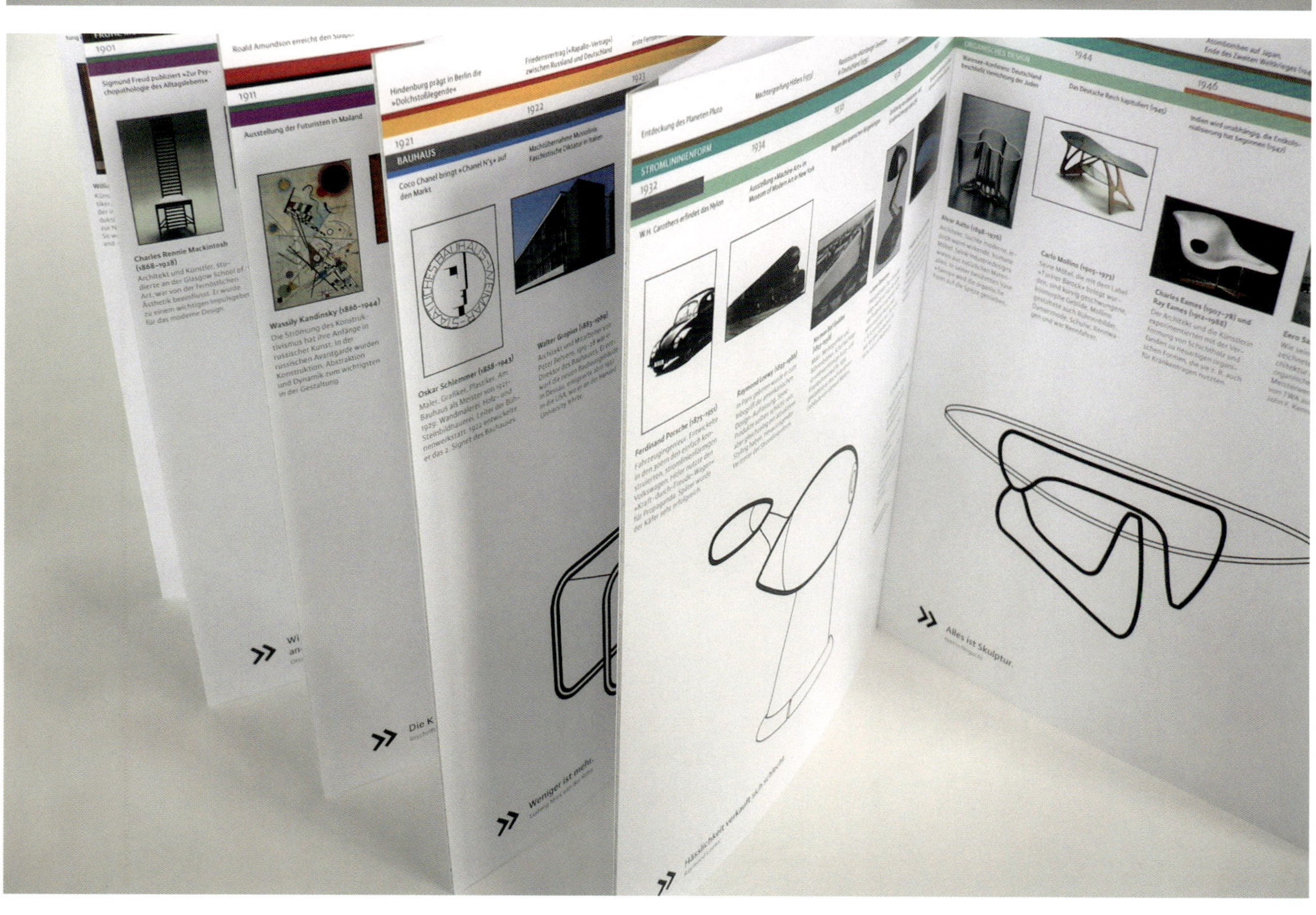

title
FORMSTRAHL
(junior award)

type of work
Leporello

appeared in
2005

client
Universität
Duisburg-Essen

design
Sara Hausmann,
Dortmund

title
Don't stop me trying now!
(junior award)

type of work
Exhibition catalogue

appeared in
2006

client
Jana Duda, Bielefeld

design
Franz Reimer, Düsseldorf

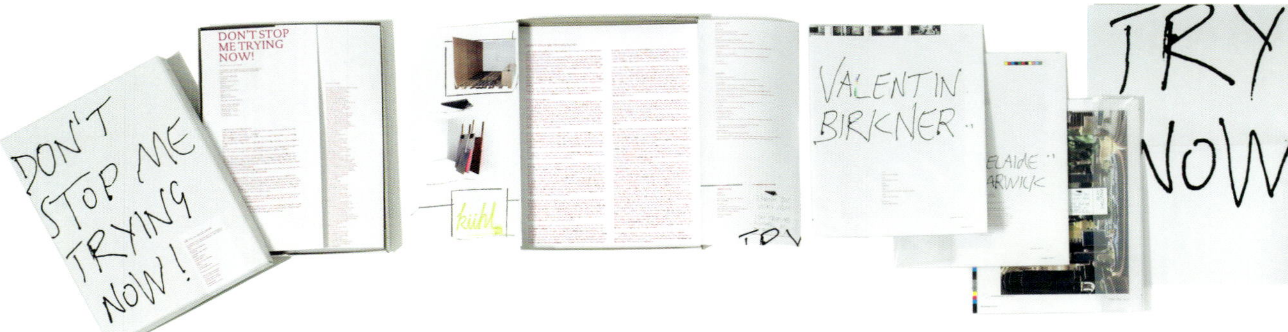

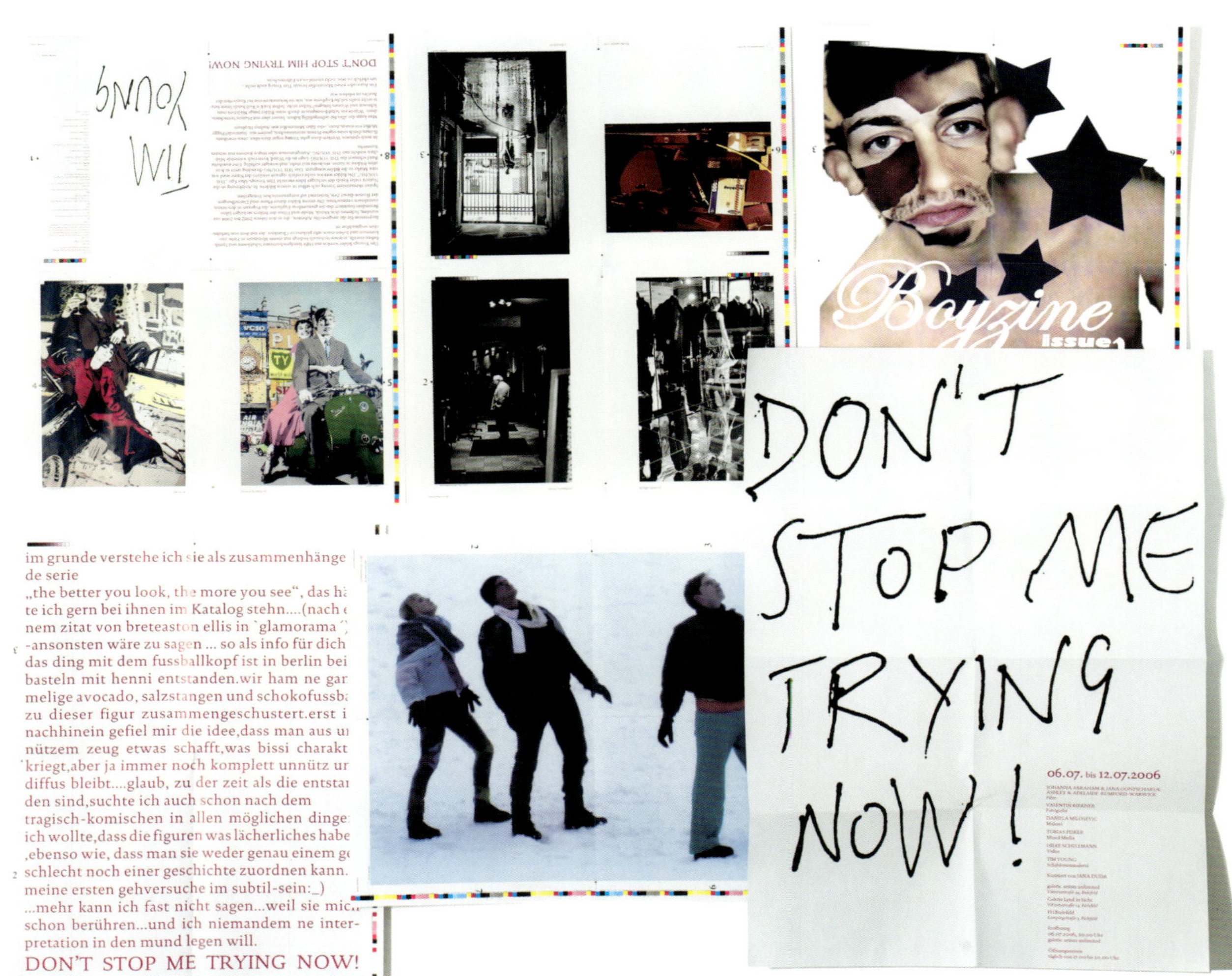

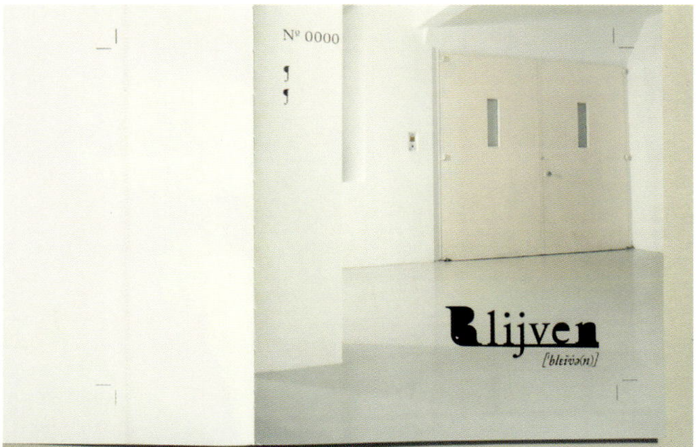

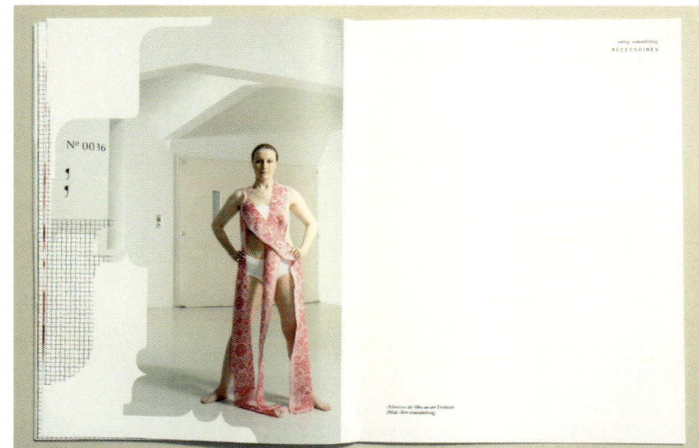

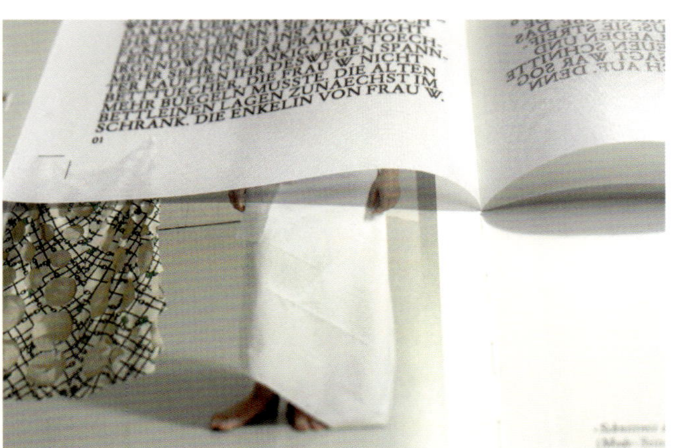

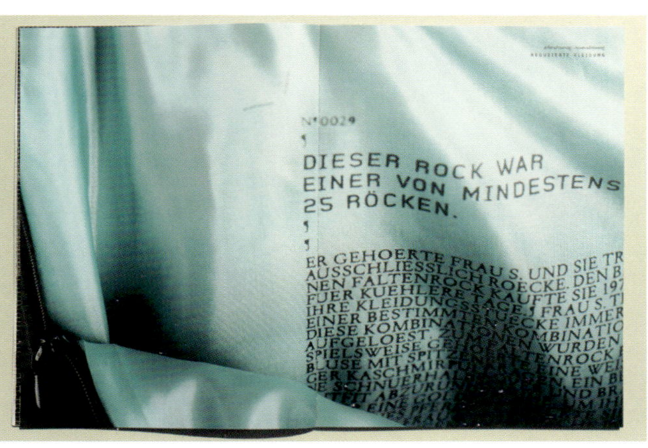

261

title
Blijven
(junior award)

type of work
Lookbook,
diploma project

appeared in
2006

client
Fachhochschule Mainz
Prof. Philipp Pape
(supervising professor)

design
Saskia Bannasch,
Stuttgart
Photography:
Cornelia Marx

Leonardo Sonnoli
Apex Lin
Jean Jacques Schaffner

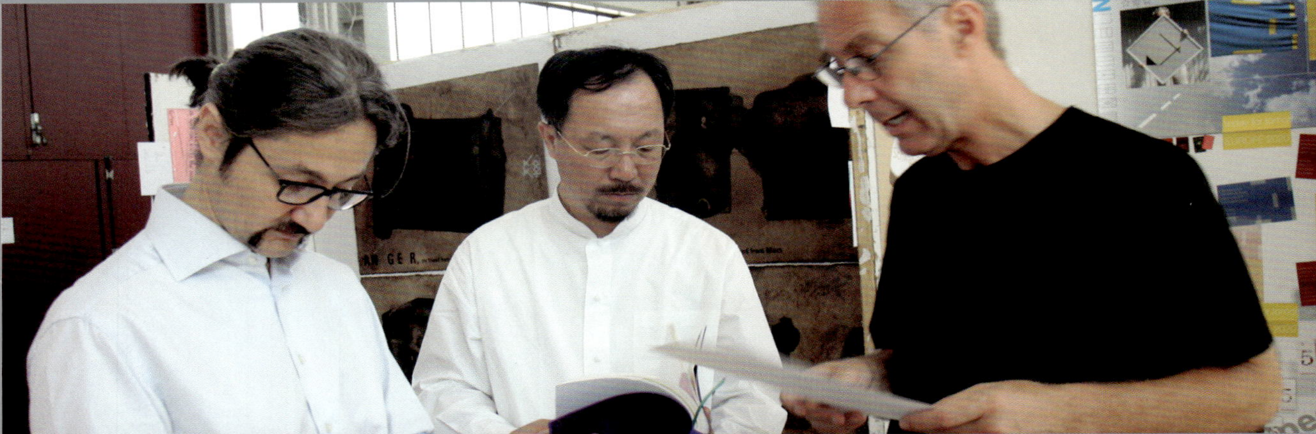

Design um seiner selbst willen

Das zeitgenössische Plakat spezialisiert sich besonders auf den kulturellen Bereich. Häufig losgelöst von seiner ursprünglichen, in erster Linie informativen Rolle, scheint das Plakat im Zeitalter der elektronischen Massenmedien heute vor allem um seiner selbst willen zu existieren. Diese Freiheit ermöglicht es den Designern, mit ungewöhnlich gestalteten Plakaten Zeichen zu setzen. In diesem Jahr sind es vor allem handwerklich herausragende Arbeiten und gute, gekonnt umgesetzte Ideen, die mit subtilem Witz und einer häufig erst auf den zweiten Blick sich erschließenden Botschaft überzeugen. Viele Arbeiten sind an einer globalisierten Formensprache orientiert, und auffällig ist das Zusammenspiel vielfältiger kultureller Einflüsse. Die verschiedenen Kommunikationsgewohnheiten unterschiedlicher Kulturen rufen zum Teil sehr gegensätzliche Gestaltungen und eine interessante Vielfalt hervor. Die Jury kommt daher zu dem Schluss: „Die Gestalter loten die Grenzen des Plakats aus. Im Zuge der globalen Formensprache wird es künftig deshalb umso mehr als sichtbarer Ausdruck ihrer individuellen Handschrift fungieren."

Design for design's sake

The contemporary poster specialises above all in the cultural field. Often disconnected from its original, mainly informative role, in the age of electronic mass media the poster appears to mostly exist for its own sake. This freedom allows designers to set examples with unusually designed posters. This year it is above all works characterised by outstanding craftsmanship and good, professionally realised ideas, which impress with subtle irony and a message often only accessible at a second glance. Many works are following a globalised language of forms, and the interplay of different cultural influences becomes noticeable. The different communication habits of different cultures sometimes create highly contrasting designs as well as an interesting variety. Thus the jury comes to the conclusion that "the designers are exploring the limits of the poster. As part of the development of a global language of forms, posters will therefore in future be increasingly about creating a visible expression of an individual style."

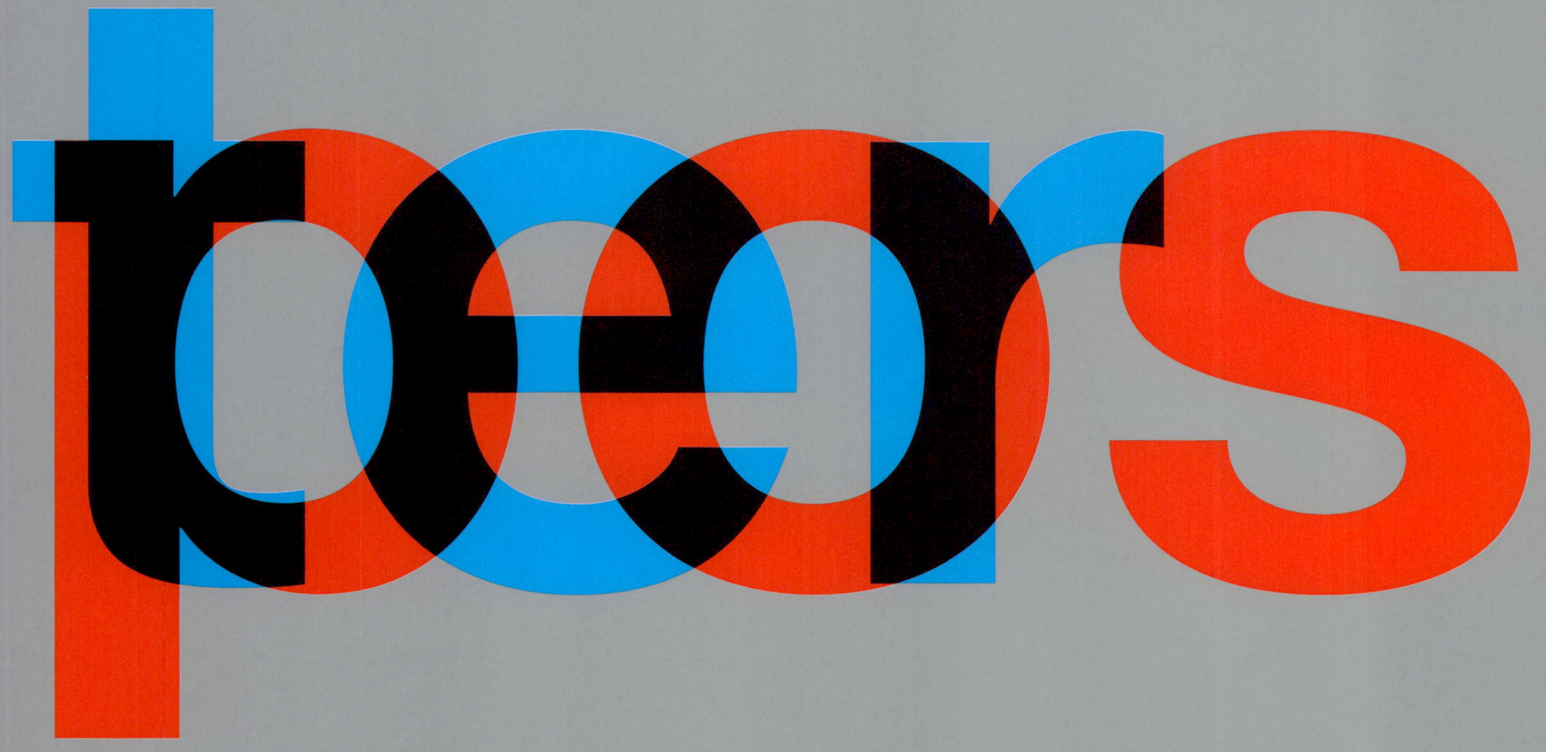

title
Kleidersammlung

type of work
Poster

client
Labor für Soziale und Ästhetische Entwicklung, Düsseldorf

design
Fons Hickmann m23, Berlin
Fons Hickmann
Illustration:
Gesine Grotrian-Steinweg, Fons Hickmann

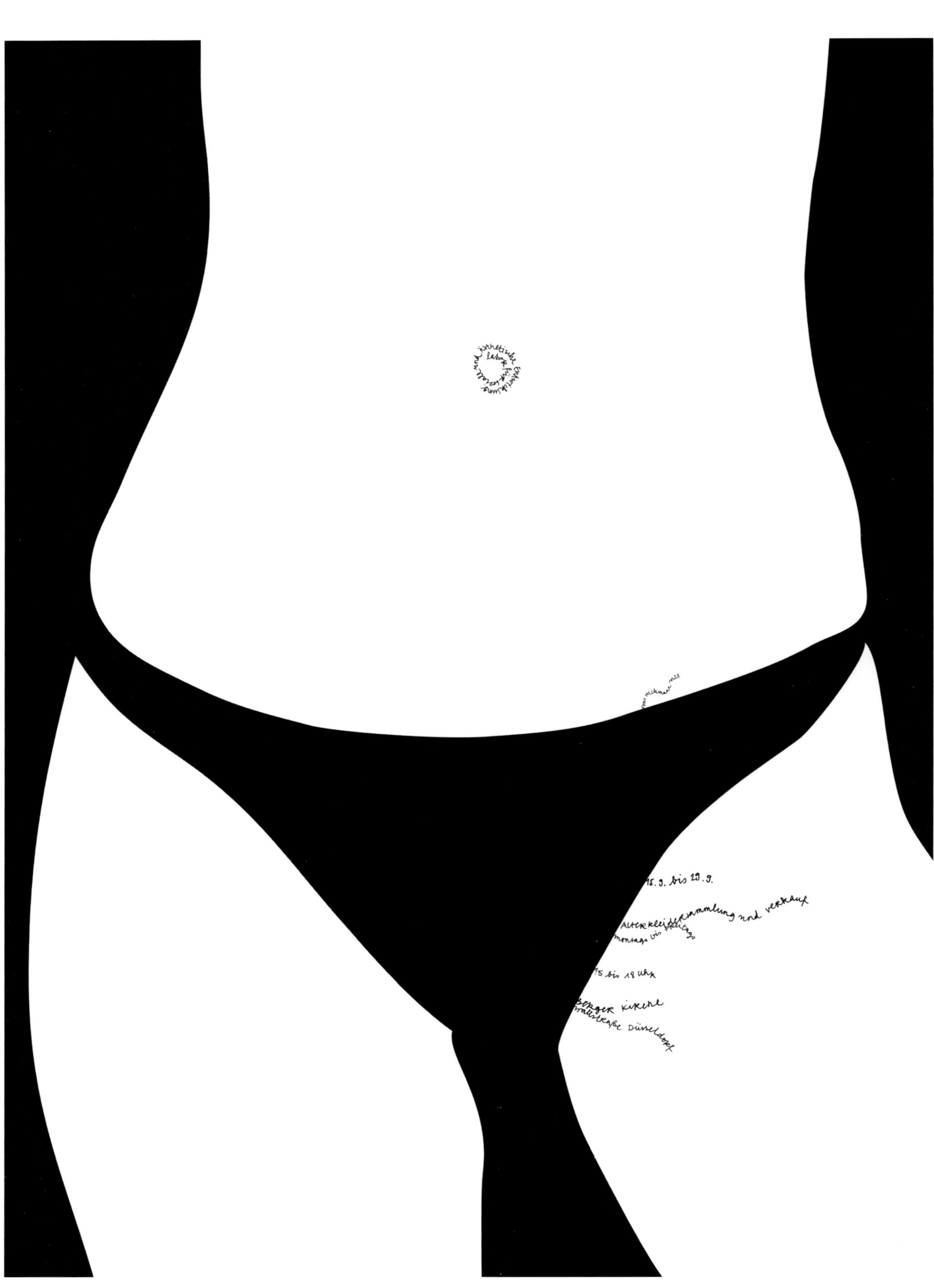

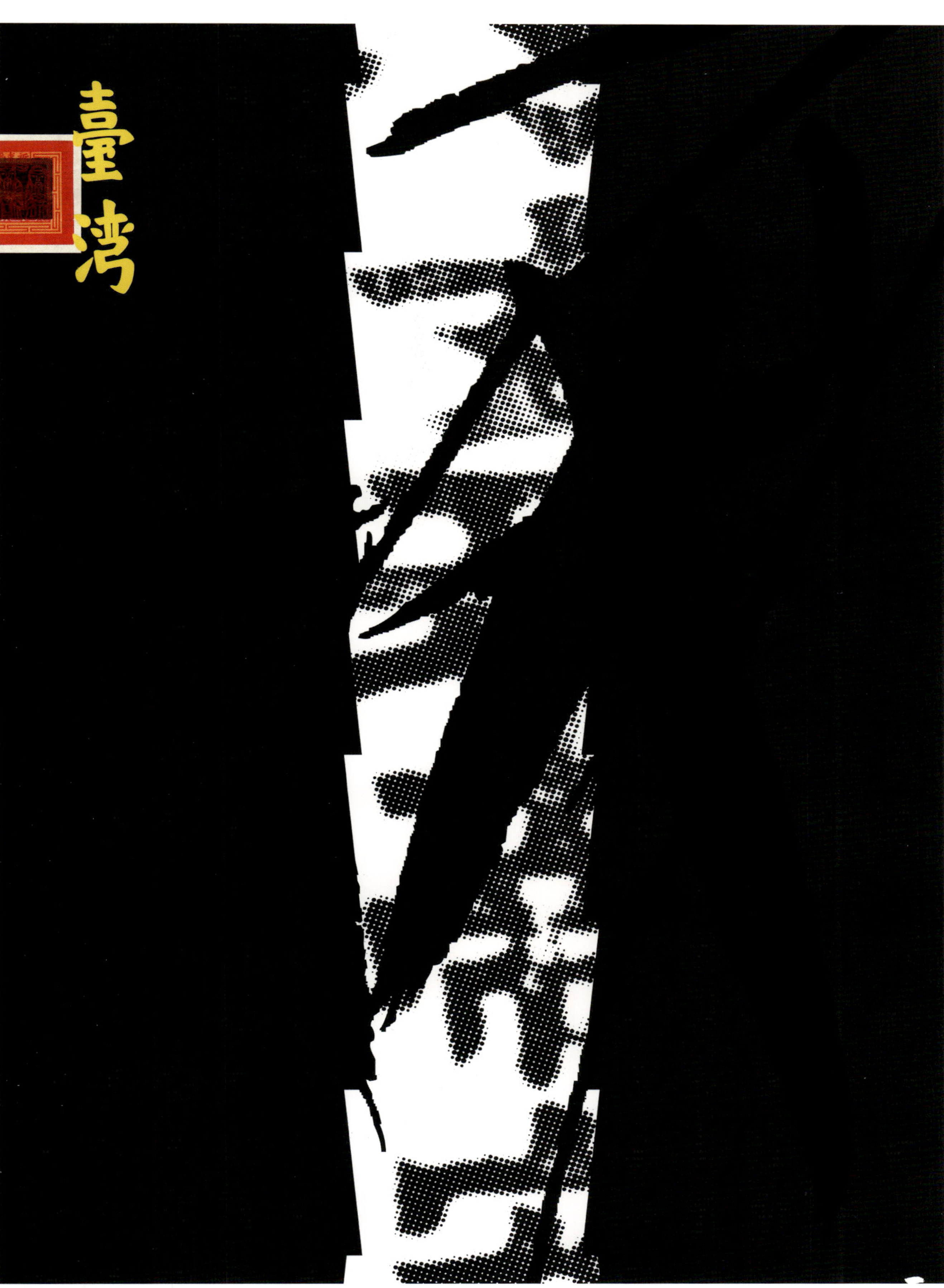

title
Taiwan

type of work
Poster

appeared in
2006

client
Ming-Lung Yu, Taipei

design
Ming-Lung Yu, Taipei
Creative direction:
Ming-Lung Yu
Art direction:
Ming-Lung Yu
Image editing:
Cherry Yen

title
Zahnverfärbungen
(Kaffee, Tee, Zigaretten)

type of work
18/1 poster campaign

appeared in
2005

client
Colgate Palmolive
Germany GmbH, Hamburg

design
Young & Rubicam GmbH
& Co. KG, Frankfurt/Main
Photography:
Michael Meisen
Head of marketing:
Karin Hock
Head of advertising:
Ellen Lammers
Creative direction:
Uwe Marquardt,
Christian Daul
Art direction:
Monika Spirkl
Text:
Christian Daul
Customer advisory service:
Maike Schulenburg
Strategic planning:
Achim Rietze
Agency producer:
Katrin Eisenberg

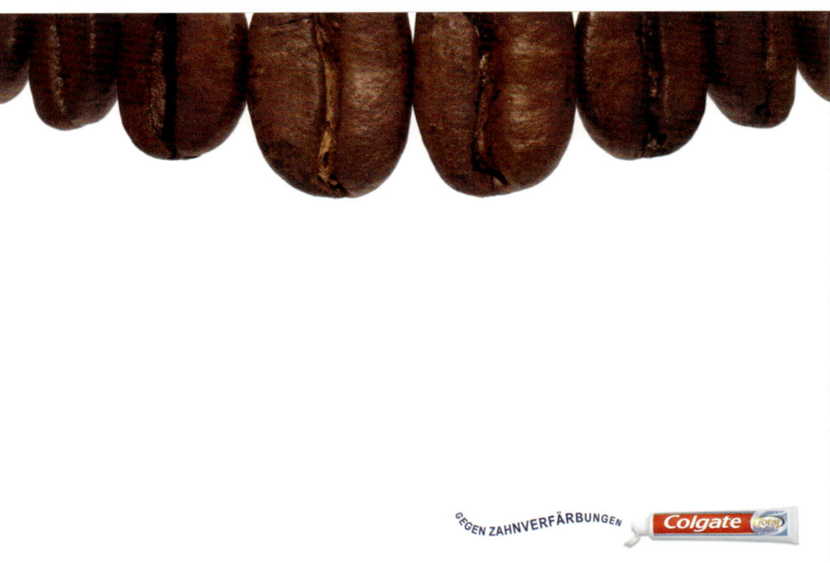

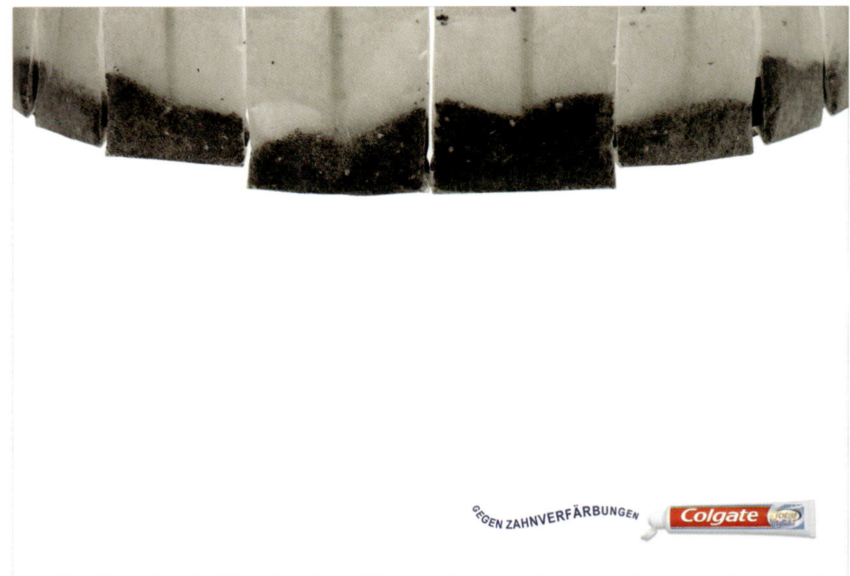

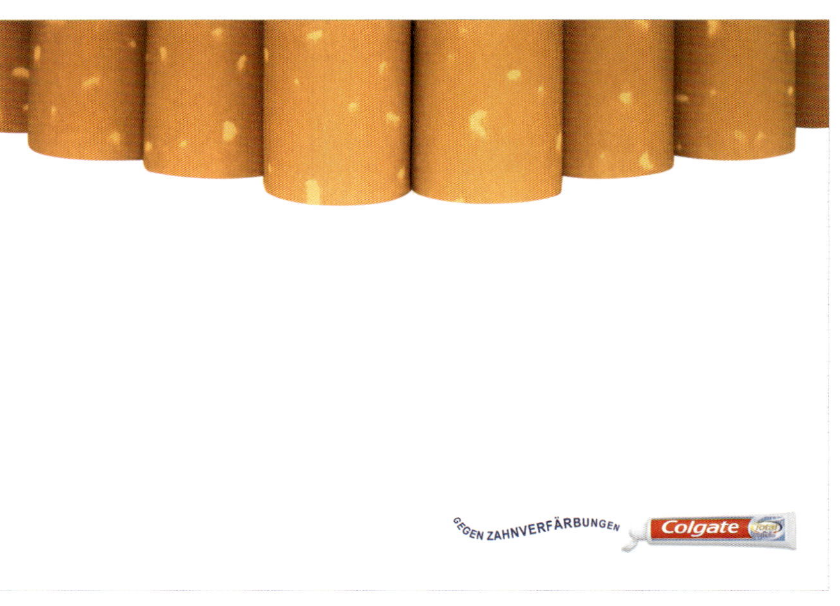

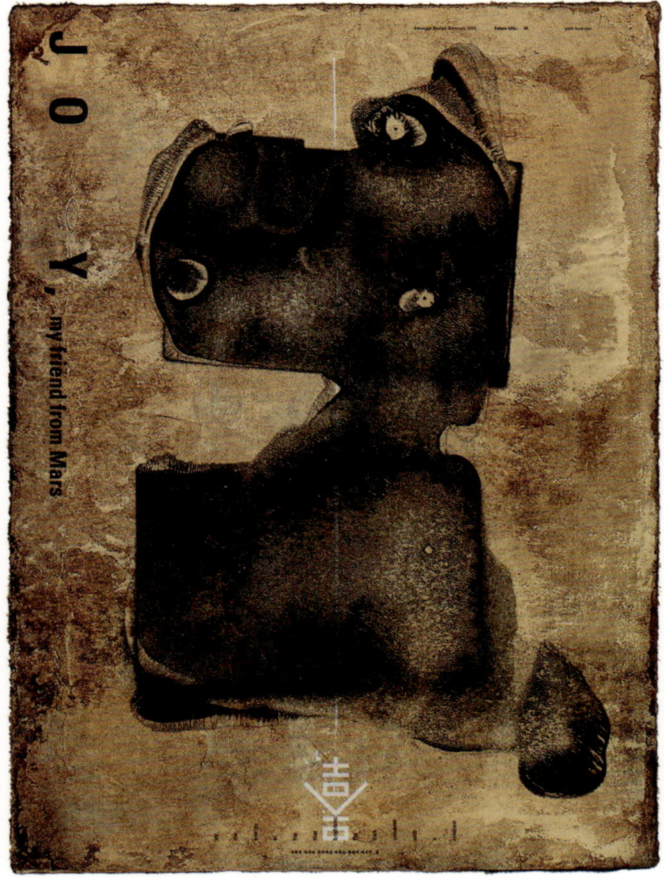

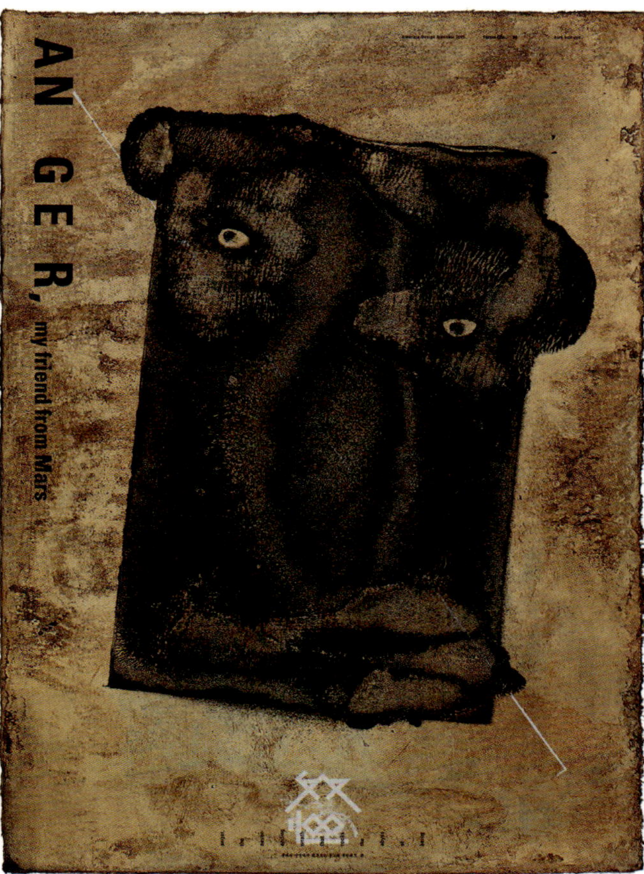

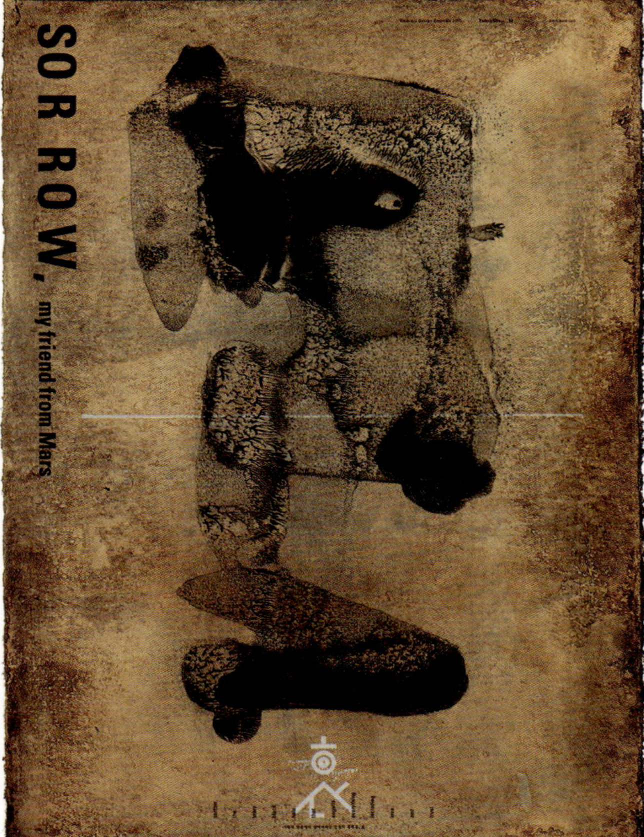

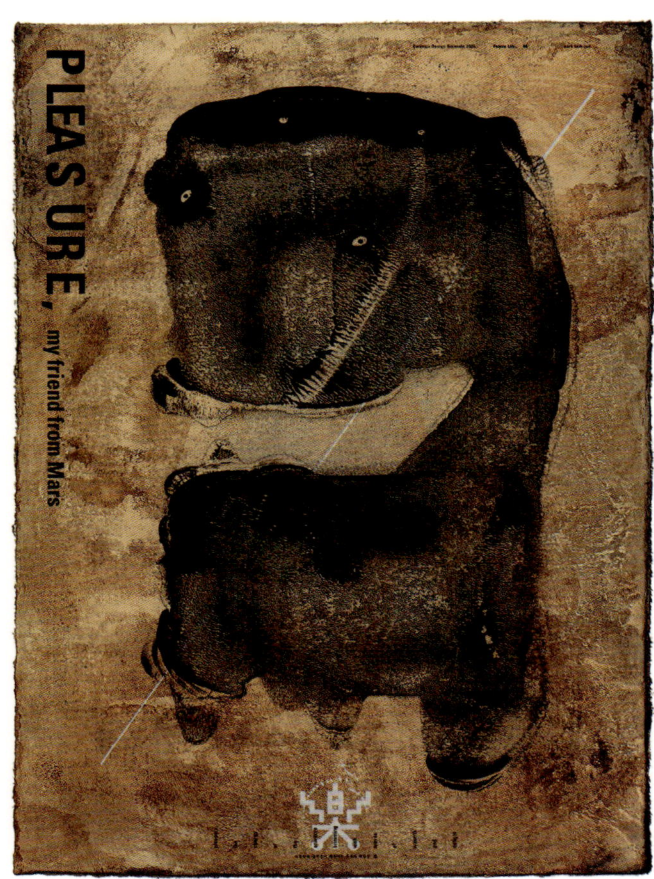

267

title
my friend from Mars – Joy, Anger, Sorrow, Pleasure

type of work
Poster

appeared in
2005

client
Gwangju Biennale, Gwangju

design
601bisang,
Seoul
Kum-jun Park,
Na-won You
Creative direction:
Kum-jun Park
Art direction:
Kum-jun Park
Text:
Eun-ju Ahn,
Joon-young Bae
Strategic planning:
Kum-jun Park
Producer:
Kum-jun Park
Agency producer:
Jong-in Jung
Image editing:
Joong-gyu Kang
Illustration:
Kum-jun Park

title
The 65th Commemoration of Nanjing Massacre

type of work
Poster

appeared in
2004

client
Nanjing Massacre Memorial

design
ERIC CAI DESIGN CO.,
Beijing
Eric Cai

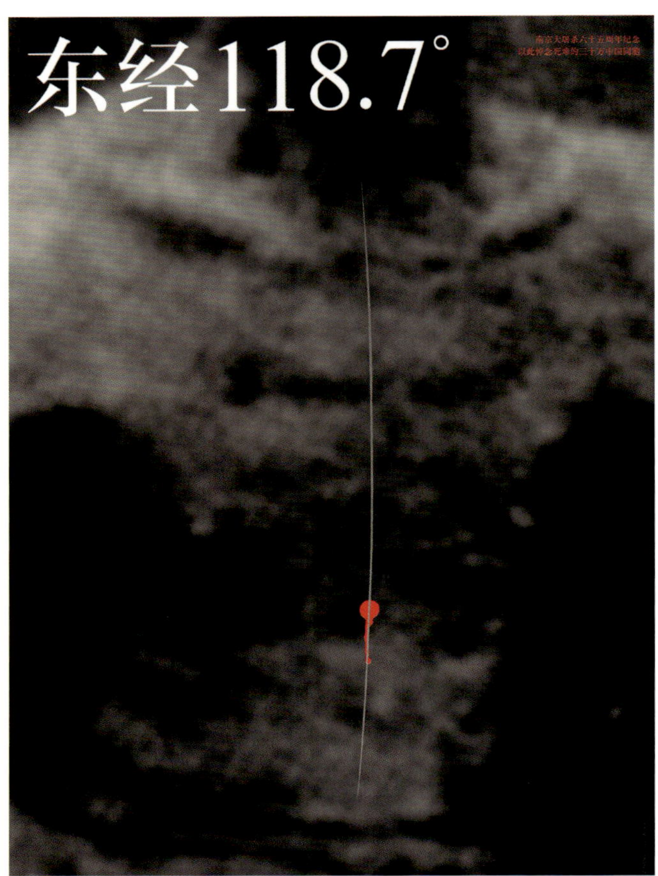

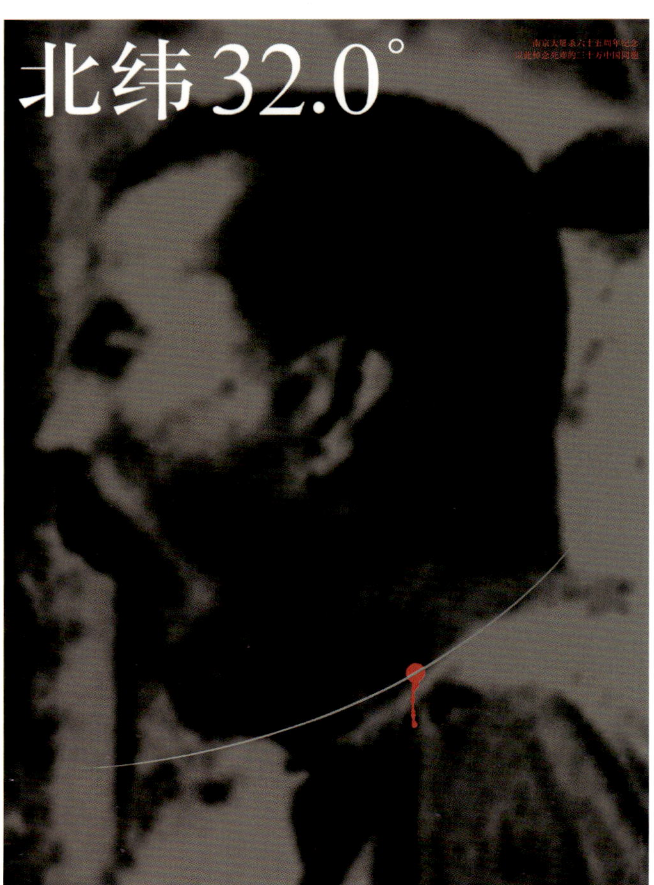

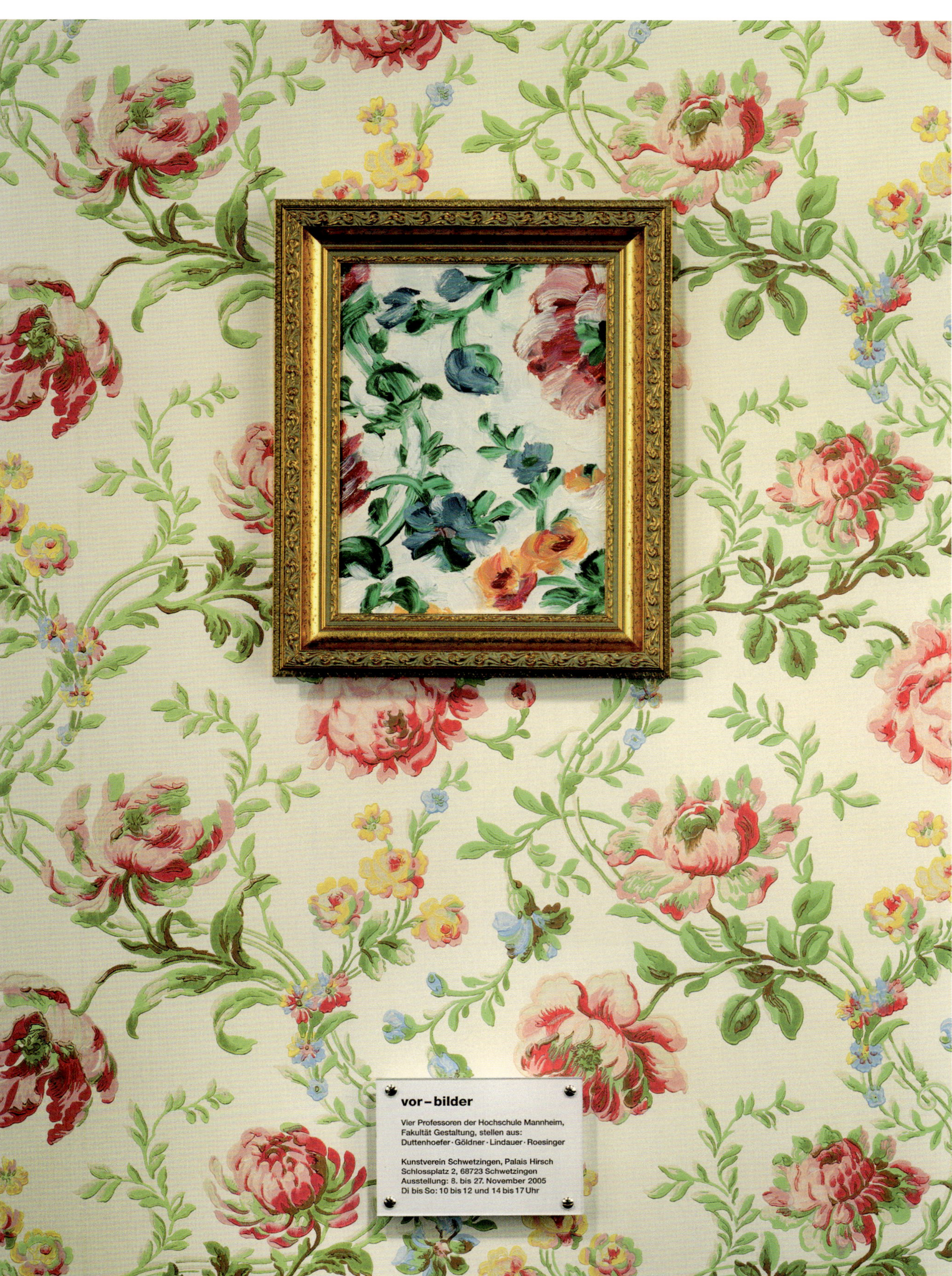

269

title
vor – bilder

type of work
Poster

appeared in
2005

client
Kunstverein Schwetzingen

design
Armin Lindauer, Mannheim
Photography: Frank Göldner
Art direction, illustration: Armin Lindauer

title
JAGDA "GIICHI'S Japanese Fairy Tales" 2005

type of work
Poster

appeared in
2005

client
GIICHI DESIGN, Tokyo

design
GIICHI DESIGN, Tokyo
Photography:
Yasuhiro Miyahara
Creative direction:
Giichi Okazaki
Art direction:
Giichi Okazaki
Text:
Giichi Okazaki
Producer:
Miyako Okazaki

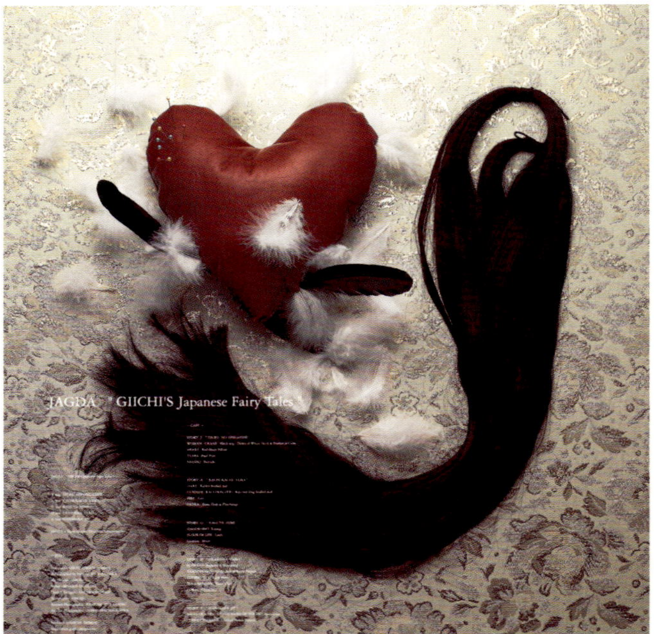

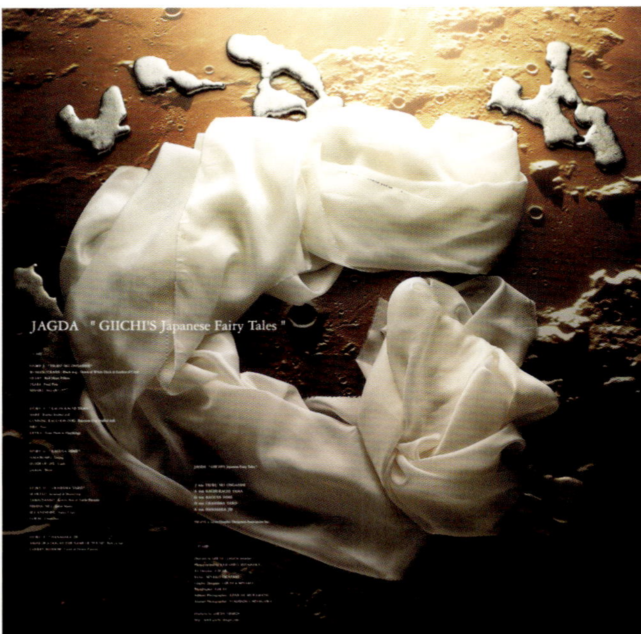

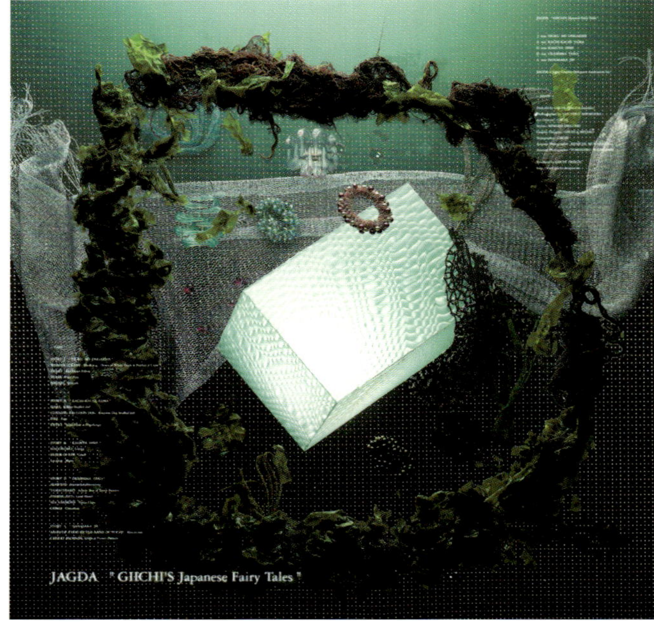

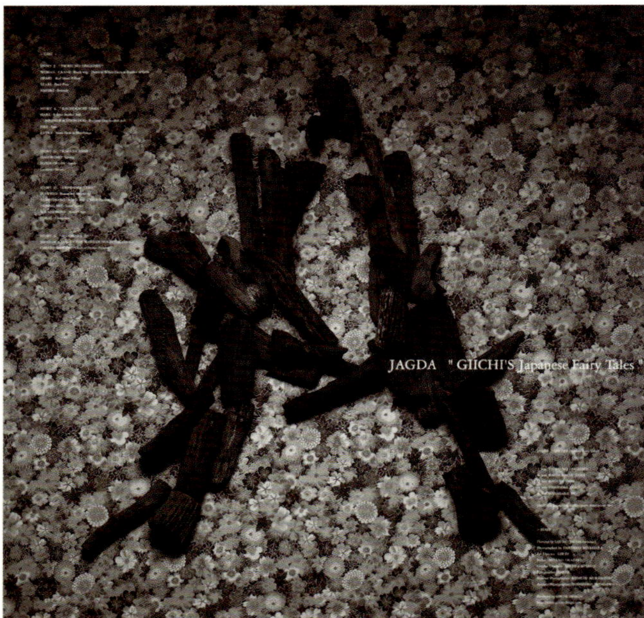

China Today

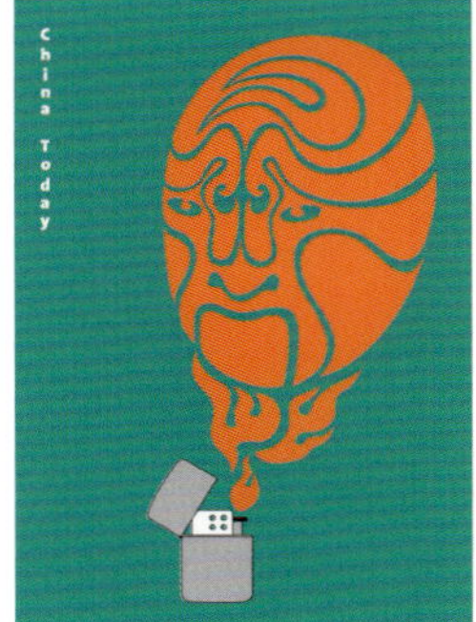

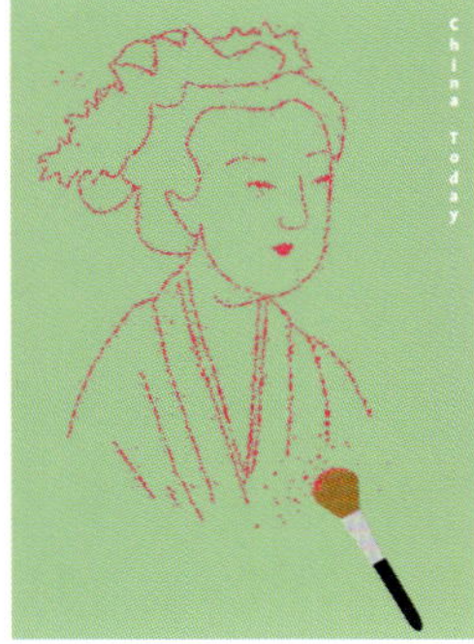

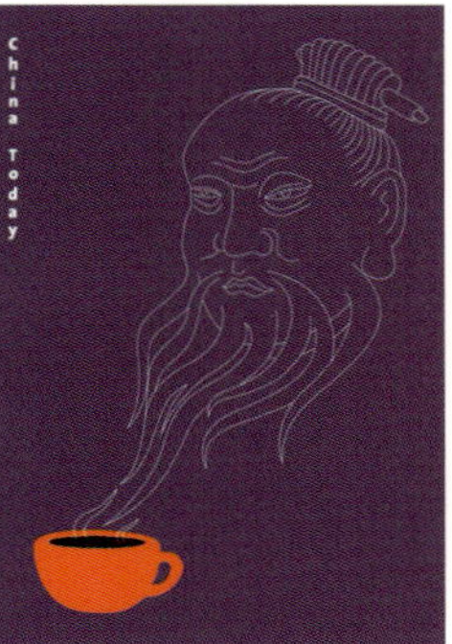

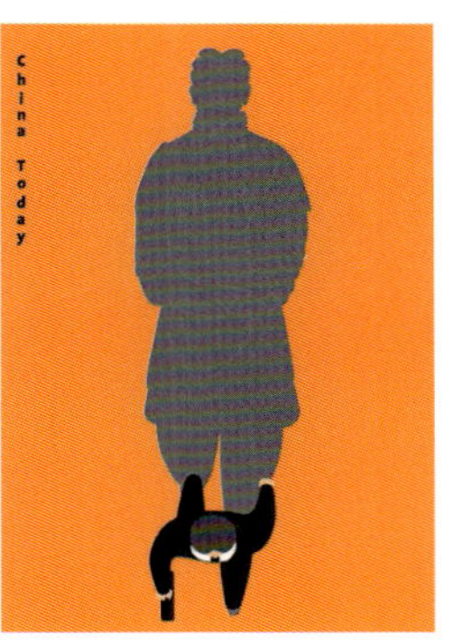

title
China Today

type of work
Social poster

appeared in
2004-2006

design
Yang Liu Design, Berlin
Art direction:
Yang Liu

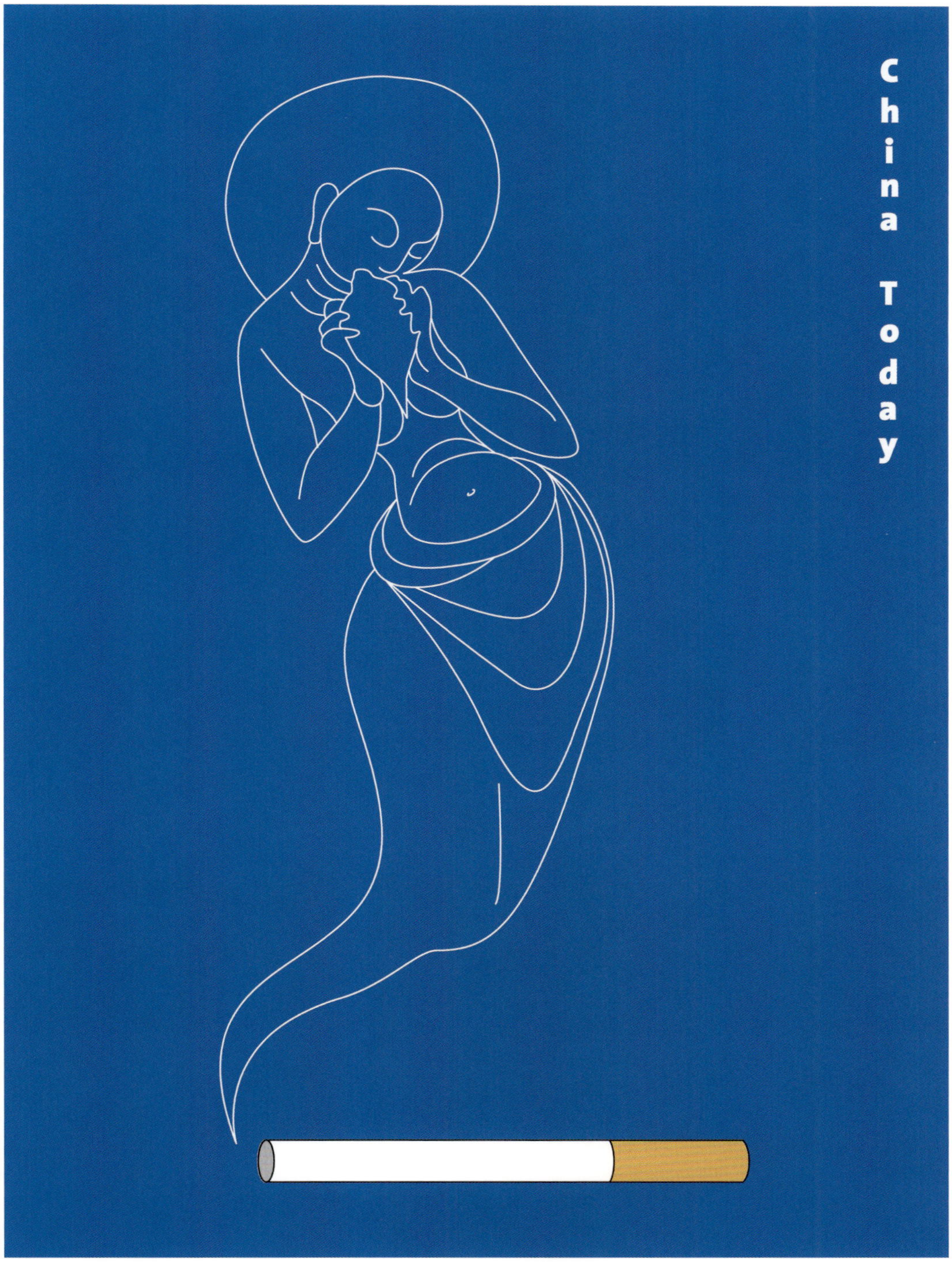

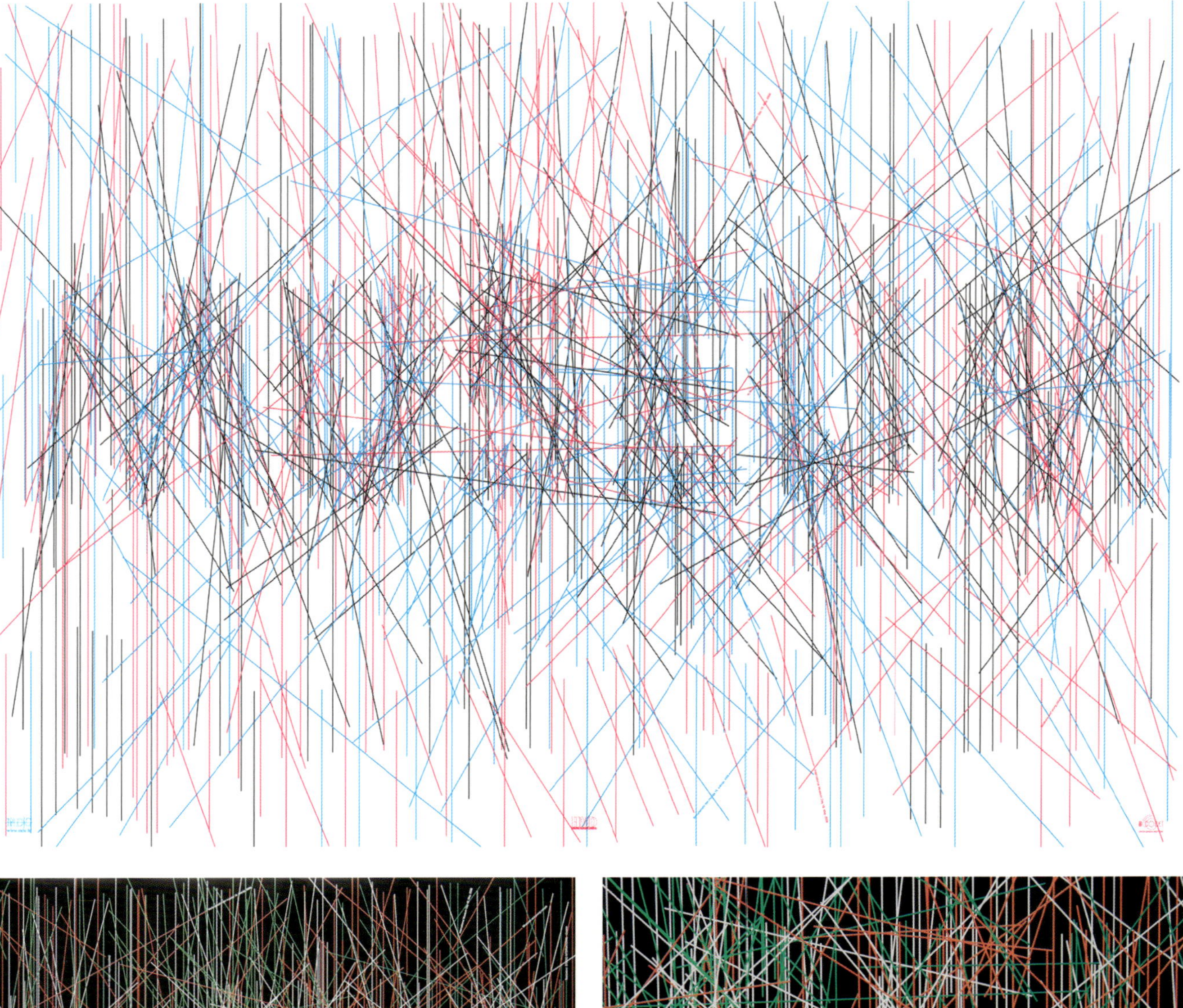

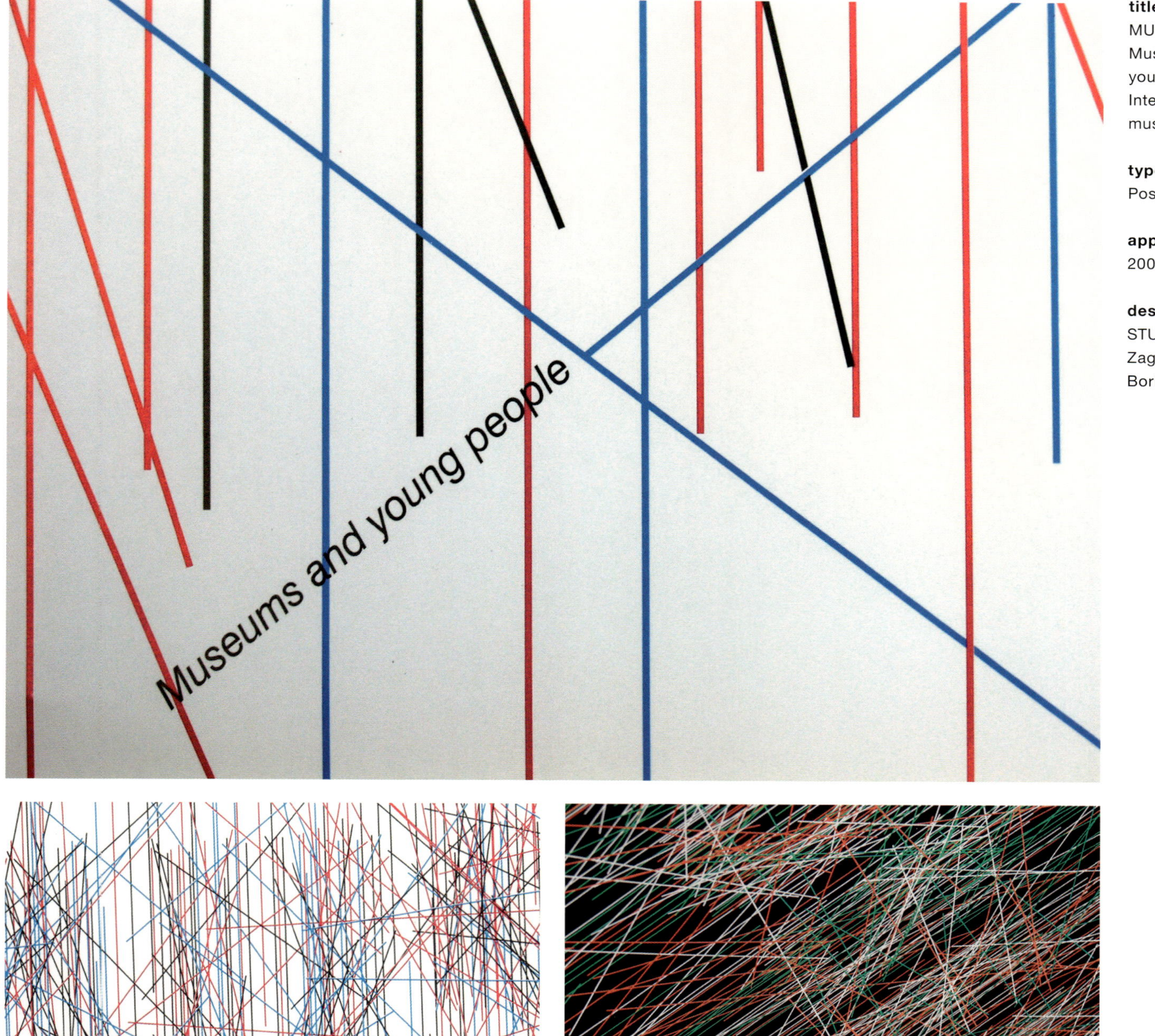

title
MUSEUM / Museums and young people / International museum day

type of work
Posters

appeared in
2006

design
STUDIO INTERNATIONAL, Zagreb
Boris Ljubicic

title
Jazz Festival Willisau 2005

type of work
Poster

appeared in
2005

client
Jazz in Willisau

design
Niklaus Troxler Design,
Willisau
Creative direction:
Prof. Niklaus Troxler
Art direction:
Prof. Niklaus Troxler
Illustration:
Prof. Niklaus Troxler

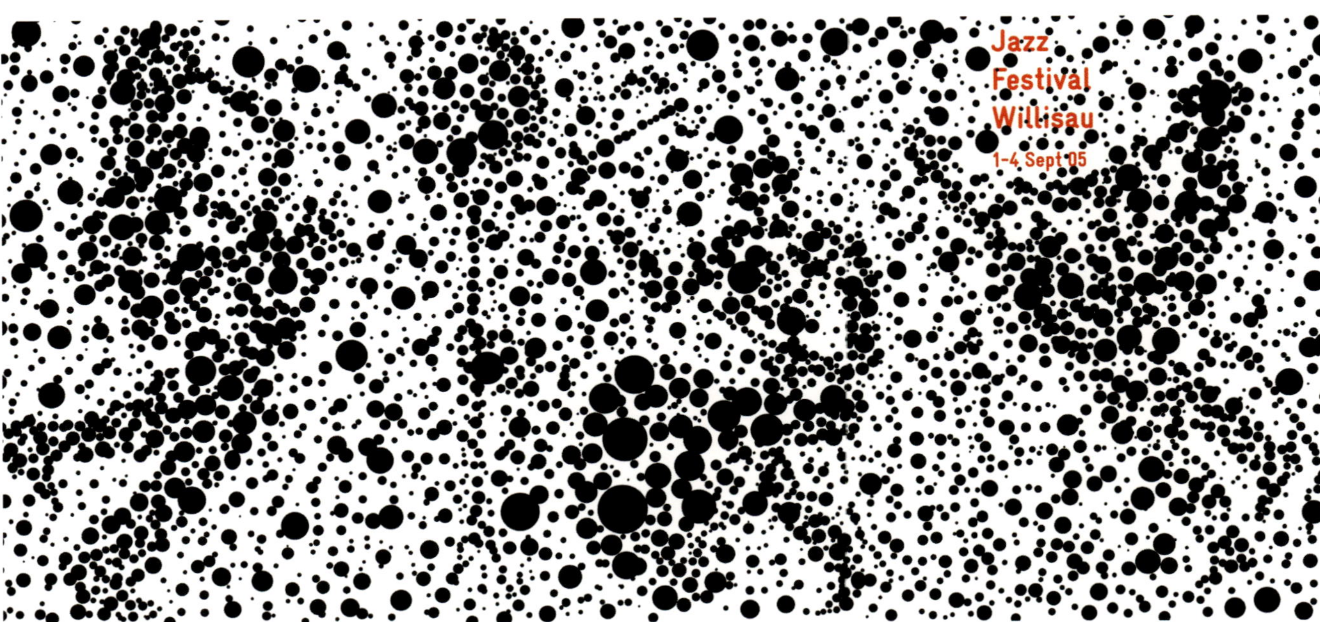

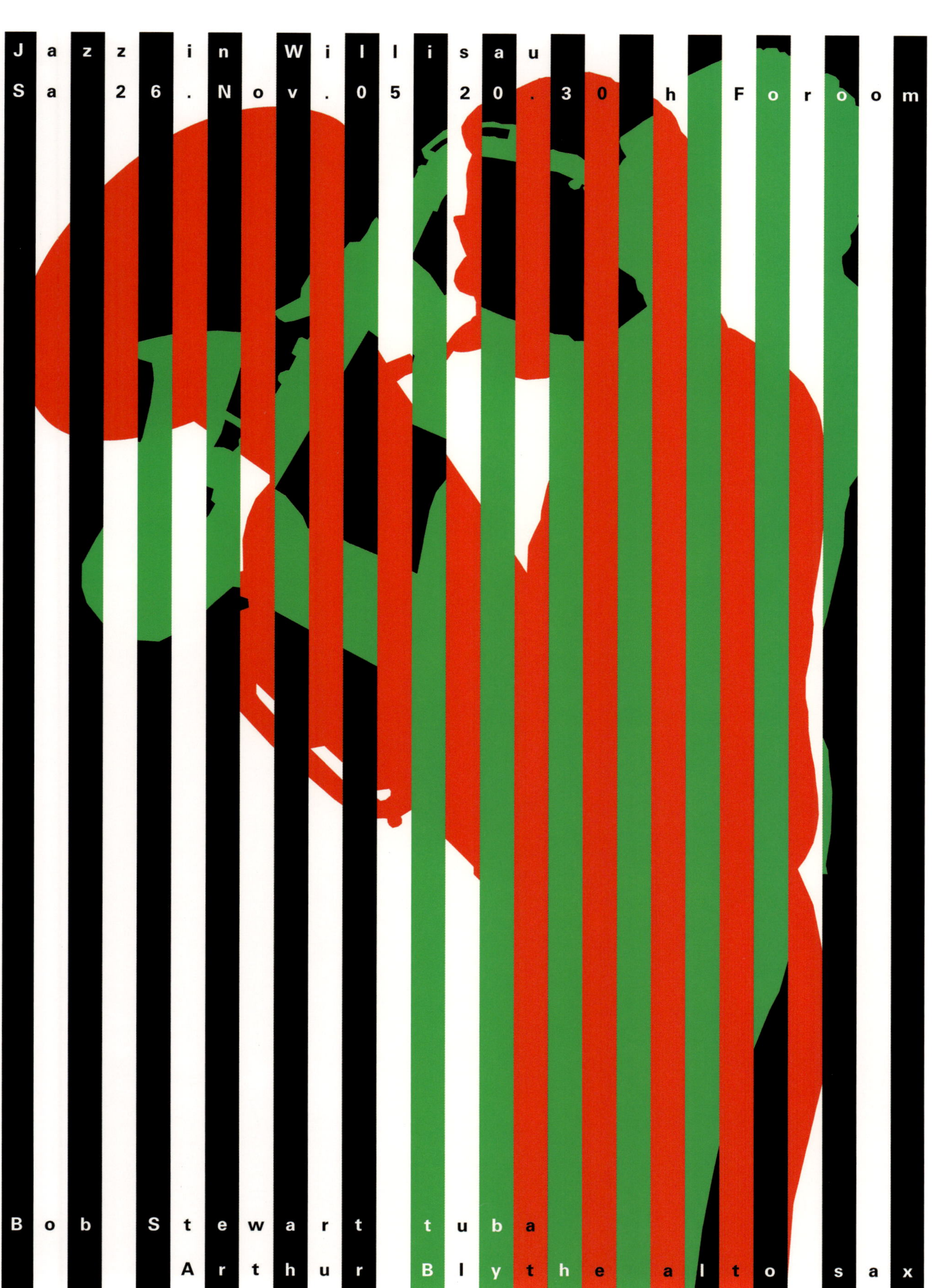

title
Bob Stewart –
Arthur Blythe

type of work
Poster

appeared in
2005

client
Jazz in Willisau

design
Niklaus Troxler Design,
Willisau
Creative direction:
Prof. Niklaus Troxler
Art direction:
Prof. Niklaus Troxler
Illustration:
Prof. Niklaus Troxler

title
Festival Junger Talente
(junior award)

type of work
Poster

appeared in
2006

client
Verein für Kunstförderung
Rhein-Main e.V.,
Frankfurt/Main

design
Christina Föllmer,
Offenbach
Catrin Sonnabend,
Offenbach
Photography:
Klaus Wäldele
Creative direction:
Christina Föllmer,
Catrin Sonnabend
Art direction:
Christina Föllmer,
Catrin Sonnabend
Strategic planning:
Christina Föllmer,
Catrin Sonnabend

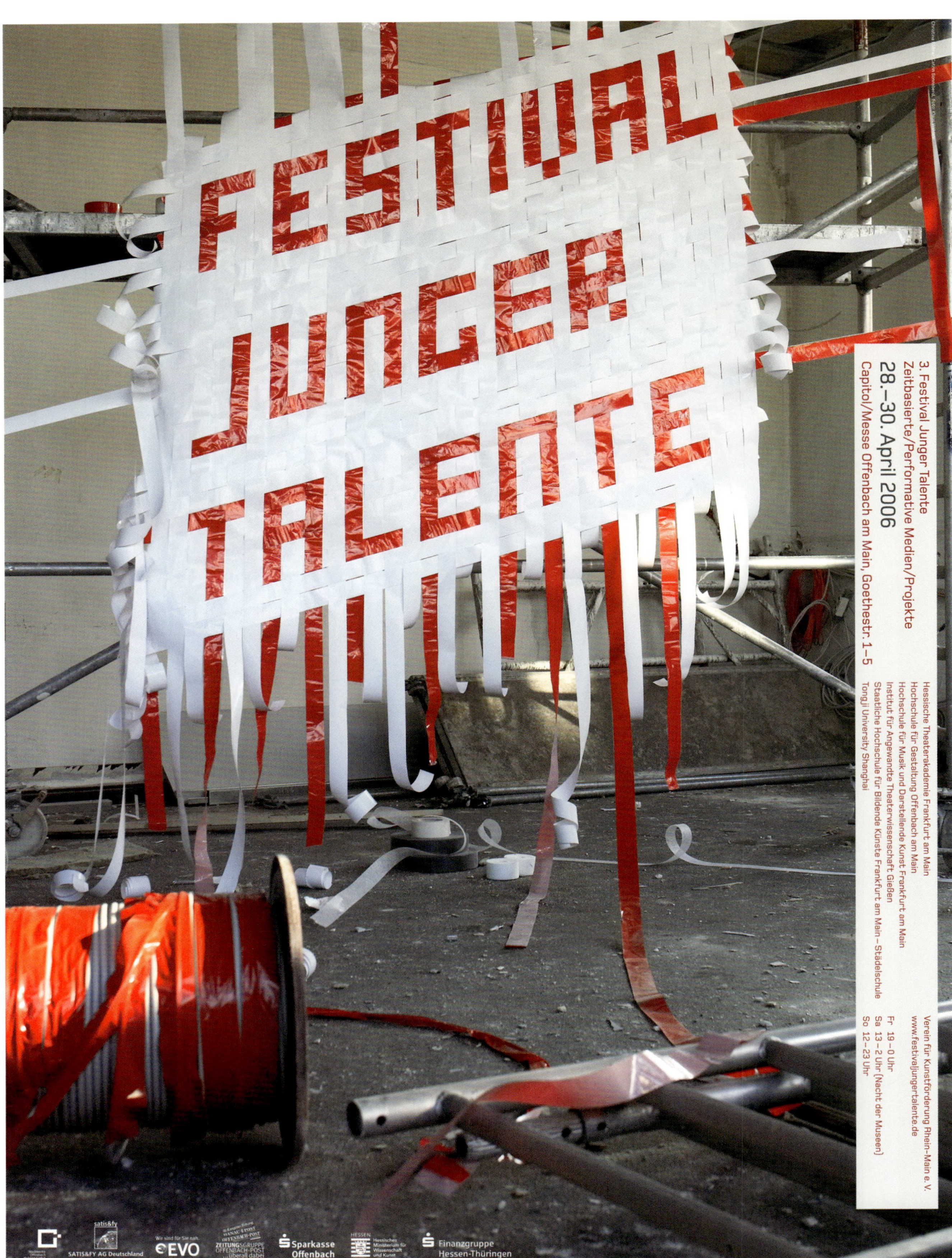

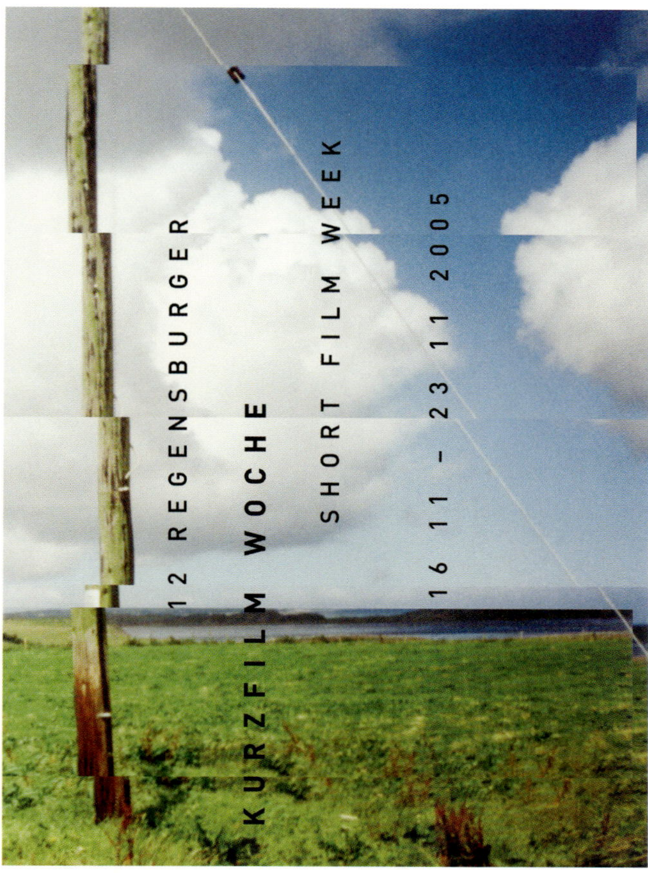

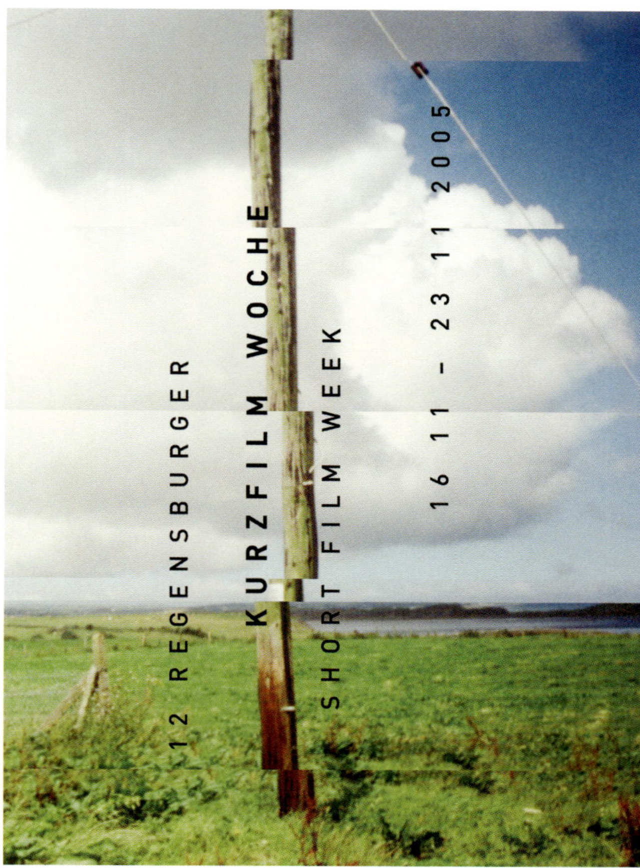

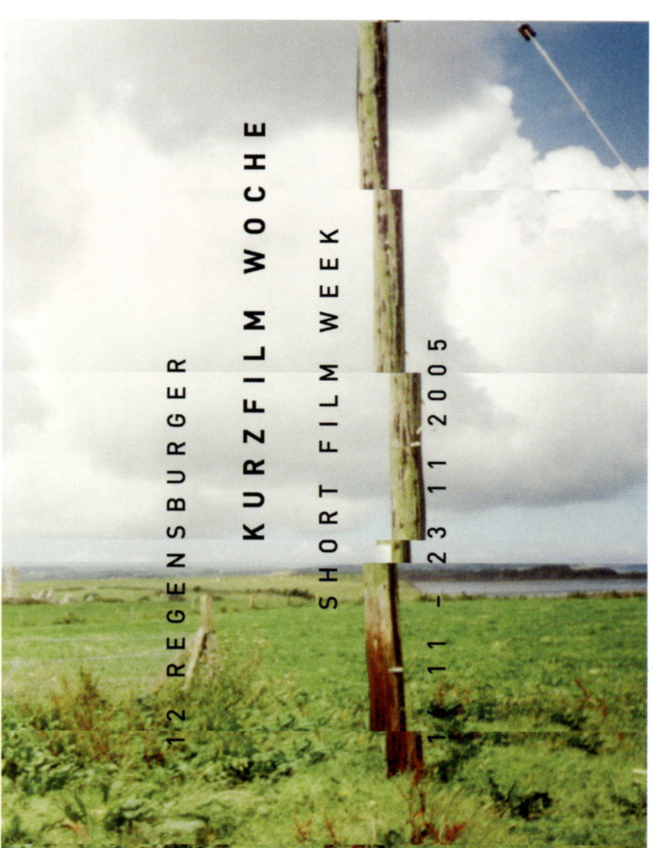

title
Plakatreihe für die Regensburger Kurzfilmwoche 2005 (junior award)

type of work
Poster series

appeared in
2005

client
Regensburger Kurzfilmwoche
Arbeitskreis Film Regensburg e.V., Regensburg

design
Markwald und Neusitzer, Frankfurt/Main
Photography:
Nina Neusitzer
Art direction:
Nina Neusitzer,
Nicolas Markwald

Asta Baumöller
David Linderman
Tyron Montgomery

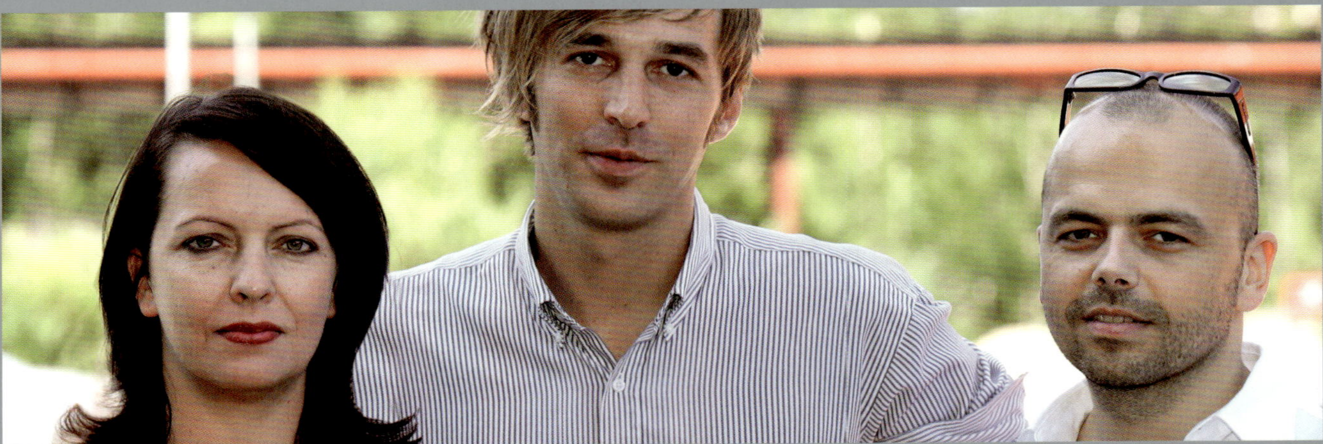

Bewegte Bilder im Netz

Im Bereich der interaktiven Medien ist der technische Fortschritt am deutlichsten zu erkennen. Dank DSL haben mittlerweile viele Nutzer eine schnelle Internetverbindung, was auch den Gestaltern neue Möglichkeiten eröffnet, denn lange Ladezeiten für Flashanimationen oder Videos müssen jetzt nicht mehr berücksichtigt werden. Auffällig ist eine Begeisterung für bewegte Bilder. In Anlehnung an Kompositionen, wie man sie bisher nur aus Filmen und Videoclips kannte, werden die Bildfolgen spielerischer und die Gestaltung allgemein experimentierfreudiger. Von der Integration ganzer Videos über ein psychedelisches Farbenspiel bis zum minimalistisch-übersichtlichen Layout ist alles möglich. „Die Kunst liegt gerade im gezielten Umgang mit den zur Verfügung stehenden Möglichkeiten“, beurteilt die Jury das vielfältige Spektrum. Auch die akustische Untermalung wird zunehmend bedeutender bei der Gestaltung von Websites, doch das perfekte Zusammenspiel zwischen Bild und Ton findet sich (noch) selten. Die wichtigste Anforderung an die Webgestaltung ist eine gelungene Interaktion mit dem Nutzer, die für beide Seiten größtmögliche Vorteile bietet.

Moving pictures on the net

In the field of interactive media technical innovation is most obvious. Thanks to DSL many users now have fast Internet connections – this also opens up new possibilities for designers, since long loading times for flash animations or videos no longer have to be considered. Noticeable is an enthusiasm for moving pictures. Following compositions previously only found in films and video clips, sequences of images become more playful and the design is more experimental overall. Anything is possible, from the integration of complete videos and a psychedelic play of colours to minimalist clear layouts. According to the jurors' evaluation of this multifaceted spectrum, "the art is in the targeted use of the available technical possibilities." The acoustic background is also becoming increasingly important in web design, but a perfect combination of image and sound is (still) scarce. The most important requirement on web design is successful interaction with the public which provides both sides with the greatest possible benefits.

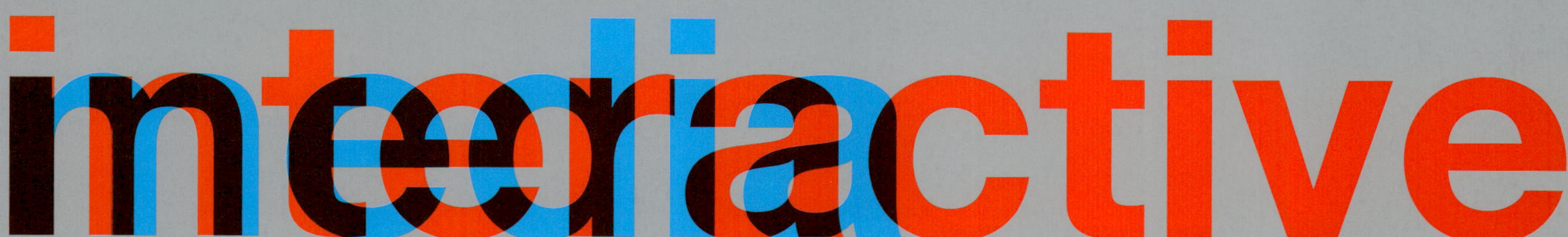
interactive
media

title
Elastique. We design.

type of work
Corporate website

appeared in
2005

client
Elastique. We design.,
Cologne

design
Elastique. We design.,
Cologne
Art direction:
Betty Schimmelpfennig
Text:
Andreas Schimmelpfennig
Producer:
Karz von Bonin (Flash)
Music/sound design:
Marius Ruhland,
Andreas Schimmelpfennig

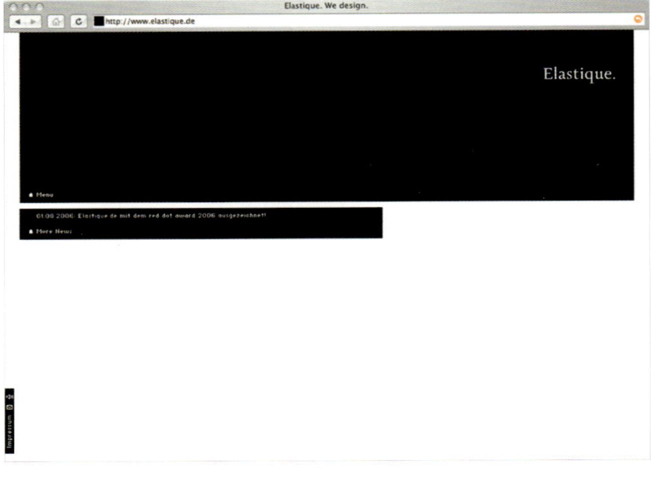

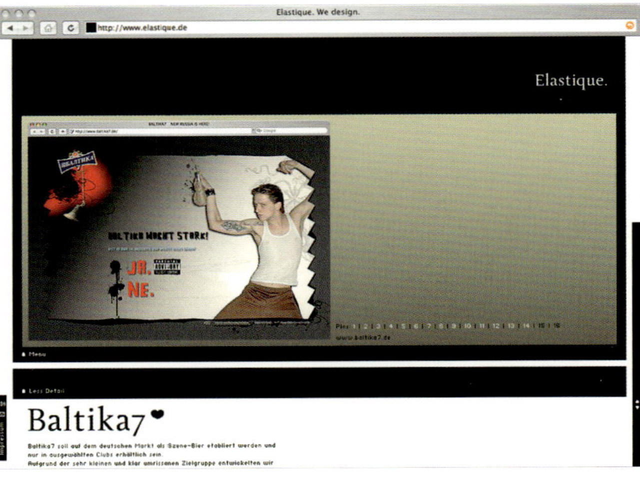

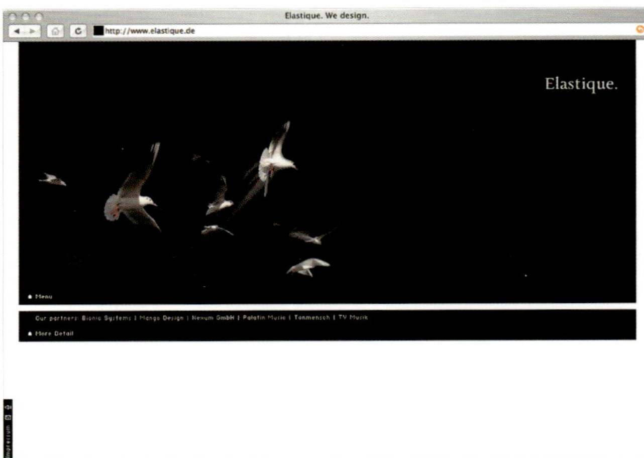

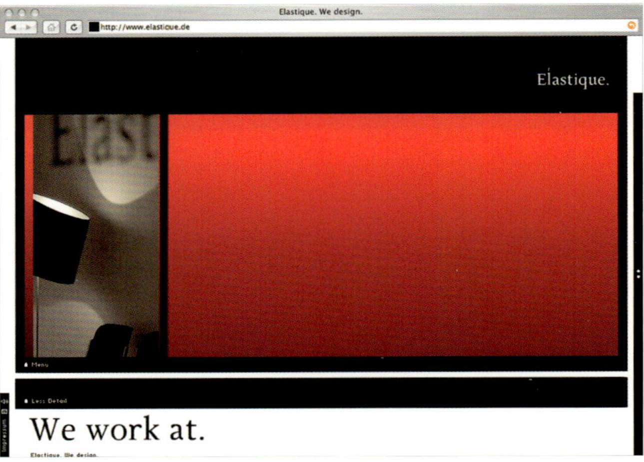

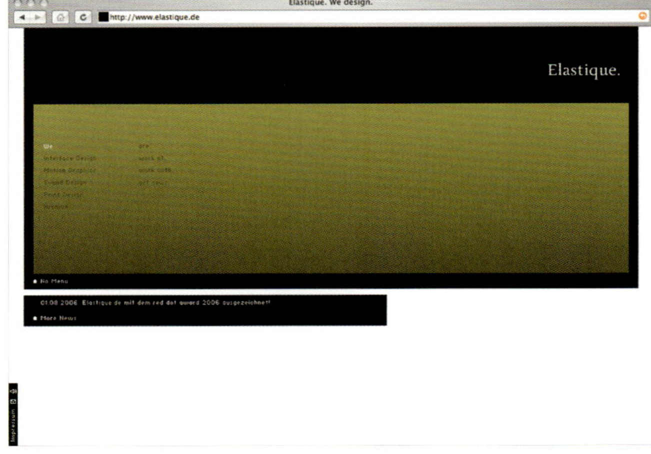

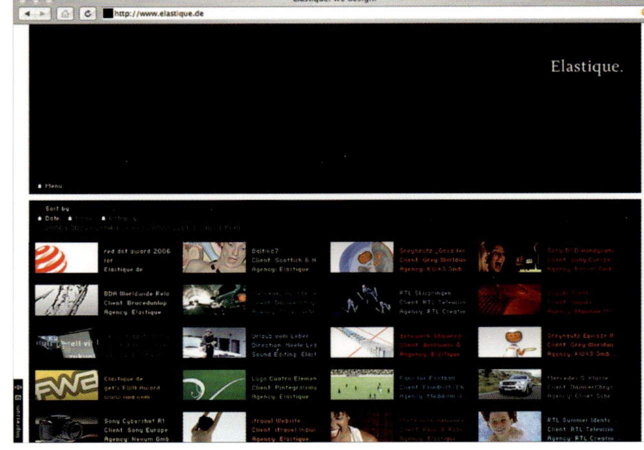

title
ecosign

type of work
Website

appeared in
2006

client
ecosign/Akademie für Gestaltung, Cologne

design
Komsign, Cologne

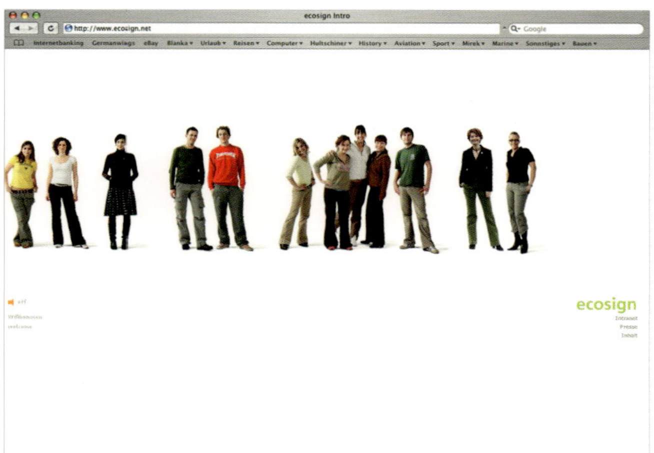

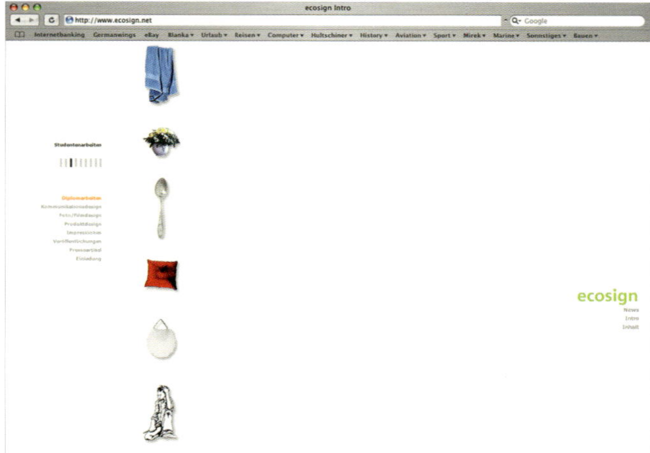

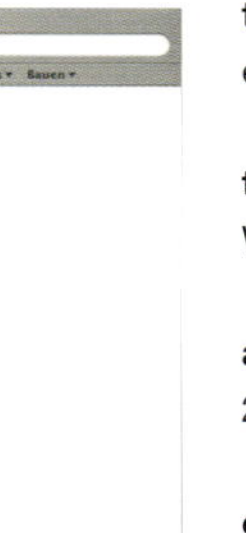

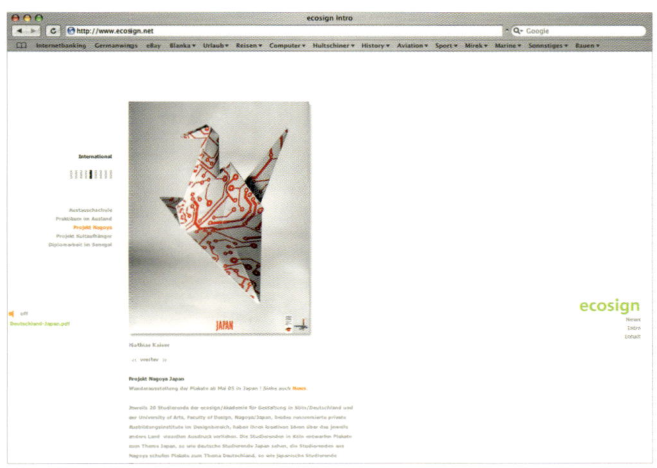

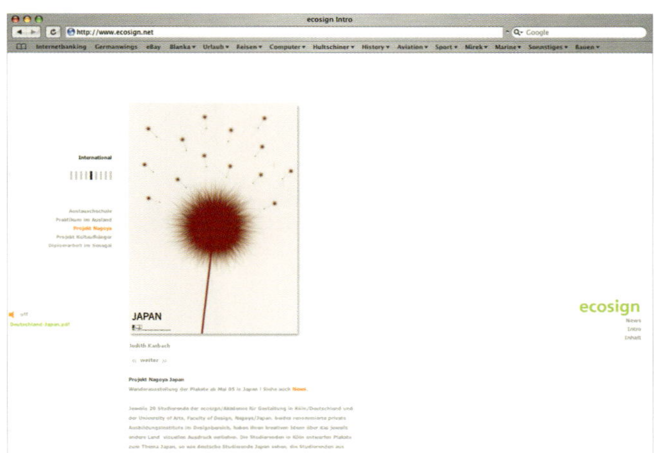

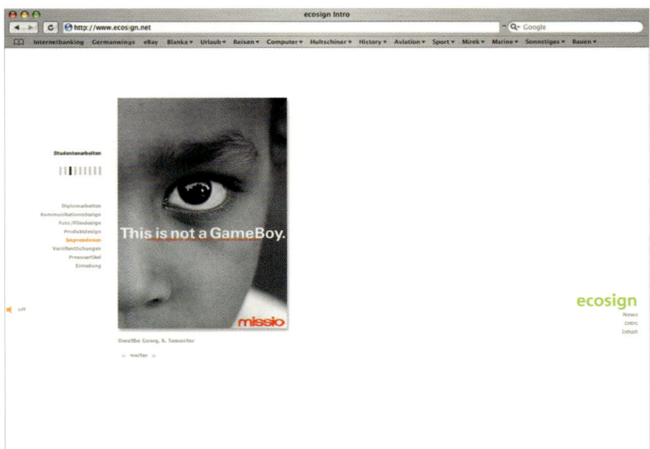

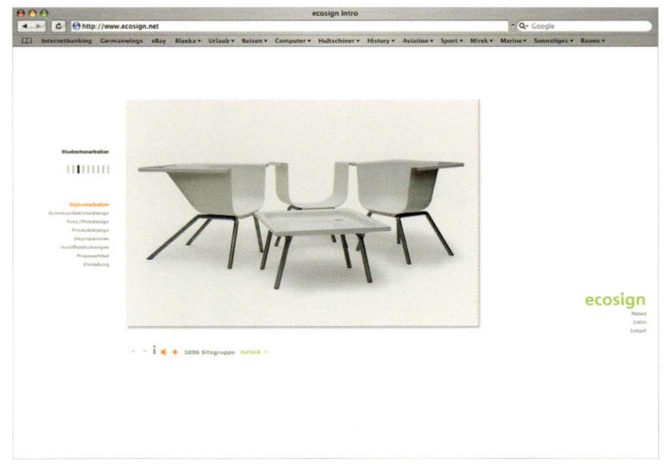

title
Gibsnisch

type of work
Online campaign

appeared in
2006

client
Sixt GmbH & Co.
Autovermietung KG,
Pullach

design
Jung von Matt/next GmbH,
Hamburg
Jung von Matt/Elbe GmbH,
Hamburg
Head of advertising:
Daniela Erdmann
(Sixt GmbH & Co. Auto-
vermietung KG)
Creative direction:
Bernd Kraemer,
Wolf Heumann,
Matthias Rauschen,
Tim Hanebeck
Art direction:
Sven Loskill, Martin Besl
Text:
Robert Ehlers,
Peter Kirchhoff
Customer advisory service:
Matthias Maurer,
Janet Tischer
Screen design:
Leif Abraham,
Martin Strutz
Production:
Effekt-Etage GmbH
Graphic design:
Peggy Weis,
Vanessa Rabea Schrooten,
Andreas Ruthemann

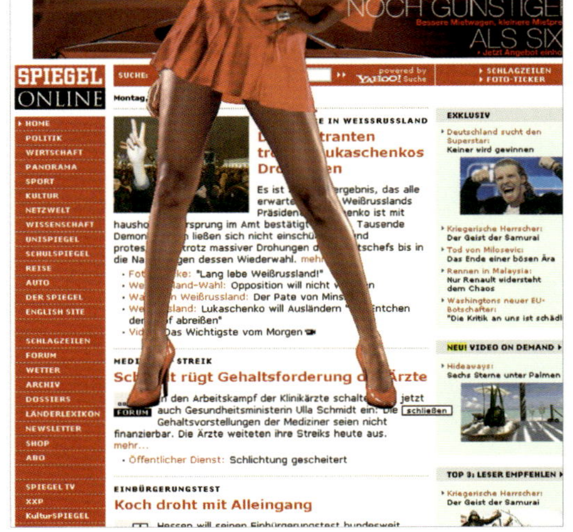

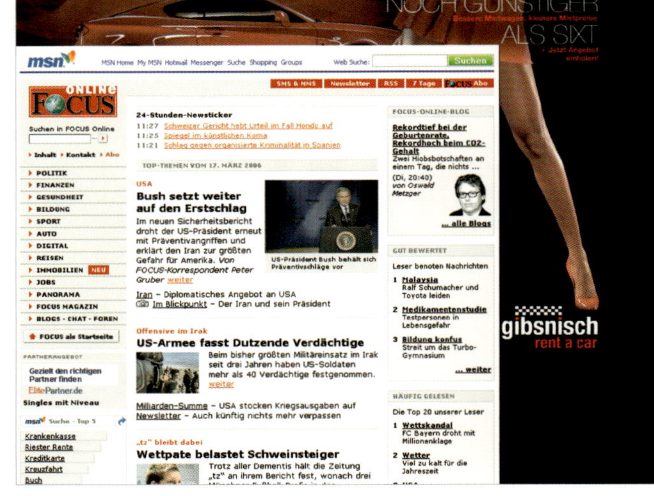

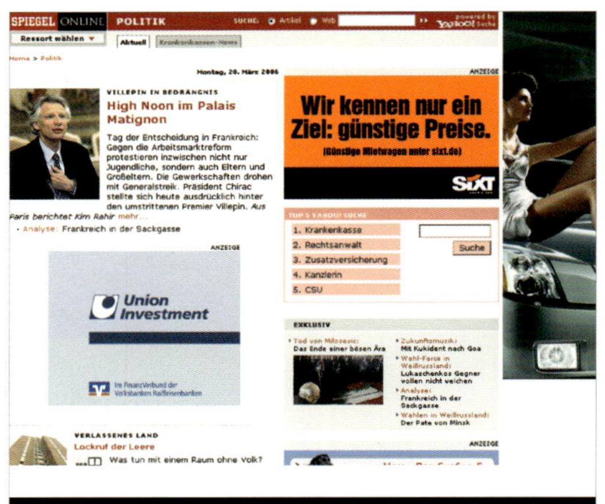

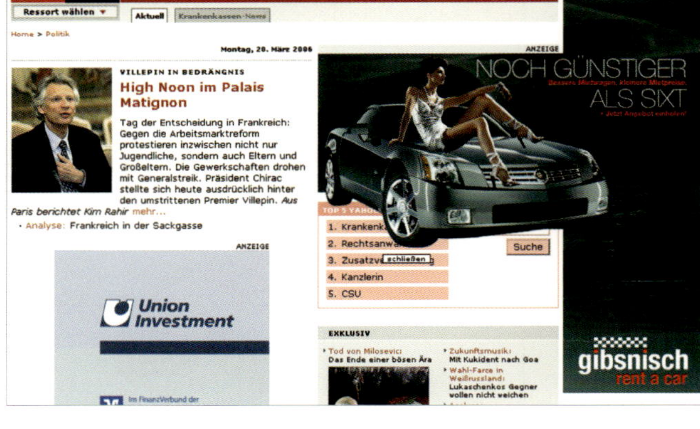

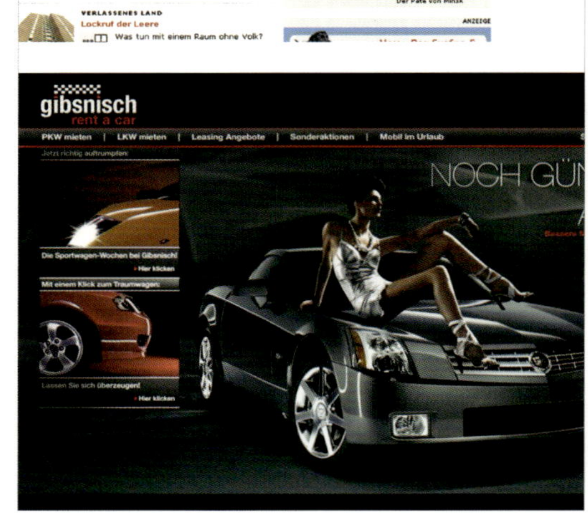

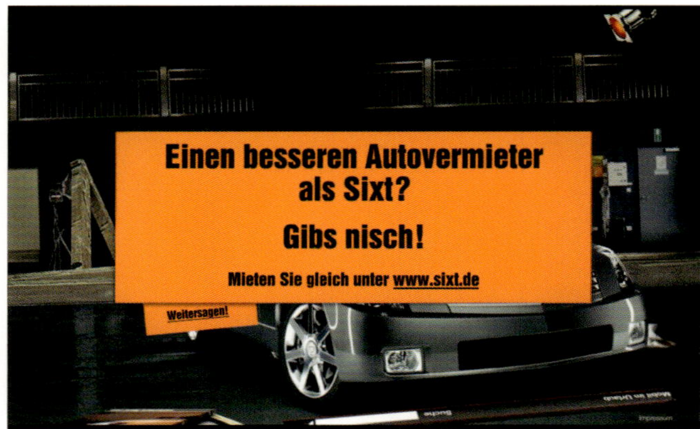

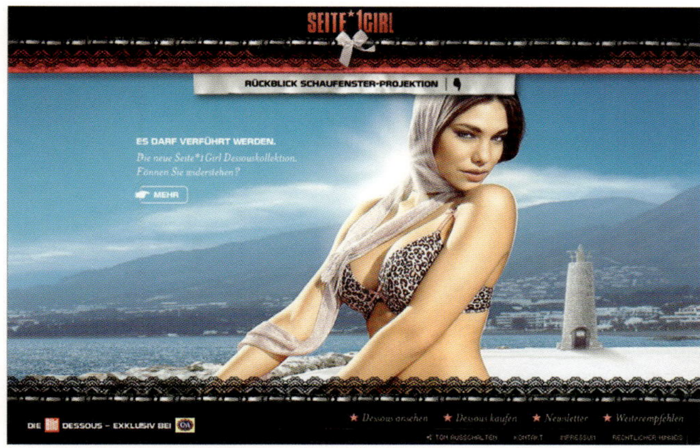

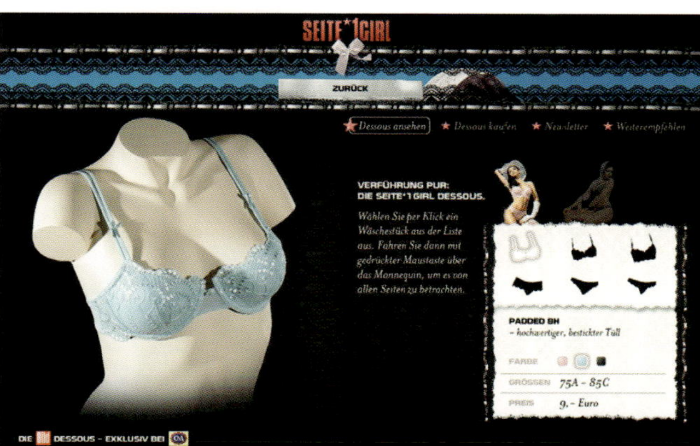

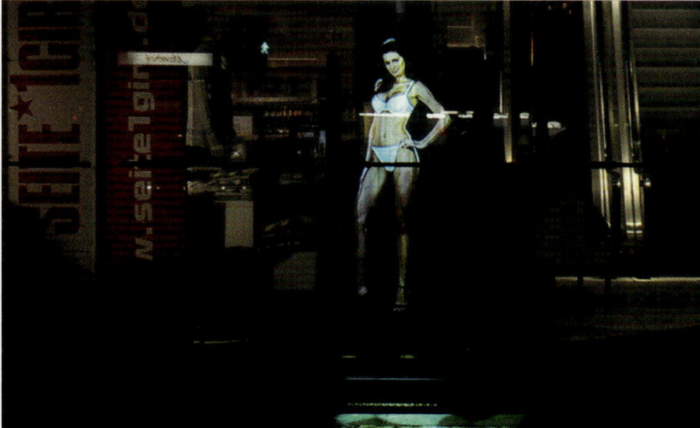

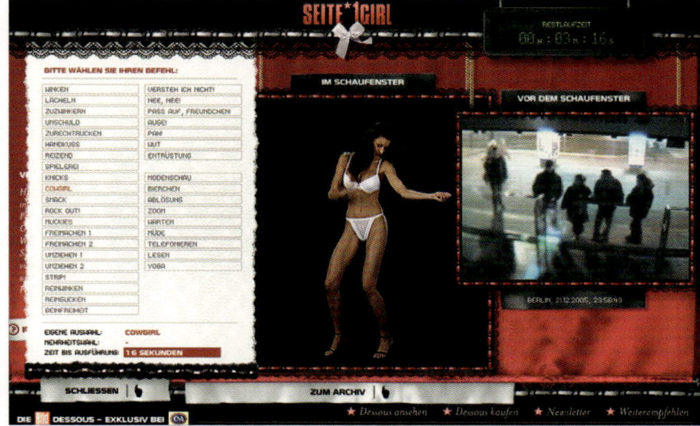

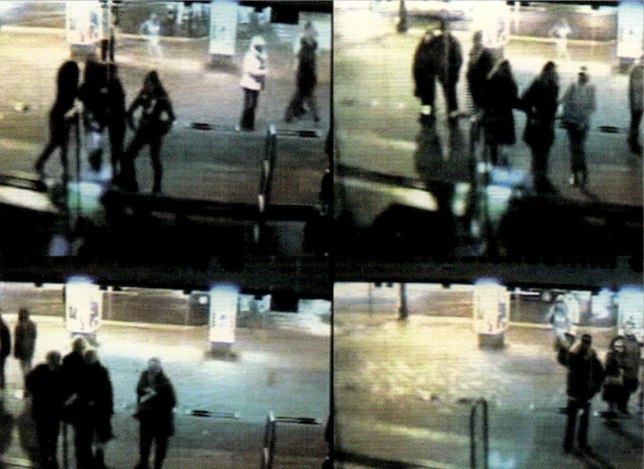

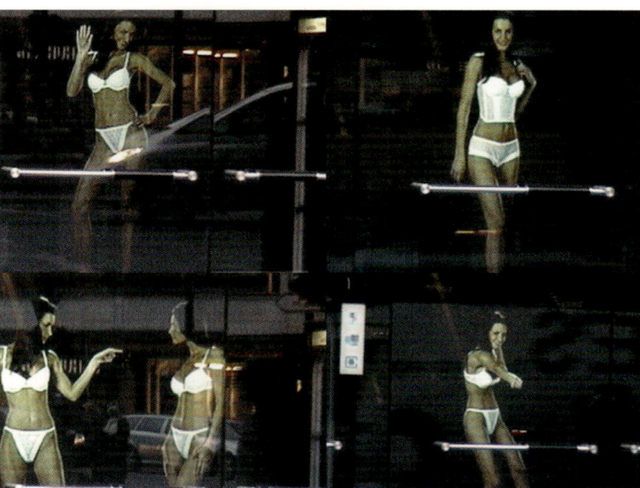

title
Seite*1Girl

type of work
Digital installation, website

appeared in
2005

client
Axel Springer AG, Hamburg

design
Jung von Matt/next GmbH, Hamburg
Head of advertising:
Markus Dömer (Axel Springer AG)
Creative direction:
Bernd Kraemer
Art direction:
Sven Loskill
Text:
Robert Ehlers
Customer advisory service:
Michael Behrens
Film production:
Fata Morgana
Film direction:
Alan Vydra
Camera:
Alan Vydra
Film editing:
Alan Vydra, Ole Bergmann, Hannes Wöhrle
Agency producer:
Stefan Seifert
Technical concept:
Benjamin Herholz, Jan-M. Studt
Technical realisation:
Benjamin Herholz, Jan-M. Studt
Photography:
Jan-M. Studt
Art buying:
Hülya Corty

title
Codeluxe

type of work
Website

appeared in
2005

client
Codeluxe
Christel / Göldner /
Zeising GbR, Berlin

design
Codeluxe
Christel / Göldner /
Zeising GbR, Berlin
Hugo Göldner

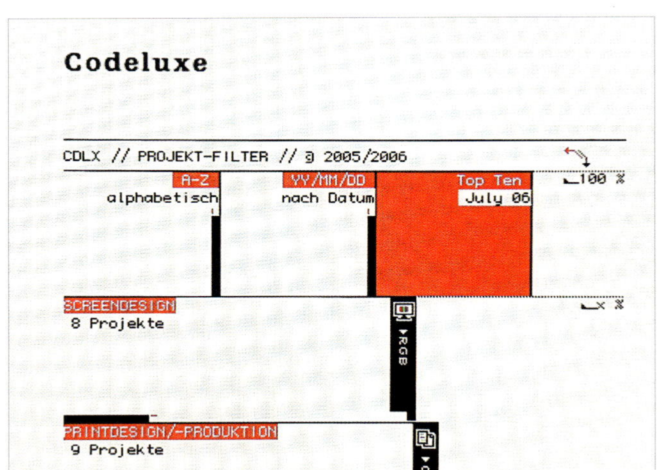

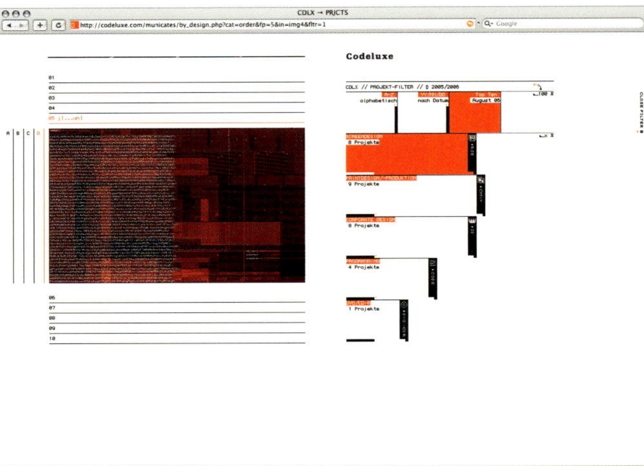

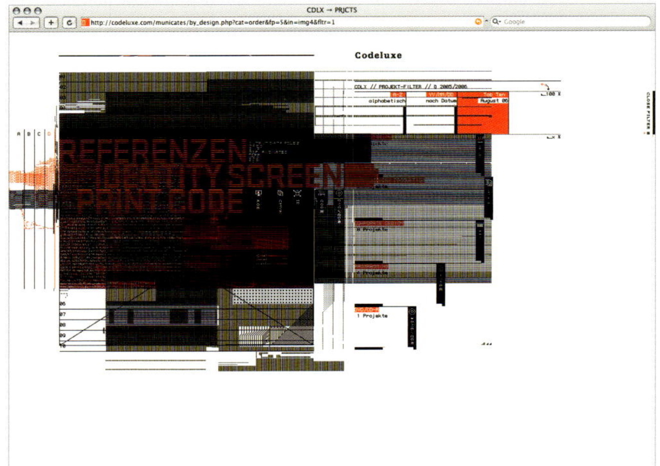

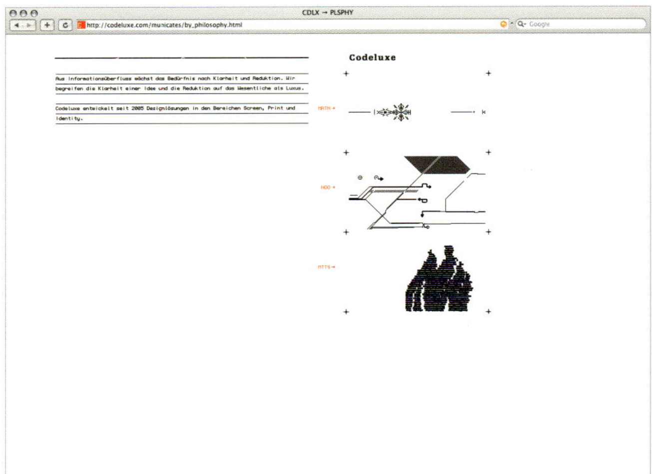

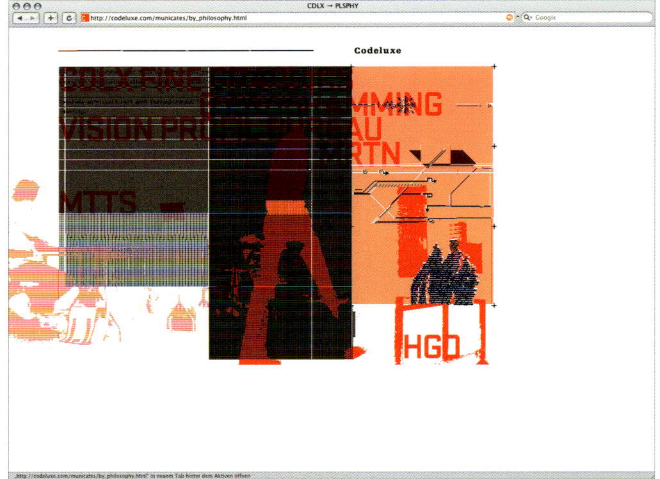

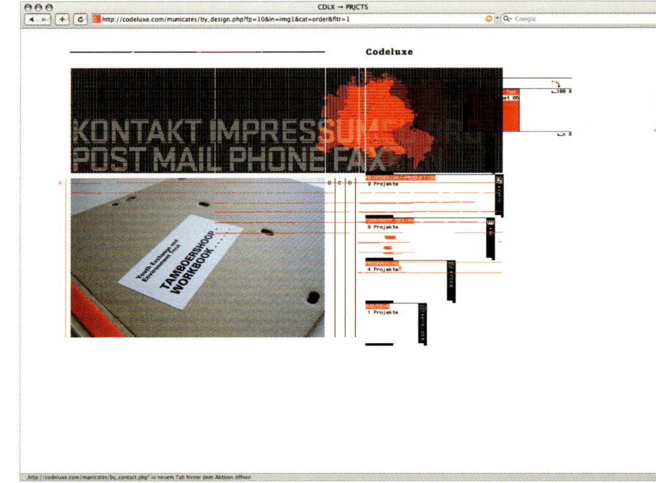

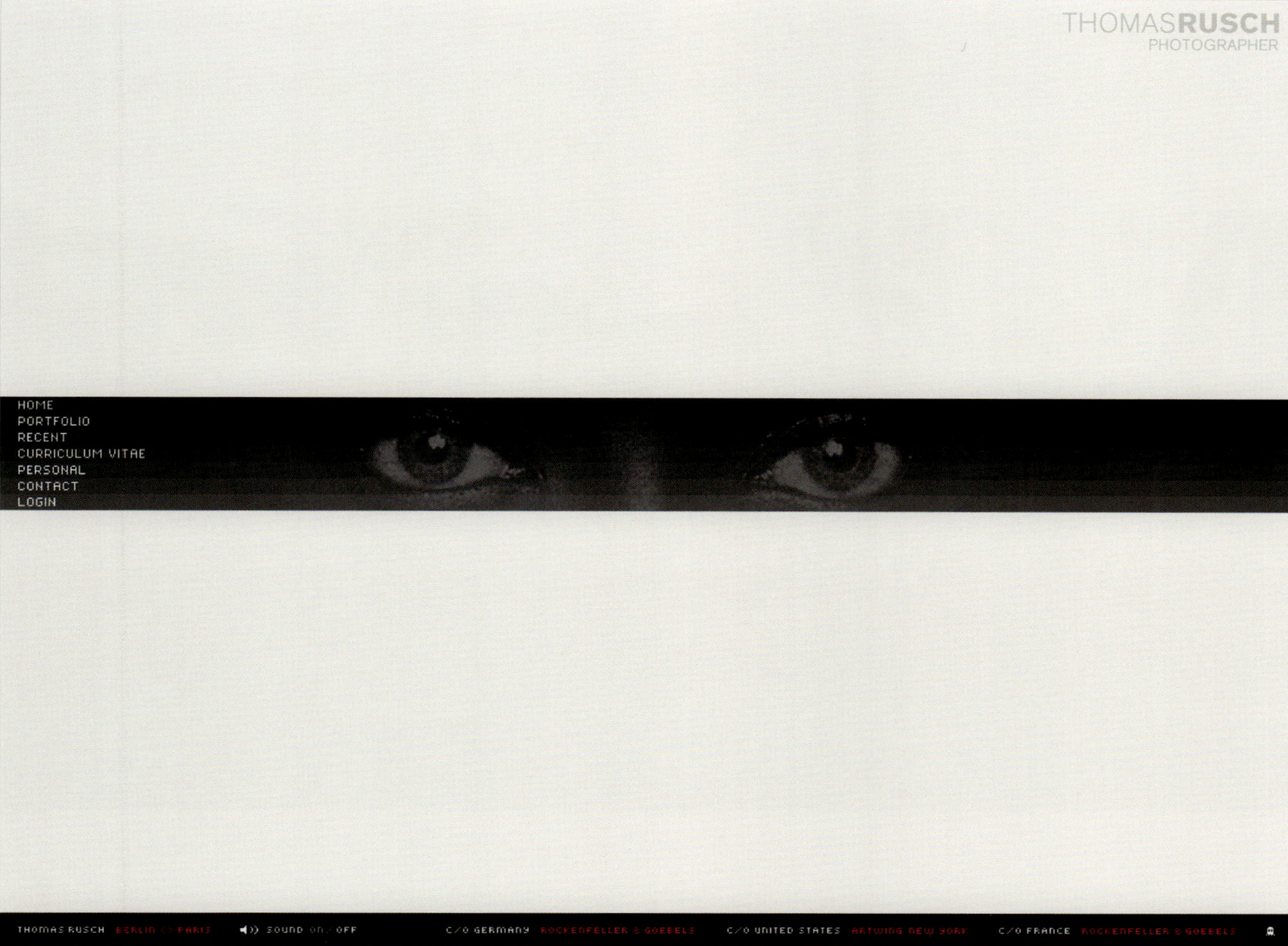

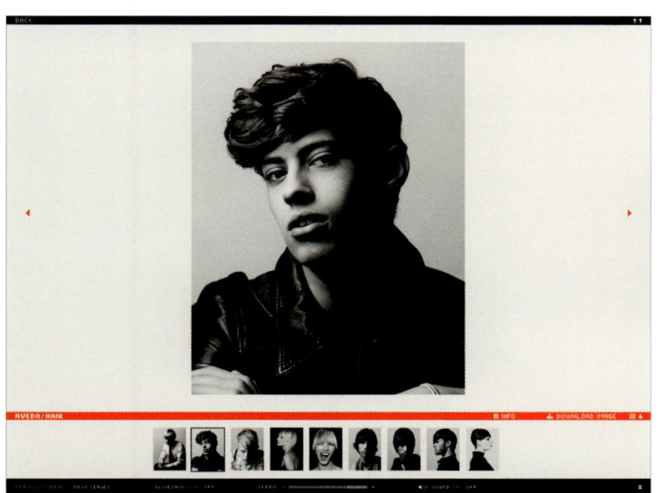

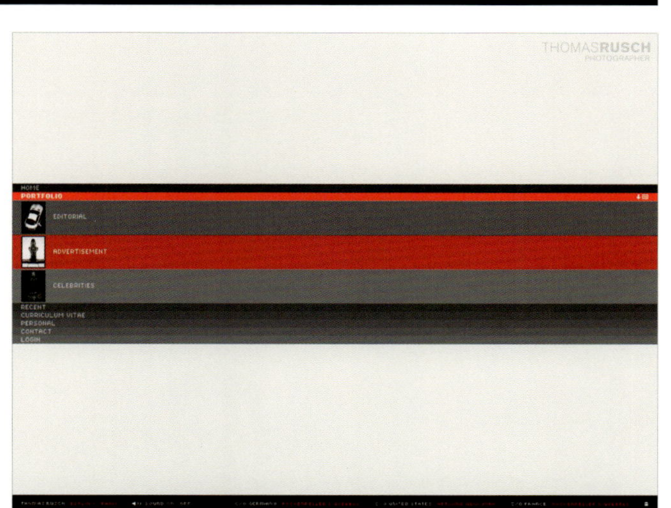

title
Thomas Rusch

type of work
Website

appeared in
2006

client
Thomas Rusch,
Paris / Berlin

design
Tilt Design Studio,
Hamburg
Guido von Schneider
Marientreu, Marc Antosch
Music/sound design:
Carsten Scholz

title
Mercedes-Benz
“PASSIONists”

type of work
Web special

appeared in
2006

client
DaimlerChrysler Vertriebs-organisation Deutschland, Berlin

design
Elephant Seven AG, Hamburg
Head of marketing:
Frank Schmuntzsch
Head of advertising:
Söhnke Wulff
(DaimlerChrysler Vertriebsorganisation Deutschland)
Creative direction:
Dirk Ollmann,
Daniel Richau
Art direction:
Kai Becker
Text:
Benjamin Bruno
Customer advisory service:
Claus Jacobsen,
Jost Thedens
Flash:
Kim Christiansen
Screen design:
David Audembrinke

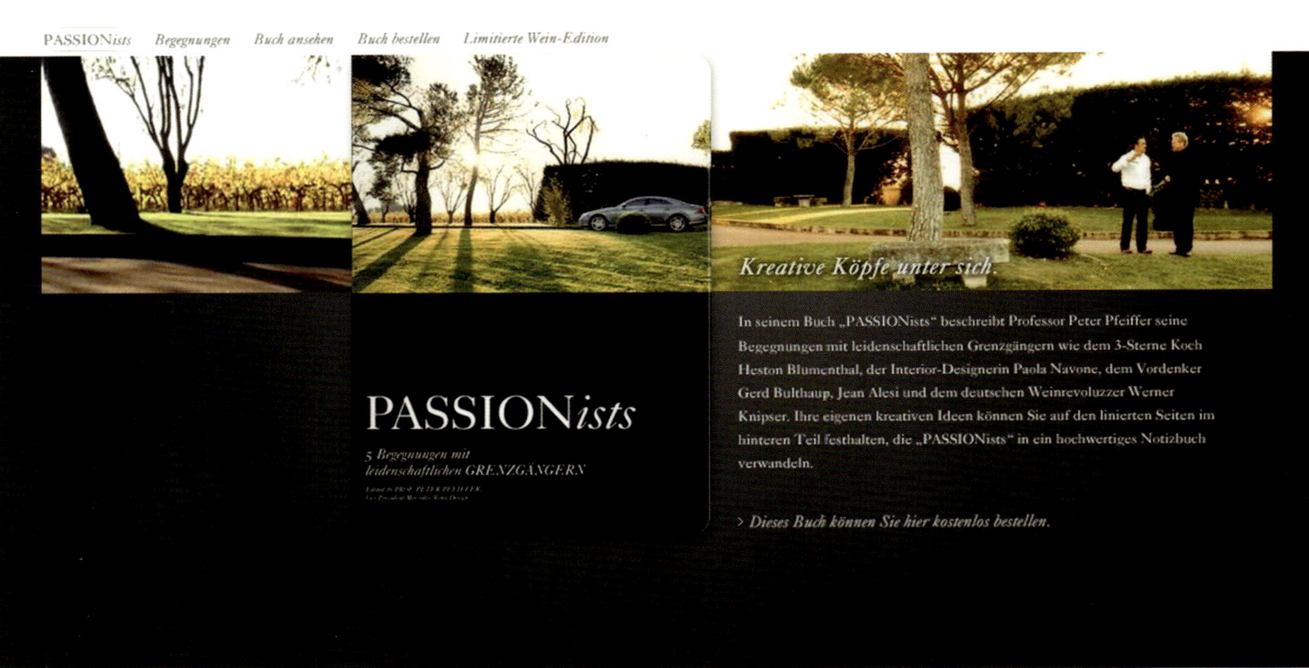

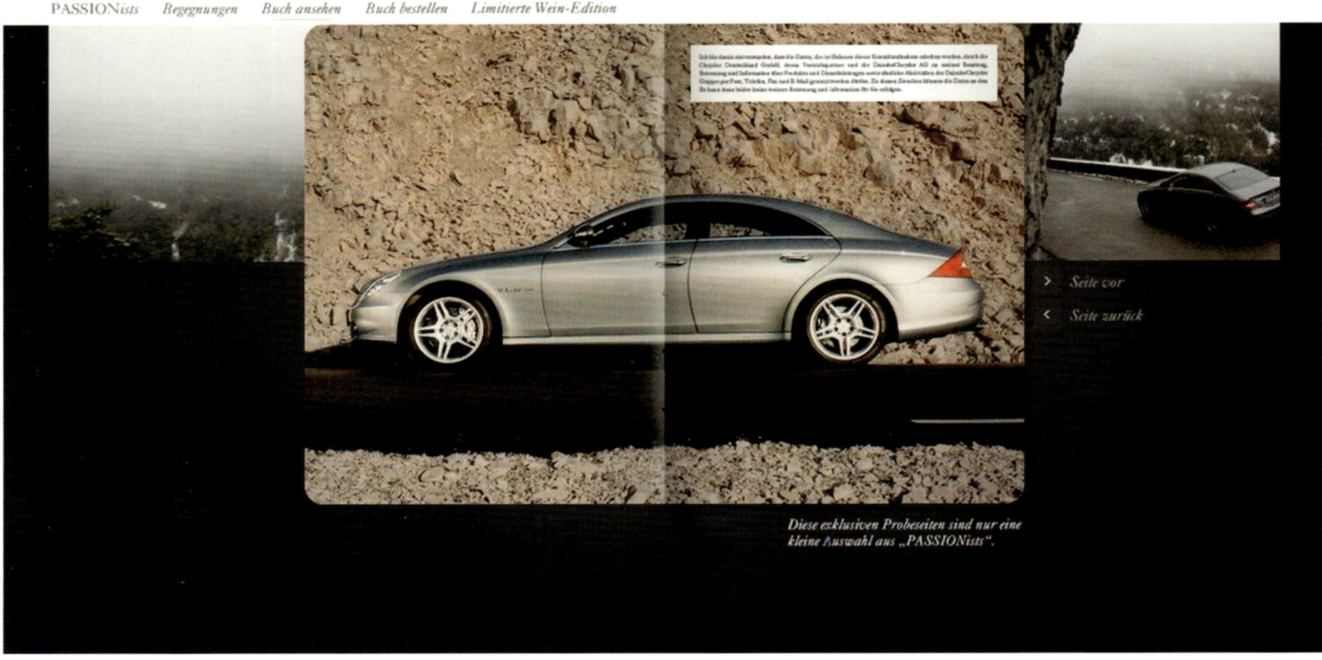

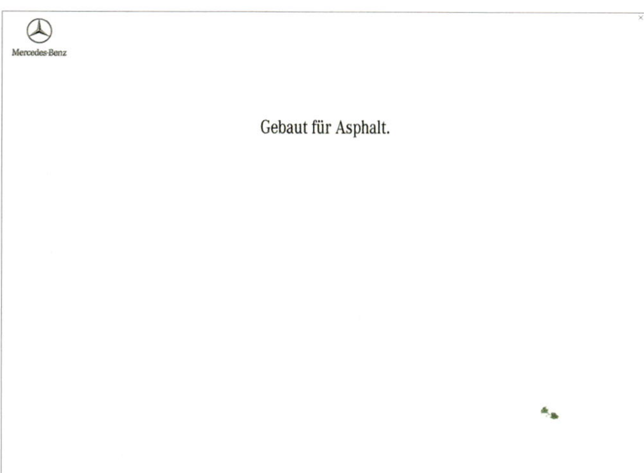

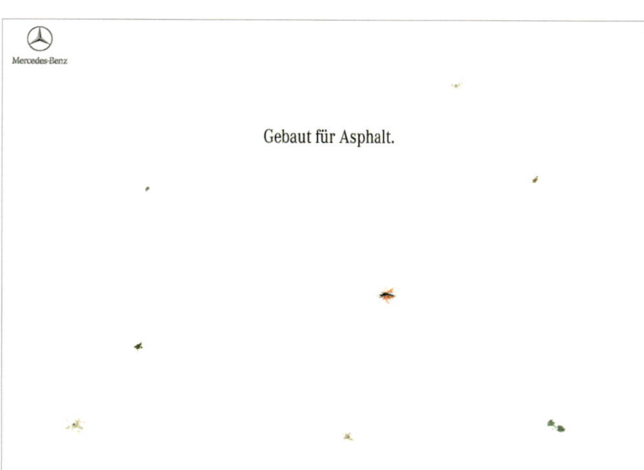

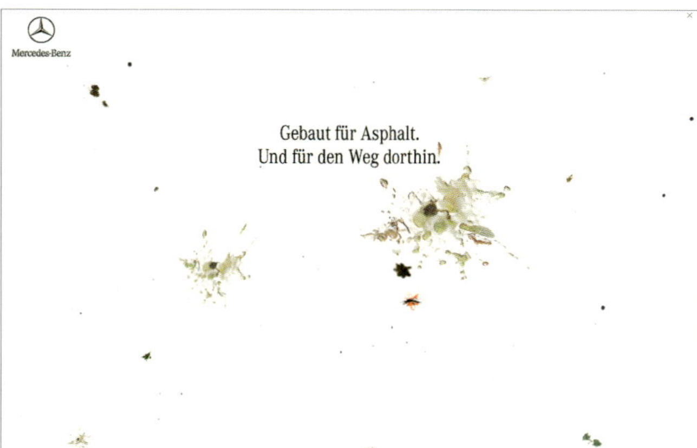

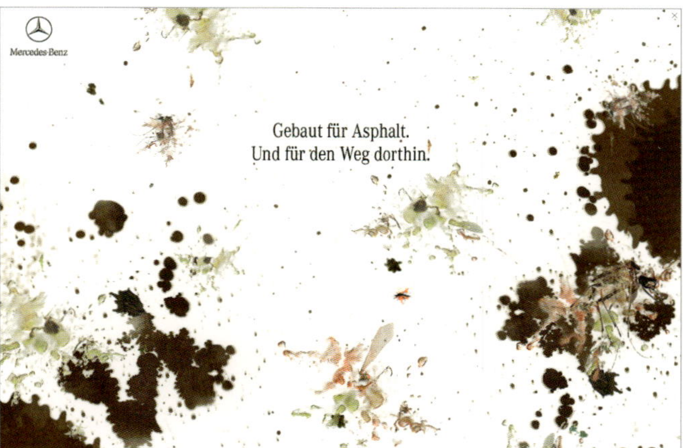

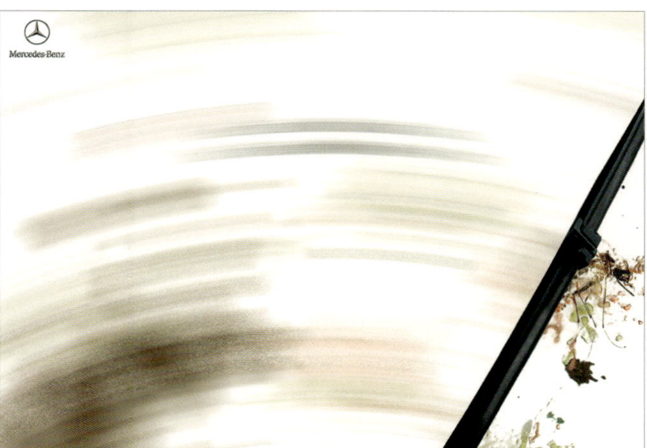

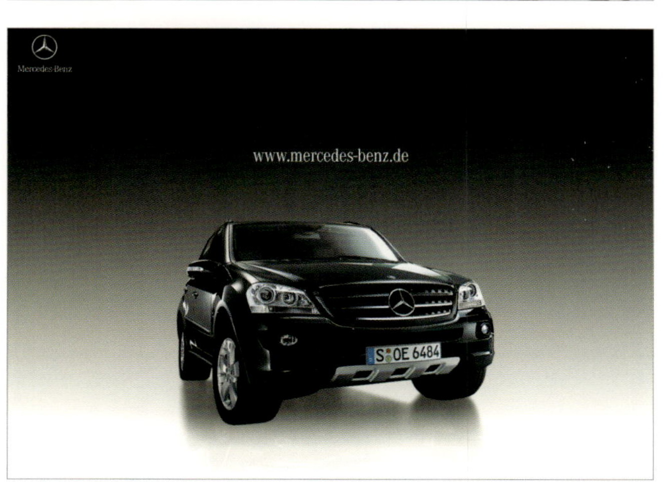

title
Mercedes-Benz M-Klasse
"Splatter"

type of work
Screensaver

appeared in
2005

client
DaimlerChrysler Vertriebs-
organisation Deutschland,
Berlin

design
Elephant Seven AG,
Hamburg
Head of marketing:
Klaus Burghauser
Head of advertising:
Söhnke Wulff
(DaimlerChrysler
Vertriebsorganisation
Deutschland)
Creative direction:
Dirk Ollmann,
Daniel Richau
Art direction:
Kai Becker
Text:
Benjamin Bruno
Customer advisory service:
Matthias Mühlenhoff,
Claus Jacobsen
Flash:
Rouven Laurien
Screen design:
Till Hinrichs

title
Dodge
"Grab life by the horns"

type of work
Web special

appeared in
2005

client
Chrysler Deutschland
GmbH, Berlin

design
Elephant Seven AG,
Hamburg
Head of marketing:
Robert Scheffler
Head of advertising:
Matthias Möhler (Chrysler
Deutschland GmbH)
Creative direction:
Dirk Ollmann,
Daniel Richau
Art direction:
Sven Giese, Kai Becker
Text:
Benjamin Bruno
Customer advisory service:
Claus Jacobsen,
Stefanie Rohde
Strategic planning:
Matthias Mühlenhoff
Flash:
Arne Otto
Screen design:
Till Hinrichs,
Markus Schmidt

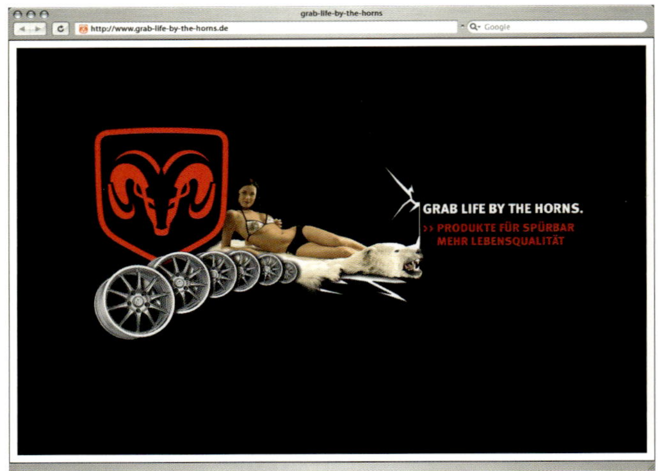

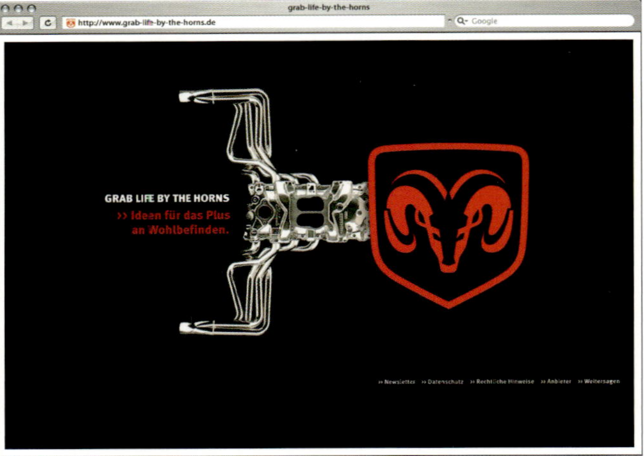

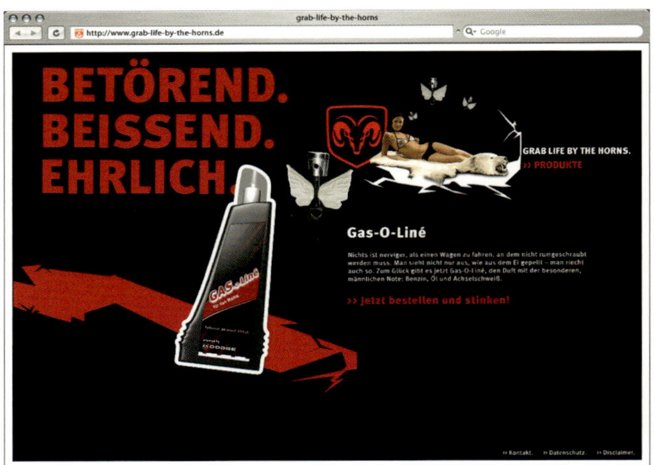

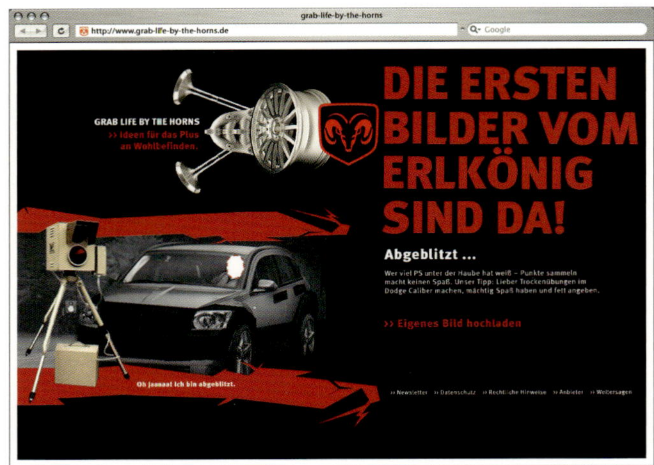

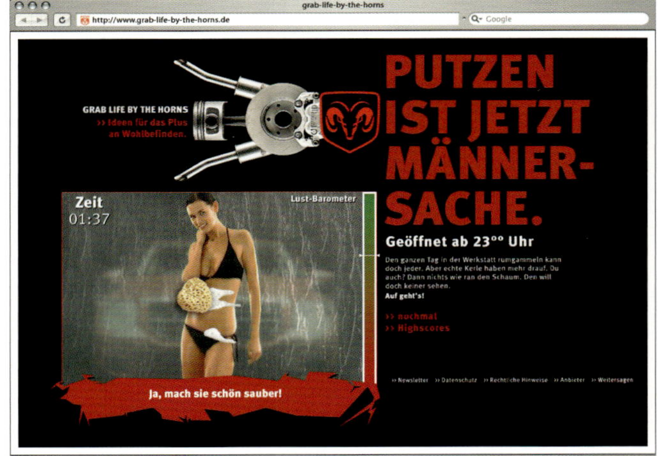

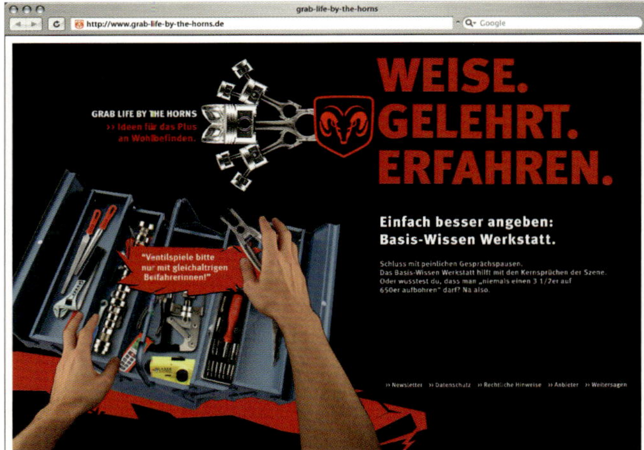

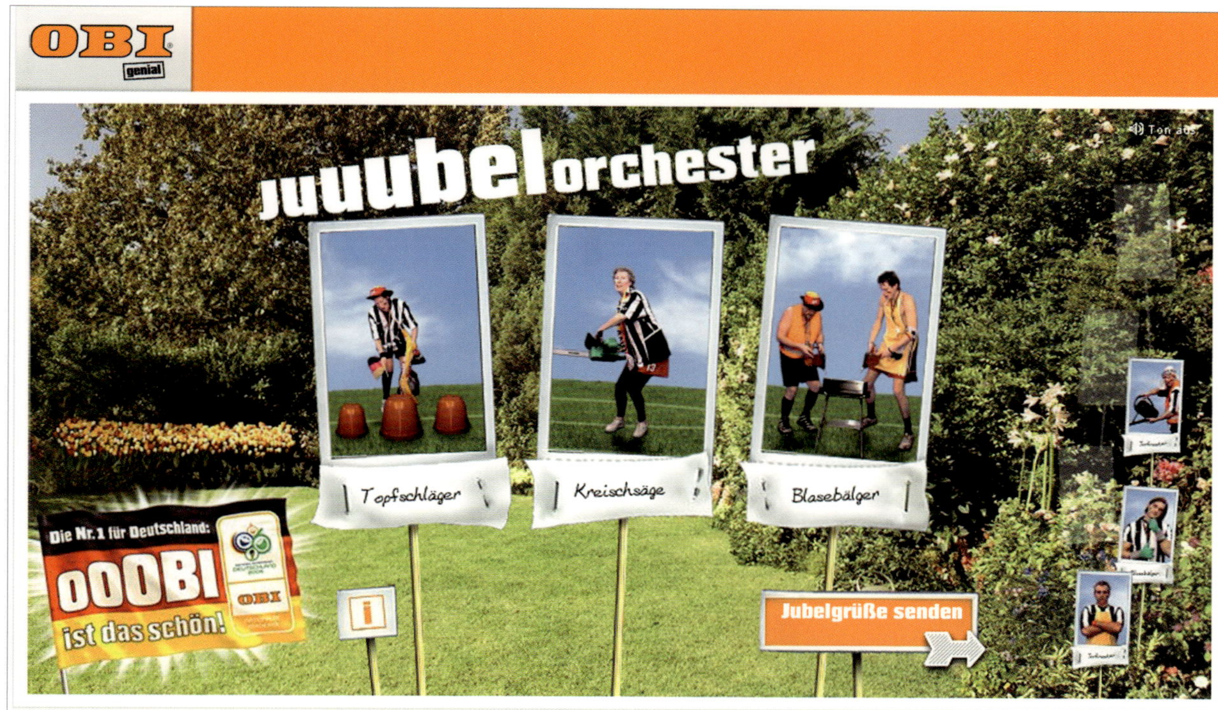

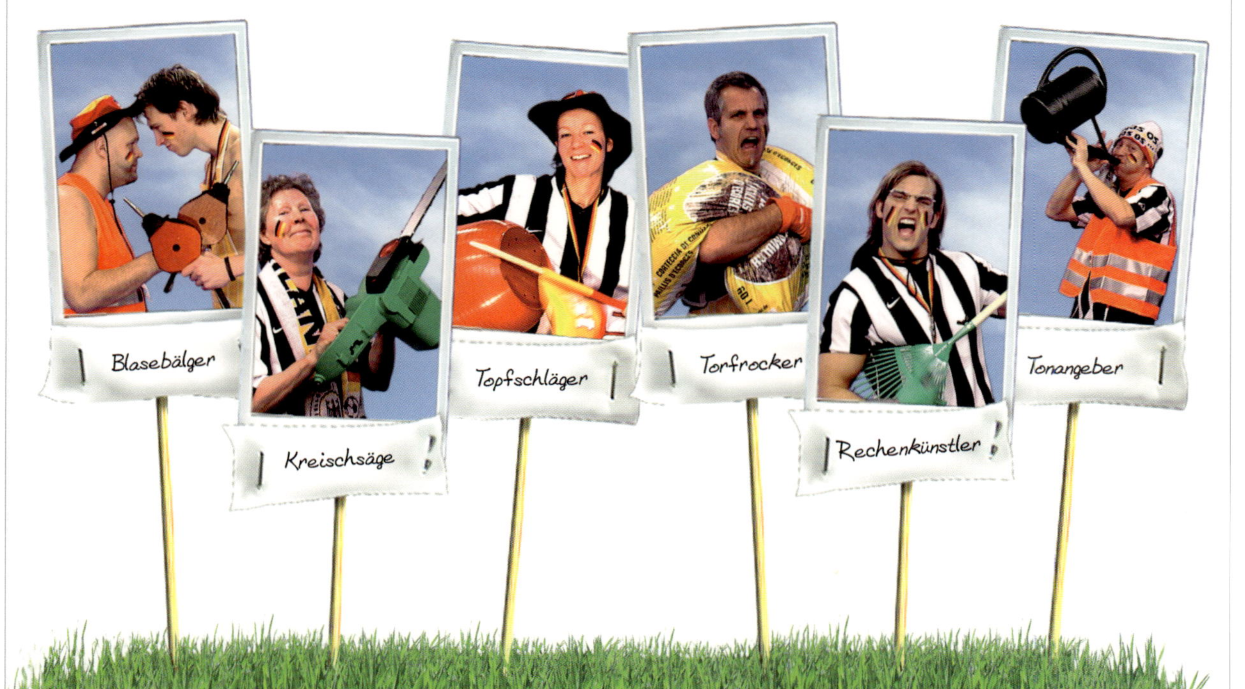

title
OBI Jubelorchester

type of work
Website

appeared in
2006

client
OBI Bau- und Heimwerkermärkte GmbH & Co. Franchise Center KG, Wermelskirchen

design
denkwerk GmbH, Cologne
Creative direction: Sandra Griffel
Text: Regina Jorde
Concept: Banu Sezen, Sandra Griffel
Art direction: Alina Janzen
Interactive design: Alina Janzen
Programming: Karz von Bonin
Production management: Isabelle Born
Production group management: Andreas Schimmelpfennig
Sound design: Guido Craveiro
Producer/film direction: Martin Krämer

290

title
adidas Stella McCartney

type of work
Website

appeared in
2006

client
adidas AG,
Herzogenaurach

design
de-construct, London

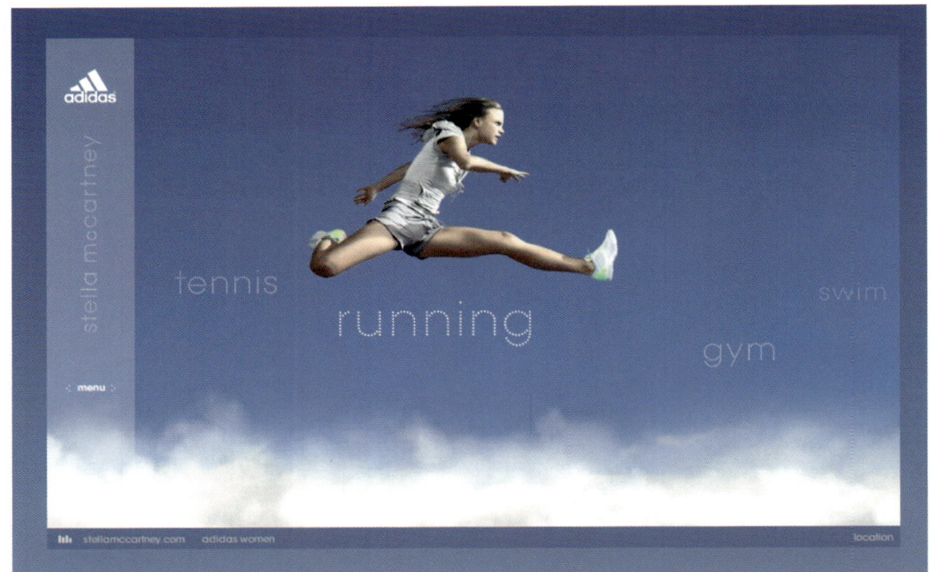

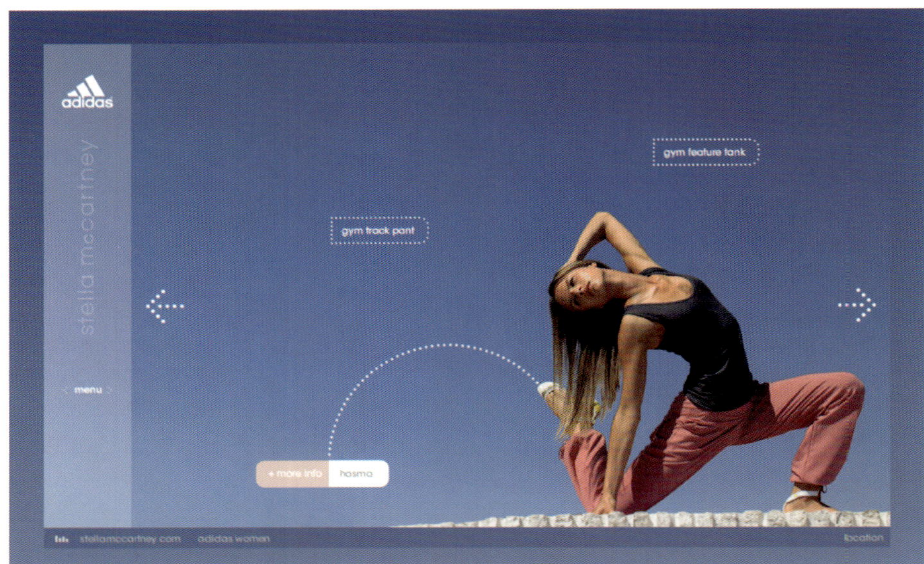

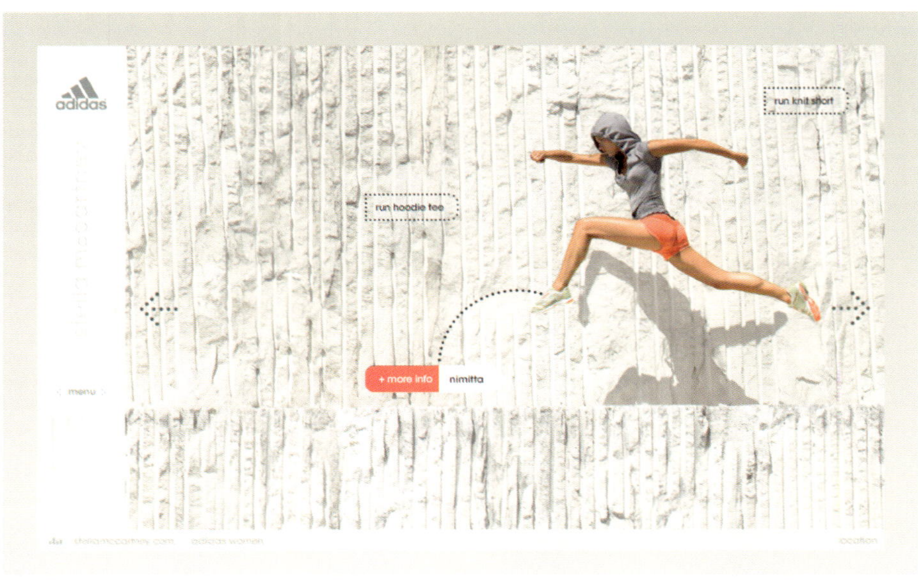

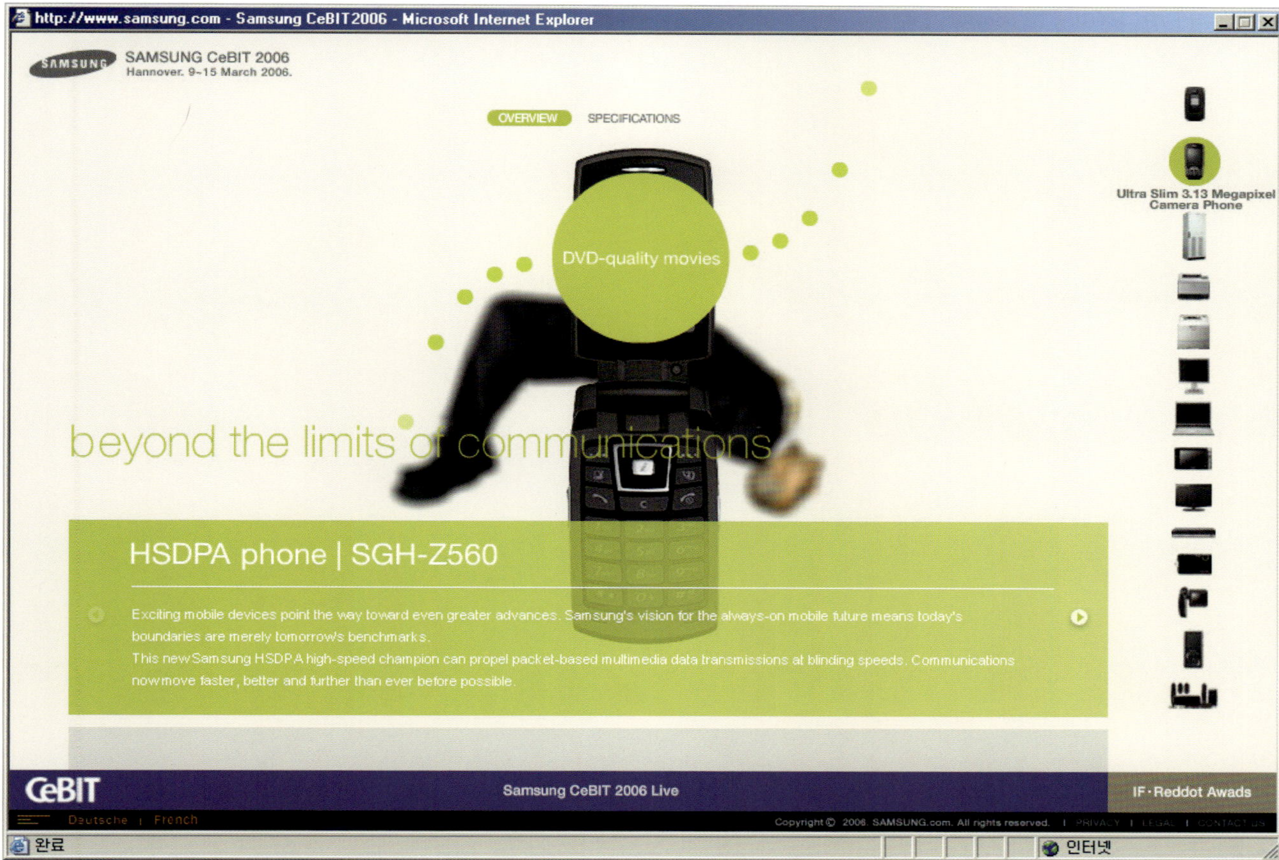

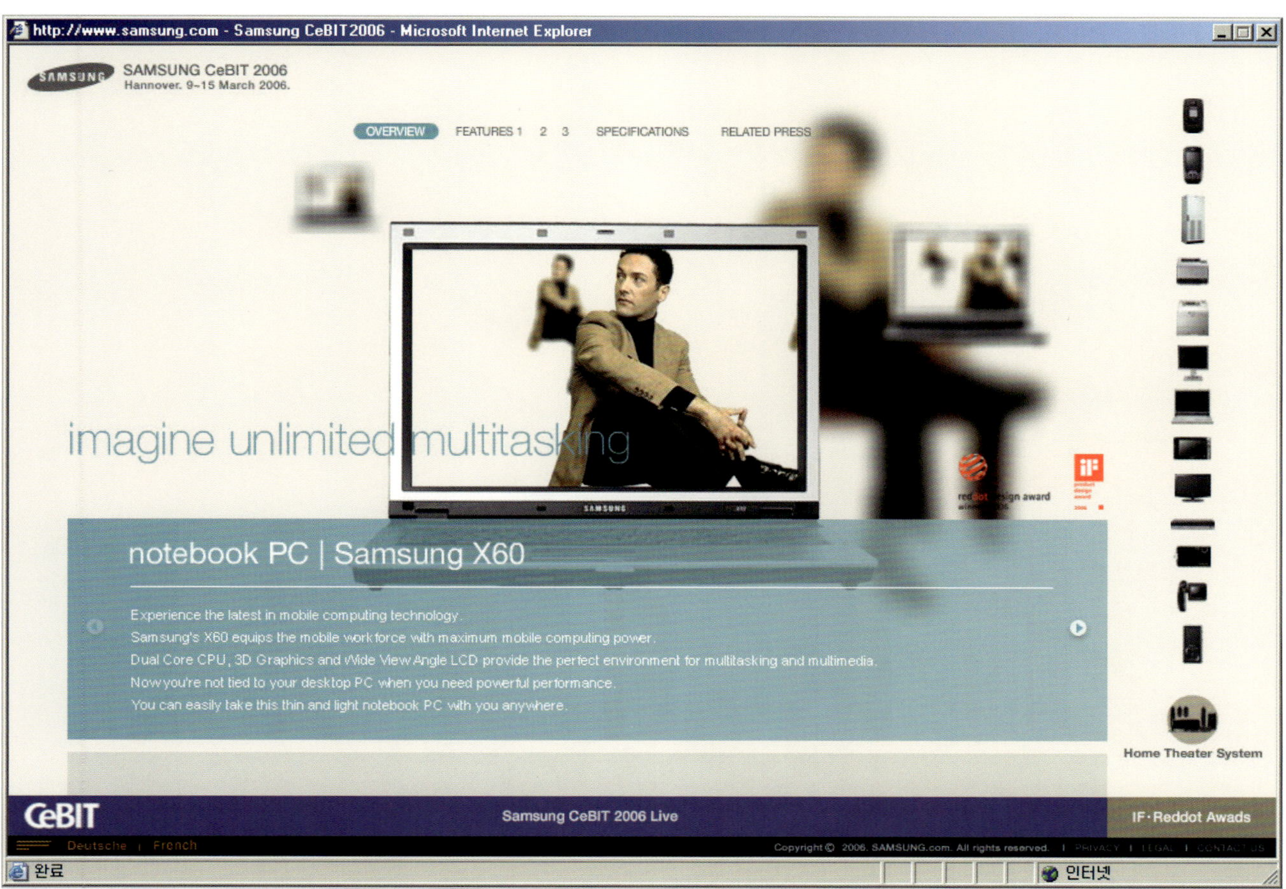

title
Samsung CeBIT 2006

type of work
Website, Microsite

appeared in
2006

client
Samsung Electronics, Seoul

design
graf, Seoul
Steve Choi
Cheil Communications, Seoul
Creative direction:
Sunhwa Kim
(Samsung Electronics)
Art direction:
Kangwook Choi
Strategic planning:
Hyunho Sohn
Producer:
Kangwook Choi
Film editing:
Jonghoon Oh
Agency producer:
Jieun Lee
(Chief) editorship:
Jungkwon Yoon
Image editing:
Jungkwon Yoon

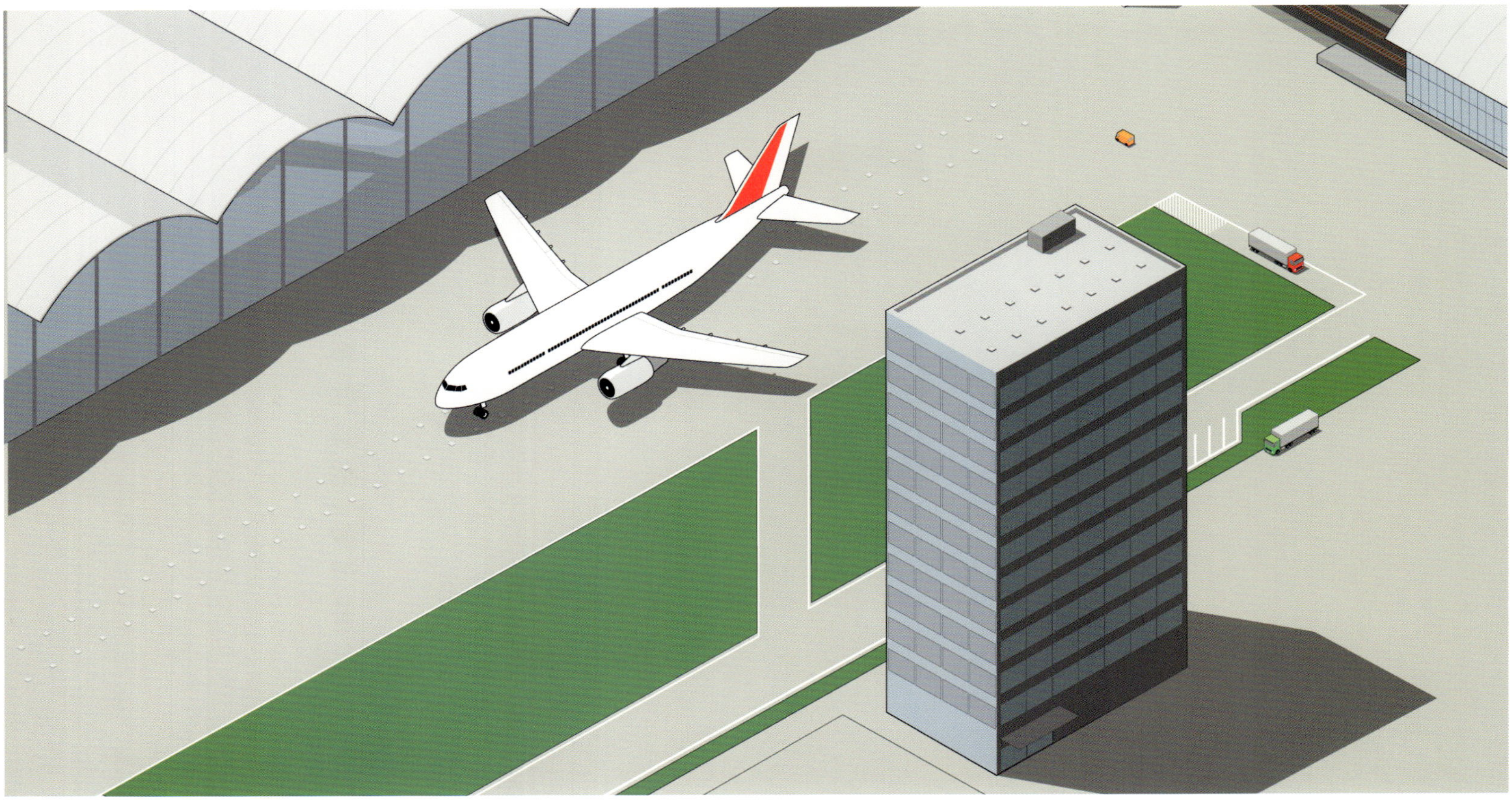

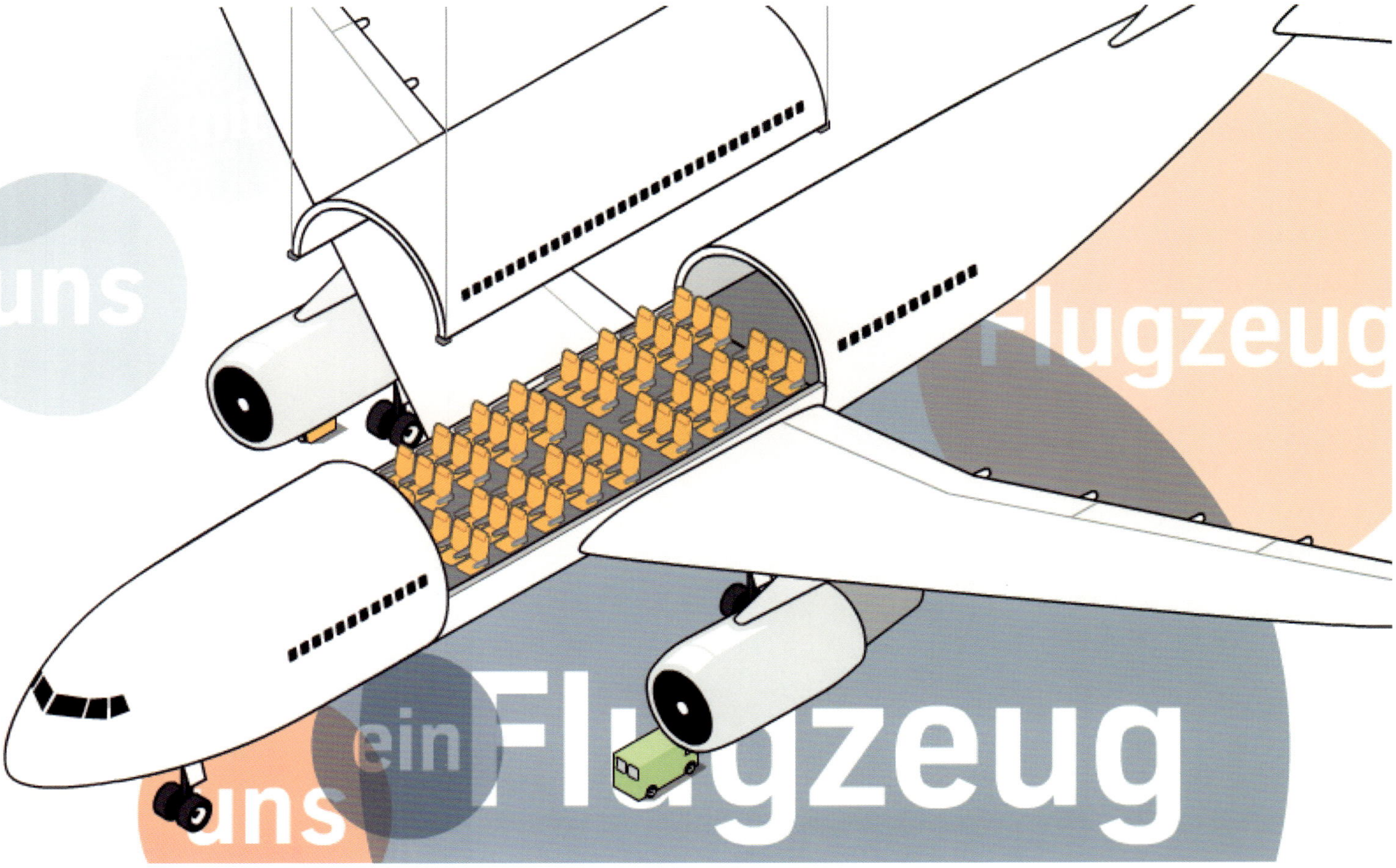

uns
Flugzeug
ein Flugzeug
uns

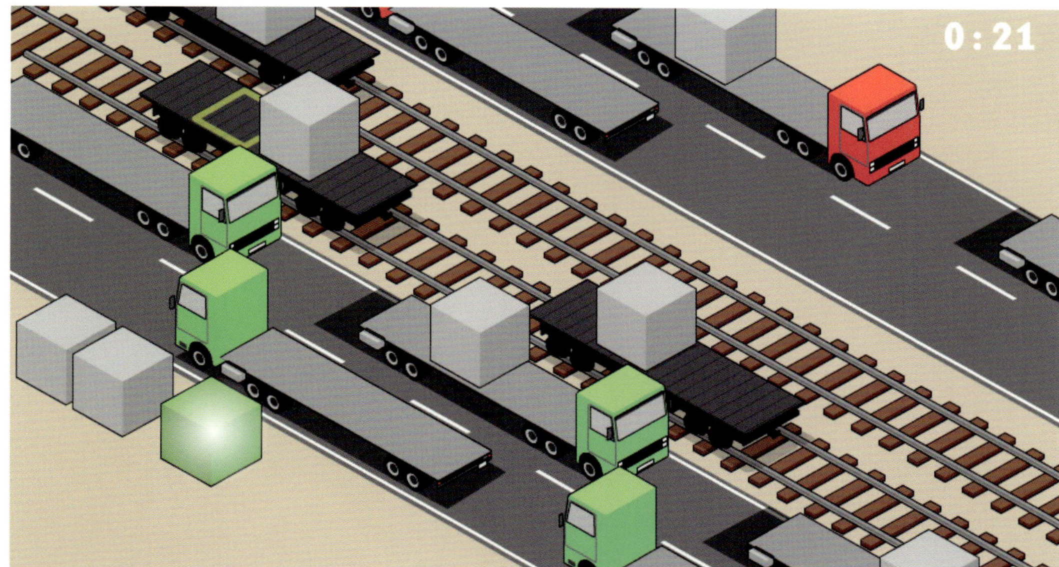

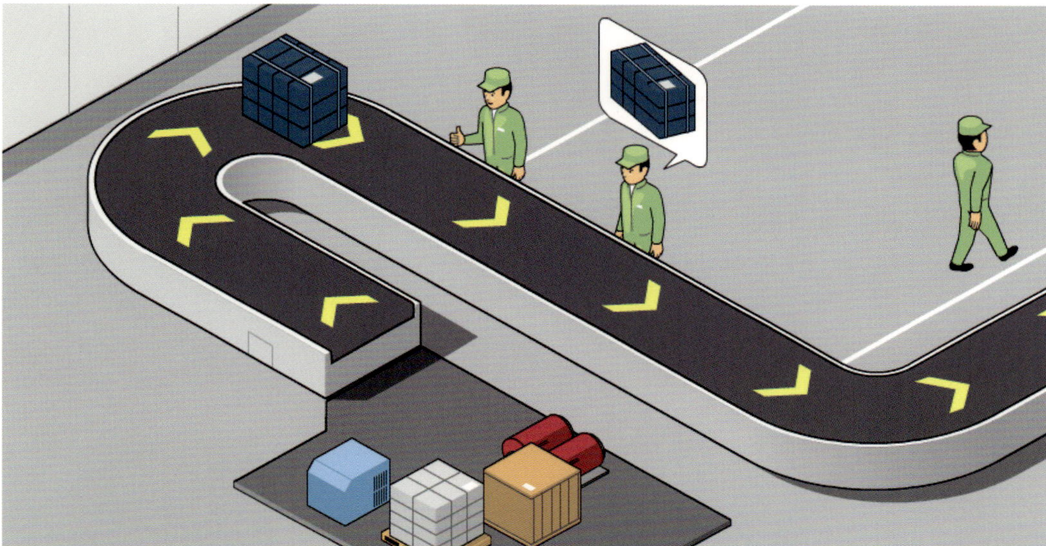

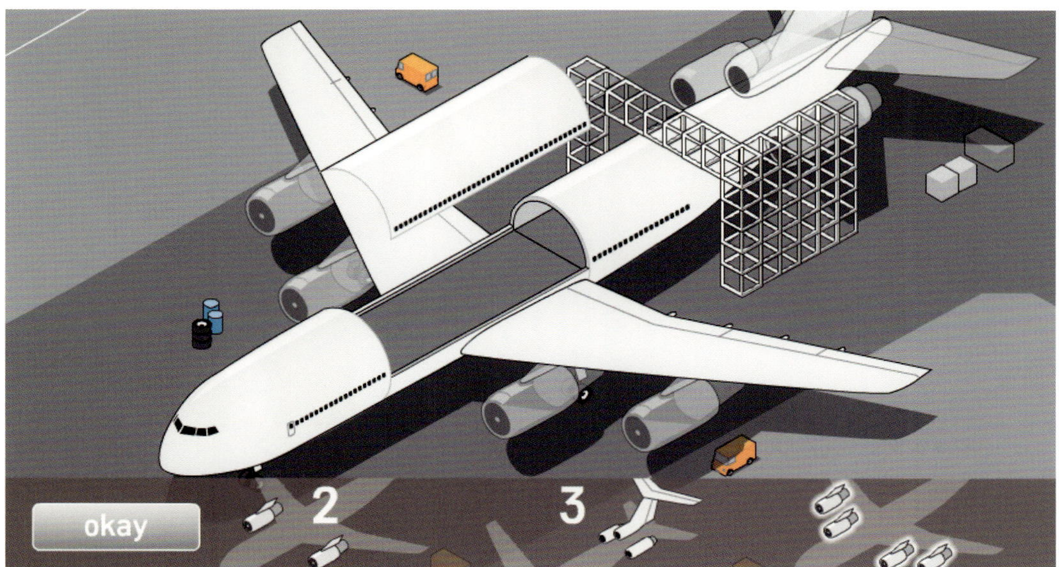

title
Bau mit uns ein Flugzeug

type of work
Interactive (online) game

appeared in
2006

client
ThyssenKrupp Services, Düsseldorf

design
wysiwyg* Software Design GmbH, Düsseldorf
Head of marketing:
Stefan Ettwig (ThyssenKrupp Services)
Creative direction:
Alexander Koch
Art direction:
Pattrick Kreutzer
Text:
Jens-Peter Wörz
Customer advisory service:
Florian Breiter
Music/sound design:
Bruno Koch, Cologne
Illustration:
Dirk Rittberger, Berlin

title
adidas Originals
Centralpark

type of work
Website

appeared in
2006

client
adidas AG,
Herzogenaurach

design
NEUE DIGITALE GmbH,
Frankfurt/Main
Creative direction:
Olaf Czeschner
Art direction:
Jörg Waldschütz
Customer advisory service:
Kai Greib, Thomas Post

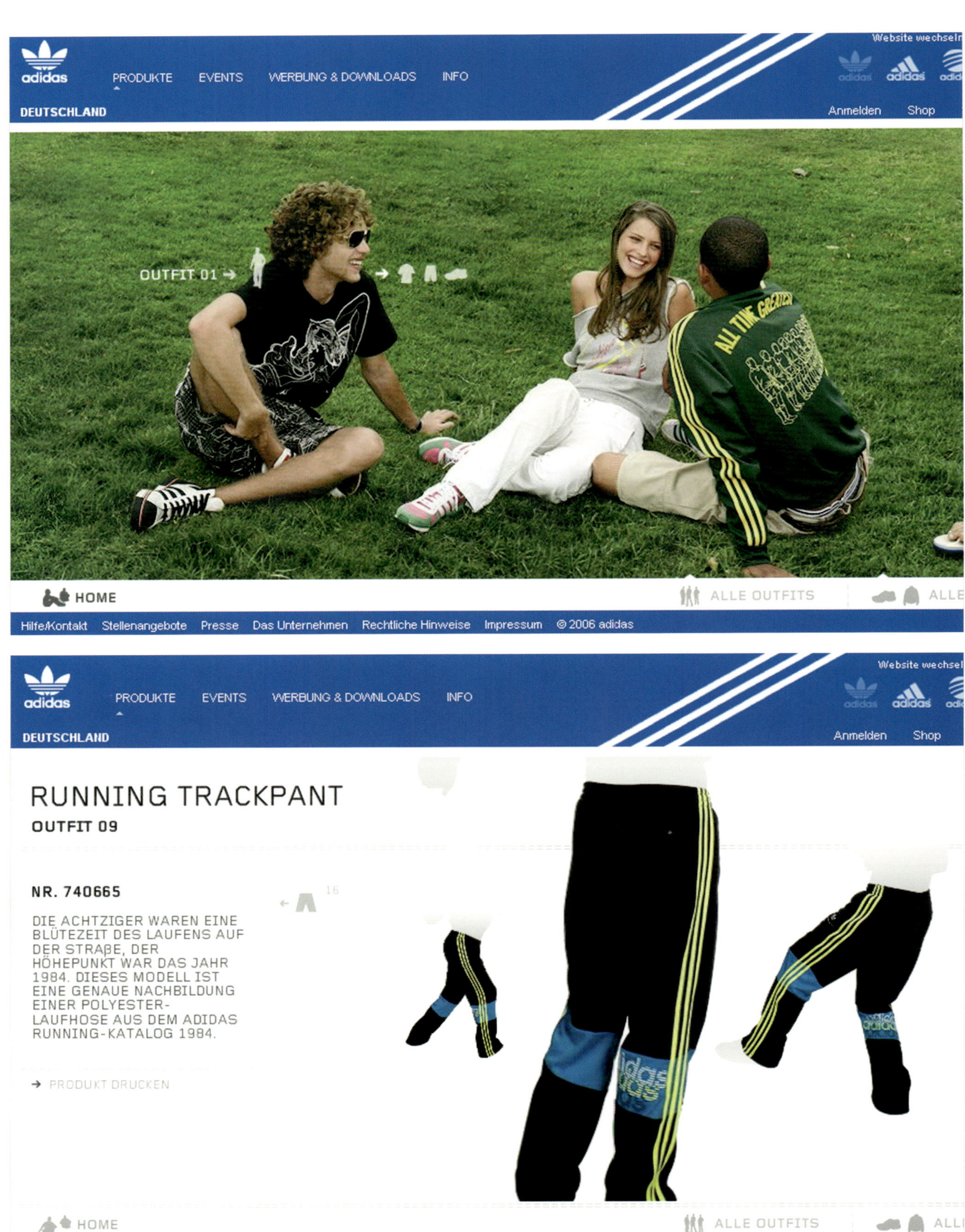

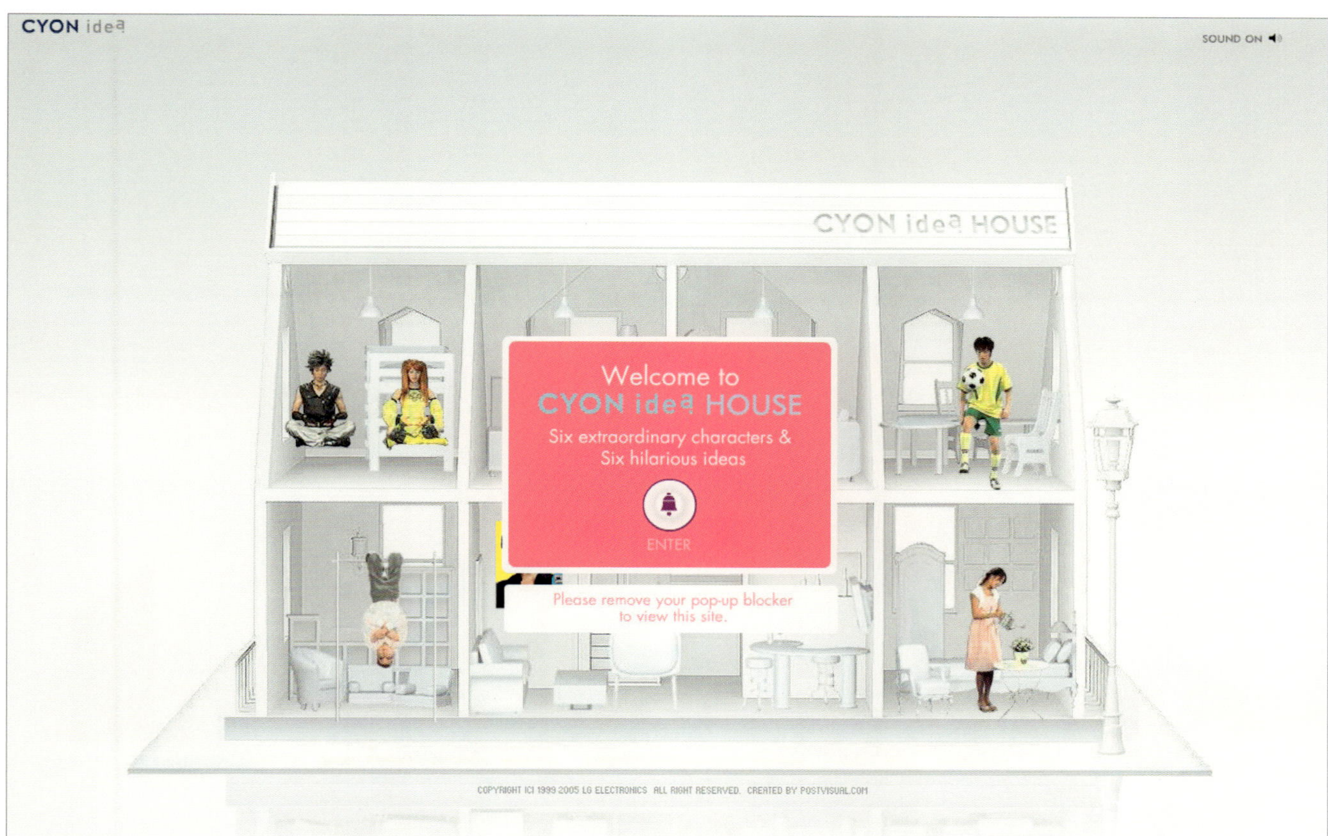

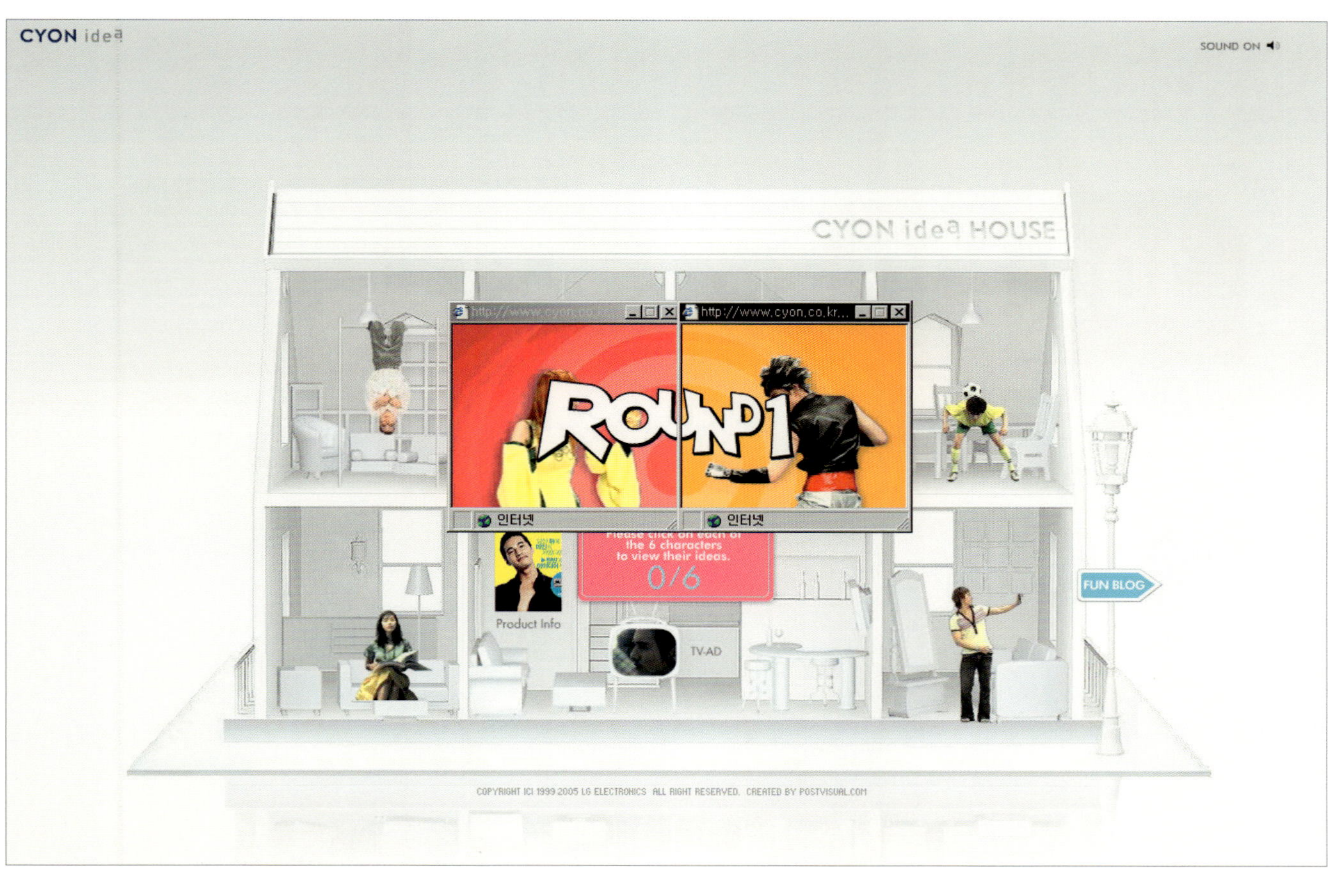

title
CYON idea HOUSE

type of work
Website

appeared in
2005

client
LG Electronics Inc., Seoul

design
PostVisual.com, Seoul
Head of marketing: Seungyoung Yoo (LG Electronics Inc.)
Creative direction: Euna Seol
Art direction: Euna Seol
Strategic planning: Eunhee Seo
Film direction: Hyunbok Jung
Producer: Jungwon Lee
Agency producer: Hyunbok Jung

title
100|100

type of work
Website

appeared in
2005

client
hundert|hundert GmbH,
Munich
Sarah-Joan Fuld

design
KMS Team GmbH, Munich
Creative direction:
Michael Keller,
Knut Maierhofer
Art direction:
Bruno Marek,
Sabine Thernes
Typography:
Patrick Märki
Customer advisory service:
Silke Streppelhoff

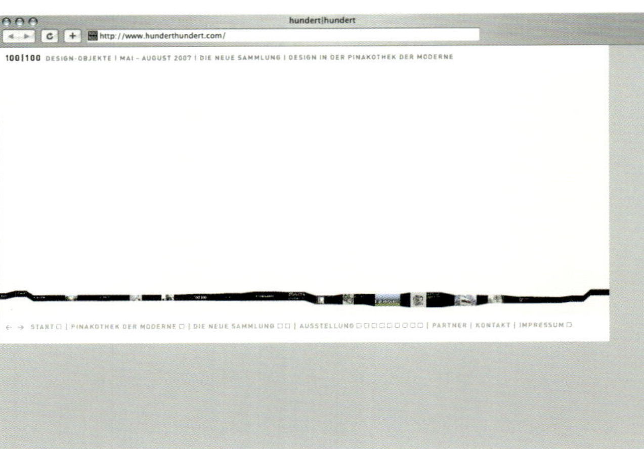

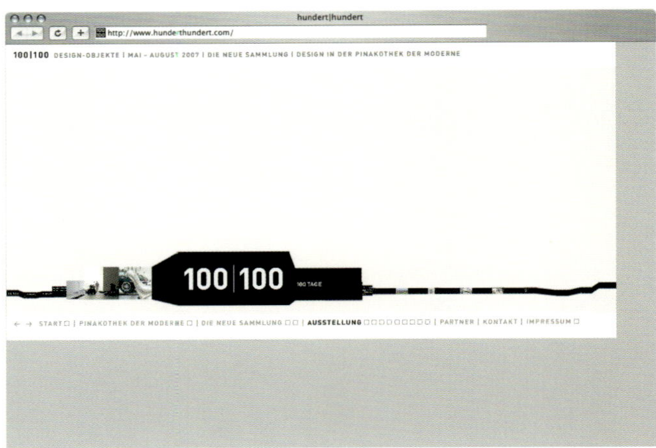

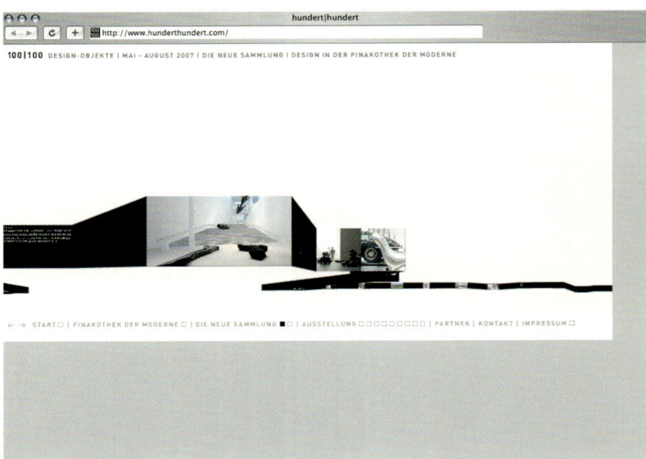

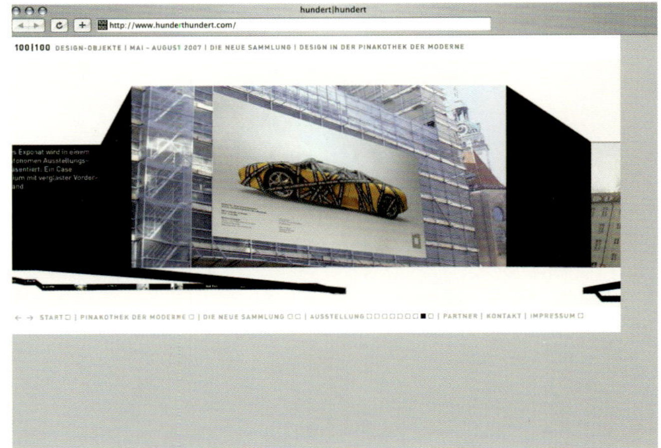

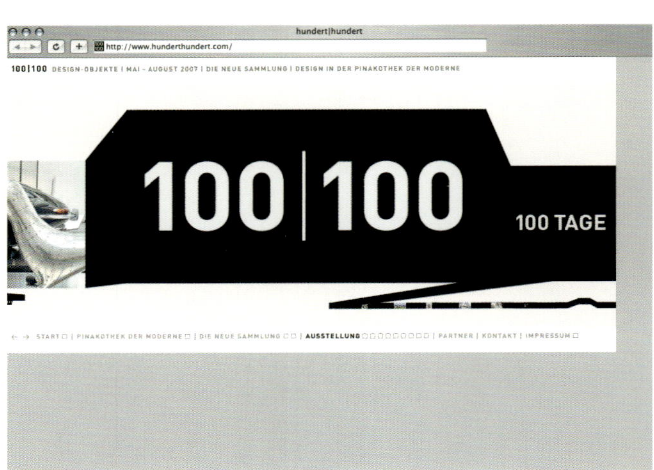

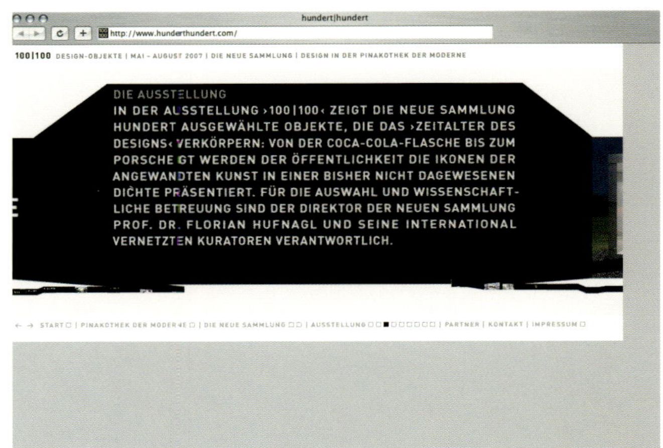

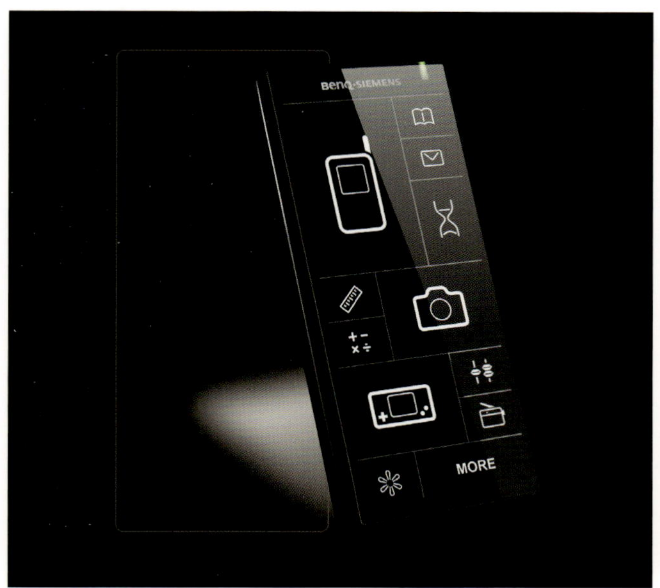

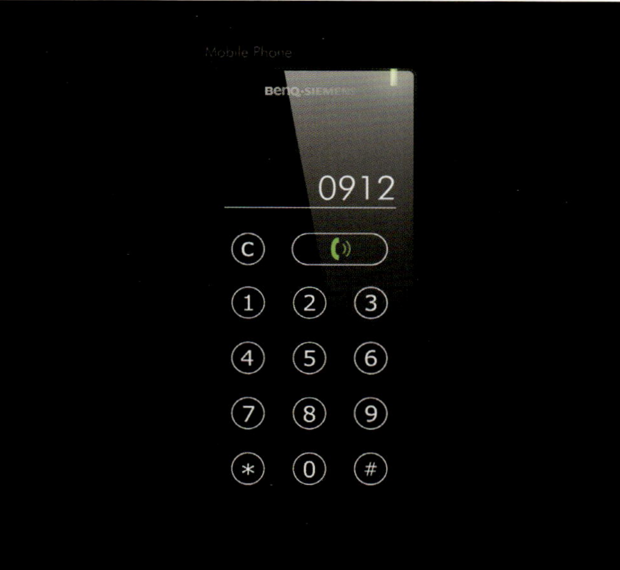

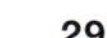

title
Classic Usages

type of work
User interface design

client
BenQ Corporation, Taipei

design
BenQ Lifestyle Design Center, Taipei

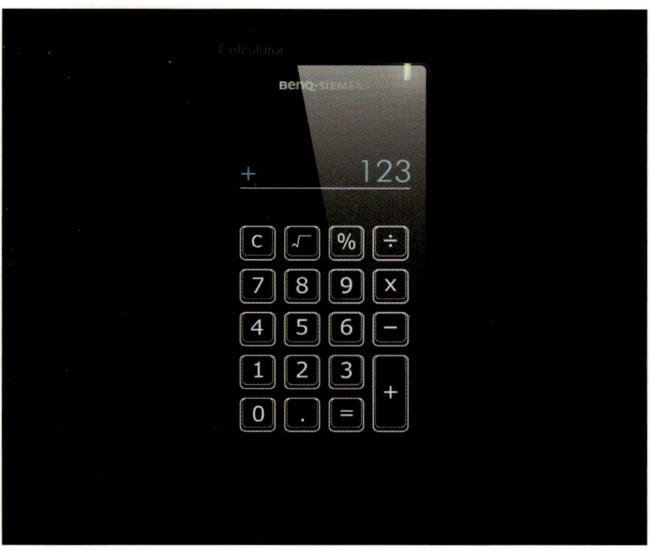

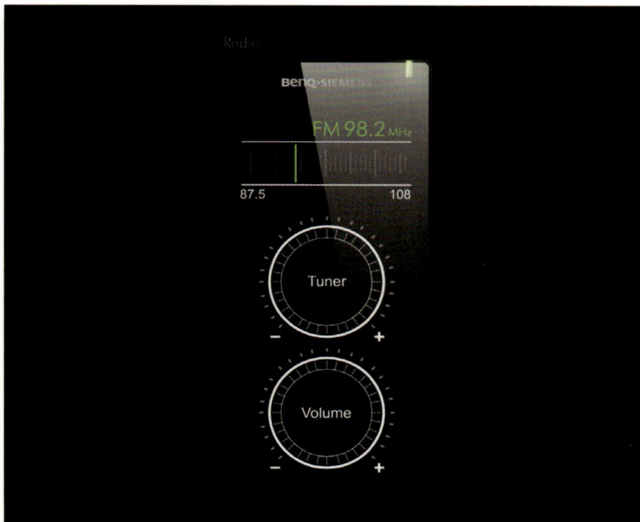

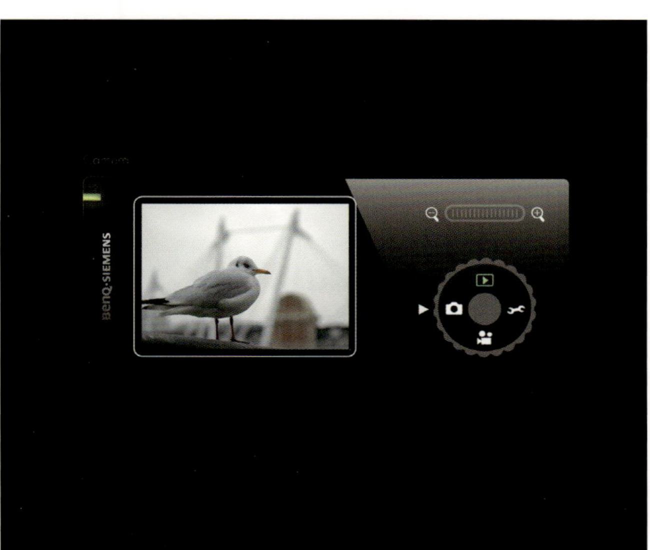

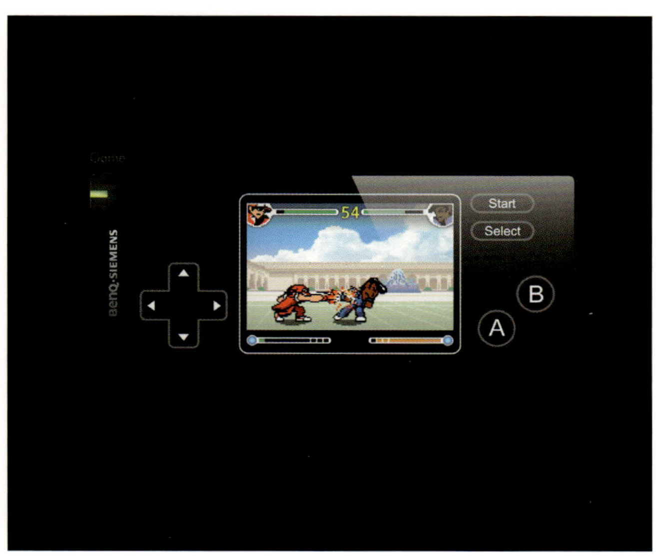

title
Carpe Diem At Work

type of work
Website

appeared in
2005

client
Carpe Diem GmbH & Co KG,
Fuschl am See

design
H2OMEDIA AG, Munich
trnd GmbH, Munich
Photography:
Oliver Kochs
Head of marketing:
Helga Hawlitzky,
Thomas Brugger
(Carpe Diem GmbH &
Co KG)
Creative direction:
Rob Nikowitsch
Art direction:
Oliver Kochs
Text:
Rob Nikowitsch
Customer advisory service:
Robert Schlittenbauer
Music/sound design:
Markus Nikowitsch
Image editing:
Stephanie Wolfsteiner
Illustration:
Paul Stevens

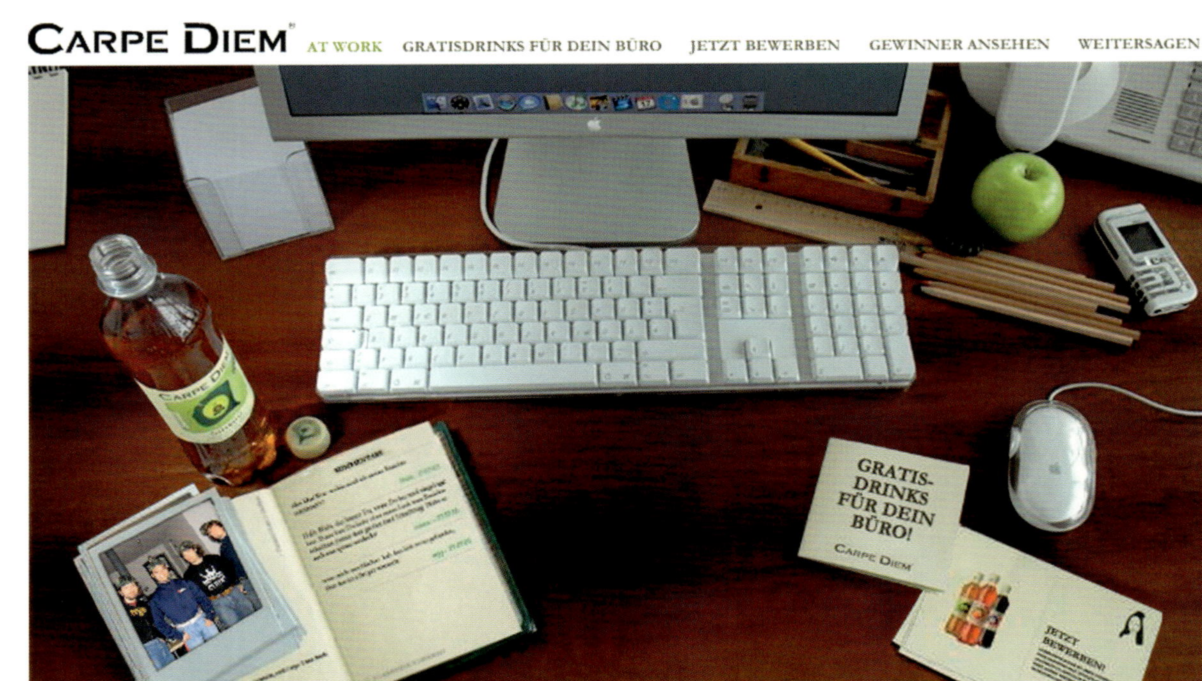

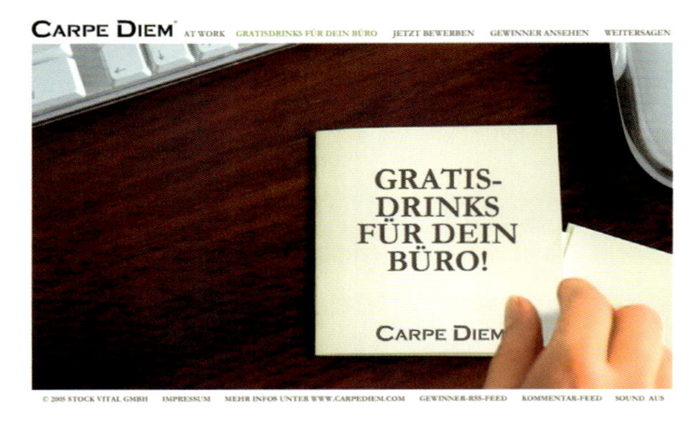

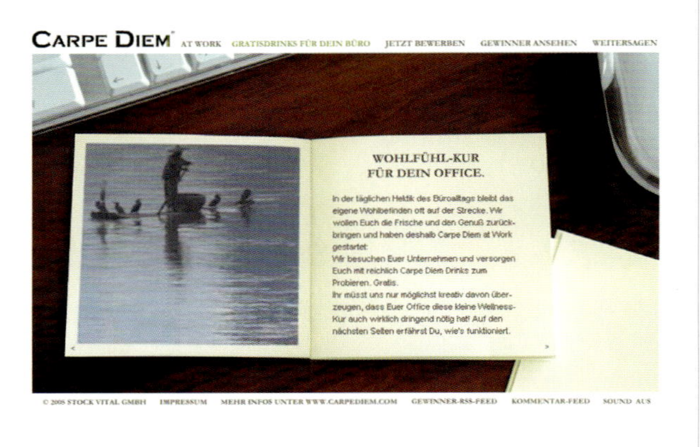

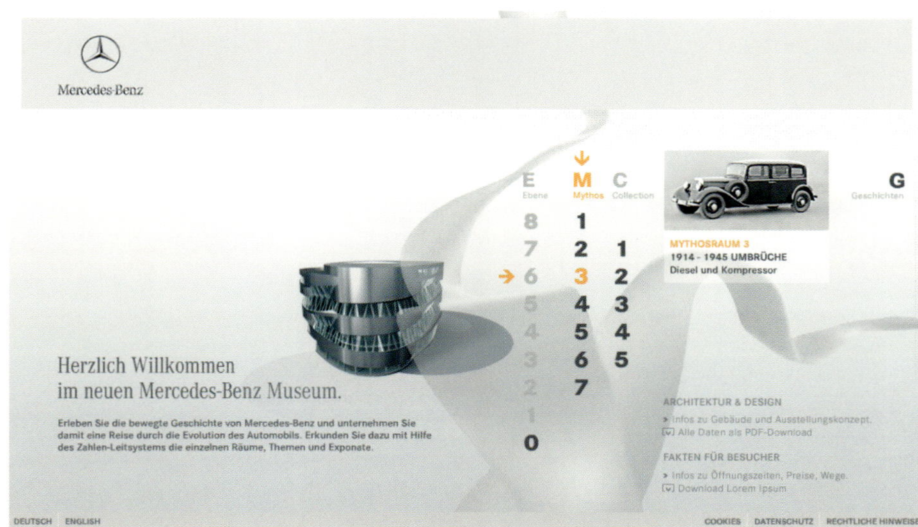

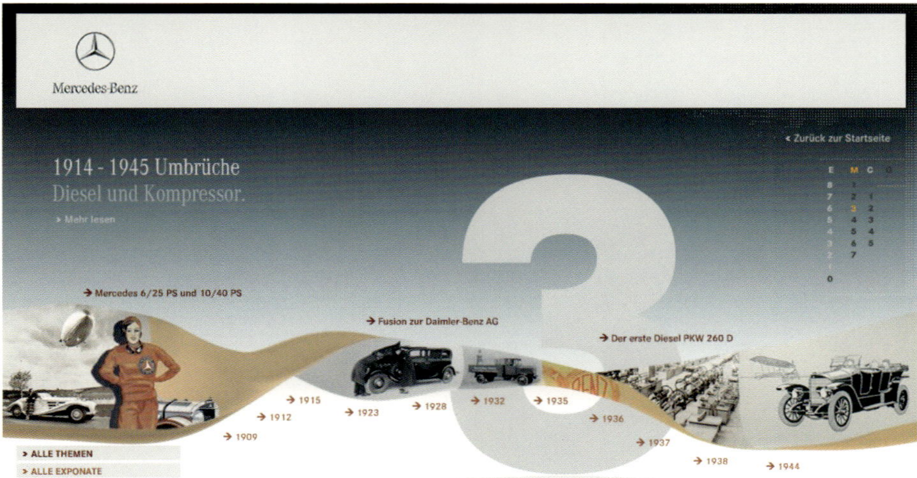

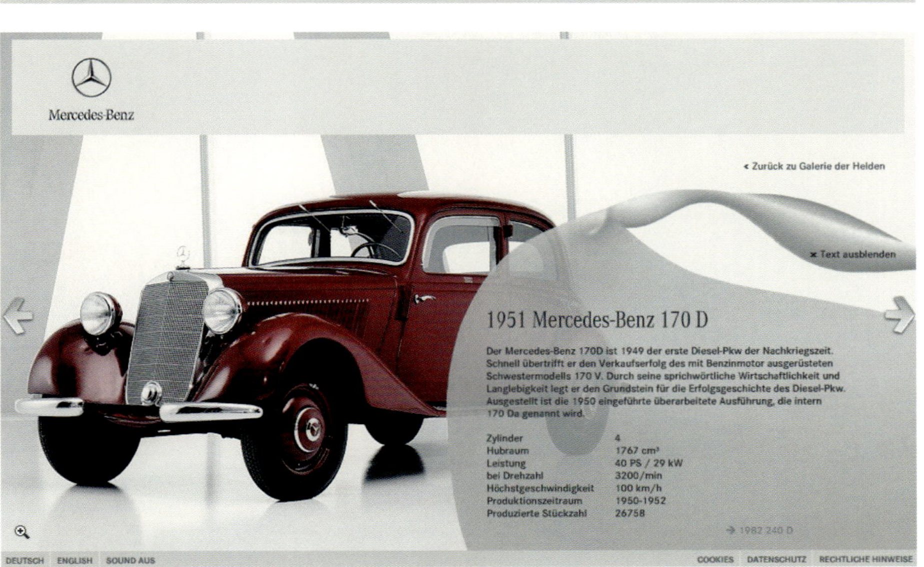

title
Mercedes-Benz Museum

type of work
Website

client
DaimlerChrysler AG
Mercedes Car Group
Brand Communications
Classic,
Stuttgart

design
Scholz & Volkmer GmbH,
Wiesbaden
Creative direction:
Heike Brockmann
Technical direction:
Peter Reichard
Art direction:
Katja Rickert
Text:
Ron Kellermann,
Tim Sobczak
Customer advisory service:
Carla Meinhard
Programming:
Philippe Just,
Peter Reichard

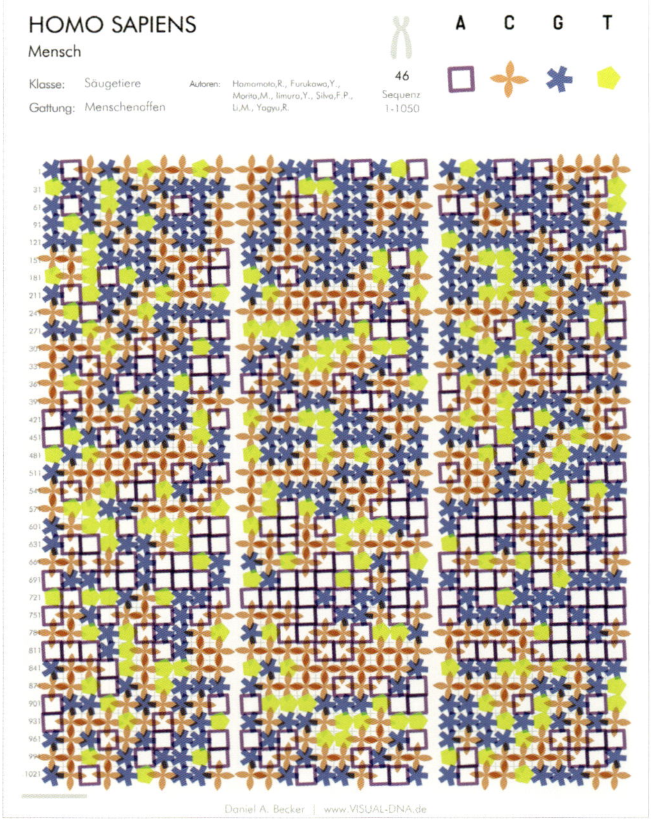
HOMO SAPIENS
Mensch
Klasse: Säugetiere
Gattung: Menschenaffen
Autoren: Hamamoto,R., Furukawa,Y., Morita,M., Iimura,Y., Silva,F.P., Li,M., Yagyu,R.
46
Sequenz
1-1050
A C G T
Daniel A. Becker | www.VISUAL-DNA.de

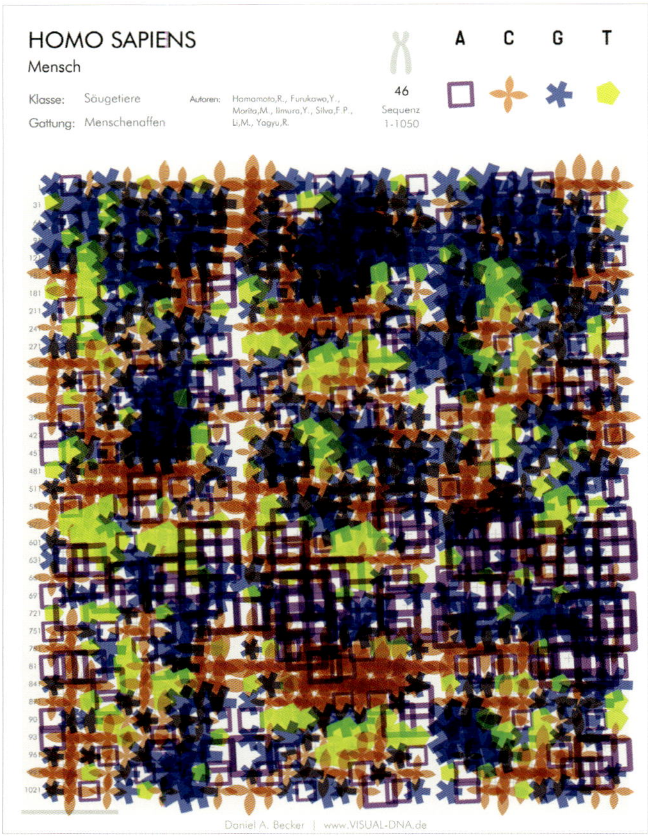
HOMO SAPIENS
Mensch
Klasse: Säugetiere
Gattung: Menschenaffen
Autoren: Hamamoto,R., Furukawa,Y., Morita,M., Iimura,Y., Silva,F.P., Li,M., Yagyu,R.
46
Sequenz
1-1050
A C G T
Daniel A. Becker | www.VISUAL-DNA.de

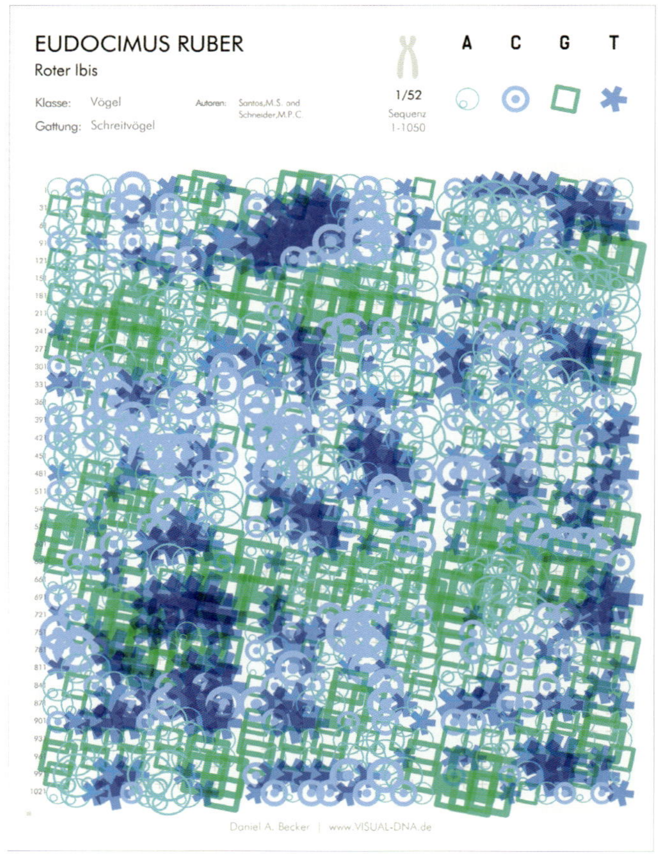
EUDOCIMUS RUBER
Roter Ibis
Klasse: Vögel
Gattung: Schreitvögel
Autoren: Santos,M.S. and Schneider,M.P.C.
1/52
Sequenz
1-1050
A C G T
Daniel A. Becker | www.VISUAL-DNA.de

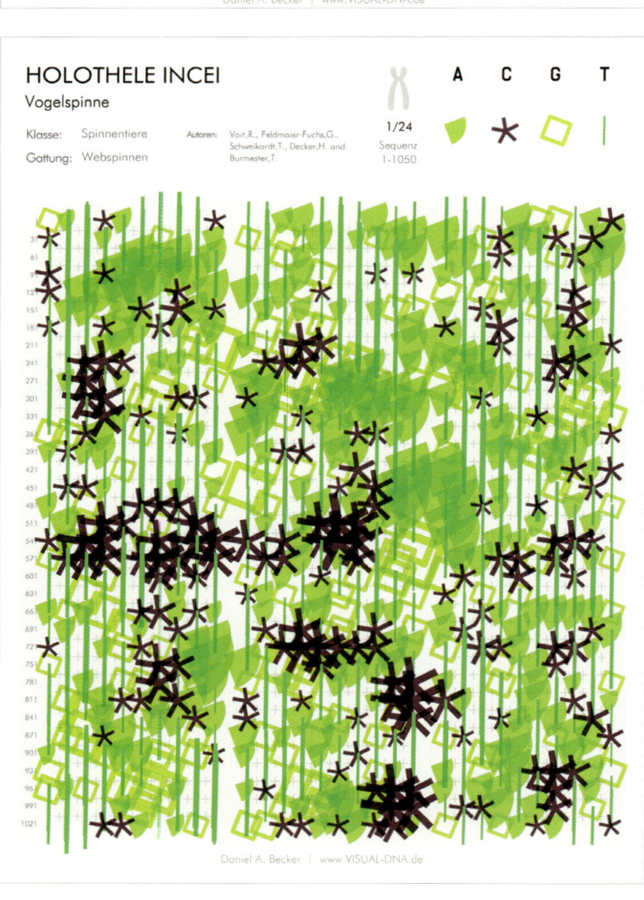
HOLOTHELE INCEI
Vogelspinne
Klasse: Spinnentiere
Gattung: Webspinnen
Autoren: Voit,R., Feldmaier-Fuchs,G., Schweikardt,T., Decker,H. and Burmester,T.
1/24
Sequenz
1-1050
A C G T
Daniel A. Becker | www.VISUAL-DNA.de

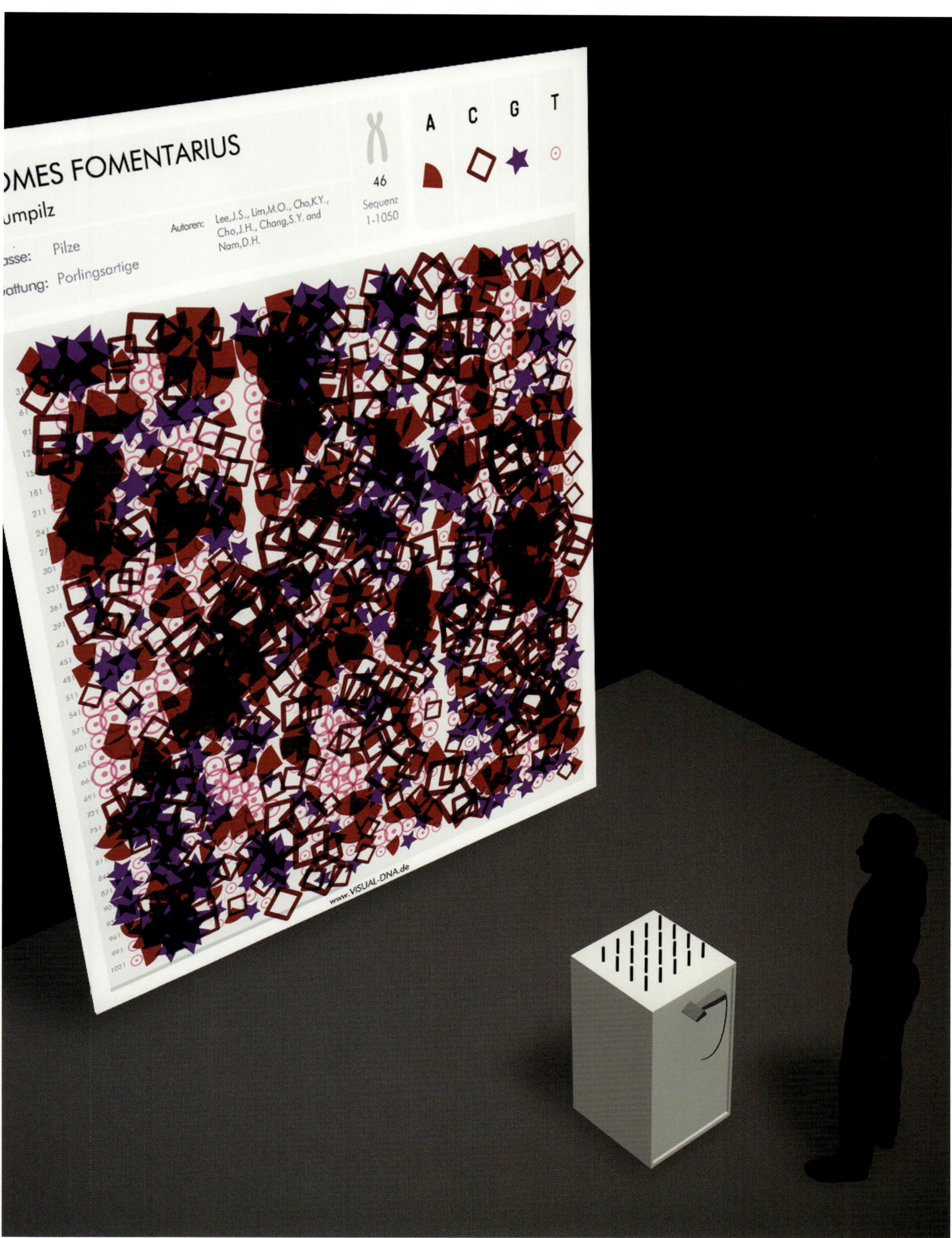

301

title
VISUAL DNA – Der Gencode als grafische Sequenz
www.visual-dna.de
(junior award)

type of work
Website, installation

appeared in
2005

client
Fachhochschule Mainz
Prof. Johannes Bergerhausen
(supervising professor)

design
Daniel A. Becker, Wiesbaden

David Linderman
Asta Baumöller
Tyron Montgomery

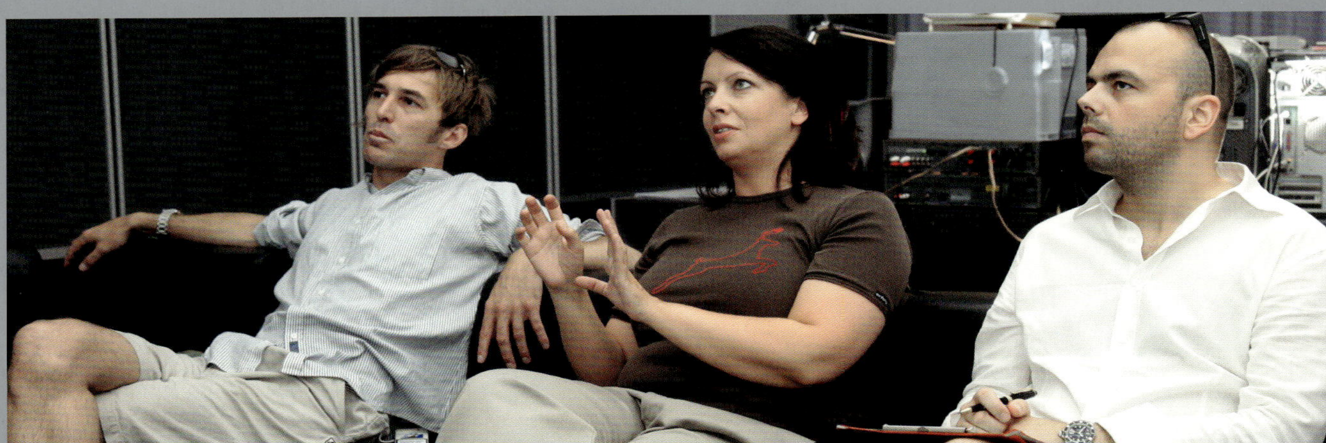

Skurrile Geschichten auf handwerklich hohem Niveau

Das entscheidende Kriterium im Bereich „TV & Cinema“ wird auch in Zukunft sein, was einst schon Billy Wilder forderte: eine gute Geschichte. Wenn der Plot stimmt und gut erzählt wird, ist fast alles erlaubt, und der Film mit bewusstem Amateurcharakter stößt auf ebenso große Zustimmung wie der perfekt durchkomponierte.

Gelungene Arbeiten spielen gekonnt mit den technischen Möglichkeiten, die ihnen der Film bietet, und setzen sie als inhaltliche Stilmittel ein. Ihre teils komischen und hintergründigen Geschichten sind auf hohem handwerklichen und gestalterischen Niveau ausgeführt. „Vom beeindruckenden Animationsfilm bis zur originell gemachten Low-Budget-Produktion erreicht die Bandbreite ein hohes Level“, sind sich die Juroren einig.

Vor allem das Element der Überraschung dient als Kunstgriff, um die Botschaften treffend auf den Punkt zu bringen. Professionell in Szene gesetzt, finden auf der inhaltlichen oder der formalen Ebene Kehrtwendungen statt, die den Verlauf des Erzählstrangs unerwartet ändern und so einen nachhaltigen Eindruck hinterlassen.

Quirky stories with a high technical standard

The decisive criterion in the field of “TV & Cinema” will remain the same in future as Billy Wilder once demanded: a good story. If the plot works and is told well, almost anything is allowed and films with an intended amateur quality are as well received as films that have been planned down to the last detail.

Successful films are playing with the technical possibilities offered by film and use them as stylistic devices on the level of meaning. Their partly comical and partly subtle stories have been produced on a high technical and artistic standard. “Ranging from impressive animated movies to original low-budget production, the spectrum has a high quality,” the jurors agree.

Particularly the element of surprise is an often-used device to get the messages across. Professionally staged, there are about-turns on the levels of content as well as form, which unexpectedly alter the narrative strands, thus leaving a lasting impression.

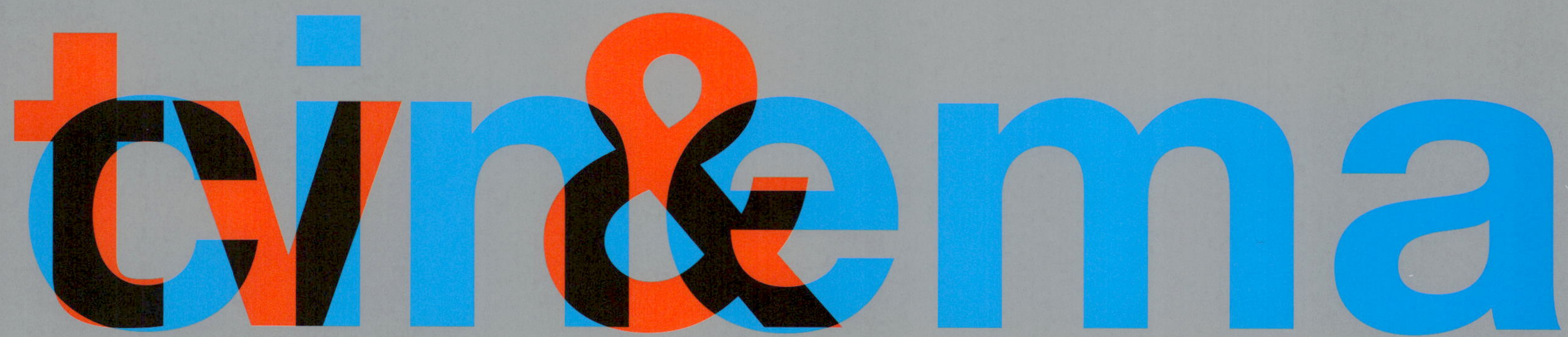
tv & cinema

title
Die Flosse

type of work
TV spot

appeared in
2005

client
Sharkproject e.V.,
Offenbach/Main

design
Young & Rubicam GmbH & Co. KG, Frankfurt/Main
Creative direction:
Christian Daul,
Horst Becker
Art direction:
Bruno Petz,
Monika Spirkl,
Norbert Hübner
Text: Lothar Müller
Film production:
Das Werk Novalisstraße
Digitale Bildbearbeitung
Film direction:
Wolf Bosse
Music/sound design:
Michael Pagenstedt,
Soundinprogress

abstract
Ein Hai, von dem nur die markante Rückenflosse zu sehen ist, zieht seine Bahnen. Bis das Bild um 180 Grad kippt und die Flosse zum tödlichen Messer wird. Die Botschaft: Nicht der Hai ist der Feind des Menschen, sondern umgekehrt. Der Hai ist vom Aussterben bedroht, weil jährlich 200 Millionen seiner Artgenossen durch Menschenhand getötet werden.

A shark, of which only the characteristic dorsal fin is visible, is swimming back and forth. Until the picture is tilted by 180 degrees and the fin turns into a lethal knife. The message: It is not the shark that is the enemy of the humans, but rather the opposite. The shark is threatened with extinction because annually 200 million members of its species are killed by humans.

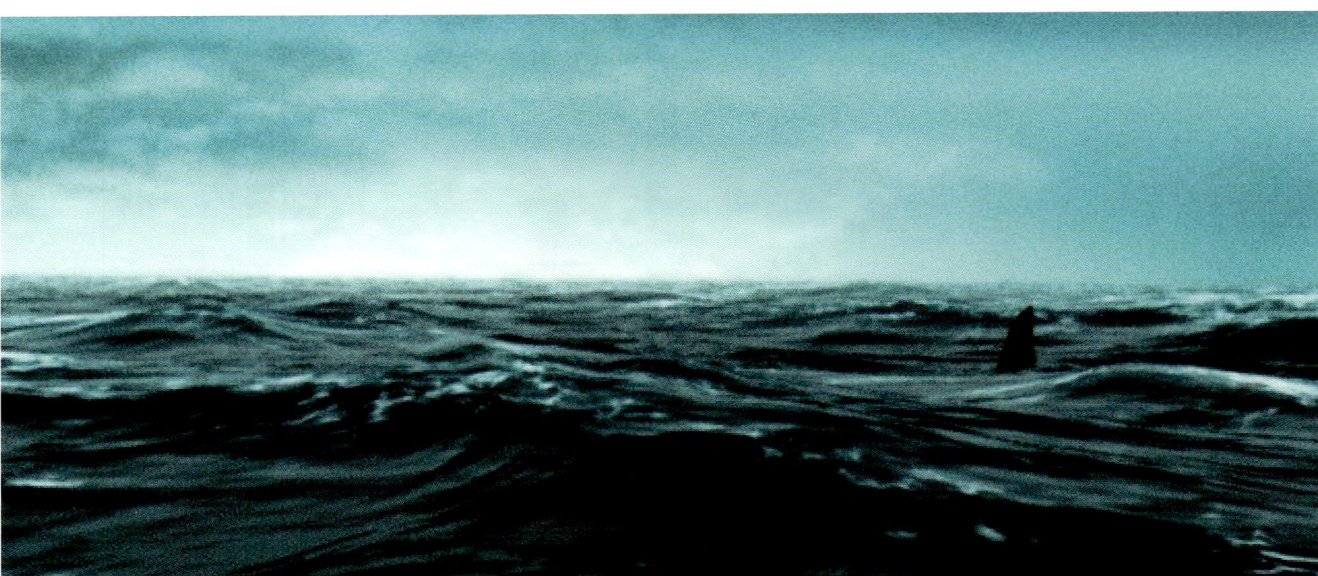

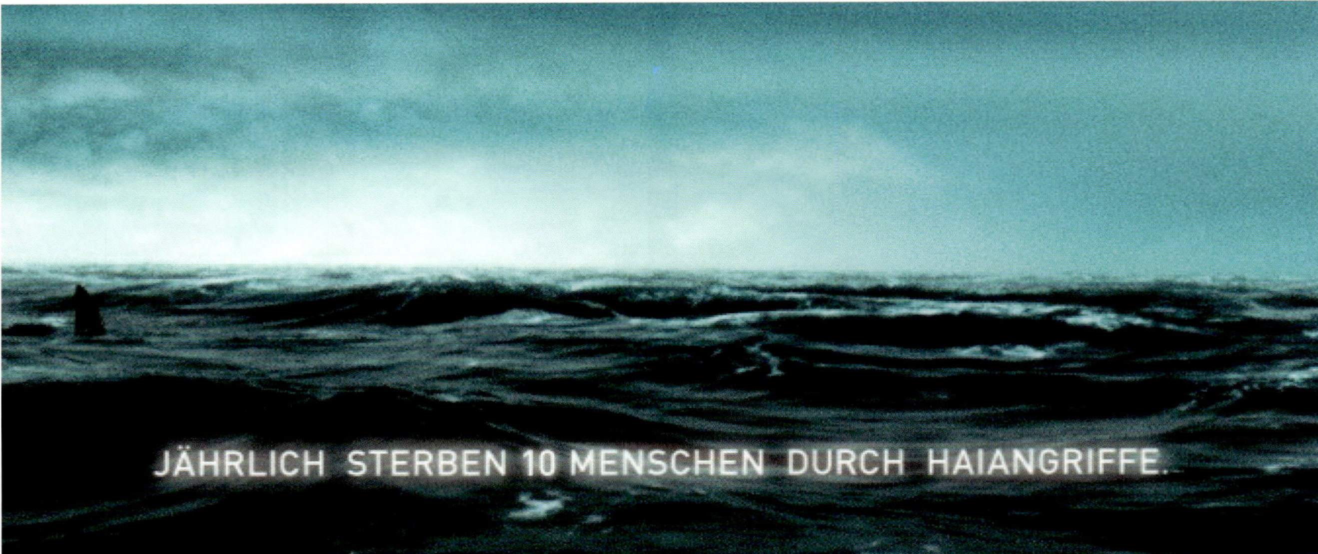

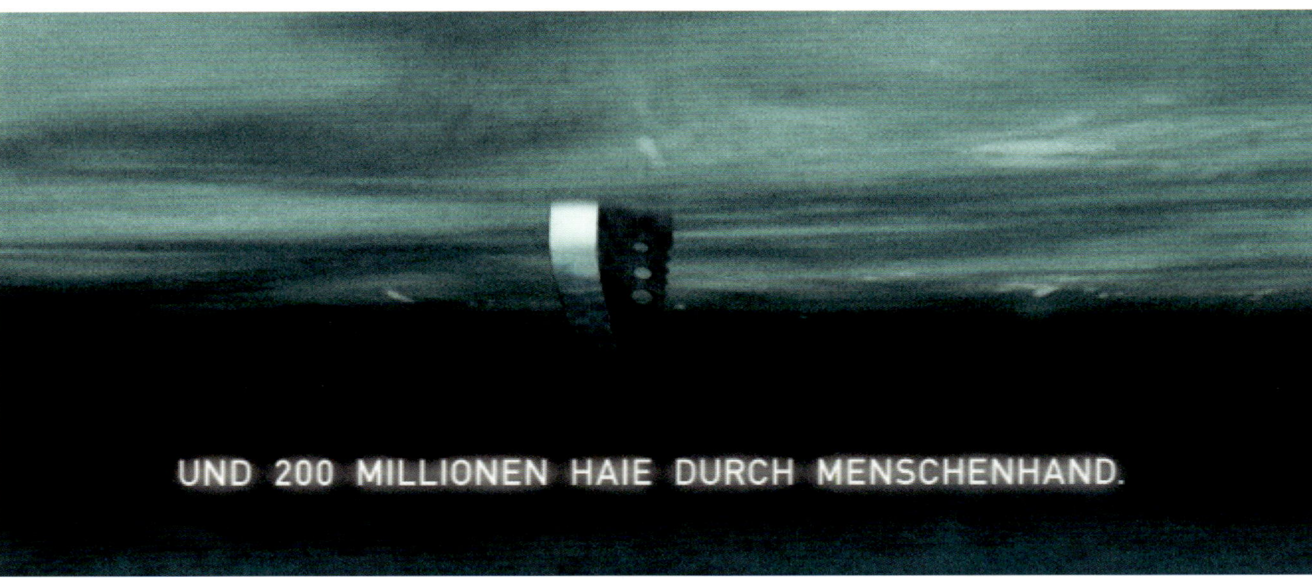

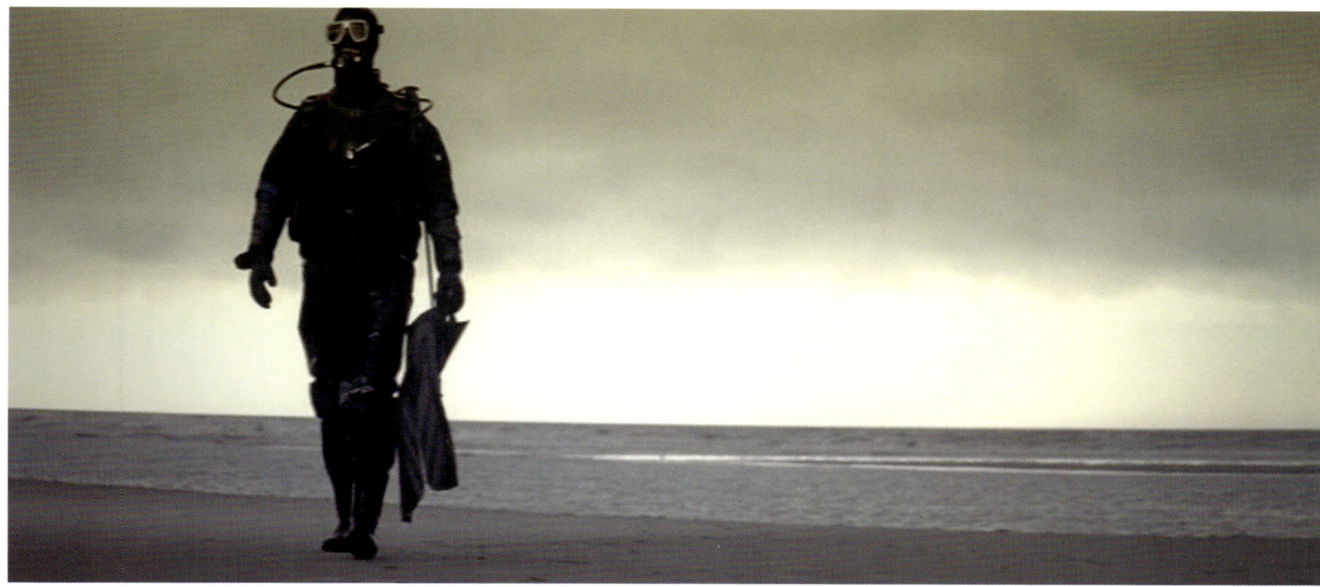

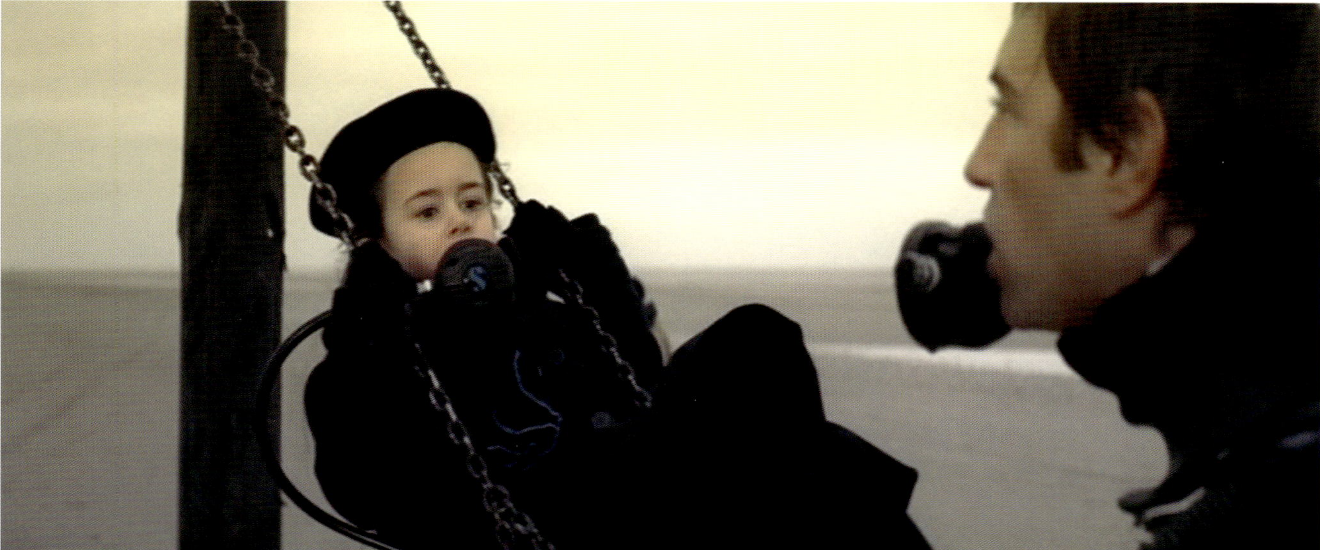

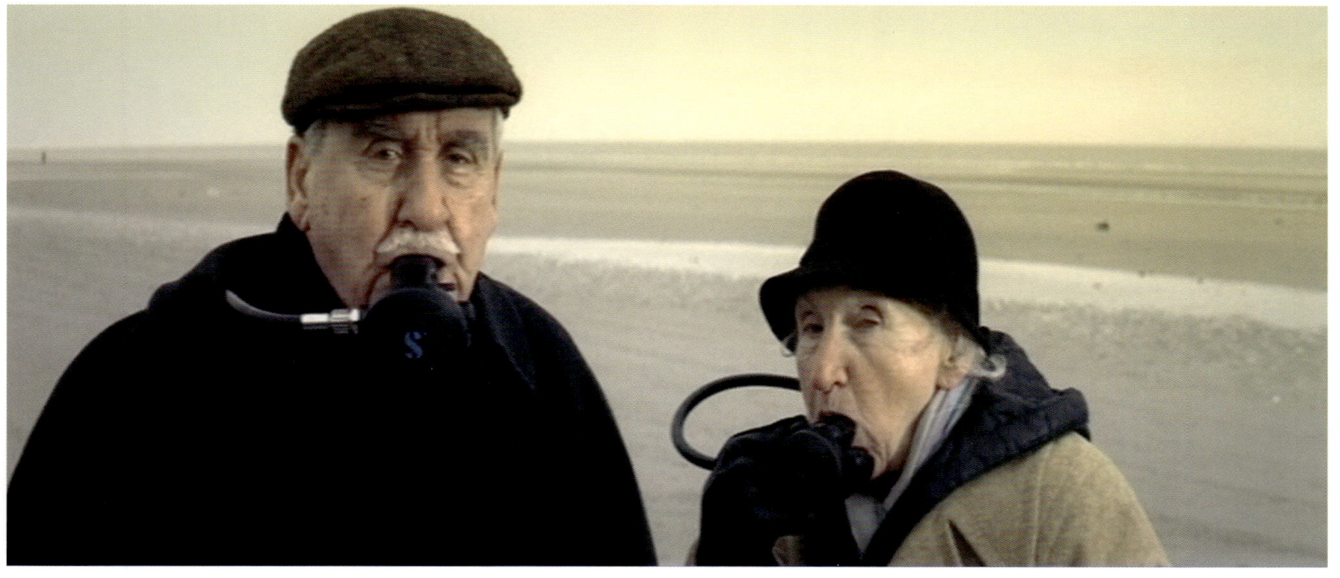

title
Taucher

type of work
TV spot

appeared in
2005

client
Naturschutzbund Deutschland (NABU) e.V., Bonn

design
Young & Rubicam GmbH & Co. KG, Frankfurt/Main
Head of marketing: Stephanie Schröder (NABU)
Creative direction/text: Christian Daul
Art direction: Helge Knieß
Customer advisory service: Jessica Georgi
Film production: Markenfilm, Wedel
Film direction/camera: Thomas Wildner
Producer: René van Kann
Music/sound design: Michael Besler, Eardrum
Agency producer: Thorsten Rosam

abstract
Zu sehen sind ein malerischer Strand, Spaziergänger und ein Taucher, der aus dem Meer kommt. Zu hören ist nur sein regelmäßiges Ein- und Ausatmen, bis auf beklemmende Weise deutlich wird: Auch die Spaziergänger tragen Sauerstoffgeräte, weil die Luft infolge der Umweltverschmutzung buchstäblich dünn geworden ist.

The scene shows a picturesque beach, people going for a walk and a diver coming out of the sea. The only audible sound is his regular breathing, until a tormenting truth becomes apparent: Even the people going for a walk are wearing oxygen masks, because the air has literally become thin as a result of environmental pollution.

title
Fischen in Bayern

type of work
Spot

appeared in
2006

client
Landesfischereiverband Bayern e.V., Munich

design
Heye & Partner GmbH, Unterhaching
Head of marketing: Wolfgang Blohm (Landesfischereiverband Bayern e.V.)
Creative direction/text: Jan Okusluk
Art direction: Oliver Diehr
Film production: REM München
Film direction/producer: Ernst Kalff

abstract

Alpenpanorama, Ausflugsschiff und Blasmusik machen die Idylle des pittoresken Seeufers vollkommen. Bis eine der Bojen im Vordergrund abtaucht, wieder auftaucht und am Ende ganz verschwindet – so als hätte ein riesiger Fisch angebissen. Vor der klischeehaften Kulisse wird dadurch auf subtile Weise und mit leichtem Humor für Bayern als Reiseziel für Angler geworben.

A panorama of the Alps, a tour boat and brass music complete the picturesque lake shore idyll. Until one of the buoys in the foreground first submerges and then re-emerges before finally disappearing completely – as if a huge fish had taken a bait. Thus against the clichéd backdrop Bavaria is – subtly and with light humour – advertised as a destination for anglers.

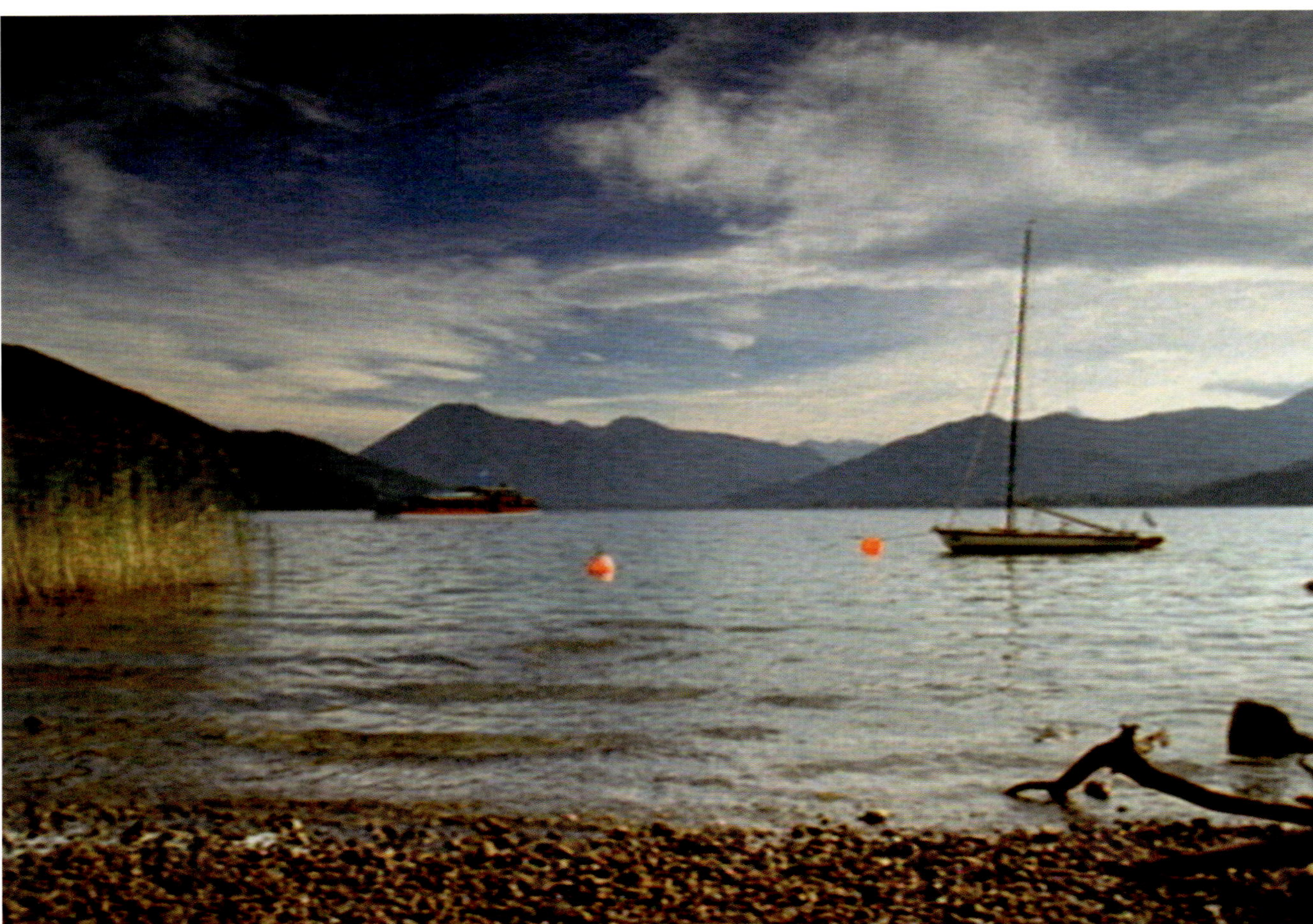

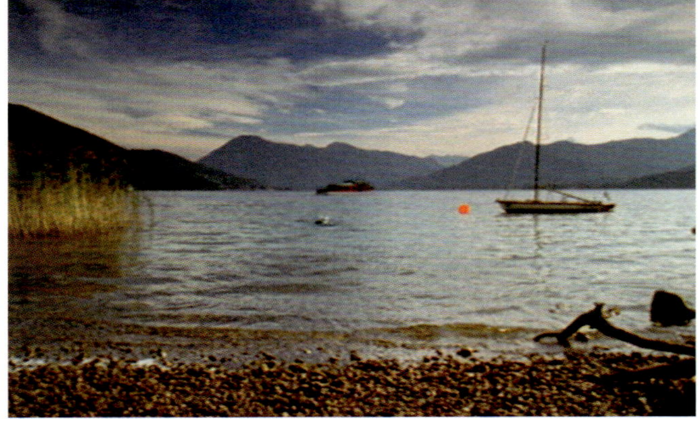

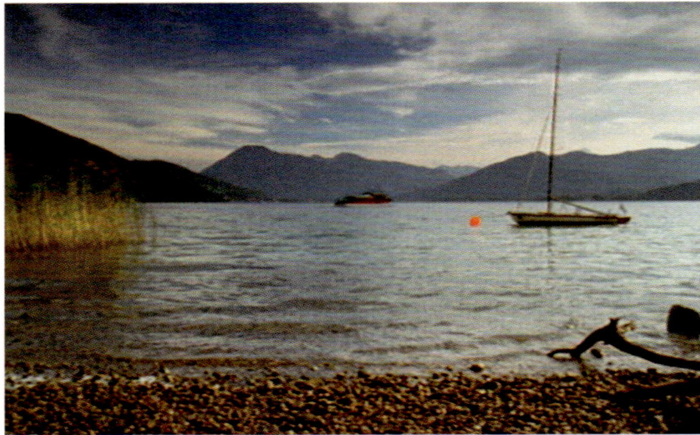

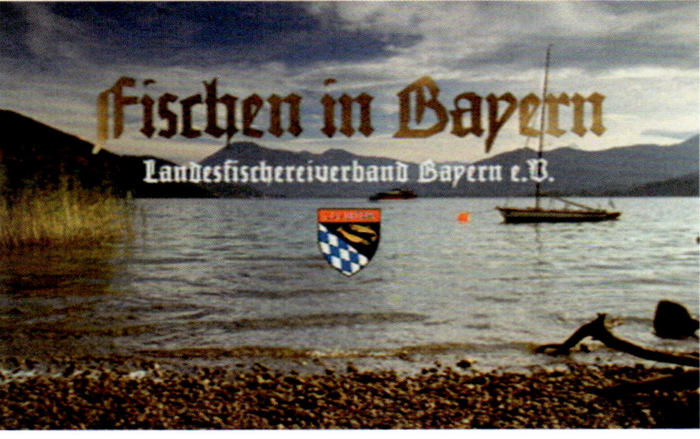

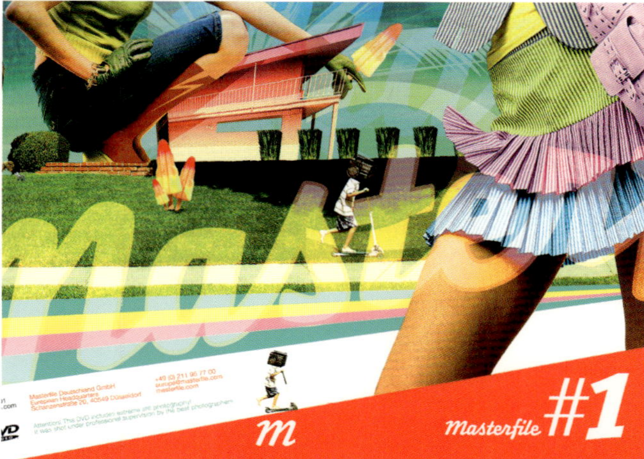

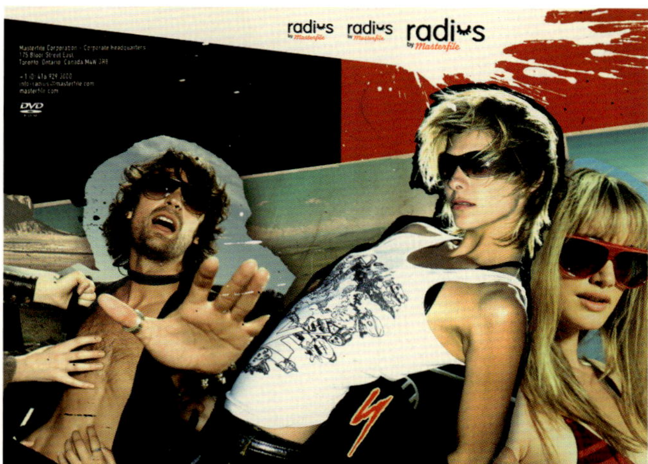

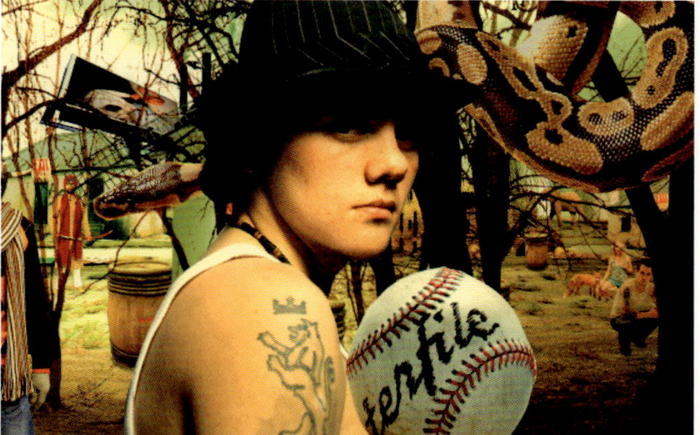

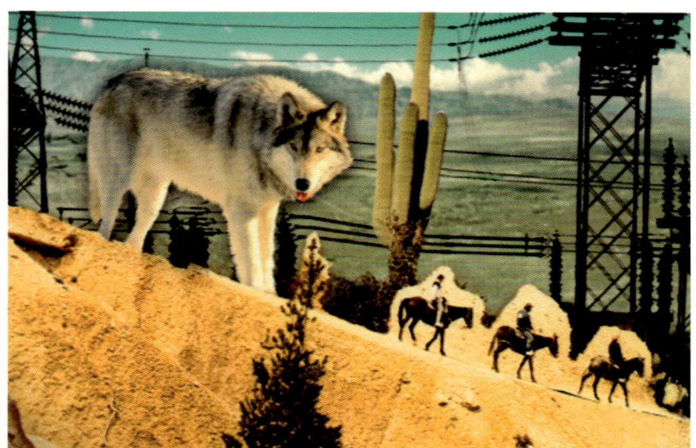

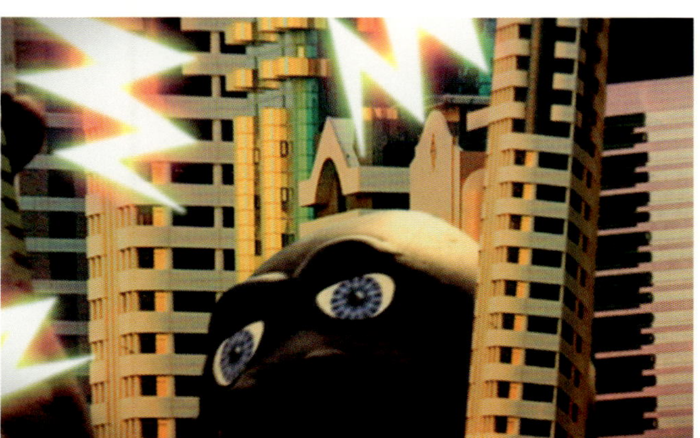

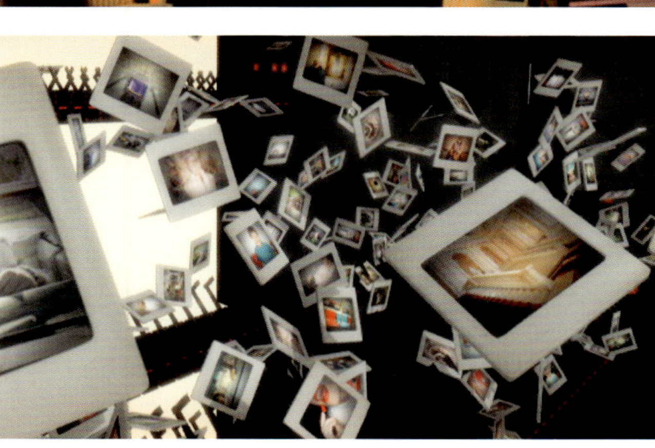

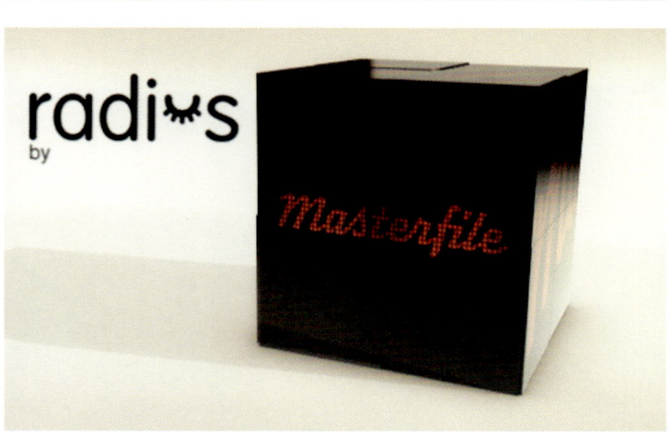

title
Masterfile DVD #1
Radius DVD #2

type of work
Image film

appeared in
2006

client
Masterfile Deutschland GmbH, Düsseldorf

design
Photography/strategic planning: Masterfile
Photo direction: Dorothee Koppe, Masterfile (Europe); Susan Morissette, Masterfile (North America)
Creative direction: Christian Schmidt, Masterfile
Art direction/film production/image editing: Parasol Island GmbH, Düsseldorf
Music/sound design: Jonathan Wulfes, Parasol GlamFM

abstract
Masterfile demonstriert die Stärke ihrer Fotografie mittels der Vielfalt und Qualität der heutigen Animationstechnik und entführt in die schier unendlichen Bildwelten der 3-D-Technik. In teils rasender Geschwindigkeit wechseln sich Echtzeit, Fiktion und Comic ab und erschließen permanent neue „Universen“.

Masterfile showcases its photography highlighting the variety and quality of today’s animation technology and takes the viewer on a trip into the seemingly infinite worlds of 3D technology. With sometimes extreme speeds real time, fiction and cartoons alternate and constantly open up new “universes”.

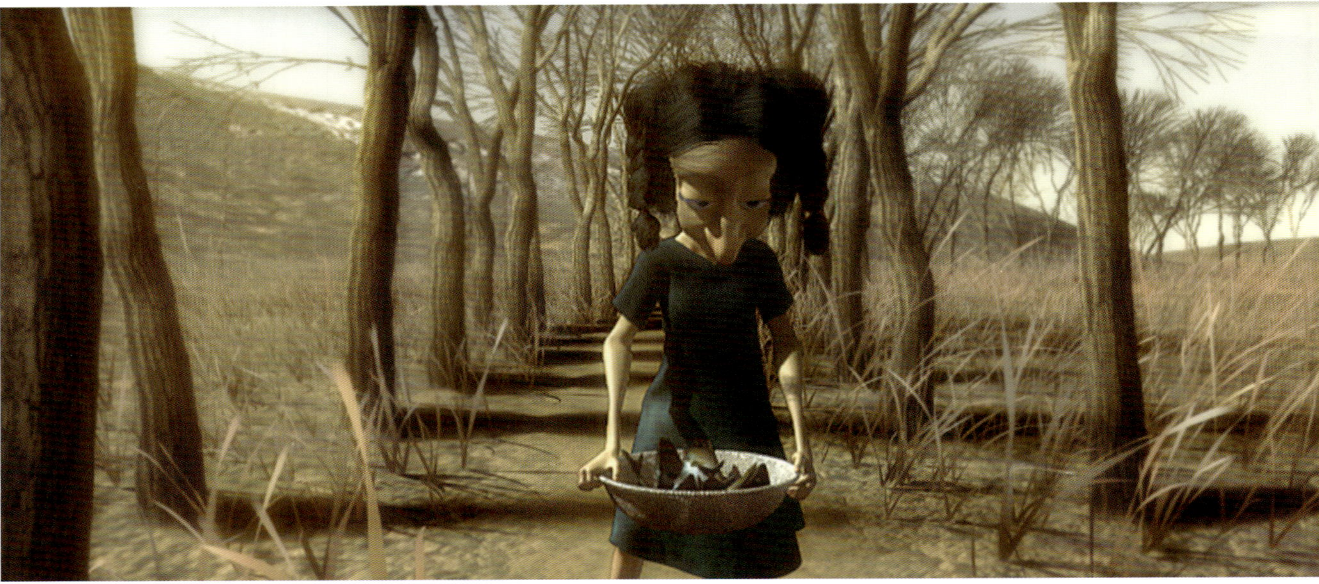

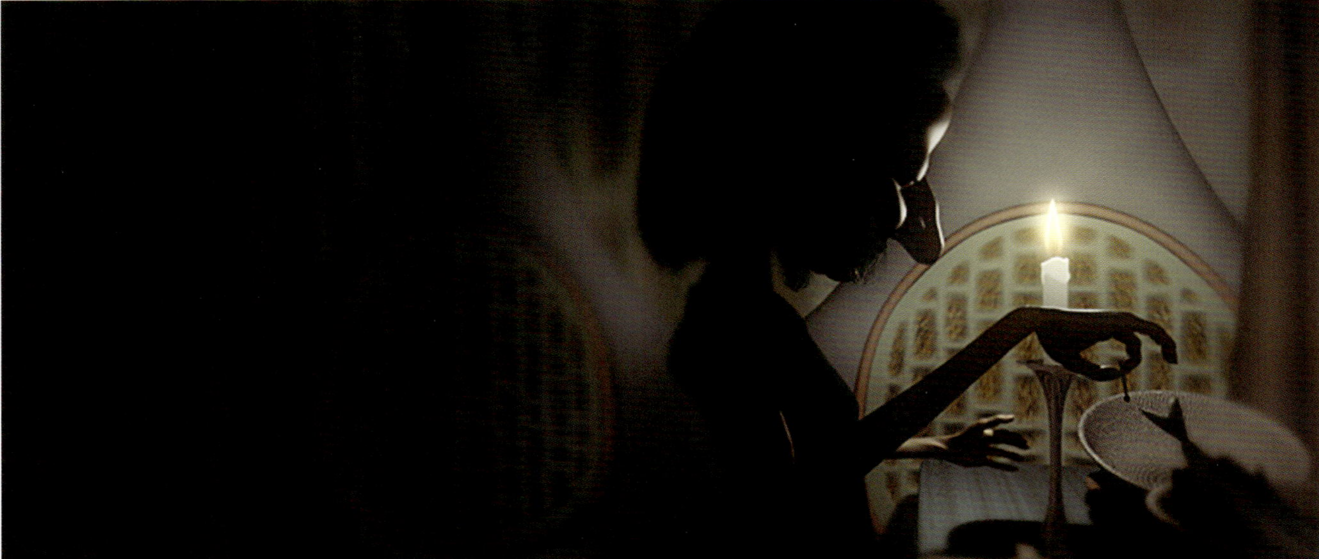

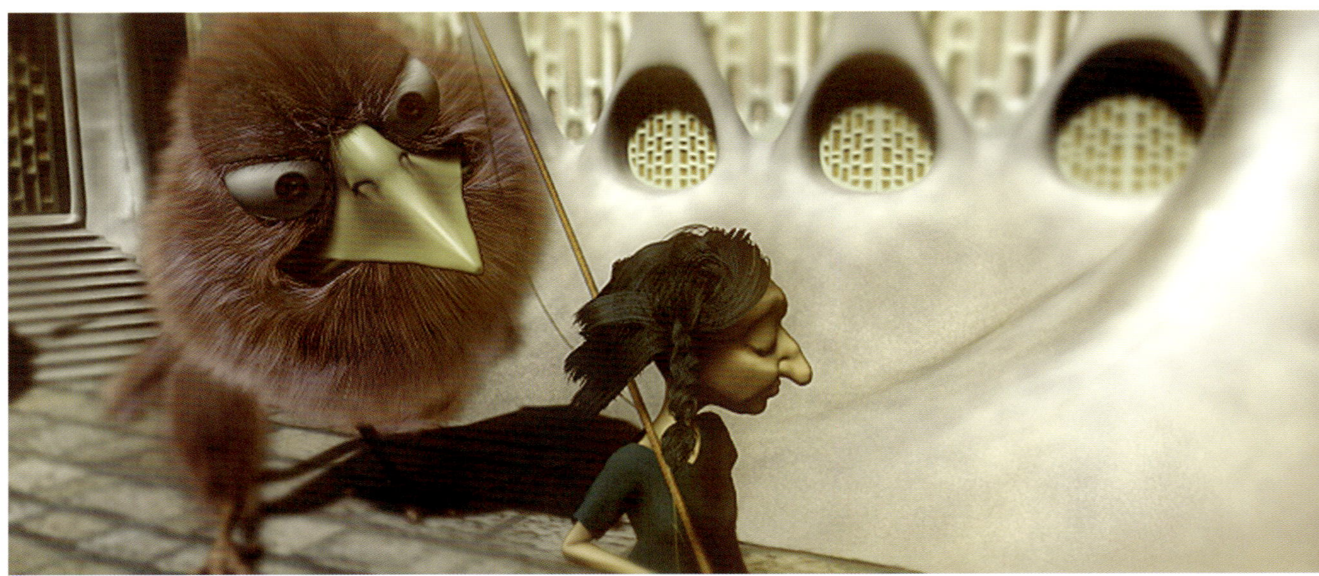

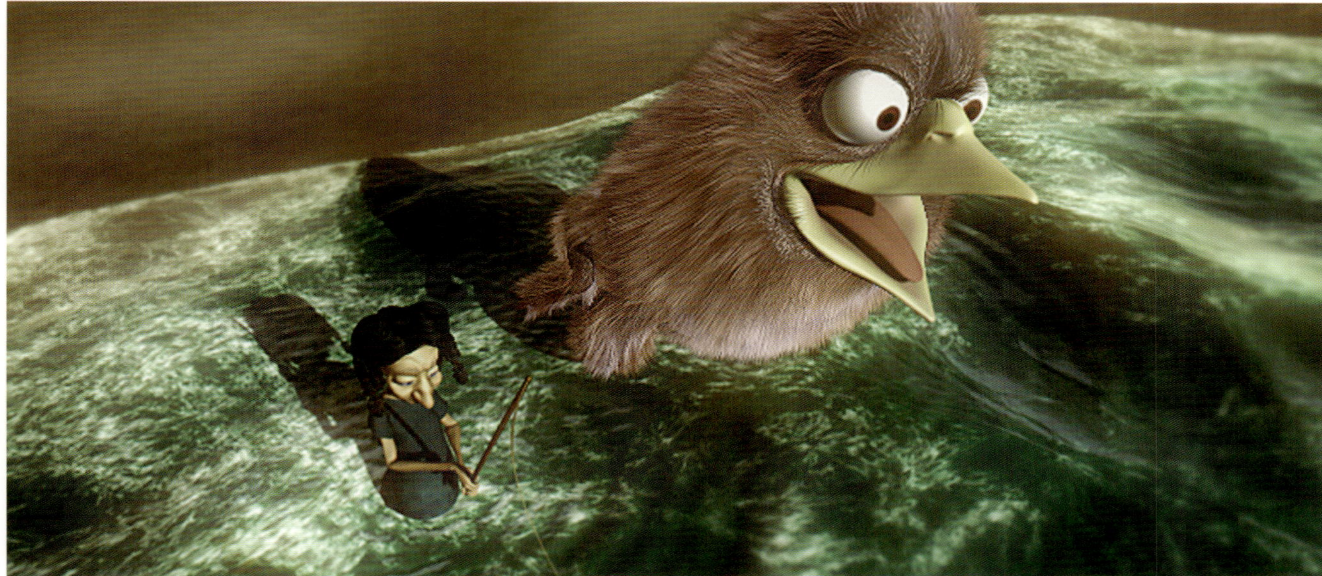

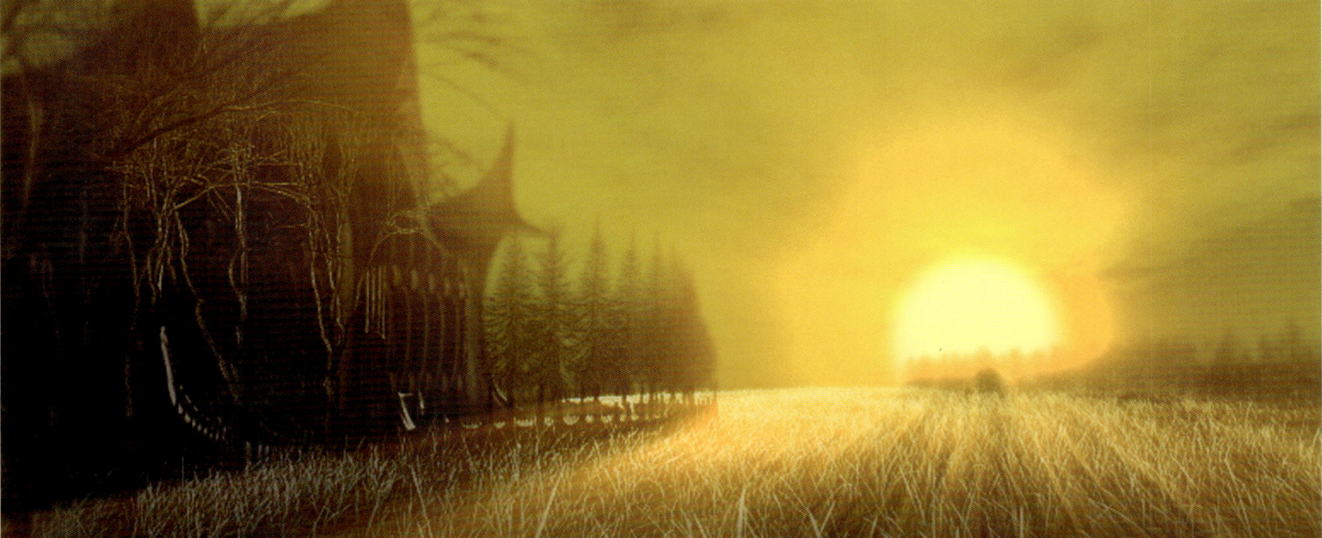

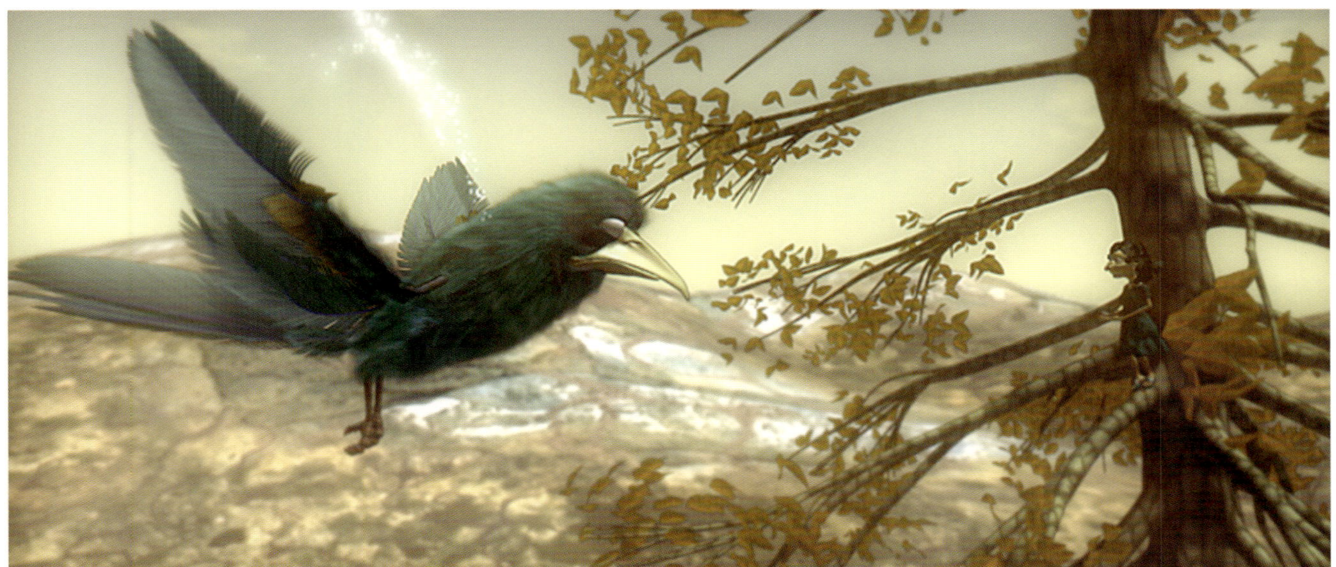

title
Der Besucher
(junior award)

type of work
Animated film

appeared in
2006

client
Fachhochschule
Dortmund
Carsten Strübbe

design
Munyong Lee, Korea

abstract
Das Leben eines einsamen Mädchens gerät aus den Fugen, nachdem es ungebetenen Besuch bekommt. Erst als dieser wieder verschwindet, erkennt das Mädchen, was es an ihm hatte. Die detailreich erzählte Geschichte schöpft die technischen Möglichkeiten der Animation aus und wird von einer klassischen Komposition untermalt.

The life of a lonely girl is upset after receiving an uninvited visitor. It is not until the visitor has left again that the girl realises what she had with him. This very detailed story makes use of all the technical possibilities of animation and is accompanied by a classical soundtrack.

Tyron Montgomery
David Linderman
Asta Baumöller

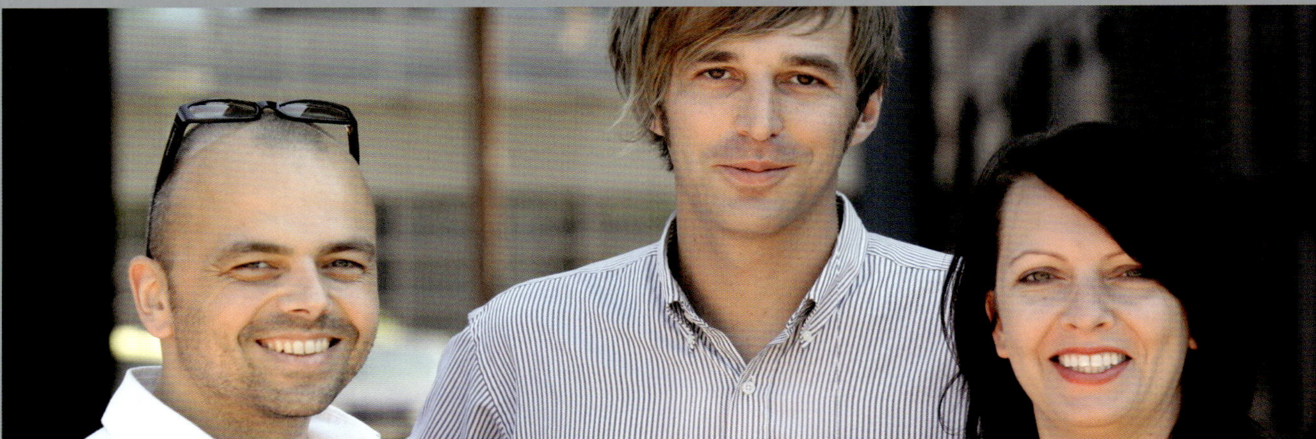

Neue Facetten durch akustische Interpretationen

Sound Design ist die Vertonung der Unternehmensidentität – die Übersetzung der Corporate Identity in eine akustische Qualität, in der sich Botschaft und Kern zu eigenständigen Klangbildern verdichten. Die besondere Kunst besteht darin, die Marke akustisch so zu konzentrieren, dass sich ihre Botschaft intuitiv vermittelt und der Sound auch für sich stehen kann. Gelingt dies, weist er losgelöst von Worten und Bildern unmittelbar in die Marken- und Unternehmenswelt und bleibt als wiedererkennbares Signet im Gedächtnis. Herausragend sind Beispiele, die ihr Audio-Logo zum Ausgangspunkt weiterer Interpretationen nehmen und ihm je nach Kontext eine neue individuelle Note geben.

Durch Jazz, Pop oder Klassik wird jeweils eine andere Stimmung übertragen, durch die die Marke ihre vielfältigen Facetten zum Ausdruck bringt. Der vermehrte Einsatz von Sound Design im Internet wird dieser Disziplin künftig eine neue Bedeutung geben und ihren Bedarf um ein Vielfaches steigern. Die Jury hat daher hohe Erwartungen an die Entwicklungen in diesem Bereich: „Es gibt viele interessante Ansätze, die das Potenzial des Sound Designs angesichts des technischen Fortschritts im Internet auf eine neue Stufe heben werden.“

New facets through acoustic interpretations

Sound design is the setting to music of a company's identity – the translation of a corporate identity into an acoustic quality, in which message and core combine to form original sounds. The art lies in concentrating the brand acoustically in such a way that the message is conveyed intuitively and the sound can stand by itself. If this is achieved, it points to the brands and company world without images and words, thus remaining in the memory as a recognisable acoustic logo. Outstanding examples are those which use their audio logo as a starting point for further interpretation and give it an individual touch according to the respective context.

With jazz, pop or classical music different moods are conveyed, with which the brand can express its many facets. The increased use of sound design on the Internet will give this discipline new significance in future and will also increase demand many times over. Thus, the jury has high expectations regarding the developments in this field: "There are many different interesting approaches, which will lift the potential of sound design to a new level in the face of the Internet's technical progress."

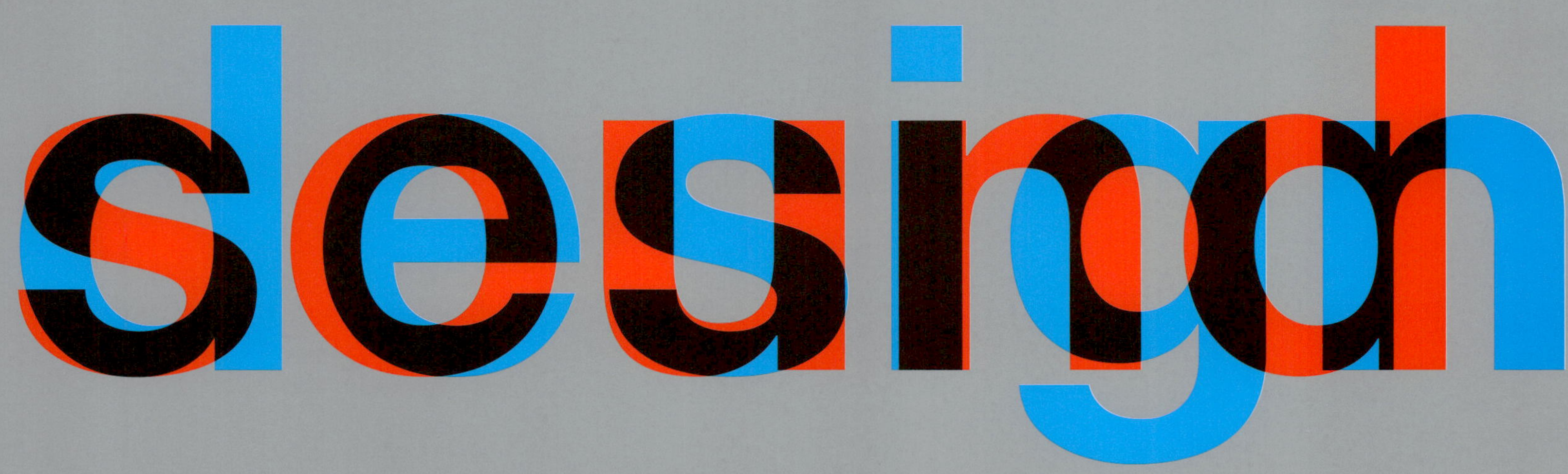
design
sound

title
Allianz Corporate Sound

type of work
Corporate sound

appeared in
2006

client
Allianz AG, Munich

design
MetaDesign AG, Berlin

abstract
Die Allianz AG vertont ihren Markenwert „Vertrauen“ durch die Kombination eines Basstons (Wärme, Vertrauen) mit einem Triangelton (Präzision). Dieses akustische Logo ist auf kein Genre festgelegt, sondern ist in verschiedenen Varianten arrangierbar. Je nach Anforderung an die Unternehmenskommunikation ist es flexibel einsetzbar.

Allianz AG combined a bass tone (warmth, trust) with a triangle sound (precision) to express its brand value “trust” in the medium of sound. The sound logo can be arranged in a variety of ways and is not limited to any one genre. It can be used flexibly to meet all the demands of corporate communications.

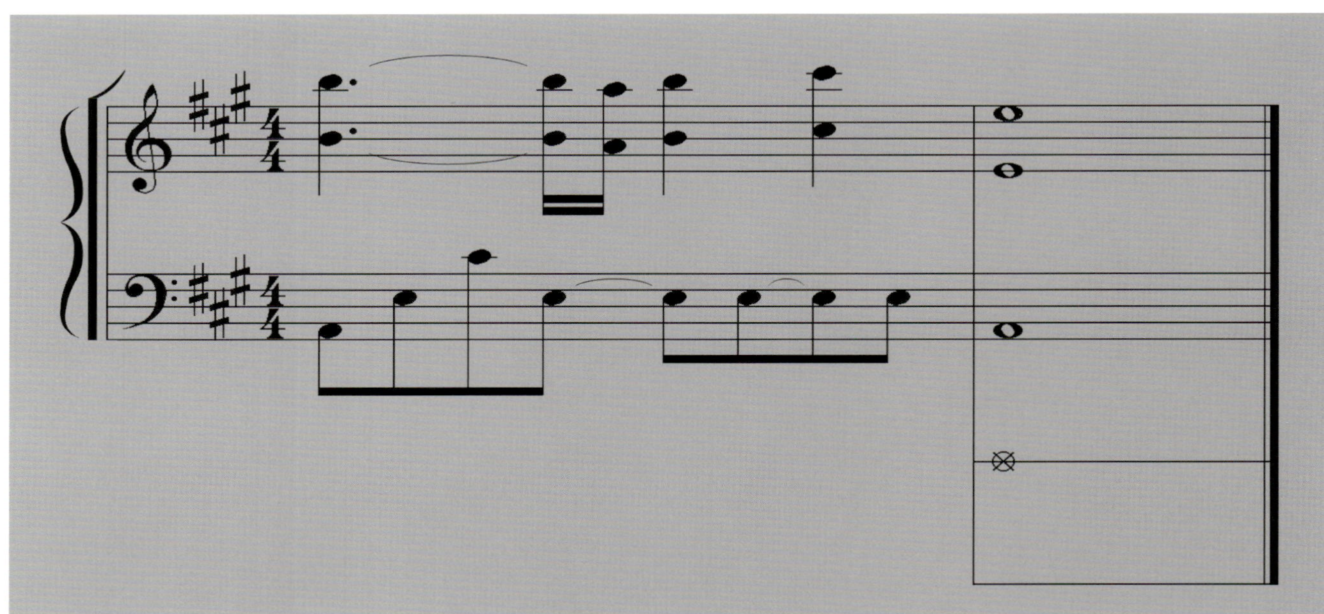

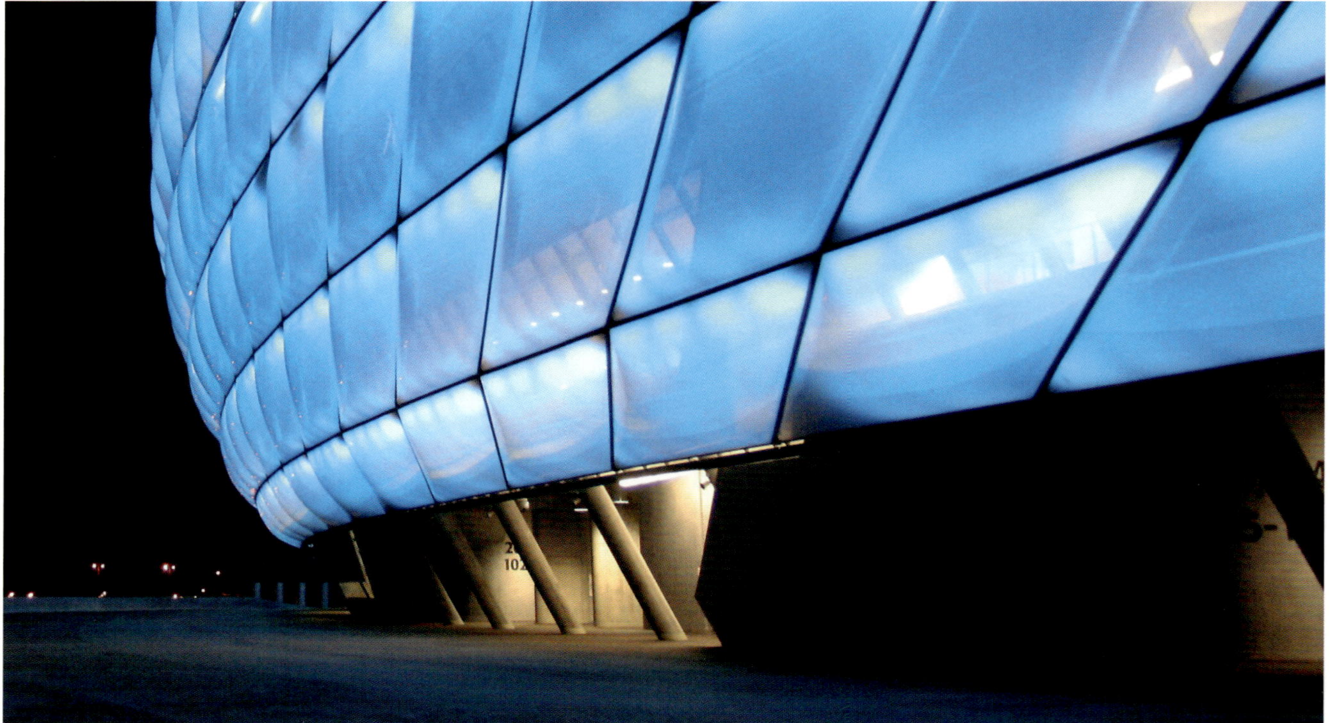

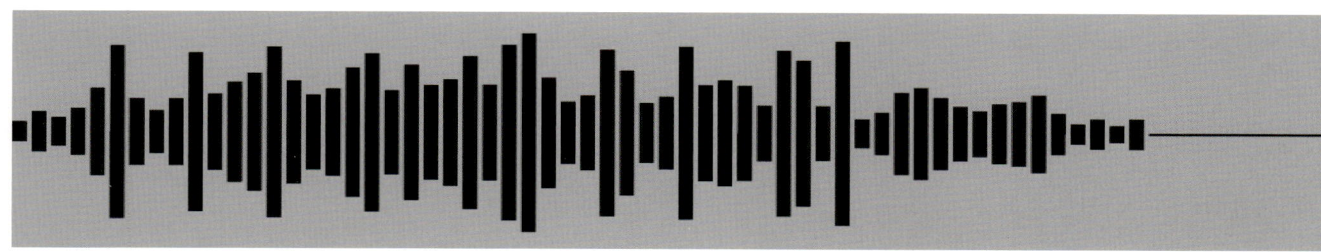

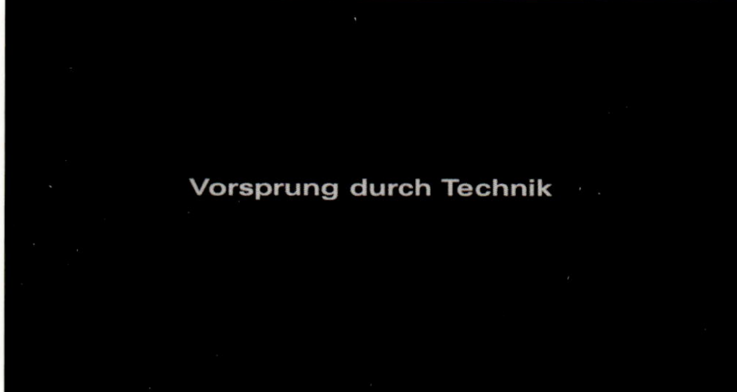

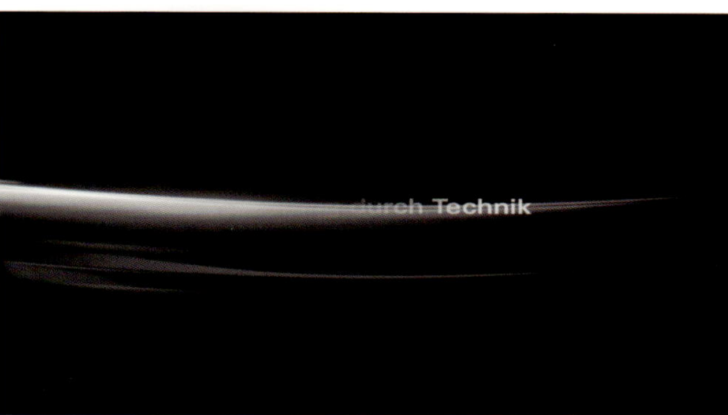

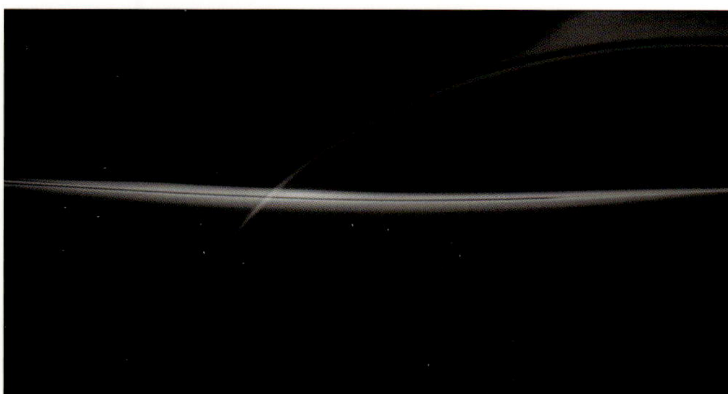

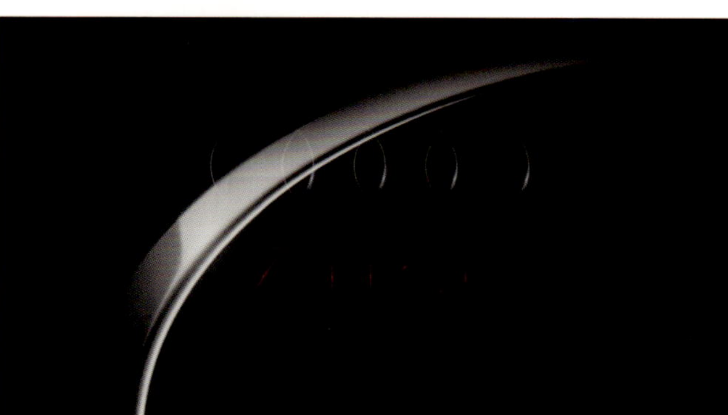

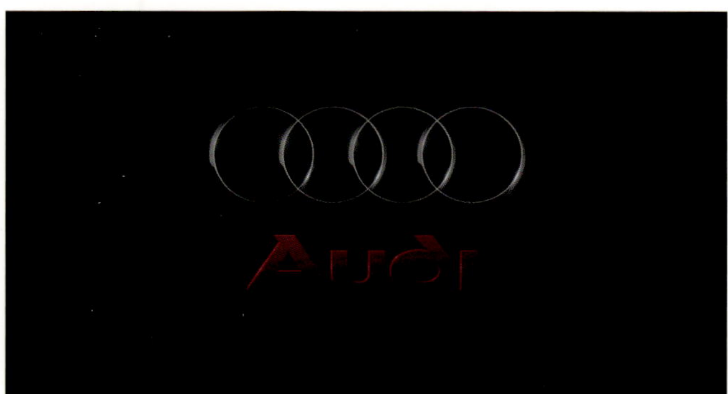

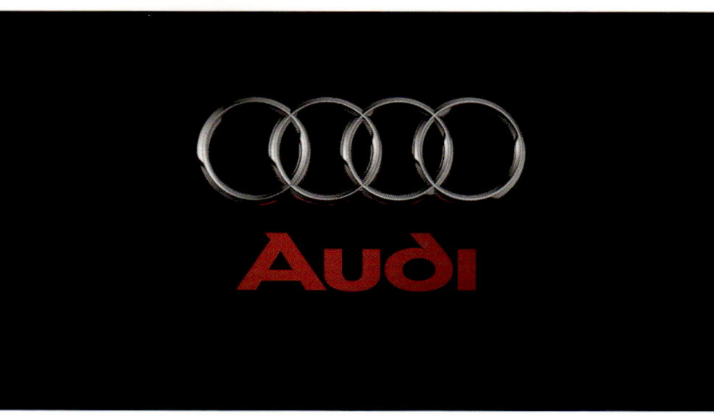

title
Audi TV-Ending

type of work
TV spot

appeared in
2006

client
AUDI AG, Ingolstadt

design
MetaDesign AG, Berlin

abstract
Das neue TV-Ending von Audi ist eine evolutionäre Weiterentwicklung des bekannten Endings von 1994. Das Motiv der „Kurve" wird als neues visuelles Element inszeniert, und die Klangfarben des akustischen Teils des Logos wurden neu interpretiert und arrangiert. Die Entwicklung Audis zu einer Premiummarke wird nun prägnant zum Ausdruck gebracht.

Audi's new TV commercial ending represents an evolutionary development of its well-known ending from 1994. The "curve" has been incorporated as a new visual element, and the tone colours of the audio logo have been rearranged and reinterpreted. The new ending distinctly expresses Audi's transformation into a premium brand.

anhang appendix

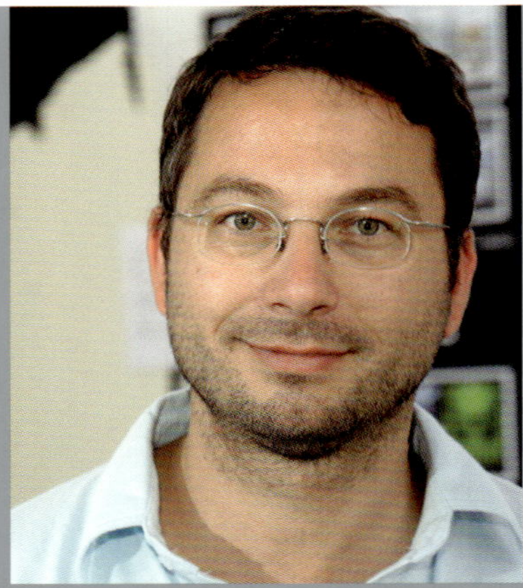

Martin Pross

Martin Pross, 1966 in Mainz geboren, studierte Kommunikationsdesign an der Hochschule der Bildenden Künste in Saarbrücken. Während seines Studiums arbeitete er bei der Agentur Maksimovic & Partners und begann dort nach seinem Abschluss 1994 als Art Director. 1996 wechselte er zu Scholz & Friends Berlin, wo er zwei Jahre später Creative Director und 2001 in die Geschäftsführung berufen wurde. Heute ist er Partner der Scholz & Friends-Gruppe und Geschäftsführer von Scholz & Friends Berlin. Seine Arbeiten, zum Beispiel für das Land Baden-Württemberg, die FAZ und Mercedes-Benz, wurden vielfach ausgezeichnet, u.a. bei den Clio Awards, London International Advertising Awards, The One Show Awards sowie mit Gold beim Cannes Lions-Wettbewerb und vom ADC Deutschland. Martin Pross ist seit 1998 Mitglied des ADC Deutschland.

„Gutes Design muss einfach, verständlich und menschlich sein. Denn wir müssen es mit den Händen, den Ohren oder den Augen verstehen können."

Martin Pross, born in Mainz in 1966, studied communication design at Hochschule der Bildenden Künste in Saarbrücken. While studying he worked at the agency Maksimovic & Partners where he later began working as art director after graduating in 1994. In 1996, he joined Scholz & Friends Berlin, where he became creative director two years later and managing director in 2001. Today, he is a partner of the Scholz & Friends group and managing director of Scholz & Friends Berlin. For his work for the German state of Baden-Württemberg, the FAZ newspaper and Mercedes-Benz for example, he has received numerous distinctions from Clio Awards, London International Advertising Awards, The One Show Awards as well as Gold in Cannes Lions competition and from the ADC Germany among others. Martin Pross has been a member of the ADC Germany since 1998.

"Good design has to be simple, understandable and human – because we have to understand it with hands, ears or eyes."

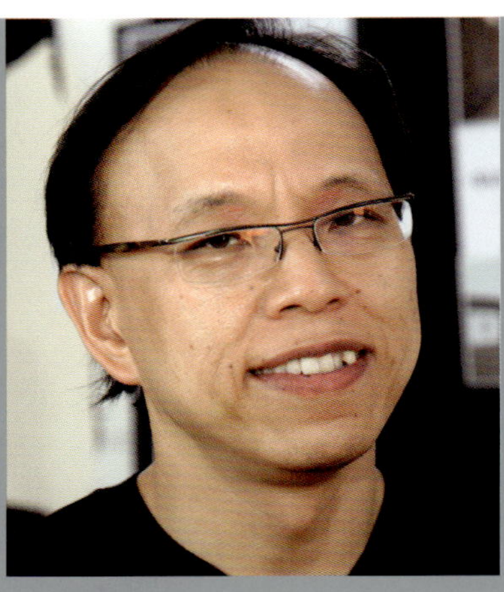

Don Ryun Chang

Don Ryun Chang, 1956 geboren, wuchs in Asien, Amerika und Europa auf. Er studierte Kunst, bevor er zu Kommunikationsdesign an die Parsons The New School for Design in New York wechselte und seinen Master am California Institute of the Arts in Los Angeles machte. 1984 begann er als Art Director bei Nara Advertising in Korea und war dann u.a. Senior Designer bei Steiner und Co. in Hongkong. 1991 gründete er das Büro DC&A, das 1999 mit Interbrand fusionierte und eine Reihe wichtiger Kampagnen, z.B. für Korea Telecom, die Shinhan Bank und die Fußball-Weltmeisterschaft 2002, realisierte. Don Ryun Chang erhielt zahlreiche internationale Auszeichnungen, u.a. vom Type Directors Club New York. Er ist Professor im Bereich Visuelles Kommunikationsdesign an der Hongik University in Seoul, war zuvor u.a. Geschäftsführer des Art Directors Club Korea und wurde 2005 zum Präsidenten des Icograda für die Zeit von 2007 bis 2009 gewählt.

„Für mich sollte gutes Design die Zusammenhänge informativ, emotional und ästhetisch transportieren und zugleich die Trends der Zeit transzendieren, um so auch viele Jahre später noch Gültigkeit zu haben."

Don Ryun Chang, born in 1956, grew up in Asia, America and Europe. He studied art before changing to Parsons The New School for Design in New York in order to study communication design and graduating from California Institute of the Arts in Los Angeles with a Master's degree. In 1984, he began working as art director at Nara Advertising in Korea and was then senior designer at Steiner and Co. in Hong Kong among others. In 1991, he founded the company DC&A, which merged with Interbrand in 1999, and realised a series of important campaigns such as for the FIFA World Cup 2002, Korea Telecom and Shinhan Bank. Don Ryun Chang received numerous international awards, for example from the Type Directors Club New York. He is professor of the department of visual communication design at Hongik University in Seoul. Furthermore, he was the managing director of the Art Directors Club Korea among others, and in 2005 he was elected president of Icograda from 2007 to 2009.

"In my opinion good design has to convey connections in an informative, emotional and aesthetic way, and at the same time it has to transcend contemporary trends in order to still be relevant many years later."

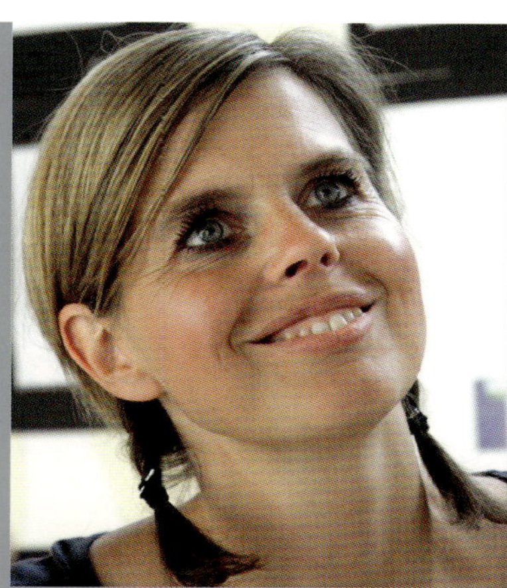

Kirsten Dietz

Kirsten Dietz, 1967 geboren, studierte Grafikdesign an der Staatlichen Akademie der Bildenden Künste in Stuttgart. 1995 gründete sie die Agentur strichpunkt, deren geschäftsführende Gesellschafterin sie mit zwei weiteren Partnern ist. strichpunkt steht für die intelligente, kreative Verbindung von Strategie und Corporate Communications in Markenentwicklung, Imagemedien, Finanzmarktkommunikation und Packaging Design. Konstant unter den Top Ten der europäischen Designbüros zählt strichpunkt zu den meistausgezeichneten Kreativagenturen weltweit. Kirsten Dietz erhielt u.a. durch ihre eigenen Bücher internationale Aufmerksamkeit. Mit „finest facts & figures“ (2004) etwa schrieb sie ein exzellent gestaltetes Grundlagenwerk über die Bedeutung und Gestaltung von Geschäftsberichten. Kirsten Dietz ist Mitglied im ADC Deutschland, TDC New York und von D&AD in London.

„Klares Design verbindet auch ohne viele Worte. Denn gute Ideen werden weltweit verstanden. Kommunikationsdesign kann deshalb Brücken zwischen Menschen und Kulturen schlagen.“

Kirsten Dietz, born in 1967, studied graphic design at State Academy of Art and Design Stuttgart. In 1995, she founded the agency strichpunkt, which she manages as a director together with two partners. strichpunkt stands for an intelligent, creative combination of strategy and corporate communication in brand development, image media, finance market communication and packaging design. Constantly among the top ten European design companies, strichpunkt is one of the creative agencies with the most distinctions worldwide. Kirsten Dietz received international attention also due to her books. With “finest facts & figures” (2004), for example, she wrote an excellent fundamental work on the significance and design of business reports. Kirsten Dietz is a member of the ADC Germany, TDC New York, and D&AD in London.

“Clear design connects people without many words, because good ideas are understood worldwide. Communication design can therefore build bridges between people and cultures.”

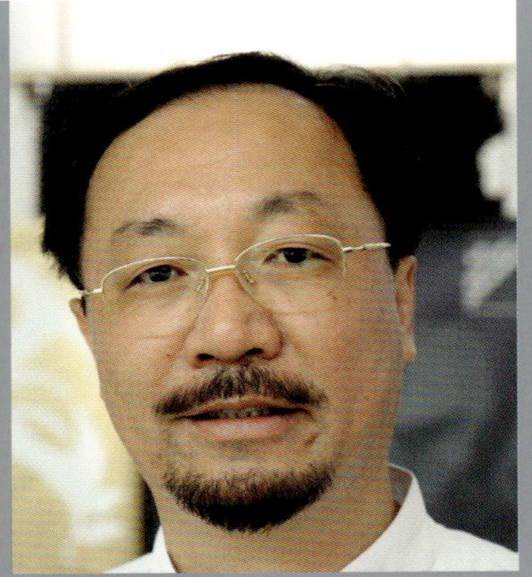

Apex Lin Pang-Soong

Prof. Apex Lin Pang-Soong, Direktor der Fakultät der schönen Künste an der National Taiwan Normal University, engagiert sich vielfältig im Bereich des Grafikdesigns. Er hat die Taiwan Image Poster Design Association ins Leben gerufen, war zwischen 2001 und 2003 Schatzmeister des International Council of Graphic Design Associations (Icograda) und ist zudem Jurymitglied internationaler Designwettbewerbe. Er entwickelte das Corporate Design großer Unternehmen in Taiwan und China und berät das Forschungszentrum für die Olympischen Spiele 2008 der Central Academy of Fine Arts in Beijing hinsichtlich des Erscheinungsbildes der Spiele. Apex Lin erhielt 2002 den Icograda Achievement Award, 2003 wurde er in das Kompendium „area. 100 graphic designers, 010 curators, 010 design classics" aufgenommen.

„Gutes Design erfüllt die funktionalen Kriterien des Kunden, entspricht der Ausdruckskraft des Designers und – das ist das Wichtigste – bereitet seinem Nutzer Vergnügen."

Prof. Apex Lin Pang-Soong, director of the department of fine arts at National Taiwan Normal University, is actively involved in the field of graphic design in several ways. He has initiated the Taiwan Image Poster Design Association, was treasurer of International Council of Graphic Design Associations (Icograda) from 2001 to 2003 and is also a jury member of international design competitions. He developed the corporate design of large companies in Taiwan and China and consults the Olympic research centre of Beijing Central Academy of Fine Arts with regards to the image of the 2008 Olympic Games. Apex Lin received the Icograda Achievement Award in 2002 and was featured in the compendium "area. 100 graphic designers, 010 curators, 010 design classics" in 2003.

"Good design fulfils the client's functional criteria, corresponds to the expressive power of the designer and – this is most important – gives its user pleasure."

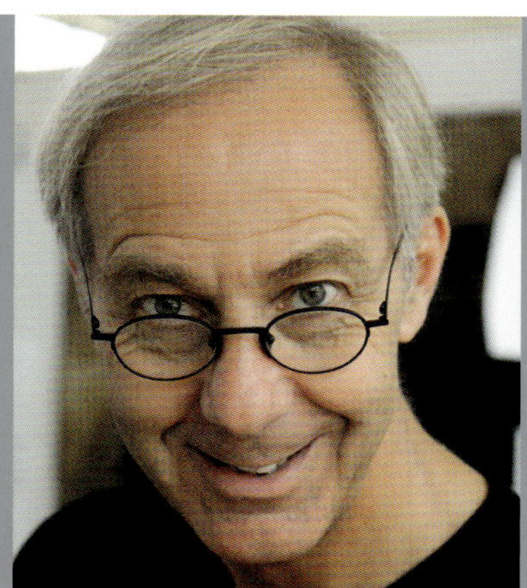

Jean Jacques Schaffner

Jean Jacques Schaffner, geboren 1954 in Basel, Schweiz, studierte bereits mit 15 Jahren Grafikdesign an der Kunstgewerbeschule Basel u.a. bei Adrian Frutiger. Weitere Ausbildungen als Fotograf sowie als Musikregisseur bei Leo Nadelmann, außerdem der Besuch der Ecole des Beaux-Arts in Paris und Studienaufenthalte in Oxford und San Francisco zeugen von den vielfältigen Fähigkeiten und Interessen Schaffners. 1976 gründete er mit seiner Partnerin Silvana Conzelmann die Designersfactory in Basel, die mit einem eigenen Fotostudio und einer Abteilung für interaktive Medien und Internetapplikationen sämtliche Leistungen der visuellen Kommunikation umfasst. Seit 1987 unterrichtet Schaffner in den Bereichen Grafikdesign, CAD, Typographie und Packaging Design und hält Vorträge auf der ganzen Welt. Von 2000 bis 2003 war er Präsident der Pan-European Brand Design Association (PDA), er ist zudem Mitglied vieler Designjurys.

„Design hat eine wichtige Funktion: Es muss komplexe Zusammenhänge einfach erklären – und zwar so, dass diese auch in anderen Kulturen und Märkten verständlich werden."

Jean Jacques Schaffner, born in Basel, Switzerland, in 1954, studied graphic design at the early age of 15 at Basel arts school with Adrian Frutiger, among others. Further training as a photographer and as a music film director with Leo Nadelmann, as well as his attending of the Ecole des Beaux-Arts in Paris and study stays in Oxford and San Francisco reflect Schaffner's great variety of skills and interests. In 1976, together with his partner Silvana Conzelmann he founded the Designersfactory in Basel, which includes a photo studio and a department for interactive media and Internet applications, thus offering the complete range of visual communication services. Since 1987, Schaffner has run trainings in graphic design, CAD, typography and packaging design and has held lectures all around the world. He was president of the Pan-European Brand Design Association (PDA) from 2000 to 2003, and he is also a member of many design juries.

"Design has an important function: it has to explain complex connections in a simple way – that means in such a way that they are also understood in other cultures and markets."

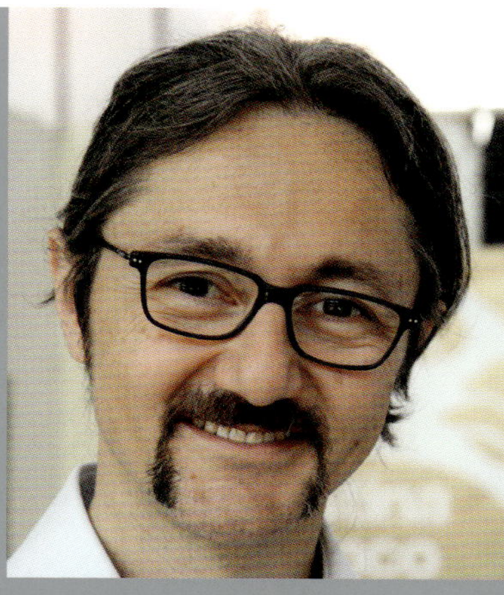

Leonardo Sonnoli

Leonardo Sonnoli, 1962 in Triest, Italien, geboren, studierte am Istituto Superiore per le Industrie Artistiche di Urbino (ISIA Urbino), arbeitete anschließend im Studio Tassinari/Vetta in Triest und war von 1990 bis 2001 Creative Director des Grafikstudios Dolcini Associati in Pesaro. 2002 gründete er mit Paolo Tassinari und Pierpaolo Vetta das Büro CODEsign. Seine durch ihre reduzierte Bildsprache und schlichte Typographie geprägten Plakate wurden vielfach ausgezeichnet, u.a. mit der Silbermedaille der Triennale in Toyama, Japan, und dem Compasso d'Oro, und sind Bestandteil internationaler Sammlungen wie des Louvre in Paris und des Kunstgewerbemuseums in Zürich. Leonardo Sonnoli ist Mitglied der Alliance Graphique Internationale und unterrichtet an der Kunst- und Designfakultät des Istituto Universitario di Architettura di Venezia (IUAV) in Venedig.

„Ich finde es wichtig, dass ein Designer geschichtliche und kulturelle Kenntnisse besitzt. Denn eine ästhetische Sprache zu entwickeln, mit ihren Elementen zu spielen und visuelle Lösungsvorschläge zu machen, setzt voraus, dass man ihre Wurzeln kennt."

Leonardo Sonnoli, born in Trieste, Italy, in 1962, studied at the Istituto Superiore per le Industrie Artistiche di Urbino (ISIA Urbino) before working in the Tassinari/Vetta studio in Trieste. From 1990 to 2001, he was creative director of the graphic design studio Dolcini Associati in Pesaro. In 2002, he founded the company CODEsign together with Paolo Tassinari and Pierpaolo Vetta. His posters, which are characterised by reduced imagery and simple typography, have received several awards, among them the silver medal of the Toyama triennial competition in Japan and the Compasso d'Oro, and are part of international collections such as the Louvre in Paris and the museum of decorative arts in Zürich. Leonardo Sonnoli is a member of the Alliance Graphique Internationale and lectures at the faculty of arts and design of the Istituto Universitario di Architettura di Venezia (IUAV) in Venice.

"I believe it is important that a designer has knowledge of history and culture, because in order to develop an aesthetic language, play with its elements, and create visual solutions you have to know its roots."

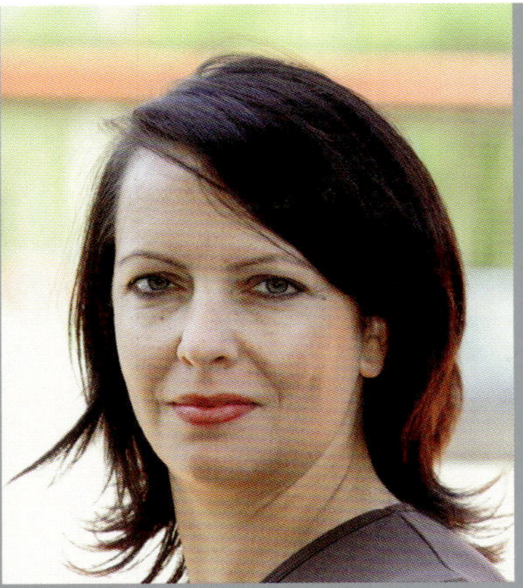

Asta Baumöller

Asta Baumöller, geboren 1966, studierte Design am Purchase College, State University of New York, an der Staatlichen Akademie der Bildenden Künste in Stuttgart und an der Fachhochschule Düsseldorf. Ab 1989 arbeitete sie in der Art Direction bei RTL; 1995 kam sie zu Viva, wo sie ab 1996 die Art Direction von Viva und Viva Zwei übernahm und 1999 Creative Director wurde. Verantwortlich für Kreation und Programm, baute sie 2000 Viva Italien in Mailand auf und entwickelte 2001 auch das Design von Viva Plus. Anfang 2002 übernahm sie die operative Betreuung der internationalen Viva-Aktivitäten, bevor sie im Juli 2002 alleinige Geschäftsführerin von Viva Schweiz sowie Mitglied des Verwaltungsrates wurde. Ihre Kompetenz ist in zahlreichen Jurys gefragt, darüber hinaus wurde Asta Baumöller vielfach ausgezeichnet, z.B. beim red dot design award und vom ADC (Deutschland und New York).

„Design ist kein Zierwerk – es folgt einer Idee. Die Herausforderung besteht deshalb darin, zunächst eine Idee zu haben und dann eine Designentscheidung zu treffen, die aus dem Zusammenspiel von Design und Inhalt mehr als die Summe seiner Teile macht.“

Asta Baumöller, born in 1966, studied design at Purchase College, State University of New York, at State Academy of Art and Design Stuttgart and University of Applied Sciences Düsseldorf. From 1989 she worked in art direction at RTL; in 1995 she went to Viva, where she took over the art direction of Viva and Viva Zwei in 1996 and became creative director in 1999. In charge of creation and programme, she established Viva Italy in Milan in 2000 and also developed the design of Viva Plus in 2001. At the beginning of 2002, she took over the operational responsibility for the international Viva activities before becoming the sole managing director of Viva Schweiz as well as a member of the board of directors. Her competence is sought-after in numerous juries. Besides, Asta Baumöller has received several distinctions, for example in the red dot design award and from the ADC (Germany and New York).

“Design is not decoration – it follows an idea. Therefore the challenge is to first have an idea and then to decide on a design which turns the combination of design and content into more than the sum of its parts.”

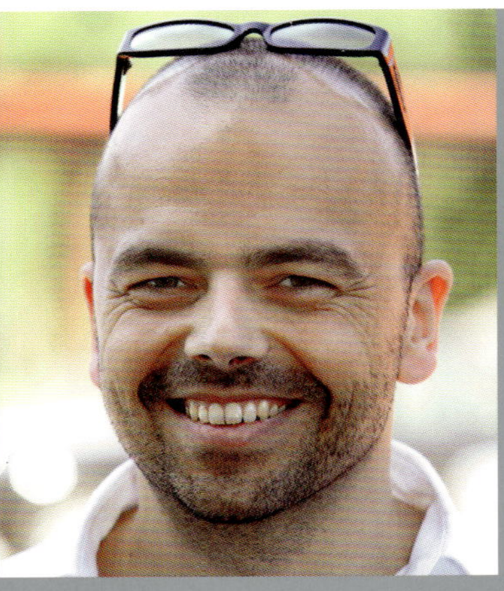

Tyron Montgomery

Tyron Montgomery, 1967 in Irland geboren und aufgewachsen, studierte Physik, bevor er an die Kunsthochschule Kassel zum Fach Visuelle Kommunikation mit den Schwerpunkten Film, Animation und Fotografie wechselte. 1996 drehte er „Quest“, den erfolgreichsten deutschen Kurzfilm aller Zeiten, für den er einen Oscar sowie über 40 weitere internationale Auszeichnungen erhielt. Ab 1997 lebte er in Paris und arbeitete als Regisseur und Kameramann für Werbespots in London sowie als VFX-Supervisor für Kinofilme in München. 1998 produzierte er in Kassel „Unser Garten“, den weltweit ersten Puppentrickfilm für das Kino, der komplett digital aufgezeichnet wurde. 2000 zog er nach München und gründete AUGENREIZ, eine Agentur für Internet, Multimedia und Film. Seit 1996 lehrt Tyron Montgomery nebenbei als Gastdozent an deutschen Hochschulen, gibt Workshops auf Festivals und hält Vorträge auf internationalen Veranstaltungen.

„Die neuen Medien und Technologien haben uns in eine vernetzte, bunte, audio-visuelle Wunderwelt katapultiert. Es ist leichter denn je, zu beeindrucken und zu blenden. Doch wenn die einem Werk zugrunde liegende Idee wirklich gut ist, reichen meist schon ganz leise Töne, um die Menschen zu berühren.“

Tyron Montgomery, born in Ireland in 1967 where he also grew up, studied physics before changing to Kunsthochschule Kassel to study visual communication with emphases on film, animation and photography. In 1996, he filmed “Quest”, the most successful German short film of all time, for which he received an Oscar and more than 40 other international distinctions. From 1997, he lived in Paris and worked as director and cameraman for advertising films in London and as VFX supervisor for films in Munich. In 1998, he produced the film “Unser Garten” (Our Garden) in Kassel, which is the first ever completely digitally filmed puppet animation for cinemas. In 2000, he moved to Munich and founded AUGENREIZ, an agency for Internet, multimedia and film. Since 1996, Tyron Montgomery has been a part-time guest lecturer at German universities, run workshops at festivals, and given speeches at international events.

“The new media have catapulted us into a networked, colourful, audio-visual world of wonders. It is easier than ever to impress and to dazzle. But if the underlying idea of a work is really good, often very subtle undertones can be enough to touch people.”

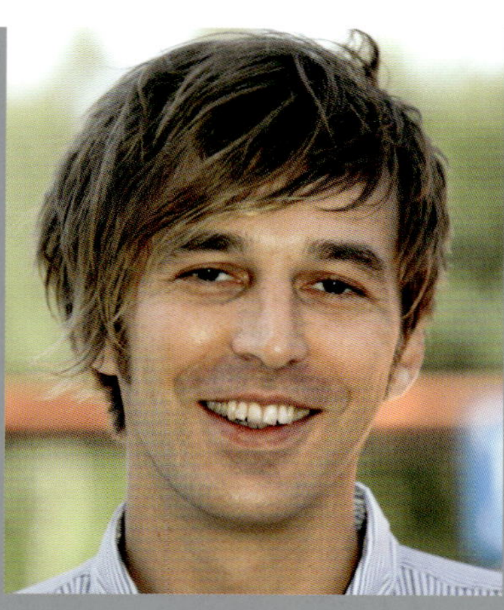

David Linderman

David Linderman, 1970 in Austin, USA, geboren, studierte Design und Kunst an der Universität Wisconsin sowie Kommunikationsgestaltung in Hildesheim. Er arbeitete bei Meiré und Meiré in Köln sowie Springer & Jacoby in Hamburg, bevor er 1996 mit Manuel Funk die Multimediaagentur Fork Unstable Media mit Sitz in Hamburg, Berlin und New York gründete. Internationale Beachtung erlangte das Studio mit seinen „Trash Games", darunter „Princess Diana Tunnelracer", die u.a. in „The Face" besprochen wurden. Neben Aufträgen etwa für adidas, Remington oder NIVEA arbeitet Linderman verstärkt im Spannungsfeld zwischen Grafikdesign, Kunst und Clubkultur und entwickelt interaktive, künstlerische Werke für das Internet und internationale Ausstellungen. Er wurde mehrfach ausgezeichnet, u.a. ADC New York, Cannes Cyber Lions und I.D. Annual Design Review, und ist seit 2005 Professor an der Hochschule für Gestaltung in Offenbach.

„Durch Interface- und Interactiondesign entwickelt sich das Internet mehr und mehr zur spannenden Bühne für Experimente mit Bewegung und Sound."

David Linderman, born in Austin, USA, in 1970, studied design and art at Wisconsin University and communication design in Hildesheim. He worked at Meiré und Meiré in Cologne as well as Springer & Jacoby in Hamburg, before founding the multimedia agency Fork Unstable Media with offices in Hamburg, Berlin and New York together with Manuel Funk in 1996. The studio gained international attention with its "Trash Games", among them "Princess Diana Tunnelracer", which were discussed in "The Face" among other magazines. Besides his work for adidas, Remington and NIVEA for example, Linderman focuses increasingly on the dynamic interface between graphic design, art, and club culture and develops interactive artistic works for the Internet and international exhibitions. He has received several distinctions, ADC New York, Cannes Cyber Lions and I.D. Annual Design Review among others, and he has been professor at Hochschule für Gestaltung Offenbach since 2005.

"Due to interface and interaction design, the Internet is more and more developing into an exciting stage for experiments of movement and sound."

red dot design
museum Germany

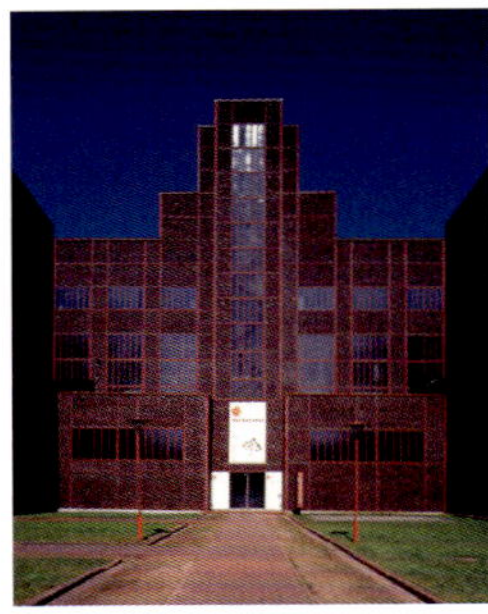

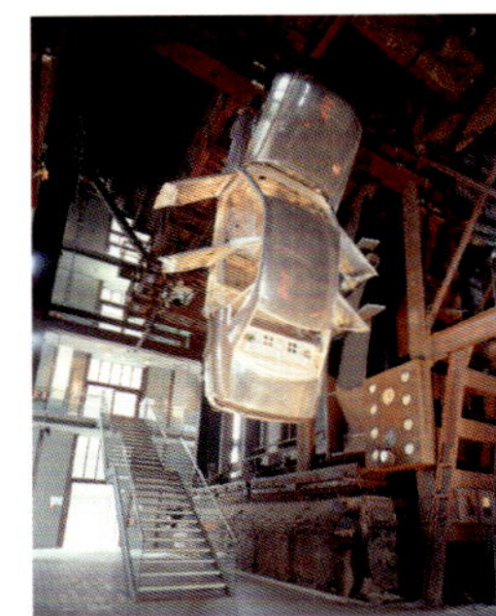

red dot design award – Eine internationale Qualifizierungsplattform

Mit knapp 6.000 Anmeldungen aus über 50 Ländern zählt der red dot design award zu den größten Designwettbewerben weltweit. Und zu den ältesten. Seine Geschichte reicht bis ins Jahr 1955 zurück, als eine ausgewählte Jury Produkte, die durch ihre Gestaltung Vorbildcharakter haben, für eine Ausstellung im Essener „Haus Industrieform" bestimmte. Schon damals unterlag die Auswahl der exklusiven Exponate den strengen Kriterien, die zum Maßstab für die untrügliche Urteilskraft des Wettbewerbs wurden und die Qualität des red dot design award bis heute kennzeichnen.
Unter der Ägide von Prof. Dr. Peter Zec, dem Initiator des red dot design award, bekam der Wettbewerb 1992 mit dem „Roten Punkt" ein neues Gesicht. Als Reaktion auf das wachsende internationale Interesse an dem Wettbewerb und seiner Auszeichnung erfolgte schließlich die Umbenennung in „red dot" – die Grundlage für ein international kommunizierbares Qualitätssiegel, um das sich heute Designer und Unternehmen aus allen Teilen der Welt bewerben. Die Auszeichnung mit dem red dot ermöglicht es den Gewinnern, ihr erfolgreiches Engagement für Design weltweit zu kommunizieren und ihre Zugehörigkeit zu den Besten in Design und Business zu signalisieren.
Der red dot design award erschließt sich kontinuierlich neue Wirkungsbereiche und Märkte. Im Frühjahr 2005 wurden die Wettbewerbe für Produkt- und Kommunikationsdesign um die dritte Disziplin im Bereich „design concept" erweitert, die von der neuen Dependance in Singapur ausgelobt wird. Sie richtet sich an noch nicht auf dem Markt eingeführte Innovationen und Designneuheiten und ergänzt das Spektrum der Kreativleistungen um spannende Ideen und Visionen.

red dot award: communication design – Kommunikationsdesign auf dem Prüfstand

Der red dot design award ist in die drei Bereiche „red dot award: communication design", „red dot award: product design" und „red dot award: design concept" unterteilt. Alle drei Disziplinen werden unabhängig voneinander ausgeschrieben und jeweils im Original juriert.
1993 entstand der Deutsche Preis für Kommunikationsdesign, der 2001 in „red dot award: communication design" umbenannt wurde und heute zu den großen internationalen Designwettbewerben der Branche gehört, wie die jährlich steigenden Anmeldezahlen unterstreichen. Das Wettbewerbsreglement und die Auswahlkriterien sind streng, denn nur diejenigen Arbeiten werden mit einem red dot prämiiert, die den Anforderungen an ihre Innovationsleistung, Gestaltungs- oder Verarbeitungsqualität in besonderer Weise gerecht werden. Für die Auswahl der Gewinner zeichnet eine mit international renommierten Persönlichkeiten besetzte Jury verantwortlich. Sie ist zu absoluter Unabhängigkeit und Neutralität verpflichtet und bürgt durch ihre Kompetenz und Urteilskraft für die außerordentliche Qualität des Wettbewerbs.

red dot design award – an international qualification platform

With almost 6,000 entries from more than 50 countries, the red dot design award is one of the largest design competitions worldwide, and also one of the oldest. Its story began in 1955, when a selected jury chose products for an exhibition in the Essen "Haus Industrieform" which due to their design had an exemplary function. Already back then, the selection of the exclusive exhibits followed the strict criteria which became the standard for the competition's infallible power of judgement and which have characterised the quality of the red dot design award until today.
Under the aegis of Prof. Dr. Peter Zec, the initiator of the red dot design award, the competition received a new look in 1992 with the introduction of the "Roter Punkt" (German for "red dot"). As a reaction to the growing international interest in the competition and its award it was renamed to "red dot" – the basis of a quality label that can be communicated internationally and which designers and companies from all around the world apply for. Receiving a red dot enables the winners to communicate their successful involvement in design worldwide and to signal that they belong to the best in design and business.
The red dot design award is constantly developing new spheres of action and markets. In spring 2005, the product and communication design competitions were supplemented by a third discipline in the field of "design concept", which is held by the new branch in Singapore. It is aimed at innovations and new designs that have not been introduced to the market and supplements the spectrum of creative achievements with fascinating ideas and visions.

red dot award: communication design – communication design on the testing bench

The red dot design award consists of the three disciplines "red dot award: communication design", "red dot award: product design" and "red dot award: design concept". All three disciplines are held independently and always require an original copy of the work for the adjudication.
In 1993, the "Deutscher Preis für Kommunikationsdesign" (German Prize for Communication Design) was created, which was renamed "red dot award: communication design" in 2001 and which is one of the large international design prizes of the industry today as is emphasised by the annually rising visitor numbers. The competition rules and adjudication criteria are strict, because only those works which meet the requirements on innovative achievement, design quality and quality of craftsmanship in a special way are awarded the red dot. A jury consisting of internationally renowned prominent figures is responsible for the selection of the winners. It is required to be absolutely independent and neutral and with its competence and power of judgement guarantees the competition's extraordinary quality.

red dot online – Ein internationales Designportal, Ausstellungsplattform und weltweites Recherchetool

Eines der zentralen Kommunikationsinstrumente des red dort design award ist das red dot online-Portal. Es zählt zu den anerkanntesten und meistbesuchten Kommunikationsplattformen weltweit und dient als globales Recherchetool sowie Inspirationsquelle für Agenturen, Designer, Unternehmen und Interessenten. Alle Gewinner des aktuellen Wettbewerbsjahres werden der Weltöffentlichkeit in einer Online-Ausstellung für mindestens ein Jahr präsentiert. Sie sind so zugleich eingebunden in die vielfältigen Aktivitäten des red dot design award sowie die neuesten Nachrichten, Trendberichte und Highlights aus der internationalen Designbranche.

Das red dot design museum – Präsentation und Kommunikation

Das red dot design museum in Essen zeigt mit über 1.000 Exponaten die größte Ausstellung zeitgenössischen Designs weltweit. In der imposanten Architektur des von Lord Norman Foster umgestalteten Kesselhauses des Weltkulturerbes Zeche Zollverein werden auf mehr als 4.000 qm Produkte aus der ganzen Welt präsentiert – allesamt ausgezeichnet mit dem red dot. Dieser faszinierende Ort ist eine ideale Bühne für die Kommunikation und Präsentation aktueller Designleistungen. Mit über 120.000 Besuchern pro Jahr ist er zugleich ein Publikumsmagnet für Design- und Architekturliebhaber aus aller Welt. Zusammen mit dem im Sommer 2005 eröffneten red dot design museum in Singapur ergeben sich zahlreiche Möglichkeiten, die ausgesuchten Designinnovationen zu präsentieren und die Aktivitäten des red dot design award einem breiten Publikum zugänglich zu machen. Die neue Dependance in dem kreativen Zentrum „red dot traffic", dem historischen Polizeihauptquartier von 1928 inmitten Singapurs lebendigem Finanzviertel, trägt dem rasanten Wachstum und hohen kreativen Potenzial im asiatischen Raum Rechnung.

red dot online – an international design portal, exhibition platform and worldwide research tool

One of the central communication tools of the red dot design award is the red dot online portal. It is one of the most renowned and most visited Internet platforms worldwide and serves as a global research tool as well as a source of inspiration for agencies, designers, companies and people interested in design. All winners of the current competition year are presented to the public in an online exhibition for at least one year. At the same time, they are part of the diverse activities of the red dot design award as well as the latest news, trend reports and highlights of the international design trade.

The red dot design museum – presentation and communication

With its more than 1,000 exhibits, the red dot design museum in Essen presents the largest exhibition of contemporary design worldwide. In the impressive architecture of the boiler house of the Zollverein colliery world culture heritage site, which was redesigned by Lord Norman Foster, products from all over the world are presented on more than 4,000 square metres – all of them winners of the red dot. This fascinating place is an ideal stage for the exchange of ideas and the diverse activities of communication and presentation of current design achievements. With more than 120,000 annual visitors, it is also an audience magnet for lovers of design and architecture from all around the world. Together with the red dot design museum in Singapore, which was opened in summer 2005, there are numerous opportunities to present the selected design innovations and to make the activities of the red dot design award available to a large audience. The new branch, which is located in the creative centre "red dot traffic", the historic police headquarters of 1928 in the heart of Singapore's financial district, has been established in response to the rapid growth and the high creative potential in the Asian region.

red dot design museum Singapore

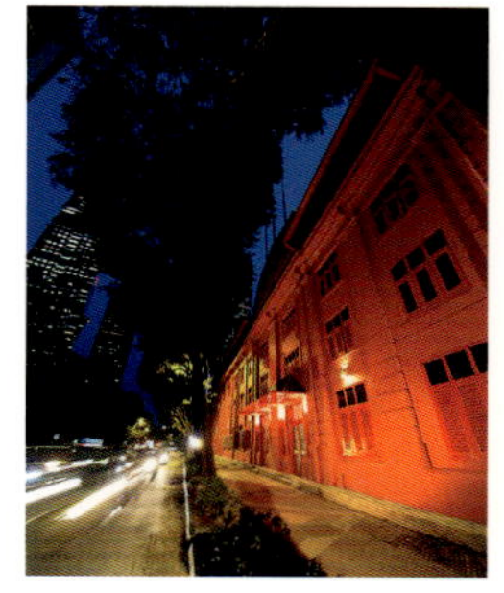

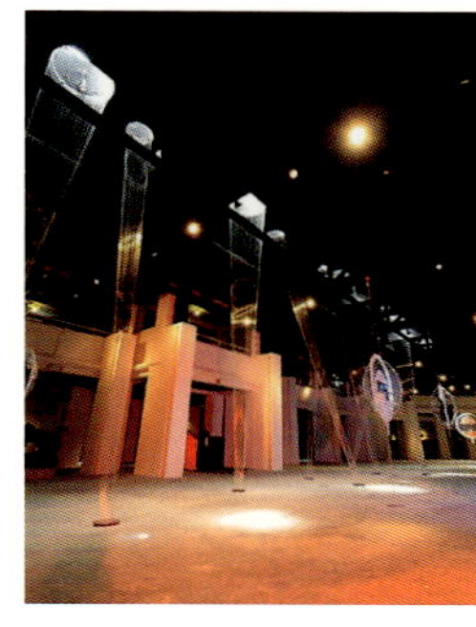

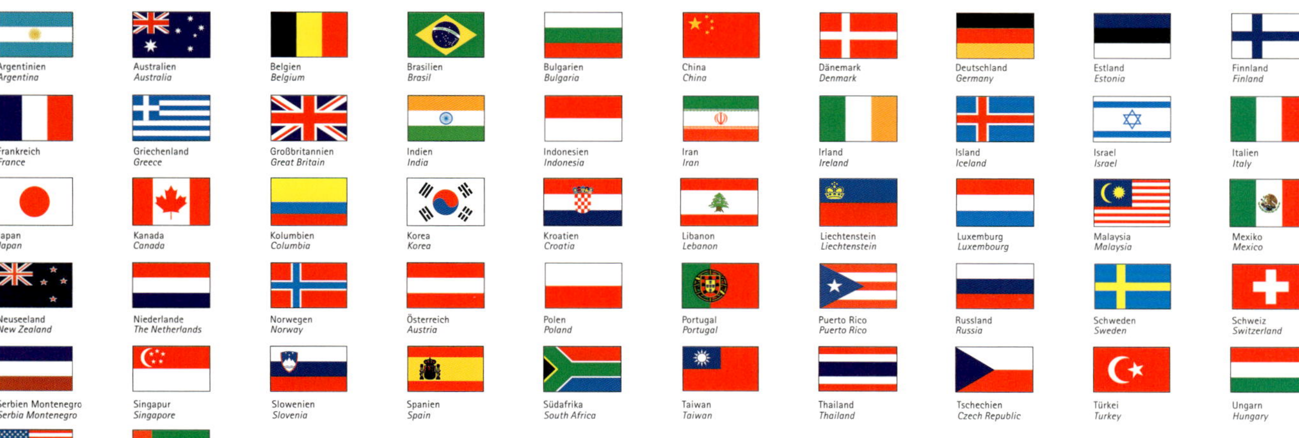

Die Teilnehmer im red dot design award – dem red dot award: product design, dem red dot award: communication design sowie dem red dot award: design concept
The participants in the red dot design award – the "red dot award: product design", the "red dot award: communication design" as well as the "red dot award: design concept"

Index Designer

Sarah Cords
Kunsthochschule Kassel
Menzelstraße 13-15
D-34121 Kassel
www.kunsthochschule-kassel.de
235

D

de-construct
10-18 Vestry Street
GB-London N1 7RE
info@de-construct.com
www.de-construct.com
290

denkwerk GmbH
Vogelsanger Straße 66
D-50823 Köln
info@denkwerk.com
www.denkwerk.com
289

Carolin Derks
Schirmerstraße 3
D-40211 Düsseldorf
c.derks@gmx.de
222

design hoch drei GmbH & Co.KG
Hallstraße 25a
D-70376 Stuttgart
info@design-hoch-drei.de
www.design-hoch-drei.de
34–35

Designklinik
Büro für Design und Kommunikation
Pfizerstraße 8
D-70184 Stuttgart
110@designklinik.de
www.designklinik.de
128

Alice Deußer
Bornheimer Landwehr 34
D-60385 Frankfurt/Main
www.alicedeusser.com
134

Deutschlandrock
Leuschnerdamm 13
D-10999 Berlin
contact@deutschlandrock.com
www.deutschlandrock.com
designklicks@trendbuero.de
http://designklicks.spiegel.de
56–57

Michael Diebold
Brucknerstraße 20
D-99423 Weimar
hallo@michaeldiebold.de
www.michaeldiebold.de
246

Christian Döring GmbH
Schleißheimer Straße 5-10
D-80333 München
154

Annika Dornscheidt
Roßstraße 139
D-47798 Krefeld
annikadt@web.de
234

dreizueins®
architekturdesigngrafik
banozic bergmann seitz gbr
Hohenstaufenstraße 13-25
D-60327 Frankfurt/Main
info@dreizueins.de
www.dreizueins.de
156–157

Studio Dumbar
Lloydstraat 21
NL-3024 EA Rotterdam
info@studiodumbar.nl
www.studiodumbar.nl
18–19, 91, 116

E

echtweiß | Corporate Design
Handschuhsheimer Landstraße 71
D-69121 Heidelberg
info@echtweiss.de
www.echtweiss.de
170

Eden Design & Communication
Nieuwe Prinsengracht 89
NL-1018 VR Amsterdam
info@edendesign.nl
www.edendesign.nl
132–133

Edition Panorama
G7, 17
D-68159 Mannheim
www.editionpanorama.de
186, 187

Eiche, Oehjne Design
Kaiser-Friedrich-Promenade 21
D-61348 Bad Homburg
kontakt@eiche-oehjne.de
www.eiche-oehjne.de
14–15

Elastique. We design.
Moltkestraße 127
D-50674 Köln
mail@elastique.info
www.elastique.info
280

Elephant Seven AG
Gerhofstraße 1-3
D-20354 Hamburg
www.e-7.com
286, 287, 288

Epigram
75 Sophia Road
Singapore 228156
www.epigram.com.sg
10–11, 104

Isabelle Marianne Erdmann
Erwin-Hageloh-Straße 74
D-70376 Stuttgart
isi_erdmann@yahoo.de
240–241

ERIC CAI DESIGN CO.
Rm 1503, Building 10,
ZhuJiang DiJing,
No. 28 XiDaWang Road
Chaoyang District
Beijing 100027
China
ecdesign@vip.sina.com
268

Euro RSCG Düsseldorf
Kaiserswerther Straße 135
D-40474 Düsseldorf
www.eurorscg.de
145

F

Fachhochschule Mainz
Holzstraße 36
D-55116 Mainz
www.fh-mainz.de
202

Fachhochschule Wiesbaden
Fachbereich Design
Unter den Eichen 5
D-65195 Wiesbaden
www.fh-wiesbaden.de
221

feldmann+schultchen design studios
Himmelstraße 10-16
D-22299 Hamburg
mail@fsdesign.de
www.fsdesign.de
40–41, 42–43, 129

Kerstin Finger
Viktoriastraße 100
D-64293 Darmstadt
hello@kekiretta.net
www.kekiretta.net
225

Christina Föllmer
Bettinastraße 58
D-63067 Offenbach
hallo@christinafoellmer.de
www.christinafoellmer.de
276

Danny Freytag
Hafenstraße 18
D-41460 Neuss
danny.freytag@web.de
253

Fuenfwerken Design AG
Taunusstraße 52
D-65183 Wiesbaden
info@fuenfwerken.com
www.fuenfwerken.com
107

G

Prof. Christof Gassner
Kaisermühle, Mühltalstraße 137
D-64297 Darmstadt
christof.gassner@t-online.de
30–31

GBK, Heye Werbeagentur GmbH
Linprunstraße 16
D-80335 München
www.gbkheye.de
146

Rolf Gerhards
Höhenstraße 80
D-40227 Düsseldorf
rolf@wesentlich.org
249

GIICHI DESIGN
Takanawa Sky Mansion 601,
Takanawa 4-8-6,
Minato-ku
J-Tokyo 108-0074
www.giichi-design.com
270

Godotdesign agency
Maximilian Schmitz
Hildeboldstraße 7
D-80797 München
godotdesign@t-online.de
154

Martin Gorka
Hochschule für Gestaltung Offenbach
Schlossstraße 31
D-63065 Offenbach
martin.gorka@gmx.de
www.hfg-offenbach.de
24–25

graf
5th Fl. Sangsang-Studio
358-18 Dongkyo-dong
Mapo-gu
ROK-Seoul 121-838
info@graf.co.kr
www.graf.co.kr
291

Christina Grasmann
Berkersheimer Weg 89
D-61118 Bad Vilbel
156–157

groenland.berlin
Helmholtzstraße 2-9
Aufgang J
D-10587 Berlin
info@groenlandberlin.de
www.groenlandberlin.de
175

Joost Grootens
P.O. Box 571
NL-1000 AN Amsterdam
joost@grootens.nl
www.grootens.nl
16–17

Groothuis, Lohfert, Consorten
Gesellschaft für Formfindung und
Sinneswandel mbH
Gaußstraße 124-126
D-22765 Hamburg
www.glcons.de
172, 173

Gute Gesellschaft für Strategie,
Design und Kommunikation mbh
Grafenberger Allee 126
D-40237 Düsseldorf
mail@gutegesellschaft.com
www.gutegesellschaft.com
105

H
H2OMEDIA AG
Agentur für interaktive Kommunikation
Winzererstraße 47d
D-80797 München
info@h2omedia.de
www.h2omedia.de
298

häfelinger+wagner design GmbH
Türkenstraße 55-57
D-80799 München
info@hwdesign.de
www.hwdesign.de
184–185

Nina Hardwig
Kunsthochschule Kassel
Menzelstraße 13-15
D-34121 Kassel
www.kunsthochschule-kassel.de
235

Christian Hartig
Schlörstraße 22
D-80634 München
mail@christianhartig.de
www.christianhartig.de
256–257

Meike Hartmann
Platanenstraße 19
D-40233 Düsseldorf
meike.hartmann@arcor.de
254

Angelika Haus
Rohrbachstraße 59
D-60389 Frankfurt/Main
134

Sara Hausmann
Dreihüttenstraße 13
D-44135 Dortmund
sara.hausmann@web.de
259

STUDIOHEINZ
Pascal Heinz, Silke Schorr
Senefelderstraße 109
D-70176 Stuttgart
studio@pascalheinz.de
www.pascalheinz.de
148–149

Christoph Helletsberger
Walzgertal 11
A-6123 Terfens
christoph.helletsberger@gmx.net
231

herzogenrathsaxler
kommunikationsdesign
Pfalzstraße 22
D-40477 Düsseldorf
post@herzogenrathsaxler.de
www.herzogenrathsaxler.de
115, 216

Heye & Partner GmbH
Ottobrunner Straße 28
D-82008 Unterhaching
info@heye.de
www.heye.de
306

Robert Heyes
Grünwiesenstraße 35
D-74321 Bietigheim-Bissingen
r.heyes@gmx.de
148–149

Fons Hickmann m23
Mariannenplatz 23
Gartenhaus
D-10997 Berlin
m23@fonshickmann.com
www.fonshickmann.com
126–127, 168–169, 264

Bettina Hiel
Hofstatt 6
D-73525 Schwäbisch Gmünd
135

Hochschule für Gestaltung Offenbach
Schlossstraße 31
D-63065 Offenbach
www.hfg-offenbach.de
24–25, 32–33, 134

Eva Hoefer
Schwetzinger Straße 71
D-68165 Mannheim
eva@rebootdesign.de
236

HOME^Agentur für Kommunikation
Ruhrallee 40
D-45138 Essen
welcome@home-agentur.de
www.home-agentur.de
153

I
iart interactive ag
Uferstrasse 90
CH-4019 Basel
info@i-art.ch
www.i-art.ch
126–127

ICON Packaging
114 Pacifica, STE 100
USA-Irvine, CA 92618
info@iconpackaging.com
www.icondg.com
155

Intervent
Royal College of Art
Industrial Design Engineering
Kensington Gore
GB-London SW7 2EU
www.intervent.co.uk
164

J
Nicole Jacek
Odenheimstraße 27
D-71642 Ludwigsburg
nicolejacek@aol.com
224

Jäger & Jäger
Heiligenbreite 52
D-88662 Überlingen
info@jaegerundjaeger.de
www.jaegerundjaeger.de
174

Holger Jörg
Boltensternstraße 19-21
D-50735 Köln
holgerjoerg@gmx.de
219

Luise John
Gaußstraße 12
D-68165 Mannheim
luise.john@gmx.de
258

Jung von Matt/Elbe GmbH
Glashüttenstraße 38
D-20357 Hamburg
www.jvm.de
282

Jung von Matt/next GmbH
Grabenstraße 25
D-20357 Hamburg
www.jvm.de
282, 283

K
Christian Kaeppke
Lessingstraße 5
D-45468 Mülheim an der Ruhr
www.zwobakk.de
230

Eva Klose
Heidelbergerstraße 62
D-69221 Dossenheim
grnft@web.de
239

KMS Team GmbH
Deroystraße 3-5
D-80335 München
info@kms-team.de
www.kms-team.de
96, 130, 144, 296

KOCHAN & PARTNER GmbH
Hirschgartenallee 25
D-80639 München
kontakt@kochan.de
www.kochan.de
198-199

Selina König
Kunsthochschule Kassel
Menzelstraße 13-15
D-34121 Kassel
www.kunsthochschule-kassel.de
235

Dietrich Körner
Cäsarstraße 6
D-50968 Köln
36–37

Komsign
Marienstraße 3
D-50825 Köln
mail@komsign.de
www.komsign.de
281

KPG Design
Leinzellerstraße 14
D-73527 Täferrot
info@kpg.de
www.kpg.de
188

Kunsthochschule Kassel
Menzelstraße 13-15
D-34121 Kassel
www.kunsthochschule-kassel.de
235

KW43 BRANDDESIGN
eine Unit der Grey Worldwide
Gladbacher Straße 74
D-40219 Düsseldorf
contact@kw43.de
www.kw43.de
117

L

L2M3 Kommunikationsdesign GmbH
Hölderlinstraße 57
D-70193 Stuttgart
info@l2m3.com
www.l2m3.com
126–127, 180, 181

Maiken Laackmann
Mulanskystraße 10
D-60487 Frankfurt/Main
134

labor b designbüro
Güntherstraße 65
D-44143 Dortmund
info@laborb.de
www.laborb.de
247

Magazin Landjäger
Loco 910
A-6863 Egg
www.lovelysystems.com
www.nahlem-magazine.net
152

Munyong Lee
16-8 Chungdam-2dong,
Kangnam-ku
ROK-Seoul 135-102
munyong@gmx.de
308–309

Leslie Chan Design Co Ltd
4F 115 Nanking East Road Section 4
RC-Taipei 105
leslie@lcdesign.com.tw
www.lcdesign.com.tw
50–51, 214–215

Ana Lessing, Alexandra Bald, Esra Rotthoff
Essener Straße 23
D-10555 Berlin
alessing@udk-berlin.de
226–227

Armin Lindauer
Dammstraße 18
D-68169 Mannheim
a.lindauer@hs-mannheim.de
269

Yang Liu
Yang Liu Design
Bismarckstraße 90, AP. 203
D-10627 Berlin
info@yangliudesign.com
www.yangliudesign.com
271

Marion Lüchtenborg
Cloppenburger Straße 280a
D-26133 Oldenburg
m.luechtenborg@nwn.de
251

M

Maksimovic & Partners
Agentur für Werbung und Design
Johannisstraße 5
D-66111 Saarbrücken
info@maksimovic.de
www.maksimovic.de
88, 89

Markwald und Neusitzer
Wittelsbacherallee 49
D-60316 Frankfurt/Main
contact@markwaldundneusitzer.de
www.markwaldundneusitzer.de
277

Masterfile Deutschland GmbH
Schanzenstraße 20
D-40549 Düsseldorf
www.masterfile.com
307

Berta Meins
Stresemannallee 130
D-22529 Hamburg
bmeins@gmx.de
www.bertameins.de
108–109

Mensalia Unternehmensberatung GmbH
Siebensterngasse 32-34
A-1070 Wien
www.mensalia.at
28–29

merkwürdig GmbH
Hanauer Landstraße 161-173
D-60314 Frankfurt/Main
info@merkwuerdig.com
www.merkwuerdig.com
110

hg merz architekten
museumsgestalter
Prof. HG Merz
Relenbergstraße 6
D-70174 Stuttgart
info@stuttgart.hgmerz.com
www.hgmerz.com
126–127

meso | digital media systems design
Niddastraße 84 hh
D-60329 Frankfurt/Main
www.meso.net
36–37

MetaDesign AG
Leibnizstraße 65
D-10629 Berlin
mail@metadesign.de
www.metadesign.de
312, 313

Dunja Metz
Am Streitstein 10
D-64646 Heppenheim
dunjametz@gmx.de
244

Milla und Partner Agentur & Ateliers
Heusteigstraße 44
D-70180 Stuttgart
www.milla.de
124

Daniela Mladenic
Jakobsbrunnenstraße 6
D-60386 Frankfurt/Main
156–157

Alexander Müller
Kunsthochschule Kassel
Menzelstraße 13-15
D-34121 Kassel
www.kunsthochschule-kassel.de
235

Mutabor Design GmbH
Große Elbstraße 145b
D-22767 Hamburg
info@mutabor.de
www.mutabor.de
191

N

Neeser & Müller
Güterstrasse 145
CH-4053 Basel
info@neesermueller.ch
www.neesermueller.ch
46–47

Julia Neller
R7, 37
Quadrate
D-68161 Mannheim
juleneller@gmx.de
229

NEUE DIGITALE GmbH
Falkstraße 5
D-60487 Frankfurt/Main
info@neue-digitale.de
www.neue-digitale.de
20–21, 58–59, 294

New Cat Orange
Gestaltung und Kommunikation
Hallgarter Straße 7
D-65197 Wiesbaden
mail@new-cat-orange.de
www.new-cat-orange.de
177

Catrin Sonnabend
Gustav-Adolf-Straße 38
D-63069 Offenbach
catrin_sonnabend@gmx.de
www.catrinsonnabend.de
32–33, 276

Martina Sprengart
Suitbertusstraße 85
D-40223 Düsseldorf
Martina_22@web.de
120–121

Maximilian Stecher
Wildermieming 82a
A-6414 Mieming
info@bricolage.at
www.bricolage.at
231

Strichpunkt GmbH
Schönleinstraße 8a
D-70184 Stuttgart
info@strichpunkt-design.de
www.strichpunkt-design.de
196, 197

STUDIO INTERNATIONAL
Buconjiceva 43
HR-10000 Zagreb
boris@studio-international.com
www.studio-international.com
272–273

T

Anika Takagi
Dodostraße 6
D-48145 Münster
a.takagi@mikan.de
228

teamstratenwerth
Spitzwaldstrasse 40c
CH-4123 Allschwil
info@teamstratenwerth.ch
www.teamstratenwerth.ch
126–127

Tillmanns, Ogilvy & Mather
Am Handelshafen 2-4
D-40221 Düsseldorf
www.ogilvy.com
140, 141

Tilt Design Studio
Hasselbrookstraße 33/Hinterhaus
D-22089 Hamburg
info@tiltdesignstudio.com
www.tiltdesignstudio.com
285

TRIDVAJEDAN
market communication ltd.
Ilica 204
HR-10000 Zagreb
www.tridvajedan.hr
94

trnd GmbH
Winzererstraße 47d
D-80797 München
info@trnd.com
www.trnd.com
298

Niklaus Troxler Design
Bahnhofstrasse 22
CH-6130 Willisau
troxler@troxlerart.ch
www.troxlerart.ch
48–49, 274, 275

Tsinghua University
Room 617, Building No. 30
Beijing 100028 China
www.tsinghua.edu.cn
194

U

UNA (Amsterdam) designers
Korte Papaverweg 7a
NL-1032 KA Amsterdam
una@unadesigners.nl
www.unadesigners.nl
176

Universität für angewandte
Kunst Wien
Klasse für Grafik Design
Prof. Fons Hickmann
Oskar-Kokoschka-Platz 2
A-1010 Wien
mail@klassehickmann.com
www.klassehickmann.com
www.uni-ak.ac.at
52–53, 60–61, 165, 252

V

verpackt.net
Packaging Design
Semesterprojekt
Fachhochschule Mainz
Studiengang Design
Holzstraße 36
D-55116 Mainz
info@verpackt.net
www.verpackt.net
156–157

Die Viererkette
David Fernandez del Campo,
Karolin Kutter, Duc Nguyen, Melanie Tu
Unter den Eichen 5
D-65195 Wiesbaden
viererkette@gmx.de
www.schauspiel06.de
221

Cornelia Vogt
Hochschule für Gestaltung Offenbach
Schlossstraße 31
D-63065 Offenbach
connvogt@web.de
www.hfg-offenbach.de
24–25

W

Dirk Wachowiak
Lerchenstraße 20
D-70176 Stuttgart
mail@dirkwachowiak.com
www.dirkwachowiak.com
136–137

Violetta Walter
Hochschule für Gestaltung Offenbach
Schlossstraße 31
D-63065 Offenbach
violetta.walter@t-online.de
www.hfg-offenbach.de
24–25

Philippa Walz, Prof. Andreas Opiolka
Grafik-Design
Alexanderstraße 166
D-70180 Stuttgart
philippa.walz@t-online.de
a.opiolka@abk-stuttgart.de
217

Agentur Thomas Weber
Bonner Straße 14
D-80804 München
154

Sandra Wiesemann
Senefelder Straße 18
D-70178 Stuttgart
swiesemann@gmx.net
111

Wolff Kommunikation
Wasserweg 8-10
D-60594 Frankfurt/Main
www.wolff-kommunikation.de
178, 179

Severin Wucher
Bamberger Straße 61
D-10777 Berlin
mail@severino.de
www.severino.de
189

wysiwyg* Software Design GmbH
Stresemannstraße 26
D-40210 Düsseldorf
info@wysiwyg.de
www.wysiwyg.de
292–293

Y

Yomiko Advertising Inc.
8-14 Ginza 1-chome,
Chuo-ku
J-Tokyo 104-8686
www.yomiko.co.jp
98

Young & Rubicam GmbH & Co. KG
Kleyerstraße 19
D-60326 Frankfurt/Main
www.yr-germany.de
142, 143, 266, 304, 305

Yu design Co.
4F, No. 189, Sec. 4,
Sinyi Road
RC-Taipei 106
yencherry@gmail.com
208

Ming-Lung Yu
6F.-2, No. 189, Sec. 4,
Sinyi Road, Da-an District
RC-Taipei 106
yudesco@ms37.hinet.net
265

Z

Diana Zima
Kuckelke 14
D-44135 Dortmund
design@dianazima.de
www.dianazima.de
38–39

ZUM KUCKUCK
Gestaltung | Interaktion
Burkarderstraße 36
D-97082 Würzburg
info@zumkuckuck.com
www.zumkuckuck.com
54–55

Index Clients

Citroën Deutschland AG
André-Citroën-Straße 2
D-51149 Köln
www.citroen.de
145

Civil Aviation Authority of Singapore
Singapore Changi Airport
Singapore 918141
www.caas.gov.sg
104

Codeluxe
Christel/Göldner/Zeising GbR
Paul-Lincke-Ufer 44a
2. Hof / Aufgang B
D-10999 Berlin
buero@codeluxe.com
www.codeluxe.com
284

Colgate Palmolive Germany GmbH
Lübecker Straße 128
D-22087 Hamburg
www.colgate.de
266

CURE-X GmbH
Reichsstraße 19
D-40217 Düsseldorf
info@cure-x.com
www.cure-x.com
153

D

DaimlerChrysler AG
Epplestraße 225
D-70546 Stuttgart
www.daimlerchrysler.com
34–35

DaimlerChrysler AG
Mercedes Car Group
Brand Communications Classic
D-70546 Stuttgart
www.mercedes-benz.de
www.mercedes-benz.com/museum
299

DaimlerChrysler Immobilien GmbH
Eichhornstraße 3
D-10785 Berlin
www.daimlerchrysler-immobilien.de
126–127

DaimlerChrysler
Vertriebsorganisation Deutschland
Potsdamer Straße 7
D-10785 Berlin
www.mercedes-benz.de
www.passionists.de
286, 287

Danone GmbH
Richard-Reitzner-Allee 1
D-85540 Haar
www.danone.de
142

das modular music and publishing
Urbansmühle
Südring 75
D-65795 Hattersheim
info@das-modular.com
www.das-modular.com
156–157

designafairs
Tölzer Straße 2c
D-81379 München
info@designafairs.de
www.designafairs.de
198-199

Deutsche Bahn Station und Service AG
131

Deutsche BP AG
Wittener Straße 45
D-44789 Bochum
www.deutschebp.de
141

Deutsche Rentenversicherung
Hallesche Straße 1
D-10963 Berlin
www.deutsche-rentenversicherung-bund.de
96

Deutsche See GmbH
Maifischstraße 3-9
D-27572 Bremerhaven
info@deutschesee.de
www.deutschesee.de
42–43

Deutsches Rotes Kreuz Blutspendedienst Marienberg Hessen gGmbH
Friedrich-Ebert-Straße 107
D-68167 Mannheim
148–149

Jana Duda
August-Bebel-Straße 94
D-33602 Bielefeld
jana.duda@gmx.de
260

DuMont
Amsterdamer Straße 192
D-50735 Köln
www.dumont.de
www.dumontverlag.de
172

E

Eco Terra GmbH
D-63128 Dietzenbach
14–15

ecosign/Akademie für Gestaltung
Mauritiussteinweg 116
D-50676 Köln
office@ecosign-akademie.de
www.ecosign.net
281

Edition Panorama
G7, 17
D-68159 Mannheim
www.editionpanorama.de
178, 186, 187

Elastique. We design.
Moltkestraße 127
D-50674 Köln
mail@elastique.info
www.elastique.info
280

Olafur Eliasson
Werkstatt & Büro
Invalidenstraße 50-51
D-10557 Berlin
studio@olafureliasson.net
www.olafureliasson.net
175

Envasados Eva
C/ Francesc Vila, nave nº 8
E-31870 Lecumberri (Navarra)
www.evasa.com
162

F

Fachhochschule Dortmund
Fachbereich Design
Max-Ophüls-Platz 2
D-44047 Dortmund
www.fh-dortmund.de
38–39, 308–309

Fachhochschule Düsseldorf
Fachbereich Design
Georg-Glock-Straße 15
D-40474 Düsseldorf
www.fh-duesseldorf.de
222, 223, 230, 249, 254

Fachhochschule Mainz
Holzstraße 36
D-55116 Mainz
www.fh-mainz.de
229, 232, 236, 239, 244, 248, 261, 300-301

Fachhochschule Münster
Fachbereich Design
Sentmaringer Weg 53
D-48151 Münster
www.fh-muenster.de
237, 242–243, 251

Fachhochschule Trier
Paulusplatz 4
D-54290 Trier
www.fh-trier.de
120–121

Fachhochschule Vorarlberg
Studiengang Intermedia
Achstraße 1
A-6850 Dornbirn
www.fh-vorarlberg.ac.at
231

Fachhochschule Wiesbaden
Fachbereich Design
Unter den Eichen 5
D-65195 Wiesbaden
www.fh-wiesbaden.de
221

feldmann+schultchen design studios
Himmelstraße 10-16
D-22299 Hamburg
mail@fsdesign.de
www.fsdesign.de
129

Festival Rümlingen
Postfach 457
CH-4410 Liestal
info@neue-musik-ruemlingen.ch
www.neue-musik-ruemlingen.ch
46–47

Fotohof Edition
Erhardplatz 3
A-5020 Salzburg
fotohof@fotohof.at
www.fotohof.at
212

G

Gemeente Den Haag
P.O. Box 12600
NL-2500 DJ Den Haag
www.denhaag.nl
132–133

Gesundheits- und Umweltdepartement der Stadt Zürich
Sozialdepartement der Stadt Zürich
Walchestrasse 31-33
CH-8035 Zürich
www.stadt-zuerich.ch
220

GIICHI DESIGN
Takanawa Sky Mansion 601,
Takanawa 4-8-6,
Minato-ku
J-Tokyo 108-0074
www.giichi-design.com
270

Gira
Giersiepen GmbH & Co. KG
Dahlienstraße
D-42477 Radevormwald
info@gira.de
www.gira.de
218

Gwangju Biennale
211 Biennale 2-gil Buk-gu
ROK-Gwangju 500-070
biennale@gd.or.kr
www.design-biennale.org
267

H
Halle 6 – Galerie Christine Hölz
Gelände der Hohenzollernwerke
Neumannstraße 2
D-40235 Düsseldorf
halle6@ckconsult.de
www.halle6.de
216

Hartware
MedienKunstVerein
Güntherstraße 65
D-44143 Dortmund
www.hmkv.de
247

Petra Hattab
Büro für Design
Immermannstraße 3
D-4210 Düsseldorf
info@hattab.de
www.hattab.de
115

Fons Hickmann m23
Mariannenplatz 23
Gartenhaus
D-10997 Berlin
m23@fonshickmann.com
www.fonshickmann.com
168 – 169

Hochschule Darmstadt
Olbrichweg 10
D-64287 Darmstadt
www.h-da.de
225

Hochschule für Angewandte
Wissenschaften Hamburg
Fakultät Design, Medien und Information
Studiendepartment Design
Armgartstraße 24
D-22087 Hamburg
www.haw-hamburg.de
108 – 109, 233

Hochschule für Gestaltung
Schwäbisch Gmünd
Rektor-Klaus-Straße 100
D-73525 Schwäbisch Gmünd
www.hfg-gmuend.de
135, 256 – 257

Hochschule Mannheim
Windeckstraße 110
D-68163 Mannheim
www.hs-mannheim.de
258

Hochschule Niederrhein
Fachbereich Design
Frankenring 20
D-47798 Krefeld
www.fh-niederrhein.de
234

Hochschule Pforzheim
Fakultät für Gestaltung
Holzgartenstraße 36
D-75175 Pforzheim
www.hs-pforzheim.de
147

hundertlhundert GmbH
Deroystraße 3-5
D-80335 München
info@hunderthundert.com
www.hunderthundert.com
296

I
ICON Packaging
114 Pacifica, STE 100
USA-Irvine, CA 92618
info@iconpackaging.com
www.icondg.com
155

Ingenhoven Architekten
Plange Mühle 1
D-40221 Düsseldorf
www.ingenhovenundpartner.de
211

Institut für Kulturaustausch
Christophstraße 32
D-72006 Tübingen
www.intercult.org
181

Intervent
Royal College of Art
Industrial Design Engineering
Kensington Gore
GB-London SW7 2EU
www.intervent.co.uk
164

J
Michael Jahr
Stubbenhuk 7
D-20459 Hamburg
173

Jazz in Willisau
Postfach
CH-6130 Willisau
www.jazzwillisau.ch
48 – 49, 274, 275

Antje Jochum Family Business
Friedrich-Ebert-Straße 29
D-70191 Stuttgart
95

K
Thomas Kettner
Rotenbergstraße 39
D-70190 Stuttgart
hello@thomaskettner.com
www.thomaskettner.com
188

Küppers & Knoben e.K.
Luisenstraße 136
D-41061 Mönchengladbach
kk@druck-etc.de
105

Kunstverein Schwetzingen
Schlossplatz 2
D-68723 Schwetzingen
www.kunstverein-schwetzingen.de
269

L
Labor für Soziale und
Ästhetische Entwicklung
Bergerkirche
Thorsten Nolting
Bergerstraße 18b
D-40213 Düsseldorf
thnolting@aol.com
264

Land Tirol
Sillgasse 8
A-6020 Innsbruck
kultur@tirol.gv.at
www.tirol.gv.at
171

Landesfischereiverband Bayern e.V.
Pechdellerstraße 16
D-81545 München
www.lfvbayern.de
306

Landeshauptstadt München
Kulturreferat, Abteilung Kulturelle
Veranstaltungen und Programme
Burgstraße 4
D-80313 München
www.muenchen.de
106

Magazin Landjäger
Loco 910
A-6863 Egg
www.lovelysystems.com
www.nahlem-magazine.net
152

LG Electronics Inc.
GS Gangnam Tower 679 Yeoksam-dong
Gangnam-gu
ROK-Seoul 135-985
www.lge.com
295

LightDec GmbH
Robert-Bosch-Straße 6
D-85053 Ingolstadt
www.lightdec.de
154

Lux AG
Aachener Straße 67A
B-4780 St. Vith
143

M
Masterfile
175 Bloor Street East
South Tower, 2nd Floor
CDN-Toronto, Ontario M4W 3R8
www.masterfile.com
100, 101, 102, 103

Masterfile Deutschland GmbH
Schanzenstraße 20
D-40549 Düsseldorf
www.masterfile.com
307

Merz Akademie
Hochschule für Gestaltung
Teckstraße 58
D-70190 Stuttgart
info@merz-akademie.de
www.merz-akademie.de
224

Meyerhuber Rechtsanwälte
Partnerschaft
Rot-Kreuz-Straße 12-14
D-91710 Gunzenhausen
gun@meyerhuber.de
www.meyerhuber.de
217

MMK Museum für Moderne Kunst
Domstraße 10
D-60311 Frankfurt/Main
www.mmk-frankfurt.de
179

ModoVanGelder
P.O. Box 49000
NL-1009 CG Amsterdam
info@modovangelder.nl
www.modovangelder.nl
210

Nils Holger Moormann GmbH
An der Festhalle 2
D-83229 Aschau i. Ch.
info@moormann.de
www.moormann.de
174

Museum am Ostwall
Ostwall 7
D-44135 Dortmund
www.museendortmund.de/
museumamostwall
247

N

Nagasakido Co. Ltd.
1-7-4 Minamihorie Nishi-ku
J-Osaka 550-0015
160–161

Nanjing Massacre Memorial
No. 428, ShuiXiMen Dajie
Nanjing, China
www.nj1937.org
268

Naturschutzbund Deutschland
(NABU) e.V.
Herbert-Rabius-Straße 26
D-53225 Bonn
www.nabu.de
305

Nemo Science Center
Oosterdok 2
NL-1011 VX Amsterdam
info@e-nemo.nl
www.e-nemo.nl
92

New Cat Orange Gestaltung und
Kommunikation
Hallgarter Straße 7
D-65197 Wiesbaden
mail@new-cat-orange.de
www.new-cat-orange.de
177

Nippon Connection e.V.
c/o AStA
Mertonstraße 26-28
D-60325 Frankfurt/Main
info@nipponconnection.de
www.nipponconnection.de
134

Novartis International AG
Postfach
CH-4002 Basel
www.novartis.com
99

O

O_2 (Germany) GmbH & Co. OHG
Georg-Brauchle-Ring 23-25
D-80992 München
www.o2.com
130

OBI Bau- und Heimwerkermärkte
GmbH & Co. Franchise Center KG
Albert-Einstein-Straße 7-9
D-42929 Wermelskirchen
www.obi.de
289

Österreichische Galerie Belvedere
Prinz Eugen-Straße 27
A-1030 Wien
www.belvedere.at
125

Österreichisches Bundeskanzleramt
Ballhausplatz 1
A-1014 Wien
www.austria.gv.at
252

Sal. Oppenheim jr. & Cie. KGaA
Unter Sachsenhausen 4
D-50667 Köln
info@oppenheim.de
www.oppenheim.de
182–183

ORIS Fahrzeugteile
Hans Riehle GmbH
Im Bornrain 2
D-71696 Möglingen
info@oris-gmbh.de
www.oris-gmbh.de
111

Ottenwälder und Ottenwälder
Büro für Industrie Design
Sebaldplatz 6
D-73525 Schwäbisch Gmünd
info@ottenwaelder.de
www.ottenwaelder.de
90

P

Prof. Otto Piene
383 Old Ayer Road
USA-Groton, MA 01450
Hüttenstraße 104
D-40215 Düsseldorf
216

Podravka
Ante Starcevica 32
HR-48000 Koprivnica
97

Porsche Lizenz- und Handelsgesellschaft mbH & Co. KG
Porschestraße 1
D-74321 Bietigheim-Bissingen
www.porsche-design.com
117

Q

Quolofune
1-7-4 Minamihorie Nishi-ku
J-Osaka 550-0015
158–159

R

Regensburger Kurzfilmwoche
Arbeitskreis Film Regensburg e.V.
Bertoldstraße 9
D-93047 Regensburg
277

Reisenthel Accessoires
Benzstraße 3
D-82178 Puchheim
info@reisenthel.de
www.reisenthel.de
54–55

Royal TPG Post
P.O. Box 30250
NL-2500 GG Den Haag
www.tpgpost.nl
113

Thomas Rusch
74, Boulevard Haussmann
F-75008 Paris
www.thomasrusch.com
285

S

Samsung Electronics
20th Fl. Samsung Main Bldg.
250, 2-Ka, Taepyung-ro
Chung-gu
ROK-Seoul 100-742
www.samsung.com
291

Papierfabrik Scheufelen
GmbH & Co. KG
Adolf-Scheufelen-Straße 26
D-73252 Lenningen
www.scheufelen.de
196

Schirn Kunsthalle Frankfurt
Römerberg
D-60311 Frankfurt/Main
www.schirn-kunsthalle.de
58–59

Schmuckmuseum Pforzheim
Jahnstraße 42
D-75173 Pforzheim
www.schmuckmuseum-pforzheim.de
180

SeARCH Architects
Hamerstraat 3
NL-1021 JT Amsterdam
search@bjarnemastenbroek.nl
www.searcharchitects.nl
213

section.d design.
communication gmbh
Praterstraße 66/6
A-1020 Wien
office@sectiond.at
www.sectiond.at
200

Senckenberg
Forschungsinstitut und Naturmuseum
Senckenberganlage 25
D-60325 Frankfurt/Main
www.senckenberg.de
24–25

Sharkproject e.V.
Frankfurter Straße 111b
D-63067 Offenbach
www.sharkproject.com
304

Shell WindEnergy
Nuon Energy Sourcing
NoordzeeWind
P.O. Box 38000
NL-1030 BN Amsterdam
93

Impressum/Imprint

Herausgeber/Editor
Peter Zec

Projektleitung/ Project management
Dijana Milentijević

Projektassistenz/ Project assistant
Laura Retzerau

Redaktion/Editorial work
Kirsten Müller, Essen

Lektorat/Proofreading
Klaus Dimmler, Essen

Übersetzung/Translation
Jan Stachel-Williamson, Christchurch, Neuseeland/New Zealand

Gestaltung/Design
Fons Hickmann m23, Berlin
Markus Büsges,
Fons Hickmann,
André Müller

Jurorenfotos/Jury photographs
Fotografie Peter Wieler, Essen

Produktion, Lithographie und Druck/ Production, lithography and printing
printmediapart GmbH & Co. KG, Gelsenkirchen

Verlag/Publisher
red dot edition
Gelsenkirchener Straße 181
45309 Essen
Deutschland/Germany
T +49 (0)201 81 41-822
F +49 (0)201 81 41-810
info@red-dot.de
www.red-dot.de

ISBN-10: 3-89939-081-4
ISBN-13: 978-3-89939-081-0

Vertrieb weltweit/ Worldwide distibution
avedition GmbH
Königsallee 57
71638 Ludwigsburg
Deutschland/Germany
T +49 (0)7141 14 77-391
F +49 (0)7141 14 77-399
contact@avedition.de
www.avedition.com

Der Wettbewerb „red dot award: communication design" gilt als Fortsetzung des Wettbewerbs „Deutscher Preis für Kommunikationsdesign".

The competition "red dot award: communication design" is the continuation of the "German Prize for Communication Design".

Das „red dot communication design yearbook" gilt als Fortsetzung des „Internationalen Jahrbuchs für Kommunikationsdesign".

The "red dot communication design yearbook" is the continuation of the "International Yearbook Communication Design".

Printed in Germany

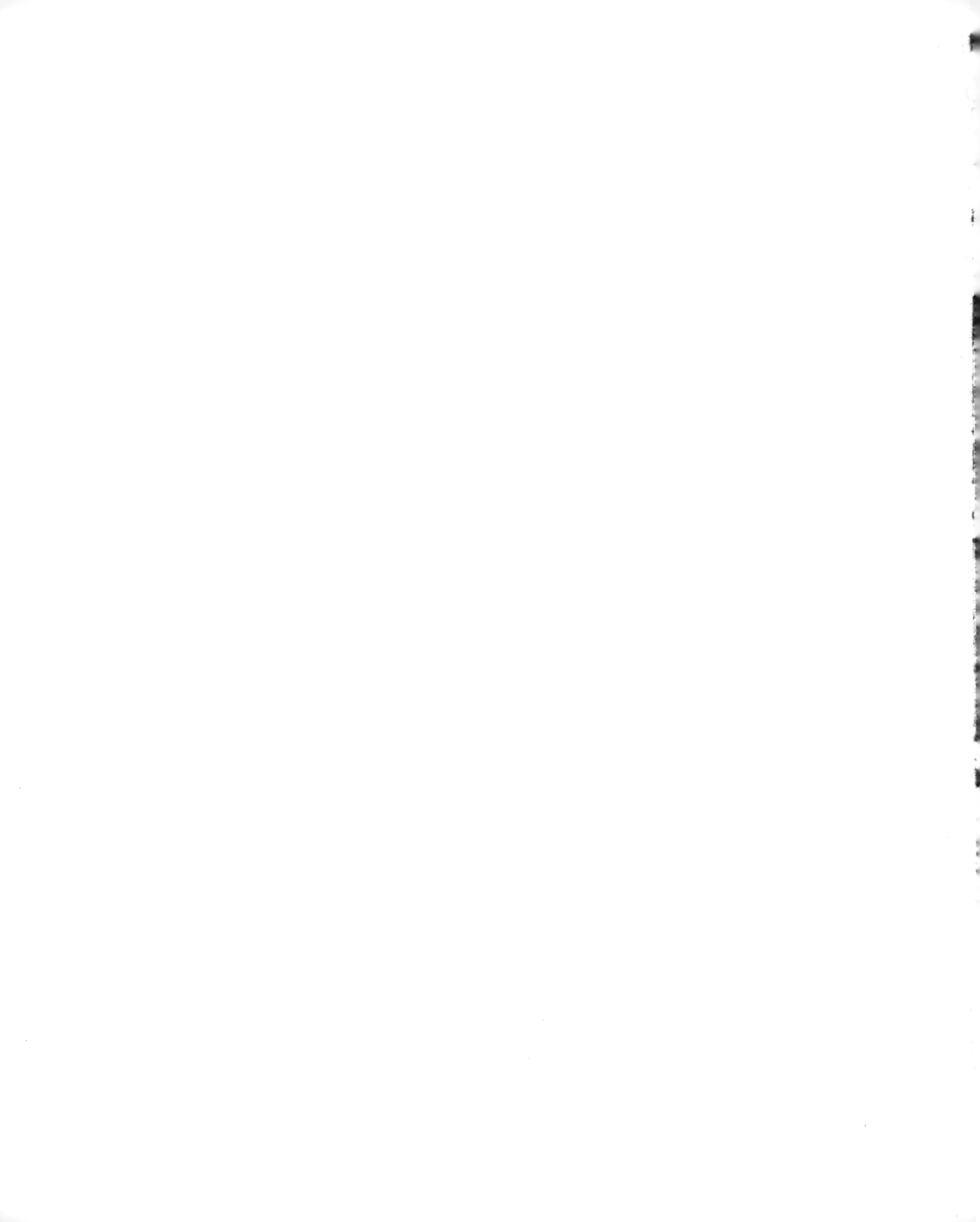